# 村上龍
Ryu Murakami

濱野由佳 [繪]

曹姮・江世雄・王昱婷 [譯]

新 從13歲開始迎向世界

工作大未來

# 閱讀本書之前……

文／村上龍

**從**發行初版至今，已經經過了7個年頭。在這7年之中，社會上不但增加了許多新興職業，且求職的情況也有很大的變化，因此我們決定出版增訂版，但以13歲這個年齡為中心，為孩子們撰寫職業圖鑑的目的則始終如一。此外，我在舊版的「序言」所提到的有關雇用、職業的想法也沒有改變。新版中最大的改變就是，將「喜好」這個入口，改為依「學科」來分類。就算不知道自己喜歡什麼，依自己喜歡的學科別查詢，或許比較容易理解。除了上課的學科外，也有「喜歡下課時間」、「喜歡放學後的時間」這樣的項目。

那麼，我們先來複習一下舊版，並且思考關於職業、工作、勞動等基本問題。

## 總有一天會長大成人

所有大人都覺得生活是件苦差事。所以，想必有不少人認為，如果能夠一直當小孩，那該有多好。然而，其實有很多事，只有大人才能做得到。像是結婚、生小孩、隨心所欲地四處旅行、盡情吃自己想吃的東西、盡情喝酒等等。孩子的世界其實並不自由，必須受到大人及社會的保護才能生存下去。因此，必須學習許多事物，總有一天終會長大成人。

## 小孩與成人的差異

從社會觀點來看，小孩跟大人最大的差異就在於能否自立。所謂的大人，是指可以獨自一人生活下去的情況。因此，無關年齡，靠擦鞋賺錢的15歲少年，便已擁有成為大人的資格。也就是說，不工作、不上學，也不接受任何職業訓練，30幾歲了還要靠父母養活的人，便是欠缺成為大人的資格。若想自立，就必須擁有許多條件，但其中最重要的要件應該就是──自己的生活所需，要靠自己賺取。

## 如何才能賺錢？

### 1.工作與錢

工作並賺取金錢，這些工作的種類便稱為「職業」。我所從事的是名為「作家」的職業，此外還有許多職業是成為大人的必經過程。另外，被稱為

「主婦」的女性，雖然無須在社會上工作，但沒有賺取現金的主婦，卻擔負了家中大多數的工作，為了先生及家人，每天必須做飯、照顧小孩、洗衣服、打掃，還要從事外出採買、記帳、到銀行存款提款等事務性工作。沒有出外工作的主婦稱為「專業主婦」，但「主婦」並不是一種職業。在人類的生命歷程中，人生的立場有所謂的自我定位、過程及未來發展等，但無論如何，「主婦」都是非常重要的工作。

## 2.工作與好奇心

如果說為了要成為大人，最重要的事情就是要藉由工作賺到錢，那長大成人還真是件令人非常不愉快的事。換句話說，也表示相對於做自己不適合的工作，還是要做適合自己的工作比較好。而這是舊版的《工作大未來》所呈現的態度，即使現在出了新版，這種態度始終如一。

每個人適合的工作不盡相同。我的工作是作家，但並不是每個人都適合當作家。為了能做或是繼續做這樣的工作，就必須努力學習磨練各種專業知識、技術及能力。大人小孩都一樣。雖然有人因為辛苦就喊停，卻也有人始終不以為苦，毫不厭倦地努力著。若感興趣，無論讀書或看電影都會覺得很開心，但若不感興趣，而是被強迫做這些事，就只會覺得痛苦而已。我們為了要滿足自己的好奇心，絲毫不覺得厭倦，無論如何都會集中精神。這種無論如何都能集中精神，都不感到厭煩的情況，對這個人而言，就是「適合的事」。

不管是何種工作，努力都是必要的，也必須研究及接受訓練。只要是適合自己的工作，訓練及研究都不會是苦差事。所以，相對於做不適合自己的差事，選擇適合自己的工作才是對自己有利的道路。不僅可以獲得成就感，也能擁有較高的成功可能性。

## 3.工作與喜歡

儘管如此，在這世界上，從事「適合自己工作」的人並不多見，我自己其實也並不是那麼喜歡寫小說。但也並不是覺得辛苦或痛苦，就只是不喜歡而已。寫小說時，我必須比平時使用更多腦力，非常麻煩、辛苦而且疲累。但我認為，那確實是「適合我的工作」，因為我絕對不會感到厭煩。而且，在寫完小說之後的那種充實感及成就感，是做其他事情所感受不到的。

所以，即使我說自己並不喜歡寫小說，但還是從沒想過要去做其他工作或試圖去找其他工作。因為，為了寫小說而必須要去訪問專業人士或是查資料、研究書籍等，對這些事情我從不感覺痛苦。所謂「適合自己的工作」，或許可以用「喜歡」這個名詞來表示。再怎麼努力也不會覺得痛苦，不會感到厭煩，這應該就是「適合自己的工作」吧。

我在13歲時，就很喜歡想像各式各樣的事物，最拿手的就是想像其他小孩

所想不到的事情，然後跟朋友說這些故事。而且我也喜歡畫畫及閱讀。雖然作文拿了不少獎，但因為很麻煩，所以我「不喜歡」寫文章。我認為寫小說時，喜不喜歡想像各種事物，比喜歡寫文章這件事本身要來得更為重要。那是因為，會寫文章的人有很多，但能想到別人意想不到事物的人其實很少見。

13歲的你們，請把「喜歡」這件事，當成「入口」來思考。「喜歡國語」、「喜歡理科」、「喜歡下課時間」，從這些入口入門後，再看看那個篇幅的職業圖鑑。在現實生活中，從事「適合自己的工作」的人，確實可能屬於少數。然而，13歲的你們都擁有「適合自己的工作」的可能性，因為就算是功課不好的孩子、沒有自信且內向的孩子、沒有朋友而孤單寂寞的孩子、貧窮家庭的孩子，在長大成人之前，每個人都同樣擁有充分的時間。這個時間能使一切成為可能，所以請務必堅信，這世上一定存在著「適合自己的工作」。

## 不是尋找，而是相遇

我們經常會聽到類似「去尋找自己喜歡的事物」、「把自己喜歡的事物找出來」的說法，但卻沒人教我們該如何尋找，或是怎樣做才能找出自己喜歡的事物。那是因為，13歲的你們所「喜歡的事物」及對大人而言「適合的工作」，並非是只要尋找就能找到的事物。這個道理與可以在沙灘上尋找貝類、原野上找尋昆蟲、在花田裡找尋蝴蝶一樣，但並不是去找就一定能找到。也就是說，不是「去尋找然後發現」，而是要「相遇」。

為了能夠「相遇」，不可或缺的就是好奇心。對數學苦惱的13歲，當老師在黑板上寫著數學公式時，一定要非常努力才能讓自己將注意力集中在黑板上。必須想盡辦法努力集中意志力。但當自己暗戀的人走到身邊時，便無須努力，自然而然地，自己的內心就被那人的臉、表情及動作所牽引。「咦，那是什麼呢？」，我們會主動去留意事物的心，就是受到好奇心的驅使。我們會被好奇心所刺激，不需要任何努力，心自然就會偏向那個地方。所有的一切都是從「咦，那是什麼呢？」的心情開始的。

因此，為了能夠「相遇」，我們便必須找到「我所喜歡的事物，一定就是在那裡」、「將來適合我的工作一定就在那裡」的「那裡」到底在哪裡。否則，就算相遇了，心偏向某處時，就不會知道「或許適合我的工作就是這個呢」。比起渾渾噩噩一天過一天，對所有事物抱持興趣，更可以增加「相遇」的機率。若本以為「或許適合自己的工作就是這個吧」，但其實是自己誤會了，就算日後發現其實並不是那麼喜歡，也不會感到失望。

假如13歲的你對太空人感興趣，那麼理當會想知道關於宇宙的事情，想必會閱讀有關外太空的書籍、觀賞相關電影及電視節目。在那之中，或許也會對太空電梯之類的搭乘工具產生興趣。之後，也許還會被太空電梯的牽引曳帶所使用的奈米碳管等新材料所吸引，進而對奈米這種尖端科技產生興趣也說不

定。對一項事物產生興趣，其背後存有一個龐大情報及知識入口。也就是說，「相遇」的可能性會大幅增加。

## 自我探索是一種浪費？

「自我探索」這個詞彙是我最討厭的詞彙之一。依照有些書的說法，探索自我就是瞭解自己是何種人、想要成為何種人、會因為何種事情而快樂、回顧過去並展望未來、找出自己的價值觀等等。然而，這些問題的答案都不在自己身上，只能在別人及與感興趣的事物相遇後才能發現。想知道自己是何種人、對何種事物感到好奇、會因何種事物感到開心，想要知道這些答案，並不是要探索自我，而是要透過與他人交往、與自己感興趣的事物相遇才能得知。

20多年前，我曾經開車穿越撒哈拉沙漠。一望無際的撒哈拉沙漠除了沙及沙丘外，什麼都沒有。時速120公里，奔馳在沙漠中，開了幾小時，景色完全沒有任何變化，只是在一片伸手不見五指的黑夜裡行進著。在那樣的時刻，人會開始尋找自我。景色絲毫沒有改變，周圍也空無一物，我不禁思考著，自己到底是什麼樣的人。然而，即使提出這樣的疑問，也找不到答案。因為，自我探索是沒有答案的。

因為沒有答案，所以自我探尋是一種浪費。人們應該要做的是，瞭解我們與我們所生活的社會及廣大的世界的連結方式。要瞭解這個社會及世界有很多種方式，最為人所熟知的就是讀書。但讀書這件事，並非是所有13歲的孩子都喜歡的事，應該也有13歲的孩子讀起書痛苦不已的吧。但若想著讀書就能與「有興趣的事物」、「喜歡的事物」相遇，讀書這件事本身應該會讓人深切期待吧。相反地，瞭解什麼是「有興趣的事物」、「喜歡的事物」的13歲，及做著「適合自己工作」的大人，是不會被「自我探索」這種詞彙所困惑才是。

## 職業選擇人。然而……

我們常聽到「並不是人選擇職業，而是職業選擇人」這種說法。舉例來說，身高只有155公分的女性擔任時尚模特兒的機率極低，因為時尚模特兒這種行業需要的是身高夠高的人；近視的人當然不可能從事飛機駕駛員及賽車手；要花15秒才能跑完100公尺的人也不可能成為足球選手；無法讀樂譜的人便無法進入交響樂團演出。不只是藝術、演藝或職業運動，專業性越高的行業，可以從事的人就有越多的限制。

職業選擇人是一個事實。但13歲的你們，就算身高只有155公分，也無須放棄模特兒的夢想，無須放棄對時尚及模特兒行業的憧憬。帶著對時尚及模特兒行業的興趣，深入瞭解時尚世界，必定能發現其他各種相關職業。例如：攝影師、皮件及珠寶配飾的設計師、髮型設計師、美容造型師、美甲師、時裝秀導播、雜誌編輯、時尚評論家等，這些職業並不受身高的限制，而且也可以充分

享受時尚的樂趣。

## 人與社會、世界的連結

所謂的職業並不只是賺取金錢的工具而已，還可因為從事該項工作而獲得生存下去的充實感、成就感、朋友及同伴。此外，更因為透過工作，得以學習各項資訊、知識、技術及技能，讓自己獲得向上的動力，並理解這社會的組成及世界正在發生的各種事物。總而言之，職業可以說是人與社會及世界的連結，是彼此之間的橋梁。

## 透視當今社會

### 1.雇用環境的惡化

關於「職業選擇人」的這個議題上，並不只是要思考什麼是「適合自己」，對社會現狀的瞭解及掌握當今社會所關注的動向，也是非常重要。社會總是處於不斷地轉變中，特別是這幾年，也就是這本書的舊版出版後至今的這段期間，變化更是劇烈。其中，最大的變化在於雇用問題上。不只是勞動者單方面本身，其與提供工作的經營者的關係，基本上也處於惡化之中。

主要包括汽車、精密機械、機械零件、電器製品的出口，日本的經濟仍處於成長之中，然而勞動者薪資並未提高，身為非正式員工的派遣人員，也就是立場更為薄弱的勞工不斷地增加。即使是正式員工，多數人也都處於長工時及加班時數不斷增加的職場環境中。社會上出現了許多「窮忙族」，也就是有工作的窮人，為了生存，領取勉強糊口的薪資的年輕人也有增加的趨勢。

此外，無視於惡化的環境，日本政府不僅不重視年輕人的職業教育及職業訓練，更可說是完全提不出對策。此外，有關醫療及照護現況、農業、漁業及林業等產業，更存有嚴重的問題。關於第一級產業（指直接從自然界獲取產品的產業）的現狀，本書將會進行說明，請自行參照P.485。

全球的景氣衰退，對於日本社會將產生何種影響？藉由出口汽車及平板電視到美國及西歐等國家賺取外匯的方式，未來可能將無法再繼續下去。美國藉由販賣高風險金融商品並揮霍金錢，也已不再行得通。西歐因為歐盟的成立而有所成長，然而現在英國、法國及德國等主要國家經濟疲弱，也已不再有過去的榮景。日本雖然必須振興國內的經濟活動，然而，年金、醫療及照護等社會福利措施讓多數人漸感不安，國民也開始省吃儉用。

以美國和西歐為中心的世界，受到中國及印度、俄羅斯和巴西等新興國家經濟體成長的影響而產生巨大的變化，日本當然也深受衝擊。日本社會將受到多大的影響，如今尚不得而知，但可以確定的是，未來的10年間，全球經濟情況不可能會好轉。政府並沒有足夠的金錢，因此要改善年金、醫療和照護等問題是相當困難的事情。在大多數人都處於不安的情況下，經濟情況要急速好轉

是不太可能的事。

## 2.今後的日本社會

今後的日本社會將持續維持現狀，我所擔心「經濟差距」及「貧富差距」還會持續加大。目前的不景氣，不只是全體國民被經濟問題所苦，更有一部分人過著不自由的生活。接下來，沒有專業知識、技術及能力的人，生存課題可能會變得更為嚴苛。

## 社會貢獻及職業

面對社會該抱持何種想法，與社會未來的關聯會是如何，這些都是在選擇職業時重要的思考方向。現在我以公平貿易為例來進行說明：

現今許多企業都會在開發中國家設立工廠製作商品，因為開發中國家的勞動薪資比已開發國家來得低廉。以日本為例，雇用勞工1小時的最低薪資要達到600日圓（台灣於2013年1月1日起，最低時薪為新台幣109元），但若是孟加拉共和國政府，制定的每月最低薪資約為3000日圓。1個月3000日圓，若以每個月工作20天，1天工作8小時來計算，1小時的薪資不過19日圓。同樣的勞動，薪水付的越少，對企業就越有利。

諸如孟加拉這樣貧窮國家的人民，即使是這樣少的薪水也要工作。許多為了盡可能提高利潤的企業便利用這種情況，只付出勉強符合最低限制的薪水，並且隨時都可以依自己的好惡開除工人，甚至關閉工廠。相對地，公平貿易追求的不只是利益，公平貿易所揭示的，是希望能提供開發中國家的勞動者工作的機會、公正的薪水、沒有性別差異、安全健康的勞動環境、重視自然環境、從事公正價格的交易及支付適當的薪水、守護孩子們的權利，是個帶著敬意與信賴感的基準，所從事的良心運動。

印度裔英國籍的Safia Minney女士，以日本和倫敦為據點，創立了People Tree這個實施公平貿易的時尚品牌。Minney女士年輕時在世界各地旅行，看到了已開發國家的某些人壓榨開發中國家的勞力。Minney女士原本在倫敦擔任雜誌編輯，隨著先生轉職來到日本，得知了公平貿易運動之後，便開始投身這項運動。

Minney女士委託孟加拉、南美的祕魯、非洲的肯亞等地生產自己設計的服飾，付出公正合理的薪水，再把商品販售到全世界。在印度則是停止使用大量農藥栽培的棉花，開發出有機棉花。此外，更委託倫敦著名設計師，設計出時髦的服飾，讓People Tree這個品牌受到更多人喜愛。Minney女士的時尚經營理念是──比起自身的利益，更重視讓更多窮人獲得幸福。

不過，所謂的公平貿易若是不改變成商業經營模式，就無法獲得利益，也無法持續經營，更無法繼續提供開發中國家人民工作，因此，提昇獲利也是最

優先的考量。像Minney女士這樣的經濟活動，未來應該也會獲得許多人的支持。公平貿易是可以讓世界變得更好的正面力量。比起提高獲利，賺取更多的金錢，住進大房子，有更多的日本人願意為了實現公正的社會及世界的理想而努力工作著。

然而，對社會有貢獻的工作，並不會比單純考量利益的工作來得簡單。即使是Minney女士，也是因為有倫敦雜誌社的編輯經驗及自己對時尚的品味，才能支持公平貿易這項挑戰。像是公平貿易這樣以社會貢獻為目的的工作、職業，如果不是有「適合的人」，及想要成為「適合的人」的努力，是絕無法實現的。

## 職業與欲望

### 1.獲得想要的東西

有齣韓國連續劇名為《加油！金順》。故事主角金順在非常年輕時就結了婚，但丈夫卻因交通事故而去世，她成了一個帶著小孩的未亡人。金順將小孩託給先生的父母照顧，下定決心成為美容師而到美容院當學徒。美容院經營者的兒子——醫師具再熙則是愛上了金順，但金順一開始卻拒絕了具再熙的追求。

金順向具再熙說：「我到現在為止，還未曾想過要擁有何種東西。身邊的人給我什麼，我就照單接受，滿足地活到現在。但是現在，我有生以來第一次出現了想要的東西，那就是美容師這項職業。我想盡早成為獨當一面的美容師，養育我的小孩。我不想一直靠公婆來照顧我們。所以，請你忘了我吧。」

金順這位韓國年輕女性，有生以來第一次拚命想要獲得的東西，就是美容師這項「職業」。

### 2.金錢

想獲得什麼東西，首先就要知道自己到底要什麼。然而，並不是多數人都知道自己想要什麼。小時候，經常會想要零食或玩具，只要有錢，就能輕易買到零食及玩具。然而，小孩子本身並沒有錢，還是要等父母等大人買給他們。父母買來的零食和玩具，是「給予的」、「收到的」，這跟靠自己的能力獲得自己想要的東西截然不同。

自己想要什麼，這答案意外地困難。多數人會回答「金錢」。金錢確實是生活必須要件。可以用來交換各式各樣的商品及服務，可以買喜歡的音樂、時髦的衣服、吃好吃的美食，到國外旅行。而且，如果有錢，也可以避開一些不幸。特別是結婚之後，小孩出生時、生病時，或是一個人年紀大了之後，金錢是非常重要的東西。

但也有金錢絕對買不到的東西，那就是人與人之間的信賴。不管有多少

錢、面前堆了多少金錢，也絕對買不到他人的信賴。就算是付錢買了朋友、戀人或是同伴，那些人也都是看在錢的份上，一旦錢沒了，他們也會跟著離開。家人與朋友之間的關係，最重要的就是人與人的信賴。因此，把金錢當成職業、工作的最優先目標並不是件壞事，但這樣一來也很容易失去家人與朋友等生命中重要人士的信賴。光靠金錢是無法獲得人生最重要的信賴的。

### 3.地位與名聲

我想，應該有很多人把「地位與名聲」列為最想要獲得的東西。大家都想要被周圍的人所尊敬、被慎重對待，成為眾人都重視的人吧。與其被周圍人們漠視，應該更想被溫暖而熱情地對待。

但該怎麼做才能獲得地位與名聲呢？在這世上，也有非常年輕就獲得名聲，成為名人的人。我在24歲時就因為寫作而得到芥川賞，成為名人，但我其實並沒有想要藉由得獎來成為名人。當時的我只能靠著寫小說維生。芥川賞及名聲對我來說，是寫完小說之後，像是附錄之類的東西。雖然是好事，但我也曾深感不安，這麼年輕就成為名人，接下來還能以作家身分繼續下去嗎？我也只能藉由不斷寫小說，才能逃離這樣的不安，並且一點一滴建立自己身為一個作家的自信。

人會想獲得地位與名聲，是非常自然的事，並不是件壞事。欲求與欲望，可以激勵我們完成某些事情。只是問題在於，藉由什麼方式來獲得地位與名聲。不瞭解這個的人，再怎麼焦慮也得不到。而多數人都是靠著職業、工作來獲得地位與名聲。的確，若是拿到奧運金牌，就能得到地位與名聲，但這樣的人，全日本大概也不過10個人左右，不僅需要非常大的努力，而且奧運四年才舉行一次。

也有一些女性因為與國外的王室及貴族結婚而獲得名聲及地位，日本也有一些人與富豪或名人結了婚而成為名人。只不過，結婚必須要有結婚的對象才能成立，並不是靠努力就能實現。無法靠自己的努力而實現的事情，便無法當成目標。

### 4.自由

想獲得什麼東西的問題中，有不少人會回答自由。自由有各種意義。在法律及道德容許的範圍內，自己想做什麼就做什麼、不用在意他人、不限制及強制他人及組織的發言及行動、照自己的意思說話行動等等。我則認為，自由代表的是我可以自己「選擇」。不是自己被容許可以做什麼，而是可以選擇自己的發言、要做的事及思考方式。

我從小就無法早起。我之所以選擇當作家就是因為——就算無法早起也能勝任。我都是在家或是在飯店寫稿，因為不需要到公司或辦公室，所以不需要

在規定的時間內起床。我說的自由並不是指我想睡覺的時候就可以睡覺，而是我可以自己選擇起床的時間。

但自由也會讓人感到痛苦。公司的經營陷入困境，不裁員就得宣布破產，在這種時刻，經營者不得不選出被裁的員工。由經營者來決定要裁掉那位員工，選擇哪位員工，是經營者的自由。但是這種自由應該不會讓人感覺愉快。選擇變得不快樂，也就是說，自由也有不快樂的時候。然而，我們還是每天透過不同的選擇，繼續生活下去。13歲時，我們的選擇是搭公車還是走路？有點發燒時要不要去保健室？中午休息時間是要讀書還是跟朋友聊天？放學後要跟誰去玩？要選擇時，可以自由地「使用」。

自由的人生是怎麼一回事？不會受到公司及家庭束縛的遊民們可以說自己是過著自由的人生。自由若只是隨心所欲地活下去，那麼遊民應該是自由的吧。然而，若自由是代表可以選擇，那麼答案就完全不同了。遊民肚子餓時，沒辦法選擇自己可以吃什麼。一旦生病，要不要去醫院，要去那間醫院，也沒有選擇的權利。所以可怕的是，遊民是過著相當不自由的生活。自由，也就是選擇權，雖然也有令人痛苦的時刻，但應該是我們所擁有相當重要的權利。

漫漫人生中，什麼是我們最重要的選擇？也就是說，我們要過何種生活，要如何活下去。如何活下去的這個問題，等於是問，我們要跟這個社會有產生何種關連。人沒有辦法自己獨自生活。如同先前所述，我們是透過職業與社會產生連繫。也因此，選擇如何生活下去，跟選擇何種職業是相同的問題。但是要非常注意的是，我們選擇的是職業，而不是企業。

## 因職業而獲得的東西

金錢是生活中非常重要的東西，產生想獲得地位及名聲的欲望，也是極其自然之事。我也非常想要錢，更不想失去地位及名聲。隨著年齡增長，身體變得虛弱，手上沒有充分的金錢，身邊的人也不會尊重你，被輕視地活著是非常痛苦的。所以，為了獲得金錢、地位及名聲，最有效率的方法，就是做「適合自己的職業」。

我是個對金錢、地位及名聲貪得無厭的人，但在寫小說時，卻完全不會考慮到金錢、地位及名聲這些事情。我之前也提到過，我並不是很喜歡寫小說，但這的確是「適合我」的工作。寫小說並不會讓我感到痛苦，我也能集中精神，發揮百分百的能力，其他事情則完全不在乎。這本小說到底能不能大賣、身為一個作家，評價是否能提昇等事都無所謂。「適合的職業」就是這麼一回事吧。可以讓我們專注地工作及作業。然後，完成一件作品後，那件作品能夠讓許多人開心興奮，運氣好的話，金錢、地位及名聲就會相繼而來。

透過職業、工作，我們獲得了許許多多的事物。金錢、地位及名聲有時也會伴隨而來。然而，不只是這些。不要忘了，我們是透過職業而與社會產生連

結的。與社會連結的感覺非常重要，因為我們可以得到被社會需要、被他人認可的感覺。透過職業的勞動，獲得了充實感與成就感，也得到朋友及同伴，透過屬於某集團及社會，而確認了自己的歸屬感。

我們人類的祖先，有非常長的一段時間跟類人猿一樣，是用四隻腳走路。然而，在某個階段有兩隻腳站了起來。為什麼會開始只需用兩腳走路，我們並不清楚，但只利用兩腳走路，卻開始產生了明顯的變化，因為空出了兩隻手可以使用。用兩隻腳走路的人類祖先，可以自由使用雙手狩獵、採收水果及穀物等，讓家人及朋友「帶回家」。

人類的一個最大的特徵就是會跟家人及朋友共同進食。將狩獵得來的肉類、採集而來的水果及穀物帶回家的人，應該會感受到來自家人及朋友的喜悅之情。為了重要的人而去做某些事，自己也會感到開心，而這也印記在生活於現在的我們身上。就如我不斷強調的，總之，我們就是透過職業而與社會連結。因此，在選擇職業這件事情上，面對他人、社會及世界，同時也是在回答，自己想要做什麼、自己可以做什麼的大問題。

## 13歲沒有焦慮的必要

### 1.28歲這個年紀

閱讀完這篇長長的序文，或許有13歲的少年少女會不安地想著，選擇適合自己的職業真的好困難，我可以做得到嗎？當然沒問題。完全沒有焦慮的必要。我所認識的教育學者、經濟學者都認為，28歲這個年紀才是決定職業的年紀。接受教育、出了社會，過了一段時間，約莫28歲前後，會開始思考自己該如何生存下去，也就是說要選擇什麼樣的職業。28歲時決定自己的職業之後，一直到35歲之間，就是累積該項職業所需的訓練及經驗。

28歲的這個年紀，若以職業足球選手或是棒球選手而言，可稱為全盛時期。體力、技術及精神的各項平衡都屬於最佳的狀態。過了28歲之後，生理學上體力會逐漸衰退，取而代之的是經驗與知識的增加。28歲的這個年紀，也許可以說是年輕的大人及成熟的大人之間的「中間點」。13歲的話，28-13=15，這麼長的一般時間，就當作是累積自己的資源，是非常充裕的時間。

### 2.豐富的時間資源

接下來的15年間，該做什麼，是大家的自由，是各位自己的選擇。有人會選擇升學，應該也有人選擇出社會就業。也有人會接受職業訓練，考取資格證照。每個人的條件不同，但所擁有的時間都是一樣的。面對社會，比起那些完全不去想自己究竟想做什麼事、可以做什麼事、要如何活下去、什麼是「適合自己的職業」而渾渾噩噩地過了4年大學生活的人，認真去思考這些問題的勞動者，或許更為有利也不一定。

首先，請一定要抱持著：無論何時，一定會遇見「適合自己的職業」的信念。這種信念可以防止自己的好奇心遞減。對任何事物都抱持著興趣，可以提供嘗試任何事物的勇氣。

### 3.馬上就辭掉工作的年輕人

最近有很多年輕人從學校畢業後就職，接著就馬上辭掉工作。當然其中也有一些沒有忍耐力的大人。但是，我認為馬上就辭掉工作的大多是年輕人，但也是理所當然的事。因為派遣員工及非正式員工的工作環境非常惡劣，若是沒辦法成為正式員工，又被要求長時間加班，帶著不知何時會被裁員的不安，而且可以安心一輩子都在此工作的職場及職業太少的關係。所謂沒有忍耐心，是過去只要一進入公司就可以安心工作一輩子的老一輩的人的邏輯。過去經濟高度成長的年代，只要在公司忍耐下去，總會有薪水調漲的一天，但現在卻不是如此。

進入社會工作時，不知道那時的工作、職業是否適合自己的人確實不少。但無論如何還是先盡一切的努力試試看，這是非常合理有效的方法。不集中精神努力的話，就不會知道那份工作、職業是否適合自己。而且，傾注努力、集中精神時，會有各種各樣的發現，因此而發現重要事物的可能性就會大大增加。

我覺得自己「適合」寫小說，是在我以小說家出道後又過了好幾年之後的事。在寫某一個長篇小說時，是在群馬縣溫泉鄉外圍的一個山莊，是一個非常遺世獨立的地方。四周除了林木以外，什麼也沒有。這種地方只要住上兩天就會厭煩了吧！我想。可是，我在那個山莊待了一個多月，持續不斷地寫小說。我並不喜歡寫小說，但在那瞬間，我第一次感覺到，說不定我是適合寫小說的。那本小說完成時，我剛好28歲。28歲的我，決定要當個小說家。

## 別讓自己的好奇心消失

現今是個很難生存的年代。我很慶幸自己並不是現代的年輕人。年輕人的想法比較柔軟，善於對應新的技術及流行。只是，現在是不太有變化的時代，很難活用這項優點。而且不論哪個時代，社會的矛盾及不公平，年輕人被大人壓迫的情況並無不同。戰爭中，士兵被送往戰地，被強迫成為特攻隊，從事沒有常識的自殺行為。

就像前面所提到，百年一見的不景氣正在持續之中，窮人增加、國民之間的貧富差距日漸加大。政府及行政單位應該要有所作為，但若光是期待行政單位，現實上很難生存下去。為了謀得一份工作，以前所想像不到的高度能力要求，現在則只是基本要求。由於科學技術及生產技術的急速進步，各種工作的內容變得高度複雜化。IT及電腦相關產業的術語及其他更為廣泛的範圍，不加以

學習的話，就職之路一開始就會被封閉起來。

　　但即使如此，所有的孩子及年輕人都不應放棄，而是要繼續活下去。不要被騙，不要讓自己的好奇心消失，對各種事物展現強烈的興趣。那麼，一定可以與孩提時期是「喜歡的事物」，成長之後「適合自己的職業」的事物相遇。這本增訂版，若能夠提供些許的參考，對身為作者的我而言，便是再高興不過的事了。

# 作者序

面對一位13歲、或13歲上下的小孩時，最重要的事情，莫過於讓他時常抱持著好奇心，或盡可能地讓他去找尋自己感興趣的事物。還記得中學的時候，我常常因為擾亂秩序或不聽從校方指導而被體罰，因為我很不喜歡一味地服從老師、大人們的指示或命令。我覺得並不能只是不明究理地服從，自己思考過後，我會向老師或身邊的大人強調他們的做法不公平或是不合理，也因此老是挨大人們的罵。但是，正因為喜歡自己思考，我並沒有被老師或大人所蒙蔽，所以才能一直抱持著好奇心。

孩子們都會有好奇心。好奇心這種東西，是人在長大後賴以獨立生存的技巧（或說是專門技術）之一，因此這方面的訓練顯得格外重要。大人們的所作所為不應該剝奪小孩的好奇心，反而應該提供各式各樣的選擇。雖然實行起來有點困難，但是大人們還是要告訴孩子：除了要有好奇心之外，能夠抱持著好奇心享受生活是多麼美好的一件事情！如此一來，小孩自然而然地就會去探索自己感到好奇的事物。對於孩子來說，如果能盡早選擇他們喜歡的學問、運動項目、技術或職業的話，那對於他們未來的發展會更加有利。

## 認為工作辛苦，是錯誤的想法！

這本書的目的，是希望能以每個人好奇的對象作為基準，介紹與該對象有關的工作與職業。大家都會覺得工作很辛苦，但我覺得那是錯誤的想法。就像我的工作是寫小說，雖然這不是件輕鬆的事，但是我腦中從來沒有因為工作辛苦而出現放棄的念頭。之所以沒想過要放棄，是因為這份工作讓我感到很充實。我想在我的人生中，應該沒有別的工作能像寫小說一樣帶給我充實感了。正因如此，我才能夠持續不斷地創作小說。

那麼你或許會說，小說這種東西誰都會寫，但那是不一樣的。對我來說，一天寫稿12小時，就算這樣持續幾個月或是幾年都沒關係。因為我覺得寫小說是相當適合我的工作。如果是不想寫的人，只是讓他看著稿紙2小時，應該就會覺得不耐煩了吧。這工作或許不是很輕鬆，但我沒想過放棄，反倒是如果失去這項工作會令我相當懊惱，因為這是適合我這個人的工作。每個人都可以找到適合自己、而且和自己能力相當的工作。就是因為希望讓絕大多數的小孩盡快找到自己想從事、同時也適合自己的工作，所以我才寫了這本書。不過，這本

作者序

書並不是要告訴孩子應該從事什麼行業，或是向他們推薦什麼好工作。我不清楚每個人的特性，也就是每個人所具有的獨特資質與天分，那是一種唯有自己才能發掘得出來的特質。因此，這本書只不過是提供大家一些選擇的方向。只要稍微翻閱這本書，或許就會大略知道在現代社會裡，的確有許許多多的行業與工作。而且，也出現了許多十幾年前還沒有的行業。例如看護管理師（Care Manager）、指甲彩繪師，還有網頁設計師等工作，這些行業都是十幾年前所沒有的，就算有，也相當少見。

以前，絕大多數的人都會想像自己的孩子長大後會在哪個大公司上班。這裡所謂的「以前」，是指戰後處於貧苦時期的日本，也就是正拚命地想要追上歐美先進國家的那個時代。我現在已經62歲了，在我小時候，家裡面幾乎沒有什麼電器用品，唯一的電器用品只有從天花板垂下的電燈泡和收音機，那樣的生活一直持續到我上幼稚園。不僅我家，那個時代絕大多數日本家庭都是過著如此貧苦的生活。家裡面開始有電視、洗衣機以及電冰箱等，是我上小學時候的事了。

那時，幾乎所有的日本人都為了要儘速脫離貧困生活而拚死拚活地工作，大量地生產比歐美國家物美價廉的商品以賺取外匯。上班族努力賺錢、存錢，再將積蓄拿來購買能讓生活更加便利的電器用品、汽車以及新房子或新公寓。大家辛苦地拚命工作，存了錢後去購買民生必需品。結果是所有商品的銷售量持續暴增，新的住宅與公寓也開始興建，同時開發住宅用地與工業用地，道路、自來水工程、衛生下水道、橋梁、隧道、港口、機場等社會基礎建設也都隨著景氣發展而往前推進。我們一般將那個時代稱為高度成長期。

生活富裕基本上是件好事。最好的例證就是若直接和戰爭剛結束的時期相比，高度成長時期的日本人民平均壽命有大幅延長的趨勢。平均壽命增長不僅是指老人活得更久，同時也代表著嬰幼兒死亡率降低，而這是戰後日本平均壽命的首次成長。高度成長期之前的日本，因為營養失調、疾病等因素，造成許多嬰幼兒的死亡。上下水道的設置不完善，生活環境不衛生，導致夏天一到，大量的蚊蟲孳生，許多小孩因為罹患日本腦炎而喪命。另外，那個時代也沒有健康保險制度，許多人因此沒有能力接受醫療救助。

高度成長的經濟改變了日本。戰後初期的日本，處於類似現在的阿富汗或伊拉克那樣的狀況之中，不過現在日本已經是一個嬰幼兒不易夭折的社會。這真的不是一件簡單的事，當然這過程當中也付出了不少代價。最大的代價莫過於我們對於環境的破壞。工業化的進展，住宅地的開發，許多水庫、道路、隧道的建設，都使得我們原本美麗的自然環境受到嚴重的破壞。雖然如此，高度成長在整體來說並非是件錯誤的事情。環境遭到破壞與汙染，固然得花費很長一段時間來加以修復，但是我們也因為高度成長獲得富裕的生活與各種發展的可能性。

在1970年代左右，高度成長期結束了。電器用品、住宅、家具與汽車的銷售熱潮退去。這是因為人家原本感覺生活必需品不足，又有無論如何都想要的物品，因而創造出持續增長的需求量。但現在，應該家家都有電視機了，日本人爭先恐後搶購電視機的時代已經過去。有人說，電腦和手機是日本人想要的最後兩樣東西。現代的經濟狀態已經改變，企業的經營與雇用體制也改變了，整體社會都變了。到了1980年代末，原本資本主義與社會主義兩極對立的世界基本體制，亦即冷戰體制，也結束了。網際網路所引發的通訊革命，在改變世界浪潮中發揮了推波助瀾的力量。

## 終生雇用制已崩解，這就是我們身處的時代！

大家可以從電視或是報紙報導中知道，現在的日本正處於長期經濟不景氣之中。為什麼會變得那麼不景氣呢？日本經濟真的不行了嗎？我並不這麼認為。高度成長期結束後，日本社會已經產生了很大的轉變。另外，冷戰結束後的世界，也有很大的變化。但是，一直到今天，日本的體制或制度，幾乎和高度成長時期一樣，並沒有什麼大改變。也就是說，面對國內外環境的轉變，日本並無法妥善地應對。不僅是制度方面不能對應環境變化，就連每個人的想法與觀念，仍然停留在那個經濟高度成長的時代。高成長期下的思維與想法，對於日本人與日本社會來說，都是非常鮮明的親身體驗，而且是相當成功的經驗。也因此，要扭轉日本人這種舊想法與舊思維遠比想像中來得困難。

例如，因為經濟變化的影響，在經營的方法與雇用的型態上都產生了急遽的變化。在高度成長的時期，幾乎所有的大企業都是高獲利，一旦進入一家公司工作，就要投注一輩子的時間在該公司，這是當時日本社會普遍的認知。因為總是有獲利，所以沒有必要裁員，又因為商品的銷售量年年增長，所以年年都需要新進人員。但現在，一切都不一樣了。情勢瞬息萬變，企業間的競爭也非常激烈，終身雇用原則已經崩解了。一旦進入大公司就不愁吃穿的時代，也已經過去了。現在，即使是大企業，也有不少公司面臨倒閉，或是靠著借款與稅金補助才得以延續經營，其他中小企業的狀況就更加慘澹了。公務員呢？政府公家經營的機構，應該沒問題吧。如果你這樣想，也錯了。因為還不出錢而面臨危機的地方政府逐漸增加；另外，因為國家財政也面臨困境，公務員同樣面臨到裁員問題。其餘免於裁員命運的人，薪資也縮水了，甚至可能連退休金都拿不到。這或許就是我們即將面對的時代。

## 老師和父母也不知道，接下來該怎麼辦！

考上好大學，就能進入大公司或政府機關工作，從此過著安心穩定的生活，這樣的時代已經結束了。不過，我想，現在大多數的老師或父母還是會對孩子說：「好好唸書，考上好學校，以後才能到大公司工作。」既然就算好好

唸書考上好學校之後進到大公司工作，也不能安穩地過日子，為什麼大多數的老師和父母還是要對孩子說同樣的話呢？那是因為，大多數的老師與父母，也不知道該怎麼做才能好好過日子。因為讀書、考上好學校、到好公司工作這樣的生活方式，對他們而言就是一切，除此之外的生活方式，他們一無所知。

那麼，到底該怎麼過日子呢？這是個非常難回答的問題。每個人針對這個問題，應該會有各種不同的想法吧。但簡而言之，用容易理解的說法來說，就是當孩子長大成人之後，為了獲得生活所需的糧食，就一定要從事某種工作或職業。就算是需要社會救助的身心障礙者，也一定有適合從事的工作。

工作，可以供給生存所必需的金錢和生活所需的充實感。或許，金錢和充實感，才是這個世界上最重要的東西吧。孩子將來長大成人之後，如果一定要以某種方法獲得生活上必要的糧食時，與其心不甘情不願地從事自己討厭的事，倒不如讓他們做自己喜歡的事情。

## 失去好奇心，等於失去探索世界的能量！

如果能從事自己喜歡的工作來過日子的話，那是再好不過的了。我認為世界上只有兩種人。並不是「偉大的人和普通的人」，也不是「富人和窮人」，也不是「好人與壞人」，亦不是「能言善道的人與遲鈍的人」。這裡講的兩種人，是「從事自己喜歡而且適合的工作，並以此為生」的人，以及不是那樣的人。然而，如何才能瞭解自己喜歡什麼、適合什麼，以及自己的才能在哪裡呢？我覺得最重要的武器就是好奇心。一旦失去了好奇心，就等於失去了去探索世界的能量。這本書就是為了結合每個人的好奇心與未來可能從事的工作，而介紹各種可能的選擇項目。看完這本書，我想你一定可以瞭解到這個世界上其實有各式各樣的職業工作型態。我想再次強調，適合自己的工作絕對不會是辛苦的事。不管怎樣的工作，只要適合自己，就能讓你感受到意想不到的樂趣。

這本書之所以取名《工作大未來──從13歲開始迎向世界》，是因為13歲這個年齡的孩子，正站在成人世界的入口。在美國，孩子到12歲之前都是屬於被照顧的對象，但是一旦過了13歲，反而可以開始從事保母這類的打工。在現在這個時代，面對現實環境總會有迷惑與不安的時候。對於自己究竟要度過怎樣的人生感到茫然不安，反而會覺得不如停留在孩童時期還比較輕鬆快樂一些。事實上，這樣的不安與困惑都是因為有了自由與可能性。日本江戶時代有嚴格的身分世襲制度，出生農家的子弟百分之百必須繼續務農。所以，江戶時期的孩子，從來不會對自己將來要從事怎樣的行業煩惱不安。

現在不同了。13歲的孩子擁有非常大的自由與發展可能性。正因如此，面對無限寬廣的世界，就會覺得不安與迷惘。我認為，工作或職業就是通往現實之寬廣世界的入口。我們都是透過自己的工作與職業，才能去觀看、去感受、

去思考我們周遭的世界並且做出反應。也就是藉由我們的工作與職業去接觸這個世界。現在，正處於工作方式與就業型態逐漸轉變的時期。例如，有些公務員會在公務之餘，也參與NPO（非營利組織）的活動。也有人以約聘的身分，同時在數家公司裡工作。也有人當飛特族（註1），一邊打工賺錢，一邊準備參加就業資格考試，或是存一筆錢當作海外留學的資金。

　　這本書中介紹的數百種行業當中，請你試著尋找你覺得好奇的對象。你覺得好奇的事物，在未來或許會成為你的工作與職業，那也會成為你進入寬廣無邊的世界的入口。

作者序

註1：飛特族（freeter）為1980年代後期出現於日本社會的新辭，意譯即為「自由打工族」（由英文的「free」加上德文的「arbeiter」組合而成），指靠打工維生的年輕人。

# 不論幾歲都能
# 邁向工作大未來──
# 讓自己跟孩子一起找到天職

文／劉黎兒（名作家、日本文化觀察家）

雖說這本類似「職業圖鑑」的書標榜是給13歲的孩子看的「紙上職業介紹所」，但剛從小學畢業的13歲小孩因人而異，有的孩子已經開始立志將來要做什麼，有的人對於「職業」或是「職業介紹所」等玩意完全沒概念，也不見得感興趣。因此這本書在日本銷了120萬本，大都不是小孩子自己買的，而是父母買給孩子看居多。有的是父母看了之後，重新意識到世間還有這麼多種職業，然後告訴孩子；也有23歲、33歲、43歲甚至53歲的人買給自己看，讓自己回到原點，反省自己是否找到天職；或是養兒育女等告一段落要復出找工作的人，也像13歲孩子般，重新思考自己到底做那行最合適？

2001年2月村上龍訪台時，我在日本羽田機場的候機室裡訪問了他，當時村上龍曾經跟我提起他的兒子。因為有兒子，讓他能持續關心年輕人在想什麼、需要什麼。他的兒子現在算起來已經大學畢業，或許因為經歷了兒子的成長過程，他很清楚應該在什麼時候給年輕人什麼。

## 通往希望之國的處方籤

寫本書之前，村上龍於2000年發表了《希望之國》，以小說來點破義務教育的困境，描述擁有知識、技術的國中生在提供義務教育的學校裡無法得到滿足，16歲的主角覺得「這個國家唯獨缺乏希望」，結果走上拒絕上學之途、建立遠勝過大人世界的國度，經過絕望之後，才有希望。其後村上又於2001年寫了《最後的家族》，也是用小說方式來探討各種家庭問題，尤其是家中閉門不出的大孩子引發的煩惱，並對於家庭或社會「救」與「被救」的角色提出質疑，打破傳統家庭中「家族非要一起吃飯不可」等強制性的幻象，然後小孩與大人的身心才逐漸得到自立。

但是要自立，甚至要建立希望之國，還是得回到對現實就業或創業的認識，這本列有近600種職業的百科圖鑑，就是村上龍針對《希望之國》以及《最後的家族》所開的現實處方箋，也是日本社會中尼特族（註1）和繭居在家不出門年輕人（註2）的預防針。現在在日本，15至24歲的年輕人中幾乎有一成是失業者，亦即尼特族或繭居不出門者；日本政府很傷腦筋，針對尼特族設立了「自

立塾」而且打算新增撫養家屬的年齡限制，將一些成人尼特族、飛特族（自由打工者）等排除在父母稅金扣除對象之外，採取各種對策。

## 認識職業選擇的無限可能

日本因少子高齡化以及2007年團塊世代大量退休潮，勞動需求增加；單純的作業IT化，而繁複的工作都由正式員工承擔，正式員工將會需要比較高的能力，工作意願低的年輕人或是低學歷者很難成為正式員工。而且現在日本拒絕上學的人數依然非常高，尼特族將會持續大量增加。根據日本2000年度的國勢調查顯示，尼特族以及閉關不出門的年輕人達75萬人，閉關不出門者占15至34歲人口的2.2％；預測到2020年時將會倍增為4.8％，即超過120萬人。這讓許多父母都覺得及早培養孩子職業意識是很重要的。

正因如此，這本書成為父母爭相買來自己看或給孩子看的書，或許許多父母擔心自己的孩子也成為尼特族或繭居不出門者。日本尼特族問題從2004年秋天開始全面受重視，而村上龍於2002年便已經出版此書，等於再次走在時代尖端，很早便開始想暗示思春期的孩子們——「職業」的本色與選擇的可能性是無限的。即使自己的孩子跟尼特族問題無關，趁早讓孩子在思春期之初便認識到世間有這麼多種職業可選也很重要，讓孩子藉此稍微窺見社會的一角，否則大部分孩子只知道父母或身邊可見的有限職業。藉由這本書，孩子可以發現許多自己不知道的職業，發現自己感興趣的職業。

## 並非無所喜好，而是「不知情」

至今為止，大部分的孩子都處在「不知情」的狀況下。頂多看著電視上常出現的職業，而跟著想當足球選手、職棒選手、模特兒、流行偶像等行業，此外的大部分孩子其實都還是依大人的希望去考好學校、進入大企業上班而已，對於「職業」這件事，直到開始上班都毫無概念。但不論日本或是台灣，「讀好學校、進好企業就可以安心的時代」都已經結束了，因此從13歲的孩子到大人，都應該好好想自己到底喜歡做什麼，然後才選擇工作。

拿「喜歡」當入口去找工作，雖然不見得是找工作最好的方法，說不定會因為太有個性，而有礙早日就業，但這卻是找到自己喜愛工作的最好的方法。人分兩種，做自己喜愛工作的人與自己不喜愛工作的人，前者工作的每一秒本身是幸福、滿足；做自己不愛做的工作，則每一秒都是忍耐、痛苦。一加一減，相差太遠，找到自己愛又適合的天職，充實感、幸福度滿分，才是真正人生贏家。

雖然這本職業圖鑑設定是給小孩讀的，內容非常淺出。但人越長大，視野其實越狹窄，而且越健忘，顯然有上百萬的大人是因為這本書，才想起「原來世間還有這麼多職業、人生不是只有上班而已，即使同為上班族，也有千萬種

不同內涵」。人生只有一次，而且非常長，大人也因此重新思考什麼樣的工作才是自己喜歡的。

## 馳騁想像，思考自己的喜好

實際上看了書，或許會引發小孩很多幻想，像有孩子覺得自己喜歡火焰和煙霧，因此買書回家當天決定要當「爆破技師」，而翌日可能就換成想當「酒保」了，但想像自己有無限可能性是很重要的。書裡也有為了不知道自己到底喜歡什麼的孩子而寫的特別篇，其實連大人要發現自己真正喜歡什麼都很不容易。不清楚就不清楚，沒什麼不好，現代社會什麼都要求快快快，花點時間想想自己到底喜歡什麼、想要什麼是很重要的。尼特族或繭居自守的年輕人出現的極大原因，是父母太過功利、愛說教、強調勝負、強迫孩子要很有「出息」，或和自己從事同樣的工作，才有關係可利用等，從來沒有問小孩喜歡什麼過，讓小孩完全不想就業。

其實比起台灣等華人社會，日本社會還是比較尊重專業，職業種類還可以列出更多。孩子有圍棋、音樂、繪畫或是運動等方面的才華，父母會比較珍惜；面臨繼續學藝與升學的抉擇時，不會強迫孩子回到升學的路上。這個時代，未來是屬於有活力的人的，從事自己喜歡的天職才會有活力，才真的擁有自由、創造力，甚至財富也才會跟著來；整個社會要振興、發展時才會不缺專才、從每一角落都湧出力量來。

註1：尼特族（NEET，Not in Employment，Education or Training），是指介於十五至三十四歲，不升學也不工作，也未接受職訓的年輕人。

註2：老窩在家裡不出門的年輕人叫「ひきこもり」，其音「hikikomori」已成公認的新英文字。

# 提早和喜歡的工作邂逅

文／邱文仁（職場專家）

職場上大約可分為兩種人：一種總能投入工作並樂在其中。這些人不但有工作的成就感，也能從工作中取得較為滿意的報酬；而另一種人不得不為五斗米折腰，這種人總是愁眉苦臉，牢騷一堆，收入也總是不夠用。從我多年的觀察，兩者最大的差別，只在於是否「喜歡自己的工作」而已。

所以，找到自己喜歡的工作，是一件絕對必要的事。但一般人對於工作種類的掌握非常有限！所以，大學時可能就先隨著分數的落點起舞，分數到哪就唸哪；進入職場，又隨著主流價值起舞，挑選不一定適合自己的工作。好像人的命運不能由自己主宰似的！這不是十分可憐嗎？而年齡越大，雖然想擺脫自己的工作，卻也搞不清楚該怎麼轉換，或缺乏年齡的優勢和勇氣！

村上龍先生是我很喜歡的作家。這次他向13歲左右的讀者介紹職場及職務，不但是一個很大膽的嘗試，也讓我打從心眼認同及佩服。他認為「13歲」是進入未來成年人世界的起點，所以應該從13歲起開始瞭解各種職業，藉以摸索出自身的興趣，實為真知灼見！他分析不同職務的內涵，超越了主流的價值，他認為，不管是什麼個性的人，都絕對有最適合的出路，這點深得我心！而我也認為，找到最適合的工作，才是邁向成功、快樂、財富的不二法門。

不只是「13歲」，我認為這本書也同樣適合高中生、大學生，甚至已經進入職場的上班族來參考。我相信成年以後還不知道自己喜歡什麼工作的人，大有人在！我敢保證，這個世界不是沒有你喜歡的事物，只是你還沒有找到罷了。找到喜歡的工作，是成功的第一步，但光是喜歡還不能保證成功；過程中一定有需要學習及補強的地方，但學習也是一種極大的樂趣。

另外，喜歡的工作及事物，不會只有一種，如果能多方面發展就更好了。如果你能把眾多喜歡的事物串聯起來，那就會互相加分。例如，我曾在人力銀行作行銷的工作，但身兼作者和講師，雖是三種不同的工作，但可以相輔相成。但是，如果你喜歡的事物中間差異性太大，把它們當成工作，不一定能串聯起來，這時也請您別擔心。因為即使一主一輔，也可以讓你有多元化的知識及魅力！未來，你也有機會擁有比別人更多職務選擇的自由。

我建議你從這本書開始，嘗試和你喜歡的事物邂逅，那你已經比別人早開始踏入成功的第一步。

# 認識自我，不要忽略基礎學科能力

文／劉欽旭（全國教師會理事長）

　　台灣正在推動12年國教，適性輔導是最關鍵的工作，相較於9年國教大家關心的是如何升上國中，12年國教則不只是升上單一類別中學，因為中學至少可以粗分為高中和高職，也就是說，學子們除了應該真正瞭解自己的能力和興趣，更多的時候也要認識各類職業的工作內容和發展，問題是，若只以職業學校的群科來區分，總是感到還不夠真實，不過，這個需求現在恰好由時報出版社所出版的村上龍新書《新工作大未來》所滿足，學生、家長和教育人員，可以從這本《新工作大未來》得到更多工作的內容和發展介紹，更重要的是，時報出版社已把台灣本土職業特性加入書中，讓這本書更為符合台灣學生適性輔導之需。

　　值得注意的是，企業界有些行業甚至每分鐘都正在改變製程，同時我們也可以從大學科系名稱的五花八門新改變，清楚知道未來親師生對於職業試探與圖像建立的資訊需求會越來越快速，越來越多樣，真的需要更多元的資訊管道來加以滿足。當然，學科基礎功的重要性大於應用導向的知識，基礎學科的基礎功是種可以變化、進化的基本能力，大家在認識自我之外，千萬不要忽略了紮實自己的基礎學科能力。

# 工作大未來｜目錄

**閱讀本書之前……**｜002

作者序 ｜014

推薦序 **不論幾歲都能邁向工作大未來** 劉黎兒｜019

推薦序 **提早和喜歡的工作邂逅** 邱文仁｜022

推薦序 **認識自我，不要忽略基礎學科能力** 劉欽旭｜023

## 01／**國語文** 喜歡國語文科，對國語文有興趣｜033

其❶ **閱讀散文及小說**｜034
書店店員／評論家／在出版業工作／編輯／校對人員／二手書店

其❷ **撰寫詩歌或文章**｜039
作家／詩人／俳人／文字工作者／謄稿員‧打字員／廣告文案／速記人員／廣播電
視節目作家／電視編劇／作詞者／童話作家／和歌詩人／手機小說家
**Essay 小說家的誕生**｜047

其❸ **朗讀詩歌及文章**｜048
主播／主持人／廣播節目DJ／電視演員／外景記者‧外景主持人／雙簧表演者／
落語師／漫談家／腹語表演者／搞笑藝人／配音員

## 02／**社會** 喜歡社會科，對社會有興趣｜055

其❶ **看著地圖及地球儀**｜056
在國土地理院工作／地圖製圖員／地圖編輯／測量師／古地圖研究家／地方情報誌

其❷ **瞭解日本以及世界的歷史**｜061
考古遺址發掘調查員／古董店

其❸ **想瞭解世間事物如何連結**｜064
新聞工作者／司法代書／行政代書／專利代理人／船務代理／報社記者／公務員
（一般行政職）

其❹ **對經濟以及商業有興趣**｜070
接待‧導覽〔販售服務〕
在飯店工作／客房服務員／觀光巴士導遊／空服員／地勤人員／活動接待展售員／

男公關／女公關／祕書／家事管理（家政婦）／葬儀社／婚禮顧問／婚姻媒合／管理顧問／在廣告業界工作／經營民宿／鐵路事務／旅遊行程設計／納棺師／顧客服務中心・接線生

販賣〔販售東西〕
當鋪／票務中心／便利商店店長／便當店老闆
Essay 欲望、信用與溝通｜086

## 03／**數學** 喜歡數學科，對數學有興趣｜089

其❶ 計算｜090
消費金融／企業金融／投資金融／金融分析／基金經理人／股票交易／金融商品開發者／金融法務單位／金融資訊系統單位／保險業務／精算師／財務規劃／稅務管理師／會計師／網路股票買賣／證券分析師／編碼員
Essay 寫給立志進入金融業的少年少女們　　山崎元（經濟評論家）｜101
Essay 監控記錄資金流向的工作｜104

其❷ 思考圖形｜105
機械設計／不動產估價師／庭園設計師／建築師／土地代書
其❸ 證明公式，並加以分析｜109
西洋棋棋士／圍棋棋士／將棋棋士

## 04／**自然** 喜歡自然科，對自然有興趣｜113

其❶ 觀察、培育花卉與植物｜114
植物收集家／環境規劃師／花藝設計師／花卉布置教師／花道教授／盆栽工藝師／造園技術士／植樹工藝師／樹醫／草皮專家／植物園職員／景觀設計師／林業人員／森林官／花店／農業／花卉栽培農家／生化技術人員

其❷ 觀察及培育動物、爬蟲類、魚、鳥、蟲｜126
動物園飼育員／水族館飼育員／訓犬師／配種飼育者／寵物美容師／寵物保母／特技犬訓練師／導盲犬訓練師／獸醫師／獸醫助理／賽馬訓練師／騎師／馬房管理員／裝蹄師／家畜育種工／雛雞性別鑑定員／畜產業者／野生動物調查員／動物明星訓練師／猿猴訓練師／鵜匠／眼鏡蛇捕捉員／獵熊人／職業釣手／養蜂業／釣餌養殖／養蠶業／鍬形蟲養殖／稀少蟲類養殖／蚯蚓的廢棄物處理／昆蟲採集／飼育用品的製作販賣／釣魚船／害蟲驅除業／水族箱／飼養箱／陸地動物飼養箱／動物輔助治療員

Essay 學問本來就很有趣「其一：生物學」｜145

Essay 蜘蛛絲｜14/

其❸ **思考人類的身體與遺傳**｜149
醫師／護士／護理師／保健師／助產士／助產師／藥劑師／物理治療師（PT）／職能治療師（OT）／視能訓練師／語言治療師・聽力檢查師／牙醫師／牙科助理／牙技師／齒模師／放射治療人員／醫事放射師／醫事檢驗人員／按摩指壓師／針灸師／接骨師／柔道整復師／整脊醫師／醫療祕書／醫藥專業行銷人員（MR）／器官移植協調師／義肢矯具師／臨床工程師／醫療紀錄管理／看護助理／音樂療法師／執業護理師（NP）／專門護理師／登錄販賣業者／醫療協調

Essay 生化科技是種夢幻產業嗎？｜167

其❹ **眺望雲朵、天空、河川和海洋**｜174
氣象預報員／船員／潛水員／水中攝影師（相機）／水中攝影師（攝影機）／潛水用品店／潛水教練／養殖業／漁夫／海女・海士／河川漁夫／南極觀測隊員／經營登山小屋／大樓外牆清潔人員

其❺ **觀看或實驗火焰與爆炸**｜185
火山研究者／消防隊員／煙火師／蠟燭師傅／特效人員／爆破技師／銲接工／臭氣檢測人員／稀有金屬挖掘與銷售

Essay 火焰的魅力與魔力｜190

其❻ **觀看或憧憬星辰、宇宙**｜191
太空人／在NASA工作／在天文台工作／在天文館、星象館工作／西洋占星師／天文雜誌編輯

Essay 學問本來就很有趣〔其2：天文學〕｜196

# 05／**音樂** 喜歡音樂科，對音樂有興趣｜197

其❶ **唱歌**｜198
歌手／寶塚歌劇團／劇團四季／歌星／聲樂家

其❷ **聆聽**｜202
CLUB DJ／在樂譜出版社工作／和音樂著作權有關的工作／抄譜員／音樂會道具管理員（音樂會助手）／音響工程師／混音工程師／錄音師／音樂製作人／電子音樂作曲家／音樂CD母帶製作工程師／表演工作經紀人／舞台美術設計／背景音樂創作／舞台音響／燈光師／音控師（PA）

其❸ **演奏**｜211
樂手／古典音樂演奏家／交響樂團團員／歌劇演唱指導／指揮家／鋼琴調音師／在

樂器製作公司工作／管樂器維修師／樂器製作專家／編曲家／樂器老師／演唱會製作人／舞台總監／能樂表演者（配角、樂師、主角）／文樂表演者（大夫、三味線、人偶操控師）／作曲家／傳統樂器表演者／電動遊戲配樂師

**Essay 音樂家的幸福｜220**

# 06／**美術** 喜歡美術科，對美術有興趣｜221

### 其❶ 繪畫、設計海報、玩黏土｜222
畫家／插畫家／繪本作家／版畫家／代筆書法家、代客書寫／人偶製作師／刺青師傅／陶瓷釉彩師／書法家／電腦繪圖師（CG）／視覺設計師／美術編輯・美術設計／書籍裝幀師／角色創造／遊戲美術設計師／動物攝影師／風景攝影師／經營照相館／在攝影工作室工作／產品設計師／工業設計師／網站設計師／塑膠模型製造／經營模型店／看板職人／舞台設計師／舞台燈光師／雕刻家／媒體藝術家／漫畫家／動畫家

**Essay 一年6000個小時｜240**
**Essay 變與不變｜241**

### 其❷ 在美術館欣賞繪畫以及雕刻｜242
藝術品修復師／策展人／藝文企劃／畫廊經營者／版畫印刷師／鑄模師／博物館、美術館員／裱框師／藝術品鑑定師

### 其❸ 收集漂亮的、有趣的物品｜248
寶石鑑定師／在拍賣公司工作／西洋古董精品店／郵幣社／集郵社／二手服飾店／二手商店

# 07／**工藝・家政科**
喜歡工藝・家政科，對工藝家政有興趣｜253

### 其❶ 使用道具做出各種東西｜254
木匠／廟宇木雕師傅／鷹架搭建工人／泥水匠／石材師傅／塗裝業／裱褙師／手工家具師傅／榻榻米師傅／室內設計師／室內企劃師／室內裝飾師／室外設計師／營建管理師（CMr）／多能技術人員（木匠）

### 其❷ 組合或分解機械、組合模型｜262
鐘錶師／鎖匠／金工師／工程師／壓力機操作員／板金工／電氣工程師／古董時鐘修理・時鐘修理師

**Essay AI（人工智慧）和認知心理學｜268**

**Essay** 充滿創造性的工作　　小木曾聰（豐田汽車公司主任工程師）| 271
**Essay** 思考「給憧憬工程師的13歲的你們的建議」　　大塚明彥（豐田汽車公司主任工程師）| 273

其❸ **使用電腦（PC）**| 275
DTP操作／成果報酬型網路行銷

其❹ **製作料理・點心・蛋糕**| 277
主廚／日本料理師傅／製麵師傅／壽司師傅／麵包師傅／日式甜點師傅／西式甜點師傅／豆腐師傅／醬油師傅／味噌師傅／製鹽師傅／釀酒師傅／在葡萄酒莊工作／茶道家／咖啡烘焙師傅／侍酒師／酒保／食品調配師／烹飪老師／美食研究家／外燴主廚／路邊攤老闆／營養師／料理顧問／咖啡店老闆
**Essay** 紅酒相關工作的海外學習　　內池直人（紅酒專賣店Petite Maison老闆）| 293
**Essay** 到國外學習　　上田淳子（料理研究家）| 296
**Essay** 出國留學 | 298
**Essay** 「喜好」的需求 | 299

其❺ **欣賞或自己製作漂亮的洋裝和小飾品**| 301
服裝設計師／珠寶設計師／時裝模特兒／鞋子設計師／皮包設計師／帽子設計師／織品設計師／縫製人員／西裝師傅（西裝訂做）／日本和服師傅／服裝修改師／紡織業／髮型設計師／服裝造型師／禮儀專家／和服著裝專家／理容師／彩妝師／指甲美容師／服裝搭配師／手工皮鞋師傅／洗衣師傅／打版師／內衣設計師／舞台劇服裝設計／調香師／手工包師傅
**Essay** 日本年輕人的流行 | 317

# 08／健康・體育科

喜歡健康・體育科，對健康體育有興趣 | 319

其❶ **比賽練習足球等運動、觀看比賽**| 320
職業運動選手／運動經紀人／運動新聞記者／總教練／教練／運動健身教練／在體育團隊或組織工作／在體育用品公司工作／裁判／運動新聞攝影師／職業摔角手／格鬥家、武術家
**Essay** 運動專業的領域極廣　　鍋田郁夫 | 328

其❷ **跳民族舞等舞蹈**| 329
芭蕾舞者／舞群／佛朗明哥舞者／歌舞劇舞者／編舞者／國標舞老師／啦啦隊員／日本舞舞蹈家／舞妓／藝妓／有氧舞蹈教練／脫衣舞孃／幼兒律動指導員／歌舞伎演員／狂言師／舞台劇導演／馬戲團團員／走唱藝人／街頭藝人／劇團團員／魔術師／舞台劇演員／人偶操控師

**Essay** 舞至死亡那刻止｜341

其❸ **在運動場、校園、街道、山野，跑步、漫步**｜343
冒險家／探險家／登山家／山岳救難隊員／挑夫／自然解說員／戶外休閒活動指導員／滑雪指導員／滑雪巡守員

其❹ **思考有關疾病及健康的各種問題**｜348
運動醫療保健人員／腳底按摩師／運動傷害防護員／海洋療法師／芳香療法師／瑜伽指導員／彼拉提斯指導員／熱石療法師／美體美容師

# 09／英語科 喜歡英語科，對英語有興趣｜353

其❶ **跟外國人說外文**｜354
口譯人員／領隊導遊／郵輪座艙長／採訪聯絡人／旅遊作家／觀光局職員／日語老師
**Essay** 語文的專家們｜359
**Essay** 導遊這行有未來嗎？｜361

其❷ **閱讀外文的文章、新聞、小說等**｜362
筆譯人員／外語學家／英文報記者／留學顧問／國際會議統籌人／日本口譯導覽員／著作權代理人

其❸ **嚮往其他國家**｜367
大使館工作人員／報關人員／聯合國職員／外交官

# 10／公民科 喜歡公民科，對公民有興趣｜371

其❶ **表達、討論意見**｜372
精神科醫師／臨床心理師／精神內科醫師／算命師／靈媒／律師／法官／檢察官／政治家
**Essay** 司法工作及司法制度的改革｜379

其❷ **思考正確的事，希望對社會有所貢獻**｜380
**社會福利**
在公立社福機構工作／在與社福相關的公司中工作／社會福利工作者‧社福調查員／看護員／家庭看護／外出看護員／醫療社會福利工作者／精神醫學社會福利工作者／家事法庭調查員‧保護官‧法務教官／手語翻譯技術士／求助專線電話輔導員／校園心理輔導老師／照護設施的工作人員

**教育**

小學老師／國中、高中教師／托兒所保母／家教老師／補習班老師／升學補習班老師／大學教授／幼稚園老師／在無障礙學校工作／特殊教育老師／保母／職業顧問・職業發展顧問／保健老師

**安全**

警察／急救員／海上警察／保全警衛／監獄官／救難隊員／警察的特殊部隊（SAT）／保鑣

**宗教**

僧侶／住持／神父、牧師

**Essay 公平貿易　Safia Minney（People Tree/Globe Village代表）**｜402

**Essay 另一條路——NPO**｜405

**Essay 什麼叫作理想的教師？**｜410

# 11／休閒 喜歡休閒・校園活動，對活動有興趣｜413

## 其❶ 講手機或在教室、校園內跟朋友聊天｜414

獵人頭公司／電視購物主持人／在電視圈工作／電視節目製作人／電視導播／攝影記者（攝影機）／節目資訊蒐集／在廣播業界工作／廣播節目製作人／電台導播／電動遊戲計畫主持人／偵探／代客服務／活動企劃／星探・酒店色情業／演藝經紀人

**Essay 不協調感與警戒心**｜423

## 其❷ 在圖書館讀書｜425

圖書館員

## 其❸ 看電影｜427

電影編劇／電影製片／電影導演／執行製作人／執行製片助理／電影明星／特技演員／選角經紀人／選角總監／電影攝影師／錄音師／燈光師／藝術總監／髮型師及化妝師／電影服裝師／剪接師／音效師／膠卷剪接師／場記／武術指導・動作指導／場務／劇本審閱／助理導演／特效人員／顯影技師／光學技師／特效總監／特效攝影／技術助理／繪圖師・SFX動畫師／特殊造形：模型／特殊造型：特效工學機器人／特殊造形：特殊化妝／電腦特效・CG・CGI／電腦遊戲／預告片製作／字幕翻譯／電影發行／電影宣傳

**Essay 把鳥移開，開麥拉！**｜445

**Essay 特效與好萊塢**｜447

## 其❹ 旅行時，搭飛機、火車以及汽車｜448

飛行員／直升機駕駛員／賽車手／計程車司機／包車司機／大客車司機／大貨車司機／宅配人員／快遞員／登山纜車、空中纜車駕駛員／蒸氣火車駕駛員／電車駕駛

員／汽車工業設計師／汽車維修員／專業高級跑車維修保養員／賽車車隊技師／機車維修員／自行車維修員／熱氣球操控員／航管人員／飛機維修員／塔台地面管制員／試車人員

## 12／寫給不特別對什麼事物感興趣的孩子們｜463

**其❶ 喜歡戰爭**｜466
軍事評論家／戰地攝影記者／傭兵／美軍士兵
**Essay 中華民國國軍**　程嘉文（記者，軍史航空研究者）｜469

**其❷ 喜歡刀劍**｜475
製刀師傅／鍛冶刀

**其❸ 喜歡武器、兵器**｜476
軍事武器評論家／槍枝模型製造商／塑膠模型製造／經營模型店

**其❹ 喜歡什麼事都不做＆躺著睡覺**｜478

**其❺ 喜歡情色**｜479
精神科醫師、臨床心理師、精神內科醫師／作家

**其❻ 喜歡打賭或勝負之事**｜480
撞球選手／賭場發牌員／外匯交易員／在柏青哥業界工作／柏青哥玩家／賽馬預測師／專業麻將玩家

# 特別篇

**1.第一級產業的未來**｜485

**農業**｜486
**Essay 如何讓日本農業成為自立產業**　長谷川久夫（農業法人瑞穗代表取締役）｜491
**Essay 今後日本的農業**　嶋崎秀樹（Top River股份有限公司總經理兼董事長）｜494
**Essay 清朗的農村**｜496

**漁業**｜499
**Essay 漁業的現狀**　鈴木敬一（築地魚市場股份公司總經理兼董事長）｜504
**Essay 漁業的現狀**　熊井英水（近畿大學水產研究所）｜506

**林業**｜508
**Essay 林業的現狀**　速水亨（速水林業代表、森林再生system股份公司總經理）｜508

**2.環境** | 511

**Essay 21世紀的BIG BUSINESS** | 512

對談 村上龍VS.坂本龍一 | 519

**3.傳統工藝** | 525

日本 | 526

染織／陶藝／漆器／木製工藝／竹藝／和紙藝術／石雕／玻璃產品／金屬工藝／日本刀、刃器／佛壇、佛具／書法用品／和傘、手提燈籠、團扇、折扇〔以紙、竹為主要材料的產品〕／玩具〔紙牌‧風虐‧雙六〕／人偶／樂器／能面具、神樂面具／祭典服裝、祭典用品／其他

台灣 | 539

石雕工藝／漆器工藝／陶藝工藝／織染工藝／木器工藝／竹器工藝／玻璃工藝／其他工藝

**4.醫療‧照護** | 547

**Essay** 懸崖邊上的日本醫療 上昌廣
（東京大學醫科學研究所先端醫療社會連攜研究部門特任准教授） | 548

**Essay** 寫給想成為護理師的各位 畑中暢代（護理師）
兒玉有子（東京大學醫科學研究所護理師‧保健師） | 552

**Essay** 「慈善事業」與「商業」之間 武田雅弘
（Bensesse Style Care股份有限公司董事） | 556

**Essay** 訪問照護的現狀 小田知宏（社會福祉士） | 561

**5.IT** | 567

**Essay IT資訊科技（Information Technology）** | 568

**Q&A IT的現狀及其可能性** 伊藤穰一（Creative Commons執行長） | 570

座談會 **Google VS.** 村上龍 | 576

結語 | 586

職種索引 | 589

# 01

喜歡國語文科，對國語文有興趣

# 其❶ 閱讀散文及小說

除了上課時喜歡閱讀課本裡的散文、小說及詩詞外，也喜歡在閱覽室或圖書館裡讀書。還有人不管什麼書都很喜歡，或是只喜歡閱讀戀愛小說或冒險故事。

## 書店店員

　　書店店員的工作不只是販售「客人所要的書」。隨著書店規模大型化、出版品的增加，以及讀者的多樣化，對店員的知識以及能力的要求也隨之提高。各書店店頭中，店員的決定權也越形擴大，包括對書本、雜誌的採購、書架的配置、活動的企劃、庫存的管理等。向出版社以及相關單位採購具話題性、客人需要的書本，並將書本擺放得較容易被選購。2004年起，推薦具發展性的作家作品的「書店大賞」，便是書店店員培養自主性以及影響力的象徵。書本的重量出乎意料地重，書店店員的工作可說是相當花體力的勞動。也有不少人是從非正式員工成為正式員工。無論如何，先決條件是要喜歡書籍。此外，與客人及同事間的互動是不可或缺的一環，因此光是「喜歡書」這個理由，常讓不少人因為與現實之間的差距而困擾不已。但是無論如何，不可缺少的是對書籍、出版、閱讀所抱持的熱情與敬意。由此，對書籍以及閱讀所擁有的價值之理解與敬意會更為加深，若能與顧客共同分享，會得到極大的充實感與喜悅。

**❝ 台灣**

除了工作環境較為舒適外，書店的工作與一般服務性質行業極為類似，有許多瑣碎的事情需要處理。例如，收銀機、發票機、信用卡機、音響播放設定等櫃台事務，還有每日書籍、雜誌的進退貨及上下架處理、書籍上標等。隨著書店服務的多元化，現在書店甚至提供了網路取書、網路購票等服務，書店店員還多出傳簡訊或電話通知取件的新工作。近年來，因為大型連鎖書店的普及，書店的工作也從過去的一人多工，演變成多人分工的工作型態。（蔡承恩）**❞**

## 評論家

　　評論文學的人士便被稱為評論家。具代表性的有「文藝評論家」，他們對小說以及詩歌進行批評以及評論，有助於讀者對作品的理解，且也益於文學品質的提昇。一個國家在近代化的過程中，也就是說，當國民需要近代文學時，在形塑思想、意識型態及價值觀上，評論家便扮演著重要的角色。所謂近代化指的是將老式系統、想法轉換成全球化（世界性、國際性）全新事物的過程，也因此會產生許多不合理以及矛盾。因為大多數國民本身的生活會變得更好，所以近代化的矛盾會被繁華的陰影所遮蔽，而文學就是將那些被隱蔽的內容編寫進故事，再呈現出來，評論家則是將那些隱藏的主題再一一解讀。日本的近代化已接近完成，社會已進入成熟期，文學評論理應不再有需求才是，但現今的日本仍存在許多文藝評論家。其他還包括經濟評論家、軍事評論家、政治評論家等各式各樣的評論家。要成為評論家的條件，首先必須具備對某一專門學科的知識，再者是對該學科有非常強烈的興趣。

**❝ 台灣**

台灣的評論家擴及各項專業，在報章媒體上對於特定議題進行評價與論述。由於媒體業的發達，及產業發展的多元化，常可見各領域學有專精或有獨到見解的評論家發表各式看法。軟性

議題的諸如美食評論家、藝術評論家，硬性議題的諸如政治評論家、時事評論家。台灣的評論文化因自由的民主風氣所致，近幾年來滿地開花，演變成名嘴文化，使民眾有機會聆聽許多各方深入的評述意見。（王俞惠）

## 在出版業工作

出版業主要包括發行書籍雜誌的出版社，管理商品出貨、聯繫出版社與書店的發行商，以及販賣書籍給一般讀者的書店等三類。除了特定的場合之外，書籍都是藉由出版社→發行商→書店這樣的途徑，最後才到達讀者的手上。一聽到出版業這個詞，大家所能聯想到的應該就是在出版社工作的編輯吧。除此之外，這個業界實際上還有許多其他職務。例如，在出版社裡，有專門負責書籍製作流程與時間管理的職務，在發行商裡有專門負責管理如何讓書本迅速送到全國各地書店的職務，在書店裡則有為了展現出其商店特色而負責規劃進書的種類與數量的職務。對於喜歡文字、不管怎樣都希望能從事和書本有關的行業的人來說，或許可以試著想像書本如何製作，如何到達自己的手上。不管是怎樣的公司，一般要入行，可以透過正式雇用考試進入，也可以先打工創造機會，再成為正式員工。

### ❝ 台灣

在台灣，出版業大抵上也可分為出版社、發行商、書店通路三部分。在較具規模的書籍出版社裡，除了文字／美術編輯之外，還有負責書籍行銷的企劃人員、負責購買與販賣書籍版權的版權人員、負責和通路接洽發行與折扣事宜的業務人員、以及負責書籍印刷的印務人員等；若是雜誌，則還有廣告業務。不過相對於分工細膩的上百人大型出版社或是出版集團，台灣也有不少小而美的一人出版社。除了出版社之外，近年來進入充滿文化氣息的大型連鎖書店任職也成為許多喜愛書籍的台灣年輕人的夢想，而網路書店的興起也提供書籍愛好者更多樣的工作機會。一般而言，出版業求才除了就既有人脈挖角外，也常公開徵募，或徵求長、短期工讀生，但薪資比起其他產業而言並不高。不管是從事書籍的製作、發行或是販賣銷售，對書籍的喜好與對出版市場的瞭解是從事此行的必須條件。（林沂頤）❞

## 編輯

一般所謂的編輯，是指在出版社工作，負責編輯書籍雜誌的人。編輯的工作，首先要考慮書籍是否有銷售市場並規劃企劃案。為了讓企劃案進行，哪些事應該交給誰處理，經費應該要如何應用等，都是編輯的基本工作。之後，確認委外的文章或照片，交給印刷廠印刷，然後規劃企劃案的初步設計與宣傳

用文案內容。商品完成後，也要負責構思書本宣傳銷售的策略。這類工作的內容，會隨著製作的書籍與雜誌的種類不同，而有很大的變化。例如，對於編散文或小說的文藝書編輯來說，最重要的工作是從作家那裡取得原稿；對於流行雜誌的編輯來說，則是分析現在流行的風格，並且思考要以怎樣的角度來設計雜誌的封面。電視劇中登場的出版社人員常常會給人一種「優雅又有智慧」的印象，不過除了少數在大出版公司上班的員工之外，一般編輯幾乎不可能處於這種狀態。現實生活中，大部分的編輯工作時間長，報酬相對較低，還要負責龐大的桌上作業，不得已時也須在假日加班工作。雖然可以有機會和一些藝人或有名作家認識成為朋友，但是為了和這些人在工作上能合作愉快，除了企劃能力與文章寫作能力之外，感覺也要相當地敏感犀利。

### ❝ 台灣

在台灣，不管是從事書籍、報紙、雜誌或網站的編輯工作，良好的文字能力為基本必須。此外，能夠忍受繁瑣的案頭工作，掌控版面配置美感，和作者、美術、行銷人員有效地溝通協調，也是當編輯的必要條件。若能通曉英、日文或其他語言，並擁有越豐富的雜學知識和人脈，也對編輯工作大有幫助。一般而言，若想晉升較高階的主編或總編，還必須具備開發作者、評選文章或書稿、規劃大型專題、掌控書系或報紙雜誌的風格走向，以及市場行銷等能力。在台灣，編輯最大的成就大概來自編出一本內容精采、版型舒朗、讀者口碑佳的好書、好雜誌、好報導等，因為待遇普遍來說並不高。台灣「編輯」要成為如歐美那樣從薪資到社會地位都備受敬重的「專業」，還有很長的路要走。（林沂頡）❞

## 校對人員

　　製作雜誌或書籍時，以來自原稿的打字稿、排版稿或列印稿，一邊和原稿比對，檢查用字上有無誤植或其他錯誤，也須校正內容上的錯誤。在日本，這方面雖然有技能檢定，但是資格並非必要條件。因為要校正大量的文章與字詞，所以必須要具備集中力、體力以及為了校正原稿所應有的相關知識。有疑問的時候，也要能活用各種辭典、百科全書或是網路資源，力求字詞與文章脈絡的整體性，一般在家工作的情況較多。在編輯專門學校學習編輯基礎的人也很多，不過也有在出版社工作後再從事校對工作的人。這行業在出版界雖然不是什麼重要的職務，但是校對人員的知識與技術，可以說是一本書或雜誌可以獲得讀者信賴的基礎。

### ❝ 台灣

台灣早年報社設有校對人員專門職務，資深校對人員非常專業，近年在人力精簡原則下多半已裁撤此編制。現在台灣沒有所謂校稿員的專任職務，通常由報社或出版社編輯兼任，或是外發至曾在出版社工作的接案人員校對，屬兼差性質。基本上，細心、耐心、具備相關方面知識為必要條件，大量涉獵各方面的常識，即使非科班出身，仍可稱職。（余淑宜）❞

## 二手書店

　　二手書店依老闆的喜好，擺放的書籍五花八門，多數店家都有自己內行或專門的領域。書籍基本上是靠自己收集來的，想開二手書店的人大概都是收藏家，所以很多人都是從販賣自己的藏書起家。要在日本開二手書店，必須向各都道府縣警察局提出申請，取得公安委員會的舊貨商營業許可。而且還要加入各縣的舊書公會，以便尋找你要的書並便宜買進。這絕對稱不上是收入高的工作，但是對收藏家而言，找到尋找已久的書或偶然發現奇珍異品的喜悅，是什麼都無法取代的。此外，最近二手書店在全國各地如雨後春筍般出現，汰換速度快的漫畫、文庫本和出版不久的新二手書，成為店家的主流商品。

**台灣**

台灣本地二手書店當然也有從自己收藏起家（例如：百城堂）的例子，但絕大多數是傍著字紙資源回收之便，堪稱環保行當裡的清寒秀才。在台灣開二手書店比日本簡單，銷售額如果超過營業稅課徵起徵點（新台幣6萬元），可以考慮商業登記，除此沒有什麼其他的法規管理。把收來的書定價上架，顧客進來逛逛翻翻，摸汗的手指往口袋裡掏錢，生意就這麼做起來。更有心的業者懂得講究書籍品相和店面陳設，訂出明確的買賣規則，再賦予一點態度，新世代的優質二手書店（例如茉莉書店）這幾年也逐漸出現。（林建興）

### 相關職業

地圖編輯→**P.58**　　地方情報誌→**P.59**　　天文雜誌編輯→**P.195**　　漫畫家→**P.238**　　日語老師→**P.358**　　筆譯人員→**P.363**　　外語學家→**P.363**　　著作權代理→**P.366**　　電影導演→**P.429**　　預告片製作→**P.442**

# 其❷ 撰寫詩歌或文章

寫詩歌及文章，代表將自己腦中所想像的、印象式的事物，用文字的方式傳達給他人。也因此，在這個項目之中，也包含「喜歡想像」這項要素。

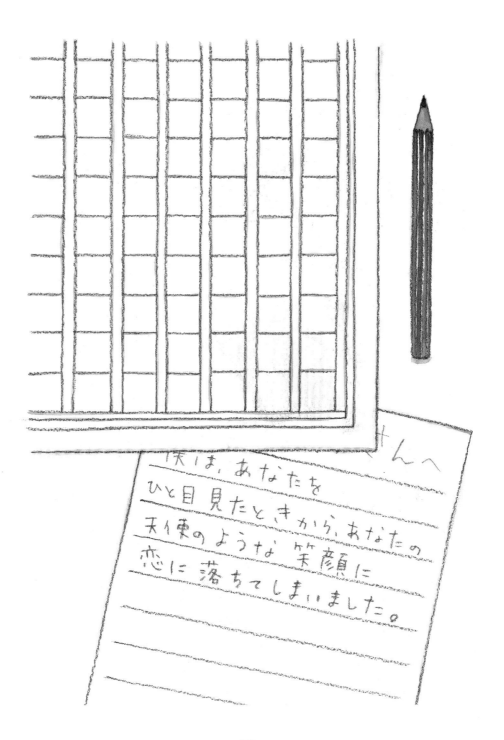

## 作家

　　13歲的孩子，要是和成人討論「我想成為作家」這件事，應該常會得到「作家在人類生活中是不得已才去從事的職業中的最後選擇；真的想當作家的話，隨時都可以，現在倒不如先以其他職業為目標。」之類的建議吧。成為作家的管道真是各式各樣，由醫師成為作家、由教師成為作家、由新聞記者成為作家、由主編成為作家、由公務員成為作家、由政治家成為作家、由科學家成為作家、由企業經營者成為作家、罪犯服完刑期也可以成為作家、賭徒也可以成為作家、風塵女子也可以成為作家。確實有極少數的作家後來成為政治家，但一般來説幾乎沒有從作家轉為其他職業的例子，也幾乎不會有從作家成為醫師或教師的人。但卻不是因為作家是一個「一旦成為作家就會欲罷不能的好工作」，而是因為作家是沒有工作中的「最後的工作」。囚犯、住院病患、死刑犯、逃亡者、罪犯、獨居者、無家可歸者，都可以當作家。當作家的條件只有一個，那就是是否對社會或是對特定的某個人擁有必須傳達且有價值的訊息，而且除了當作家之外已經沒有別的路可以走了。當你真的這樣想的時候，再成為作家也不遲。

> **❝台灣**
>
> 各式各樣的職業都可以透過創作成為作家，所以隨著網路世界的發達，越來越多的人開始從事文學創作工作，並透過網際網路發表作品。在台灣，像是知名作家九把刀等人，就是從學生時期，便經由在網路上的作品發表，進而成為一位專職作家。（蔡承恩）❞

## 詩人

　　自古以來，以寫詩謀生幾乎是不可能的事，即使現代也是件難事。基本上，詩是種象徵性的東西。將文字代號加以組合，去象徵一般性的事物。在國家現代化的過程中，一定會有戰爭、內亂、恐慌等動盪不安的時候，民族與社會擁有共通的歡喜與悲傷，就會產生出特定的氣氛，而優秀的詩人只要用幾行詩句就可以表現出這樣的歡樂悲傷。例如，宮澤賢治的著名詩作──〈不怕雨，不怕風〉（雨ニモマケズ），就象徵日本當時許多人的心情。從動盪期轉移到穩定期時，許多人原本所共有的歡樂悲傷便隨之消失。現在的日本，已經沒有可以讓小孩到老年人都會吟唱的詩歌了，但那並不是因為作詞家、作曲家、歌手不認真，而是在安逸的時代裡，人們已經沒有共通的悲喜哀樂了。也就是説，和歌曲一樣，詩所追求的意境可以説來自動盪的社會。但是，意求表現的詩並不會全部消失。全體國民共通的悲喜哀樂雖然消失了，但是在十幾歲的青春女孩身上，還是會留下「特別的」感覺。某一個特定的世代會追求詩歌的創作而使其具有商品價值。但是，那些詩歌多是針對年輕女性的東西，附有插圖和照片，以隨手可讀的出版品型式流通著。就如動盪時期的詩一樣，這些詩歌並非給予我們改變生活方式的衝擊力，主要是給予我們「你並不孤獨」的一體感。和流行音樂一樣，只因為十幾歲女孩子的消費能力而推出的商品，絕對不會名留青史。不管怎樣，基本上為了能創作詩歌，而去做一些教育訓練是

不必要的。詩,是公開給所有人的情感表現,必須具有客觀觀察自己或世界的敏銳力。寫詩,在與自己內心傷痕相對抗時,比較有表達的效果,但是這樣的個人創作表現,和成為職業詩人這件事,是截然不同的。

 **台灣**

和日本一樣,在台灣的文藝創作者,幾乎不可能單以寫詩維生。隨著傳播媒體的多元化,大眾文藝成為社會上的主流,原本常以「文化影響力」自豪的台灣,在純文學的市場也開始逐漸走向衰退,純文學出版社也因此一一倒閉,因為詩的創作屬於純文學,現在幾乎已經成了「小眾藝術」,所以要以詩人當作職業的難度變得更加困難。在台灣的詩人,為了維持一般生活同時又能持續創作,大多走向學術研究或開班授課,從各大學中文系教授到坊間作文班老師,都是職業詩人們同時擁有的職業。(蔡承恩)

俳人 *此為日本特有職業。

　　以五、七、五個文字數排列成十七個字數,運用季語(與四季相呼應的字詞)來象徵性地表現世界萬物。幾乎所有的俳人都創設自己的社團,或是隸屬於某個社團。社團的成立,是以少數人組成的「句會」再加以組織化,成為創作與發表的場所。社團方面,日本以會員數超過兩萬人的最大社團「杜鵑」為主,還有約八百個大小社團。在社團裡,相互批評指教對方的作品,磨練技巧,社團內的人際關係也非常重要,因為有良好的人際關係與師生關係,才能成為一位優秀的俳人。藉由雜誌俳句欄的選句以及在「句會」中授課可以有一些收入,不過單靠俳句賺錢維生幾乎是不可能的事,應該沒有人將俳人當作是賺錢維生的職業。創作俳句,藉由旅行、遇見不同的人以及累積豐富的人生經驗來琢磨感性與文字的感覺是很重要的。由於用字遣詞上會使用許多文言文,所以接觸古詩百首與古文,對古典文章熟悉是很重要的訓練。但是,最近在海外,所謂「HAIKU」(即「俳句」發音)也逐漸被推廣接受,俳人這種典雅的職業應該會越來越普遍化吧。

文字工作者

　　日本一年可以賣出三十三億本雜誌(2001年的出版物統計),其中文字占了極大的一部分,而撰寫這麼多文字的就是文字工作者(寫手)。除了雜誌之外還有單行本以及不屬於出版物的各種會員刊物,因此自由文字工作者的數量要比一般人想像的來得多。這個職業的特色就是非常容易進入,因為工作來源很多,而且多數不太需要具備專業知識或技能,所以看起來可能和自由打工族很像。事實上有的人是因為認識編輯或是其他文字工作者才接到工作,所以通常待遇不會太好,當然其中也有人經過磨練後越寫越好。

 **台灣**

近幾年由於平面出版品數量遽增,再加上網路,文字工作的機會相應增加。向雜誌與報社、出版社投稿,或透過人脈介紹委託,是想成為文字工作者的主要管道。除了基本的資料蒐集、採

訪和文字能力之外，能擁有某個領域的豐富知識（例如：旅遊、電影、音樂、料理等）尤佳。案子視主題而定有大有小，如能獨立規劃專題或協調安排採訪、拍照、廠商聯絡、道具租借等工作，便可接到較大的案子。有其他正職而兼差寫稿者不少，若要以此為生，時間自由雖是優點，但台灣整體文字稿酬偏低，稿費多為出刊後才能領取，收入不穩定，必須在交稿的速度和品質上建立良好口碑，才能在編輯間受到推介或注目，也才能有足夠收入。此外，無勞健保，常有截稿壓力等因素也須考慮。（李建興、林沂頤）

## 謄稿員‧打字員

　　將報章雜誌或電視台記者或特約寫手的採訪錄音，或是各種會議的錄音內容，一邊聽一邊抄錄成文章內容，或是整理錄音內容寫成摘要。這必須要有正確且優美的日語表達能力，能適當地用字遣詞。例如，發音一樣都是「じじょ（zizyo）」，A報社寫成「次女」，B報社可能會寫成「二女」，所以必須具備分辨用詞的能力。抄錄的錄音帶內容種類相當廣泛，例如：媒體、醫學、政治等。自從資訊公開法施行以來，抄寫行政機關會議紀錄的工作也逐漸增加。有人把這行業當作自由業，自行拓展工作機會，不過一般是從打字訓練學校畢業後，到建教合作的打字公司工作，由打字公司分配工作內容。因為可以在家進行工作，所以現在很多家庭主婦從事這項工作。薪資採取抽成方式，能不能單以打字維持生計，要看每個人的知識量與完成工作的速度而定。不管怎樣，能夠接觸自己所不知道的領域的新資訊，是件非常快樂的事。

 **台灣**

台灣少有專業以聽打謄寫維生者，由於酬勞微薄，多為兼差性質。另外，相近的職業還有將手寫稿打成鉛字或電腦文書檔案的打字員。台灣早期以鉛字排版為主，撿出鉛字，在體型笨重巨大的中文打字機排好順序，一字字慢慢敲打，耗時費力。電腦普及，各種輸入法產生後，打字員只要看著原稿輸入文字，其餘頁面上的變化都可由電腦完成，靈活方便許多。中英文打字都有檢定考試，速度與準確性是打字員必要條件。以往報社、出版社等都有打字部門，市面上也有許多打字行，現在由於撰稿者多半已習慣直接用電腦文書處理軟體寫稿，加上語音輸入系統日漸成熟，打字員的生存空間已日漸縮小。（余淑宜、李建興）

## 廣告文案

　　思考商品廣告的「標語」。文案，原本是對商品相當清楚的賣主，也就是

贊助商所構思的東西。但是隨著時代演進，變成外包給廣告代理商，而廣告代理商又將其轉包給製作公司。在此過程中，專門構思廣告文案的工作就隨之誕生了。這工作非常具有自由業的性質，但是，現在也有許多廣告文案專屬於廣告代理商或廣告製作公司。1980年某一時期，出現了幾位廣告文案明星，當時這行業非常受到歡迎。不過，隨著企業開始壓低宣傳廣告經費，這行業也逐漸沒落，現在在整體廣告製作過程，文案只是共同作業中的技術人員。但是，在商品宣傳上，廣告文案還是必要的，所以也非常需要優秀的人才投入。雖然不確定是否馬上被賦予文案的工作，但是一般都是進入廣告代理商或製作公司後，從實際的製作過程中開始學習。

### ❝❝ 台灣

廣告公司的創意部，主要是由文案及美術人員所組成；過程中大多由一組人共同完成，而非個人單獨作業。當業務從客戶端承接到工作時，例如：電視廣告，創意部就會根據溝通訊息發想腳本，對客戶提案通過後，再尋找適合的導演及製片公司進行拍攝。想成為廣告文案，可以就讀大眾傳播系、中文系等，直接學習廣告流程或訓練文字技巧。但其實並不一定要相關科系畢業才能從事此職，最重要的是思考及自由運用文字的能力；此外，因廣告是雜學，所以對事物的廣泛涉獵也很重要。沒有經驗者，可以準備一些文字作品應徵；和日本不同的是，面試時要直接表明想當文案，而不是由公司分配。（陳雅玲）❞❞

## 速記人員

將對談與演講的內容，先以速記符號迅速正確地記錄下來，再將這些記號轉寫成正確的文章用語。在專科學校或傳播書信課程中學習速記符號之後，取得日本速記協會所主辦的技能檢定資格，即可成為專業人員，對於就業非常有幫助，可以進入速記公司工作，或是當一位自由速記師。最近，也有不需要到工作現場，只須聽著談話錄音帶將內容鍵入電腦存成檔案，這樣的工作也越來越多，非常適合想要在家工作的女性。日本國會、地方議會或政府機構裡也有速記員。和想成為國會速記員，必須在參眾議院速記員訓練所學習速記。法院裁判時，也需要速記員，不過近幾年來日本法院並沒有再雇用新進的速記員。速記員必須要有集中力、標準的國語文章寫作能力、知識層面廣且對於專業用語有一定的認識，這些都是需要倚靠平常的努力訓練。薪資基本上是以速記的談話內容的時間為單位來計算。

### ❝❝ 台灣

目前在台灣，速記工作已經被整合到電腦輸入工作中，透過當場錄音和事後打字的方式來進行速記。通常這項工作為兼職性質，或者由工讀生從事，然後由主事者過目來校對。國際會議的外文速記需求，除了以錄音方式供日後請翻譯人員處理之外，當場也已由口譯人員代勞解決了翻譯的問題。（蘇意茹）❞❞

## 廣播電視節目作家

望文生義，似乎是指撰寫電視廣播戲劇節目的劇本的工作，事實上完全不是這麼回事。與撰稿員的工作比較，完全是似是而非的。他們的工作，主要是指戲劇與新聞節目以外的綜藝節目和知識報導性節目。雖名為作家，但文字在他們負責的節目中大都不重要，有些甚至不需要撰寫任何文稿。其主要工作，就是和導播一起腦力激盪充實節目內容。綜藝節目中大多配有數人甚至十人以上的廣播作家。和撰稿員相比，每一集節目的酬勞較少，因此有些人甚至每週負責十個以上的節目。不論是自由作家或是隸屬節目製作公司，最大的隱憂不是薪水少，而是工作不確定。有不少先擔任搜尋員等與電視相關的工作後，獲得賞識而成為節目工作人員的例子，但是也有的因為是當紅藝人的高中死黨而得到工作的情形。也有不少人從規模比電視公司小的廣播公司節目企劃開始做起。

 **台灣**

相關新聞科系進入此行業者多，最主要的是必須有創意，能整理分析各式專題，更必須在有限的時間內完成！在台灣的節目企劃不一定要撰稿，但可能必須跟著節目外拍，端看節目製作的人員分配與多寡，可能工作區分很細，只需在公司企劃即可，也可能人員不足要做到執行製作等其他的工作。（尹玫瑰）

## 電視編劇

劇作家的工作是撰寫電影、電視劇、舞台劇等劇本。有些劇作家專注於某一特定領域，也有人原先以成為電影導演為志向，後來轉行從事電視相關工作，也有因拍攝連續劇引發話題而前進電影圈的。就以其中較易成為職業的電視連續劇編劇來說，能依自己的意思撰寫劇本的情形很少見。除了因為重視收視率或重視演員的行程高於企劃等，限制很多。報酬依專業與知名度有顯著的差別。有些人選擇先進入劇本學校由職業的劇本寫作講師發掘，或參加撰稿比賽獲得優勝等正統的出道方式；不過一般均先進入電視、電影製作公司經歷各式各樣的職務後才開始撰寫劇本。

**台灣**

在台灣，除了就讀藝術大學電影系、廣電系中的編劇組能學習編劇的技巧之外，有些編劇本身就是個優秀的小說家，擁有高水準的文字寫作能力和敘事能力。或是可以參加電視台或電影工會不定期舉辦的編劇訓練班或講座，更深入瞭解編劇這項工作。而有些「素人」編劇，則是經由自身豐富的生活歷練，寫出動人的劇本。（蔡承恩）

## 作詞者

就是創作歌詞的工作。由於自己填詞譜曲的歌手越來越多，這方面的需求似乎越來越少。但是像是電視劇、卡通與廣告短片的主題曲，新童謠、校歌等

等，歌曲本身的數目也逐漸增加，所以有人也認為這行業的重要性並沒有受到影響。雖然有專門學校，但是因為作詞本身並沒有固定的形式，就算畢業，也未必能成為專業的作詞行家。想像著旋律，跟著填上歌詞，之後將自己的作品拿到唱片公司，或給製作公司的製作人、製作指導毛遂自薦，也是一種管道。但是，藉由毛遂自薦而成功的人相當少。

## 台灣

在台灣，創作歌詞可以將作品投遞給唱片公司的製作部門，或是音樂著作權代理公司的A&R部門以尋求發表的機會，但因為歌詞創作並不需要特殊的專才，唱片公司多選擇具有名氣的作曲者進行填詞的工作，新人如果有作曲的能力或是固定作曲的搭檔，再透過管道在製作會議中給製作企劃部門挑選，通常成功的機率較高。（鄭鏗彰）

## 童話作家

每個國家都會有祖父祖母說給孫子聽很久很久以前的傳說故事。收集而來的這些傳說故事，不但是古典文化的一部分，更是繪本、電影以及動畫的素材。隨著時代的變遷，有許多新童話故事被創作出來，並配合繪畫而出版成書。日本的小川未明的童話雜誌《紅色的鳥》（1918～1936）提供不少新童話故事，產生了許多作品。要成為童話作家，就必須擁有不拍小孩馬屁的想像力。童話與繪畫是不可分割的，所以若能同時具備文字與繪畫創作能力，便能有較大的優勢。近年來更出現了「兒童文學」這個名詞，不只是小孩，連父母親也成為兒童文學的讀者。出版社以及各種團體一直都在募集童話故事，但要出版成書，並獲得專門出版兒童書的出版社編輯的認同與支持是非常必要的一環。兒童文學的最高獎項是丹麥的國際安徒生獎。日本人則是由窗道雄在1994年獲獎。

## 台灣

台灣開始注重童話或兒童文學相關領域的時間並不長，目前台東大學設有兒童文學研究所，供有興趣的學生修讀。兒童文學主要的內容要具備兒童性、教育性、遊戲性與文學性，主要是要透過文字達到啟發兒童的效果。台灣大多的童話作家，大多同時創作成人文學與兒童文學，而洪健全兒童文學獎、金筆獎、九歌兒童文學獎、國語日本兒童文學牧笛獎等，都是在鼓勵兒童文學創作，希望更多作家投入相關寫作。（蔡承恩）

## 和歌詩人 *此為日本特有職業。

寫短歌（和歌）的人。雖然有不少人對短歌有興趣，但真正專業的短歌詩人卻不多。這種日本獨特的短詩形式的短歌，有五七五的句子也有七七的句子，利用三十一個文字，用平順流暢的唱音，讓人容易記憶，從最古代的《萬葉集》、平安時代的《古今和歌集》，到鎌倉時代的《新古今和歌集》，每個時代都有各時代的編者精選當時代的短歌、名歌，承繼而來。這些短歌集大多

是受到日本天皇家的支持所編選而成。一直到現在，日本天皇在每年新年都會舉辦「新年吟唱歌會」，為了成為受肯定的歌人，一般來說，會先向專門的書刊、報紙、雜誌的「歌壇」投稿，若是被選為「優秀歌」，就能不斷累積這些成績，參加自己喜歡的歌人社團。也有很多人會自費出版自己的和歌集，直接挑戰世人的評價。

## 手機小說家

在行動電話中發表的小說，被稱為「手機小說」，其中也有一些作品得以出版成書，因而產生了名為手機小說家的作家。在專門的網站投稿，從瀏覽人數獲知自己的讀者人數。透過不斷地書寫，讀者會發表感言，作者再參考這些感言，納入自己的故事發展。受到手機瀏覽器規模較小的特性，手機小說有其獨特的表現形式。像是文章較為簡短、少換行，對話較多，多半以戀愛以及死亡為主題等簡單的題目。日本第一本受到歡迎的手機小說是在2002年出版，由於大為暢銷的關係，大出版社也加入相關領域出版的行列，2007年的日本共有一百多本手機小說出版。然而，也有人指出，手機小說的熱潮已過。但無論什麼樣的時代，都會有新的創意產生，今後，也可能伴隨更進化的末端顯示器，衍生出新的文章表現方式。手機小說也是小說的一部分，想成為手機小說家的人，請參考「作家」（→P.000）這個項目。

### 台灣

日本與台灣的簡訊使用方式不同，以日本來說，手機電子郵件就等同於台灣的電腦電子郵件，因此不用考慮訊息文章字數長短，而台灣的簡訊每則最多只能輸入七十個全形字，所以手機小說在台灣很難普遍流行。過去有不少已經成名的作家，曾投入手機文學的寫作，如水瓶鯨魚、方文山、吳淡如等，但近年來由於手機上網的使用普及化，台灣的手機簡訊使用率大幅下降，對於台灣尚未發展成熟的手機小說，更是一大打擊。（蔡承恩）

---

## 相關職業

評論家→**P.35**　廣播電視節目作家→**P.44**　地方情報誌→**P.59**　新聞工作者→**P.65**　報社記者→**P.67**　繪本作家→**P.224**　代筆書法家・代客書寫→**P.225**　書法家→**P.227**　漫畫家→**P.238**　運動新聞記者→**P.322**　旅遊作家→**P.357**　筆譯人員→**P.363**　英文報記者→**P.364**　節目資訊蒐集→**P.418**　電影編劇→**P.428**　電影導演→**P.429**

# 小說家的誕生

村上龍

　　已故的阿根廷作家馬努葉·普易（Manuel Puig，《蜘蛛女之吻》作者），曾經在義大利、美國和墨西哥度過他的亡命生涯。他是拉丁美洲的眾多作家當中，我最喜愛的一位。我曾經與他見過一次面。那是在某家出版社所舉辦的演講會上。他是一位不習慣於粗魯應對且纖細和藹的人。首先是普易的演講，之後我透過口譯人員和他對談。普易出生在被大草原環繞的阿根廷小村莊，少年時期非常憧憬好萊塢的電影。不久，他前往義大利，擔任電影的助理導演。當時他非常嚮往好萊塢電影，而對於當時世界矚目的義大利寫實派電影不感興趣。之後，他前往美國發展，但是卻對好萊塢的現實大感失望，夢幻破滅之後，他絕望地離開美國前往墨西哥。在那裡，他開始小說創作的生活。在演講會中，他平靜地向聽眾訴說那段往事。

　　「我身上沒有留下任何東西。離開祖國，我在義大利對寫實派電影感到幻滅，之後在美國也對我之前憧憬的好萊塢感到幻滅。抱著絕望的心情，度過每一天。但是，我馬上瞭解到，我不是對於義大利或好萊塢電影感到幻滅，而是對我自己本身抱持著嚴重的幻滅感。我開始自我思索，足不出戶，厭惡自己，不斷苛責自己，以致身心俱疲。剛開始我並沒有想寫小說的強烈欲望，只是偶然拿起筆與紙；那時，不可思議的事發生了。看到什麼字都沒有的白紙，我的腦海裡浮現阿根廷的故鄉，我生長的那片土地的氣氛。那是非常不可思議的一種體驗。我出生在一棟充滿殖民氣息的古老建築，不是從耳朵，而是從我心裡，我聽到在石製洗衣台邊聊天的女人聲音，那是養育我的奶奶與阿姨們。於是我把她們寫在白紙上。」

　　普易在講台上，而我坐在明亮的聽眾席上。就好像電影的開頭一樣，在眼前昏暗的空間裡，回顧過往的記憶。聽了普易的話，我也想起自己是怎麼開始寫作小說的。「不是飛機的聲音，而是從耳後傳來的昆蟲振翅聲」，這是我處女作小說的第一行字。那時的我正在美術大學上課，書桌上散滿畫水彩用的純白畫紙。我看到其中一張畫紙上，像煙灰一般大小的昆蟲正爬行在上面。我本想消滅它，但是想到小蟲也是個生命個體，就打消了念頭。之後，我泡了杯咖啡，一邊抽著菸，一邊攤開稿紙，拿著筆寫下了那一行字。當我在第二行描寫昆蟲振翅的聲音時，我想或許我可以寫本小說。

　　普易的一段話，讓我的記憶重新翻騰。不管是哪位作家，都有寫下處女作最初第一行字的瞬間。普易的談話，讓我再次確認了這點。

本文撰寫於2003年

# 其❸　朗讀詩歌及文章

覺得發出聲音很舒服。在教室、走廊或校園內，大聲喧嘩會被叱責，但若是大聲朗讀出教科書內的詩歌及文章，是不會被責罵的。喜歡發出聲音的孩子，屬於這個項目。

## 主播

主播的工作範圍固然有些不明確，不過基本上是指在電視節目或廣播節目中，以讀稿等方式報導訊息的人。一旦受到歡迎，也會接如節目主持人、綜藝節目主持人等工作。在日本各廣播電視公司雖以非一般職員的方式錄用主播，但在主電台每年只有數名名額，地方電台則常掛零，錄取率低。既然錄取率低，因此無法單靠播報技術錄取，還須靠運氣與相貌。由於電視公司與節目數量增加，因此製作公司非以公司職員，而用節目主持人的方式錄用的例子日漸增多。

### 台灣

一般台灣電視台的主播以考試錄取為主，此時以新聞相關科系畢業參試比較容易入選，但也有從資深記者當上主播的案例。大部分考上主播之後，並非直接坐上主播台播報新聞，而需有半年或一年以上的時間以記者的身分跑線，瞭解新聞處理及播報等的事宜。若想當個稱職的主播，必須對每一樣事情都有基本觀念，免得發生不瞭解新聞內容而播報錯誤出糗的狀況。（尹玫瑰）

## 主持人

指報導性節目或資訊、知識性節目的主講者。依節目性質決定主持人的角色。新聞節目中多由主播擔任主持人，娛樂色彩強烈的節目則選用知名演員，氣象預報則由氣象預報員擔任主持人。他們在節目中所擔任的角色非常重要，特別是一些招牌節目的主持人，可說是該電台的「門面」，所以必須具備實力、經歷及受歡迎度。有些節目也會啟用文字記者或退休運動選手等不同領域的人才。

台灣有段時期流行讓高知名度的作家或名人主持節目，除了有知名度、有賣點之外，相關的專業與內涵，也讓他們在主持談話性節目時應對得宜。開朗、耐壓性高、有個人特色者適合當主持人，可以毛遂自薦或加入相關經紀公司獲得此份工作。（尹玫瑰）

## 廣播節目DJ

廣播節目分為以播放音樂為主的節目，以及以談話為主的節目。可能是電台方針使然，目前以後者居多。廣播節目播音員是指節目的主持人、負責節目進行的旁白人員的總稱。其中音樂節目的主要播音員稱為DJ。依節目內容的不同，有的由電台主播擔任播音員，也有起用知名藝人擔綱的情形。另外，以節目為單位，與外部人員簽約的情形也不少。實際上，大多播音員隸屬於製作公司，當然也有自由播音員而活躍業界的情形。主持人中，以畢業於播音員專門學校者居多，除了可以接受基本訓練外，也較有機會經過介紹得到試鏡的機會。錄用標準以測試音質、發音、饒舌（口齒活動靈敏度）等音聲調查為入門第一關。

一般電台均會以招考的方式來尋找新DJ，不過也會私底下由電台人員推薦或直接找名人來主持廣播節目，另一方法則是毛遂自薦。招考名額少、競爭激烈，若對廣播DJ有濃厚的興趣，不妨從進入廣播電台從基層（例如：行政助理、現場製作等）做起，一方面可以真正瞭解廣播的生態，二來容易獲得電台缺人的資訊。當然在此之前，必須先充實自己的音樂知識、口條等，才能在需要的時候獲得DJ一職。（尹玫瑰）

## 電視演員

實際上，演員的工作大多依存於電視台，不過也有人只從事「電影演員」、「舞台劇演員」的工作，而不去當較熱門的「電視演員」。或許是因為除了極少數節目外，絕大多數連續劇並不會從新人中挖掘培育演員。即使是以主角或配角身分出場，第一次大多以舞台劇、電影、歌手或模特兒的身分出

道。這是希望能以演出為前提，累積一定程度的人氣和知名度。若想立刻得到電視劇的演出機會，可以參加極少數節目所提供的試鏡，賭賭運氣。若只是「無論角色為何，只想在電視劇中露臉」，建議可加入能提供多種演出機會的劇團。

 **台灣**

想成為電視演員，最積極的方式便是找到一個合適的經紀公司簽約，讓經紀公司安排各類的試鏡與工作機會。另外，若是能認識電視圈內的朋友，也能獲得最新相關的試鏡或工作機會；此外到演員訓練班學習演技與相關課程，結業後若成績表現亮麗，也會獲得演出的機會。不過在決定成為電視演員前，必須瞭解自己的表演和特質是否能引人注目，否則成功的機會很渺茫。（尹玫瑰）

## 外景記者‧外景主持人

在電視節目中，於採訪現場播報實況的人之總稱。依節目種類的異同，所需求的人才便會有所不同。在一些具有高收視率的綜藝節目中，往往是由知名主持人擔任外景採訪的工作，在新聞節目中則由新聞部的記者擔任。由於電視公司與競爭者數量增加，因此也多了不少事實上只能屈就於專職外景採訪／主持的演員。一般多與節目單位簽約，且大多為年輕女性。雖然報導技術也很重要，但往往以上相與否等其他要素來決定人選。其中有人充分發揮專業性及地域性的才能而長期演出，但也有像是兼職演出的人。很多時候是依節目性質試鏡，也有不少演藝公司招募臨時演員。

**台灣**

近十年來，台灣外景節目眾多，多以旅遊或各地美食介紹為主，外景主持人除了談吐需有深度及親切感外，最主要的還是要想辦法把現場氣氛炒熱，並找適合話題開場，而後抓住採訪主題重點逐一提問，讓受訪者能快速進入狀況。外景主持人的工作並不只是單單背好劇本照本宣科，用心觀察現場受訪狀況和製造話題，才是成為一個好的外景主持人最重要的條件。（蔡承恩）

## 雙簧表演者

雙簧在日本稱為「漫才」，通常是由兩個人一起站在麥克風前面，像說相聲一樣地讓觀眾發笑。雙簧表演的舞台可以是劇場可以是電視節目，也可以在街頭，舞台沒有太大侷限。雙簧和落語不同的地方在於雙簧的台詞沒有固定的笑點模式，完全自由發揮。只要天賦異稟，就能不斷講出新的笑點。自己的點子能博人一笑，其中的成就感自然無法被任何事情取代，但相對地，觀眾聽了若沒有反應，就只好下台一鞠躬了，對藝人而言有其非常現實的一面。雙簧表演者多半隸屬於演藝製作公司，或是簽有合約。過去要成為雙簧表演者通常須拜師學藝，但是現在則是在藝能製作公司所主宰的養成學校畢業後，在專用的

劇場表演，若是人氣旺就越有機會和劇場簽訂專屬契約。此外，很多雙簧表演者是參加電視節目的搞笑藝人試鏡，為自己開啟通往雙簧表演者的道路。歌舞伎和狂言都屬於日本傳統戲劇，能樂和文樂則屬於日本傳統音樂，落語和漫才則相當於中國傳統表演藝術中的單口相聲與雙口相聲。台灣戲曲專科學校設有京劇科、歌仔戲科、傳統音樂科、綜藝舞蹈科、劇場藝術科等科系，對於傳統民俗表演有興趣者可就讀該校，學習關於中國及台灣傳統表演藝術的專業知識及演出方式。

## 台灣

### 相聲

相聲分為單口、雙口、群口相聲，是項說學逗唱樣樣來的傳統說唱藝術。在台灣，最為人熟知的相聲家為吳兆南與魏龍豪，而讓相聲引起新一代注目的則是1985年表演工作坊的《那一夜，我們說相聲》，近期一直為相聲努力的劇團為相聲瓦舍、漢霖說唱藝術團等。以往相聲均是師徒制，由相聲家將自己一身所學傳授給徒弟，目前若對相聲有興趣，甚至想從事相關職業，可就讀戲劇相關科系，例如，文化大學之中國戲劇學系，便有相聲課程的選讀。此外若非戲劇本科出身，除了可選購相聲DVD自修自練外，若要有實際的表演與切磋機會，可至社區大學或大學推廣教育中心學習該門課程，或參加相聲、劇團所舉辦之相關研習班。（尹玫瑰）

## 落語師 ＊此為日本特有職業。

　　手帕一條，扇子一支，走上舞台，憑著伶牙俐齒就能讓人笑又讓人哭──這就是落語師。落語即單口相聲，是從江戶時代就備受日本人喜愛的傳統技藝。古典落語是講給懂得笑點的客人聽，新的落語是講給愛聽新笑點的客人聽，每一位落語師在話語中都融入自己細緻的個性，提供笑點給客人。落語師是一個講究師徒關係的世界，通常要成為落語師就只有拜師學藝才有辦法。落語師分為三個階級，從「前座」「二目」，最後是「真打」，這個過程約需15年。只有爬上「真打」的地位才能收弟子。出人頭地的時機跟年齡無關，而是從拜師學藝的時期排列順序，越早拜師就越早出人頭地，也就能當越久的落語師。但是在拜師之前也不必太過著急，多體驗社會，培養自己的素養也很重要。事實上，現在的落語師當中有好幾位是大學時參加落語研究會社團，進入社會工作一段時間後才成為一線落語師。落語師大致可分為江戶前（東京）與上方（大阪）兩派，各有其獨特的說話方式，所以出身鄉下的落語師需要額外的努力。

## 漫談家

　　所謂的漫談家就是指在舞台上，「獨自」表演才藝，娛樂客人。這些才藝的型態包括說話、單人表演、魔術以及街頭藝人等等，雖然與現場表演相比，電視以及廣播節目上的表演比重較高，但像是日本的綾小路君麻呂般，在中高年齡層觀眾中占有極大人氣的表演者，藉由大量的現場表演並販售DVD也是一種方法。從事這項工作必須擁有強烈的學習欲、對社會以及人物的觀察力、在

學校學習不來的獨特知性。比起與生俱來的喜感，腳踏實地磨練技藝的努力更為重要。一般來說，入門方法就是拜師求藝，但也有人是從其他業別轉進這個行業的。例如，綾小路君麻呂一開始便是立志成為節目主持人。

## 腹語表演者

　　腹語是一種利用特殊的發聲方法（不動嘴唇的腹部發聲）說話，一個人扮演說話者與聽話者雙邊角色的技巧。許多腹語表演者會在手上拿一個木偶，和木偶對話。腹語的表演舞台可以是劇場、大型活動中、路邊賣藝、電視節目、傳統劇場等等。一般腹語表演者須自己設計台詞與故事，自己製作木偶。在日本腹語表演者並沒有太多場地可以表演，但是在美國和歐洲甚至有專門的腹語節目，其中也有日本的腹語表演者上場。要成為腹語表演者可以在講習會、課堂上學習，或者是拜腹語表演者為師，甚至自學。過去腹語術被運用在警察、消防隊員在進行交通安全與防止火災的啟蒙教育中。此外，有一些義工也會在育幼院、養老院等設施表演腹語術娛樂小孩與老人。近來醫師或治療師在治療自閉症兒童時也會運用腹語術問診，或者教師將之當作授課的教學工具，應用的領域十分廣泛。

## 搞笑藝人

　　引觀眾發笑的工作包括喜劇演員、相聲家、說書人……等，可說是琳瑯滿目，但這些職業彼此間的分野很清楚。喜劇演員主要工作是在舞台或電視上表演喜劇。而相聲家的工作則是雙人一組，在短短數分鐘內表演滑稽問答。但因電視的影響模糊了彼此的分際。固然作為演員的演出機會增加，但是表演「真功夫」的節目卻持續減少。就收入來源而言，只有極少數人不用依靠電視公司。相聲家之所以為相聲家，在於至少有個相聲舞台，因此除此之外的多通稱為搞笑明星。無論今昔，質問該如何才能入這行是無意義的，但過去一般以拜師成徒入行。現在大多數則以試鏡為入門途徑，大型演藝公司也已經設有常設的培訓課程。當然就算是試鏡及格，也以優秀成績完成培訓課程，依然無法保證就業。

 **台灣**

在台灣並沒有所謂的搞笑藝人，過去類似的有許不了、倪敏然等喜劇演員。要當這類藝人最重要的是必須要有梗（內容）、能帶動現場氣氛。除了與經紀公司簽約代為推動之外，參加某些綜藝節目所舉行的模仿秀之類的活動，也是獲得電視台青睞的好方法。近年來台灣的談話性節目非常多，也出現了許多「通告藝人」，為了節目的靈活性，這類型的藝人多以搞笑的表演在舞台上演出，活絡節目氣氛。另外，因為模仿節目的流行，模仿其他名人的藝人，也通常以

搞笑的方式表演，因此，這類的藝人（原本也有可能是歌手或演員）被廣泛地稱為搞笑藝人。
（尹玫瑰、蔡承恩）**"**

## 配音員

　　從事卡通動畫配音、外片配音，或廣告及一般電視節目的旁白等工作。其中雖有若干配音員成為部分人士的偶像，進而發行唱片或開演唱會，但大多數配音員是在幕後配合畫面從事聲音的演技。酬勞並不特別豐厚。現在也設有專技學校，有的人在校內建立人脈，也有不少人通過試鏡後，隸屬配音專業演藝公司。

**"台灣**

在台灣從事配音者，一般從廣電相關科系而入行，另外就是單純喜歡、想嘗試配音的人，找上專業配音員學習，由老鳥帶入這行業。此外，有時市面上也會有不定期的配音班訓練，在短時間內了解配音的方法與技巧。若覺得自己說話伶俐、能同時與電視畫面裡的人對上嘴型的話，那麼便有當上配音員的部分資格。（尹玫瑰）**"**

## 相關職業

新聞工作者→**P.65**　　歌手→**P.199**　　寶塚歌劇團→**P.199**　　歌星→**P.200**　　聲樂家→**P.201**　　狂言師
→**P.335**　　走唱藝人→**P.337**　　劇團團員→**P.338**　　舞台劇演員→**P.339**　　托兒所保母→**P.388**　　幼稚園老師→**P.390**　　電影明星→**P.430**

# 02

# 其❶ 看著地圖及地球儀

看著地圖或地球儀就覺得很快樂。不是要特別找出什麼山、海峽、湖泊、半島或都市，也不光是確定名稱而已，只不過就是呆望著，光是看著非洲大陸或是阿拉伯半島的形狀，就覺得非常開心。

## 在國土地理院工作

　　大略可分為測量和地圖兩個範疇。就測量而言，將利用GPS（接收人造衛星發射的電波來測定位置的系統）所取得的電子基準點設定於全國以進行觀測，並兼觀測地殼變動。VLBI可以利用對準數10億光年外星球的電波，將1萬公里遠的兩點間距離以毫米誤差測定的測量技術，來測量地球的形狀。就地圖種類而言，從製作反應最新狀況的全國五萬分之一、二萬五千分之一的地形圖，到地形圖、空照圖等。此外還有蒐藏古地圖的部門。日常工作包括：於離島設置GPS接受器、管理GPS資料、預測地震、火山噴發、解析研究太平洋板塊等。有時還須上山測量基準點，攝影測量以作成地形圖，與國外地圖製作機關共同研究，南極觀測或協助開發中國家測量等國際合作等，工作內容複雜。國土地理院隸屬國土交通部是特別機關，要在這裡工作除了必須具備公務人員任用資格外，還須接受面試決定。每年只錄取十幾人，是個窄門。對於喜歡看地圖、對最先進技術有興趣，並具有旺盛好奇心想一窺地球的人，是份能勝任愉快的工作。

### ❝ 台灣

在台灣，測量製圖的中央主管機關為內政部（地政司），在地方則由縣市政府、地政事務所辦理。內政部辦理的重要業務有：國家測量基準（大地基準、高程基準、重力基準等）的訂定與維護、基本控制測量系統（衛星控制點、水準點、重力點等）的建立、國家基本圖資（像片基本圖、海域基本圖、數值地形模型【DTM】、二萬五千分之一及五萬分之一地形圖等）的測製、國土利用現況調查、地籍測量計畫（地籍圖重測、未登記土地測量、地籍圖數值化整合應用）的規劃與執行等。進入政府機關測量部門服務，須經國家高普考試相關類科及格始能任用。有些大學或學院，設有測量或空間資訊學系，或於土木工程、地政相關學系設有測量或空間資訊組，提供有興趣探求地球奧祕者一個進修途徑。（陳杰宗）❞

## 地圖製圖員

　　除了都市計畫圖、土地利用圖、地形分布圖、防災圖外，還依照目的製作地圖。地圖的製作，大多是接受公家機關、鄉鎮公所委託的工作。類比的地圖製作必須從拍攝所要繪製區域的空照圖開始著手。接著要帶著照片實地走訪，確認照片內容的真實性。再利用圖化機器描繪出正確反映照片與實情的地圖。偶爾還須以手繪修正方式才能大功告成。近來由於已不再生產修正地圖所須的底片，因此使用電腦製圖的數位地圖製作成為主流。要成為地圖製作員最好的途徑是進入專業學校就讀學習。而後再到地

圖製作公司就業。

## 地圖編輯

　　一面思索選擇要採用的範圍及要放大介紹的都市，一面進行地圖的企劃製作。由於大多數的地圖製作是代代相傳的，因此業界大都因應時代需求將招牌商品的內容賦予新變化。至於走遍實際地點路線來確認地圖的終年變化，也就是所謂「實踏調查」則多外包給個體戶。不須特別的資格，但是最好具備基本的地理常識，喜愛地圖，並且只要看著地圖或時刻表就能想像空間狀態的人較適任。最近幾年衛星定位系統的技術革新備受矚目，然而在桌上面對面的洽談中，非得使用紙地圖的機會依然很多，所以應當還是安定且有需求的行業。

## 測量師

　　對於道路、橋墩和土地的開發利用，住宅大樓的建築等，進行測量計畫的規劃與測量，並完成基礎資料（實際測量工作多由助理測量師執行）。也須檢測竣工的建物是否與設計圖相符。從機場建設等大規模的建物測量到農地測量、個人土地界線測量等，工作範圍廣泛。此外還包含為了製作地圖的國土地理院的基本測量、都市計畫及鄉鎮公所等造鄉的公共測量。要成為測量師，必須在大學或專科學校學習測量學科，累積實務經驗，並通過國土地理院舉辦的測量師考試及格。在土木建設業界是不可或缺的職業，日本到2003年4月為止共登錄有21萬1351人。

近年來拜測量技術的進步，一般均以電腦或GPS測量，實際上有若干計量上的誤差。在大規模開發的情況下，由於關係到環境評估，因此工作範圍越來越廣泛。女性從業人員日漸增加。一般大多任職於土木建設公司或測量公司，也有在國土地理院工作或自行開設測量事務所。

在台灣，經過國家專技高考及格者可以取得測量技師資格（相當於日本的測量士，但在日本辦理地籍測量應另具土地家屋調查士資格）。測量技師執業，可設立測量技師事務所，或受聘於技術顧問機構或依法令規定應聘用技師之營利事業機構。測量技師接受委託辦理各種測量製圖業務，包括基本控制測量、工程測量、地形測量等（也包括地籍測量）。測量員在測量技師指揮下，執行實際內、外業測量工作，製圖員並將測量成果製作地圖或相關檔案，惟測繪成果仍由執業測量技師負責。近年來全球定位系統（GPS）、地理資訊系統與遙感探測（RS）的蓬勃發展，測量與空間資訊（geomatics）已緊密結合，擴大測量執業範圍。（陳杰宗）❞

## 古地圖研究家

古地圖是指在科學測量與圖法成立前所繪製的地圖。目前保留有圖畫地圖、目視圖、鳥瞰圖等多種類的地圖。可以從歷史、地理、博物學、民俗學、比較文化及美學等各個不同的觀點研究這些古地圖。古地圖研究家可大略分為兩種形式。一種是指大學教授、博物館、美術館研究員等，利用古地圖研究自己專門領域的人。另一種則是像小學老師或公務員等從事完全不相干的工作，但以研究古地圖為興趣的人。後者大多參加古地圖研究會等社群或研討會，研究相關區域的古地圖。除了喜歡歷史或地圖外，還必須具備探究心和調查能力。因為是以無人知曉的過去為研究對象，因而必須具有「想必是如此」的想像與推理能力。有不少人醉心於古地圖裡的獨特世界觀，因而成為終生鑽研的功課。

地圖是記錄時空環境的媒體，也是一種權力的表徵。台灣歷經原住民、荷西、明鄭、清朝、日本、國民政府等統治時期，累積不少古地圖資料。目前，除內政部、國立故宮博物院、國立台灣博物館等機關保管有相當多古地圖資料外，民間有興趣研究者，蒐集古地圖數量亦多。如同日本一樣，研究古地圖者，專業者有學術研究人員，業餘興趣研究者則橫跨歷史、地理、文化、教育等不同領域，亦已成立古地圖研究協會或團體。古地圖新資訊，提升了鄉土意識，也吸引以研究古地圖為終生職志者積極投入。（陳杰宗）❞

## 地方情報誌

地方情報誌指的是整合該都市、鄉鎮、地區的生活、消費、活動等資訊的小雜誌。有的必須要付費訂閱購買，也有一些是靠廣告費來營運而免費提供的雜誌。編輯及發行的工作，大多是由地方小出版社承攬。雜誌會陳列在書店以

及登載廣告的商店裡，免費的雜誌或是DM則是會夾在報紙內或是像傳單般的發送。內容包括餐廳、時尚流行服飾店、音樂或活動、婚禮、求職情況等。依鄉鎮及區域不同，也有一些觀光資訊，對遊客而言是相當便利的旅行指南。想在鄉鎮誌裡工作，直接向出版社交涉的話是比較方便的。出版社擁有聘請人的經濟能力，若是採訪以及接廣告的能力受到肯定的話，就會被採用。不過，幾乎一開始都是以打工型態任用，收入並不多。

### ❝ 台灣

在台灣的地方情報誌，分為公家單位委外製作以及私人企業兩種。前者以協助地方政府推廣當地觀光資訊為主，主要收入為公單位給付的標案費用；後者多為廣告公司或地方社區營造團體自費發行，主要收入為刊物廣告費用。除了「專職」製作地方情報誌外，有些這類型刊物的製作，是搭配業主自家經營的咖啡店、書店發行。

如果是想以製作發行地方情報誌為業，在台灣仍舊是一份非常辛苦的工作，收入並不見得比待在同為文字工作的出版社編輯少，但常需一人當多人用，從規劃、採訪、寫稿、編輯，以至廣告、印刷、發行等業務性質工作都要接觸。因為採訪、拜訪廣告客戶時間多為白天，印刷及發行業務又多為凌晨，所以工作時間也較一般出版工作長了許多。（蔡承恩）❞

---

### 相關職業

船務代理→P.67　空服員→P.73　地勤人員→P.74　鐵路事務→P.80　氣象預報員→P.175
南極觀測隊員→P.182　稀有金屬挖掘與銷售→P.189　在天文館、星象館工作→P.194　登山家→P.344　冒險家・探險家→P.344　山岳救難隊員→P.345　領隊導遊→P.355　郵輪座艙長→P.356　旅遊作家→P.357　觀光局職員→P.357　聯合國職員→P.369　計程車司機→P.451
賽車手→P.450　大客車司機→P.451　大貨車司機→P.452　航管人員→P.459

社會
其① 看著地圖及地球儀

# 其❷ 瞭解日本以及世界的歷史

現在的世界，跟50年前、100年前以及1000年前的日本以及全世界都有所連結。
如果「大化革新 」、「日耳曼民族大遷移」產生了不同的結果，日本以及世界
應該也會有不一樣的結果。歷史不單是瞭解過去，也是瞭解與過去有所連結的
現在的一門學問。

## 考古遺址發掘調查員

　　遺址，指的是在地底或海底所埋藏的過去遺跡、遺物中的文化財產。如今日本因工程而發現考古遺址，必須進行緊急調查的案例，一年內約有一萬件。其中，約有五百件須進行進一步的學術調查，所投入的研究費用高達近8百億日圓。考古調查員（考古文化財調查員）是進行考古文化財的發掘、調查、記錄、保存、活用的人才的一種民間資格。挖掘調查是一種無法將現場還原的破壞行為。也因此，挖掘調查所要求的是具有高度的技術以及知識。2007年早稻田大學首創「考古文化財調查士養成及資格授與的考古文化財科學實踐課程」，想從事考古遺址調查的人，得先到大學修課，半年時間內修得考古學專門科目，修完之後，可獲得「考古調查員」的資格，是針對已經從事考古發掘工作、對考古挖掘抱持強烈興趣的社會人士所設置的課程，考古學系的學生‧研究生等都可以參加這樣的課程，依各人的實務經驗以及程度，分為二級、一級以及上級的考古調查員的資格認定。考古調查員的資格，可以培育出考古文化挖掘調查的專家，以及具備可以明確制定採用標準的優點。除了早稻田大學以外，札幌大學、金澤學院大學、國士館大學、昭和女子大學、札幌學院大學、札幌國際大學、京都橘大學都加入了「考古調查員資格認定機構」，但是針對社會人士所開設的課程，只有在早稻田大學開設。

> **台灣**
>
> 在台灣，考古學的研究並不算「顯學」，主要是學術研究單位才有類似工作職缺。所以如果想從事考古工作在台灣並不容易，甚至如果想透過大學學習，進而從事相關工作，「正科班」也只有台灣大學人類學系一種選擇。但像台北藝術大學建築與古蹟保存研究所等古蹟修復、保存類的學系，也是可以參考選擇的方向。（蔡承恩）

## 古董店

　　主要買賣日、中、韓等國的古董。最重要的是要具有對古畫、陶器、家具等古物的鑑定能力。這並非一蹴可幾，必須花時間跟店主學習，以培養鑑識的眼光。一開始多半負責看店，所以必須懂得基本的待客禮節。累積了相當的經驗後，就能開始負責與上門賣古董的客人交涉，決定採購價格。古董沒有定價，所以能否在談收購價錢時將市場價格記在腦中，變得非常重要。日本古董店經營者有時還會到中國、韓國、台灣或地方上的名門世家、古董市場去採購。古董店多半是家族式經營，通常是先去店裡兼差，累積經驗之後才正式被錄用，另外也有採佣金制的雇員。要自行開古董店必須有古物營業許可。這是僅有少數愛好者的世界，所以有好的老主顧非常重要。雖說是討價還價的世界，但最重要的是博得顧客的信賴。這工作適合樂於小心斟酌、精神年齡較高的人。

**台灣**

目前台灣以販賣亞洲藝術品為主的古董店不在少數，但是只有少數具有畫廊以上規模的店家才會招募雇員，需要的學經歷是相當於小型博物館館員的能力，除了具備與藝術品相關的知識之外，還得要具有商業頭腦和手腕，並且熟悉市場和價格走向。目前比較多年輕人加入的是台灣早期物品的收藏買賣，這些物品包括絕版的玩具、老商標產品，和具有史料價值的照片、唱盤、書籍，甚至連老茶葉都有熱愛者。從事這項工作不管是網路開店或是實體店鋪，都需要有老台灣家族的進貨來源，隨著台灣熱發燒，這項工作的熱門程度也跟著水漲船高。（蘇意茹）

## 相關職業

二手書店→P.38　俳人→P.41　和歌詩人→P.45　落語師→P.52　古地圖研究家→P.59　煙火師→P.187　能樂表演者→P.217　文樂表演者→P.218　版畫家→P.224　書法家→P.227　藝術品修復師→P.243　博物館・美術館館員→P.246

社會

其②
瞭解日本以及世界的歷史

# 其❸ 想瞭解世間事物如何連結

這世界到底是如何運轉的？到處都有工程在進行著，興建道路、橋樑、機場、水壩等工程。這是非常大規模的工程，但是到底是誰出資興建的呢？這些資金又是如何集結的？又是誰來決定要在這些地點興建道路、橋樑、機場以及水壩的呢？瞭解世界的組成，是非常重要也是令人興奮的一件事。

## 新聞工作者

廣義來說，新聞工作者（Journalist）是指從事報導的所有人。狹義來說，雖然是報導人員，但不一定屬於某種媒體，而是屬於自由業的新聞工作者。在海外是一種地位崇高的職業，也被認為是具有專業性的工作。涉及的領域與種類相當多元，包括政治、經濟、軍事、科學、體育、電影等，注重的是績效與經驗。在日本的大眾媒體中，感覺上很難將記者等同於新聞工作者，可能是因為大部分的記者都會在工作幾年之後更換部門，所以採訪播報現場的記者未必是該領域中的佼佼者。成為新聞工作者有兩種管道，第一是進入報社、雜誌社、電視台等大眾傳播媒體，在裡面以成為一位專業的新聞工作者作為努力的目標。另外，就是從事自己所喜歡的領域，累積評價與經驗之後，再轉而從事這方面的採訪工作。

### ❝ 台灣

「Journalist」一詞多指能自行尋找題材，進行長期而深入的專題報導，而非追逐日常新聞事件者；台灣媒體在這方面的分野不甚清楚。在台灣，若對新聞工作感興趣，可以選讀大眾傳播相關系所，在校時便能有實習的機會；但相關科系的學歷並非此職業的必要條件，擁有某項專業知識可能更重要。媒體傳統上會有統一招考，但也可透過徵才、人脈介紹等方式進入此行業。從事新聞工作必須對事件、現象、潮流脈動有敏銳的知覺，能夠在短時間內採訪蒐集到最正確豐富的資訊與專業知識，並以深入淺出的方式報導給大眾。從事媒體工作，人脈相當重要，此行也是累積人脈和閱歷的極佳管道。資深記者可能晉升到主編、採訪組長、或主播、召集人等職位，不再在第一線跑新聞，但必須掌控版面配題、風格走向以及採訪組的調度等。台灣許多資深媒體人還可以同時寫書、寫專欄、擔任政治人物文膽、上電視當名嘴，甚至從政或轉型當藝人等，出路相當廣泛。從事新聞工作，工作和休假時間常和一般人不同，若是文字和攝影記者，有時還必須前往危險環境的第一線進行採訪；此外，遇到重大新聞事件時，搶獨家、怕獨漏的工作壓力也相當大。（林沂頤）❞

## 司法代書

代替一般民眾或公司來製作並填寫必須向法務局或法院提出的公文書，並且代為處理公文書提出時所須的手續及流程。例如，土地或房屋等不動產的買賣或繼承等，製作申請所有權變更的公文書，並代為處理所有權移轉登記所須的手續及流程。另外，也會幫忙蒐集整理訴訟或和解時所須提交到檢察廳的資料。當人們在日常生活中，遇到艱深的法律問題時，司法代書會以簡單清楚的方式來解說艱深的法律，並且建議最理想的解決辦法。換言之，司法代書就像是個「社區裡的法律專家」一樣。要成為司法代書，必須通過法務省所實施的司法代書考試，並須加入司法代書工會。不管年紀、學歷與性別，任何人都可以參加司法代書的考試。透過專門學校或函授教育等方式，都可以學習到司法代書考試必備的知識。另外也可透過擔任司法代書助理，或是在司法代書事務所工作等方式，累積知識，進而取得擔任司法代書的資格。

## 行政代書

　　代替一般民眾或公司製作填寫一些必須向行政機關提出的公文書,並且代為處理公文書提出的手續及流程。例如成立公司的官方許可文件,或是開始從事餐飲事業的申請書等。例如,行政代書也會幫忙製作個人與個人,或是個人與公司在進行土地或建築物的租賃契約書。在各種領域中,因為和司法代書或律師等工作有所關連,因此有不少人都是以兼任行政代書跟司法代書的方式執業。這行業雖然知名度不高,但是今後將逐漸受到重視。從創立公司的計畫開始到公司今後可能的發展,給予有關於日後需要辦理的行政手續的建議,可說是一份相當有意義的工作。要持續這份工作必須懷著一顆助人的心。取得國家資格後,加入行政代書工會後就可以開始執業。有許多人都透過專門學校或函授教育來取得資格。

**" 台灣**

在台灣房地產以外的業務,通常是由律師來辦理。根據2001年10月通過的「地政士法」,以往俗稱的土地代書已經正名為地政士,負責處理房地產相關的法務文書工作。要成為地政士,必須通過國家專技特考或檢覈考,取得地政士證照後始能執業,業務範圍為接受房地產權利人及義務人委託,代辦申請土地登記移轉之業務。 **"**

## 專利代理人

　　防止他人為了營利目的,任意抄襲、仿製個人的發明或創作,因而透過企業財產權中的專利權及新式樣專利權來加以保護。所謂專利申請代理人便是以提供與企業財產權有關的代理申請服務為其工作內容。要從事這份工作,一定得通過專利申請代理人的國家檢定考試。雖然是與法律相關的工作,但要明確瞭解發明的內容,並予以明文化,作成書面資料,因此,八成左右都是畢業自理科的人。工作的地點有公司的專利部門或專利事務所等,也有不少人選擇自行開業。一項發明可以帶來多少利益,與該專利權被保護到怎樣的範圍息息相關,因此要盡可能要求廣大的受保護範圍。此外,也必須把握每一分每一秒,早別人一步,盡可能迅速地提出專利申請。甚至可以說,一項發明是否可以產生,完全操在專利申請代理人的手上。在技術日新月異的現代,就算已取得專利申請代理人的資格,還是必須不斷地學習新知。此外,因應國際化的到來,最好也要具備英文的讀寫能力。

**" 台灣**

在台灣想當專利代理人,自2005年起,須經國家考試及格並領有證書,還須經過職前訓練並加入專利師公會始得執業。而領有專利代理人證書之技師、律師或會計師,從事專利代理業務3年以上者,得申請專門職業及技術人員高等考試免試。 **"**

## 船務代理

在日本稱為「海事代理士」，凡是20公噸以上的大型船隻，必須登錄並公開其船主等相關的權利關係。代替委託者前去辦理船隻資料的登記手續，或代為申請確認船隻安全性的檢查等，正是船務代理人的工作內容。在日本從事此職必須通過相關的國家檢定考試。應考資格不限年齡、學歷，而通過考試之後，大多會開立船務代理事務所。此外，也有一些行政代書會兼任此項業務。最近為了節約成本，日本海運公司大量使用外國籍船來從事航運的工作。因此，日本船籍的數量減少，此職業的工作量也隨之減少。這可說是看著船隻從出廠到報廢，並且維護船隻安全航行的工作，因此適合喜歡大海的人來從事。

### ❝ 台灣

台灣的船務代理業務皆為公司型態，並無日本的個人事務所。在台灣，航務代理公司有370餘家，上述業務多由領有交通部船務代理許可證的船務、航運公司內部職員進行代辦，代辦人員並無證照資格限制。除了船籍登記外，船務代理商必須處理包括船舶進出口各項檢查與報關，以及旅客、貨物裝卸、代收票款、代辦船舶建造、買賣、租傭、進塢甚至包括協助船東處理各種海事案件等各項事務。由於船務代理專業涉及對航運海事及商業方面的知識，所以儘管入行無證照和學歷限制，但是就讀大學或海事專科學校的航運企業管理系（科）或是海洋大學的船運管理系所都對從事此工作有極大幫助。（蘇意茹）❞

## 報社記者

在日本，剛進入報社工作時，會先接受研修訓練，之後得被分派到地方分社工作約五年。在地方分社的期間，從跟警察打好關係，到開始負責報導地方上各領域的新聞，學習當記者應有的基本技能，同時也要確定自己的專業與出路。之後，依據個人的希望與適性，配屬於政治部、經濟部、國際部、社會部、文化部等專門的部門。報導內容基本是一個人要撰寫自己所負責的領域，但是也有團體合作進行採訪報導的時候。不管分配到哪一個部門，因為都要撰寫新聞稿，所以必須要有耐心地謹慎採訪新聞。據說跑社會新聞的記者，會抱著希望因為自己的報導，可以稍微減少一些社會的悲慘案件，對建立美好的社會盡一點力的心態，去進行每天的採訪和報導。所以不僅要有強烈的好奇心，還要具備正義感、責任感和協調性，才能夠勝

任記者這種工作。這也是一個只要大家需要資訊，就有必要存在的工作。

※譯註：這裡主要指在報社工作的記者，在日本除了報社記者之外，當然還有雜誌社、電視台等記者。一般來說，日本人認為這些隸屬於報社或是雜誌社等的記者和本章前述的「新聞工作者」（Journalist）並不完全一樣，Journalist 是自由新聞工作者，可能是資深的記者，也可能是在某一方面特別有權威或是對某一個問題特別有研究的媒體人，通常有一定的年紀和資歷，非常受到尊重。關於台灣記者工作的相關情況，可參考前述「新聞工作者」的補註。

社會

其③ 想瞭解世間事物如何連結

> ❝ **台灣**
>
> 台灣的報社大多會不定期地透過招考啟示徵才，基本的要求為大學以上學歷，至於所學現在大多沒有限定要新聞或大眾傳播相關科系，但要求其他專業則看各報社需求。除了外在條件的要求，報社記者的文筆要好是基本能力，同時個性要比較主動積極和富有正義感，比較適合。和日本一樣，台灣的記者分為地方性記者和全國性記者，但不像日本有五年在地方的期限，但和地方上的警察、政治人物、鄰里鄉親保持良好的關係，是絕對必要的，所以不能怕生。原則上報社記者每天都要發稿，所以每天都要關注自己所負責的新聞範圍內的事，並在每日截稿之前採訪並完稿。因報紙版面有限，所以每位記者所寫的新聞稿是否能被刊登見報，對每位記者來說是非常重要的事，這影響了記者個人的績效及未來發展。（蔡承恩）❞

## 公務員（一般行政職）

　　是指在公家機關擔任一般事務性工作的公務員，總稱為一般行政職，但不包括教師、警官等專門的職務。大體來說可區分為在中央公家機關工作的國家公務員，及在地方行政機關工作的地方公務員兩種。國家公務員的考試有三種類別，第一種是具備大學文憑的幹部候補型國家公務員，第二種是從短大、專門學校畢業的國家公務員，第三種是以高中畢業生為對象的國家公務員。然而，實際的狀況卻是，參加第二種跟第三種招考的人大多具有大學畢業的文憑。通過第一種選拔的人通常被認為是社會的「精英」，可以不依法定程序得到快速升遷，成為獨當一面的人才。至於地方公務員的雇用方法，則依照各地區有所不同。國家公務員，地方公務員的需求人數似乎逐漸減少，尤其在一些財政狀況困窘的地方單位中，甚至也會停止招募新進人員。由於地方行政單位的合併以及地方分權政策的發展，今後公務員的雇用及工作內容也會隨著改變。

> ❝ **台灣**
>
> 台灣國家公務員考試大致分為初等、普考、高考，並且細分成許多不同的職別和科別。初等考試並無學經歷限制，只要是中華民國國民，並且年滿18歲就可以報考。普考則需要高中以上學歷，高等考試又分三級，三級需要專科以上學歷，二級需要碩士以上學歷，一級需要博士以上學歷，也可在通過較低階考試後累積一定經歷後，取得應考較高階考試的資格，如經初等考試及格滿三年者，就能取得參加普考資格。另外，還有特考和專技考試。一般來說，初等及高普

考屬於大宗考試，特考是針對特定單位需要所舉辦的考試，在調職規定上也有差異。特考可分為五等，一等資格相當於高考一級，二等資格相當於高考二級，三等資格相當於高考三級，四等資格相當於普考，五等資格相當於初等考試。特考的資格限制會因單位需求而有所變動，必須以該次特考頒訂的簡章為準。專技考試可分為專技普考及專技高考二種，經考取僅是取得及格證書及執照，並無分發工作，但可於取得及格證書並從事相關工作二年後，得轉任公職人員，但本案現今經考試院決議已進行限縮，並非所有專技人員均可轉任公職人員。（王聰霖）

---

## 相關職業

管理顧問→P.78　當鋪→P.82　在拍賣公司工作→P.249　口譯人員→P.355　領隊導遊→P.355　英文報記者→P.364　聯合國職員→P.369　外交官→P.369　律師→P.376　法官→P.376　檢察官→P.377　政治家→P.377　家事法庭調查員・保護官・法務教官→P.384

社會

其③ 想瞭解世間事物如何連結

# 其❹ 對經濟以及商業有興趣

當你在便利商店買了一個120日圓的冰淇淋,你是否曾產生為何定價不是100日圓、140日圓,而是120日圓的問題呢?你是否也想過便利商店賣出一個120日圓的冰淇淋,可以獲得多少營收、製作冰淇淋的公司又可以賺多少錢等問題呢?光是考慮這種事情就覺得非常有趣。

# 接待・導覽〔販售服務〕

　　提供服務後得到相對的代價的工作，稱為服務業。服務的內容從專門的技術或情報，到僅僅是為了給予顧客滿足感、快樂、舒適等各式各樣。實際上，不論是賣東西，或是在醫療或金融的領域，在這些多是以顧客的存在為前提的工作當中，有提供服務的要素。當然隨著各個的工作所要求的技術也就完全迥異。總之隨著對象的不同也會跟著不同。根據日本政府的統計，2002年有1800人從事服務業，而2001年的營業額有133兆日元。完全超越了製造業的規模，預測今後也將會陸續的成長。但是其中的洗衣業、理容、美容、婚喪喜慶業者、飯店、旅館、汽車等的整備或修理，物品的出租、廣播、廣告、訊息提供、稅務理財士等的專門服務業，補習班等的教育、社會福祉等都包含在內。在其他章也介紹過許多職業，此外也有如下的工作。

※據統計，台灣目前約有6百萬人從事服務業工作，95年7月份批發、零售及餐飲業的營業額為9,425億元，專業及技術服務業營業額為399億元，租賃業營業額52億元。

## 在飯店工作

　　飯店的工作，以客房作為商品，分為管轄住宿使用的「住宿部門」，管轄餐廳、酒吧營運的「餐飲部門」，管轄婚禮會場等宴會場的「宴會部門」，管轄料理的「廚房部門」。各個的工作內容如下。

● **住宿部門**
　　預約課……　擔任住宿的預約訂單。
　　門房………　負責飯店門口的一切。
　　櫃檯………　Check In、Check Out等住宿客人的對應。
　　Concierge…　或稱為Guest Relation，對應住宿客人的商談。負責交通工具的確認（出租汽車或巴士等安排），各種門票、餐廳的預約。
　　Bell Man…　或稱為Bell Girl，搬運行李，引導住宿客人至客房。
　　客房維持…　負責客房清掃或衣物清洗。

● **餐飲部門**
　　經理………　各餐廳，酒吧的店鋪營運的責任擔當。
　　Captain……　負責各餐桌狀態，掌握處理使用客人及店內的對應。
　　服務生……　於Captain的指示下，上菜至各餐桌。
　　Busboy……　負責用餐完畢後的整理，桌面的重新擺設。
　　Steward……負責大量器材的調配，每天的洗淨，管理。

● **宴會部門（主要供舉行婚禮）**
　　婚禮企劃…擔任婚禮商品的企劃立案，告知，販賣活動等。
　　預約課……負責婚禮儀式，婚宴的預約訂單。
　　婚禮顧問…負責和預訂舉行儀式者的協商。

宴會服務… 負責婚禮儀式，婚宴當日的宴會服務。

※宴會部門的工作主要集中在週末假日，在人事費用的管理上較困難，大多會將宴會服務委託給專門的人才派遣公司執行。

## ●廚房部門

熱食部（Hot Section）… 負責烤、燉、熬湯等溫熱食物及主食的完成。
冷食部（Cold Section）…負責前菜、沙拉、水果等的冷食製作。
切肉房（Butcher）…… 進行肉類、魚類等的準備工作。
麵包坊（Bakery）…… 烤麵包。
點心房（Pastry）……… 進行包括蛋糕的點心製作。

廚房部門等的專業工作除外都由各飯店統一採用，依照希望待遇和適用決定分配。飯店整年無休，而且夜間勤務也很多，因此健康的身體是最低的條件。另外，由於此行業以各式各樣的客層為對象，細心的照料和語文能力為必要條件。但是最重要的是，能夠令顧客感到快樂，而且能夠視客人的快樂為自己的快樂。日本的飯店，是重疊著次要的因素被作成的，大多擁有某種值得驕傲的象徵，只重視收益，作為高度的事業進行計畫的飯店為少數。因此，和歐美的飯店產業相比仍是待開發未成熟的行業。但是，現在由於外資體系飯店的進入，圍繞在日本飯店業周遭的狀況不斷的在改變。

## 客房服務員

於旅館或飯店等的住宿設施，照料客人的女性客房接待員。不用特別資格。一般工作時間，早上的7到10點左右和下午3點到晚上8點左右，中間會有一段休息時間。大部分為固定薪資的給付，但是其中也有以津貼補全薪資，少數也有佣金制的飯店。雖有在傳統旅館持續工作60年的例子，但是最近幾年，則以派遣社員或打工、計時人員為多數。於農閒時期也會有農家的女性來此工作。飯店多數都有完備的宿舍，有的並設有保育設施。大旅館的場合，通常每個人要負責五、六個房間和宴會，需要有相當的體力。因為電視節目的影響，嚮往飯店女招待員工作的年輕女性也在增加。甚至也有以能夠穿著和服為理由而加入這工作。近幾年，就整體而言觀光產業處於苦戰狀態，但是能掌握顧客需要的旅館一樣是盛況，旅遊旺季時更是忙到了極點。因為是客戶服務的行業，擁有具好感的外表和舉止、溝通能力、服務的技巧、靈活性、敏捷度等都是被要求的條件。

### 66 台灣

飯店的工作範圍非常廣泛，想進入飯店業，沒有相關學歷背景者只能從事較基層的服務或清掃工作。如果具有餐飲證照或廚師證照，則可以進入飯店的餐飲部門工作。若想從事管理階級的職務，可以就讀各大專院校的相關科系，如觀光管理系、餐旅管理系、休閒事業管理系等。對於想在國際性飯店就職的人來說，由於經常必須跟外國客戶接觸，語文能力也相當重要。美國國際承認的美國旅館和住宿協會AHLA所頒發的或學校才會以專案方式申請該協會人士來台

上課，個人也可以至國外與AHLA合作的專業經理人證照，在全世界都被認定是飯店管理的標準，不過在台灣，只有大型機構學校就讀並得證照。（王聰霖）

## 觀光巴士導遊

跟隨觀光巴士進行觀光地點的導遊或說明，為了帶動車內的氣氛，進行問答或遊戲等的旅行的導覽者。另外，在遊客休息時或吃飯的空檔進行車內的打掃，也要作為司機的助手進行引導車輛的工作。依照季節不同需要的人數也有很大的改變，旺季時臨時雇用有經驗者的公司也很多。歷史或地理的學習是當然必要的，對於日本的習慣或傳統等的知識也是需要的。因為幾乎都是站著工作，且是化心思的接待服務客人的行業，所以健康是不可欠缺的要領。以年輕女性為多數，平均持續工作的年數也很短。

**66 台灣**

積極、熱情、高EQ、能帶動氣氛的人適合當導遊。由於乘坐巴士出遊一路行駛時間長，如何在車上漫長的時間介紹相關景點的歷史、帶動車內的氣氛，下了車在有限的時間告訴遊客景點典故，並且還要預留時間給遊客拍照、上廁所，做個知性、娛樂性兩者並高的導遊並不容易。此外，隨機應變也是導遊應具備的能力，因為隨時都會發生意料之外的事件，考驗你的溝通與反應。雖然工作時間長，但對於喜歡與人溝通、樂於嘗試新鮮事的人來說，當巴士導遊正可以隨時隨地體驗與探險！目前台灣導遊與領隊需要相關的證照，只須高中職畢業便可報考。（尹玫瑰）

## 空服員

飛機內的旅客的引導，機內食物分送等的服務，同時於事件發生時擔負起保安要員的角色。必須是畢業於大學，短大，專門學校等後，才可於航空公司工作，以身高，視力的限制或良好的英語能力為招考條件的航空公司也很多，形成相當的窄門。以日本航空（JAL）和日空航空（ANA）兩家航空公司為首，絕大部分公司都規定擔任3年期間簽約社員後，才可成為正式社員。空服員是國際性的工作，良好的語文能力是必要的，並且必須能夠正確地使用日本語，並提供細緻體貼的服務。空服員給人非常華麗的印象，是受歡迎的職業，但是工作以體力勞動為主，因此有腰痛等的職業病者也很多。

**66 台灣**

擔任空服員不需經過國家檢定與執照，但是空服員的服務態度會直接影響乘客對航空公司評

價，因此各家航空公司對空服員進用及訓練都很重視。空服員在任用上男女不拘，但以女性占大多數，新進入員年齡大多限制在26歲以下，長榮、華航更限在24歲以下，依勞基法之規定可以服務到55歲，身高大都要求求至少160公分以上，有些航空公司只要158公分以上，視力多半要求裸視至少0.1以上，經矯正達1.0以上；學歷大多要求大專以上。語言方面基本上必須具有相當英語能力，有些航空公司甚至要求會說台語或日語人員。空服員考試項目包括筆試及口試。考試目的在於測試應考人臨場反應、英語能力、儀容態度、親和力、積極主動。通過航空公司考試，亦須體檢合格，才會被錄取。（王聰霖）

## 地勤人員

負責各機場的機票發行業務，辦理旅客登機手續，引導旅客登機等地面上的服務。一般會於大學、短大、專門學校畢業後進入各航空公司工作。與其說是航空公司採用，不如說是由地勤人員專門公司（大多數都是航空公司的子公司）錄用。和空服員相同，大多需要經歷3年簽約社員的工作後才可以成為正式社員。沒有身高、視力的限制，但是良好的英語能力是必要的，必須能夠給予機場利用者舒適愉快的感覺。另外，有許多規定之外的勤務，為耗費體力的工作。

**台灣**

地勤人員不像空勤服務人員一樣，有著嚴格的身高、體重、年齡、視力限制，不過基本的筆試及口試仍是必要的。筆試包括專業知識、航空概念、適職測驗，面試包括航空概念、專業知識、應對技巧，也必須具有英語等語言能力，不過考試門檻較空服員為低。（王聰霖）

## 活動接待展售員

於商品的發表會或展覽會等，穿著廣告宣傳服裝進行商品或展示品的說明，資料的分發，增添活動的活潑及華麗。大多出自模特兒公司，在試選會合格之後，接受研習訓練而成為活動接待展售人員。工作大多於春、秋二季，此外大部分都有兼職其他工作的情形。因為是代表該企業，樣貌必須是符合產品的形象和感覺。年輕，健康是絕對必要的條件。並不是可以長久持續的職業。

**台灣**

於商展、活動所需活動接待展售員，一般稱為Show Girl，代表該公司或產品的展售員，於舞台上宣傳產品，有時也須負責發送傳單。一般此類工作的需求期較短、徵人時間也很急促，會於自家的網站或報章雜誌發出徵人快訊，募集適合公司產品形象的女孩短期集訓演出，但通常均是直接透過模特兒經紀公司的安排選秀，選擇適當的模特兒來擔任此份工作。這些無名氣或小牌的模特兒如果在活動接待中表現稱職、有特色，很可能會被大公司看中，獲得薪水較高、名氣可望上升的露臉機會。（尹玫瑰）

## 男公關

於俱樂部負責接待客人的工作。作為女性客人的談話對象，幫忙倒酒等為

主要的工作，招攬客人或是於營業時間外給予熟識的客人特別的關照，應該要做的事情相當複雜。新進人員先從資深男公關的助手開始做起，有一定受歡迎程度，並且得到許多客人的指名後，才被視為獨立工作的一員。收入通常會依照受歡迎程度和營業額的比例分配，以客人贈送禮物的形式所得到的副收入者也相當多。相貌端正華麗為其次，能夠靈敏的察覺到客人的心情變化才是最重要。

## 女公關

一邊喝酒並作為男性客人的談話對象。從銀座的高級俱樂部到所謂的酒店等有各式各樣的女公關。指名或和客人一起進入店內的同伴其收入會比較高，大部分為佣金制。手腕高的也有一年賺進數千萬的女公關。只憑面貌姣好要成為頭牌女公關非常困難，必須迎合每一位客人的需求。因此，增加從時事的新聞到興趣等各式各樣事情的知識，能夠對應範圍寬廣的話題也很重要。另外，堅韌獨特的事物的感受性不可欠缺。不適合者，喝壞肝臟而辭職的都大有人在。

## 祕書

以政治家，企業經營者及管理者，各種專業者，高度的管理、專門的職業等人為上司，輔佐其上司能夠順利進行工作。從行程表的管理，資料的整理到婚喪慶典的對應，其工作分布廣泛複雜，被要求能夠迅速的對於事物作出臨機應變的處置。另外，作為上司的代理和公司以外的人接觸的情況也很多，廣泛的社交性和基本的禮儀或說話的用字遣詞都是必要條件。不需要特別的資格，但是，有連人品都列入審查條件的文部省認定的祕書檢定。每次都有很多人參加此檢定。有很多是從行政的一般職務中採取任用。祕書的專門性越來越受到好的評價。曾經女性祕書是以容貌為重要的基準。現在雖然也有這樣的傾向，

但是漸漸的也從重視容貌轉變為重視能力。但是，若是相同程度的能力，端莊容貌的人較為有利是不會改變的事。

## 台灣

中華民國電腦技能基金會辦理有TQ C企業人才技能檢定認證，認證範圍中包括：專業中文祕書人員、專業日文祕書人員、專業英文祕書人員，檢定項目包括電腦簡報、文書處理、語言能力、電腦試算表、網際網路、中英日文輸入，目前這項檢定已受到台灣各大企業認可，成為遴用祕書人才的重要參考標準。國際專業管理亞太年會也辦理有CPS職業祕書認證，也是企業用才的重要參考。（王聰霖）

## 家事管理（家政婦）

在一般的家庭或者是宿舍等的設施，幫忙處理煮飯、洗衣、掃除、買東西等全部家事。另外，在宅的病患或臥病在床的老人的周遭的照料或陪伴，醫藥幫助等看護輔助作業也都包括在家庭幫傭的工作之中。可選擇同住或通勤工作，天數或時數也都可以和工作地點商量後在做決定。想要從事家庭幫傭的工作，通常是到家庭幫傭介紹所進行登錄。不需要特別的資格或經驗，但是有會比沒有的人好，薪水也會比較高，也可以選擇較好條件的工作地點。家庭幫傭的必要條件是，能夠確實的工作，禮儀端正，心地善良。不會洩漏工作的家庭的隱私「嘴巴很緊」是絕對必要的條件。

## 台灣

在台灣若是想從事家事管理的工作，需要利用口碑來獲得工作機會。全職的家事管理就如同家裡的媽媽一樣，什麼事都必須做，從買菜到整理房間樣樣均要負責；而鐘點的家事管理則是約定每星期打掃次數和時間，只需於約定時間到府整理打掃，負責的項目較少。而不管是全職或鐘點計算，都需細心、俐落、盡職，並且口風緊。由於目前工商社會夫妻二人均上班者多，無時間打掃整理家庭，於是便衍生一種新行業家事服務公司，讓單打獨鬥的家庭幫傭，變成集合人力打群戰的家事服務，收費價格依照所託付的工作內容與時間而定。若想獨立從事全職或鐘點家事管理的工作，可從社區鄰居或親朋好友詢問工作機會；若是家事服務公司，因工作時間零碎不定，則須先規劃好自己生活時間再去應徵。（尹玫瑰）

## 葬儀社

從祭壇或棺木的準備到預算的管理等，進行有關葬儀的所有階段的工作。葬儀社的工作，大多是家族經營的事業，徵人並不是那麼多。在所謂送人度過人生的終點時刻，擔任非常重要的角色，有強烈的責任感和能夠做到適切的關心照料是必要的條件。另外，會有夜間的工作或勞動時間拉長的情形，沒有體力的人較不適合。在古老的慣例被忘記，鄰居間互相幫忙的想法淡薄的現代，葬禮時葬儀社的角色越來越重要。

### ❝ 台灣

除了傳統的葬儀社，台灣尚有較具規模的葬儀公司將負責不同業務的人員細分成不同職位，如殯葬人員、遺體防腐人員、遺體化妝員、喪禮司儀、禮儀師等。由於台灣尚未建立殯葬相關的國家考試制度，所以想要從事這方面的職務，通常是在進入公司後，經由公司聘請的顧問進行訓練。（王聰霖）❞

## 婚禮顧問

聽取預定結婚的新人所要求的婚禮形象，儀式當天為止協助完成它的實現。不須特別的資格，但許多的單位都開設有訓練講座。現在，因為電影或電視劇的影響，成為受女性歡迎的職業，競爭率高。首先，就業於婚禮企業，成為資深前輩的助手，一面學習知識及祕訣。近年來有很多是在海外或度假地的教堂舉行的婚禮或是宴會。新人從結婚相關雜誌等得到許許多多的情報訊息，因此能夠設計出專屬新人個性的婚禮及符合預算的計畫能力是很重要的。為要求有豐富的想像力和販賣的積極性的工作。

### ❝ 台灣

在台灣，想要成為婚禮顧問，可以至各地方職訓中心、民間的婚禮顧問公司以及各大學推廣部所開設的婚禮顧問職訓班學習相關的知識和技能，並可取得畢業證書便於求職之用。（王聰霖）❞

## 婚姻媒合

針對想要結婚的男男女女，在登錄者之間，介紹其希望條件接近的異性，並讓他們成功結婚的仲介工作。為了不擅於交際的人，也會提供戀愛的協商，是現代人的人際關係的總合，可說是從「媒人婆」概念而產生的職業。可以在大型的結婚介紹所工作，也可以開設個人工作室。這是跟個人的人生經驗豐富度相關的工作，投入這工作的年輕人並不多。收入是論件制，依撮合多少對新人結婚而論。不論社會情勢如何改變，男女

之間互相追求情感，是人性的本質欲求，其需求在未來也會繼續安定成長。

## 管理顧問

　　接受企業或組織等的委託，針對問題進行調查、分析，追查原因，尋找出解決對策。多數為財務、會計、業務、市調、經營戰略、生產效率、組織、人事關連等的領域。成為企業的顧問，定期給予意見，或是舉辦研習會等員工研修，設定目標營業額，於達成目標時也可獲得成功報酬。通常大企業於委託顧問時，會尋求大規模的管理顧問公司，中小企業經營者的場合則以無所屬或個人事務所執行工作。無論是何者，經歷許多事例者較具優勢，但是情報收集的技巧、祕訣或分析能力，製作確實的報告書，以及能夠對於諮詢者進行勸導的能力等都是必備的。不需特別的資格，但是，擁有中小企業診斷士的資格則有加分作用。以前為所謂守密義務的牆所圍住，是不太顯眼的工作，但是，近幾年因為IT技術的發展，新的經營模式的誕生，全球化的時代新的競爭也隨之而生等的原因，管理顧問的利用也在增加中。

## 在廣告業界工作

　　廣告業的公司當中，以綜合進行有關廣告業務的廣告代理商為中心，也有只受理其中特定領域的專門店，專門製作廣告的製作公司等。廣告代理商的主要的工作如下：

### ●業務

　　對於廣告主進行各種企劃提案，接受客戶的要求，為廣告代理商的核心業務。例如，在業者利用電視打廣告的場合代表廣告主和電視台進行交涉。

## ●媒體

以電視、收音機、新聞、雜誌等四種媒體為中心，使用程度佔大半。將各個廣告賣給廣告主的時候，成為媒體的窗口和廣告主進行交涉。重要的是成為同一公司的營業和夥伴，進行調整廣告主和媒體雙方的關係。

## ●促銷&市場行銷

支持為了販賣廣告主的商品所辦的各式各樣的活動。例如，DM的製作分送，在商店前舉辦活動，消費者的意願調查等工作。

## ●製作

實際的製作廣告。影像和文字媒體也會有所不同。有的公司就在內部設置導演、設計師或廣告文案等專業工作職位，但是，也有將一部分或全部交由外部的製作公司或工作人員的情形。

## ●其他

交通廣告或夾報的宣傳單，運動或演唱會等的加冕活動，最近也增加以利用網路的廣告等新的廣告媒體。企業的廣告活動當中，有許多以各種可能的型態參與的廣告代理店及負責的人員。

關於廣告代理商，不論公司大小，近年來不斷的有淘汰或合併的發生，今後也可見重新編制的進行。另外類似的綜合的代理商之外，只做市場調查，只做宣導活動之類的特定工作的專門化廣告公司也很多。針對就業而言是人氣很高的行業，但是因其為極端的勞力密集型產業，工時很長為其特徵。

在日本泡沫經濟時代，廣告業曾經給人有玩樂就是工作的印象。大多數的廣告代理商因為統一徵求員工的原因，想做製作工作卻被派到業務單位的情形是常見的事情。也有人會因為討厭這樣而一開始就選擇去製作公司。

**❝ 台灣**

一般台灣大、中型的廣告公司均屬綜合代理商，例如，承接某一客戶，首先會在合約上註明服務內容及收費標準，再因應客戶的需求，製作電視廣告、報紙、雜誌、廣播、戶外看版、店頭製作物、網路、活動、市場調查 等相關內容。廣告主要是對消費者溝通，所以溝通能力很重要；此外，專業的廣告工作屬於商業活動，並非天馬行空地想像，而是經過邏輯化思考所推論出來的結果，所以也須具備思考能力和獨特的看法。就讀廣告系或大眾傳播系，可以學習到行銷理論及完整的廣告作業流程，但無論是任何科系畢業，只要個人特質符合，都可以從事廣告相關行業。（陳雅玲）**❞**

## 經營民宿

主要是指家族經營的小規模住宿設施以及小型民宿。住宿客比較少的關係，可以讓每位客人感受到像在自家般的款待。為了讓更多人來預約住宿，從床鋪的整理、食材的採買到烹煮，全部都是民宿主人的工作，還要取得衛生管

理單位以及消防單位的許可執照，不過如果參加講習會的話，比較容易取得。如果是在觀光、運動等區域，或是高速公路網等交通方便地區，可稱為區位良好。重要的是要能夠向客人好好的介紹該地區的特色以及有趣的地方。許多民宿主人會身兼觀光、旅遊以及運動的導覽者。到目前為此，民宿經營的主要客層是以年輕族群為主，但是因應今後的高齡化社會，民宿體質的轉換也是一個很重要的思考要件。

## 鐵路事務

也可稱為車廂服務員、隨車服務員。電車內販賣餐飲的人員、車內廣播、乘客發生身體不適時的處理、發生緊急事件時的疏散工作，有時也要代替車掌販售車票。一般來說，在大學或是專門學校的旅客服務學科畢業後，進入私鐵公司、日本鐵道相關的公司就職。以東日本鐵道公司為例，有在新幹線上工作的「隨車服務員」、首都圈普通線的綠色車廂工作的「綠色隨車服務員」兩種，兩種都是隸屬於日本食堂企業公司。隨車服務員的工作內容是販售，一般是從打工開始做起。約一年的時間內，依著隨車服務員組長到指導員再進到小組組長的方式進階。而且幾乎都是女性。這份工作必須時時與乘客互動，喜歡獨處的人不適合這份工作。

## 旅遊行程設計

從套裝行程到個人旅行，可以企劃出各種具有魅力的旅遊行程。除了飛機以及飯店的預約，因應客戶的需求以及預算，設計出將觀光景點、餐廳、音樂會以及戲劇等活動都包含進旅行行程中的旅遊計畫。有時業務內容也包括代辦簽證以及音樂會門票的代購等手續。從事這項工作的幾乎都是在旅行社內工

作。不需要特別的執照。但是大多數人都擁有綜合旅行業務的管理人員以及導遊的資格。此外，在大學或是專門學校修習觀光課程，甚至擁有外國語言專長的人，對就職也比較有利。因應現今個人旅行業務的增加，需求也更多元化。若是再加上一般知識以及語言能力，像是遊輪旅行、古典音樂會、運動賽事、參觀電影外景地、美食或是時尚等拿手的領域，就可以設計出獨特的旅遊企劃。旅遊行程不光是國外，國內行程也很重要。特別是首屈一指的旅行公司JTB，重新詮釋國內各地區的魅力，獨自企劃以及販售新的觀光景點行程。

旅遊行程設計的工作，在台灣旅行社內是由「OP人員」來負責，主要的工作內容包括了顧客出團前的相關文件整理、護照簽證的辦理、與旅行當地的公關接洽事宜。同時還有旅館與餐飲的預定、與航空公司的接洽、相關交通安排及行程規畫等，是聯繫顧客與各廠商間的橋樑。OP人員沒有學歷的限制，大多是由觀光相關科系畢業生，亦有外文科系學生或精通外語的華僑擔任此項職務。（蔡承恩）❞❞

## 納棺師

為安置在床上的遺體剃鬍子、化妝、將棉花塞進鼻子、有時要將頭髮乾洗之後，再為遺體穿上壽衣（白色裝束），再放入棺木之中，稱為納棺。服裝有西裝或和服，依需求而溫和的對應。像這樣，將死者送往另一世界的「旅行的準備」，稱為納棺師。不單單只是為死者前往另一國度的準備，也是陪伴悲傷的家屬，帶著敬意的心情，維持人性尊嚴的一項崇高的工作。電影《送行者—禮儀師的樂章》（瀧田洋次導演，2008年）獲得第八十一屆奧斯卡金像獎最佳外語片，讓人更加理解納棺師這項工作。這項工作不需要特別執照，要成為納棺師得到葬儀社就職，或是到納棺專門業者、湯灌（幫故人洗澡）專門業者處就職。

最近近幾年來，生命事業逐漸成為受人討論的行業，甚至南華大學也開設生死學系，讓更多人瞭解這一神祕的行業。納棺師在台灣被稱為禮儀師，主要負責往生者從臨終前的關懷到死亡後的接體。除此之外，還有與家屬協商喪禮的安排、入殮出殯的時間選地、訃文的設計與內容、靈堂的布置、儀式的安排等。而喪禮結束的作七、作旬、作百日、作對年等習俗儀式，都會有後續的服務。這樣的工作，通常不限學歷或經歷，要看個人適不適合，而相關的工作還有遺體焚化人員、撿骨師、墓園管理員等。（蔡承恩）❞❞

## 顧客服務中心 · 接線生

被稱為Call center的職場，主要是利用電話與顧客應對的工作，像是詢問、訂購以及申訴等。過去，由顧客自己打電話進來而予以對應的「回撥」方式，近年來由己方打電話給客戶的「外撥」的「推動」方式電話也增加不少。客戶

「回撥」的電話業務內容大約是電腦等的操作技術協助、對商品的抱怨、電視購物訂單、音樂會門票預約等等。而由己方「外撥」的電話，業務內容像是手機或是信用卡的繳費通知及催繳通知、為了提昇商品的品質而向顧客進行使用後意見調查，甚至是對可能成為客戶的人士進行電話調查，或是利用電話進行金融以及不動產商品的銷售。過去，各企業會自己擁有顧客服務中心，但現在因應顧客希望應對時間能夠延長，近年來幾乎都外包給專門業者。從業人員很多都是向業者登記的派遣人員。基本上需具備對商品的知識，因為是利用電話來對應，因此需要高度的應對溝通能力。此外，也要求對企業內部資訊以及消費者個人資料的保密。不需要特別的執照。但也會有一些接線生特別受到歡迎，顧客每次下單時，都會要求指名要由該接線生服務。

**❝ 台灣**

人手一機的時代來臨後，台灣也已經進入「服務業」的時代，許多傳統產業也紛紛結合服務的概念，利用電話客服專線提昇公司服務滿意度，而電話客服人員的需求也就越來越大。客服人員主要的工作內容便是處理客戶問題，每天跟客戶大量地溝通，因此需要具備優異的溝通技巧。由於客服人員經常接觸到的多是對產品不滿意的客戶，對談的語氣也多較為憤怒，因此，電話客服人員就要非常有耐心和包容力，慢慢與客戶溝通解釋。（蔡承恩）**❞**

# 販賣〔販售東西〕

　　向一般消費者銷售物品的稱為小販賣業。全日本有113萬間小販賣店，有806萬人在其中工作，一年的營業額達134兆日圓（2007年調查數據）。小賣店從「要賣什麼樣的東西」的觀點到「要用什麼販賣的方式」的觀點，可以有幾種分類。從前者的觀點來看，賣蔬菜的蔬菜店、書本則是書店，藥品要在藥店。就是這樣的分法。但是現實上，像這樣特定的商品，特別是家族經營的商店型態，正在急速減少之中。取而代之並且在增加之中的是，超市、便利商店、各種各樣的連鎖商店、家庭用品折扣店、家庭用品店等，這樣的店鋪是依「用什麼樣的販賣方式」讓人一目瞭然的分類方式。此外，最近利用傳單以及網路販售的方式，不需要店面的小賣業也正受到注目。不論用什麼樣的販賣方法，販賣物品的這個工作是不會消失的。不過，在什麼樣的商店裡工作，工作的內容以及所要求的技能也會不同。比如說組織相當進化的便利商店，已備有員工手冊，就算是剛應徵上的打工人員，也可以馬上就開始工作。另一方面，在專門店工作的販售人員，必須擁有對商品本身的專門知識。

※2005年台灣批發、零售及餐飲業全年營業，收入為10兆4667億元。

當鋪

　　以客人的物品為抵押品，進行估價後借貸出與物品相符的金額。若客人在期限內償還本金與利息，就歸還物品，不過實際上多半就此買下。在日本開當鋪必須先向各都道府縣的公安委員會申請當鋪營業許可。當鋪所經手的典當品

（當鋪質押的物品），在戰後以電視機、冰箱等家電製品為最多，近年來則幾乎都是名牌商品、貴金屬等小型高價商品。決定物品價格的是當鋪，因而判斷商品價值的眼光是否精準非常重要。此外，對流行要有敏感度，暢銷商品的相關知識也不可缺少。多半都是先到當鋪或買賣貴金屬的店家工作，學習商品的相關知識與經營方法後，才自己出來開店。

目前台灣的當鋪分為公營和私營。公營當鋪為各縣市主管機關所設置，任職者為公務人員，根據品項的不同，外聘各物項的專門人員和估價師負責估價。由於公營當鋪的利息低，所以民眾利用機會很多，也是縣市政府的重要財源。私營當鋪跟一般公司行號一樣都需要經過申請成立，但沒有資格的限定，不過要注意避免收購贓物。目前全台當鋪也在網路上成立拍賣網，民眾可以在這裡撿到許多便宜貨。（蘇意茹）"

## 票務中心

　　買賣飛機票、新幹線車票或高速公路的通行券、電影票、郵票、印花、百貨公司的各種商品禮券等各種「票券」。獲利率為1%至2%，算是薄利多銷的行業，所以要大量購入暢銷的商品，再迅速轉賣出去。必須有穩定的進貨管

道，例如電影公司或贊助企業為了動員觀眾，向客戶大量傾銷預售票等也是管道之一。商品的價格，取決於張數及投資報酬率。只要銷售速度快，即使獲利率低也值得做。有期限的預售票，在截止日當天可能只賣100日圓（約新台幣28元），賣座不佳的電影也許從一開始就打折。這是一切都視需求隨時調整的生意。你可以到售票中心工作，磨練對市場的敏感度。

66 台灣

目前台灣的票務中心是以旅行社為主的機票販售，兼及旅遊地區的火車票、展演票券。由於旅行社買進的票券數量龐大，所以可以談到比較低的折扣。負責這項工作需要具備聯絡當地的語言溝通能力，對於數字的敏感性，還有細心和耐心，需要做許多買賣上的溝通。這樣的票務中心只要有電話、傳真、電腦和網路就可以做起一人公司的生意。至於台灣目前贊助企業大量購買的票券，多半是用來餽贈或是當作員工福利的一部分。（蘇意茹）

## 便利商店店長

想開設便利商店成為老板，自己擁有土地以及建物的話，並不是一件困難的事。像是與7-11以及LOWSON的總公司簽訂「加盟契約」，就能獲得開店的協助。最少必須備齊300萬日圓的資金，此外還要備有聘雇打工人員的資金、一直到讓店步入軌道為止的營運資金也不少。經營便利商店的人，很多都是賣酒的商店等小賣店的老板，或是上班族轉業。從打工升格為店長的情況，一般來說是沒有。店長的工作，一般從一大早客人來買早餐的八點以前就要開始。聽取深夜的打工店員的工作報告、計算營收、向總社下單商品進貨。要時時掌握數千種類的商品。要判斷每一天的進貨、店的經營方向。全國約有四萬兩千間的便利商店，與全國不過六千兩百個派出所相比，一看就知道便利商店數量非常多，已達相當飽和的狀態，接下來就是淘汰的時機了。高級商店以及自然食品的商店等，都拚死的在招攬客戶。「以為自己擁有土地以及建物，不妨來經營便利商店」的這種想法，可以這麼輕鬆做生意的時代，已經結束了。

66 台灣

台灣的便利商店，主要區分為直營店與加盟店，簡單地說，前者是由總公司經營，聘請職員擔任店長；後者則是加盟開店，自己當老闆。但無論是在上述哪種體系擔任店長，在店內組織管理、商品管理、財務管理等工作內容都是一致的。基本上，店長等同於一家店的靈魂角色，不僅對其他職員來說它是管理者、督導者、教育者，他更是與顧客之間的協調者與溝通者。

若是打算自己加盟開店，必須選定鄰近沒有重複品牌便利商店，並有30～50坪大小的店面。並準備包括加盟金、保證金、商品、裝潢等約略150萬元左右的費用，即可向總公司申請加盟。（蔡承恩）

## 便當店老闆

便當是日本獨特的飲食文化。活用日本的米飯就算冷了也很好吃的特色，

創造出了其他國家也看不到的多種變化。以前主要是在車站販賣的「火車便當」。

　　小孩會帶便當到學校，上班族以及粉領族也會帶便當到公司。在速食以及大眾餐廳尚未出現的時代，也就是指外食產業尚未發達的時代，便當是必須品。然而，在70年代「熱呼呼亭」開始有加盟店展開以來，便當從個人必須品一變而成為商品。現在，有數不盡的便當店，可配送到辦公室及住家，而便利商店也大量生產之中。最近還出現了一個300日圓的低價便當在路邊或是餐車上販售，為求收支平衡，先在大都會中心流行。個人經營的便當店也有增加的趨勢。要經營便當店，首先要先取得飲食店營業許可證。將店的平面圖、水質檢查表、食品衛生管理者的手冊、以及廚師執照（營養師執照、醫師執照、縣市首長指定講習會的上課證書也可）的證明書等資料備齊之後，到保健所申請開設飲食店的執照。書類審查之後，保健所人員會到店裡進行實地調查。像是廚房的入口有沒有設置門、有沒有兩槽流理台、有沒有熱水設備等，若都符合標準，就可以得到營業許可證。申請的手續費是1萬6千日圓。

66 **台灣**

除了便當店之外，台灣各式各樣的餐飲料理店林立，但無論何種類型餐廳，在開店之前必須取得營業執照，才可以正式營業。在證照方面，雖然目前台灣有餐旅服務技術士、調酒技術士、西餐烹調技術士、中餐烹調技術士、烘培食品技術士、飲料調製技術士等證照考試，但目前因國內證照分類不符合市場現況，證照驗證制度並未落實，所以現階段仍有許多餐飲從業人員，並未獲得相關證照。此外，衛生局會根據食品衛生不定期進行抽查檢驗，認定是否能繼續經營。職能方面，無論學校教育或職業訓練，台灣皆有健全的教育系統，有興趣的人可進而學習烹飪技巧。另外，定期舉辦的創業加盟展，也是投入餐飲產業的方法之一。（蔡承恩）99

**相關職業**

書店店員→P.35　二手書店→P.38　花店→P.122　登錄販賣業者→P.165　經營照相館→P.232　在拍賣公司工作→P.249　二手服飾店→P.251　成果報酬型網路行銷→P.276　電視購物主持人→P.415　電影發行→P.443　電影宣傳→P.444

社會 其④ 對經濟以及商業有興趣

# 欲望、信用與溝通

村上龍

## 當黃牛的快感

　　我沒有從事過工作或買賣等任何賣東西的事，但是有過相似行為的經驗。那已經是大約20年前，在紐約進行網球採訪時發生的事。當時我手邊意外多出幾張麥迪遜廣場花園內所舉行的職業網球公開賽門票。因為無法退票，我只有當了黃牛。這當然是違法的行為，但是因為覺得昂貴的門票就這樣浪費掉很可惜。因此就開始跟聚集在會場的人們打招呼說：「我這裡有門票，可以算便宜點。」但是大部分的人都已經有票了，我的票完全賣不出去，反而還因此遭人懷疑。但即使如此我也不氣餒，持續努力賣票，在比賽開始前總算賣掉一張。那時獨特的快感和興奮到現在都還記得很清楚。同時，也感到好像做了什麼壞事一樣。但不是因為賣黃牛票是違法行為，而是賣掉多餘門票的行為令人感到內疚。

　　網球票還沒賣完，我已感覺到在會場附近賣黃牛票的極限，因而改變了販賣方法。當時，聽說HUNTING WORLD這個牌子的皮包非常受日本人喜愛，因此日航空姐會聚集在那家裡店。於是我前往HUNTING WORLD的店面，發現日本空姐，上前打招呼並把票賣掉了。我以半價賣出，她們反而還向我道謝，記得好像還請我吃飯。當時也感到內疚，但是把票賣出的快感和興奮感更強烈。我覺得不是因為賣了好價錢。而是將某樣東西賣掉的行為本身就是令人感到刺激的事情。

## 賣東西這種行為

　　賣掉某種東西獲取利益，這種行為是大人才有的，在小孩的世界裡，這樣的行為基本上是不存在的。從前的小孩，以比賽打陀螺或紙牌決勝負，獲勝的小孩可以得到輸者的陀螺或紙牌，但是那只是一種戰利品，不是買賣。聽說猿猴或海豚、猩猩具有不輸人類的智慧，但是在牠們之間是不會進行任何買賣的。以物品或服務的買賣得到利益是只有人類在進行的事，其歷史相較下還很新。在持續數百萬年的少數人組成的狩獵採集社會中，光是要取得自己消費所需的食物、燃料等就已令人筋疲力盡。

　　大規模的農耕或漁獲、放牧組織形成後，「剩餘的產物、食物」才隨之產生，人類的行動模式或想法也大大改變了。剩餘產物、食物，促成了沒有直接從事農耕或漁獲的王族或官僚、宗教者、工匠、軍人們也獲得食物供給。因而像這樣的大規模組織逐漸發展成國家，這時已經有產生了貨幣流通使用行為，人們也開始進行買賣或交易。最初的買賣或交易當然是以物易物，進而演變為通貨交易。形成買賣或交易行為的基礎為「欲望、溝通和信用」。即人們利用

溝通和信用，將對食物和其他必需品的欲望轉變成為自己的利益。因此買賣或交易，成為了人類固有的行為。

## 射中欲望

我在賣網球門票後，為什麼會感覺到內疚呢？因為若是不要的門票，將它當作禮物送給人就好了，而我卻將它賣掉。若是只是藉由溝通而滿足對方的欲望，就沒有賣的必要了。的確，我將票賣掉而得到了金錢，但是我的動機並不是金錢而是在於「賣掉東西」這件事情。那令我覺得像是「射中」他人的欲望般，引發我根本上的快感和興奮。他人對自己提供的物品或服務表現出欲望，在買賣成立的瞬間產生了快感和興奮感，這和接收感謝的無償義工行為是不同的。

我認為，人類讓買賣或交易如此發達，並非只有「射中他人欲望是合理行為」這個理由。其中和人類欲望有關的快感和興奮，是不是也對買賣行為有所影響呢？ 如果是，那麼在這個世上，物品或服務的販賣工作就絕對不會消失。原則上，在小孩的世界裡是沒有所謂買賣、商業行為和交易概念的。實際上或許有進行類似行為的小孩，例如在戰爭剛結束時的日本，或現在的伊拉克等地，都有進行物品或服務的買賣的小孩，但是他們的年紀雖然小，精神狀態已跟成人一樣。

## 何謂業務第一的人才？

確實有人在販賣物品、服務方面很適合、很拿手。不知道為什麼，這種人只要站上賣場東西就賣得掉，或者絕對稱不上是美人，在店裡卻一直最受歡迎的人，也有人沒有特殊理由卻是業務天才。這些人的確存在於販賣物品或服務的大人世界中。但是這樣的人在小時候，有什麼喜歡的事物卻不得而知。因此，所謂「販賣物品或服務」這麼重要的工作，在這裡被當作特別篇處理。另外，販賣物品、服務所需要的手法或祕訣或技巧等都因人而異的，也會因商品的種類而不同。例如，曾經聽過高級進口車和國產大眾車的銷售方法不同。販售BMW或賓士或積架的優秀業務員，並不是要討好有錢人，而是能夠正確地說明這些進口車在乘坐時的愉悅和充實感。相對地，販售國產大眾車的優秀業務員，則是能夠詳細說明各種車的特性，並高明地展現出「這價錢很划算」的務實者。

## 結論：只等著客人上門是賣不了東西的

常聽說因為經濟低迷和通貨緊縮，東西變得沒有以前好賣。但是也有通貨緊縮和不景氣之外的其他因素。無論如何，日本的社會已經沒有高度成長時代時那樣巨大的需求量。對於販賣物品，也已有並不光是「將商品擺好，等待顧客上門，東西就能賣得出去」的觀念。店內展售或電視購物等就是因應這些改變而生的吧。於是，商品的魅力與價格便宜等優點，改由專門的推銷員或請明星宣傳。另外，聽說電視購物的採購，必須非常努力開發暢銷商品。

販賣物品的形式或方法，現在開始可能會不斷改變下去。但是，我認為應該有最低限度的共通點，那就是要拼命思考如何販售成功這件事。像我就是只將地點從比賽會場麥迪遜廣場花園，移動到HUNTING WORLD店面，網球賽的門票就賣掉了。

本文撰寫於2003年

# 其❶ 計算

悠遊於數學的領域中，計算正確時，會產生舒暢感。「數字」跟語言並列為人類的偉大發明。意識到數字所擁有的無限可能性，也包含在這個項目之中。

# 什麼是金融業？

　　所謂金融業，一般印象就是在銀行算錢的人，但這只是金融業其中的一部分而己。金融所指的就是「讓金錢流通」。指的是將多出來的錢，借給有需要的地方。不過現代社會讓這項交易變的更複雜，超出其原本定義的項目也增加。因此，總而言之，金融業就是「社會金錢的流通」。

　　在這之中，擔負主要活動的，就是金融機關。包含銀行、證券公司、保險公司等各種業別，但因為金融法規非常嚴格，隨著時代的演進，也衍生出不少相似的不同類別，變化可說相當激烈。此外，面臨全球化的時代，外資金融機構進入國內。可說過度飽和的業界。

　　以下是金融機關的分類：

· 銀行（都市銀行、地方銀行、信託銀行等）
· 中小企業關係金融機關（信用金庫、信用合作社等）
· 農業關係金融機構（農會信用合作社、農林中金等）
· 非銀行放貸、租賃（消費者金融、不動產金融等）
· 保險公司（壽險、產險）
· 證券公司
· 政府系金融機構

　　上述類別以外，還有一些是特別強化金融的一部分功能的公司或是調查公司。像是網路世代出現了線上證券公司、中小型的新興公司也在增加之中。

　　金融業有那些工作內容，略述如下：

## ● 集金

　　總而言之，就是業務人員。而且施行對象從個人到大企業、不特定的對象到少數特定對象，範圍相當大。證券公司從事交易的稱為證券營業員，販售保險的稱為保險業務員，這些都需要執照。沒有結集到金錢，金融業就無法成立，因此，職務是必須且佔有優先權。不過，在高效率之下，像是營業員採人海戰術簽訂不少契約、在全國各地設置分店營業窗口等這些事已變的不可行。擁有專業的知識與沒有專業知識的人，工作內容與收入也出現相當大的差異。

## ● 運用金錢

　　要以獲利為前提，好好運用從客戶結集而來、以及公司本身所擁有的金錢進行投資。投資的對象，銀行是以企業及個人為主進行放款業務，除此之外的金融機構則是股票、債券以及外匯等各種方法，而各種方法也都各有專業人士。這是需要高度專業，除了經濟學，因不同領域而需要各種專門知識。

## ● 研究

　　要進行投資，就必須熟悉各個企業的業績以及其所屬產業的趨勢，甚至是

全面性的經濟趨勢等等的資訊。將這些加以調查、分析，並提供給投資機構或是個人。

### ●商品以及服務的開發及研究

除了到銀行存款、投資股票以外，金融機構更要針對顧客的需求開發出各種各樣的金融商品。一般所熟知的有外幣存款、投資信託、中國基金，以及以金融商品為基礎而產生的金融商品（金融衍生商品）等等，非常複雜。這是需要專業知識的工作。

### ●事務‧管理

目前從事金融相關產業的約有150萬人。其中有多數是在幕後支持上述專業工作的事務職。可以利用電腦以及網路進行交易後，單單只是「在銀行數錢」的工作減少，但是另一方面，新型的金融服務業也產生，這方面的工作也在增加中。

## 如何進入金融業？

以往，要在金融機構就職，唯一的管道就是得從大學經濟學系以及法學系畢業才可以。但現在光是從有名大學的經濟系畢業，不見得就能進入金融機構就職。以利益不斷提高的新興中小金融機關為例，像是在網路上進行股票買賣的證券公司，不採用新人，而是採用可以直接進入工作狀態的轉職者，也有一些公司甚至取消退職金制度。這個業界的特徵是採用已有工作經驗的人以及轉職者。這是一個能力主義以及競爭主義為導向的新興就業市場。

過去金融業總給人安定以及高所得的行業印象。金融機構的用人標準是以學歷為最優先思考，而終身雇用制更是理所當然的事。但現在外資企業多是以成果主義來論定（以工作表現來決定薪資），成績好的員工可能會有超過1千萬日圓的紅利可領，但成績不好的話，一毛錢也沒有，甚至有可能遭到解雇。此外，金融業的工作，與環境以及IT產業並列，屬於變化激烈的產業，十年後的金融產業會有什麼樣的面貌，現在完全無法揣想。但是，金融這個工作不可能消失，而且會持續需要有新的能力以及專門知識的人才加入。對於擁有金融的專業知識以及想要擁有金融能力的人，或許是相當適合的工作。

## 台灣

**台灣的金融業概況**

台灣與日本的金融從業人員概況相仿，尤其2002年台灣參照日本訂定的「金融控股公司法」施行後，台灣本土金融機構有規模漸大、家數漸少的趨勢。2006年台灣有國泰金、台新金、兆豐金、富邦金、華南金、中信金、第一金和新光金……等十六家金融控股公司，所涵蓋的金融業務包括：銀行、票券、證券、期貨、信用卡、融資性租賃、保險、信託事業……等經主管機關許可的業務。過去在銀行等金融服務業工作，由於收入豐厚而穩定人稱「金飯碗」，然而隨著金融業的競爭日趨激烈，不論本土或是外資金融機構的從業人員，皆須持有專業的證照較能保有飯碗。近年來需求頗高的「理財專員」，就是專業的「金融商品業務員」，主要工作為將合適的金融商品介紹給客戶，一方面滿足客戶需求，一方面達成公司營利目標，二者必須兼顧，因此專業的證照是必須的。台灣可透過考試取得的金融證照有數十種，包括：證券商業務人員、證券商高級業務人員、證券投資分析人員、期貨商業務員、期貨交易分析人員、投信投顧業務員、股務人員、票券商業務人員、信託業業務人員、銀行具有業務或交易核准權限之各級主管（銀行內控測驗）、人身保險業務員、財產保險業務員及投資型保險商品業務員等。若能擁有金融相關之國際級證照，例如CFA（特許財務分析師）、CFP（財務規劃師）、RFC（國際認證財務顧問師）、CHFC（美國專業理財顧問師）、FRM（金融風險管理師）……等，幾乎立時成為搶手人才。由於競爭激烈，從業人員要獲取高薪，除專業知識的要求外，個人乃至於團隊的效率及績效表現都要有水準以上表現。表現好者即加官晉爵，表現不如預期者可能永遠沒有升遷機會，甚至被迫另覓合適的舞台。（陳旭華）

## 消費金融

銀行的工作，主要是在各地的分行，以個人及當地的中小企業為對象，從事小型的存放款業務。銀行的各分行，主要從事結集存款、販售投資信託等金融商品、個人房貸、當地企業融資放款等各種業務。銀行中有非常多的人是從事這樣的工作。擔任櫃台工作的稱為出納員，對個人客戶而言，那代表該銀行的門戶。但那是傳統的銀行業務時代，在新的時代，也有許多不同的嘗試。單純的存款及提款等業務已被ATM等機械所取代之中，也產生了針對單一個人客戶為主的資產運用相關業務的諮詢理財專員，以及瞄準富裕層的私人理財專員。

## 企業金融

銀行的各項工作中，以大企業等法人為對象的營業，稱為企業金融。雖然各分行也可以販售，但是大多數交易仍是在總行進行。主要的內容是融資，金額比起一般的消費性金融龐大許多。而交易對象對於銀行所要求的服務也非常多樣化及高度化。正因為與承辦的營業員建立了相當的信賴關係，其要求才能被接受。而這些融資案件，會由審查部門進行審查，握有權限的人以及單位會根據審查結果推動後續業務。

數學

其① 計算

初始的金融業，是以企業金融作為銀行主要的服務對象，直到1970年代中期後，才開始著重消費金融的經營。而台灣，在1985年開始開放外商銀行從事消費金融業務，便讓國內消費金融業務開始蓬勃，但無論是企業金融或消費金融，在銀行內部都屬於授信部門。企業金融除了企業貸款、外匯服務、財務操作外，像是IRS（利率交換）、FRA（遠期合約）、Options（選擇權）等衍生性商品服務。而消費金融則以個人信用貸款、信用卡業務為主，其他像是基金、保險、結構型定存等，也是消費金融的業務範圍。目前金融業的證照很多，但多數銀行並未強制需要何種證照，但初階外匯人員、初階授信人員證照，是從事企業金融及消費金融的從業人員，較需要的證照，但仍須看各銀行的要求而定。（蔡承恩）

## 投資金融

　　與傳統銀行所從事的廣泛取得存款、進行融資的基本作法大不相同，承接企業發行股票或債券，並進行資金的調度、仲介M&A（企業收購及合併）、協助企業辦理股票上市等投資銀行的業務。可以承接這種業務的證券公司也是投資金融公司的一部分。而這樣的業務都非常龐大，需要複雜的金融相關知識。

## 金融分析

　　調查分析與金錢有關的資訊產業在內的金融機關，擁有針對投資等必要的各種情報的調查分析、預測的專家。調查的對象從個別企業到日本以及全世界的經濟走向。並將其調查分析結果在公司內部或是投資家間做一般的公開。有以市場全體為對象的分析師、制定投資策略的投資顧問及以經濟情勢做總體分析的經濟學者。

金融分析人員通常具備企管、會計、統計或財金相關商學背景，並專精解讀公司財務報表、分析市場，若同時擁有外語能力，能蒐集國外資料並與國外客戶溝通、英語簡報，將會更具競爭優勢。台灣國內並無相關證照，業界多認同特許金融分析師（Chartered Financial Analyst, CFA）的國際證照。（蔡承恩）

## 基金經理人

　　把投資信託或年金等他人存放的金錢（基金）進行股票或債券買賣投資的專業人士。以股票為例，必須要決定購買哪些股票以及買進多少的量。投資信託是從不特定的多數投資人手中的錢，集結為一大筆錢，再由投資顧問等專業人士加以運用，其獲利再分配給投資人的運作，稱為金融商品，包含各種種類。通常會任職於信託銀行、投資信託公司、投資顧問公司、人壽保險公司、產物保險公司。

簡單地說，基金管理人並不是「賣」基金的人，而是「管理」基金的人，目前台灣國內還沒有

基金經理人這樣的執照可供考試，但根據金管會之規定，基金經理人應具備兩年以上管理同類型基金或協助管理同類資產之經驗，所以大多基金經理人都是從投信投顧商或證券公司培養出來的。雖然目前尚無證照，但國內從業人員多有證券商業務員、證券商高級業務員、證券投資分析人員（CSIA）、證券投資分析師等證照。（蔡承恩）

## 股票交易

廣義來說，指的是從事股票以及金融商品買賣的人（個人單日沖銷），若是以職業來説，在銀行以及證券公司等金融機構中，自行從事外匯操作、股票、債券、金融衍生性商品等買賣而獲利的人，也可説是當日沖銷。瞬時間操作十億、數百億日圓，在金融機構中可説是專業人員。操作成功時自己可以獲得莫大的報酬，但一旦失敗，其損失也是非常可觀。

### 台灣

在台灣若想成為擔任從事股票交易的證券營業員，要先具備「證券商業務員」執照，若有其他相關金融證照則更具優勢。台灣在電腦普及化之後，多以電子下單取代傳統業務員下單模式，因此現在業務員的工作開始兼替公司銷售金融商品，與過去有些許差異。（蔡承恩）

## 金融商品開發者

金融衍生性商品指的是從傳統的股票或是外幣匯率操作等金融商品所衍生出來的金融商品。原本是從事商品買賣的業者，為了避免未來商品價格變動產生損失，而開發出來的避險商品，但後來這些避險商品也成為投資的標的，現在也不斷有各種商品被開發出來。開發金融商品必須要有複雜的數學計算能力以及電腦操作能力。過去也曾有像太空科學家那樣優秀的科學家轉換跑道到金融業就職，一時還引起話題。

## 金融法務單位

　　法規會指的是服從法令。從經營的觀點來看，對企業的重要性不言可喻，而金融機構在處理金錢上，具有高度的公共性，法律也有各種規範，更是不可輕忽。分行以及各部門都設有負責人員，或是另設一獨立監查部門，也有些金融機構是從外部聘請專家進行監察。這項專門職務對於各種文書以及合約進行審查，也會對公司成員加以指導。

> **" 台灣**
>
> 除了一般大學法律系之外，台灣許多大學亦設有財金法律系，培育金融法務專業人才。一般工作內容為草擬及審核公司各類契約或業務規章，並在公司各部門涉及法律時，提供法律意見等。（蔡承恩）**"**

## 金融資訊系統單位

　　對金融機構而言，系統部門以及IT部門的重要性正在升高之中。早期電腦化的目的是為了讓事務工作更加省力以及合理化，現在網路已進入我們的生活之中，海外網路作業以及24小時工作體制更是不能缺少IT。在追求安全性的同時，很多理科系畢業的學生到金融機關擔任系統部門工作。

> **" 台灣**
>
> 目前台灣電腦軟硬體設施已相當齊全，金融機構幾乎都已電腦化作業，因此內部必須聘有專業IT人員負責電腦主機穩定運作，並連繫相關硬體供應商及軟體系統商。若資訊管理、資訊工程相關科系畢業的科技人員，想轉入金融產業服務者，金融資訊系統單位是個不錯的選擇。（蔡承恩）**"**

## 保險業務

　　向顧客販售保險商品。國內大規模的壽險公司，一間公司內就有數萬名保險業務員（女性業務員多，是一大特徵），以營業為中心。大多數採論件計酬制，不少人因擁有多名客戶，而能保有高收入。有許多複雜的保險商品，在外資保險公司等競爭對手增加的情況下，只是常跑客戶作為唯一武器的業務員，被認為會越來越難生存。而有些保險公司會培育業務員，將其稱為保險企劃或是保險設計師，讓他們可以為客戶提供從保險到資產運用的建議，也大幅提昇營運成果。

> **" 台灣**
>
> 台灣的保險業務根據所販售的產品不同，可分為「人身保險業務員」與「財產保險業務員」兩種。雖然許多大專院校有設有保險系等相關課程，但保險業對學歷並無太多限制。目前國內採取保險業務員登錄制度，保險業務員通過保險業務人員資格測驗後，並經由所屬公司辦理登錄

後，才可以開始招攬保險業務。（蔡承恩）

## 精算師

　　隸屬於保險公司，負責規劃保險費用，制訂新保險計畫。以人壽保險為例，精算師要分析社會的死亡率與事故的發生率，計算出不能讓客戶負擔過大，也能維持保險公司營運的適當保險費用。此外，精算師還任職於信託銀行等單位，計算企業的實績與收支，思考企業退休金，也是其主要業務。這個工作並不是單純收集資料後計算即可，還要利用到機率與統計學的領域。還被要求要針對今後的社會狀況、經濟及行政等的走向進行精細的分析，個人和企業為了因應今後可能更為複雜化的年金問題與保險問題，精算師可以説是不可或缺的存在，社會上極為需求這樣的人才。現在，通過日本精算師協會，成為協會之會員者便稱為精算師，因為這是以國際精算協會的規格為基準的資格，所以也可見日本精算師活躍於世界舞台中。大學畢業的學歷是必要條件，雖然要取得資格至少要花2年的時間，但一般來説平均為8年，是非常困難的挑戰。

**台灣**

精算師需要具備統計、會計、財務分析、財報分析與保險實務等，各項不同領域之專業，甚至因常需分析保險業資料庫中大量資料，還得有資料庫程式語言等資訊能力。台灣目前也有精算師的執照考試，分壽險類與產險類兩種，不過非常地難考，目前台灣精算師人數約只有200人左右（2011年統計）。（蔡承恩）

## 財務規劃

　　為個人的資產運用及金融提出相關的總合建議。財務規劃師有國家檢定考試（一到三級），民間資格有所謂AFP、CEP等兩種。實際上，有許多人是一面在金融機構工作，一面取得這些資格，為客戶提供諮詢，同時販售自家的金融商品。另一方面，也有人是自立門戶的財務規畫師。收入來自於諮詢對象的諮詢費用、或是演講的講師費、以及在雜誌寫稿的稿費。也有很多會計師、稅務師以及社會保險勞務師在取得這些資格後，自行開業。

**台灣**

目前台灣國內只有「理財規劃人員」證照檢定考試，針對理財工具和理財規劃實務為主。而業界比較通行的是國際認證，以國際認證財務顧問（Registered Financial Consultant, RFC）與國際財務規劃師（Certified Financial Planner, CFP）為主要證照。主要提供客戶財務規劃方向，像退休規劃、節稅規劃、風險管理等。（蔡承恩）

## 稅務管理師

　　稅務師是稅務專家，接受必須繳納稅金的個人和企業的委託，計算應繳金額，並代為製作相關資料、代辦手續，以及接受稅務諮詢。要成為稅務管理

師，必須通過稅務師考試；另擁有律師或公認會計師執照的人，必須在日本稅務師協會的稅務師名冊上登記，才算擁有稅務師的資格。有的稅務管理師在一般公司和會計師事務所工作，但大多是在集合個人稅務師的事務所接受工作。目前有稅務管理師資格的人約有6萬7千人，只要國家預算是由稅收所支撐，稅務管理師的工作是絕對必要的。稅務相關的法律和判例經常變化，所以從事這項工作必須經常吸收新的知識，並且收集新的資訊。

※在台灣並無稅務管理師一職，公司行號的稅務申報與相關諮詢由會計師負責。

## 會計師

企業在每年度公布決算時，公認會計師就要對此進行事前監察，保證企業的會計作業正確公正。監察是法律規定的義務，公認會計師接受企業委託，從帳簿等數字資料中讀取企業的經營狀態，並證明企業所進行的是合法的會計工作。成為公認會計師之前，首先必須通過兩次國家考試，在經過會計師助理的體驗實習期間之後，再考取第三次考試。因此，公認會計師考試被認為是繼司法考試之後，最難考取的國家考試項目。取得資格後，一般是在監察法人工作，但一定時間之後，許多人會自立開設事務所。目前擁有公認會計師資格的約有1萬5000人，除了地方行政機構也負有法定監察義務之外，也有越來越多的股東要求企業公開資訊，所以公認會計師的需求有增加的傾向。

## 網路股票買賣

利用網路買賣股票的人。上班族、OL、主婦以及學生等族群，利用者不斷增加，也有人就靠此維生。資本主義經濟的運行法則就是，公司（股份公司）發行股票，利用股票的買賣來累積資金。公司如果經營情況良好，那麼購買該公司股票的人就會增加，股價就會上揚。但是相反地，如果公司經營不善，股價也會下挫。以往，買賣股票是以資產家為中心，但在網路普及之後，許多網路證券公司成立，個人也能夠參與股票買賣。要在網路上買賣股票，首先得先到網路證券公司開立帳戶，再從網路上調查股票市場情況，再以此為參考，進行「買」、「賣」的交易行為。股票的買賣，以往是十股、一百股以及一千股為基準進行買賣，但現在在網路上，即使是一股也可以交易。而且一天之內的交易從十萬到二十萬日圓之間的話，不需要手續費，小金額的交易也可以達成。這樣的網路交易型態，用自己的零用錢來玩的話，無傷大雅，但若是把它當作事業，為了要大賺一筆而大量買賣，也可能蒙受大量損失。日本在1990年代的「泡沫經濟」，以及2008年從美國衍生出來的「金融危機」都是在一夜

之間股價無量下挫，造成許多股資人大規模損失。股票的損失全都是自己的責任，所以在買賣時，一定要非常小心。

## 證券分析師

　　證券是針對公司以及其產品的權利。該證券的讓渡（買賣）與經濟活動有很大的關連。代表性的證券有股票以及債券。證券分析師通常是任職於銀行、證券公司或是保險公司，針對證券的買賣如何達到最佳利益而提出建議的專家。近年來，金融業也面臨複雜化以及全球化，已越來越難預測在什麼樣的情況下會產生最佳的利益，優秀的證券分析師更是不可或缺。現在就連一般企業也幾乎都設有像是IR（Investor Relations，也就是投資報告）那樣的強化投資部分的專門單位，活躍的面向也更加寬廣。可以運用巨大的資金是一種深奧的能力，但是這些人的一舉一動也都有可能對一國的經濟產生莫大的影響，具有相當重大的責任。日本證券分析師協會是一給予資格認證的民間組織，但要成為證券分析師不需要什麼特別的執照。有敏銳的市場觀察力、擁有製造貨物商品的企劃能力等實際成績的話，自然就能獲得肯定。

**❝ 台灣**

雖然工作內容與日本無異，但台灣卻有專業證照以示公信，若依證照區別，在台灣，有「證

券投資分析師」（Stock & investment analyst）與「證券投資分析人員」（Certified Securities Investment Analyst，簡稱CSIA）兩種，從業人員多畢業於大專院校之財務、金融相關科系。（蔡承恩）**"**

## 編碼員

　　為了不讓收訊者以外的人知道訊息，人們發明了密碼這種祕密傳遞訊息的特殊方法。自古以來，人們在各種目的下以不同的方法使用密碼，例如在《高盧戰記》中，凱撒（Gaius Julius C aesar）就記載著以密碼傳送情報給部下的事例。當時凱撒所使用的是換字式密碼，就是將各個英文字母，各用向後排列順序第三個的字母來替換。包括凱撒在內，過去密碼一般是在軍事目的下使用的。每次遭到敵方破解，密碼的手法就會更加精細。史上最難破解的密碼，有德國發明家謝爾比烏斯（Arthur Scherbius）所製造的密碼機「謎語」（Enigma），在第二次世界大戰中納粹德軍曾使用。

　　現今，不僅是軍事目的，密碼的運用已經廣泛地深入商業的世界，這是因為網際網路的普及，使得整個社會資訊化。例如在電子郵件、電子商務、網上購物等，資訊保護是不可缺少的，因此，現在的密碼製作者普遍對物理學和數學等擁有極高的知識，並且有電腦科學的經歷。從事這項工作的人，許多是IT企業的工程師和研究者，同時也開發密碼系統和軟體，進而取得專利。現在市場上最需要的是量子密碼的完成，這可保護資訊，即使面對破解者開發的量子電腦，也可免於破壞。據說這個運用量子物理學理論的電腦和密碼，會對密碼的進步發展畫下句點。然而，不僅是科技開發的層面，雙方也都牽涉到國民的自由和國家安全保障，所以要實用化相當困難。

　　對於未來的商業，密碼是必須的東西；對於擁有高度技術的密碼製作者，其需求只會漸漸增多。製作無人可破解的密碼，是件令人興奮、充滿魅力的工作。作為密碼製造者，除了數學、量子物理學、電腦等相關知識之外，還必須擁有人類的高度倫理觀和平衡感。

**"台灣**

在網路使用頻繁、駭客頻傳的現在，程式設計師在設計軟體時，便經常運用到密碼的編解。目前程式設計師以就讀資訊、電機相關科系為多，如果能擁有相關的電腦證照，將會更容易找到工作。（尹玫瑰）**"**

---

## 相關職業

測量師→**P.58**　管理顧問→**P.78**　當鋪→**P.82**　工程師→**P.264**　外匯交易員→**P.481**

# 寫給立志進入金融業的
# 少年少女們

經濟評論家／山崎元

## 金融業的魅力

金融業指的是處理金錢的服務業。若以金融的狹隘定義，指的是像銀行或是信用金庫一樣，讓錢流通（借出）的行為，那麼就職的對象就也可以包含運用這些業務的證券公司、保險公司。從銀行到證券業，或是從證券業轉職到保險業的大有人在。

廣義的金融業範圍相當大，與公司、政府甚至個人都有相關。因此，不只是金融業界本身，其他世界的各種各樣資訊與知識也都有廣泛的接觸。金融業，可説是藉由金錢這一媒介而交換得來的各項資訊。

舉例來説，熟知業界某間公司情況的銀行A，以及完全不熟知情況的銀行B。銀行A有能力借錢給這間公司，而且很清楚該在何種條件之下放款給該公司，但相對的，銀行B就無法做出正確的判斷。金錢的流動完全依據足夠的情報，以及面對該情報所做出的判斷。喜歡攝取知識以及資訊並且可以持續研究的人才適合前往金融界。

金融業將錢借給好的公司形同投資該公司，並且幫助該公司成長。「那間公司是我培育出來的」這句話，代表著老練的銀行員最典型的驕傲。這種像是培育出公司或是個人的感覺，就是身在金融業的醍醐味。

金融業跟「market市場」共存。金融業相關的工作，像是利率、匯率以及股價，都是由市場所決定。金融市場的規模與有趣的程度，大概是世界第一大的遊戲。不是簡單就能預測，但正因為不是那麼容易被預測，所以才會讓人著迷。從事與市場相關業務的金融人，就常常從市場中獲得新鮮的刺激。

稍稍提一點我本身的事情。我因為被市場運作的遊戲性格所吸引，大學畢業後就進入一間綜合商社的財務部上班。因為想在金融市場的中心工作，因此轉職到相關公司，接著再進到壽險公司、信託銀行、外資的相關公司、證券公司等廣義的金融業，到目前為止轉職了十二次。在那之中，有好的事，也發生了令人討厭的事，但對於金融市場的興趣不減，現在更成為我研究的對象。金融市場永遠不會讓人感到無聊。在金融市場裡，有勝者也有敗者，但我從未見過對金融市場厭煩的金融人。

## 要非常小心的一項工作

金融業是因為處理他人的金錢而讓自己賺錢的行業。工作上要處理的他人的金錢金額通常都很大。當然，自己的錢與他人的錢是不能混在一起的。不只是金錢本身，與錢有關的資訊都不能為了自己要賺錢而亂用，像是「內線交

易」便是犯法的行為。在金融工作的現場，來自金錢相關的誘惑相當的多。

可以把別人的（公司的）的錢當做電玩的代幣。如此一來，100萬也好，1億元甚至1兆日圓，就不會感到害怕。就算是巨額的數字，也可以冷靜的面對，這才是金融的專業。只不過，代幣是絕對不能進入私人的口袋的。

金融業的收入比其他業界來得高，這也可以當做是這個行業的魅力。「有關金錢的區位」上，因為可以運用巨額的金錢，也是個好理由。而在外資系統的公融公司，也有人大學畢業才兩年，就可以達到年收幾千萬。而有年資的社員，也有不少人年收達到上億。假使對方說「不要在意」，但真正的心情卻是對他人的收入相當在意。不過，並不是錢賺得多，就是個堂堂正正的人。要多少錢才會感到滿足、可以為了錢做到什麼樣的程度？工作上金錢的處理方式以及自己賺來的錢的處理態度，金融人必須對自己抱有明確的「金錢的想法」，若是不能確立這點的話，金錢將會成為各種煩惱的來源

金融業的工作最重要的是對「風險」感覺。借出去的錢有可能要不回來，股票以及匯率也會跟自己所設定的走向相反、契約也可以無法被履行，必須要考慮到法律以及各種損失的可能性，意識到有可能有許多無法配合的地方，再加以提出對應之道。

不論產生什麼樣的風險，不管是誰的責任，都一定要考慮到風險發生時可以負擔的程度，要冷靜的完成所有的手續並且加以計算。若是不想去面對這些風險而敗給了誘惑，不只是本人會有麻煩，公司也可能會面臨倒閉的危險。

金融業公司一向給人堅實的印象，但是金融商業並不像外界所見一般的安定。若想追求「安定」而進入金融業界就職，無疑是個錯誤。不如此想的人，不妨調查一下過去的山一證券或是日本長期信用銀行的事件。

## 以金融業界為目標，要做的是

選擇金融業的不論那一個職業，並不需要什麼特別的資格或是學歷。但是，金融是「全世界所有相關資訊的處理」的工作，所以，明確的說，還是會讀書的比較適合。或許有點無趣，但是在一流的大學以優秀的成績畢業並且就職，只是一般的流程。數學以及英文成績優秀，一點也不會造成困擾，其他的科目也能繼續研讀的話，這樣的性格較適合金融業。順道一提的是，未來會使用中文的人會較為有利。金融的工作，一進入公司就被硬塞學習很多事。

外資系的公司以及金融相關等需要專門職務的公司，會有一部份採用剛畢業的新人，但大多數會採用有經驗的求職者。未來也可能會換工作，但就算如此，就先專注在眼前的工作。比起在特定公司上班的歸屬意識，不妨定義自己是在「金融業界」工作。透過工作，成為金融業界之中「有價值的人材」，這應該是進入公司10年為期的中間目標。

金融的最終仍是人與人的交易。金融也是因「營業」而產生金錢。外資系的金融機構成為多數公司欣羨的對象，收入高的人才也是握有許多優良客戶的營業員。

被人所喜歡，與人的溝通交流是非常重要的，也可以成為自己的武器。若是想進入金融業，那麼很重要的就是要在包括學校在內的各種場所，與他人有確實的交往溝通的經驗。我所想要強調的，就文章開頭所言，所謂金融，可以說，就是「服務業」。

數學

其① 計算

**小檔案**　山崎元

1958年出生於北海道。東京大學畢業後，到商社財務部任職。之後以基金經理人身分，分別任職於投信、壽險、銀行、證券公司等金融機關（包含四間外資公司），共轉職過十二次，2005年起，擔任樂天證券經濟研究所研究員。著有多本與資產運用有關的書籍。稿件經常刊登在JMM上，也以評論員身分活躍於電視上。

# 監控記錄資金流向的工作

村上龍

　　會計師、稅務師等工作總給人「幫別人數鈔票」的印象，令人感覺樸實、一絲不苟和些許無趣。但實際上並非如此，會計、稅務工作和金錢流動有關，必須仔細注意並加以記錄，許多相關人士認為這種工作其實很有趣。

　　金錢的流向可以透露出一些資訊。只要知道資金的提供者和接受者，大概就可了解任何計畫的狀況。例如臟器移植計畫，由於分秒必爭，有時須以直升機將臟器運送到受贈者就醫的醫院，那麼直升機的費用由誰支付呢？美國有很多直升機製造商和飛行員，所以直升機運送業算是一般的商業行為。但日本的直升機使用費非常昂貴，由經費來源就可看出臟器移植的現況。

　　如果是由國家來負擔直升機的費用，就算是國家計畫。如果是由進行手術的醫院負擔，就和各醫院的熱心與利益有關。如果是由接受移植的病患來負擔的話，就可推測接受移植手術的人很有錢。總而言之，經費的流向包含著重要的資訊。金錢的流向顯示出利害關係。然而，不知為何，在日本的社會很少人會想從金錢的流向來取得資訊。電視新聞從未報導臟器移植時使用直升機的費用由誰支付，但這是因為我們並不想知道這件事。名人的隱私、悲慘的殺人事件內幕等這類我們想知道的事情，電視台才會反覆詳細報導。

　　為何日本社會對金錢流向興趣缺缺？這有很多原因，但與本文的主題無關，所以不加以詳述。但很明顯地，日本社會很少有機會以個人的角度來看金錢的流向。上班族的所得稅徵收就是一個很好的例子。公司不是要職員從到手的薪水中再拿錢出來繳稅，而是事先就從薪資中扣除掉稅款再支薪，這種作法其實始於戰時，方便徵收稅金充作戰爭經費，這個制度至今仍被沿用。如果是自己口袋裡的錢被國家拿走，我們就會問「這些錢要用在什麼地方」，但入袋前就被拿走的錢，好像不覺得是自己的錢，也對它的用途失去興趣。有些人對於自己居住公寓的修繕問題精打細算，只想用一萬日圓簡單解決掉，但卻對幾兆日圓的橋樑建設經費漠不關心，這真是奇怪的事，但事實上，的確有許多人沒有察覺到國家的錢當中也包含了自己的錢。

　　會計師、稅務師，加上廣義的銀行員，他們的工作都和金錢動向有關。金錢的動向含有特殊意義，是重要的資訊。尤其是企業會計，過去包括監查在內的許多事情都由公司內部處理，但現在有了投資家和股東的參與，以及為了整個金融體系的健全性，漸漸公開這些資訊。如同日本里索納銀行（Resona Bank）的會計監查法人，也曾負責處理為國家規模的金融問題。會計師、稅務師和銀行員等，這種和金錢流向有關、監視記錄金錢流向的工作，今後其獨立性與重要性將日益增加。

本文撰寫於2003年

# 其❷ 思考圖形

研究圖形的「幾何學」是在距今兩千多年前的近東地區，為了調查尼羅河氾濫後的土地測量而誕生的科學。圖形是解開這世上不可思議事物的重要工具。

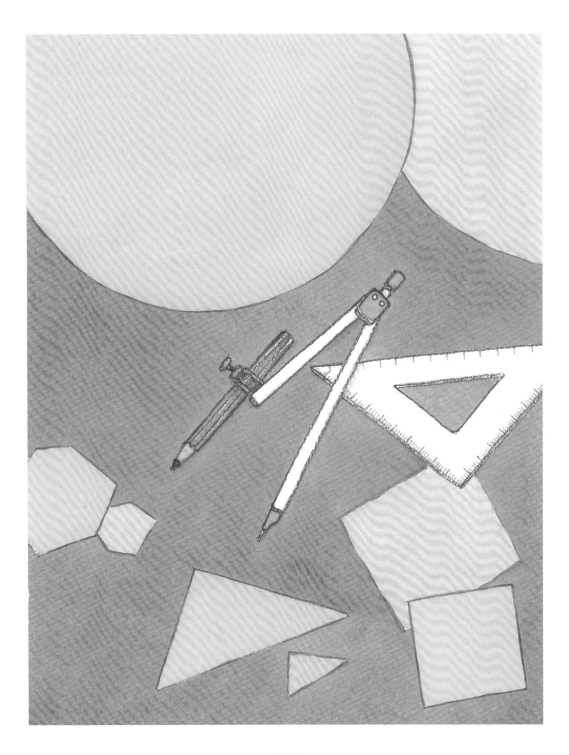

## 機械設計

　　配合工業製品的完成圖（設計圖），構築該製品的系統技術工作。是工業製造工廠不可或缺的，其中更以汽車產業最為必須。像是新車的開發，汽車公司提出企劃以及專案，工業設計所提出的設計，將現有的零件加工、製造新的零件等細部環節加以整合，再提出圖面，最後可以送上生產線上加以量產。現在更為需要的技能則是可以在電腦上使用3D（三次元）的CAD（利用電腦的設計以及製圖的繪圖軟體）。幾乎所有的機械設計者都是工業系大學的機械工學科畢業後，再到機械設計的專門學校就讀之後再就職。必須要有豐富的運動力學、熱學以及材料力學等知識。最基本的是要具備對機械的喜愛，更重要的是，對事物能有三次元的想像力。若是在紙面上繪製圖形時，腦海中能夠浮現出3D組合能力的話，對工作相當有幫助。有幾個團體會對CAD技術給予資格認定。

 **台灣**

目前台灣的機械設計師需要對應力、材力、熱力、流力、機概、機動、機工、材料等相關科學非常熟悉，並擁有紮實的繪圖訓練，當然對於Pro/E、SolidWorks、Inventor等製圖軟體也要非常熟悉。目前台灣設有機械製圖技術士、電腦輔助機械製圖技術士等證照，另外，也可以透過國家考試，取得機械工程技師資格，進而進入公家單位服務。（蔡承恩）

## 不動產估價師

　　以土地作為擔保，向金融機關貸款時，或是國家或地方政府徵收土地時，接受委託以金額評定土地的價值。必須到地方上的不動產業者拜訪聽取他們的意見，或是記載土地權利關係的土地登記簿查閱，進行詳細的調查，基於公平的立場進行地價評估。另外，有時也會針對不動產投資的方式，進行諮商諮詢。在有關不動產的國家檢定資格方面，最困難的是必須通過三次考試測驗。在大學的法律或經濟相關學科畢業的人比較有利，從第一次考試開始的話，和學歷比較沒關係。很多人是在專科學校裡學習。合格之後，大多在不動產公司、信託銀行、保險公司就業。不過幾乎大部分的人是開設個人的不動產估價事務所。有時也會接受來自國家或地方政府的地價評估委託，這方面收入比較穩定。地價評估是一種社會責任重大的工作，必須具有正義感與強烈的道德感。

**台灣**

台灣的不動產估價師證照已實施，當考試及格，得向內政部申請不動產估價師證書；若需開業，則可申請不動產估價師開業證書，申請資格則是除了領有不動產估價師證書以外，還需實際從事估價業務達2年以上之估價經驗，便可向所在地直轄市或縣市政府申請登記開業發給。有關不動產估價師相關資訊查詢，請至內政部地政司全球資訊網詳閱。（尹玫瑰）

## 庭園設計師

　　從個人的日式庭園到公共綠地、公園等設計及施工的人。要能夠設計庭園，首先必須具備對於樹木、草、土石還有水等等的知識。此外，對病蟲害和農藥、還有環境相關的知識也不可或缺。日本從以往就留有不少有名的庭園設計，因此對於歷史的關心也不可少。以這些知識為基礎，配合客戶的需求提出設計案，不僅要負責實際施工現場的指揮以及監督，有時自己也要下場施工。雖然沒有執照也可以做庭園設計，但一般來説，都是在大學的土木科系或是建築學系，或是專門學校的庭園設計學科等，學習基礎知識，再到庭園設計公司或是建築公司任職。像這樣累積1～5年不等的經驗，不少人就可以取得國家資格的造園技能師（一到三級）或是造園施工管理技師（一、二級）的資格。這些資格在公園以及綠地的庭園設計以及公共設施的綠地管理工作是必須的。到目前為止，這些工作還是以男性為主，但近年來吹起庭園設計風潮，不少女性也有意從事此行業。其中英式庭園頗受到歡迎，不少人也到英國留學學習庭園設計。

 **台灣**

在台灣，庭園設計師是屬於景觀建築設計中的一環，主要提供精緻的植栽配置與管理，過去將工作內容分為植栽與工程兩部分，前者由土木師傅施工，後者則由園藝師傅或苗圃商、花藝公司負責，而現在庭園設計則是由受過專業訓練的景觀設計師來負責。景觀設計包括了景觀規劃、景觀設計、工程施工與維護管理四大類，目前許多大專院校都設有景觀系，也是現今培育專業景觀設計師的大本營，目前國內尚未設置相關證照。（蔡承恩）

## 建築師

　　一位專業的建築師，可説是建築業界最主要的關鍵角色，從事建築物的設計或管理。目前在日本，建築師這個行業還不是很明確地廣為人知，如果取得一級建築士的資格，就可以自稱為建築師。但是，因為建築師是一種替他人管理財產的責任行業，所以目前正在檢討是否要特別針對建築師設置新的資格檢定制度。目前，只要取得一級建築士的資格，在建築設計事務所工作，學習設計的技術之後，就可獨自創業。現在，整體建築業的市場雖然萎縮，但是要求以整體角度重新進行都市設計的想法逐漸受到重視，所以今後需求上的擴大是很

受期待的。要作為一位建築師，必須具備能以全盤且平衡的觀點觀察事物的能力。

 台灣

建築師以建築相關科系畢業者為多。若不開業的話，須具有建築師執照；若要開業，則除了須取得證照，還必須擁有建築師事務所實務兩年以上經驗，並加入工會等資格。至於學歷，對於建築師並非最重要的，經歷與創意反而是受人尊重與歡迎的要件。（尹玫瑰）

## 土地代書

　　土地的所有人，要蓋房子或是建築物毀損時，或是農地要變更為住宅用地等變更地目時，以及土地面積有變動時等，都必須登記。土地代書就是依據客戶的委託，在進行不動產登記之時，調查與測量土地與住宅，做成圖面，再進行登記手續。在通過法務省（法務部）舉辦的國家考試後，向各地方政府的土地代書調查會登記後，就可以開始執業。現在登錄的人數約有1萬9千人左右。因為必須進行土地測量，所以大多數人也都具備測量士的資格。另外，不動產買賣時，代替所有權人進行登記的是屬於司法代書的工作，所以也有人具備司法代書的執照。有關於土地方面的糾紛不少，亦有和律師共事，一起解決問題的情況。

台灣

因地政法的實施，土地代書目前已改稱地政士。想從事土地代書這一工作，需要擁有地政士（土地代書）證書，除了自修應考之外，一些大學的推廣進修班有相關的證照課程，坊間補習班也開有證照班可供補習。而若想開業，除了領有地政士證書之外，還必須擁有開業執照並加入地政士公會。（尹玫瑰）

---

## 相關職業

測量師→P.58　考古遺址發掘調查員→P.62　建築師→P.107　造園技術士→P.118　景觀設計師→P.120　水族箱‧飼養箱‧陸地動物飼養箱→P.143　煙火師→P.187　版畫家→P.224　刺青師傅→P.226　藝術品修復師→P.243　木匠→P.255　手工家具師傅→P.257　鐘錶師→P.263　工程師→P.264　西式甜點師傅→P.281　服裝設計師→P.302　賽車車隊技師→P.457

# 其❸  證明公式，並加以分析

數學，是將各種不同事物，數字、圖形或定理的使用是否正確，加以證明的科學。因此，數學是物理學、論理學甚至是哲學，也就是說，是所有學問的基礎。

$$x^3 = \sqrt{-\frac{q}{2} + \sqrt{\left(\frac{q}{2}\right)^2 + \left(\frac{P}{3}\right)^3}} + \sqrt[3]{-\frac{q}{2} - \sqrt{\frac{q}{2}}}$$

$$y = x \cdot \frac{dy}{dx} - ($$

$$R_{\mu\nu} - \frac{1}{2} R g_{\mu\nu} = \frac{8\pi G}{C^4} T_{\mu\nu}$$

109

## 西洋棋棋士

　　很遺憾地，日本職業西洋棋棋士的實力在國際上水準很低。在國際西洋棋聯盟（169個加盟國）所屬的棋士中，日本最強的棋士也不過排名第3400名左右。能光靠獎金維生的西洋棋士，大概只有世界排名前100名左右者。前100名的棋士會受邀參加國際比賽，除了能支領交通費、住宿費及參賽期間的保證金，贏了還有獎金可拿。世界一流的棋士年收入超過1億日圓（約新台幣2800萬元），但日本國內並無靠獎金維生的職業棋士。順道一提，日本第二強的棋士是象棋名人羽生善治，世界排名3528名。日本之所以培育不出西洋棋棋士，跟優秀的人才集中在將棋、圍棋界也有很大關係。由於個人無法加入國際西洋棋聯盟，因此在日本若要參加國際賽，必須先加入日本西洋棋協會。

### ❝ 台灣

目前，西洋棋已正式列為亞運、奧運的正式項目之一，在亞洲民族生理條件普遍略遜西方民族的先天情況之下，西洋棋此種需要充分激盪腦力的運動已然成為台灣能在國際體壇大放異彩的潛力股。中華民國西洋棋協會成立於2003年底，理事長為劉格非先生，積極地在基層院校推廣西洋棋的相關運動，號召企業界支持，並已在中南部建立分會，希望招徠有志於棋道的人士與會共襄盛舉。西洋棋協會一年定期舉行四次大賽（3、6、9、12月），另外還有許多國際相關賽會，多參與各項賽事能夠磨練棋手與拓展競賽視野。（岳威伯）❞

## 圍棋棋士

　　要成為職業的圍棋棋士，必須經過嚴格的考驗。首先男女得在滿14歲之前，成為日本棋院職業棋士培訓機構的「院生」。在各地被稱為「天才」或「神童」的少年少女在成為「院生」之後不斷學習，其中僅排名在前十幾名有資格參加職業考試。院生在滿18歲之前必須通過考試，才能成為職業棋士，接下來就各憑本事在三大棋賽（名人賽、本因坊賽、棋聖賽）或七大棋賽（三大棋賽加上十段賽、王座賽、天元賽、基聖賽）中，領取對弈費或獎金作為收入。若未

獲勝使段位上升的話，收入也就不會增加。2002年11月時，日本棋院所屬的職業棋士約457人。不過，雖然名為職業棋士，能光靠對弈比賽維生的人大概只有排名前10%左右的人，其他人的收入就要靠教業餘人士下圍棋了。業餘者也可以成為職業棋士，條件是在業餘賽中拿到一流的成績、未滿30歲且排名在前幾名。

> ## 台灣

台灣棋院文化基金會（taiwango.org.tw）是目前最活躍的職業圍棋組織，同時負責主辦比賽與培訓職業棋士。圍棋與音樂相似，越年輕出頭越好，錯過一定年齡後要在職業棋界出頭會非常困難。要成為台灣棋院的院生，須未滿12歲，程度在業餘四段以上。入選院生後，棋院會安排學習與比賽，而大多數院生還會自費請職業棋士個別指導。所有院生的前十名於每年9月比賽，選出前兩名成為職業棋士。其餘八名院生則參加與業餘者競爭的棋賽。院生若在18歲前無法取得職業棋士資格，就必須退出棋院，此後只能以業餘者身分參加選拔賽。業餘者若想成為職業棋士，可參加每年9月底的選拔賽。業餘者參賽資格為業餘六段以上，未滿26歲，但此甄選年齡將逐年壓低。目前台灣棋院主辦的職業賽有天元賽、王座賽……等七大賽，職業棋士在比賽中領取對弈費或獎金作為收入。累積獲勝局數、獲取大賽冠軍，以及在國際性比賽取得優秀成績，是職業棋士升段的主要途徑。目前台灣棋院所屬的職業棋士共40人（2006年10月），而藉比賽獎金可以維生的大約只有5人，其餘棋士可靠教學為主要收入來源。無論比賽或教學，收入高者可月入20萬以上。目前日本約有20位台灣籍棋士，在各大賽中皆相當活躍。現下也有不少台灣青少年會去大陸、韓國進修學棋。（劉至平）

## 將棋棋士
＊此為日本特有職業。有點類似象棋，可參閱《月下棋士》（能條純士）。

「未滿22歲、具有業餘三、四段的實力，並且有職業棋士的推薦，才能成為職業棋士。」─這是職業棋士的培訓機構「日本將棋聯盟」的獎勵會所規定的入會資格。入獎勵會的年齡多半在小學高年級。所謂的棋士培訓機構，不過是一個月舉行兩次比賽，再根據比賽結果決定級數。若未在23歲前達到職業初段、26歲生日前達到四段，就必須退會。一年只有4人能成為職業棋手，相當於參加獎勵會人數的二到三成。目前的職業棋士，現役的有150人，退休的有35人，全部屬於日本將棋聯盟。一旦成為職業棋士，就能在順位賽中列席C級，若透過聯賽從C級、B級、晉升到A級，成為A級聯賽的優勝者，就能挑戰名人寶座。除了名人賽之外，還有龍王賽、王將賽、棋聖賽、王位賽、王座賽、棋王賽等所謂的七大錦標賽。這些出賽費、獎金及聯盟發給的本薪，就是棋士的收入。另外，擔任聯盟主辦的將棋教室講師或業餘者的對弈指導，也是收入之一。因此，四段以上，即所謂的職業棋士，全員皆可靠將棋維生。

## 台灣
### 象棋棋士

台灣象棋雖未職業化，但有中華民國象棋協會、中華民國象棋文化協會，以及中華民國象棋教育推廣協會多年來致力舉辦學生類全國性賽事，人口已具一定規模，也已建立了一套完善的段位檢定制度和標準。愛好象棋的初學者如果想升段，必須參加前述三大協會所舉辦的全國公開升段檢定比賽，共分七段。目前台灣象棋比賽的獎金除佛乘盃冠軍達30萬元外，大多不高，因此棋手多半會與地方棋院或安親補教機構聯合開班授課作為主要收入。（高庭軒）

---

## 相關職業

司法代書→**P.65**　　網路股票買賣→**P.98**　　編碼員→**P.100**　　太空人→**P.192**　　在NASA工作→**P.192**　　在天文台工作→**P.193**　　在拍賣公司工作→**P.249**　　酒保→**P.287**　　總教練‧教練→**P.322**　　魔術師→**P.339**　　政治家→**P.377**

**數學**

其③ 證明公式，並加以分析

# 04

# 其❶ 觀察、培育花卉與植物

走在路上，看到路旁盛開的花，會不自主的停下腳 。看見乾枯的花或是樹木時，會主動澆水。這是什麼花呢？會自己查花卉圖鑑。在家裡的庭院、學校的花壇撒下種子，啊，冒出新芽還有好長一段時間呢。

## 植物收集家

在西北歐，柳橙樹和檸檬樹非常受到貴族的喜愛。因此為了裝飾貴族人家的夏日庭院，不少人往往不惜翻越阿爾卑斯山，將這些樹從義大利或西班牙運到西北歐。據說英國會特別派遣一批人到歐洲本土，專門採購櫻桃樹、柳橙樹、銀蓮花以及鬱金香，而這正是植物收集家（Plant Hunter）的起源。之後，從19世紀的歐洲開始，為了尋找奇花異木而遠渡重洋到亞洲、非洲、中南美洲、加勒比海等地的人，就被稱為植物收集家。一開始是一些修道士或者是一些罪犯，他們為了滿足本國王公貴族對於異國風情的渴望，而深入未開發的荒地，以這種方法帶回花卉的種子或樹苗。不久，這種植物收集家成為一種有營運組織的事業，並由植物學家擔任收集的工作。就這樣，從世界各地被帶回英國等歐洲國家的植物高達1萬種甚或10萬種。

時至今日，所謂植物收集家的職業當然已經不存在。但是，植物收集家一詞在各方面已轉變成一種工作或是職業的象徵──某種稀奇的東西只要從它的原產地被運送到許多人都想要它的地方，就可以產生利益。也就是說，稀奇的東西，透過交易就可以產生莫大的利益。不過，去做一件誰也不做的工作雖然可以獲得很大的利益，但是伴隨而來的風險也很大。有些植物收集家因而名利雙收，但是也有不少人因此客死他鄉。我們從植物收集家這種行業中所得到的教訓是，如果只和大多數人用同樣的方式去做同樣的事情，很難獲得極大的成功。

※編註：關於「植物收集家」這個行業的刺激和凶險，可參考蘇珊‧歐琳的《蘭花賊》（時報出版）一書。

## 環境規劃師

具備觀葉植物的知識，並使用觀葉植物在一般家庭、商業設施、飲食店、小賣店、飯店、辦公室、活動會場進行環境裝飾設計的專業人員。從事這種行業必須對觀葉植物的種類以及栽培維護的方法，具備專業知識與技能。還有必須有室內外的設計觀念，植物與照明的關係、生態環境的知識概念。另外，向顧客說明企劃案時所必須具備的表達能力、庫存與進出貨的管理能力，以及搬運觀葉植物的體力等，對此行業說都不可或缺。工作的場所有園藝店、花店、觀景植物出租店、室內設計公司等，也有不少人從事這方面的自由業。雖然沒有什麼經驗或知識也可以在這方面找到工作，但是日本最近也開始設立培育環境設計企劃師的專科學校。如果可以考取園藝裝飾技士（分3級）、花卉裝飾技士（分2級）的資格，對於就業會更有利。

## 台灣

目前台灣尚未建立環境規劃師證照制度。想要成為環境規劃師,可以選就讀各大專院校的環境設計學系,學習生態、地形、地質、氣象、水文、自然資源保育等自然環境相關課程,以及工程及景觀設計相關課程等相關知識與技術。一般環境規劃師會於建築師事務所、工程顧問公司等任職,若是無相關的工作經驗者,學歷就相當重要,足以幫你爭取到工作機會;但若有相關實務經驗,這時工作經驗便勝過學歷。而如何有實務經驗?可至相關的工作場合從助理做起,一方面趁工作之便與師傅請教,一方面閱讀國外相關書籍,增加新知與靈感、創意,提升自己利用植物對環境的規劃力。(王聰霖、尹玫瑰)

## 花藝設計師

就是根據顧客的需要與場合,設計花卉的工作。例如,在結婚典禮或是宴會上應該要使用何種花卉以及如何裝飾等。這樣的技術可以在專門學校學習或花店實習,之後進入花店、飯店、結婚典禮會場等專門公司就業。也有人自行經營花店或花藝工作室,不過這當然需要一些經營能力。另外,花藝設計師在日本有時也會被稱為花藝師(Flower Coordinator)或是花卉藝術家(Flower Artist)。不過,實際上不太有人喜歡在稱號上大做文章,因為最重要的是,個人所創造出來的美感才是此行業最重要的評價標準。

## 台灣

在台灣想成為一名花藝設計師,必須先通過花藝技術士丙級檢定,瞭解花卉的意義和功用、認識花藝設計理論和技能,才能從事實用的花藝設計工作。24歲以下者還可參加一年一度的全國技能競賽之花藝設計,也就是國家代表選手選拔賽,此項技能競賽於2006年開始舉辦。坊間各花藝協會推行的證書制亦行年已久,從花藝技巧、研習時數等給予不同的階級認證;也有大型花店與國外花藝學校合作推動花藝設計人才培訓中心。若想學習花藝設計,可至社區大學、大學推廣教育中心或者坊間花藝、綜合補習班上課習得,而插花的派別大致上有日式、西洋式等,台灣目前以學習日式插花者為多。(王聰霖、尹玫瑰)

## 花卉布置教師

教導學生插花或是製作花束的技巧,或是負責店鋪與餐廳的花卉展示。現在日本國內在這方面可以取得的資格證照有日本花卉設計協會所主辦的花卉設計師(分三級)、花卉裝飾協會主辦的花卉裝飾師(分兩級)以及中央職業能力開發協會主辦的花卉裝飾技能士(分兩級)等。但是,即使沒有具備上述資格,也可以成為花卉布置的老師。例如,可以藉由自修或是在花店工作學習花卉布置的技術。另外一種管道就是,前往英國等海外的花卉布置專科學校進行短期留學,在那裡可以學習到最新的技術,並且磨練自己的

鑑賞審美的能力。自己的設計感與技術是成功的關鍵所在。不過，個人的魅力與經營技巧也有很大的影響。

※台灣目前無此專職，上述工作內容多由花藝設計師負責。

## 花道教授

　　教導學生插花技術的同時，也傳授花道的精神與禮儀。日本花道的流派相當多，單是主要的流派就有30個以上。其中，較著名的有「池坊流」、「草月流」、「小原流」、「古流」等。依據流派的不同，花道的訓練課程也有所不同。大多數的流派都將課程區分為初等科、本科、師範科一期以及準教授，依能力逐次升等，最後可以成為具有花道授課資格的「花道教授」。在此之上，還有四級家元、三級家元等更高的級數。在取得「花道教授」的資格之前，必須以一週一次的練習頻率，至少持續3～4年，一般而言大多需要花費10年左右的時間。一旦取得資格後，就可以終身從事教授花道的工作。年老了之後，也可以在家裡開班授課，有一定的收入。因此，直到現在日本還是有人把成為花道教授列為其努力的目標。

 台灣

目前台灣尚無專門就日本花道而建立的證照制度，亦無相關的官方資格規範，不過坊間的花藝協會等有推行師資養成課程，以及與日本花道相關協會的認證，一級一級的升等，有助於成為專業花道老師的資格。雖然如此，想擔任花道老師最理想的方式，還是至日本進修取得花道授課資格，再回台開班授課。（王聰霖、尹玫瑰）

## 盆栽工藝師

　　指使用盆缽栽培松樹或杜鵑等樹木，使其自然地生長。培植樹木需要修整枝葉，會花費不少時間，所以最重要的是要有耐心與毅力。日本盆栽協會裡聚集了不少盆栽愛好者，他們每年會舉辦全國性的盆栽展覽。藉由看展覽培養自己的鑑賞能力是非常不錯的方式。想要成為盆栽工藝師，一般的途徑就是在盆栽園裡向老闆學習，但是，實習期間薪水非常少。在日本要成為能獨當一面的盆栽工藝師，大約需要5到10年的時間。最近這行業在海外越來越受歡迎，BONSAI（「盆栽」日文的發音）甚至轉化為英文裡的一個單字。成為盆栽工藝師後，也會受邀到國外的BONSAI俱樂部中進行指導，或是一些活動中的表演展示，可以說是一項具有國際性和發展性的工作。此行業的收入多寡，是以盆栽製作技術的優劣與經驗而定。

 台灣

在台灣並沒有所謂的盆栽工藝師的職稱，但做此項工作者有。要成為盆栽工藝師，主要還是進入農園或花圃工作，向老闆或老師傅學習相關技術，網路上也有盆栽相關的討論區可供切磋。

有了足夠知識、經驗與技能後，才能成為獨當一面的盆栽工藝師。（王聰霖、尹玫瑰）

## 造園技術士

　　具備與庭園有關的各方面知識，建造出適合該區域氣候、土壤與風土環境的庭院，並負責之後庭院樹木的維護與修剪。在日本大多負責管理個人住宅內的日本式庭院。要成為造園技術士並不需要特別的資格或學歷，主要是藉由實務上的見習，學習相關技術、知識和傳統的表現手法（當然如果在大學或專科學校學習造園技術的話，就職會更加容易）。也可以在造園公司工作或是向專業造園技術士拜師學藝。因為工作內容有很多需要力氣，如攀登樹木、攪拌混擬土或搬運大石頭等，所以體力是必備的。另外，管理照顧的對象是屋主最珍惜的庭院，要多傾聽對方的意見並給予適當建議，所以造園技術士必須具備細膩的思考與溝通能力。日本有關的國家資格考試有造園技士考試（分3級）。

### 台灣

在台灣想要成為造園技術士，可就讀高職或各大專院校造園相關科系，而造園技術士目前有證照規定，須通過造園景觀技術士技能檢定，依照進行施工的範圍不同，檢定還可分為甲乙丙3級。其實造園技術士的工作很繁重，無體力者可能無法應付工作內容；學歷並不重要，證照雖有所規定，但並非一定需要，主要是依靠經驗和相關工程的執行來判斷是否適合此項工作。（王聰霖、尹玫瑰）

## 植樹工藝師

　　種植、移栽、接枝花草樹木的工作。例如，針對樹枝要如何修剪，數年後才會怎麼生長，不同花草樹木之間的生長條件是否相適應，以及庭院整體的協調感等事項所做的考量之後，才進行樹木修剪與維護的工作。透過栽種的植物，可以營造出四季變換的自然氣氛，在工作的同時也使自己心情舒暢。但是這工作很容易受到天氣的影響，天晴時得工作到很晚，但是連續幾日的大雨則會讓收入減少，因此從事這行業之前，對於這樣的情況必須事先有所理解。有懼高症或是討厭昆蟲的人，也不適合從事植樹工藝師的工作。在日本，學習階段時，「老師、學生」及「學長、學弟」的上下關係很嚴格。最近，日本允許染髮、戴耳環的情況慢慢增加，但是堅持以前那種理平頭、穿工作袍風格的老闆也不少。有人說，只要努力學習，「若能知道如何修剪松樹的話，就是一輩子不愁吃穿的行業。」

### 台灣

台灣並沒有植樹工藝師此職稱，但相似的工作內容者有。若想成為一名植樹工藝師，可

就讀植物、園藝等相關科系，而且必須對林木等有相當的熱忱。學校畢業後可進入種苗園或林木業工作，在園中一面工作一面學習相關技術，有了足夠知識、經驗與技能後，假以時日才能成為一名植樹工藝師。（王聰霖、尹玫瑰）

## 樹醫

　　對於被指定為自然紀念物的神木、名樹、老樹，或是公園、植物園、街道與個人庭院中的樹木，進行診斷與治療。有些患病的樹木，常常需要花上數年的時間治療。有時為了使千年樹齡的老樹獲得重生，必須規劃治療方法、指揮重型機械、甚至要花上數年時間進行移栽等大規模作業。看到原本死氣沉沉的老樹能夠神奇地重獲生機，那是一種莫大的感動。不過，也會碰到樹木回天乏術，因而無法採取治療措施，眼看老樹枯死的時候。從事此職，不僅是治療，也需要對樹木種植的協調性、修剪的方式以及土壤的培育等周邊環境，進行詳細的考量。樹醫是日本綠化中心商標登錄的名稱，所以在日本想要自稱為樹醫的人，必須到該中心參加研修課程並取得資格才可。但是，樹木相關工作經驗未達7年以上者，不具備研修課程的考試資格。取得樹醫資格者，即被登錄在樹醫登錄名冊上，這本名冊在工作的發包上有很大的功用。以前，從事樹木維護管理與造園業的大多是男性，現在取得樹醫資格的女性有增加的趨勢。但是樹醫是相當專業的行業，所以一定要具備必要的專業知識與經驗。

**" 台灣**

日本從1991年推動樹醫證照制度至今，每年總有上千人報考，但是全日本僅有700多人取得樹醫資格。雖然台灣尚未建立樹醫證照制度，不過卻有一位楊甘陵先生曾在日本取得樹醫證照，他也是唯一取得日本樹醫證照的外籍人士，甚至受到日本媒體爭相報導，目前他正致力於對台灣各地樹木的醫療修復工作。（王聰霖）

## 草皮專家

　　從事高爾夫球場、足球場、運動場上鋪設的天然草皮的保養維護。為了讓運動選手得以在球場上展現精湛的球技，這項工作更顯重要。天然草皮的管理維護需要專業的技術與知識，在日本稱得上專家的很少。因為使用天然草皮的運動場越來越多，所以也非常需要具備這方面經驗的草皮專家(Green Keeper)。要成為一位草皮專家，可以透過在高爾夫球場的球道管理部或是草皮維護公司、造園公司等就業，藉此累積經驗。除了必須具備草皮、土壤、細菌與氣象等相關知識之外，整合人員的管理能力，也是作為一位草皮專家不可或缺的要件。作為一位草皮專家，所得到最大的滿足就是自己全神貫注、一手培植的草皮深受好評。能夠栽種出真正讓自己感到滿意的草皮，或許就是此職業一生追求的目標。

**" 台灣**

目前在台灣從事草皮種植、維護和管理工作的草皮專家不到200人。要成為草皮專家可以就讀

大專院校的園藝科系，學習相關知識與技能。由於目前在台灣尚未建立草皮維護師證照制度，所以想從事此行業，可以至國外進修，或是多參加農委或農業改良場所的活動以充實自我。（王聰霖）

## 植物園職員

植物園不僅種植許多植物，在日本植物園最近也開始將園內的種種特色加以商品化，對外銷售。型態上有栽種玫瑰、仙人掌、藥草等的專門植物園，可以觀察昆蟲或動物生態的熱帶植物園或濕地等各種專門設施。植物管理的工作，可分為植物的栽培管理以及設施的管理與維護。從事這類行業，必須具備相當於花草專業知識的檢定考試一、二級的基本知識。若具備群落生境（biotope）管理師與園藝學會會員等資格，會更加有利。日本公立植物園的職員，身分上屬於國家公務員，但成為公務員後並不一定會被派遣到植物園工作。一般私人企業所經營的植物園，主要是以花卉樹苗的販賣業務為主，不過最近也慢慢地以觀光的名義開放一般民眾到栽培現場參觀選購。雖然這方面的專業人才不足，但是因為經費上較拮据，不得不緊縮人員的雇用。此外，此起具備植物方面的專業知識，反倒是對植物感興趣、對野外環境有認知與觀察力，和易被美麗事物所感動的人，比較適合從事此行業。

### 台灣

在台灣的公立植物園任職，比私立植物園困難，主要是因為要參加林業相關高普考等，並且需要較高學歷，工作機會可遇不可求。即使是從事室外栽培的工作，只需要能長時間在戶外工作的體力，和國中以上的學歷即可，但是由於還要參加考試，門檻因此加高。基本上不管是技職或大學體系的農學院畢業之後，報考農業相關技師的考試，或是參加考試院辦理的公務員考試，亦或獲得相關的博士學位，對於要進入國家系統的植物園工作，可能性都會大增。當被分發至各地植物園後，若工作是以研究為主，會至園區或野外探查，不會整天都坐在辦公室。如果不考慮薪水問題，想要擔任植物園解說義工，各單位每年有固定的志工培訓營，實地教導植物分辨、摘植等。而私人的植物園，對於學歷並無如此重視，非植物相關科系者也能進入工作，而由於私人植物園更須專人介紹園區植物，所以擔任遊園解說者除了基本的植物認識與常識之外，還須有熱誠的心以及積極、善於溝通的個性才能勝任。（蘇意茹、尹玫瑰）

## 景觀設計師

負責保存歷史建築物或自然風景，並設計廣場、街道等，大部分是屬於公共建築的工作。這在日本尚未成為一種專門的職業，但為了彰顯環境保護的意識，也有人特意使用此名稱。就業的場所有政府機構的都市計畫課、公園綠化課以及公司法人、民間的設計事務所或建設公司。如果進入政府機構工作的話，大多是參與保存計畫或綠化計畫的規劃作業，若是在民間事業，大多也是從事規劃與設計的工作。雖然並不一定要持有特別的證照，但若是大學造園系或園藝系、藝術系等環境設計相關科系的畢業生的話，會更加有利。實際上，在日本很多從事此職者都是通過建設相關技術人員的國家考試，並被登錄為建

設顧問。建築師的資格必須要有7年以上的實務經驗才可以取得。不過,利用花草樹木進行設計的景觀設計師和一般的建築師不同,是從植物的培育開始,來完成最後的空間設計,所以對植物的熱愛也不可或缺。

## 台灣

目前在台灣尚未建立景觀設計師證照制度,想要成為一名景觀設計師,可以就讀各大專院校的景觀設計相關科系,學習相關的專業知識與技術。景觀設計師所負責的工作內容包括庭園設計、開放空間例如河濱公園和美術館等之景觀設計,以及遊憩園區、社區營造等。景觀設計師除了需要建築、景觀等技術本位,同時也需創意與巧思來創造負責之景,但更重要的是,因為工程大、人員雜,溝通與協調的能力更是不能少,才能順利完成工作內容。(王聰霖、尹玫瑰)

## 林業人員

　　日本的森林面積約2500萬公頃,占領土面積的67%。林業是屬於稀少的自然資源,但是從事這方面的人員從1960年的44萬人、1980年的17萬人、1990年的11萬人一直減少到2000年的6萬人。相反地,高齡50歲以上的工作人員竟佔了全部林業勞動人口的70%,同時造林面積與伐木面積也持續減少。由於木材的價格一直下降,加上進口量增加,木材的自給率也自然一面倒地下降,因此日本的林業可以說正面臨著非常嚴重的危機。一方面是因為日本的森林多處於陡峭的山坡,難以進行機械化的砍伐,而依靠人力卻又面臨人事費用高昂的問題。另一方面,山區村落也有過於散落的問題存在。隨著林業沒落,樹木枝葉的修剪工作(樹木過多會造成日照不足,所以必須修剪枝節橫生的樹木)也因而荒廢,所以樹木變得瘦小細長。植樹的工作也未再持續進行,遺棄未受管理的林地越來越多,形成嚴重的問題。因此,為了確保森林從業人員的工作,有些地方政府也積極整合林業工作人員與林業工會或民間企業,並給予資金的補助;並且以沒有林業經驗的人為對象,舉辦林業體驗活動。

## 台灣

台灣的林業現況與日本非常類似,目前(2006)的森林面積約有22 0萬公頃,約佔領土面積的59%。自日據時代起,以伐木經營為主,尤其在195 0至1960 年間砍伐相當多的天然珍貴樹材外銷以換取外匯,始能發展現今的現代化工業。林業的犧牲功不可沒。晚近因森林資源日漸匱乏,加上保育意識日漸高漲,政府遂於1991 年頒布所謂禁止砍伐天然林的「禁伐令」,傳統林業經營重心轉移至僅有60 多萬公頃的人工林。林業工作自始跳脫以往的伐木營林思維;生態保育與永續利用成為未來的發展主流。近年來由於科技的不斷發展,加上二氧化碳所造成的溫室效應日趨嚴重,使得林業經營與木材利用更為集約與精緻,例如自木材或樹葉提煉天然物以開發藥品、有效利用人工林木材以提升森林吸存二氧化碳量、以生物科技培育速生樹種等等,成為近幾年來的發展重心。自2005 年2月「京都議定書」生效後,森林扮演二氧化碳吸存的角色更日趨重要。目前國內的林業工作大多為公職,如林務局與林業試驗所;民間的林業工作多與農業工作結合,多屬低階的育林工作,可說相當地辛苦。(林法勤)

另外，從環境面來看，森林可以稱為「綠色水庫」，維護水資源並防止土石流的發生造成破壞。因此現在保護森林的活動也開始進行。最近戶外活動熱潮當中，也將森林作為一種觀光資源，提供觀察野生動物、野鳥、昆蟲的寶庫，或是成為民眾呼吸新鮮空氣的場所。不管是住宅用木的需要或是傳統工藝的材料，都有必要讓日本的森林獲得重生。為了開發生物能源或是新能源，開始在森林之中活動的人越來越多。隨著環保意識與戶外運動的熱潮興起，也有越來越多的人對於樹醫或森林管理員等與森林樹木有關的職業產生興趣。但是林業終究是一種植樹與養樹的工作，為了照顧種植後的樹苗，除草及修剪樹枝等的作業是非常辛苦的，而且收入並不高。要從事林業工作，一般可以和各地的森林管理工會、各縣市政府的林業勞動力確保支援中心聯絡，或是看求職雜誌進入一般民間公司。基本上，學歷不拘。

## 森林官

在保護管理全國國有林地的最前線的森林事務所工作，用自己的腳踏遍國有林地警備，並且從事國有林的保育以及調查、管理工作。森林官屬於國家公務員，所以必須通過公務員的考試，並且獲得農林廳森林管理局的任用才行。森林官的工作，還要擬定5年計畫，擬定森林可以採伐的區域，要擁有對林木以及森林的專業知識。此外，一天中有很多時間要花費在森林中，體力是必須條件。森林可以涵養水分，對人類生活有很大的影響，而支援對人類有莫大助益的森林的正是森林官。

### 66 台灣

在台灣，只有行政院農委會林務局的公務人員或約聘技術人員，才能在林地裡工作。主要工作內容有森林企劃、林政管理、集水區治理、造林生產、森林遊樂、自然保育、林業推廣等。可透過國家考試中的林業技術考試，取得公務人員資格，或林務局各林區管理處，不定期對外招考相關技術士。（蔡承恩）99

## 花店

有很多人憧憬花店的工作。但是花店數並沒有那麼多，即使是連鎖花店，其店數比起其他商品店家更是來得少。這樣的情形正好反應了花店經營的難度。再怎麼喜歡花、擁有豐富的知識，也具有優秀的花藝才能，但是要經營花店還需要別種才能及獨特的經驗。新鮮的花卉只能保鮮數日，是非常特殊的商品，要決定進什麼樣的花、要標多少價格，都是非常困難的事。最近在都市中心，不通過盤商而是直接從產地進貨，不僅能減少成本且能賣得更便宜的時髦花店陸續增加之中，競爭也越來越大。要開花店，首先得先在花店學習經營方法。雖然是頗受歡迎的生意，租金卻不是太貴。此外，花店的工作，得留意店內花卉的擺設以及給水的問題，是相當耗費體力的工作。美麗的花朵可以療癒心靈，但是從事花卉的買賣絕不是件輕鬆的事，在在測試自己的決心。也就是，要嚴格測試「自己到底有多喜愛花」。然而，也可以在網路上販賣花藝作

品、販售新娘捧花、到市集擺設攤位，這是有各種可能性，充滿魅力的商品。

要開一家花店需要有基礎的植物認識，還要有包裝花束、整理花卉等技術。因為台灣並沒有針對花卉開設專門學校或科系，所以可以先到花店工作，瞭解花店經營方式與工作流程，像是花藝設計、訂單處理、顧客接待等。花店經營最大的困難，在於淡、旺季的生意落差，又因為花屬於消耗品，而花店每日又需要添購新鮮花朵，所以花卉耗損率也是經營者需要去衡量的。（蔡承恩）

## 農業

　　最近，辭掉工作轉而成為農夫的人開始增加，農業也開始成為受歡迎的職業。不過，沒有相當的覺悟以及計畫，要成功是相當困難的。要獨立成為農業經營者，首先要擁有土地、勞動力以及資本。但更需要理解的是，若不能明確決定自己要從事何種農業，是無法經營的。此外，農業經營有相當深的地域性，得去瞭解該土地社會的習性，並且深入參加。想經營農業，另一方法是到以企業形式的農業生產法人就職。不問有無經驗，一面工作一面習得技術，適合不排除在組織內工作的人、缺乏經營的資金以及經驗的人。農業與自然息息相關、也會被天然災害所左右，就算努力也不一定會得到回報，所以適合積極樂觀的人從事。而且，不光是種出農作物，農業要能成立，會面臨很多困難的情況。將收成的作物加工並賦予價值，需要多方面的戰略。以下，就作物的種類加以介紹。

### ●稻米

　　要靠種稻米維生的話，需要有相當大的土地，也因此對新人而言，資金會比較吃緊。若能開創獨特的栽種法以及販賣的管道，可以直接販賣給消費者。

### ●蔬菜

　　依種類不同，所需要的資金跟設備也不太相同。要在那裡種什麼作物是最重要的基本問題。價格會因當前的流行以及輸入的數量、出貨的時機而不同。也有專門栽種有機蔬菜以及藥草的農家。也有將香草園與餐廳做結合而經營的模式。

### ●果樹

　　深深受到土地以及氣候的影響，要轉換為其他作物也相當困難。而且，從苗木開始栽培到可以收成，得花費好幾年的時間，必須要有最少10年的長期計畫才行。也可以考慮，到可以收成為止，搭配栽種其他作物、兼業或是租借閒置的果園來經營。

**台灣**

台灣堪稱水果王國，各式水果應有盡有，但想成為果農可不簡單，除了需要擁有土地外，還要瞭解土地所在的土壤特性及當地氣候條件。對於想投入果樹種植的人，可以先到各地農會的推廣股、農業相關組織詢問並瞭解現況。因為果樹不是短期作物，大約成長期都在一年左右，因此初投入水果種植的人，有可能是會先賠錢的。對果農而言，雖然需要對植物的瞭解，但更需要的是時間，經過時間磨練累積的經驗，才是造就一個成功果農最重要的因素。（蔡承恩）

## 花卉栽培農家

栽種要出貨到花店的花。生產像是玫瑰或是康乃馨等生花，仙客來、蘭花、觀葉植物等盆栽、其他苗木或是球根等等。有露天栽培以及溫室栽培等。從培養土壤、撒種、給水、施肥、溫度管理、病蟲害防治等，有非常多的作業要做。日復一日，要做非常多細微的管理，除了農閒期

以外，幾乎沒有休息的時候。要從花卉的生長情況以及市場狀態決定出貨時間。花卉栽培所需要的土地面積相對比較小，對想要進到農業這個領域的新人來說，比較容易入門。有不少案例是到各縣市的新人就農支援中心諮詢，並且找到土地。雖然到農業大學等地學習專業知識以及技術非常重要，但是這工作更受到該土地的土壤特性、氣候所影響，經驗比什麼都來得重要。也有很多人會去請教該地域的專業農家，以學習技術。不論如何，經營都是不是件簡單的事。什麼樣的土地、種出什麼樣的花，要用什麼樣的形態販售，這些戰略都是不可缺少的。

**台灣**

台灣的花卉種植，已經有相當時日，台灣花卉產業的經營型態，也已經逐漸轉變成高投資與高技術的企業經營形式，而且商品化的程度也越來越高。在地理位置上，位處亞熱帶與熱帶的交界的台灣，也有著獨天得厚的地理優勢。近年來越來越多年輕人，或進入熟齡的退休人員，選擇投入花卉種植業，並研究開發新市品種，外銷全球。目前僅有台灣大學、中興大學等少數大學有農學院，也可透過地方農會、花卉產銷班瞭解相關細節。（蔡承恩）

## 生化技術人員

將生物科學、生命科學以及基因科學等知識以及技術，也就是生化科技加以活用，進行實驗、研究以及開發的工作。將生物原本所擁有的能力有效利用、開發新的技術以及商品。實驗多是按部就班且單調的作業，不只要有探索的心，還需要忍耐力與集中心。此外，因為是最先進的學科，也需要英文等外文的能力。與生化科技相關的專門學校、大學、研究所裡，生物學、生命科

學、基因科學、生化學、微生物學以及藥學等的學習是必要的。一般來說，通常就職的單位有釀造、醱酵食品、製酒等的技術開發、肥料、飼料、種苗等農作物的改良、化學製品、醫藥品研究、開發等企業。資格方面，有NPO法人日本生化技術教育協會認定的「生化技術檢定試驗（初級‧中級‧上級）」。但這並不是代表一定可以進入研究室的資格。關於更多生化技術的問題，請參照「生化科技是種夢幻產業嗎？」一文（**P.167**）。

 **台灣**

在台灣，生化技術被認為是一項新世紀的明星產業，是一項「以生物為目標，化學為工具」的跨領域科系，從基礎生命科學到應用科技，橫跨了病毒、細菌、植物到人體醫學。目前國內僅有台灣大學與嘉義大學有生化科技系，畢業生的出路以學術或相關研發產業為主。（蔡承恩）

## 相關職業

經營民宿→**P.79**　經營登山小屋→**P.183**　風景攝影師→**P.231**　在葡萄酒莊工作→**P.284**　自然解說員→**P.346**

**自然**

其①　觀察、培育花卉與植物

# 其❷ 觀察及培育動物、爬蟲類、魚、鳥、蟲

最喜歡到動物園或是水族館，看著大象、獅子、海豚，或是熱帶魚、水母、鸚鵡以及老鷹，觀察蜥蜴和青蛙就能讓自己興奮不已，開心的不得了。

## 動物園飼育員

　　從事動物的照護、繁殖與物種保存的研究工作，以及負責動物園設施的維護與遊客的照顧。可以說是為了讓人與動物都可以過著舒適的生活，所從事的工作。每個動物園對於飼育員的雇用標準都有所不同，但是都必須在獸醫、畜產、農業等與動物有關的學校就讀。在校時透過學校的建教合作案，開始實習，也有人隨之就業。雇用方面，除了公家機關的公務員較固定之外，大多得等機關人事缺人時才有遞補機會。這一行中也有猴子、熊、鳥類等的專門性動物園。在日本，就業累積兩年以上經驗後，可以參加動物飼育員檢定考試，合格後即可成為獨當一面的專業人員。因為動物不可能靠著語言與人溝通，所以飼育員必須要耐心地去體會動物的情緒，並從動物的立場看待事物。這行業不僅要喜愛動物，而且最好具有良好的溝通能力以及能在宣傳與教育方面懷抱熱情。

**❝ 台灣**

在台灣想要從事動物飼養（管理員）並沒有一定的學歷限制，不只是在動物園，私人的休閒農場也需要這類工作人員。當然在高職、專科或大學就讀跟動物、獸醫有關的學科，對於應徵此類工作會比較有利。（蘇意茹）**❞**

## 水族館飼育員

　　水族館內有魚類與水中動物，分別需要有人負責照護與表演的訓練。例如，海豹的飼育員要從讓牠會吃手掌上的食物開始教導與調教，藉此培養出和海豹之間的上下關係。對於不同於寵物、原本和人就不太具有本能信賴關係的動物，因為要從陌生疏離的階段開始調教，所以無法正確訓練的人很難勝任調教的工作。希望從事這方面工作的人很多，但是雇用方面仍然只有在逢缺遞補的情況下才有機會，就業的管道相當狹窄。擁有潛水、船隻駕駛執照、或是具有在專科學校修習經驗等，在工作上或許有幫助，但是未必完全有助於就業。也有人原本在與飼育無關的單位工作，之後被發覺有飼育方面的專長，而調派到飼育單位，因為這個職業比較著重個人的魅力與性格。最近由於和人類關係友善的海豚被應用在醫療活動上成了熱門話題，海豚的訓練師也因此受到矚目。

**❝ 台灣**

在台灣，水族館飼育員有時被稱為「潛水員」，除了餵食、照顧水裡動物外，清理水族箱也是重點工作之一。雖然台灣的水族館和海洋世界會有海洋動物訓練師的職缺，但是需求量並不高。擔

任這項工作需要具備對水中動物的興趣，而「潛水」執照與「水族養殖技術士」證照為必要的證照。（蔡承恩）

## 訓犬師

　　亦稱為狗訓練師，負責狗的調教工作。警犬、毒品搜查犬、導盲犬、協助肢障者的輔助犬、從事救災的救助犬、乖巧的家犬還有在電視節目中演出的表演犬等，會接觸到很多種類的狗。雖然未必要具備證照資格，但是如果擁有日本畜犬聯盟（Japan Kennel Club）授與的資格證書的話，比較容易獲得大家的信賴，因此更有助於就業。在日本要成為警犬的正式訓練員必須先取得日本警犬協會的認證資格之後，再通過三等訓練員的考試，然後還必須到警犬訓練所實習訓練3到6年。其他種類的訓練員也是必須在類似的訓練所經過一定時間的實習訓練後，才能獨立作業。不透過這類訓練所，而是到私營的訓練學校學習，也可以成為訓練員。很多狗主人為了能讓自己的狗參與競技比賽，或是想讓飼養的狗接受教養訓練，而委託訓練師進行特殊訓練，所以市場需求也逐漸上升。從事這行業，當然要喜歡狗，也要有十足的體力。忍耐力不夠的話，常會有半途遇到挫折就放棄的情況。

**台灣**

想成為一般的訓犬師，可以到訓犬學校當學徒，或是付學費上訓犬課程，也可以到國外接受正統訓犬教育，然後考訓犬師執照。台灣與日本、德國等國一樣，都有訓犬師的認證制度。由PDA（中華民國警犬訓練協會）、TKA（台灣育犬協會）、KCT（台灣畜犬協會）發給的證照才具有國際認可的公信力。（蘇意茹）

## 配種飼育者

　　有計畫地讓貓狗繁殖後代，再將其出售的工作。以狗來說，先飼養一隻會生育的母狗，再向他人借調公狗的情況較多。為了要讓其生育出漂亮健康的小狗，所以必須考量狗的血統與資質之後才進行交配。這行業不需要任何資格認證，可以向經驗豐富的配種飼育者拜師學習這項專門技術，學成後就可以獨當一面。但是，飼養一群動物需要較寬敞的土地，借調交配的公狗也需要一定的資金，所以對於年輕人來說，要自行創業有點困難。光靠飼養小狗、配種買賣的所得要維持生活的話，一般來說必須飼養50到100隻。但是，因為母狗所生產的小狗數量不一定會依照自己的需求，賣不出去時就必須擔負自行照料的風險。因為是飼養動物的工作，所以很難有休假的時間。不過，當聽到客戶歡喜

的讚美聲時，會感到什麼也無法取代的幸福感。

## 台灣

對於寵物的繁殖、買賣和寄養，台灣的規定比較明確。根據動物保護法，相關店家需要申請登記許可，才能夠營業，否則便涉及違法。申請營業的人必須具備職業學校以上，畜牧、獸醫、水產、動物等相關系、科畢業証書，或是曾接受各級主管機關辦理或委辦之畜牧、獸醫、水產、動物等相關專業訓練一個月以上，領有結業證書，亦或具有3年以上繁殖、買賣或寄養場所工作經驗者（必須由公所或寵物業協會或公會出具資格認定文件）。（蘇意茹）

## 寵物美容師

亦即貓狗的美容師。工作場所大多在寵物店或動物醫院。在動物醫院工作時，有時也必須兼任獸醫助理的工作。現在，大部分都是在專科學校學習後，就投入就業市場。雖然沒有這方面的國家資格考試，但是有幾個民間團體會舉辦認證考試。取得資格後，經由專門學校向聘用單位推薦，是比較能夠順利就業的管道。但是實際上，聘用單位幾乎不會在意是否具備這樣的資格。從事此工作當然必須喜愛動物，另外，開朗有禮的待客態度也是不可或缺的要素。收入雖不能算多，但是累積經驗學得專長後，就可以從事動物美容的自由業或自行獨立開店。近年來，允許飼養寵物的住宅大樓或飯店也都有動物美容師常駐，可以發揮的場合很廣泛。

## 台灣

台灣的寵物美容師並沒有學經歷的限制，可以先在寵物店當美容助手，至少得累積一年以上的經驗。為了提升專業，國內目前已經有寵物美容的補習班（勞委會職訓局也會不定期地委託辦理訓練的課程），經由3到6個月的研習，學習美容修剪、工具使用、牽引指導、美容理論、繁殖管理、犬種標準、疾病防治、店舖經營等，完成課程並通過考試，就能夠拿到C級執照。另外可以進修高階課程，或到國外的寵物美容學校深造，其執照還有B級、A級及最高的AS級（教師級）。（蘇意茹）

## 寵物保母

即當飼主外出旅行或是住院，無法自己照料寵物時，到飼主家裡負責餵養寵物並做日常打掃的工作。這和寵物旅館不同，而是到飼主家裡進行照料，以避免造成寵物離家的恐懼與壓力，此行業的需求日漸增加。有興趣者可以先加入寵物保母的加盟店，接受研修訓練，累積經驗後即可自行獨立作業。也可以在最近逐漸增加的寵物保母公司就業，在這些公司所開設的訓練所學習也是

一種管道。此行業並不需要特別的資格認證，喜歡動物是從事這行的最大的前提。還有，最重要的是要能充分瞭解動物們的生活習慣，抱著喜愛他們的心情去照料牠們。另外，因為飼主會將家門鑰匙暫時交給保母以便進入家中，所以必須具備為人所信賴的品格。如果具有小動物飼養管理師或看護犬訓練師等資格的話，就業門路會更加寬廣。

### 台灣

目前在台灣從事寵物保母工作者，通常自己都有養育動物的經驗，並且喜歡動物，另外，家裡也有足夠的空間可以飼養（如果飼主顧客要將動物寄養的話）。這項工作並沒有證照或是入門的門檻，主要是要獲得顧客的信任。但是如果要擴大規模，經營寵物旅館，就必須要申請登記許可才能營業，主事者也必須要具備相關的學經歷才行。（蘇意茹）

## 特技犬訓練師

　　如果把狗的表演秀比喻成賽車比賽，而狗比喻成車子的話，那麼特技犬訓練師可說得同時具備維修技師與賽車駕駛兩種性質。為了在表演秀中有精采的表現，必須將狗訓練到最好的狀態。在表演秀中，必須靠著牽拉狗繩並想辦法讓各種狗能以其最佳狀態表演特技。這種表演秀，無論是誰都可以參加，所以不需要特別的資格。可以去專門的訓練學校或是向訓練師拜師學藝。也有人是因為興趣而開始訓練自己的狗，或是受他人委託進行狗的訓練工作。現在在日本以特技犬訓練師為業的人約有100人左右，不過最好能專攻自己比較在行的品種。現在是一個憑藉口語溝通拓展事業的時代，所以能夠積極地推銷自己也是非常重要的。

※在台灣專門訓練特技犬的訓犬師較少見，請參見「訓犬師」（**P.128**）。

## 導盲犬訓練師

　　在日本，導盲犬是指接受過國家公共安全委員會所指定之協會訓練的狗。要成為導盲犬訓練師必須在這類指定的協會中工作，至少有3年的研修經驗才能得到資格認證。之後，還須累積2年的實習，成為導盲犬步行指導員後才能開始和盲胞進行共同訓練。導盲犬須從自飼養者處帶回來的一歲幼犬開始訓練，經過半年到一年的服從訓練，以及讓小狗學習依狀況自行判斷不服從的反覆訓練。之後是路上訓練，然後才能決定受訓的狗是否適任導盲犬的工作。接著接受盲胞參與的共同訓練後，就可以成為導盲犬。一般而言，一個訓練師要負責一隻狗以上，除了訓練之外，對於導盲犬的飲食、運動、洗澡、上廁所以及狗舍的打掃都要全盤照顧。另外，訓練與觀察的評估報告等工作也必須不間斷地進行，有時甚至必須熬夜工作。除了對狗要有愛心，嚴謹與耐力也是不可或缺的條件。還有，對於使用導盲犬的盲胞，必須要在各生活層面給予他們支持。這幾年來，社會大眾對於導盲犬也已經有所認識，交通設施或是一些店鋪也開始廣泛地開放導盲犬的進出。由於等待導盲犬輔助的視覺障礙者逐漸增多，立

志當導盲犬訓練師的人也隨之增加。這行業在日本屬於不定期招募，就業管道也不廣，但是卻是一種很有充實感的行業。

## 台灣

在導盲犬的領域裡，分為「導盲犬訓練師」和「導盲犬指導員」。前者的主要工作，是將受訓的犬隻藉由訓練，使其具備引導的專業能力，畢業成為專業的導盲犬。後者則除了要具備導盲犬訓練師的專業能力之外，還要幫導盲犬申請者和導盲犬配對。一般來說，導盲犬訓練師的養成期大約是2年到3年，指導員大約是3年到4年。以台灣的情形來說，想取得導盲犬專業執照可經由台灣導盲犬機構的推薦或派遣，前往國外的導盲犬學校受訓。或者是在台灣的導盲犬機構受訓3到5年之後再前往其他國家考試審核，為期半年至一年。由於都得要經過國外的考試審核，所以外語能力是不可或缺的。（蘇意茹）

## 獸醫師

專門治療生病或受傷的動物以及對動物進行預防注射的工作。診療的對象包括牛、馬、豬、雞等畜產動物以及貓、狗、小鳥等小動物。獸醫的就業管道相當廣泛，除了開業獸醫師、政府機關專職人員或農會等的家畜治療所之外，動物園、水族館、賽馬的馬廄或是大學、製藥公司、寵物食物公司等從事實驗研究的人也有。在日本，要成為一位獸醫師，必須在大學修得6年獸醫課程的學分，畢業後參加獸醫師國家考試，取得合格證書後，到日本農林水產省（相當於農委會）申請獸醫師執照，並登錄在獸醫師名冊上，就可以正式取得獸醫師資格。在大學的獸醫課程一般大多是以牛或豬為實驗對象，所以要當寵物獸醫師的話，最好先到動物醫院工作比較適當。喜歡動物，雖然說是這行業所要求的最基本要件，但是，治療的對象是無法用言語說明自身症狀或痛處的動物，除了專業的知識與技術之外，為了理解動物情緒所應具備的的洞察力也是不可或缺的。在日後的少子高齡化社會中，應該會有越來越多人把寵物當作是自己心靈的依靠，所以此時獸醫師的存在就更加重要了。另外，從事動物的品種改良或疾病預防等研究工作的獸醫師在社會上也將會扮演重要的角色。

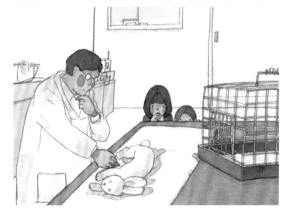

## 台灣

在台灣要成為獸醫師，一定得要考取獸醫師執照。報考者僅限於公立或立案之私立專科以上學校或經教育部承認之國外專科以上學校獸醫、畜牧獸醫科、系、組畢業，並經實習期滿成績及格，領有畢業證書者。除此之外，還有普通考試獸醫類科及格，並曾任有關職務滿4年，有證

明文件者。另外雖然明文規定高等檢定考試獸醫類科及格者也可以報考，但是這個考試還不曾辦過。過去高農畜牧獸醫科學生可以考「獸醫佐」，現在已經廢除，頂多只能當獸醫的助手。至於直接報考獸醫研究所，之前沒有讀過獸醫系者，是沒有辦法報考獸醫師執照的，因為沒有受過完整的訓練之故。台灣同樣逐漸進入少子高齡化的社會，將寵物視為子女般疼愛的人口急遽增加。都會區許多獸醫院的生意興隆，收入不遜一般診所（寵物看病、打預防針並無健保，所費不貲，且獸醫看診風險較一般醫生為小。）此外，專門的寵物攝影工作室、寵物用品專賣店等也應運而生。（蘇意茹）

## 獸醫助理

在動物醫院協助獸醫師的工作。除了擔任診療或手術時的助手之外，還有血液與糞尿檢驗，以及寵物的飼養輔導等，工作範圍相當廣泛。有時也必須負責櫃檯收納或是院內的清掃工作。十多年前日本從事此職者大多是國高中畢業後，直接到動物醫院工作，藉由實習學習這方面的技術；現在則是在專科學校學習後，再經由學校的介紹到職場上工作。雖然不一定要具備證照資格，但是有幾個民間團體會授與動物技術人員（animal technician）、獸醫醫技人員（veterinary technician）的職稱。從事這類行業必須要有一定的體力以及對動物的愛心，並且要具備良好的表達能力，以淺顯易懂的方式向飼主說明寵物的病情。以往，獸醫師一個人看診的動物診所較多，現在則都是有獸醫助理值勤上班的動物醫院。今後，隨著高齡化社會的形成，對於具備寵物專門知識的獸醫助理的需求也將越來越高。

**台灣**

目前在台灣要擔任獸醫助理的工作，並沒有證照的規範和規定。基本上只要高中畢業，對動物有愛心、耐心和細心，在獸醫院任職，就能夠接受獸醫助理的訓練，開始工作。當然如果是與獸醫相關的高職、五專或是大學畢業，將更能夠勝任這項工作。（蘇意茹）

## 賽馬訓練師

負責賽馬的飼育管理。在日本要成為賽馬訓練師，必須進入賽馬主辦單位日本賽馬協會（JRA）所開設的賽馬學校。平常的工作就是，針對馬主所寄託的賽馬規劃出飼育訓練計畫，指示馬廄管理員依據訓練計畫給予餵食與訓練，讓賽馬在最佳的狀態下出場參與競賽。還要到牧場去尋找能夠實現馬主期望的幼馬，給予牧場主人有關幼馬訓練指導的建議。要完成整個賽馬訓練的全部過程，最重要的首要條件當然是喜歡馬，因為必須從幼馬階段就開始照料工作。對於訓練師而言，能夠順利地訓練出一匹賽馬，既使付出再多心血也是件令人快樂的事。賽馬所得獎金和自己的收入多寡相關，所以如果可以訓練出一匹冠軍馬的話，就會有很高的收入。也因此可以得到馬主的信賴，受委託進行訓練的賽馬也會隨之增加。每年召募的人數多寡以該年退休的人數來決定，因此每年雖然有200人左右參加考試，但是錄取人數只有4或5人，競爭相當激烈。

## 騎師

　　賽馬時騎馬的騎師。騎師的技術可以左右勝負，也特別受到賽馬迷的注意。日本的賽馬分為中央賽馬與地方賽馬兩種。騎師的執照是由JRA（中央賽馬協會）、地方賽馬全國協會（NAR）所各自發出的。要取得執照成為騎師，最基本的是要進入養成學校就讀。例如位於千葉縣的中央賽馬唯一的養成學校，年齡限制在國中畢業到二十歲為止，除了年齡限制外，也有嚴格的體重限制和運動能力要求，入門相當狹窄。學校要求三年間全部住校，畢業後到各馬場就職，在調教師身邊工作，若是騎乘的實力受到肯定，就能夠騎乘該馬場的馬出道比賽。受到馬主以及調教師的依賴而出馬比賽，是最基本的。若能成為有實力以及有名的騎師，就會有很多工作上門。比賽優勝場次多的話，收入也會提高，這是一個以實力取勝的世界。

### ❝ 台灣

基於保護動物及「博弈條款」尚未通過的緣故，台灣目前並沒有開放賽馬，因此也沒有此項工作的需求。目前台灣訓練馬的用途為馬術俱樂部、賽馬運動或是「馬術治療」。前兩者的工作主要由馬術教練或運動員擔任。後者與物理治療師、導師（Instructor）、陪騎者（Sidewalk）、領馬員（Leader）等，其他尚有醫師、職能治療師、語言治療師、臨床心理師、社會工作者、馬房管理員、馬術教練、獸醫等專業人士的協助，共同完成。（蘇意茹）❞

## 馬房管理員

　　依據賽馬訓練師的指示進行馬匹的照顧，通常一個人要負責兩匹賽馬的日常生活照料。馬匹外出參加競賽時也必須跟隨著運送卡車出差。以前在日本是想當就可以當的職業，但是現在競爭者很多。如果是日本中央賽馬協會的馬房管理員的話，必須在該協會的賽馬學校修習馬廄管理課程，並取得畢業資格。地方性賽馬的馬房管理員並不需要特別的資格，但是也必須要有一定程度的牧場工作經驗。不論是從幼馬開始照料馬匹的人，或是有騎馬經驗的人，如果不能對於馬匹有深厚感情的話，應無法持續從事這樣的工作。和訓練師一樣，自己負責管理的馬匹贏得比賽時，會有一筆額外的收入。

### ❝ 台灣

照顧馬匹是成為馬術教練的第一步。這項工作沒有入門的門檻，薪水不高，幾乎就是以工作換騎馬。由於台灣沒有賽馬活動，所以這項工作的需求不高。❞

## 裝蹄師

　　負責修整馬蹄、安裝馬蹄鐵。這是一項著重技術的職業，要懂得各種馬匹的身體特徵，依其體型做細部的調整。必須具備生理學、生物學與動物學方面的知識，也必須學習藉由馬蹄鐵的調整以治療馬匹疾病或傷害的裝蹄療法。賽馬場、馬術部、牧場等有馬匹的地方，都需要裝蹄師。這行業有各式各樣的工

作型態，例如可能專屬於某個馬術部或是獨自開業到處巡迴執業等。裝蹄技術的好壞，足以影響馬匹的成績，即可說明這行業所扮演的重要角色。日本裝蹄師協會所認定的裝蹄師技術上會比一般裝蹄師精良許多。在賽馬時，不具有相關資格者，禁止進入賽馬場。這種資格的認證，年齡限制在18歲以上，在相關的入學考試合格後，修習一年的課程，通過畢業考試即可取得。由於對象是馬匹，所以是非常需要體力的行業；基本上這行業不限性別，現在也有女性的裝蹄師。另外，削牛蹄的工作在獨立專業化之後，該協會所認可的削牛蹄師也會到各牧場或農家從事削蹄的工作。

### 台灣

在台灣，裝蹄師又稱為「掌工師」，主要任職於馬場。專業上的學習除了師徒傳授和經驗累積之外，馬術協會也會不定期舉辦掌工師的訓練講習活動。

## 家畜育種工

負責家畜的人工授精，就是以人工的方式從血統優良的雄性身上取出精子，再以細小的注射器將精子植入正處於發情期的雌性的子宮，使其能生產品種優良的後代。人工授精的家畜大多以乳牛（人工授精普及率幾乎100%）、肉牛（普及率大約95%）、豬隻為主。以牛而言，自然交配的話，1頭公牛1年最多可以交配50到100頭母牛。以人工授精的方式，有可能增加到數百頭到數萬頭，這種情況下，1頭公牛有可能是4萬頭以上母牛的父親。在日本，要成為家畜育種工，可以在農林水產大臣（相當於台灣的農委會主委）指定的大學學習或是都道府縣所開設的講習會修完必要的課程，考試合格後，即可取得知事（縣長）所發行的許可執照。獸醫師即使沒有這項執照也被視為有資格執照者。有人專門以此為業，也有人在畜牧生產單位、農會、互助工會的診療所工作。

### 台灣

在台灣，家畜人工授精已經是非常專門的學問，從農委會的教育訓練班到技職、大學教育，甚至研究所，主要在畜牧系、畜產系、獸醫系都有相關的課程。要在公家機關任職，必須要考畜牧技師，或自行開設牧場、養殖場、蓄殖場。（蘇意茹）

## 雛雞性別鑑定師

為了能更加有效地飼養雞隻，所以必須對於剛孵化出來的雛雞分辨其性別。因為在手捧著雛雞的當下，就必須透過觸摸其生殖器迅速分辨其性別，所以手的觸感必須非常敏銳。因此，這一行一般都要求要提早教育訓練，日本規定25歲以下的人才能進入鑑定訓練所接受訓練。畢業後，在孵化場工作1到3年，先當鑑定研究生慢慢學習如何成為專家，之後參加農林水產省主辦的高等考試。取得初生雛雞鑑定師資格後，到全日本雛雞鑑別協會進行名簿登錄後即可就業。收入方面是契約簽訂鑑定一隻雞多少錢來計算，是完全依能力決定收

入的工作。若1小時平均可以鑑定1200隻，換算時薪的話約4000日圓到5000日圓（約合新台幣1200至1500元）。現在，剛成為雛雞鑑定師的人，有可能到美國或歐洲的孵化場工作。因為日本出身的鑑定師的鑑定準確率高達99.5％，深受好評，所以也有人因工作之故而移居海外。

**" 台灣**

行政院農業委員會畜產試驗所會舉辦雛雞、雛鴨性別鑑定訓練班，以培育訓練專業人才。辦理雛雞、雛鴨羽毛性別鑑定訓練，訓練對象為各縣市政府、中華民國養雞鴨鵝協會、各合作社及各高級農業職業學校，想要成為雛雞性別鑑別師者，可藉由參加該訓練班來獲得相關知識及技術。（蘇意茹）**"**

## 畜產業者

所謂畜產業者，是指擠牛乳並製作乳製品的酪農，和飼養肉牛、豬、雞隻等的農家。以生產額來說，畜產業比起稻米和蔬菜多，可以說是日本最大的農林產業。但是，因為從業者高齡化因而後繼無人，加上廉價肉品的進口、以及最近狂牛症等影響，此產業正面臨嚴苛的局面。從工作性質來說，畜產業中有其他農林產業所沒有的特徵。其中之一是，由於畜產以動物為照料的對象，所以每天必須花費相當長的時間，很難以副業的方式來經營。還有一個特色就是飼養的農家數目雖然大幅度減少，但是家畜的數量卻沒有隨之減少，因此平均每一戶所飼養的家畜數因而增加。目前有從家族經營轉向企業經營型態的傾向。就業方面，可以在與畜產相關的企業就業。目前在日本各地也都有農業大學、畜產試驗所，可以進行畜產技術與經營的研習。從事這行業雖然不是件容易的事，但是也有原本在大城市從事與畜產完全無關的人，從零開始學習畜產技術。順帶一提，酪農生產的牛乳，必須要注意新鮮度的問題，必須生產新鮮度百分百的國產牛乳。

**" 台灣**

**台灣的畜產業**

想要從事畜產工作，並擔任畜牧場的主要管理者，必須是職業學校以上畜牧科系或畜牧獸醫科系畢業、獸醫師或畜牧技師，或曾接受各級政府機關辦理或委辦之畜牧專業訓練1個月以上，得有結業證明書，亦或是具有2年以上畜牧現場工作經驗，經鄉（鎮、市）公所證明其資格者。（蘇意茹）**"**

自然

其② 觀察及培育動物、爬蟲類、魚、鳥、蟲

## 野生動物調查員

進行野生動物的數量、分布、棲息環境、覓食與繁殖狀況的調查。為了要規劃出野生動物的保護管理政策，必須求之於相關的科學數據。大部分都是接受國家或是地方政府的委託，針對造成森林損害的野生鹿或是破壞農作物的野猴，進行生態調查，以及最近急速增加的外來種動物所造成的損害調查及對策的制訂。在美國，已經有所謂的野生管理的專門領域，在日本可以就業的場所還很少，主要是民間的調查公司或是環境省（相當於台灣的「環保署」）的外圍團體有一些就業的機會。對這行有興趣者，在大學可以研習生態學或獸醫學等相關知識，或累積野外調查的經驗，並學習統計、解析、整理報告的能力。如果會外語與電腦，會更有利於就業。除了野生動物外，若也想從事生物調查的話，在日本可以接受自然環境研究中心所舉辦的生物分類技能檢定。三、四級是以喜歡生物的一般人為對象。二級是以生物調查的專家為對象。一級是屬於更加專業的資格檢定。

 **台灣**

在台灣從事野生動物調查，必須同時具備相關的調查研究能力（即大學動物相關科系畢業），和對登山和野外研究工作有興趣，並且能夠開手推車等，並沒有性別的限制。基本上都是任職於公私立財團法人、大學（主要是屏東科技大學）或研究機構，擔任動物調查技工。（蘇意茹）

## 動物明星訓練師

從事在電視廣告、戲劇、平面廣告等媒體登場的明星動物的訓練與管理。例如，在電視廣告中需要貓的時候，就必須訓練貓會做指定的動作，以便讓貓在拍攝當天能順利地發揮其演技。因為對象是動物，所以總是會有很多不按牌理出牌的狀況發生。可能需要利用小玩具或食物使牠放鬆心情，也有必要給予專業的照料。因此，必須熟知動物的習性與個性。大多數的明星動物都是在專業公司自行飼養，從健康管理到行程管理與演技指導，完全自行安排。餵食、打掃和道具等的整理工作也不能少。一個人可能必須同時負責好幾隻動物，所以也是很耗費體力的工作。因為必須和委託人洽談演出事宜，所以也要具備經紀人的管理能力。從事此項工作不需要擁有特別的資格，但是若具有調教動物的動物美容師資格或是負責健康管理的獸醫助理、小動物飼養管理師等資格的話，會更加有利。

※目前由於台灣動物明星需求量不高，尚無專業的動物明星訓練師，多由訓犬師或特別有興趣的飼主進行訓練。

## 猿猴訓練師

教導猴子表演技能，一起在舞台上表演。可以在電視節目或是廣告中演出，或是到幼稚園或老人中心等社福機構進行訪問公演。當然也必須負責照料猴子的日常生活，有時候必須在與猴子同住的情況下工作。教導猴子表演技能

是一項非常需要耐心的工作，也因此，當猴子能成功地在舞台上表演時，那種心情是非常高興的。反之，練習的成果如果無法展現出來的話，就會覺得非常懊惱。從事猴戲表演的工作並不需要特別的資格，可以在與猴戲演出有關的職場工作。

※目前台灣有少數遊樂場引進日本的猿猴表演，日本知名的猿猴訓練所「日光猴子軍團」已於2004年在台灣花蓮建立分校「光隆猴子軍團」，有興趣者可以就近學習。

## 鵜匠※此為日本特有職業。

日本特有的傳統行業。鵜匠利用鵜鶘，以傳統漁法捕捉香魚。在日本國內以岐阜縣最為有名，甚至長良川的鵜匠還擁有宮內廳式部職的頭銜，受到優厚的保護。然而，在全國十三個以飼鵜漁法捕魚的地方中，只有九位在岐阜縣的鵜匠能單獨以此項工作為生，其他幾乎都得從事副業。岐阜縣和福岡縣杷木町的鵜匠採世襲制，其他地區一般人透過拜師學藝方式，也可成為鵜匠。某些地方的市政府職員也會做鵜匠的工作，也有高中生打工幫忙鵜匠的工作。成為鵜匠的人，大多是父親是鵜匠，而自己也是從小就熟悉習慣鵜匠的工作。由於工作性質上的需求受限，所以出路並不廣，但在繼承日本傳統的角度來看，卻是不可或缺的職業。

※在台灣，與鳥類一起工作的傳統行業有算命業的「卜鳥卦」，可參見「算命師」（P.374）。

## 眼鏡蛇捕捉員

在日本，劇毒的眼鏡蛇多生長在沖繩、小笠原諸島及奄美大島等地，捕蛇人捕獲眼鏡蛇之後，將其賣給加工公司、觀光設施及展示機構等。搜捕工作在夜間進行，乘車或徒步搜尋，以捕獲棒捕捉。在冬天和盛夏，眼鏡蛇的活動力較弱，但通常一整年都可捕捉到。然而現在幾乎沒有專業的捕蛇人，因為近來眼鏡蛇的數量減少，捕獲的機會也隨之降低。此外，由於蛇鼬大戰的觀光表演因動物保護團體的抗議而告停止，眼鏡蛇的需要量大減，價格也大幅下降。現在普通大小的眼鏡蛇一條約5000日圓（約合新台幣15 00元）左右。蛇攻擊人事件現在還時有所聞，捕眼鏡蛇是一份伴隨風險、必須時時刻刻小心謹慎的工作。

※在台灣捕捉眼鏡蛇違反野生動物保護法。台灣沒有專業捕蛇人，只有山產店等小吃會提供蛇類料理。

## 獵熊人※此為日本特有職業。

在日本的歷史中，獵熊人（matagi）是個特殊的存在。在新潟以及秋田縣也有以獵熊人所組成的村落。獵熊人主要是以獵取熊以及鈴羊為主的一種狩獵集團。要成為獵熊人，大約從15歲起，從擔任勢子（負責追捕獵物）開始學習，聽從被稱為siriko的首領的指示，進行集團狩獵。主要工具是短刀以及槍，獵捕冬眠中的熊的一種獨特獵法。此外，還使用當地特別的方言進行交談，不論是集團或個人，都有非常嚴格的作法以及多種禁忌。狩獵期是冬天以及春天，穿戴皮衣以及草帽入山，一進去就是好幾天，夏季到秋季則是採集山菜以

及菇蕈類、利用熊膽做成藥物，絕不會濫捕濫獵。獵熊人進行狩獵時，對山均保持敬意。也就是抱持著敬畏之心，保護山林及生態環境。

　　這個狩獵民族有著獨特的精神生活。他們信仰著，以熊和其他動物的姿態顯現的神是所有生命的保護主，對人類也有很大的幫助。這種信仰幾乎可見於全世界各狩獵民族。在獵熊人的世界中，獵人稱山的幸運為「幸」，從獵物身上取出的彈丸加以重新利用，再製為新的彈丸，稱為「幸玉」，是一種珍貴的風俗。一直捕不到獵物的獵人會對幸運持續降臨，技術好的獵人「轉注幸運」的一種轉運的方法。「幸」代表幸運的意思。其他還有在分配共同狩獵

捕獲來的獵物時的各種特殊風俗習慣。像是「祭箭」、「拉弓」「祭毛」「祭血」「血祓」等各種祭拜以及禮儀。狩獵工作深受大自然和偶然所左右，所以前往深山狩獵的行動，也帶有深厚的宗教以及咒儀的成分。獵熊人所獵取的毛皮以及熊膽具有高度經濟價值，但在人口急增以及鐵砲的普及下，山野中的野獸也急速減少，近年來，光靠狩獵已無法維持生計。而且，這也是一份要賭上性命的嚴苛的工作，也面臨後繼者不足的問題。現在幾乎已經沒有職業的獵熊人了，這項傳統也有中斷的危機。然而，在以農耕‧採集‧漁撈為主的日本歷史社會，獵熊人仍以獨特的方式維持了一個狩獵社會。比起農耕和其他同樣擁有複雜的體系社會，狩獵社會被認為對個人的限制以及要求是比較少的。但是獵熊人所擁有的獨特的浪漫主義，仍給了我許多想像力的刺激。

## 職業釣手

　　在日本有主要以黑鱸魚這種淡水魚為對象的職業釣手。比賽規模大小不一，首先須先參加區域賽並登錄在日本鱸魚文化協會（NBC）中。現在大約有五千名登錄者，皆為了參加最高段的比賽而激烈競爭。純粹以職業選手身分維生的約有數十名，除了比賽獎金以外，再加上廠商的贊助契約收入，有釣手的收入可達一億日圓。雖然新聞節目中常討論黑鱸魚的外來品種問題，但是現在釣黑鱸魚已成為擁有眾多同好所支持的運動了。

 **台灣**

台灣的釣魚人口很多，但嚴格來說，並沒有釣手這項職業。純粹以釣魚收入餬口的人極少，收入也有限，和業餘釣客間的界限並不明顯。倒是有漁民專職經營海釣船，有經驗的釣客們會付費隨海釣船出海進行深海船釣，期望釣得動輒數10斤一尾的高檔漁穫，回來後賣給相熟的餐廳，當所得高於海釣船費，此行方有賺頭，否則便只是休閒娛樂了。但因保育觀念低落，台灣

## 養蜂業

　　利用蜜蜂採取蜂蜜。又可再分為定置養蜂人及移動養蜂人，移動養蜂人是在春天到夏天，隨著油菜籽、蓮花、洋槐等花朵的盛開，由南到北搬動蜜蜂，並且採蜜。日本約有五千名養蜂人，隨著就業人口高齡化，移動養蜂人的數量已逐漸減少。要成為養蜂人，得先成為養蜂人的弟子，或是到養蜂場工作，學習蜜蜂健康管理、採蜜作業、蜂箱管理、驅逐天敵大黃蜂、過冬保溫管理等技術。如要能獨當一面，定置養蜂人需要有種植蜜源植物的土地，以及蜜蜂、蜂箱、燻煙器、離心分離器等工具。隨著植物採伐及都市化發展，產蜜的植物逐漸減少，而放棄養蜂人職業者逐漸增加；加上進口的便宜蜂蜜湧入，使這項工作增加了不利因素。然而在栽培草莓、哈蜜瓜等溫室，以及蘋果、梨、櫻桃等果園中，蜜蜂被用為花粉媒介者；另外也能生產蜂王乳、蜂膠等健康食品的材料，因此許多人覺得養蜂人是一項與大自然共生、具有意義的工作。

**台灣**

目前從事台灣養蜂業的總戶數為700至800戶。主要分布在中南部地區，總養蜂箱（群）數約10萬箱，主要蜂產品為蜂蜜、蜂王漿、花粉三種。其中蜂王漿逐漸轉變以內銷為主，每年生產約3000至4000公噸蜂蜜、300多公噸蜂王漿及100多公噸花粉。（王聰霖）

## 釣餌養殖

　　養殖沙蠶、岩蟲、蚯蚓等作為海釣和河釣的魚餌，販賣給釣具店等。沙蠶是高級魚餌，相當受歡迎，但野生的數量很少，所以在日本韓國進口青沙蠶等越來越多。岩蟲的養殖技術已經穩定，前半年在退潮後的沙灘飼養幼蟲，移到海面以後，還要一年左右的時間，才能養成成蟲。現在要靠手挖掘，但希望以後有人開發回收裝置等機器設備。蚯蚓養殖不需要大金額投資，也不需要重勞力，而且不只作為釣餌，在昆蟲飼料、土壤改良、廚餘有機物處理等也都運用得上，牠的糞土也用於園藝堆肥、培養土等。這項工作相當適合對魚類養殖有興趣的人，剛開始可以從水產大學、水產職校畢業後，進入國家的水產試驗所、水產中心及各道府縣的水產栽培研究中心等機構工作，學習養殖的基本知識，或是到民間的養殖場學習。

**台灣**

蚯蚓，以及俗稱海蟲的沙蠶（釣客又細分為紅蟲、青蟲等）、海蟑螂，都是非昆蟲的蟲蟲，也是台灣釣客們常用的釣餌。但是因為市場太小的緣故，目前台灣只有極少數的蚯蚓養殖業，雖然養殖出大量蚯蚓，還可以提供農家從事土壤改良，但是這個觀念與做法目前仍未普遍，因此養蚯蚓在台灣仍是非常冷門的職業。沙蠶在中國或東南亞一些國家已經有養殖業，但是在台灣除了部分來自非法的對岸走私進口外，釣具行購得的沙蠶，全是漁民兼職自沙灘挖掘採集的商

品。（張永仁）”

## 養蠶業

蠶是蛾的幼蟲，從卵的階段開始飼養，到結繭，再從繭抽取生絲。日本長野及群馬等縣以產地出名，一般可向地區的農會申請提供蠶卵和飼養必要的工具，自立開業。養蠶業在數十年前是日本重要產業之一，但現在日本使用的生絲幾乎都是從巴西、中國進口，幾乎沒有新人加入這個行業，業者的平均年齡也都在60歲以上，高齡化的問題非常嚴重。只靠養蠶為業非常困難，因此有些業者春至秋季養蠶，冬天則採收其他的作物。雖然需要量不多，但有些人堅持使用日本產的生絲，所謂自然素材的生絲也相當受到矚目。

“**台灣**

養蜂和養蠶業早年在以農立國的台灣相當興盛而且產值龐大，但是和日本同樣面臨低價商品進口衝擊下，從事相關工作的就業機會已經大不如前，就業人口老化的問題，在台灣一樣普遍存在。不過在農政單位與業者持續不斷的努力下，無論是養殖技術的改進，產品品質與附加價值的提升，甚至推廣與觀光休閒、生態教育產業的結合，迄今一些農業縣農家中，仍然可以吸收少數新血從事相關的工作。有興趣的人，甚至可以在專業教育養成後，進入各地的農業改良單位從事相關的研究工作。（張永仁）”

## 鍬形蟲養殖

鍬形蟲被昆蟲狂熱者稱為「黑鑽石」，非常受到歡迎。除了大小之外，牠的價格也會受到產地不同而變動，過去曾經有人以數百萬日圓的價格賣出。因此，有些人是因嗜好而開始養殖，大家競爭如何從優良的公蟲和母蟲養殖出更大的鍬形蟲。然而，這個行業累積的歷史尚短、市場很小，有時會因飼養技術問題等而價格大跌，只有很少數的人將養殖鍬形蟲當作唯一的職業，多數業者還是會兼營其他行業。如果考慮養殖的人工和成本，除非是昆蟲狂熱者，否則這個行業是難以持續經營下去的。但對把鍬形蟲看得比三餐還重要的人來說，這個工作是最有魅力的。

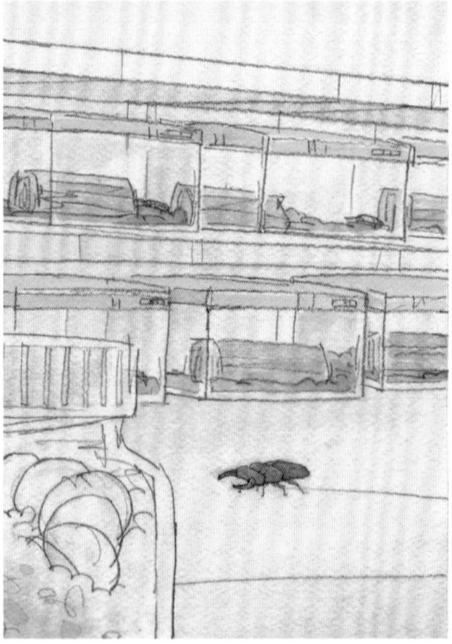

“**台灣**

**在台灣與昆蟲為伍的職業**

由於台灣在半個多世紀前，被日本統治過一段時期，因此今日國內許多科技發展與民間產業，仍然與日本有著相當密切的關係。日本在眾多先進國家中，算是喜歡昆蟲的人口特別多的國

家；直接或間接來自日本的影響，台灣在近十多年來，喜愛與昆蟲為伍的國人也逐年明顯增加。至於在與昆蟲為伍或相關的職業，無論在從業的特色或產業的興衰各方面，台灣與日本的情形多數是大同小異的。隨著喜歡昆蟲的人口越來越多，大學、研究所中與昆蟲有關的科系變得相當熱門，然而目前國內與昆蟲相關的就業市場仍嫌不足，除了頂尖的人才，有機會在公營機構、研究單位或各級學校中，求得有限的學術研究或教職工作外，有些人必須減少與喜愛的昆蟲為伍的機會，從事植物病蟲害防治或衛生害蟲驅除的工作。至於前述其他與有趣昆蟲為伍的行業中，很多是只能求得溫飽的工作，但是對於昆蟲狂熱份子而言，能夠長期和心愛的各類昆蟲朝夕相處，相信是比坐擁豐富物質享受更具魅力的人生。（張永仁）

## 稀少蟲類養殖

養殖販賣蟋蟀、麵包蟲到巨大的蜈蚣、馬陸、蟑螂等稀少蟲類的行業。這些蟲多數用為熱帶魚等的活餌，但還是有些蟲迷想養越少人養，或越危險的蟲類；所以這行業需求雖然非常小，但還是存在。然而這些除了需要特殊的設備和飼養技術之外，由於需求有限，要新加入這個行業是非常困難的。幾乎所有從事這項工作的人自己就是愛好者，所以對他們來說，這可說是兼具嗜好與實質收益的工作。

 **台灣**

蟋蟀與麵包蟲是目前台灣飼養觀賞魚、鳥類、蛙類、蜥蜴、小型哺乳動物與蛇類等寵物，最主要的動物性活餌料，但是在台灣這也是非常冷門的職業，能夠提供的就業機會相當稀少。（張永仁）

## 蚯蚓的廢棄物處理

將食品公司所產生的有機性廢棄物，拿來處理成蚯蚓飼料的行業。除了繁殖出來的蚯蚓可以論斤販賣之外，蚯蚓的糞是營養豐富的肥料，是可再利用的資源，可藉此賺得附加收入。從事這項工作，需要相當面積的土地以及產業廢棄物處理業者的認可。這在日本尚屬新行業，知道的人為數不多，但在美國、澳洲等國，自1970年代就開始嘗試，預料未來這種對環境有益的處理廢棄物方法，其需求將漸漸增加。蚯蚓的外貌讓許多人討厭，但牠是讓貧瘠的土地恢復肥沃的益蟲，除非對蚯蚓具有濃厚好感，否則很難從事這項行業。

※見「釣餌養殖」台灣補註（P.139）。

## 昆蟲採集‧飼育用品的製作販賣

日本全國有數家專門製作補蟲網、飼養盒、餌食的公司，他們幾乎都擁有大量生產的工廠，產品銷往寵物店及大賣場等。在這裡工作的人很少有和昆蟲直接接觸的機會，但如果被分配到商品開發等部門工作，工作內容就經常會和昆蟲有關。昆蟲相關用品專門店在全日本僅有五、六家，而且市場非常小。例如專業的捕蟲網，東京的老店就能從製作到販賣，全部一手包辦。這個業界雖

然不太需要專門技術，但能稱得上用品製作專門師傅的，就只有標本箱製作師了。其中許多是由梧桐木衣櫃師傅受託製作的，在岡山等地，就有專門製作標本盒的工匠團體，此外，也有一些工匠專門製作標本。雖然標本店、博物館等對標本相關工作的需求很多，但現在有這種技能的人正在快速減少。

## ❝ 台灣

台灣素有蝴蝶王國的美譽，早年有不少蝴蝶採集、標本進出口買賣、蝴蝶藝品加工等相當獨特的職業與產業。但是隨著整體產業結構改變與生態保育觀念的普及，這類的行業在台灣已經銷聲匿跡，當年從事相關行業的民眾，多數均已改從他業，但是少數仍然熱愛蝴蝶或昆蟲的有心人，近10多年來逐漸轉型從事蝴蝶養殖業，經營起觀光蝴蝶園或蝴蝶生態農場。如今，連一些私人遊樂區、公營農場或國小校園中，常會附設規模不一的蝴蝶網室或開放式蝴蝶園，喜歡蝴蝶或昆蟲的人，漸有機會找到與蝴蝶直接或間接相關的工作。甚至有些農家會將自家四周種滿蝴蝶的蜜源植物與幼蟲食草植物，吸引許多各式蝴蝶自然繁殖，經營起別具特色的民宿與農產品販售。（張永仁）❞

## 釣魚船

全國約有一萬五千間釣魚船店。通常一間店有一到兩艘釣船，幾乎全屬於家族經營。大多數都是船長自行乘船，安全性要多加考慮。有時天候不佳，但客人要求出航而有的船難事件也不在少數。釣魚船不會進入漁民捕漁的海域，所以與漁業之間的界限相當清楚。只不過，釣魚船的經營者有八成也是漁會的成員，許多原本是漁民，退休或是轉職後才改經營此行業。這工作必須獲得各地方政府發出的資格執照，而且也必須熟知各個漁場，外行人突然說要進入這行業是不太可能的。首先得先到現有的店中學習。或許有些店會找尋後繼者，但這個行業幾乎都是家族經營的小規模事業，不可能大量開放。

## ❝ 台灣

在台灣，一般來說必須要有漁民證，才能登上漁船出海捕魚，但若是搭乘「娛樂漁業漁船」出海海釣，那就只需要國民身分證並進行報關手續，即可出海享受垂釣樂趣。一艘娛樂漁業漁船須有小船執照、漁業執照、電台執照、船長證件等證件，就可以向當地縣市政府申請娛樂漁業執照（有配額限制）。（蔡承恩）❞

## 害蟲驅除業

受到顧客的請託，調查白蟻、蟑螂、壁蝨、毛蟲等害蟲的發生原因，並加以驅除。由於這項工作需要知識與經驗，所以一般都是進入害蟲驅除公司工作，學習必要的技能。此外，工作中必須使用殺蟲劑等多種藥品，所以也得注意避免危害到人體。因此，在日本要從事這項工作之前，必須通過各級政府機關的考試，取得毒物及劇烈藥物使用者的資格。環境的變化產生新的害蟲，對蟲類束手無策的人也越來越多，預料未來這個行業的需求量將會增加。這個殺

蟲的工作雖然是體力勞動，但實際上從事這項工作的，大多是喜歡昆蟲，專修生物學、水產學的人。

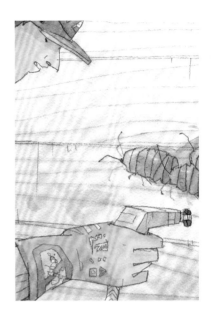

## 水族箱・飼養箱・陸地動物飼養箱

英文的Aquarium原本是指飼育水棲動物的水槽，也有水族館的意思。但最近飼養熱帶魚等水棲動物成為一種風潮，這個外來語逐漸定著成為水族館。水族館的出現有很長的一段歷史。現存的古埃及壁畫中，描畫了被稱為神聖的魚，被飼育在長方形的水池之中。而中國的宋朝時代也有將金魚養在陶壺中的習慣。而試圖將動物及植物所生長的環境再現的飼育設施，則統稱為飼養箱Vivalium。飼養箱分為注滿水的水族箱以及沒有水，再現陸地環境的兩種。各種生物的生長環境在玻璃箱中重現的這種趣味，有不少愛好者。而陸上動物飼養箱主要是用來飼養蜥蜴、蛇等爬蟲物，水族箱則以熱帶魚為主流，而以玻璃箱展現水陸兩方來飼養的各種動物中，則以擁有「熱帶雨林的寶石」之稱的箭毒蛙最為有名。

在玻璃箱中再現各種動植物的生息環境，並加以培育一事，不只是當做興趣，而要當成工作的話，一般來說會先飼育熱帶魚、繁殖並且販賣及育種。有自己擁有店面的狀況，也有與商店簽約的情形，也可以在網路上直接販賣。不過因為飼育的工作必須要有投資而且花費時間，不少人是當成副業。然而近來水族箱的「療癒效果」受到矚目，辦公室或是診所的等待室，甚至美容院等都會展示水族箱，也有專門設計展示水族箱的人。但在愛好者增加的背後，出現在的卻是華盛頓公約所禁止輸出的爬蟲類非法輸入等重大問題。

## 動物輔助治療員

　　藉由貓、狗、兔子及小鳥等小動物，幫助自閉症小孩或是痴呆症老人等精神障礙者的復健與精神舒緩。這種方式在歐美的醫療場所上已經是相當普及的治療方法，現在在日本大多以志工活動的方式進行。由工作人員將貓狗帶到老人中心或是醫院，提供老年人與身心障礙者和小動物接觸的機會，主要的目的是為了使他們因此能夠產生自信心，重新擁有積極的生命活力。或許不需要醫療上的專門知識，但是待人接物與參與公益的熱忱是不可或缺的。藉由參加專家所主持的個案研究或是接受相關講習，就可以參與這方面的工作。但是，這終究屬於志工活動，不能藉此維持生計。如果希望就業的話，可以在醫師、物理治療師、獸醫師、或社工、護理人員等領域就業，之後學習動物輔助治療的相關知識，會對臨床治療有很大的幫助。

 **台灣**

動物輔助治療（Animal-Assisted Therapy, AAT）是將某些符合特殊條件的動物納入病患的治療過程中，在進行過程中必須由醫護相關領域的專業人員診斷病患的治療項目並引導病患利用動物來改善。目前在台灣這並不是一項專職的工作，而是由「台灣狗醫生協會（台灣動物輔助活動及治療協會）」所推廣的義務性服務。服務內容分為「陪伴活動」及「復健治療」。在前者中，服務對象可獲得與動物相伴的樂趣，並增加他們被探視、得到關懷的機會。而「復健治療」則是配合復健師的療程設計，協助進行患者復健。飼主擔任的是「動物助手」的工作，隨時注意狗狗的狀況，與服務對象閒話家常，引導他們和狗狗互動，因此飼主志工也擔任重要的工作。（蘇意茹）

---

## 相關職業

生化技術人員→**P.124**　水中攝影師（相機）→**P.177**　水中攝影師（攝影機）→**P.178**　潛水用品店→**P.178**　養殖業→**P.179**　動物攝影師→**P.231**　自然解說員→**P.346**　特殊造型：特效工學機器人→**P.441**

# 學問本來就很有趣「其一：生物學」

村上龍

　　幾乎所有的小孩都喜歡動物。地球上真的有各式各樣的動物，相信大家在動物園、電視、畫冊上都看過大象和長頸鹿，而且總是百看不厭。大象、長頸鹿的體態真的非常奇特，為什麼大象的鼻子和長頸鹿的脖子會那麼長？這是每一個小孩都有的疑問，但又有幾個大人能夠回答得出來？要解答這個問題，就要從生物學這門學問去探索。

　　生物界充滿疑問及誘惑。我們人類並不全然熟知地球上所有的生物，熱帶雨林、深海、沙漠、火山口、極地等，都有我們未知的世界。即使是常見的生物，它們的生態、習性等，我們也不盡瞭解。為什麼非洲的斑馬沒有成為家畜？這是有名的生物學問題。斑馬除了身上有黑白條紋之外，其他和馬、驢沒有兩樣，在非洲大草原有大量的斑馬，但是為何沒有被豢養成家畜？

　　在現代社會，家畜實用性很低，但不過幾十年前，家畜對人類來說仍然非常重要。1532年西班牙人皮薩羅（Francisco Pizarro, 1475-1541）在祕魯北方擄獲印加帝國的皇帝阿塔花普拉（Atahuappla, 1502-1533），皮薩羅所率領的是為數168人的流氓，而保衛阿塔花普拉的士兵卻有8萬人。據說當時的戰役，不滿200人的皮薩羅部隊確實打敗了7000名印加士兵，其主要原因在於西班牙軍隊的鐵製武器以及馬匹。根據紀錄，騎馬的數10名騎兵無人陣亡，而且還打敗數千印加人，等於打敗了人數比自己多500倍的敵方。

　　馬有極快的速度及耐久力，能夠自高處攻擊在低處的敵人。馬能傳遞軍事情報，能將部隊拉展開來，使部隊具有壓倒性的攻擊力。有馬匹的軍隊和沒有馬匹的軍隊，在戰鬥力上截然不同。馬不但能使用於戰爭，也是移送運輸的工具，牠能農耕，油脂能做藥品，皮革能做衣服、用具等。牛、豬、山羊、羊等，也都有同樣的用途。狗能通知外敵來襲，有時和人併肩作戰，拉雪橇，保護其他家畜等。

　　家畜非常有用，但斑馬又為何無法成為家畜呢？還有身軀龐大的非洲水牛為什麼不能飼養成家畜呢？其他如大象、犀牛、大猩猩等都是草食性動物，身軀壯碩，而且肉多，為什麼牠們也無法成為家畜呢？現在就來解答斑馬的謎底吧！因為斑馬隨著年齡的增長，性格會變得十分暴躁，一旦咬到人就絕不鬆口，這就是斑馬無法成為家畜的原因。

　　為什麼斑馬年紀一大就會性格暴躁，會咬人不放？這個問題恐怕沒有人能夠回答。即使完全解析了斑馬DNA的排列組合，以及其腦內物質及功用如何，也無法瞭解上了年紀的斑馬為什麼會咬人。「無法瞭解」成了學問的前提，即使無法解開所有的謎團，只有能掌握一部分也好，並以科學方式證明其為事實，這就是學問。試圖解開老斑馬咬人原因謎團的學問就是生物學，從DNA、細胞等分子層面的研究，到追蹤特定動物及其群體的生態學，生物學的領域非

常寬廣。

　　幾乎所有的小孩都喜歡動物，也有很多小孩非常喜愛動物，但其中只有少之又少的小孩會想學生物學。並不是說所有喜歡動物的小孩都應該去學生物學，但喜歡動物的這份心應該加以珍惜。吉姆羅傑斯是一位冒險家，也是一位世界級的投資家，他說人生有三件重要的事，那就是擁有生命、享受生命和瞭解世界。瞭解世界有幾種方法，但學問是最直接的道路，知識能將人生引導到有利的方向，能充實人生。生物學，正朝著擁有旺盛好奇心的13歲孩子招手。

本文撰寫於2003年

**參考資料**
《槍炮、病菌與鋼鐵—人類社會的命運》，賈德・戴蒙著，倉骨彰譯，草思社。中譯本為王道還、廖月娟譯，時報出版。
《華勒斯現代生物學》（Wallace Biolog: The World of Life），Robert A. Wallace。

# 蜘蛛絲

村上龍

　　在芥川龍之介著名的短篇小說〈蜘蛛絲〉的最後一幕，主角輕易地切斷了蜘蛛絲。芥川將蜘蛛絲描寫成受慾望支配、自私人類的「虛幻無常」的象徵。然而以科學的角度來看，蜘蛛絲是非常強韌的，許多學者、研究機構都將蜘蛛絲視為新的纖維素材加以研究。蜘蛛約有四萬種，所有的蜘蛛都會吐絲。約有半數會織網狀巢，另一半是屬非造網性的蜘蛛。腹部的吐絲腺聯結七種絹絲線，各種絹絲線會分泌不同胺基酸組合的蛋白質，這些蛋白質各有不同的機能。有黏著性的橫絲，也有具安全繩作用的牽引絲等。其中物理性機能最好的是牽引絲，它能支撐從樹枝垂下的蜘蛛，相當於安全繩的作用。

　　昆蟲所製作的蛋白質纖維中，最有名的是被稱為「纖維女王」的蠶絲，但它的弱點是不耐紫外線照射。

　　自然界中與蠶一樣會製造纖維的昆蟲還有結草蟲和蜘蛛，尤其是蜘蛛絲，即使受長時間日曬也不會有損壞。島根大學的大崎茂芳先生曾採取橫帶人面蜘蛛（小人面蜘蛛）的牽引絲，用紫外線照射，以調查力學強度的變化。結果發現年輕橫帶人面蜘蛛的牽引絲受紫外線所產生的劣化很小。現在臭氧層1遭破壞成為問題，各界都在尋求耐紫外線的纖維素材，希望橫帶人面蜘蛛的牽引線能給這種產品的開發帶來重要的方向。

　　此外，由加拿大的生化公司和美國陸軍所組成的研究團體，曾將蜘蛛絲基因植入哺乳類的細胞中，以基因工學合成而成的蛋白質為原料，在溶液中造絲，成功地製造出幾乎和天然蜘蛛絲相同性能的人造纖維。這種人造纖維就稱為「蜘蛛絲」（spider silk），是兼具強韌與輕巧的高性能纖維，因此向來受到世界中素材科學及材料科學界的注意。人造蜘蛛絲和化學合成纖維不同，它能很容易地在土中、水中分解，非常利於環境保護。實驗證明，人造蜘蛛絲在強度、伸展度和彈性率方面，性能優於資材用尼龍，在吸收最大外部壓力的彈力方面，也超過鋼、玻璃、資材用尼龍、紡織用尼龍、高科技纖維如可防彈的Kevlar、防火的Nomex、天然絲等。

　　人造蜘蛛絲可利用於醫療、防護及產業，另外和自然分解性釣絲、其他素材複合化的話，就會有更多的用途。對人造蜘蛛絲的開發注入最多心力的，是世界上最先重視環境問題的德國，由Thuringen Institute for Textile and Plastic Research等四個和基因工學、生物工學相關的研究機構所組成的共同研究小組，正在進行蜘蛛絲蛋白質的基因組之複製改造、蜘蛛絲蛋白質的生物工學分離及組成，以及纖維化試驗等。

　　除了絲之外，蜘蛛的其他地方也是有趣的研究對象。蜘蛛是多足步行動物的代表，有些機構開始以各種方法解析牠的步行方式，試圖用來作為步行機器人的步行算法參考。在許多以荒涼的火星為舞台的科幻影片中，就出現酷似蜘

蛛的步行機器人，此外，也有一些團體和研究者在研究蜘蛛的毒性。芥川龍之介並不瞭解蜘蛛的科學特性，如果他瞭解的話，〈蜘蛛絲〉也許會發展成不同的故事也説不定。

本文撰寫於2003年

**參考資料**

《蜘蛛絲的神祕—學習高科技機能》，大崎茂芳著，中央公論新社。

「德國對人造蜘蛛纖維的研究開發」

http://www.fcc.co.jp/JCFA/naigai/021130.html

「多足步行之步法解析手法研究」

http://kiko.mech.kogakuin.ac.jp/data/ronbun/1998/1998kumo.pdf

「作為新纖維素材之抗紫外線蜘蛛絲之研究」

http://www.descente.co.jp/ishimoto/20/pdf20/DES22.pdf

[www.descente.co.jp]

# 其❸ 思考人類的身體與遺傳

人類的身體究竟是如何運作？為何會因為受寒而感冒？為什麼肚子餓了只要吃下飯糰就會變得有精神？有的小朋友為何會長得和自己的父母一模一樣呢？即使一直思考著這些問題，也不會膩。

## 醫師

　　依照工作方式的不同，大致分為自己開業和在醫院診所工作。實際在醫院、診所接觸病人，進行診斷、治療的醫師稱為臨床醫師，和進行研究的基礎醫學者有所不同。在日本，成為醫師之前，必須在醫科大學或大學的醫學院修滿（6年）課程，通過醫師國家考試，取得醫師執照之後，擔任兩年以上的臨床實習醫師。不過，實習醫師制度及薪資正逐漸改變。以往，實習醫師經常被迫去做一些學長和教授所交代的事，例如整理資料等本來並非醫師工作的事；因此，在實習階段，他們幾乎學不到臨床技術，並得在極微薄的報酬下工作。因為如此，許多實習醫師到其他醫院打工值班，在沒有經驗的狀況下進行緊急治療，因而發生醫療事件。由此，使得醫師的實習制度被迫面臨改革。包括實習制度，民間公司參與醫院經營也受到諸多討論，日本的醫療現狀正在變化。不知未來這些變化會發展到何種地步，但只要考進醫學院、取得醫師執照，將來就會有錢的這種時代，老早就已經結束了。當然其中如美容整型外科這種專門項目依然具有高利益性，但基本上，醫師這種職業是會對身心造成強烈負擔的工作，因為他們面對的是人的生命，這是最重要的東西，必須在擁有病患信任的前提下，才能夠做好。負擔大、與病患的溝通非常重要，當然相對地，工作的充實感也很大。由於醫療事故頻頻發生，使得社會各界對日本的醫療多所批判。在目前的醫療制度中，確實有些部分不合時代潮流，但是這絕不是日本的醫療技術和醫師程度低落，倒不如將這個狀況視為進步的過渡期，這才是比較正確的想法。和時代潮流變化無關，擁有不忘吸取新知的學習欲望、努力與病患誠實溝通的醫師，是人們所永遠渴求的。

### ❝ 台灣

台灣的醫生可大致分為西醫與中醫。一般醫學系指的是研究西醫的科系，全台灣只有中國醫藥大學有中醫系。根據醫師法的規定，要當西醫，只有就讀醫學系，學士後醫學系畢業，或是中醫系畢業兼修醫學系全部課程，並取得中醫師執照者，才能參加醫師考試。中醫師考試也是一樣，只有就讀中醫系畢業，或是醫學系畢業兼修中醫系全部課程，並取得醫師執照者才能夠參加中醫師考試。過去只是經由中醫師檢定通過者，或是領有僑中字中醫師證書者，也將參加中醫師考試才能執業。台灣的醫學系和中醫系都必須修7年的課程，前4年主要修基礎醫學的科目，第5、6年在醫院裡面見習，第七年擔任實習醫師。畢業之後選擇臨床醫學工作者，就開始選擇自己感興趣並且有能力的科目來擔任住院醫師，在這4到7年不等的時間之後（根據科別而定），必須考取專科醫師的資格，才能被醫院聘請為主治醫師。目前國內醫療分科依據行政院衛生署專科醫師分科及甄審辦法規定，共分18個專科：分別是家庭醫學科、內科、外科、小兒科、婦產科、骨科、神經外科、泌尿科、耳鼻喉科、眼科、皮膚科、神經科、精神科、復健科、麻醉科、放射線科、病理科、核子醫學科。完成一般內科或一般外科的訓練的總住院醫師之後，才能夠繼續進修研習次專科，如整型外科、胸腔科、心臟科、腸胃科等。此外專科醫師必須持續在國內外進修，才能維持其資格。另外，中醫師目前尚未執行專科醫師制度。（蘇意茹）❞

## 護士・護理師

　　輔助醫師診療、治療。另外在病患的精神護理方面，和病患及醫療人員溝通，也是護理人員的工作。護理人員除了在醫院、診所、福利機構、復建中心等地工作外，也有在宅、訪問診療等。在日本成為護士之前，則必須在護理學校、專科學校、短期大學、大學等護理人員養成機構學習，並且通過護理人員國家考試。此外，如果通過都道府縣首長所舉行的考試，可取得準護士的執照與資格，但現在這個護士制度將來會廢止。在醫療專門化發展的腳步下，護士的工作也漸漸會被細分。護理人員的世界，發展變化日新月異，經常抱持學習的心是非常重要的。上班時間必須配合夜班等，並不規律，所以這項工作適合身心強健的人。由於工作非常繁重，常常發生人員不足的狀況，因此護理人員不怕找不到工作。在日本，「保健師助產士護士法」在1993年修正，這個職業也對男性開放，日本於2002年將從事這項工作的人，統一稱為「看護師」。

### 台灣

日本所謂的「看護師」就是台灣的「護士」或「護理師」。高職以上護理、助產科系畢業可以報考護士，而專科以上才能夠報考護理師。在大醫院裡面，依管理範圍其階層分為：基層護理人員、Leader、副護理長、護理長、督導、主任等職。依工作內容和地點可分為：臨床護理人員（醫院或診所）、公共衛生護理人員（衛生所）、專科護理師（又稱醫師助理或專科助理，屬於內科部或外科部，非護理部，須另外受訓）、衛教護理師（如糖尿病衛教護理師，須另外參加考試）、麻醉護理師（或稱麻醉師，須另外考試受訓）、居家護理師（居家訪視）、長期照護體系護理人員（護理之家或安養院等）、護理教師（學校）、學校護士（學校保健室）、廠護（工廠）等。另外新興的器官移植協調員，也有很多是由護理人員轉任。目前在台灣這項工作並非女性專屬，且一直都是供不應求。（蘇意茹）

## 保健師

　　在鄉鎮村公所、地區的保健所及保健中心工作，為保護及促進民眾健康而努力。工作的對象從嬰兒到老人，包括了各種年齡層，工作內容則是聆聽每個人不同的生活健康狀態，進而採取適當的措施及提供建言。作為一位保健師，需要有廣泛的知識及廣闊的視野，和藹溫馨的個性，堅強的體力和意志力更是不可或缺。這個職業以往在日本被稱為「保健婦」，1993年日本「保健師助產士看護士法」修正後，男性也可從事這份工作，2002年起名稱統一為「保健師」。保健師是國家資格之一，考試需要護理師執照（或護理師國家考試考生資格），所以必須在護理師養成機構學習後，再到保健師養成學校學習；或是在同時有護理師及保健師課程的四年制大學的護理系學習，之後再接受考試。此外，一旦取得保健師的資格，只以申請的方式就可取得養護教師（2級）的資格。

※台灣各鄉鎮在衛生所工作的是公共衛生護士，由各縣市衛生局個別招考具有護士、護理師或助產師執照的人員，最好有臨床經驗，並不需要其他執照或資格。

## 助產士‧助產師

　　助產士的工作是，在正常生產時，在沒有醫師的監督下幫助產婦生產；生產的過程中如發生危險，則須有婦產科醫師協助。助產士的工作不只限於生產的時候，懷孕、生產、產後都包含在內。對懷孕中的產婦提供建議，使她們能安心生產，發現異常時，立即聯繫醫療機構；產婦一開始陣痛，視生產的進行狀況提供必要的協助。由於對產婦及嬰兒自然本能的尊重，盡量幫助產婦有自然生產的意願，對產後的母子也進行護理。在日本，成為助產士之前必須在護理人員養成機構修完3年的護理課程，再學習1年的助產課程後，通過助產師國家考試。工作的場所包括醫院、助產院、地區的保健中心以及個人開業等。最近有越來越多的產婦希望藉由助產士的幫助自然分娩，使得助產士的工作又再次受到世人注意。

## 藥劑師

　　在藥局、醫院等工作，依照醫師的處方箋調配藥劑。此外，血液中心、製藥公司、大學、生物相關的研究所等，也有藥劑師的工作。有些藥劑師是國家或各級政府的職員，對產業廢棄物處理設施等事業進行許可、認可，或從事土壤水質檢查、藥品檢查、有害有毒物質檢查等。在日本，則必須自四年制的藥學大學或大學的藥學系畢業，通過國家考試。在日本，藥劑師將來也要和醫師一樣，要修完大學6年的課程，而且醫師負責診斷治療、藥劑師負責配藥的醫藥分工也將更為專業化。大規模連鎖店藥局增加，現在就有藥劑師不足的現象，將來如果連便利商店都可以賣藥的話，對藥劑師的需求會持續增加。然而，隨著未來藥劑師的重要性升高，社會

對醫療藥品資訊公開的壓力日增等，社會對藥劑師，如對生化科技等新藥的知識、與醫師的互動關係等方面，其能力與知識的要求將更甚於過往。

台灣目前沒有「藥劑師」資格，只有給高職藥劑科考的「藥劑生」（目前已經停招）和大專以上藥學系報考的國考「藥師」資格。台灣的大學藥學系是四年制的。自從實施醫藥分業之後，藥師的工作漸受重視，一般藥師在醫院或藥局執業2年以上，並且每年修有持續教育48學分者，即擁有健保藥師資格，可向健保局申請健保處方箋調劑，或在醫院或診所調劑就可以申請成為健保藥師，健保局須付給健保藥師調劑費。（蘇意茹）

## 物理治療師（PT）

　　對因疾病傷害而無法自由行走、站立、坐下，身體會感到疼痛的人進行治療，恢復其基本的運動機能。具體來說，就是透過按摩、電力刺激、溫熱等物理治療，同時進行步行訓練、輪椅訓練等，幫助病患復健。需要物理治療的病患，不只是年長、身體機能衰退的老人，也包括有腦溢血、中風後遺症的人、受運動傷害的運動員等。工作的場所也不限於醫院，現在已經擴大到復健中心、安養院，甚至到府醫療等。在日本，要成為物理治療師，必須自有開設相關科系的專校、三年制短期大學、四年制大學畢業後，通過國家考試。隨著社會的高齡化，對物理治療師的需求越來越大。這是一項踏實勤勉的工作，而且要花長時間，所以沒有相當的毅力，是無法勝任的。

台灣在1995年開始實施「物理治療師」法，公立大學或是技術學院復健系物理治療組或物理治療系畢業生可以報考物理治療師國家考試，始有證照制度。物理治療師可任職於醫院、長期照護機構、學校機構或發展中心或自行開業，或是做物理治療儀器研發與行銷。（蘇意茹）

## 職能治療師（OT）

　　在醫院、復健中心、老人中心、社會福利中心等場所，透過種種「作業」，幫助病人恢復失去的身體機能及社會適應能力。所謂「作業」包括日常生活中的動作、園藝、陶藝、手工藝等。我們在日常生活中，吃飯、刷牙、清掃等，不知不覺中動用到身體的各種機能。透過照顧花木的動作，不只手腕，也可增強腳部及腰部的力量；透過泥土揉捏成形的過程，可使手指及手部的動作更加細膩。作業療法士的工作，就是依照病人的狀態及目的等選擇不同的作業，一方面注意病人精神方面的狀況，同時進行復健工作。有些動作對普通人來說雖然非常簡單，但對病人來說卻非常困難，因而病人常常因挫折灰心而放棄復健工作。從事這項工作的人，必須不放棄、細心寬容地處理這樣的狀況，所以耐心、包容力是這項工作的必備條件。在日本，成為職能治療師之前，必須在有開設相關科的專校或短大等學習3年以上，並且通過國家考試。近來希望進校學習的人年年增加，要考取相當困難。

**台灣**

目前在台灣的大學和專科學校的職能治療系畢業就可以考職能治療師的國家考試，獲得執照。台灣此項工作市場目前尚未飽和，可以在診所和大型醫療院所復健科、精神科工作，此外也可在大型的療養院所工作。（蘇意茹）

## 視能訓練師

透過檢查、矯正訓練等，使有視覺機能障礙的人恢復視力。病人視力恢復需要長久時間，訓練士必須有長期計畫，鼓勵病人，同時進行訓練。因此，這份工作適合有耐性、有恆心、能腳踏實地向目標邁進的人來擔任。工作場所包括綜合醫院和大學附屬醫院等。視能訓練師是國家資格，從視能訓練師養成機構畢業的人有考試資格；另在大學修過臨床心理、視覺生理學等一定科目2年以上，之後在養成機構學習1年的人也有資格參加考試。目前視能訓練師約有5000人。隨著社會高齡化，越來越多人有視覺障礙，視能訓練師的數量絕對不夠。這是一個有未來發展性工作，現在90%由女性擔任。

※目前台灣並無此項職業，也沒有類似的職務。

## 語言治療師・聽力檢查師

透過反覆的檢查、復健等，幫助有聽覺、語言機能障礙的病人恢復機能。「耳朵聽不清楚，不瞭解意思」、「聽得到，但無法發聲和發音」、「無法瞭解話語的意思」，這些障礙不只是天生的，很多是因為腦中風、腦梗塞、耳部疾病等後天性的疾病所造成的。想說但構不成話語、無法理解別人說的話，此方面的病人經常抱著焦慮煩燥的心情。因此，接觸病患時，要有心理學方面的知識與技術，也要細心、有體諒心、觀察力、記憶力，和瞭解病人想表達事情的洞察力。日本的言語聽覺訓練師是1997年才設立的國家資格項目，在接受國家考試前，必須在全國20所言語聽覺養成所學成畢業（3年），或在大學修完指定科目畢業。工作的場所包括醫院、社會福利機構、地方政府、教育機構等。此外，到府訪療進行復健的方式也在增加當中。

 **台灣**

「語言治療師」或「聽力檢查師」，主要是在公私立醫院之復健科或耳鼻喉科、顱顏中心，或是在學校機構、殘障福利機構，當然也可至助聽器等公司擔任行銷或研發工作。但目前並沒有語言治療師執照，只有中華民國聽力語言學會的鑑定證明，本科畢業生可以直接換照。聽語師法已於立法院一讀通過，未來將有國家考試的出現。目前通過專技高考，則可順利取得語言治療師資格。報考專技人員特考語言治療師類資格為：公立或立案之私立專科以上學校或經教育部承認之國外專科以上學校聽語障礙科學、語言治療與聽力、溝通障礙教育、護理、心理、心理復健、衛生教育、特殊教育、復健醫學、物理治療、職能治療各所系科畢業得有證書者（目前直接相關的科系是中山醫學大學語言治療與聽力學系，及台北護理學院的聽語研究所、高師大的溝通障礙所）。（蘇意茹）

## 牙醫師

使用各種器具、藥品，進行蛀牙、牙周病治療、齒列矯正等與牙齒有關的醫療行為。在日本要成為牙科醫師，必須在文部科學省所認定的6年制大學接受正規的齒學課程，畢業後通過牙醫國家考試，取得厚生省許可執照。之後，經過數年的臨床研修，對自己的技術有信心之後，才正式執業。近年來，牙醫的工作不僅止於治療牙病，病人美齒的需求也越來越多，牙科治療的環境也在改變當中。牙科治療技術日新月異，因此旺盛的學習心是不可或缺的。雖然現在牙科醫師漸呈飽和狀態，但足以信賴的卻不多，有實在的知識與技術，體察病人的心情與想法，這才是牙醫師成功的重要因素。

 **台灣**

牙醫系學生也要學習基礎醫學，甚至需要上耳鼻喉科和藥物學等許多醫學系的科目，3年級開始要開始學習牙科項目，例如：牙科咬合學、活動假牙學等。在校第5年會利用寒暑假到醫院見習，第6年在醫院實習，通常在醫院，實習及住院醫師前2年，各科都要輪流去訓練。牙科在醫院裡是獨立一科，但是牙科又分一般牙科、齒內治療科、假牙贋復科、口腔外科、牙周病科、兒童牙科、齒顎矯正科等等。第三年住院醫師就可以依興趣或是個人考慮選科，選科之後就會一直待在此科受訓，直到升主治醫師。受完整專科訓練，才能取得專科醫師資格，看各學會的資格條件申請考試（但是目前只有口腔顎面外科是衛生署認定的專科）。牙科畢業後考到執照，只要執業2年（不管是醫院或是診所），即可自行開業，不一定要是專科醫師，所以也沒有次專科的問題。（蘇意茹）

## 牙科助理

在牙科治療上，牙科助理在牙醫師看診時負責器材、病歷管理等輔助工作，並執行去除牙結石等蛀牙、牙周病預防處理工作，以及指導病人保護口腔衛生的方法。一般來說，日本牙科助理在專校、短大學習指定課程、通過國家考試之後，會在個人牙科醫院、大學醫院和保健所等地工作。近來隨著社會高齡化，越來越多的牙科助理在取得到府保健員資格後，到社會福利機構和病人家中，照顧臥床老人清潔口腔，並且指導假牙的使用方法。雖然不會有直接的醫療行為，但在牙醫師進行治療時，牙科助理是不可缺少的助力，對於牙科助理的需求也不少。此外，牙科助理也是牙醫師的輔佐，但不必擁有特定資格，因此牙科助理不可進行牙垢去除、牙科保健指導等直接接觸病人口腔的行為。

自然
其③ 思考人類的身體與遺傳

目前在台灣從事牙科助理的工作不一定要有證照,只要高中職畢業都可以應徵這類工作(當然也有部分是護理人員轉任)。牙科助理通常都是在牙醫師的指導下學習並進行工作,工作的內容也依牙醫的專科而定。為了提升牙科助理的素質,台北醫學大學繼「牙科助理學分班」之後,開辦「口腔衛生學系」在職專班,參考美、日等國的「口腔衛生士」教育內容,並配合台灣牙科醫療環境設計出課程內容,其訓練涵蓋牙醫學之基礎學程,使其能更瞭解牙科醫療,有助於輔助牙醫師診療工作,並提供口腔衛生保健、預防牙醫學、社區牙醫學及感染控制等學科,以提升其專業學識。另外還加入牙醫行政管理及保險作業之課程,使其能夠發揮全方位的功能。(蘇意茹)

## 牙技師·齒模師

即遵照牙醫師指示,製作、修理假牙及矯正裝置的專門技術人員。要成為牙技師,必須經過2、3年專門學校的學習,並且通過國家考試,之後在牙科醫院、綜合醫院、牙科技師工作室等地工作。此外,可在牙科器材製造公司從事開發研究工作、在專門機構擔任教職,也可自己開設工作室。日本的牙技師教育屬世界一流,因為去到國外不必再重新進行基礎教育,所以日本牙技師在國外非常受到重用。一般來説,這個工作有些地方還未完全受到社會的肯定,但未來社會高齡化越來越嚴重,對於牙技師的需求絕對會增加。

### 台灣

早期在台灣若想當齒模師,可以直接到相關的技工所當拜師學藝,從學徒當起,學習齒模製作的技術。但近年來,台灣也開始設有「牙體技術人員」執照,可透過像是中台科技大學所開設的牙體技術系,系統化地學習相關技能,進而考取專業證照。(蔡承恩)

## 放射治療人員·醫事放射師

在醫院等醫療機構操作X光、CT顯影、MRI(磁振照影)等醫療機器。遵照醫師的指示,替病人照射治療必須的影像。X光等放射線會因處理方法不同而對人體帶來重大危險,因此這份工作必須有專門的知識和技術。此外,近來醫療機器進入電腦化,操作方法也變得更複雜、更困難,因此放射線技師也必須要能立刻適應新技術與新醫療機器,並擁有好奇心、學習心等。在成為診療放射線技師之前,須畢業在開設相關課程的專校等,經過3、4年研修之後,參加國家考試。一旦通過考試,就可同時取得X光照影檢查及正子照影檢查專門人員的資格。

### 台灣

此職在台灣稱為醫事放射師,其證照考試須具大專院校放射系畢業資格才能報考。台灣在相關放射治療人員的證照及相關考試上種類繁多,現已整合為「輻射防護專業測驗」及「操作人員輻射安全證書測驗」兩種證照檢驗。也可透過國家考試,考取「醫事放射師專技」及「輻射安全技師」獲得公務員資格。除了醫院、診所、衛生機構之外,醫療器材公司、生物科技公司、

自然

其③ 思考人類的身體與遺傳

研究單位等，也都都有放射師的職缺需求。（蔡承恩）

## 醫事檢驗人員

依照醫師的指示，為病人抽血，進行生物學檢查。根據臨床檢驗師的一般檢查（大小便檢查）、血液檢查、生化學檢查、呼吸機能檢查、心電圖、心臟超音波、腦波檢查等結果，醫師進行診斷，並且擬定治療計畫。工作場所除了醫院之外，還有臨床檢驗中心、藥品公司、食品公司、研究機構等。在大學（醫學系或牙醫系）、設有臨床檢驗相關課程的短大（3年）或專校畢業之後，要接受國家考試。相關短大和專校的考試競爭非常激烈，要考取學校相當困難。此外，日本現在在醫事檢驗師多達15萬人，即使拿到資格，可能也難找到工作，因此最近越來越多人努力取得細胞檢驗師、超音波檢驗師等較專門化的認定資格，希望在這個領域成為專家。

台灣

目前台灣此項工作的名稱為「醫檢師」，自各大專院校醫事檢驗或醫技科系畢業，可以報考此項證照後就業。另外，欲取得國內「細胞醫檢師」資格，必須是大專醫技科系畢業，並參加行政院衛生署委託台灣病理學會主辦之細胞病理醫檢師訓練課程（為期1年），並通過結業考試。細胞病理診斷是比一般檢驗更專精的醫學領域，包括病理組織切片、細胞抹片等，可以在醫院的病理科或病理組工作，或是獨立開業為病理中心。另外學習醫檢也可以進入刑事鑑定的領域，考警大刑事鑑定系、調查局醫學鑑識組、台大法醫研究所或是鑑識特考。（蘇意茹）

## 按摩指壓師

在舒緩身心的風潮下，按摩蔚為流行，其中有國家資格認定的，就是按摩指壓師。對於肩膀痠痛、腰痛、疲勞等身體不舒服的人進行按摩指壓。在日本要成為按摩指壓師，必須先在國家指定的學校或養成機構學習3年以上，並且接受國家考試。由於只有學科測驗，所以錄取率較高。此外，因為考試科目重複，有些人也一併取得針灸師的資格。許多人在取得按摩指壓師資格後，先在治療所工作，在累積治療經驗之後，自己出來獨立開業。依照按摩的技術、客層、店面地點等條件，有些按摩指壓師可賺得豐厚的收入。

台灣

在台灣，根據身心障礙保護法明確規定，唯有視覺障礙者才能從事按摩或理療按摩，明眼人不得從事按摩，但醫護人員以按摩為病人治療者則不在此限。視障者可以接受各地勞工局委託民間單位舉辦的按摩職訓課程，並參加國家考試取得按摩師執照，並申請按摩師職業許可證來從事按摩工作。（王聰霖）

## 針灸師

事實上這是指針師和灸師，但因為幾乎都是同一人施行療術，所以稱為針

灸師。這是東洋醫學的一種，屬於民間療法。針療法是將金屬細針差入經穴（穴道），藉由經穴刺激，通順血氣、舒緩肌肉、鎮定神經。灸療法是燃燒乾艾藥草，利用其熱氣，使身體情況好轉。在日本施行針療或灸療都需要國家資格，在專

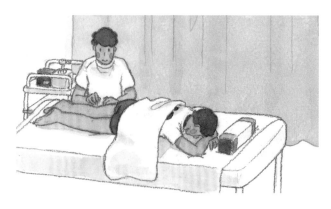

門的學校學習3年，通過東洋療法研修考試財團所舉辦的考試之後，就可登錄為針灸師，在醫療機構工作，聽從醫師指示施術，或自行開業。只有神經痛、風濕痛、五十肩、腰痛、頸腕症候群等慢性疼痛病患，才可使用健康保險。雖然西洋醫學體系中沒有這樣的療法，但許多運動選手選擇這樣的治療方式。另也用於動物治療，因此針灸現在重新被視為醫學治療方法的一種。

## ❝ 台灣

傳統民俗療法在台灣已經行之有年，過去政府也曾立法管理，但是醫療法在2004年4月28日修正後，推拿、接骨、針灸、拔罐、放血等傳統民俗療法都屬於醫療行為，沒有這類醫療執照而從事這類醫療行為者都屬於違法的密醫，過去中央機關所核發的國術損傷接骨技術員登記證繼續有效。目前民間可見的「傳統整復員」執照則是由民間單位自行頒贈，並非衛生署所認可的合法證照，因此如果未持有中醫師執照，依然不能合法地從事醫療行為。目前立法機關正在研擬民俗療法從業人員的培養、訓練及管理辦法，保障他們的工作權利。中國醫藥學院為國內唯一培養中醫師正規教育之學院。中醫系為7年制，經由大學聯考招收高中畢業生，課程安排中西醫兼修，畢業後參加國家中醫師檢覆考試後才可執業。（王聰霖）❞

## 接骨師‧柔道整復師

　　光是手部，就有扭傷、跌打損傷、脫臼、骨折等治療項目。「接骨」是從柔道產生的日本獨特治療技術，要成為接骨暨柔道整復師，只要通過柔道整復師的國家考試即可。考試資格為高中畢業後在指定學校或養成機構學習3年以上。此外，也需要些許柔道經驗。曾經學過柔道的人應該沒有問題，但無經驗者必須在養成機構學習。取得資格之後，可在整骨院、醫院等地工作，累積經驗之後也可獨立開業。許多病人是因柔道之外的運動傷害到身體，所以接骨暨柔道整復師也必須對所有運動有最低限的知識。為了成為現代的接骨暨柔道整復師，漸漸有人同時學習運動醫學及健康科學等。

## ❝ 台灣

在台灣，這項工作稱為國術損傷推拿整復師，還是需要學習3年6個月的傳統學徒制，尚無證照制度，學成後可在中醫院或診所任職或是獨立開業。台灣類似的工作被稱為「傳統推拿整復員」，多於國術館協助民眾推拿、按摩等非侵入性治療的筋骨舒緩，屬於民俗療法（未來統一

稱為「民俗調理行為」）的一部分。在台灣，整復員目前尚無相關證照認證，大多還是透過師徒制的方式傳授技藝，但由於過去相關醫療糾紛不斷，現階段行政院衛生署擬再整定規劃，未來必須透過認證、登記等進行規範，分為傳統整復推拿、按摩、刮痧、拔罐子、青草茶五大類。（蔡承恩）

## 整脊醫師

運用手部技巧加以矯正脊椎方面的異常骨骼症狀，並且使其恢復神經功能，是一種對健康有益的診斷、治療及預防疾病的方式。此行業於1895年由美國首次創立。現今此技術已經傳遍80多個國家，其中在美國、英國等34個國家，對這種行業進行合法化。而聯合國世界衛生組織（WHO）也對整脊醫師的世界教育標準進行正式的規範。因此，在日本國內也創立了專門培育滿足WHO標準的整脊醫師教育機構，不論是解剖學還是整脊技術，皆可從中習得各種學科。畢業後，除了能在運動健身中心、醫療機關就業之外，也有很多人可以自行獨立創業。尤其在2012年的倫敦奧運時，選手村當中還專門為整脊醫師設立服務設施，因此活躍的場面可說是相當廣泛。

### ❝ 台灣

在台灣整脊師經常和中醫推拿有所混淆，整脊在歐美國家發展多年，不但有專門的「脊骨神經學院」，也有國家認可的合法證照。而台灣目前為止尚無專門的整脊學院，也無合法的整脊師證照。現在由專業醫師所組成的「台灣整脊醫學會」正在研擬辦法健全國內的整脊醫學。（王聰霖）❞

## 醫療祕書

如同公司總經理或高階幹部的祕書一般，醫療祕書負責上司的資料編製及管理、行程管理、訪客接待、電話應對等。包括醫療事務，這個工作要做醫療部門的祕書、院長的祕書等。除了祕書的技能之外，也必須具備醫療相關知識，所以醫療祕書必須學習醫療機構的組織營運、醫療相關法規、醫學的基本知識、醫療實務等等。此外，正確的判斷力、行動力、溝通能力、文獻資料的蒐集彙整能力也都是被要求的條件。通過醫療祕書教育全國協議會的醫療祕書技能檢定就能取得資格，但有資格並不表示就能立刻勝任這個工作。

### ❝ 台灣

在台灣，醫療祕書還沒有成為一項專業，這項工作由其他具有相關專長者擔任，如護理人員、會計或醫務管理師，名稱也各有不同。比較常見的應該是病房書記。主要辦理病人出入院和檢查、病歷、醫財的種種手續，通常這項工作由病房護理人員轉任居多。（蘇意茹）❞

## 醫藥專業行銷人員（MR）

MR即是Medical Representative的簡稱，要向醫師說明自己公司藥品的成

分、使用方法、效能等。包括不可宣傳的副作用、許可前的藥品的資訊等，MR是傳達藥品目錄和醫藥書籍中未記載的藥物資訊的專門人員。在日本，MR要兼任藥品販售業務，但在歐美，MR不是藥品業務員，在醫師眼中，是醫療團隊的一員。一般MR在製藥公司工作，此外還有簽約MR，以專案為單位和公司簽約工作。從事這項工作沒有特殊的必要條件，但如有藥劑師資格，因為能很快了解藥品性質，所以對這份工作非常有幫助。要成為MR，必須在進入公司後接受半年的研修，通過醫藥資訊負責人教育中心所舉辦的考試，取得MR認定書。這個認定考試的內容會和解剖生理、市販後調查、一般藥理學等知識有關。某位MR表示，醫師從事疾病治療的工作，情緒常常低落不佳，所以MR適合個性開朗的人來擔任。和醫師交際也是MR的工作之一，從不同的醫師身上，可以學習到不同的事情，增加不同的嗜好，這是工作的樂趣所在。日本正邁向高齡化社會，預料藥品的販售量將會提升。然而，開發一種有效的藥劑需要3億日圓的成本和15年的時間，而且歐美各國的製藥公司規模是日本的十倍，因此，日本製藥業界有注重研究開發、或被外資藥品公司吸收合併的傾向。MR的周邊狀況發展可說是處於過渡期。

※在台灣具備醫藥背景者都可以從事這項工作，認證資格雖非必要，但是同時具備MBA的學歷對於工作有重要的幫助。

## 器官移植協調師

在日本，一旦從全國的醫院收到有人願意捐贈臟器的消息時，移植協調人立即向希望移植者（受贈者）進行說明，如取得允諾，會協調安排醫學檢查、聯絡移植小組和臟器運送等。平時的工作有希望移植者的登錄、資料管理、臟器移植宣傳等等。要成為移植協調人，必須擁有醫師、藥劑師、看護師或臨床檢驗技師等的醫療從業人員資格，或者在四年制大學學成畢業。日本臟器移植聯繫網會不定期舉行招募人才考試。除了基本醫學知識之外，能與病人及家屬充分溝通、整合不同立場的人的意見，這種協調能力是不可或缺的。現在日本臟器移植聯繫網旗下的協調人約有20人，平時與各都道府縣的腎臟銀行、臟器銀行、大學醫院所屬的都道府縣協調人進行聯繫與活動。招募名額很少，而應徵者眾多，所以目前取得這個工作機會是非常困難的。

 **台灣**

成大醫院從2000年1月起正式編制移植協調師（員）的職務，在當時是台灣醫學界的創舉。其他醫院也有移植協調護理師或社工師在擔任此職，目前此職務已經成為台灣醫界移植器官工作小組不可或缺的成員。（王聰霖）

## 義肢矯具師

因為受傷或是疾病而失去身體的一部分，做出原本手足形狀或是輔助的器具，稱為義肢，有義手以及義足兩種。為了可以做出各種精細作業，義手的指頭部分的形狀相當特別，精細程度跟真正的手也幾乎難以分別。有配合人體的肌肉

所產生的電氣而加以應用操作的義手等，技術也一直在進步之中。義足的部分，配合使用的人的活動程度以及必要性，而有各種各樣的形式，也有使用高機能性的材料，可以讓穿戴者在殘障奧運等競技場中又跑又跳。

四肢或身體產生輕微障礙時，可以減輕障礙的輔助工具，稱為輔具。從頭到腳，以全身為對象，包括走路方式的改善、骨折的治療、運動時保護患者等等，有許多種類。因交通意外而產生的外傷性頸部症候群等固定頸部的器具也包含在內。製作適合使用者的義肢以及輔具的人稱義肢裝具師，這是需要國家資格的。義肢裝具師在接受醫生的指示後，測量裝具者的裝設部位，用石膏模來量取身體的形狀，製作義肢等輔具，裝到人體上之後還要符合身體的使用，再進行調整。義肢、輔具、杖具以及輪椅等，都與身體部位有所接觸，要讓這些接觸點貼合身體，是非常困難的一件事，需要非常專業的技術。

專門學校或大學畢業後，可以到義肢裝具公司上班。雖然醫療進步，外科手術也非常成熟，需要截肢的患者也在減少之中，但依然需要這方面的人才，就職率幾乎都維持在百分之百。包括運動在內，身體有障礙的人的活動場域也在擴大之中。此外，為了幫助國外因地雷而喪失手足者的國際人權服務活動也在盛行之中，義肢裝具師所扮演的角色也將越形重要。

除了義肢以及輔具之外，還有稱為人工裝置的項目。意外或是潰瘍手術中，失去手指或是耳朵的人，幫他們裝置看不出是假的人工身體部位。其他像是因乳癌而失去乳房的女性，幫她們所製作出來的人工乳房或是人工肛門等，因為材料與技術的進步，各項便於使用且分不出真假的用具也在一一開發之中。

接下來介紹設有義肢裝具學校的大學以及專門學校：

・北海道工業大學 醫療工學部、醫療福祉工學科、義肢矯具專門科
・新潟醫療福祉大學 醫療技術學部、義肢矯具自立支援科
・國立障礙者復健中心學院 義肢矯具科
・早稻田醫療技術專科學校 義肢矯具科
・西武學園醫學技術專科學校 義肢矯具科
・神戶醫療福祉專科學校三田校 義肢矯具師科
・專科學校 日本聽能言語福祉學院 義肢矯具科
・熊本綜合醫療福祉學院 義肢矯具科
・北海道高科技專科學校 義肢矯具師科

 台灣

在台灣各大專院校中，目前並沒有任何義肢矯具相關科系，全國唯一的義肢矯具學程，只有台灣大學醫學工程所有開設，所以國內醫療體系中，當然也沒有義肢矯具師的設置，過去義肢矯具工作，多由物理醫師、治療師負責。目前僅有台灣義肢裝具學會設置的義肢裝具專業人員證書可供認證。（蔡承恩）

## 臨床工程師

　　在醫療現場會使用到許多醫療機器，而專門使用這些機器的，就是臨床工學技士。1987年起，臨床工學技士法成立，之後要成為臨床工學技士就必須取得國家資格。依醫師的指示，操作「生命維持管理裝置」，像是人工呼吸器、人工心肺裝置、除顫器、血液透析及血漿交換、心導管檢查等等，其他還有ICU（加護病房）的業務、手術室參與手術、體外心律調整器的操作等等。此外，還有醫療器材的安全檢查等管理。在大學及專門學校學習之後，接受資格考試。這幾年資格考試的合格率約是80％左右，多數都在醫院、診所以及醫療器材廠商工作。每天都會有新的醫療器材被開發問世，即使是畢業後，也得持續研讀才行。雖然目前各醫療院所尚未強制被要求配置臨床工學技士，然而，對各醫療團體的醫療從業人員的充實也被要求之中，未來臨床工學技士也會越來越受到重視。

 **台灣**

臨床工程學在台灣又被稱為「醫學與醫院系統工程學」，是生物醫學工程的一部分。而臨床工程師工作通常是負責維護醫院內醫療設備，確保醫療設備的安全及校準問題，並且當作相關醫療設備的顧問。目前中華民國生物醫學工程學會有「臨床工程師」的證照認證，只要是醫學工程相關系所畢業，並有臨床工程實務的工作經歷即可報考。（蔡承恩）

## 醫療紀錄管理

　　醫療情報指的是病歷表等醫療紀錄，也包含醫院內的醫療紀錄。法律醫療紀錄管理者並沒有任何規定，對於這個職務的定義也非常模糊，但是未來是病歷公開透明的時代，會需要人才投入這個工作。日本民間有所謂醫療紀錄管理師的資格。考試資格是必須要到日本醫院協會所設置的醫療紀錄管理通信教育接受講習，或是到醫療紀錄管理師考試認定的指定學校，修得必要的科目。醫療紀錄管理者主要的工作內容是整理病歷表、將診療情報加以檔案化、並將資料加以分析整合。雖然不一定需要擁有醫療紀錄管理師的資格，但一定要配置有專任的醫療紀錄管理者。要成為醫療紀錄管理者，大學、短大、專門學校等，情報學科及醫療事務課程畢業後，參加各醫院的徵才考試。

 **台灣**

在台灣，這樣的工作被稱為「病歷管理師」，並有病歷管理師執照可供認證，雖然目前並沒有任何的學經歷或檢覈考試等資格限制，但國內大專院校仍有醫務管理相關科系可以選讀，有利於相關知識與證照的獲得。未來，因應病歷電子化後，病例管理師也須充實、熟悉電腦相關技能，以提升電子病歷的使用效率。（蔡承恩）

## 看護助理

　　在醫院和介護設施擔任護理人員的助手。無法行使醫療、護理的行為，

也不需要資格。日本民間的資格考試有醫療工作、醫療護理助手等，但知名度不高，所以多數人都是一面擔任護理助手，一方面取得居家照護員的資格。工作內容多是「雜用」，像是用餐前的倒茶、準備餐點、端盤子等用餐的協助、打掃以及倒垃圾、換尿布等協助排泄等工作，以及向醫師及護理人員傳達訊息等。因護理人員不足，對助手的需求也更為加大。但薪水非常低，而且連幫感到不舒服的患者按摩背部的行為都不被允許。覺得限制太多進而學習成為護理人員的例子相當多。有人是一面擔任助手領取薪水，再從醫院獲得獎學金來繳學費，希望成為實習護理人員以及正式的護理人員。但是在樣的情形下，成為專業護理人員之後，有一定的期間必須留在該醫院服務。

## 音樂療法師

所謂音樂療法，不只是演奏音樂讓人聆聽，也要讓客人（治療對象）一起發出聲音，共同享受這段音樂時光。藉由樂器的操作，達到復健效果的心理療法。心理學、教育學、社會福祉學的學習是必要的，也不只是從音樂大學畢業，光會樂器的演奏就可以。音樂療法師的資格沒有國家資格，但有各地政府認定、日本音樂療法會認定、全國音樂療法士養成協議會、各學校等的認定資格。要取得考試資格，得先參加音樂療法知識講習會或學會，發表一定數量的臨床經驗、研究發表以及病例報告，再接受書類審查以及面試。也有針對選修過音樂療法士養成課程的學校畢業生的筆試

此外，岐阜縣和兵庫縣都有自己的資格認定考試，但是各地方政府所培育的音樂療法師是以該縣內的活動為前提，而提出的資格考試，針對這點要多加留意。這工作需要精神力以及心理學為基礎的各種知識，更重要的是溝通的能力。並不是慢慢的受到肯定，再加以確定為療法，想要成為音樂療法師的人，要有「我要成為日本音樂療法先驅」的這種堅強的意志。

### 台灣

台灣對於音樂療法師（音樂治療師），目前並沒有法規上的定位，所以也沒有相關的證照考試可供參加。部分大專院校心理系、臨床心理系等，會開設音樂治療課程，讓未來投入醫療行列的學子，也能瞭解音樂療法。或是透過成人推廣教育中心、中華民國應用音樂推廣協會等組織，參加相關的師資培訓。（蔡承恩）

## 執業護理師（NP）

日本的護理人員依「保健師助產師看護師法」的規定，禁止行使醫療行為。而在美國所誕生的執業護理師的資格法，經過累積訓練之後，可以行使除了外科手術以外的醫療行為。受高度教育及診斷能力所栽培出來的護理人員，現在幾乎都擁有研究所學歷資格。美國之所有需要執業護理師的主要原因是，包括家庭醫師在內的醫師荒。所謂家庭醫師是指患者第一個就診的醫生。日本則是分為綜合醫師、綜合診療醫師、家庭醫生等。在歐美，許多國家都規定，除了因為交通意外必須在第一時間進行緊急手術以外，其餘的患者都必須先讓

家庭醫師看診。

　　執業護理師是1965年從科羅拉多大學的護理講座產生的。一開始是以小兒科的預防醫學為中心。剛開始實施時，護理協會就有著「這與護理的想法不同。沒必要模仿醫生」，而醫師協會也指明「患者必須要去找真正的醫生就診」等等的批評聲浪。日本同樣也面臨醫師不足的現況，雖然也開始討論是否導入NP制度，但是日本護理協會對於當初NP制度的導入，態度並不積極。而日本的醫師協會，在2010年2月，同樣也表明反對的意見，這與美國初期導入此制度時幾乎是相同的情況。

　　而隨著時間的經過，美國也發表了有關NP能夠提供與醫生幾乎相同的醫療行為的研究，總算承認NP在醫療現場是不可或缺的人物。NP跟醫生的最大不同，不只是在醫療領域，應該説是根本哲學的不同。NP的醫療行為是為了「提供患者及其家族的教育」、「讓患者能夠自己照護自己」、「維持健康、預防疾病」、「促進安全健康的生活環境」、「幫助患者理解醫療體系」，也就是回復到護理學的初衷。

　　日本以大分立護理科學大學研究所首開先例，開設NP養成講座。而日本外科學會以及日本胸腔外科學會，則對於大分縣立護理科學大學以大分岡醫院所提案的「NP特區」表示贊成，並向內閣府以及厚生勞動省提出，促進醫療分業的要望書。2009年四月開始，國際醫療福祉大學和聖路加看護大學也開設了NP養成課程。國際醫療福祉大學是以能夠培育出「可以達到對慢性期療養者的疾病管理的護理人員」為目標，所以招生對象是要擁有五年以上經驗的護理人員。厚生勞動省也試圖創設日本版的NP制度，首先提出「特定護理師」名稱的護理師資格。日本護理協會也向厚勞省的「團隊醫療推進檢討會議」提出日本版NP創設法制化的意見書。

　　現實的情況是，看不出有什麼有可以改善醫師不足的方法。但各界都同意，要充實醫療事務人員（護理人員、營養師、物理療法師、醫療祕書等醫師以外的醫療工作者）的數量。在美國，除了NP，還有PA（Physicians Assistant助理醫師）、麻醉護理師、呼吸器單位技術人員、確保末梢靜脈線路的IV（點滴）護士等，非常多種職稱的醫療作業，支援整個團隊醫療。美國的醫療體系不見得就是最好以及合理，但是在高度醫療化、平均壽命提高，但慢性病患增加，醫療費用也持續增加的現狀下，可以讓日本參考借鏡的地方相當多。不論如何，醫療從業人員的充實也將是日本今後所要追求的目標。而NP可説具有象徵性的存在。關於NP以及PA，兒玉有子女士的「護理」一文中也有提及，可供參考。

 **台灣**

台灣類似的職業被稱為「醫師助理」（PA或NSP），目前國內並無專業執照，且在工作責任的分野上，還沒有法制化的規範，多由護理人員升任或擔任，但所屬單位並非和護理人員一樣為護理部，而是編列在與醫生一樣的醫務部。（蔡承恩）

## 專門護理師

通過日本護理協會專門護理師的認定考試，具備更多的知識以及技術，可以提供更高品質護理的專門護理師。專門護理師的認同是從1994年開始，到2009年6月為止，癌症護理、精神護理、地區護理、老人護理、母性護理、小兒護理、慢性疾患護理、急性及重症患者護理、感染症護理、家族支援等各領域，約有三百多人活躍之中。全國目前有120萬名護理人員。專門護理人員的考試資格，必須要有保健師、助產師以及護理師的執照，並修完護理大學研究所碩士課程，保有日本護理系大學協議會所決定的單位（26）。實務經驗通算，要在5年以上。資格取得後的認定時間是5年，5年後必須更新執照。日本護理協會同樣也認定的資格有「認定護理師」、「認定護理管理者」。但不論是那一種，首先都要先成為護理人員。看了南丁格爾的傳記，嚮往護理世界的13歲的孩子們，總之，先努力成為護理人員吧。

### 66 台灣

台灣並沒有區分執業護理師與專門護理師，若依執照類別來區分，目前國內僅有護士與護理師兩種。兩者皆要護理、護理助產、助產科系畢業，並經實習期滿成績及格者才可報考，基本上兩者的工作在台灣並無區分，只有薪資上的差異，護理師的薪資略高於一般護士。（蔡承恩）99

## 登錄販賣業者

在日本，主要是在超商以及超市等地，販售醫藥品管理分類歸為第二類及第三類的一般醫藥用品的工作及資格，是日本2009年藥事法修正後新設的行業。

在那之前的醫藥品都必須在有藥劑師的店裡才可以販售。但依據新的法律，登錄販賣業者可以在超市或便利商店裡販賣上述分類的藥品。藥物可分為兩大類，一是由醫師注射、要有處方箋才能在藥局購買的「醫療用醫藥品」，以及不需要處方箋的「一般用醫藥品」（OTC藥，也就是非處方藥物）。一般用醫藥品依副作用的風險可分為第一類到第三類等三種。登錄販賣業者可以處理的一般用醫藥品只有屬於第二類的感冒藥或鎮痛藥，以及維他命和整腸劑等第三類藥品。不能販售被列為分險管理的第一類藥物（口唇疱疹治療藥、第二世

自然 其③ 思考人類的身體與遺傳

代抗組織胺藥、氣管支擴張藥物）。

　　要成為登錄販賣者，得先通過各都道府縣所舉辦的考試。大學藥學部（六年課程，或舊四年制藥學部）畢業的話，不需實務經驗。大學藥學部（六年課程以外）畢業，或高中畢業（高中同等學歷認定）的話，需要一年的實務經驗。藥學部以外的大學畢業生、高中未畢業，中學學歷的情況，則必須要有在藥品店實際工作四年以上的經驗，才具有考試資格。有以上的知識經驗，就可以得到各都道府縣知事的認可。沒有年齡限制。考試的科目有「醫藥品共通的特性以及基本知識」、「人體活動與醫藥」、「主要醫藥品及其作用」、「藥事關係法規・制度」、「醫用品的正確使用・安全對策」等五個科目。正確率達70%就可以及格，門檻比藥劑師來得低。若是在便利商店上班，擁有登錄販賣者資格的話，薪水會比較高。但因為是新的資格，並沒有統一的薪水行情。

※在台灣，目前除了醫院和藥局外，皆不可販賣藥品。


## 醫療協調

　　可以解釋為醫療對話仲介者，不需要特別資格。調停指的是，有系統的學習對話以及克服問題的思考方式。只要是醫療機關的成員，不只是醫生還是護理人員，誰都能成為醫療協調者。有醫療事故發生，或是患者與醫療人員之間意見產生對立時，由中立的第三者來協助解決。重視對話、學習資訊整理的專門方法（調停技法），帶著同理心理解患者以及醫療人員雙方的想法，並且找出解決之道，並向雙方提出說明。接受社團法人日本醫療調停協會（2007年3月成立）認證的養成教育課程後，提出登錄申請的話，就會發行院內醫療調停認定證明。不只是醫療事故或是醫療過失，怪獸患者等，現今的醫療現場，出現許多過往不曾有過的糾紛。或許醫療調停者這一名詞還不被外界熟知，但當有事件發生或有抱怨出現時，作為院內的初期對應的一環，是避免造成患者與醫療人員的對立的重要工作。

※在台灣，目前並無此項職業，相關糾失調停皆委由醫院法務單位。


## 相關職業

生化技術人員→**P.124**　配種飼育者→**P.128**　導盲犬訓練師→**P.130**　獸醫師→**P.131**　賽馬訓練師→**P.132**　家畜育種工→**P.134**　動物輔助治療員→**P.144**　人偶製作師→**P.226**　營養師→**P.290**　運動醫療保健人員→**P.349**　腳底按摩師→**P.349**　精神科醫師→**P.373**　臨床心理師→**P.373**　精神內科醫師→**P.374**　醫療社會福利工作者→**P.383**

# 生化科技是種夢幻產業嗎？

村上龍

## 生化產業的誕生

　　生化產業乃是一門運用生化科技的產業。生化技術是應用生物體的結構與功能的技術，在20世紀後半隨著生物分子學在分子細胞學上研究突飛猛進的進步而誕生。在電子顯微鏡等研究器材的進步，以及電腦等分析儀器、分析技術的進步，過去個別獨立的遺傳學、生化學、細胞學的研究成果能夠彼此串連，人類對生物分子細胞的組織與機制研究也更上一層樓。其中最主要的技術突破包括了細胞內基因組織與架構的解謎以及人工複製基因的基因複製技術，也因此進一步誕生了基因工學，以及細胞工學、胚胎工程技術等新的領域，建構起過去難以想像的技術體系。因此生化科技將是本世紀的主要科技，對人類未來的發展可望做出貢獻。生化產業就是指國家與企業運用前述技術體系，以獲得利益的活動總稱。

## 基因的功能

　　從細菌到人類，所有的生物都是由細胞所構成。大腸菌是由單細胞所構成的生命體，人類的細胞數量龐大，約有60兆個。細胞的基因具有兩大功能，其一為成長、增殖，也就是複製、繁殖DNA的功能，另外還有製造啟動細胞發揮作用的蛋白質的功能。DNA的複製、增殖主要是為了產生新細胞、促進細胞的生長，當細胞成長到最大極限時，就會合成蛋白質。

## 胰島素荷爾蒙

　　胰島素是一種眾所皆知的荷爾蒙，它也是一種蛋白質，具有降低血糖的功能。胰島素是由胰臟內名為朗漢斯氏（Langerhans）島細胞所分泌，當初由德國的病理學家發現。由於朗漢斯氏島細胞是零散分布在胰臟內呈球形或橢圓形的內分泌細胞群，因此才以「島」這個字命名。仔細觀察朗漢斯氏島細胞可將其區分為A細胞、B細胞、D細胞（還有PP細胞），其中只有B細胞會分泌胰島素。A細胞會分泌胰高血糖激素（glucagon），其功能與胰島素相反，能促使血糖上升。

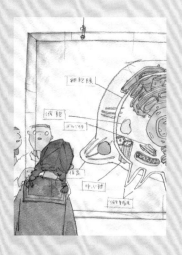

## 胃和眼睛不會分泌胰島素

　　人體的DNA不論在胃的細胞，或是肝臟、腎臟或眼睛的細胞內都一樣。為什麼只有朗漢斯氏島的B細胞才會分泌胰島素？為什麼在腎臟、眼睛不會分泌胰

島素？這些疑問都是分子細胞生物學研究的主題，在生化產業上也會成為未來競爭的焦點。答案是合成胰島素這種蛋白質的開關只有在朗漢斯氏島的B細胞才開啟，在其他器官的細胞則都處於關閉狀態。由於所有的器官都始於同一個受精卵，因此每個細胞的功能的開啟與關閉是如何控制更顯得非常神奇。在腎臟細胞中的DNA有一套控制系統，決定是否開啟構成腎臟酵素、特殊膜、過濾系統的蛋白質的合成功能，並將其他DNA功能全部關閉。眼睛也相同，在眼睛的DNA也控制著蛋白質的合成功能，只開啟眼睛所需的蛋白質合成作用。

## 四個字決定一切

構成DNA的含氮鹽基只有4種，分別為腺嘌呤（Adenine，簡寫為A）、胸腺嘧啶（Thymine，簡寫為T）、胞嘧啶（Cytosine，簡寫為C）以及鳥糞嘌呤（Guanine，簡寫為G）。地球上所有生物的DNA都有這四種含氮鹽基，毫無例外。蛋白質的合成就是由這四種含氮鹽基組合而成。進一步來看，DNA都是由3個含氮鹽基構成一組，再搭配一個特定序列的氨基酸。合成蛋白質用的氨基酸有20種，蛋白質是由數百個到數千個的氨基酸所構成。含氮鹽基雖然只有4個，但是含氮鹽基就像是「字母」，透過不同的搭配組合編排出「單字」氨基酸，再合成蛋白質這個「文章」。

## DNA無用的部分

說到生化產業，相信讀者對人體基因序列解讀完成的新聞記憶猶新。染色體組（Genom）是泛指基因中所含的訊息，進一步說，就是指細胞核中所有的染色體DNA。從含氮鹽基推算，染色體組約有10億特定序

列的氨基酸，能合成約一百萬種的蛋白質。但是能指定合成何種蛋白質，稱為「基因」的DNA只佔其中的十分之一，其餘九成都是非基因DNA，被謔稱為「垃圾DNA」(junkDNA)。雖然染色體組擁有能合成100萬種蛋白質的訊息量，但是人體染色體實際上只合成約3萬種蛋白質而已。對生化科技而言，人類雖然解開了人體基因含氮鹽基序列之謎，雖然達成了一項成就，但是同時也開啟了另一扇門。未來我們所面對的課題，第一是須從人體基因中區分出基因DNA與非基因DNA，了解基因DNA如何下指令，如何具體合成蛋白質等等機制，因此未來的路途還十分遙遠。

## 有效的蛋白質利用方法

和人類生命複雜的活動相比，其實3萬種蛋白質數量並不多，顯示人體對這些蛋白質的運用效率奇佳。如果蛋白質的運用規則是「一種器官一定與某種蛋白質有關」地井井有條，事情或許還簡單一些，但是事情未必如此單純。在我們日常使用的語言中，其實有許多看似相多卻不盡相同的文字，例如「ㄏㄜˊ」這個發音，可以寫作核、和、何、禾、河、盒、涸、合、紇、郃、

貉、閤、盍等，意思都不一樣。如果「ㄏㄜˊ」只寫作「核」的話，一定能讓外國人的學習輕鬆不少。但是正由於相同的發音可以寫作許多不同的字，因此對於慣於運用這種語言的本國人而言自然方便許多，更提升了語言的豐富性與效率。英語也一樣，「have」與「take」可用在很廣泛的場合，非英語系國家的人會對此感到非常迷惑，但是對英語系國家的人卻極為方便。人體的DNA與蛋白質應該像語言一樣具有很多意思，能涵蓋許多功能。這樣的多元性對身體而言是非常有效率而方便的功能，當然要解開其中的謎題也更不容易了。

# 可用於商業用途的生化技術種類
## 基因診斷〔醫療〕

基因診斷也稱為DNA診斷。基因診斷大致可分為3種類型，第一種是研究診療對象的基因，也就是狹義的基因診斷。這項基因診斷可檢查出診療對象身上的腫瘤基因以及其變化，也能檢查出診療對象可能感染的細菌與病毒，或者是細菌病毒的類型。隨著生化檢驗技術的進步，只要極少量的DNA就能進行人體的基因診斷。只不過對於所檢驗出的遺傳病等資訊，必須在法律上、倫理上採取適當的措施，以處理資訊公開的問題。

## 基因治療〔醫療〕

基因治療也稱作基因療法，其原理是針對突變的基因進行彌補，以治療遺傳性疾病，以及減少有害物質製造出異常基因。人類已經能針對許多導致遺傳病發生的基因缺陷，利用複製技術進行分析，並利用人工方式置換上正常基因。基因治療的基礎方法已經日漸確立，帶給血友病、癌症、肝炎、愛滋病或是成人病等疾病病患很大的希望。但是在如何將基因安全地置入體內，控制基因置入部位的方法等依然殘留的許多問題。目前，只有針對有生命危險的病患、沒有其他更有效治療方法的病患才採用基因治療。

## 生物複製技術〔主要運用在畜產上〕

複製技術分為受精卵的複製與體細胞核的複製，英國著名的複製羊「桃莉」採用的是體細胞核的複製方式。在複製「桃莉」時，先從乳腺細胞中取出帶有基因的細胞核，去除核然後植入其他羊的卵細胞內。之後將這個卵細胞放入代理孕母的母羊子宮內著床。換句話說，體細胞核複製羊「桃莉」沒有父親，卻有三隻「母親」，也就是提供乳腺細胞的母羊、提供卵細胞的母羊，以及提供子宮的母羊。「桃莉」的基因當然是來自提供乳腺細胞的母羊。受精卵的複製是將雄性與雌性交配後的受精卵在受精數日後，細胞分裂到16至32個左右時將細胞分割取出，移植到去除核的卵子內進行細胞融合，經過培養後使其在代理孕母的子宮內著床。

受精卵複製方式雖然有父親，但是與一般經由雙親交配所誕生的受精卵基因形態卻大不相同。所有分雌雄兩性的生物在誕生新生命時，新生命的基因一定來自父母雙方各一半。換句話說，我們在繁殖下一代時並不是將自己的基因完全傳遞給子孫。新生命會重組基因序列，這樣的重組其實對新環境的適應很

有幫助。而且百分之百承傳基因的體細胞核複製方式，由於體細胞核與細胞質來源不同，彼此的影響會產生問題，也存有風險。

目前日本已經實際應用牛的受精卵與體細胞的複製技術。複製比讓母牛與公牛交配懷孕更有效率，而且可以「大量生產」肉質良好或能分泌豐富優質乳汁的牛隻。不過，在現階段，市場上只銷售受精卵複製方式所生產的牛肉與牛奶。在加拿大、美國、法國情形都相同，市場上只見得到受精卵複製牛，還不見體細胞核複製牛。在2003年4月日本的厚生勞動省（相當於我國的衛生署）公布了體細胞核複製方式牛隻安全性報告書。統計顯示，截制2003年1月，日本各地處產試驗場誕生的330頭體細胞核複製牛當中，有30％死產，或出生後不久即死亡，病死的有17％，生存率約為43％。在日本尚未強制要求受精卵複製牛的牛肉或加工品在包裝上須標示「複製牛」的字樣，生產者可自由選擇標示或不標示。

## 再生復健治療〔醫療〕

隨著再生技術研究的進展，胚胎工學分子階段的研究也有長足的進步。一種稱作ES細胞（embryonic stem cell）的胚胎幹細胞只要放置在胚的環境中，就會逐漸分化成器官或組織。原本這項實驗僅止於動物實驗的成果，1998年美國首度利用人體的ES細胞進行實驗。ES細胞只要給予適當的引導，未來很可能就可以運用在內臟移植上。在利用人體複製技術上存在幾項嚴重問題。即使是以人工方式培養的人體胚胎，相同也是人類的胚胎，只要放回子宮去，就能培育出人類的嬰兒。人類胚胎可說是「生命的泉源」，把「生命的泉源」當作是製造組織或內臟的「工廠」使用是否恰當，牽涉到道德上的問題。而且ES細胞的培育程序其實與複製人的程序相同，只是採用其部分程序而已。其實只要有科學家有心發展，隨時都可以利用人類的ES細胞輕易地複製出複製人來。

基於這樣的理由，目前不僅是ES細胞的研究，從接受移植的人身上取下必須隻組織幹細胞（修護、維護所有組織與器官的特別細胞。最常見的就是能製造紅血球、淋巴球、白血球的脊髓造血幹細胞）的研究至今仍在持續發展當中。

## 基因改造技術〔農業、食品〕

在活體外（是指以人工方式利用試管進行）讓DNA分子結合，然後導入活體細胞使其複製的技術具有以下幾種應用方式。幾乎所有生物的基因都可以指定某個DNA片段個別取出增殖，然後將這個醫療、產業用的基因產物植入生物宿主內合成。人類將複製的D NA移到活體外，使其突變，觀察基因的結構與機能。這樣的技術例如改造除草劑的基因，使其具有殺蟲特性（也就是害蟲吃了這種農作物就會死亡）的技術已經實際應用在農作物與飼料上。

原本將基因改造技術應用在農產品、食品上，是為了解決糧食危機與飢荒問題，不是為了生產基因改造種子與配套銷售的除草劑，提高開發公司的利益。基因改造的種子受到專利的保護，禁止農民自行採種。過去農民的種子都是從栽種過程中採種，但是美國與加拿大等地的農民卻必須每年購買種子栽種。

目前美國栽種的基因改造農作物有大豆、油菜、玉米、棉花、馬鈴薯、

番茄、甜菜、南瓜等等。目前在日本市場上可合法流通的基因改造農產品有大豆、油菜、玉米、棉花、馬鈴薯、甜菜。以食品形態銷售的基因改造食品有大豆油、玉米油、甜菜油、醬油、奶油、豆腐、冷凍馬鈴薯（進口）、玉米粉等等。法律規定須清楚標示出是否為基因改造食品的有豆腐、洋芋片、玉米粉，因此製造廠商紛紛改用非基因改造原料製造。

基因改造農作物的安全性，是採用「實質同等性」方式作為審查基準。也就是說，從外觀、主要成份、性質來比較基因改造農作物與非基因改造農作物，觀察其間若大致相同，即判定為安全。日本厚生勞動省的安全性評價指針也採用相同的基準作為安全標準。問題是基因改造食品並未作長期食用的安全性檢驗，因此這樣的基準令人質疑。

基因改造農作物受到專利保護，不僅如此，其他開發、研究費用龐大的生化科技研究，開發公司的利益都受到專利保護。因此生化產業的取得專利競賽已經發展得十分白熱化，日本也在競爭行列當中。許多人認為基因改造食物具有危險性，而且不合理。例如原住民一向栽培食用的植物和藥材原本就存在於自然界，但是資本龐大的生化科技公司卻將這些自然界的基因資訊買下占為己有，因此很多人認為這種情形非常不合理。

參考：http://www.yasudasetsuko.com/gmo/faq.htm#1

## 單核酸多型性（SNPs；Single Nucleotide Polymorphism）〔醫藥品〕

每個人的身高、膚色、髮色都不一樣，這樣的個人差異其實只是少數幾個DNA的含氮鹽基序列配置的不同而已。造成差異的染色體佔所有染色體的約1%，若換算成數量，約在數百萬個左右。人類近來已經逐漸解開這類微小差異的謎題。鹽基以A-T配成一對，G-C配成一對，單一部位的置換稱為SNP（單核酸多態性）。在所有DNA上有許多置換就稱為SNP，加上s成為複數。

未來人類將可針對個人的基因差異，開發出客製化（針對個人特別製作）的藥品。例如有些人容易罹患某種病、某種藥物特別有效、某種藥物無法發揮作用，或者某種藥物會產生副作用等，都可視個人體質差異提供客製化的藥品，只是時間早晚的問題而已。在醫藥方面的應用，還可以利用基因染色體的資訊創造出基因藥品，但是目前包括SNPs在內，僅應用於有生命危險的遺傳性疾病上。

## 生物資訊科技（Bioinformatics）〔資訊業〕

這個字也翻譯成生命資訊學，或者生物資訊科學等等。它是將染色體的含氮鹽基序列資訊、蛋白質的構造、機能資訊等，利用電腦進行分析的一門技術。這是一門重要的學問，生物資訊學的優劣決定了生化產業發展的高低。但是這個領域非常缺乏人才。除此以外，生物資訊學的重要性看法也因人而異。有些學者認為，生物資訊學這門學問、研究領域除了因為生物學上的需求外，其實所研究出的結果只是資訊的累積而已。

以分析人體基因而著名的美國賽雷拉基因公司（Celera Genomics）以300

組串連好幾台超級電腦的分析設備來解讀基因。這類龐大的設備在日本的大學與研究所裡，幾乎都只設置一台而已，但是該公司卻使用了300台進行分析。採用這麼龐大的解析設備，自然會產生出堆積如山的資訊。這些設備一旦解讀完成人體基因後，由於當初引進時的成本十分龐大，當然也不可能將之丟棄，只能繼續利用分析。不管這些設備所解讀出來的資訊內容如何，為了建立這一套設備，當初就必須成立一個開發解讀方法的研究小組，自然而然就形成了生物資訊學的學門。不過這些解讀出來的資訊不是配合科學家需求一項一項篩選，而是由電腦程式解讀，所以其所找到的資料缺乏科學家憑直覺尋求的成份在內。目前對於堆積如山的資訊要如何處理尚無定論，但是這項計畫預計將持續好幾年，因此這些解讀設備目前依然在運作中，相信還會產生更多的資訊出來。

## 生化產業的未來
### 複製人是否合理？

生化科技的應用除了前述領域外，還有生物晶片（bio-chip）等生化科技應用在商業用途上。和生化科技的先進國家美國相比，日本的生化產業腳步依然十分落後，政府急忙扮演起產業界與大學間人材介紹的橋樑，編列預算並提出各種的輔導方案。當然這樣的做法沒有錯，只是生化產業的發展還殘留很多問題。首先是提到複製技術與基因改造農作物時，第一要務必須思考的道德、法律問題。在現階段，人類隨時都可能製造出複製人，基因改造農作物的風險也尚無定論。但是我們必須先思考複製的道德問題以及是否合理等等情況。

複製人不論從哪個角度來看都不合理。並非將足球明星中田英壽的基因拿來複製出11名複製人就能成立日本最強的足球隊。由於細胞核與細胞質的來源不同，在複製的過程中兩者之間很可能衝突發生問題。另外百分之百複製同一人的基因，而非取父母雙方各一半基因的方式，所製造出的複製人存在何種風險也是未定數。就算以龐大的成本複製出中田英壽的嬰兒，如果這個孩子在幼年腳受傷了，不能踢足球了該怎麼辦？這樣的機率當然不會是零。重點是，與其複製中田英壽選手的基因，還不如聘請優秀的教練，訓練出強勁的球隊，這樣成功機率還比較高。

### 生化科技的風險

複製牛、基因改造農作物都是為了供給糧食，和複製人的狀況不同，因此在某個層面還算合理。不過即使有些合理，它與核能發電相同，還不知道會出現什麼樣的風險。換句話說，將來可能會出現我們想都沒想到的意外狀況，現在也很難推論會帶來多大的災害。生化科技當然是生命科學的珍貴成果，為人類帶來夢想，期

待光明的未來。但是科技的進步必然伴隨著風險，但是我們也不能因為有風險就停止科學上的探索。最重要的是不要對生化科技存有幻想。若誤以為生化科技保證能帶來光明的未來就大錯特錯了。

## 結論1：生化科技的課題

　　生化科技還有一項重要的問題是，由於生化科技是在商業機制下發展，因此往往會輕視生命科學的「基礎研究」。正如本章開頭所提到的一樣，人類在20世紀後辦在分子細胞生物學上能產生突飛猛進的進步，是因為過去個別獨立的遺傳學、生化學、細胞學等的研究成果相互串連所產生。這些學門分別都擁有漫長的研究歷史，科學家們在從事研究時不是為了賺錢，而是基於「好奇心」，是為了解開疑問與謎題。在商業機制下為了賺錢當然沒有問題，但是當賺錢的潛力消失時，就喪失了研究的動機了。商業思考模式若只是以短期利益為最優先，2002年諾貝爾物理獎獎得主小柴昌俊教授很可能就做不出「微中子偵測器」（KAMIOKANDE）裝置了。在「以生化科技立國」的空洞呼聲下，我們該如何提高、延續兒童與年輕人的好奇心，創造生命科學豐富的土壤才是問題的重點吧。

## 結論2：如何進入生化科技產業工作？

　　要從事生化科技的工作須具備相當豐富的知識與技巧。進入國外的大學、研究所或研究機構學習是當然的選向。日本為了增加生化研究人員的量，已經建立了博士後研究的研究人員一年見習制度。這項計畫也稱作「一萬人博士後研究計畫」，但是這項計畫是否能具體為未來的生化科技帶來成果令人存疑。不論要進入民間的生化科技公司或要到大學研究所研究，都必須具備農業學、醫學、藥學、生化學、工學、資訊工學等範圍廣泛、深奧的知識與技巧。民營的生化科技公司，對具備農業學與醫學、藥學與醫學、醫學與工學等跨領域知識的年輕研究人員的需求也不小。

本文撰寫於2003年

**參考資料**
《新發生生物學》，木下圭、淺島誠著，講談社出版。
《分子細胞生物學辭典》，村松正實等編著，東京化學同人出版。

自然　其③　思考人類的身體與遺傳

# 其❹ 眺望雲朵、天空、河川和海洋

去遠足的時候，只要眺望雲朵的變化，就會覺得心情很好。雖然每天的夕陽都不盡相同，但每次都非常地美麗繽紛。經常在腦中思索著，颳起超級強風的颱風到底是在哪裡，又是如何產生的呢？

## 氣象預報員

從氣象廳所提供的各種氣象觀測資料，進行天氣預測。1993年相關法令的修正，使得民間也可以提供部分地區的天氣預報，因而產生了這個行業。除了天氣預報節目和氣象分析之外，依需求預告特定地點的天氣狀況，預測船舶航行的適合路線，對建設作業時期提供建議，預測活動所需的餐盒、飲水數量等等，氣象預報員展現能力的地方很多。在通過氣象預報員的國家考試之後，必須在氣象廳登記在案。考試資格沒有年齡、性別、國籍等限制，但對於大氣構造、熱力學、氣象現象等，必須有很深的認識與瞭解，也要有高度的計算能力，能夠將雷達、降雨（區域氣象觀測系統）等各種觀測資料，依需求目的進行加工。取得資格之後，一般都在民間的氣象公司等工作。

## 船員

登船在海上工作的人統稱為船員，在船上的具體工作分述如下：

### ●船長

船的最高責任者。

※在台灣，依中華民國〈船員法〉，指「受雇用人雇用，主管船舶一切事務之人員」。

### ●航行員

以船上甲板的工作為任務。一等航行員為甲板上工作的責任者，另有擔任輔佐工作的二等航行員等。

※依中華民國〈船員服務規則〉，指「服務於艙面部門之甲級船員。」

### ●輪機員

指揮監督船上輪機部門的工作。除輪機長為責任者外，另有一等輪機員、二等輪機員等。

※依中華民國〈船員服務規則〉，指「服務於輪機部門之甲級船員。」

### ●通訊員電信人員

使用無線電等器具，與外界通訊或通報氣象相關訊息等。

## ●其他船組員

為航行員、輪機員的下屬，擔任一般事務及廚務等工作。

其中船長、航行員、輪機員、通訊員等船上的職員，在日本依照航行範圍、船舶、主機推進動力的大小等，必須取得法定的海技技術員的資格。日本海技技術員的資格分為一至六級，適用的標準也規定得細密，例如，擔任總噸數超過5000噸的遠洋船隻的船長，必須有1級的資格，一等航行員就必須有2級的資格。出力600萬瓦以上近海區域船隻的二等輪機員，就需要有4級的資格，而總噸數超過20噸的沿海區域船舶的船長，就必須有6級的資格。參加國家考試時，應考人必須已經擁有相當的海勤經歷，此外，商船大學、商船專校及海上技術學校等養成機構的畢業生，可免考部分科目。

實際上，幾乎所有日本船員都是從養成機構畢業，進入船舶企業工作而取得資格的。此外，船長和航行員必須有一定的無線電從事人員資格，而且依照船隻種類的不同，有時也必須擁有其他資格。例如，油輪的主要職員必須有危險物品處理責任者的資格，而國際航海客船的船組員必須符合客船教育訓練完成者的要件。過去日本的海運隨著貿易的擴大而成長，但現在外國籍船隻增加，外國人船組員增加，日本海運的就業機會不再像過去眾多，但是只要是日本的船隻，船長等高級職員就必須擁有日本的資格，所以這方面還是經常有一定的人才需求。

※依中華民國〈船員服務規則〉，船員尚可區分為：甲級船員（指持有交通部核發適任證書之航海人員、船舶電信人員及其他經交通部認可之船員。）、乙級船員（指除甲級船員外其他經交通部認可之船員。）、實習生（指經交通部核准上船實習甲級船員職務之人員。）、見習生（指經交通部或當地航政機關核准上船見習乙級船員職務之人員。）

### 〝 台灣

台灣的航行員，會依航線總噸位區分為一等、二等、三等，每個等級中還會依職務區分為船長、大副、船副。例如一等航行員指的是「在總噸位3000以上，航行於國際航線；或總噸位10000以上，航行於國內航線船舶上，服務之艙面部門甲級船員」。而輪機員也依船舶主機推進動力分成三等，再依職務區分為輪機長、大管輪、管輪。各職級船員因所服務的船舶性質不同，須完成相應的專業訓練，如服務於「油輪」之船員便須

領有熟悉液體貨船訓練、油輪特別訓練等合格證書；服務於「客輪」的船員則須通過群眾管理訓練、安全訓練、旅客安全訓練、危機處理及行為管理訓練。在台灣想成為船員，應年滿16歲，以及接受航海人員訓練國際公約所規定不同職級應受的專業訓練。擁有健康的身體對船員工作非常重要，想當船員還須經過體格檢查合格並檢具相關文件後，才能領有船員服務手冊，正式上船服務，往後也必須定期通過健康檢查才能繼續服務。擔任船員，除了畢業自公私立大專院校航海、輪機或相關科系外，也有來自軍隊退役、漁船船員、船員訓練班等不同背景，或是應聘在船上擔任廚師、旅客服務等乙級船員職務。能在大海上遨遊、前往不同國家，是許多想當船員的人的夢想，但是長期無法與親友團聚、長程航行中的無聊乏味，以及在海上遇到惡劣天候的顛簸、危機，或是在某些公海遇到海盜的風險等，也需要有心理準備。但也因此，船員的薪資比起一般行業來說也優渥許多。一般而言，擔任船員的以男性居多，但近年來女性船員也有漸增的趨勢。（法規資料提供／交通部航政司）

## 潛水員

　　使用潛水器具在水中進行土木作業、打撈工作、海洋開發、環境調查、電視攝影等等。過去在日本多從事港灣建設的工作，但是日本的基礎建設已經告一段落，所以這類的工作在逐漸減少當中，因此有些人為了石油基地建設的工作需要而遠渡海外。職業潛水員必須有潛水員的國家資格，也就是取得執照。除此之外，從事越專門性的工作，就越需要別的配合實務的資格，例如港灣建設的潛水員需要港灣潛水技師的資格；使用纜繩搬運水中物品，就需要操作上捲機器的資格；在船上調節送氣給潛水員，就需要送氣員的資格。由於潛水員的工作多半危險性高，所以過去是高收入的職業，但隨著公共建設的減少，潛水員的工作和收入都在減少當中。

**❝ 台灣**

根據行政院勞委會規定，在台灣從事潛水相關職業必須領有各級職業潛水技術士的執照。而要參加勞委會所舉辦職業潛水技術士檢定，必須年滿18歲，經過中央主管機關核准之職訓機構認可之訓練單位發給養成訓練時數至少250小時或進修訓練至少須128小時之合格證明文件，訓練內容須包含「水肺及水面供氣潛水訓練」，並持有附設有潛水醫學科之公立醫院的合格健康檢查表。（王聰霖）❞

## 水中攝影師（相機）

　　為雜誌、書籍和廣告等進行水中攝影。多數是拍攝風景、水上活動等，以及和大海有關的照片。一般來說，他們都是在攝影學校和美術相關大學學習拍攝的技術，然後擔任攝影師助理累積經驗後獨立創業，或者向出版社、廣告公司毛遂自薦贏得工作。由於必須擁有潛水和攝影兩種技術，所以這個職業完全是實力主義的世界，收入也因工作內容的不同而有所差異。不只是技術和敏銳度，這個職業也必須有自我推銷的業務能力。現在從事水中攝影師工作的人很多，但有高收入的實在是鳳毛麟角。

## 台灣

在台灣並沒有教導此項技能的相關系所,較專業的訓練多出現在各專業認證潛水的課程中。台灣這類工作也多以工作室或個人方式接案,但目前此類需求並不多,故多為兼任,鮮少有人以此為專職。(楊騰宇)

## 水中攝影師(攝影機)

　　受電視台或節目製作公司委託,到海裡或河川裡進行水中拍攝。多數水中攝錄師是隸屬製作公司,有的則是獨立開業自由接受委託業務。但現在獨立開業前景不佳,所以這類的水中攝錄師通常另有一份工作,像是在潛水店工作等。通常工作困難度也較高,危險性也不小。除了無線電視之外,隨著電視多頻道化,水中錄影的工作需求應該會有所增加,但客戶方面卻有要求多樣化、預算減少的傾向,因此,如何在有限的預算經費內達到客戶的要求,這是成功的重要因素。

## 台灣

台灣從事水底攝影的攝影師,大多是原本就從事攝影的族群。因為水底攝影器材相當昂貴,保護攝影機在水底可以正常運作之機盒,售價大概是攝影機本身2到3倍的價格。目前台灣多以DV等級之器材從事水底的拍攝,而這類型的工作機會以電視台本身培訓之攝影師為主,也有一些業餘愛好者會自行拍攝。雖然台灣四面環海,但目前此類工作需求並不多。(楊騰宇)

## 潛水用品店

　　潛水器材的販賣維修、各種潛水相關執照講習,以及潛水觀光企劃及執行是其三大主要營業項目。從事這個行業的人,一般從在店裡工作、學習開始,之後再獨立創業。另一個方式是,從大學的海洋學院或以取得執照為目的的專科學校畢業後,再進入這個行業,但潛水的世界首重經驗,所以在潛水用品店累積工作經驗,瞭解海洋,對將來獨立創業來說,反而是一條較快的路。在日本,「C卡」是證明潛水能力的認定書,如果有「C卡」,在工作上較為有利。這個工作必須引導客人享受觀光和進行講習等,所以除了要有積極的服務精神和安全管理的能力外,更需要有充足的體力和毅力。只有夢想是無法勝任這個工作的。

## 台灣

在台灣並沒有教導此項技能的相關系所,較專業的訓練多出現在各專業認證潛水的課程中。台灣這類工作也多以工作室或個人方式接案,但目前此類需求並不多,故多為兼任,鮮少有人以此為專職。(楊騰宇)

## 潛水教練

　　為客人進行潛水技術指導和水中導覽等。從事潛水教練需要執照,除了潛水技術之外,也需要有救生技術和對危險魚類的知識。然而潛水教練的資格在

法令上並未統一，因教授團體的不同，取得資格的條件也不一樣。他們通常在都市的潛水學校，或是在位於潛水點的海邊潛水服務公司就業。淡季的時候，有時做些潛水員助理、定置網保養、船底清潔工作等副業。潛水是需要服裝、器材等花費的嗜好，所以經濟不景氣時學生會減少。此外，潛水隨時要有危險意識，有時一天要潛水多次指導經驗淺的潛水者，是非常費體力的工作。這是喜歡大海、熟知大海的人才能勝任的工作。

**台灣**

在台灣，從事此職須受過國際專業潛水認證課程。此工作須限制每天的工作時間，因為潛水後需要進行減壓的工作，讓身體排出殘存在體內的氮氣，屬於高危險的工作之一，因海洋變化所引發的意外事件時有所聞。目前在台灣，這個就業市場漸趨飽和，大多數的潛水教練會在潛水用品店靠行，或是自己開店。（楊騰宇）

## 養殖業

將青魽、紅魽等幼魚、牡蠣、海扇等貝類，以及海苔等海藻類養殖至一定大小後出售。把養殖業想成農業中的酪農和畜產就比較容易理解。工作內容依照「什麼樣的魚用什麼樣的設備來養殖」而有所不同，大致上可分為：使用像游泳池般的水池進行養殖的「陸上養殖」，以及在海中圍起水槽養殖的「海上養殖」。在實際作業方面，每天要在一定的時間分次餵養飼料，把長大的魚移往較大的飼養槽，檢查維修飼養槽等設備，確實掌握魚的數量等。此外，業者為了將商品賣得較高價位，進行品質管理，並配合顧客定貨條件出貨，甚至業者還必須擁有製造業和運銷的敏感性等。日本養殖業幾乎都是沿岸漁業的漁夫來養殖適合自己居住地區水域特性的魚貝類，大多是家族經營。要馬上能夠獨立開業進行養殖是非常困難的，一般都是先到養殖公司工作，學習養殖技術與經營方法。想獨立創業的人，必須加入當地的漁會，取得區劃漁業權。此外，這個行業的飼料、機械等技術革新日進，有人認為完全沒有經驗的人從事這部分的工作，比起漁業等其他工作，更容易上手。

**台灣**

台灣的養殖漁業主要分為淡水魚塭養殖、鹹水魚塭養殖及海上養殖三大類，由於地處亞熱帶，適合種苗繁殖，加上生產技術之研發與改進，使台灣可養殖之經濟魚種已近100種。在淡水魚塭養殖方面主要種類包括：鰻、吳郭、鱸及蜆等；鹹水養殖方面則包括：石斑、虱目、鯛類、

烏、鱸等；海上養殖則包括：淺海養殖及箱網養殖，其中淺海養殖以牡蠣及文蛤為主，而箱網養殖則以海鱺、石斑等為主。另外，觀賞魚之繁、養殖業亦頗為興盛。隨著時代進步，為了保障消費者的權益，無論國內市場或國際市場越來越重視「生產履歷」即消費者可透過產品上標示的追溯條碼（編號）查詢產品的來源資訊。為符合此一市場需求，養殖漁家對其平日工作，須一一記錄於「養殖工作日誌」，對於魚病防治也必須記錄「防治歷」，且其過程亦必須經過公正第三者之驗證及資料電腦化。此一制度使生產過程公開、透明，除了對消費者負責，維護其消費權益外，對養殖漁家而言，雖然會增加一些日常工作負擔，但相關工作資料紀錄建立完善，對其生產成本、風險控管、產品衛生品質改善與消費者的信賴也會提升，可謂生產者與消費者雙贏的良策。（吳天祥）

## 漁夫

捕捉魚貝、海藻類等，獲得收入。大致可分為遠洋、近海和沿岸等三種。

### ● 遠洋漁業

從數月到一年，長期在世界各海域單一地捕捉遠洋的鰹魚、鮪魚、魷魚等，使用的船隻有從數百噸起，甚至是數千噸的巨大漁船。相較於其他漁業，遠洋漁業收入多，但缺點是必須長期與家人分開生活。儘管這個行業頗受歡迎，但徵人的件量不多，沒有經驗的人要從事這個工作是有所困難的。由於必須長期航海，所以會特別注重工作人員的人際關係協調性。

**台灣**

指漁船在台灣200浬經濟海域外從事漁撈作業者，主要以鮪延繩釣、鰹鮪圍網、拖網、魷釣及秋刀魚棒受網等為主。我國鮪延繩釣漁船作業漁場遍布三大洋之公海水域，鰹鮪圍網則以集中在中西太平洋海域，魷釣漁船在西南大西洋、北太平洋及東太平洋漁場作業，部分之魷釣漁船於魷魚季節結束後前往北太平洋兼營秋刀魚棒受網之後回台灣整備漁船及漁具。由於，遠洋漁船船員必須長期在海上工作，國人從事此項工作的人越來越少，為免漁業人才斷層，政府對水產、海事院校或其他學校相關學科畢業生，或經職訓中心相關訓練結業者上漁船訂有獎勵辦法。（吳天祥）

### ● 近海漁業

主要在日本200浬水域內，使用拖網、圍網或棒受網捕撈.魚、鯖魚、沙丁魚、鰹魚、鮪魚、秋刀魚等。作業天數從當天往返到數週之久，依照捕捉魚種而有所不同。此外，站在保護資源的觀點，有的漁會設有大約2個月的休漁期間，從實際的工作日數來看，收入並不差。當然漁夫在漫長的休漁期間，可自由從事其他漁業或工作。

### ● 沿岸漁業

日本四周環海，在各地獨自發展的就是沿岸漁業。在日本稱為漁夫的，大部分是指沿岸漁業從業者。由於漁場近，所以基本上是當天往返。沿岸漁業和地區關係緊密，所以從事這項工作必須加入漁會，但除此之外，有的地方要有

一定的業績，或是必須居住在當地，限制相當高，所以外地人要馬上從事這個工作是有困難的。然而，定置網和撒網需要人手，所以船員的工作機會不少。

 台灣

係在台灣內水、領海及專屬經濟海域從事漁撈作業者，主要漁業種類有延繩釣、焚寄網、巾著網、鯖圍網、火誘網、一支釣、刺網、定置網、籠具漁業及娛樂（海釣或賞鯨豚）漁業等。作業時間從數天至當天往返均有，近年來由於漁獲量逐漸減少，主要原因除了海洋汙染、環境破壞之外，人為過度利用開發也是重要原因之一。為減緩資源之捕撈壓力，政府除了實施減船措施收購漁船外，亦獎勵休漁及朝休閒、觀光等多元發展。（吳天祥）

## 海女・海士

潛水採收海中的海產（鮑魚、蠑螺、九孔、海膽、海參等）、海藻和珍珠等。女性體質上皮下脂肪較多，所以從事這個行業的以女性居多，但近年來潛水衣普遍使用，所以男性海士也在逐漸增加。從事這個工作，必須加入當地的漁會，所以必須是當地或附近的人，或是因結婚等成為當地人的家人。一般來說，經過一年左右的見習期間，就可成為正式的海女或海士，但收入會因採收量和季節而不同，因此男性多兼任漁夫，而女性多是家庭主婦。有的人在都市工作過，後來回鄉繼承這個工作，所以目前這個行業人手是足夠的。此外，做海女的女性比較長壽，據說有的人年過80還在潛水捕撈。

 台灣

在台灣也有採集海產、髮菜和珍珠的海女和海士。雖然沒有規定要加入漁會，但從事者通常都是沿海居民，一般都是漁民身分。傳統的海女工作是在不使用氧氣筒的狀況下潛入海中採收海產，這項技術已逐漸失傳。無論是否使用輔助器具，由於潛水採收的危險性較高，採收到的海產單價也較高。目前珍珠多為人工養殖，加上大陸產的廉價海菜傾銷，單做潛水採集工作維生者並不多。（何曼瑄）

## 河川漁夫

在河川捕撈鰻魚、香魚、青河苔等為生的人。捕魚不但要瞭解魚的習性和活動模式，對於天候、潮汐等種種自然事項的相關知識也是不可或缺的。除了喜歡河川和魚之外，也要關心整體的自然環境。捕魚時有時必須長時間靜靜等待，所以除了體力外，也需要毅力。基本上，一般先和有經驗的漁夫一起捕魚，學習技巧，累積經驗，之後才能獨立作業，這至少需要4、5年的時間，所以要從事這個行業，必須有這個心理準備。捕魚時幾乎都會使用船隻，所以必

須擁有小型船舶駕駛員執照。由於環境破壞等影響，魚量減少，只以河川漁夫為業維持生計變得困難，事實上大多都有兼營農業等其他工作，因此全國河川漁夫的數量在減少當中。

※台灣目前尚有少數人在漁季時兼職以漁筏或舢舨在河川、湖泊或水庫捕魚。

### 捕鰻苗

台灣、中國及日本鰻魚養殖事業發達，但是鰻魚的種苗（鰻線）尚無法以「人工繁殖」取得，天然種苗是唯一的來源。鰻魚的習性是在海裡成熟產卵孵化為幼苗鰻線，鰻線有溯河洄游的習性，其生產季節在每年11月至翌年3月，洄游到河口，藉著漲潮的水流溯河而上。因此每年冬季鰻線到來時，夜晚滿潮時沿海漁民及漁家婦女會在河口附近設置定置網或以扒網、抄網撈取鰻線。由於台灣西部河川汙染嚴重，可以捕撈鰻線的地方越來越少，且鰻線的資源量不穩定，捕鰻線的漁家冒著冷冽寒風及惡浪在河口工作，當鰻線歉收時固然收入不好，但若豐收價格不好，也很無奈，這個行業除了必須捕魚經驗、熟悉環境及冒險犯難精神之外，多少得看天吃飯！（吳天祥）

### 台灣
### 漁業觀察員

為順應國際漁業組織對公海漁業資源使用與管理的需求，台灣已於2002年起建立觀察員制度，藉由觀察員之派遣，進行生物採樣並紀錄我國遠洋漁船海上實際作業漁獲資料，以蒐集正確統計數據及詳實生物資源，進行魚種體長測量，瞭解遠洋漁船作業動態資訊。（吳天祥）

### 台灣
### 魚貨拍賣員

又稱為「糶手」，是魚貨買賣雙方的仲介者，一位糶手的養成相當不易，其本身除須具有一定天份外，尚須3年以上的訓練才能「出師」掌握市場變化，經驗豐富的糶手能為買賣雙方建立公平交易平台，糶手拍賣魚貨能力會影響魚行或魚市場生意。優秀的糶手不但能為魚行或魚市場增加收入，也能因為供貨漁民的信任而有穩定的供貨來源。不過這個行業也因「電腦拍賣」的興起而逐漸式微。（吳天祥）

## 南極觀測隊員

留在南極基地內過冬並從事氣象等觀測任務。日本為配合1957至58年的地球觀測年，在翁吉爾島上成立了昭和基地，並派遣南極觀測隊持續進行對極光、宇宙射線、氣象、地形、冰河等觀測。到目前為止已派遣了43次組員，其中發現可用來預測地球環境破壞程度的臭氧層，便是日本觀測團隊的成果。日本觀測隊由各部會遴選，分為觀測組和營建組，每年約有60個名額。11月搭乘

南極觀測船富士號出發，其中約40名夏季隊於翌年3月返國，而其餘的則是在後年3月才返國的過冬隊。觀測組由氣象局或大學、研究所中的專業研究員組成。營建組則由機械、醫療、建築、電學、烹飪等專家或企業派遣人員組成。具備能夠在嚴苛的環境下活動的強健體魄和意志力，是參與觀測隊的必要條件。除了必須是各領域的專家外，更重要的是具有關心南極、想一探究竟的堅強意志。

### 台灣

南極觀測所費不貲，目前台灣並沒有南極觀測隊伍。但政府為了開發遠洋漁業，也曾有過南極計畫。1976年12月，台灣省水產試驗所派遣「海功號」，從基隆八斗子漁港出發，首航南極恩比海域，進行南極蝦漁場開發及生態研究，並準備在南極插上國旗。但卻因船隻設備完全不適合南極海域，成為一趟烏龍之旅，除了撈蝦什麼都沒完成。1977年3月，海功號人船和136噸的南極蝦安抵基隆港。此後數十年，再也沒有聽到有台灣船隻前往南極的消息。想前往南極從事研究，也可選擇赴國外進修，鎖定目標加入南極相關之研究計畫。（程嘉華）

## 經營登山小屋

日本的登山小屋多數蓋在山路中途，提供登山客休息及住宿之用。從30年前的盛況空前，經過時空的淘汰，目前只剩下有用的登山小屋，其他沒有用途的均已消失。登山小屋又稱 HUTTE（德文）。山腳下的觀光區裡雖有不少民宿任意使用HUTTE的名稱，但是已和原本保護山客性命的初衷相去太遠。一般經營登山小屋大多是愛山且安於山居生活的人，然而因為大多位於國有地、國家公園、縣府地內，因此今後已不可能新建小屋。基本上先造訪登山小屋，並受雇於小屋，將來再取得經營權是一般經營小屋的方法。愛山是從事這個行業的前提，如果同時又詳知動植物，且能預測山區

氣候，將更受登山客喜愛。除了必須耐得住孤寂的山居生活外，更須熱愛招呼照料登山客的起居；此外，也常得參與山難救援的工作。

### 台灣

台灣的山區之中，有許多提供給登山人士使用的登山小屋，通常這些山屋屬於政府單位（林務局及國家公園）所有。在這些山屋之中，有幾間會向登山者收取住宿費用，例如，玉山的排雲山莊等。能高越嶺的天池山莊，山屋皆設有莊主一至二名，除收住宿費用、管理山莊之外，更需要擁有維修山莊設施的能力，如此才能確保山屋的正常運作。前往這些山區登山的民眾如事先預定，莊主還可提供山行者登山時所需的伙食，省卻了上山前的食物準備時間以及背負糧食上山的辛苦。 在這些山屋中，由於位處高海拔山區，山區所需物資多半藉由人力背負而來，每逢冬季大雪，山屋氣候嚴寒，路面結冰使得危險性提高許多，對於這些山區工作的人來說，無

異又是另一項挑戰。所以山屋管理者不但需要具備強健的體魄，更重要的是登山技術必須達一定水準，如此才能應付惡劣天候時的山區作業。（林軍佐）

## 大樓外牆清潔人員

　　清掃超高大樓的外牆及玻璃窗。因為是乘坐吊籠移動，所以也被稱為吊籠職人。因為要搭乘高空昇降機工作，因此一定要參加特別安全講習。但是除此之外，不需要特別的資格，到清掃大樓的公司就職，從打工或是簽約社員身分開始工作。用像雨刷一樣的T型工作打掃大樓，接受吊籠作業的講習。三個月後應該可以從事基本的作業。當然，有懼高症的人不適合這項工作。最重要的是安全管理。依建物形狀，有時無法裝置安全網。每兩年舉行一次的「日本玻璃清掃達人選拔」大會，比賽擦拭玻璃的速度。地區預算中，前十名的選手可以參加全國大賽，競逐全國第一。考驗平衡感以及一定程度的技術，通常男性選佔多數，但當然也有女性選手。風強或雨大的時間無法工作，因此這是份在短時間決戰的工作。私人時間相較之下會比較多，是其優點。可以一邊訓練一面獲得薪水，因此有些登山者會從事這項工作。雖然是危險的工作，但是平均的時薪跟其他的工作卻幾乎沒有什麼差別。

### 相關職業

船務代理→P.67　　空服員→P.73　　經營民宿→P.79　　景觀設計師→P.120　　農業→P.123　　鵜匠→P.137　　獵熊人→P.137　　職業釣手→P.138　　在天文台工作→P.193　　風景攝影師→P.231　　製鹽師傅→P.283　　在葡萄酒莊工作→P.284　　冒險家・探險家→P.344　　山岳救難隊員→P.345　　自然解說員→P.346　　戶外休閒活動指導員→P.346　　滑雪指導員・滑雪巡守員→P.347　　靈媒→P.375　海上警察→P.395　　電影攝影師→P.432　　飛行員→P.449　　直升機駕駛員→P.449　　熱氣球操控員→P.459

自然

其④ 眺望雲朵、天空、河川和海洋

# 其❺ 觀看或實驗火焰與爆炸

去露營時，喜歡升起熊熊的營火。上課時，喜歡使用酒精燈等實驗器具，能遵守正確的使用順序與材料分量，看見固體、氣體與液體的變化就會興奮不已。

## 火山研究者

　　每個火山爆發的規模和形狀等都有所不同，連火山學者都難以推測每種爆發情況的種類。火山學的基礎在於置身爆發現場進行觀測。由於目睹火山爆發的機會非常少，所以即使有生命危險，只要有火山爆發發生，在瞭解風險的情況下，火山學者都會奮而前往。對他們來說，火山爆發的時候，就是發揮所學的機會。他們在大學會學習地質學，但與氣象學等相關的學問也非常重要。有些人專門研究地層滑動、水蒸氣等爆發時出現的現象。由於火山學者的觀測和預知，有時能夠救助很多人的性命，但有人也為了這危險的觀而喪失生命。

 **台灣**

台灣的火山不像日本、菲律賓或其他國家，已經長久不活動，不再具有危險性，所以台灣以火山研究為業的專家學者並不多。對於研究火山有興趣者，可以選擇就讀地質或地球物理，或出國進修，日後可以在國家公園或大學、研究單位任職。（蘇意茹）

## 消防隊員

　　日本的消防組織是由中央政府機關的消防廳、地方政府的消防本部和消防署，以及消防團所構成。消防團的成員平時各有自己的工作，但事件發生時會立刻趕往現場，所以大部分的消防工作是由地方政府下的消防本部和消防署所進行的。說到消防工作，立即聯想到的就是火災的滅火和消防車的出動。但除此之外，還包括各種災害對策及救難、火災等災害的預防教導及管制，以及防災宣導活動等，這些都是他們的主要工作。各地方政府各自錄取所需人員，以東京消防廳為例，徵人分為四類，以大學畢業程度為第一類，短大畢業程度為第二類，高中畢業程度為第四類。此外另有一專門類別錄取擁有法律、電氣、化學等專門知識的人。一旦通過考試，所有人員都要進入消防學校，第三專門類和第三類須修業9個月，而第一類和第二類是1年，並且可受領薪俸。在學校除了要學習消防的基礎知識、技術和訓練體力外，同時也要取得進行消防工作所必須的國家資格。消防學校畢業之後，會被分派到各消防署，經過一定的實務經驗累積，依照個人「想從事急救工作」、「想駕駛消防車」等志願，在實際工作成績的考量下，接受專門的研修訓練。培養專家的研修訓練包括化學、醫學、外語、直升機操縱等，總共有80多種項目。

 **台灣**

台灣的消防組織是由最高的消防指揮監督單位─即行政院內政部消防署，以及地方消防局、消防隊所組成的。一般的消防救災工作，是由地方消防局及消防隊來進行。要成為消防人員，可在高中職畢業

後，報考並就讀台灣警察專科學校消防安全科，或是就讀中央警察大學消防學系，學習關於法律、化學、地震學、消防理論、救助技術、危險物品處置等科目，畢業後報考消防警察特考3等或4等通過後，經由分發即可擔任消防員職務。（王聰霖）

## 煙火師

工作內容就是製作、施放煙火。通常在冬季期間進行煙火製作，而在夏季期間進行煙火大會的準備和煙火施放。從事這項工作的人，一般是在煙火製作公司工作，大部分是中小企業或家族企業，來自一般公司的公開徵才是很罕見的。製作煙火要經過許多程序，所有程序都是手工作業，而且需要有專門的技能。職業煙火師必須擁有日本煙火協會所頒發的資格，這是只有在煙火製作公司工作的人才能取得的。煙火師是處理大量火藥的危險工作，所以工作時必須隨時保持警覺。

**台灣**

現在台灣的所有煙火都是由煙火公司或舞台特效公司在設計製作及施放。根據爆竹煙火管理條例，施放煙火必須準備施放煙火申請書、登記或立案證書及負責人身分證影本、製造或進口商登記執照影本、施放清冊、施放場所平面圖、施放安全防護計畫、施放人員名冊及專業證明文件影本等證明文件。施放人員須領有爆炸物管理員證照，或通過政府的舉辦爆竹煙火監督人講習，並取得證照才能從事施放工作。詳情請參考政府公告法規中的「爆竹煙火管理條例」及「高空煙火施放作業及施放人員管理要點」。（王聰霖）

## 蠟燭師傅

以傳統方式一根一根的製作蠟燭。有人為佛事製作白色和紅色的蠟燭，有人製作茶事使用的數寄屋（茶室）蠟燭，也有人製作花繪蠟燭和巨大蠟燭等。要成為蠟燭師傅，就要以徒弟身分入門學習，據說要能做出作為商品出售的蠟燭，需要3年的時間，而要完全學成，最快也要10年的時間。從事這個行業的人，大多是繼承世代相傳的家業，因為在學習期間中所做出的商品賣不出去，是無法支付工資的。此外，即使學到了技術，只要不是代代相傳的家庭，由於沒有固定客戶，不成為繼承人是無法以此維生的。這個職業是需要忍耐力的，但另一面，也可享受保護傳統的樂趣。

**台灣**

傳統蠟燭工業雖然衰退，但另一種蠟燭製作卻在近年興起，只需擁有蠟燭原料、香精等加上巧思與創意，便能製作各式各樣的手工蠟燭，此手工蠟燭可擺置於客廳或臥室成為擺飾，也能點燃增添氣氛。若要學習這類的手工蠟燭，成為手工蠟燭老師，甚至開店販售自己的創意，可至坊間相關補習班或社區大學等學習此項技能，若再能擁有美術、香氛等基本概念，更能幫助你朝蠟燭師傅之路前進。（尹玫瑰）

## 特效人員

負責電視、電影、各項活動的特殊視覺效果。特別是裝置煙火、配合職業摔角選手登場時施放煙火等，不只要掌握住時機，在電視、電影拍攝時製作風、雪、雨等自然現象也是工作之一。在製造特殊火藥效果時，實際操作的人必須擁有煙火從事者的資格。這項資格是只有煙火公司所屬的人才能夠取得的，所以要從事這項工作，必須在以特殊效果為業的公司工作。

## 爆破技師

為了建築、開路或採石需要，利用炸藥等火藥在山林間開闢空間。在工作性質上，爆破技師必須熟知火藥相關知識及處理方法。在日本要取得爆破技師資格，必須通過安全衛生技術中心的考試。擁有豐富爆破作業經驗，在艱難的現場也能做出適當處理的資深爆破技師，是為人們所景仰的，他們的酬勞也是很豐厚的。

 **台灣**

目前台灣並無專業的爆破技術人員，要成為爆破人員，必須受主管機關、工程委辦單位、爆炸物製造、販賣業者或購買者推薦參加政府委辦的爆炸物管理員訓練，學習相關法規、火藥學、隧道工程爆破及作業安全、炸藥爆破原理及實際應用等合計130小時的各項課程，成績合格並獲頒結業證書後，並由聘用單位向中央主管機關申請，由主管機關頒給爆炸物管理員證，才可進行爆破工作。（王聰霖）

## 銲接工

將金屬溶合並接合的技術人員。在工廠以及鐵具組合現場、造船所等職場都有銲接工的存在。銲接工通常都以不自然的姿勢在工作，因此身體健康比什麼都來得重要。依指示銲接是最低標準，年輕人學習一年後可能辦得到，但從看圖面到判斷必要作業的獨立作業，至少需花三年的時間。日本銲接協會等會舉辦資格考試，而現在大企業也傾向聘雇有資格的人，但是中小企業則是比較重視技術，有沒有資格反而不重要。也就是說，有沒有資格並不是確保工作的必要條件。銲接工有一種「衰退行業」的感覺，或許是因為大半的工作已被機器人所取代。但是實際上，仍有許多銲接工作必須要有細緻的判斷力，一定要由人類來執行的工作。像這樣的情況，不論時代如何進步，都不會改變的吧。靠銲接的技術就可以一輩子衣食無缺的時代已經結束，但是銲接工的角色卻不會消失。

 **台灣**

銲接是極具技術的一項工作，目前台灣有手工電銲技

術士、氣銲技術士、氬氣鎢極電銲技術士，三種國家認證的證照可供考取。對銲接工作有興趣者，可經由傳統的鐵工廠，以師徒傳授的方式技能，或就讀各級院校之機械等相關科系學習，而勞委會所屬各地職訓中心，也有開辦銲接課程、證照班可以報名學習。（蔡承恩）

## 臭氣檢測人員

依日本惡臭防止法所設立的國家資格職位，調查惡臭的原因、實際情況、檢測的工作。到2009年3月為止，共有3100人從事此工作。日本社團法人「臭味・香味環境協會」所舉辦的資格考試以及嗅覺檢查，通過的人則可獲得資格。從居民向政府單位投訴的惡臭地點進行調查。採集臭味、取得一般人對此味道的意見，再將其結果數據化的工作。不需要特別敏銳的嗅覺，測定的技術以及對味道的相關知識反而更為重要。以往對於工廠以及家畜的味道的陳情案件特別多，但現在則是多集中在烤肉店以及蛋糕店，活動的機會也大為增加。這項工作幾乎沒有個人活動的空間，幾乎都是到臭氣檢定的專門公司、除臭裝置的專門公司以及臭氣測定器開發公司等就職。

 **台灣**

台灣目前無類似工作，臭氣或廢棄的檢測，目前是由各地方政府環保局所屬的環保稽查隊所負責。可透過考取國家考試中的「環保行政」，進而成為公務體系中的稽查員，但目前有許多稽查隊員，亦是由約聘方式雇用。（蔡承恩）

## 稀有金屬挖掘與銷售

稀土（稀有金屬）指的是鎳、白金等約三十種類的金屬。有很多是在採集銅以及金等非鐵金屬的過程中採掘出的副產品。多使用在行動電話以及數位相機等高科技產品上，需求急速增加中。希有金屬的貿易除了綜合商社以外，還有專門商社在經營。希有金屬的貿易，比起礦物以及地質學的知識，更重要的是要有經濟學的知識以及做生意的交涉能力，以及精通多國外國語的語言能力。此外，埋藏地點若是位於邊境，多是治安惡化區域，要有國際情勢理解的情報資訊網，具備察知危險的能力。近年來，手機以及數位相機以及電腦等產業廢棄物在內，可回收抽取出的稀土，而被稱為「都市礦山」。日本的「都市礦山」就藏有全世界1%的稀土含量。但是，要回收抽取的成本相當高，要將其產業化並不是那麼容易的事。

---

### 相關職業

針灸師→**P.157**　金工師→**P.264**　壓力機操作員→**P.265**　板金工→**P.266**　主廚→**P.278**　麵包師傅→**P.280**　珠寶設計師→**P.302**　魔術師→**P.339**　機關車運轉士→**P.**　熱氣球操控員→**P.459**

自然 其⑤ 觀看或實驗火焰與爆炸

# 火焰的魅力與魔力

村上龍

　　對於原始時代的人類來説，火是珍貴的工具，也是文明建構的第一步。火是人類最早取得的能源，用來調理食物、製作土器、加工鐵類物品、驅離危險動物、讓人類免於凍死，並且在夜晚的黑暗中創造出人工的視界，刺激人類的想像力。能夠生火和控制火，使人類發展產生了急速的進步。也許是當時的記憶還潛藏在腦中，當我們看到火焰時，有時會感到安心，有時會感到興奮。只有人類看到煙火會覺得美麗、感到興奮，貓狗等則是害怕。

　　然而，火焰是種能源，如果無法控制得宜的話，就會釀成事故和災害。火災、爆炸事件、火山爆發等，都會為我們帶來重大的損害。我們並不是以戲謔的態度將消防員放入「喜歡火焰和煙霧」這個項目中，而是因為消防隊員完全瞭解火焰和煙霧的魔力與危險性。如果對火焰和煙霧沒有深切的瞭解和敬畏的意念，是無法勝任消防員的工作的。一味地厭惡火焰煙霧的人，是無法面對火災和災害的。

　　火焰煙霧和消防員的關係，就象徵人類與職業的關係。換言之，喜歡火焰煙霧的人是不會變成縱火犯的。喜歡是種渾沌複雜的感情，消防員的工作是滅火，但在發生大規模森林火災和儲油槽火災時，為了防止延燒，消防員不單只是滅火而已，還要去除草木，或利用強風吹散火苗，也就是要控制火焰和煙霧。縱火犯不會想要控制火焰和煙霧，他把自己和破壞性的火焰煙霧同化，藉以獲得不正常的快感，那是由於其對火焰和煙霧所具有的能源產生依賴。

　　有了喜歡的感情，首先會想去進一步瞭解喜歡的對象，然後才會想要加以掌控。如果是喜歡上像火焰這類屬於能源的東西，想進一步瞭解的人也許會成為能源的研究者、技師、火山學者等，而想掌控能源的人也許會對消防員有興趣。喜歡火焰和煙霧的縱火犯是不存在的，因為對某種擁有大能源的東西產生依賴的人，只會逃避面對自己的慾望，就算不是火焰和煙霧，任何可以依賴的東西對這種人來説都一樣。

　　　　　　　　　　　　　　　　　　　　　　　　　　本文撰寫於2003年

# 其❻ 觀看或憧憬星辰、宇宙

只要看到星星閃爍，就會覺得心靈很平靜。用天文望遠鏡觀察夜空數小時，也不會覺得膩。若能搭乘太空梭或是前往太空站，無論是要進行再怎麼嚴格的訓練，也絕對辦得到。

## 太空人

　　目前，包括日本在內的16個國家正在共同進行「國際太空站（ISS）」計畫。因此目前太空人的主要工作，是太空站建設材料的運送，以及太空站的組合建設。當然，同時進行的還有製作蛋白質結晶等各種實驗。目前太空梭通常可在太空停留一兩個星期，但ISS完成之後（預定2008年完成），太空人可長期停留在太空，繼續進行天文學、生命科學等相關實驗研究與技術開發。在日本，是由宇宙航空研究開發組織（JAXA）與美國及俄羅斯等國合作，進行太空人的招募與訓練。截至2003年，JAXA旗下的太空人有8人，他們接受宇宙空間模擬和求生等訓練，在日本和NASA從事地面業務，同時等待太空飛航任務。徵

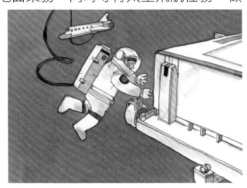

人條件是大學自然科學科系畢業，並有3年以上研究、設計、開發的工作經驗，但1998年ISS計畫所招募的太空人只有3人，這是非常難通過的窄門。基本上會和別的國家的太空人共乘美國的太空梭或俄羅斯的聯合太空船（Soyuz），所以為了能夠順暢溝通，必須學習英語。

### 66 台灣

國際航空聯合會（FAI）對「太空飛行」的定義是超過地表100公里處的飛行方能稱之；截至2006年10月為止，有來自35個國家共448人符合太空飛行資格。但目前具有載運太空人能力的國家僅有俄國、美國以及在2003年首度載人進入太空的中國。台灣目前未直接參加任何太空人相關計畫與訓練。因此在台灣若想成為太空人，必須至國外學習。其中王贛駿為首位進入太空的華裔太空人，他於1985年4月29日乘坐挑戰者號太空梭進行7天的太空飛行，並進行零重力下液滴動態行為的物理實驗。而張福林曾經上太空7次，是目前上太空次數記錄最多的人之一。（李瑾）99

## 在NASA工作

　　NASA就是美國太空總署，它是世界宇宙開發的中心，設立於1958年，同年NASA就成功發射人造衛星開拓者一號。除了華盛頓本部之外，美國國內還有甘迺迪太空中心、詹森太空中心等九個中心，職員約有2萬人。除此之外，特約的職員有15萬人。說到NASA，就會令人想到太空人，這裡約有100名太空人。此外也有許多人在進行太空計畫的各種相關研究開發。基本上NASA的正式職員是美國的公務員，但日本人也是有機會在NASA工作。一種是以特約研究者的身分受聘前往NASA工作，雖然人數不多，但有些人是在日本的大學學

習航空宇宙學之後，赴美留學，再進入NASA研究，貢獻所學。另一種是在日本的宇宙開發機構工作，再以派遣的方式前往NASA。NASA在各種不同的研究領域與各國的宇宙開發機構建立合作關係，由於冷戰結束和經費的限制，宇宙開發可說已經進入國際分工體制的時代，「國際太空站」正是最典型的例子。日本的宇宙航空研究開發組織與NASA之間，最主要的合作計畫就有十個以上，所以相關的研究者、開發者非常有機會到NASA工作。另外，宇宙航空研究開發組織每年都會錄用數十人的大學畢業生，也會隨時錄用宇宙工學、理論物理等各種領域的專家。

### 台灣

台灣目前只有透過國際科學研究計畫間接與NASA合作，但不少台灣籍的研究人員在美國留學後，直接應聘於NASA工作。台灣目前主要負責太空計畫的單位為位於新竹的財團法人國家太空中心，其前身為1991年成立的太空計畫室籌備處，擁有實驗室與衛星偵測廠房，可提供衛星在太空環境的模擬測試。目前主要發展目標為建立完整衛星技術能力,進行尖端太空與天文科學研究及推廣衛星應用等。太空中心已製造發射3具福爾摩沙系列衛星。1999年發射的福衛一號為科學衛星，目的為電離層電漿測量、海洋水色照相、及通訊實驗等實驗。福衛二號為遙測衛星，提供高解析度光學影像。福衛三號為6枚氣象微衛星，可建立全球大氣量測網。由於國家太空中心兼具衛星研發、製造與推廣及科學研究，因此需要的人才廣泛，除了專案科學家之外，電子、控制、電機、機械、通訊、資訊等領域人才，都有相關工作機會。（李瑾）

## 在天文台工作

在國立天文台等天文機構，以紅外線、電波等各種波長，觀測天體，同時解析觀測結果、調查其性質及形成。此外，精密地測量天體的位置，運用大型計算機，進行解開宇宙之謎的理論研究。日本國立天文台約有職員300人，其中近半數是從事天文學研究活動的教授、副教授、助教等研究者。另一半是負責觀測機器的設計、運用等，國立天文台所有的研究開發技術部分的技術職員，以及負責設施管理、公關的事務職員。研究者需要取得碩士或博士學位，基本上會公開招募錄用。技術職員和事務職員因為是公務員，所以在通過公務員考試之後，從希望在國立天文台工作的人當中選取。此外，由縣、市、鄉、鎮所經營的天文台在日本約有300個，但多數地方行政單位認為天文台只是和天文有關的社會教育和普及活動的一環，擁有達到研究程度設備的天文台少之又少。工作內容和錄用狀況是由各地方行政單位自行決定，數學和英語的學習不可或缺，另外持續對天文保持興趣與研究慾望，也是非常重要的。

### 台灣

在台灣，最主要研究天文的單位為中研院天文及天文物理研究所籌備處，目前擁有職員約百名。其中近半數是專任研究員，包括研究員、副研究員、助理研究員與博士後研究員等。博士後研究員必須擁有天文物理相關博士學位，助理研究員以上更需要優秀研究成果與論文發表才有可能獲聘，要求相當嚴格。中研院天文所所址在台北，但參與相當多國際合作計畫。因此，

觀測天文台與工作地點遍及世界各地。主要地點包括玉山附近的中大鹿林天文台、夏威夷、智利等。因此，研究天文也是邀遊世界的好機會。此外可於中央、台灣與清華大學的天文研究所、師大地球科學所、成大航太所攻讀碩士、博士學位，這些單位也提供教職與博士後研究員等工作機會，而各校物理系如成大、淡大等也有天文研究計畫，也能提供專業天文學家研究的機會。（李瑾）

## 在天文館、星象館工作

　　從事這項工作的人，是在科學館和博物館裡的星象館解說宇宙和天體的相關知識，被稱為天文解說員。製作館內播映的節目，也是工作之一。如何收集並宣傳天文界季節性的話題，也是天文解說員展現能力的地方。他們的任務是以淺顯易懂、引人入勝的方式，將星球的知識傳達給民眾，所以從自己工作中不斷體驗出感動與喜悅，是非常重要的。星象館所使用機具的改良演進也是日新月異，如果能夠擁有維修這類機具的技術，那更是如虎添翼了。每個星象館的錄用條件不同，公立或私立也會有所不同，通常是不需要特別資格的。但是有的地方會提出需通過博物館員國家考試的資格限制，所以擁有這類資格是比較有利的。有時天文雜誌或學會通訊會刊出徵人廣告，但通常一個空缺就會有數十人來應徵。事實上，天文解說員的職缺幾乎都是靠友人的引薦來填補的，所以必須努力在天文迷中建立良好的人脈。

 **台灣**

台灣主要天文推廣教育單位為台北市立天文科學教育館，成立於1996年，其前身為圓山天文台。台北天文館擁有三層樓的天文展示場，提供天文模型、教具作為主要天文教學場所。台北天文館員工約八十名，除一般行政與機電維護人員之外，近半數為天文教學人員。工作項目包括天文解說、星象教學與製作、戶外與室內研習活動、新聞發布與特展規劃等。在這裡主要教育對象大多數是學生，少數是一般社會大眾，因此能以輕鬆生動方式傳達天文知識，是非常重要的。一般來說，進入天文館工作有兩種途徑：一為參與天文職系公務員考試，如高普考、特考等；另一方式為教育人員。教育人員可直接由天文館聘任，但須具有天文、物理等相關科系碩士以上學位。此外，台中自然科學博物館也有天象儀與少數天文教育展示，聘任方式與台北天文館相似。許多中小學也有小型星象館，不過工作人員多為學校教職員兼任，所能提供的工作機會不多。（李瑾）

## 西洋占星師

　　找尋太陽、月亮，以及太陽系中九個行星的位置，為客人讀解運勢。這有西洋占星術、印度占星術、東洋占星術等各種流派。工作方式也是各式各樣，有的人擁有自己的工作室，有的人是在街角、百貨公司樓層為客人占卜，最近也有越來越多的人是利用電話和網路來工作。有的占星術師常在雜誌、電視等媒體上出現，頗具知名度。要成為占星術師，首先要選出自己想專攻的占星術，再來自己學習，或到算命補習班上課，或跟著喜歡的老師學習，或是接受外國函授教育課程。這方面用日文寫成的文獻還很少，尤其西洋占星術的正式

文獻幾乎都是英文的，所以英語能力不可少，此外，當然天文學的知識也是不可或缺。

## 台灣

台灣的西洋占星術師，大多是找算命老師上課直接學習。這類大多採小班制教學，也有些人透過英美等國的占星學院函授或網路課程學習，學習年限不等，完整占星課程至少需要數年時間，有意當占星師者必須有耐心花長時間鑽研。學成後每次替客戶算命的收費自千元到上萬元不等，端賴占星師的名氣而定，占星內容通常以解析客戶個性為重點，透過認識個性的優缺點，來改變未來運勢方向。台灣有的占星師也會定時在咖啡店或茶館中為客戶占卜，雙方互蒙其利，也成為店家召攬顧客上門的另類方法。（佛洛阿德）

## 天文雜誌編輯

　　企劃以天文、星球為主題的雜誌內容，並進行採訪、彙整。要成為好的天文雜誌編輯，必須對天文的世界擁有廣泛的知識，再從中企劃出引起讀者興趣的內容。因此，比起詳知天文知識、擁有編輯經驗，能操作望遠鏡、參加天文愛好會等，實際的經驗會比較有幫助。此外，觀察星象、舉行活動大多是在遠離人群、天色黑暗、空氣清澄的地方，不在意工作場所「又冷又暗又不方便」也是編輯所需具備的資質之一。

## 台灣

在台灣，由於觀星人口不如日本、美國眾多，因此僅有一份天文雜誌－《觀星人》月刊，且編輯人員皆為兼職。《觀星人》自1999年創刊，目前為雙月刊，是份小而精緻的雜誌。此外，有些科學雜誌如《科學人》雜誌、《國家地理雜誌》，或教科書出版社等，也能提供天文或科學編輯工作機會。（李瑾）

### 相關職業

經營民宿→**P.79**　氣象預報員→**P.175**　南極觀測隊員→**P.182**　經營登山小屋→**P.183**　冒險家‧探險家→**P.344**　電影導演→**P.429**　繪圖師‧SFX動畫師→**P.439**

# 學問本來就很有趣〔其2：天文學〕

村上龍

自古以來，對我們來説，天體、宇宙是帶有無限魅力的，因燦爛的太陽、夜空的星星和廣大的宇宙一直刺激著我們的想像力。宇宙一直是個迷人的謎團，基本上這到現在也沒改變。天文學自古以來就是一門學問，例如，世界最古老的星座表、星座圖，是在西元前147年由希臘的天文觀測學者希帕羅可斯所製作的，他在當時所使用的技法，到現代也為人們所運用。此外，古代的人們將天體和神話做了連結，他們為了天文觀測和信仰所建造的建築物，至今仍被視為遺跡保存下來。

比起現代的天文學，古代的天文學感覺上更廣為人知。説起對天文學者的印象，人們腦海中浮現的可能是用望遠鏡看星球的人。但現代的天文學不只是用望遠鏡眺望夜空而已，更要研究宇宙如何誕生、天體和銀河如何形成、生命如何創造，解開宇宙進化和歷史的迷團。現在這已漸漸成為一門稱為宇宙論的學問。大概在20年前，在研究宇宙誕生的時候，必須借重物理學，也只能做出「宇宙應該是這樣誕生的」的預言性理論。

但是，隨著電波望遠鏡、人造衛星、電腦等尖端科技的進步發達，現在已經可以將理論對照實證資料，將理論印證在實際存在的東西上。例如，美國的理論物理學者賈莫夫曾在1946年提出宇宙是從火球誕生的學説，這在當時只不過是充滿預言意味的理論，但與現代尖端技術所得的各種觀測資料來對照，漸漸發覺兩者可得到一致的印證。由於電子顯微鏡等科學機器和電腦的進步，就像生物學在分子層面的飛躍進步般，天文學也獲得突飛猛進的發展。

過去在宇宙論的領域中，理論大多是無法以資料來證實，而且許多研究是由退休的名譽教授所進行的。但是現在不同了，現在許多有衝勁的年輕研究者都在著手進行宇宙進化的研究。現在用電波望遠鏡可以照出30萬年前宇宙的樣子，現在已經是可以實際驗證理論的時代了。此外，初期的宇宙被瓦斯氣體所包圍，所以呈現朦朧的狀態，即使使用電波望遠鏡也看不到，但據説使用重力波的話，或許能夠拍下創成期宇宙的照片。也許也可找到生命體如何誕生的答案。

在日本，國立天文台和大學的研究機構合作進行宇宙進化的研究，在大學還是以理論的研究者居多。主要的研究是以電腦製作出虛擬環境，探索星球誕生、形成銀河的過程。國立天文台方面，主要是運用例如在夏威夷的「速霸陸望遠鏡」等進行觀測，以獲得相關資料。他們想以理論結合資料，來解開宇宙謎團。他們於2003年運用「速霸陸望遠鏡」發現了許多新事物，例如在短短大約一個月的時間之內，發現在距離地球128億光年的地方有銀河存在，也確認了木星、土星的18個新衛星，另外也在宇宙誕生的研究上有了多項發現。對於對宇宙和星球抱持嚮往和夢想的13歲孩子來説，現在可説是最好的時代。

本文撰寫於2003年

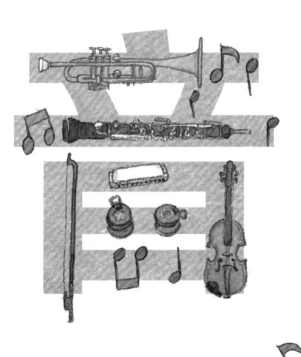

# 其❶ 唱歌

音樂課還要等好久好久。好想用更美的聲音，唱出更正確的音律。合唱跟二部合唱都很有趣。歌曲，可以讓人遺忘悲傷的、令人討厭的以及寂寞的事情。

## 歌手

在人類歷史裡面，歌手和舞者可以說是最古老的行業。我們在快樂高興的時候，或者是傷心寂寞的時候，都會不知不覺地哼起歌來。歌曲是最基本的情感表現，專業的歌手，不管是爵士樂、搖滾樂或是其他類別的音樂，都會以聲音與歌唱實力來慰藉我們的心靈，並給予我們勇氣。歌唱的實力可以在學校裡接受訓練而逐漸進步，但是聲音因為是天生而來的東西，所以並不是所有的人都可以成為歌手。自己單純地想成為歌手的人較少，大多數的人都是因為得到周圍人的肯定，再接受他們建議與支持後成為歌手。當然，音樂方面的素養也很重要，是否能具備讓許多人聽得如癡如醉的天生歌喉也是很關鍵的因素。

### 台灣

在台灣喜歡演唱的人，最常演出的舞台就是live house。有興趣唱歌的人，可以在學校或者訓練班接受歌唱訓練，或者尋找志同道合的朋友組成樂團，勤加練習，並且尋找演出機會。（鄭鏗彰）

## 寶塚歌劇團

只限未婚女性參加的歌劇團，團員區分為「男角」以及「女角」的角色扮演。專用劇場有寶塚大劇場（兵庫縣寶塚市）和東京寶塚劇場（東京都千代田區），以在專用劇場的公演為中心，全國各地都有熱烈支持的歌迷。參與舞台演出的都是寶塚音樂學校的學生以及畢業生，分為花、月、雪、星、宙五個組，以及可以參加其他組別演出的「專科」。公演時，外面的演員不可以參加，學生和團員也幾乎不會去參加外面的舞台及電影的演出。不過，一旦從當家明星身分退團之後，大多活躍於舞台、電影以及電視。寶塚音樂學校的招生名額約40人。考試分為面試以及聲樂和芭蕾舞的術科。應試者經常多達招生名額的二十倍之多，錄取率相當低，其難度之高甚至被稱為「東邊的東大、西邊的寶塚」。考試資格是必須要「容貌端正秀麗，符合寶塚歌劇團舞台的需求」、「今年春天從中學畢業、高中在學或是高中畢業」。預科以及本科各為1年的音樂學校課程，畢業後可以進入劇團。入團之後馬上就是「研究科1年」，之後再有2～7年的研究科，研究科第八年之後，成為跟劇團簽約領有年薪的演藝人員。所有成員均為未婚女性的歌劇團，可說是全世界絕無僅有，而靠著演員‧歌手‧舞者的公演就能維持的劇團，在日本也只有「寶塚歌劇團」以及「劇團四季」而已。

## 劇團四季

劇團四季裡，沒有「超級明星」。雖然主要的演員都有熱情的影迷，但是並沒有可以具備號召觀眾能力的演員‧歌手以及舞台。而這有著很大的意義。就是，不需要依靠明星，也能維持營運。更不需要靠超級明星去演電影、電視劇或拍廣告，用收入來貼補劇團的營運。劇團四季只靠公演，就可以支出演

員‧舞台工作人員、營業及宣傳等全部的營運費用。擁有自己的戲院、與企業的合作、當地政府的共同合作，在合理的經營下，是相當成功的事業。

不製造明星，劇團成員的演技‧歌唱‧舞蹈等水準卻是壓倒性的高。劇團的營運不只是屬於優良企業，淺利慶太所確立的舞台演出是相當正統的。所屬的演員約有700人，全員的演技、歌唱、舞蹈都是受到正統訓練的專業劇團。團員的選拔方法是依試鏡結果而定，參與試鏡的有在國外芭蕾舞團累積很久經驗的人，也有在藝術大學學習聲樂的畢業生，程度相當高，但採用率卻相當的低，非常困難。不過即使試鏡未過關，但被認為未來可能性高的人，也可以以研究生的身分入團，免費接受各種課程訓練。

劇團四季的試鏡不定時舉辦，分為歌唱部門、舞蹈部門以及演技部門。也有一些是其他經紀公司或是其他劇團的成員，但參與劇團四季的舞台演出的契約藝人。歌唱部門分為古典和通俗，除了音樂大學畢業、聲樂、歌劇等部門活躍古典系歌手外，不分爵士、流行樂、搖滾等類型，依其實力募集。舞蹈部門部分，雖然古典芭蕾是基本要求，但也募集現代舞、當代舞蹈、爵士舞等各種類型的舞者。演技部門不限於新劇系，招募小劇場出身的演員或是自由演員等有豐富演出經驗者。劇團四季不只有音樂劇，也演出沒有歌、舞表演，而是有台詞的傳統舞台劇，因此需要有演技的演員。要成為正式的劇團員得經過激烈的競爭，擔任主角的演員也會經常面對來自下面演員的挑戰，是徹底的實力主義劇團，新人也有贏得主角的機會。不問年齡、性別以及國籍，劇團也有來自中國、韓國以及歐美等外國籍演員。歌唱部門以及舞蹈部門設有募集研究生的研究課程，但是要及格也非易事。劇團員的報酬並不是一般的薪水制，而是依演出的角色所簽訂的契約而定的成果主義，採年薪制。演出次數多的主角，年薪也可達千萬。而劇團四季的試鏡資訊都會公開在其網站上。

## 歌星

在人生的某一個階段，活躍於流行音樂界的人，包含一些偶像藝人。有人可以在有名氣的唱片公司之下出道，開始他們的歌星生涯，也有一開始在獨立的小唱片公司出道的創作歌星。不過，基本上並沒有很大的差別。對於古典音樂家、舞台演奏家或是專業歌手，一般都非常要求他們的演奏能力與歌唱能力，但是對於歌星來說，要求的完全是其他的才能。詳盡說明他們的才能是有點困難。說得過份一點，在日本的流行音樂界，就連五音不全的人都可以出唱片，而且也會大受歡迎。不會填詞譜曲，甚至臉蛋不帥、矮個子、沒品味、個性差的人，也可以成功地成為歌星。雖然說歌唱得好，長得帥，品味與個性都很好的話，這是再好不過的事。但是，光憑這些條件進入演藝圈，也未必能成為歌星。能不能成功的標準非常模糊，是一種挑戰性高，風險也高的職業。以音樂家

或是表演藝人自稱的歌星當中，真正僅靠音樂謀生的不到100人。

進入演藝界的方式，有參加試鏡、到唱片公司毛遂自薦與在表演現場被星探發掘等。毛遂自薦的人當中，99%都會無功而返。評判的基準是聲音、曲目和長相，演奏方面則比較不重視。但是，如果真的演奏能力相當出色的話，有可能轉為擔任舞台演奏家。不過，就算運氣好被發掘成為歌星，如果唱片銷售量不佳的話，就可能被當作廢棄物一樣處理掉。出道2到3年後，能不能繼續在這行業中生存，或者被淘汰掉，完全都是以生產量來決定。去留的基準就在於唱片的銷售量與參加演唱會的歌迷人數。也就是説，完全是以是不是受歡迎、製作公司與唱片公司能不能賺錢來衡量一切。歌星所須具備的除了音樂的才能之外，也要有那種令人覺得光彩炫目的青春特質。此外，還要具有「無論如何都想要成為明星的那種渴望」、「從小很受大家歡迎的明星氣質」以及別人所無法模仿的特殊才藝等等，才能綻放出成為歌星的光芒出來。沒有其他可做的事，所以中途轉換跑道想要成為音樂明星的人，是絕對不會成功的。

## 聲樂家

演唱古典歌曲與歌劇。很少人可以自立於這個行業，一般都是加入歌劇表演團體或是合唱團。但是，純粹以聲樂家這個行業謀生的人非常少。想要成為獨立演唱家的人，都要一邊靠著打工，一邊參加各種演唱競賽以獲得獎項與獎金。也有人是在國外接受個別的專業訓練，獲得國外音樂大獎後，年紀輕輕就成為聲樂家。不過那是特例中的特例。一般都是在海內外的音樂大學的聲樂科學習。很多的聲樂家都是從小就跟著老師學習基本的發聲訓練與鋼琴等的音樂課程。一般來說，聲樂家很難能夠自立自足，所以居住在都市，家境比較好的子弟是成為聲樂家的有利條件。

在台灣由於歌劇或聲樂演出機會更少，幾乎不可能以聲樂家的身分立足，有志成為聲樂家的人就必須往國外發展，除了在台灣的音樂專科學校學習聲樂課程後，申請國外的相關科系繼續深造，有些經濟能力較好的家庭，會從小便把小孩送到國外學習聲樂，這是先天的優勢。（鄭鏗彰）

## 相關職業

配音員→**P.54**　女公關→**P.75**　歌舞劇舞者→**P.331**　啦啦隊員→**P.332**　舞妓・藝妓→**P.333**
走唱藝人→**P.337**　劇團團員→**P.338**　舞台劇演員→**P.339**

# 其❷ 聆聽

不是因為有名或是有人推薦，而是自己所發現喜歡的作曲家和曲子。為什麼會喜歡這曲子，自己可能也不知道理由，但是聽了鋼琴演奏曲，回過神來時，眼淚已然流下。想知道更多音樂的力量。

## CLUB DJ

　　視店內的氣氛與顧客的心情進行選曲，讓兩者能相互輝映。有House音樂、Hip-Hop、Trance、雷鬼等各種的樂曲種類，有些人只專精於單一的音樂種類，也有DJ對於所有種類的音樂都有所瞭解。絕大多數的DJ都是屬於自由簽約的工作者。因為工作的緣故，必須一張接一張地購買新發行的音樂唱盤，所以就算是非常有名的DJ，也不像一般人所說的光是靠著「轉唱盤」就可以謀生，有些人會兼差作曲，發行CD，製作影片或當模特兒等工作。

## 在樂譜出版社工作

　　主要的工作就是企劃要出版怎樣的的樂譜，如果曲目有版權的時候，要進行版權磋商，並從事樂譜的的編輯工作。另外，有時也須擔任銷售販賣的負責人。從事這類編輯的工作時，在進入公司工作後，應該要學習著作權法方面的知識。所需具備的基本技能就是閱讀樂譜的能力。特別是專門經手處理古典音樂的出版社裡，因為非常要求具有古典音樂方面的專業知識，所以最好是畢業於音樂大學的人比較能夠勝任。相對地，流行音樂或是傳統歌謠方面，並沒有那麼要求這方面的知識，但是最好是對於音樂有興趣而且具有樂器演奏方面的經驗。最近，未經許可複製樂譜，或是從網頁上直接下載樂譜檔案的情況越來越多，因而目前樂譜的發行量受到影響，是比較讓人困擾的地方。

## 和音樂著作權有關的工作

　　將音樂當作是一種生意的時候，就有必要進行權利義務關係的管理。所謂的權利關係，最基本的就是指作曲家和作詞家他們所擁有的著作權。代理

音樂　其②　聆聽

他們管理作品的著作權，並將作品出版的就是音樂出版社。之所以稱之為出版社，是因為在音樂商場上最早是以出版樂譜為開端，但是目前實際上進行出版活動的僅是少數。之後的音樂市場，大多著重在唱片錄音、複製，另外音樂在電影、電視、卡拉OK等方面，使用方式越來越多樣化，因此音樂出版社的工作也隨之越來越多元化。一般而言，曲目一經採用，所得的利潤就會經由消費者→日本音樂著作權協會→音樂出版社→作者的流程進行支付。負責管理著作權的音樂

出版社為了讓曲目能受到大家的認可與採用，會進行宣傳的工作，最近也出現了一種專門負責製作單曲CD的工作。目前，透過網路也可以開始進行音樂的傳送。一旦有新的媒體工具出現，音樂出版社等與音樂權利有關的業務就會隨之做出應變措施。具備法務經驗與和國外交涉的能力，並具有專業知識的人，是這個領域相當需要的人才。

 **台灣**

在台灣音樂出版社（music publisher）一般叫做著作權代理公司，目前有數十家也成立有台北市音樂著作權代理人協會。有些著作權代理公司由唱片公司設立，有些則為獨立的公司，主要處理音樂詞曲衍生的相關權利。另外詞曲公開演出、播放、傳輸的權利則由相關的仲介團體授權，在台灣主要有財團法人中華音樂著作權仲介協會（MUST）和財團法人台灣音樂著作權人聯合總會（MCAT）等團體。（鄭鏗彰）

### 抄譜員

依據古典音樂的總譜（樂團指揮所使用的樂譜）或是編曲家編寫的總譜，將各個樂器所屬的樂譜部分抄寫出來。在古典音樂的總譜與編曲家編寫的總譜中，因為所有樂器的樂譜都並列在裡面，所以必須要根據不同的樂器，另外抄寫出各個樂器的樂譜。最近，因為都是以midi編曲的情況較多，所以交付的都不是傳統的樂譜，而是電子檔案。因此，抄譜家現在也必須具備midi方面的技術。這行業當然要具有編寫樂譜的能力，音樂相關理論與樂器相關的知識也是不可或缺的。音樂大學的學生，也人會將抄譜當作打工工作，如果表現相當搶眼的話，不少人可以在畢業後繼續從事這行業。雖然是不是什麼很搶眼的工作，但是用心思工整地抄寫出來的樂譜，卻是支撐音樂成的記號。

※目前台灣並無此專業分工，交響樂團大部分購賣者現成的分譜來使用。

### 音樂會道具管理員（音樂會助手）

被稱為「boy」。負責管理音樂會所使用的樂器的分配以及管理，還有樂器的調整等。有被音樂會所屬事務所所雇用的情形（boy），也有被出租樂器的公司所雇用的情況（道具管理員）。既然被稱為Boy，指的是想要成為專業音樂人的年輕人。在喜歡的音樂人之下工作。但是對於所負責的樂器的專門知識不可

少的。從boy或是道具管理員開始做起，拚命練習演奏，有著比誰都要來的豐富的樂器知識，持續努力，就有機會成為音樂人或是樂器租借的專家。必須持有駕照。

## 音響工程師

即使演奏同一個樂器，其聲音會因為場所的不同而產生不同的音色。聲音的大小，也就是音響，可以說是音樂的一部分，現在幾乎所有的音樂都必須倚靠音響技術。音響工程師主要是承接有關於音響工程方面的工作。之前都是在音響機器研發製造商工作，研發擴音器和喇叭等的音響播放設備，後來因為演唱會現場的需求增加，以及噪音問題的解決，工作的範圍越來越廣。演唱會現場、小型現場演唱會和錄音室等的音響設計當然是屬於其負責的工作範圍，不過像是建築物、房屋等的隔音、防震、空調機器的消音等的施工管理或是音響檢測、音響系統設計、音響技術諮詢等都是工作的內容。一般必須在大學或是專門學校裡學習音響工程學。另外除了電子、電子回路、音響技術之外，最近，因為電腦也已經成為音響技術的核心之一，所以學習電腦方面的技術與知識也是不可或缺的。音響機器製造商、音響設計公司、建築設計施工公司、廣電公司，錄音室、錄影室等各式各樣的職場，都是音響工程師可以發揮所長的地方，不過，對於聲音要具備極佳的敏銳聽覺，是非常重要的條件。

**台灣**

台灣目前沒有專門的音響工程科系，但電子、機械、工程或表演藝術等相關科系會開設音響工程的課程，從業人員大部分都在錄音室、音響公司或舞台燈光公司邊工作邊學習，或者到歐美學校的專門科系就讀。（鄭鏗彰）

## 混音工程師

將以多重音軌錄製的演奏音樂，考量其樂曲演奏的平衡感之後，整理製作成單獨的音樂。例如，在64聲道的多軌錄音當中，可以將64種的演奏聲音統合錄製在一張錄音帶裡面。在錄音時，例如可以先錄製鼓聲與貝斯聲的部分，之後插入管樂器，再插入弦樂器與合音，製作成卡拉OK伴唱版後，最後在插入歌手的歌聲。錄音工程師就是在這樣的製作過程中，進行聲音的處理工程（聲音與其協調感），並製作音樂總監或是各演奏者所想要的音色，最後在做成母帶。從事這行業，當然必須要具備音樂與錄音機器方面的專業知識，除此之外也需要有對聲音的協調感、音感以及對於每種音樂的體驗等。一般都是從音樂大學或專門學校畢業後，在唱片公司、母帶製作公司或錄音室工作，從錄音助理的職位開始累積經驗。其中，也會有演奏家出身的錄音工程師。也有不少人是以自由業的方式從事這項行業。現在雖然在專門學校中有不少這方面的訓練課程，但是就如剛剛所提到的音樂製作人以及音樂總監一樣，即使從學校畢業，也未必能在這業界中成為專家。

**台灣**

目前台灣沒有專業的錄音工程學校，有一些傳播或多媒體製作科系有開設這樣的課程，很多人都會選擇國外的專門科系課程學習。近年由於電腦錄音技術發展，開始有一些學校科系或是電腦補習班開設相關的課程，也提供相關國際認證的機會，但在錄音室從事錄音師工作的仍以師徒制的方式為主。（鄭鏗彰）

## 錄音師

負責從選曲，選任編曲家與演奏者，到錄製音樂的內容，統籌製作方向的工作。所需具備最基本的才能是能閱讀樂譜與總譜，掌握各種樂器的特色，還有音樂方面的專業知識。為了要能和歌手與演奏者建立起彼此信賴關係，所以也要具備良好的溝通能力。從事這項工作，一定可以聽到更多好的音樂。在音樂大學或是專門學校接受音樂教育訓練，可以從學生時代就在音樂相關的領域打工，展現自己的才能，另外建立自己的人際關係網絡也是非常重要的一點。一般而言，都是在唱片公司或是母帶製作公司之下工作，但是目前也有很多優秀的自由錄音總監。雖然也有訓練這方面技能的專門學校，但是和音樂製作人一樣，就算畢業後也未必能成為錄音總監。

※錄音總監的工作在台灣通常由資深錄音師或製作人負責，並無專門的職業學校，以經驗為重。

## 音樂製作人

身為音樂製作人，除了錄音工作之外，包含製作費用的管理、CD包裝的設計、印刷、宣傳等，可以說從錄音的企劃開始到產品的販賣，都是其負責的工作內容。除了要具備音樂相關的專業知識之外，也要能掌握歌手或是演奏者的能力，因此要有絕佳的溝通能力，對於音樂市場相當瞭解也是必備的條件。最近，開始有開設一些專門培養音樂製作人的學校，不過在這個行業裡，具有良好的人際關係與豐富的經驗，也就是掌握有特殊的門路與管道以及有特別的影響力的話，遠比什麼都來得重要。從前，所謂的音樂界，無非是指唱片公司，以及發掘歌手、歌星與演奏者等經紀公司這兩種所組成。特別是音樂錄音方面，唱片公司會擁有獨立的錄音室，唱片公司的工作人員也都是從事錄音製作與錄音工程（混音）方面的工作。但是，隨著CD音樂銷售量的增多，母帶製作公司與表演工作經紀人就應運而生，錄音方面的工作，也就逐漸專門化，轉包給專門業者或是專家來負責製作。但是，因為終究仍是屬於同一業界，不變的重要原則還是要有門路或管道並且有一定的影響力。即使在專門學校學習，要成為一位成功的音樂製作人也不是一件簡單的事。

 **台灣**

在台灣沒有音樂製作人的專門學校，製作人的工作仍以經驗為主，要熟悉唱片公司所有音樂製作細節和建立人脈關係，大部分都已經從事唱片業工作一段時間。有很多有音樂製作

能力的創作藝人，轉居幕後成為製作人。（鄭鏗彰）

## 電子音樂作曲家

　　藉由電腦資訊的處理製作音樂，或是使用電子琴與混音器，製作出編曲家、演奏家與音樂總監所要的音色。有時編曲家與鍵盤樂器演奏者也會兼職電子音樂的創作。除了電腦技術之外，也一定要具備能組合電子音樂製作成新樂音的那種獨特音感。不僅是音樂方面的專業知識，如果能同時具備從螢幕上的音波變化即可判斷音色等音響工程這方面專業知識的話，就更加有利。目前因為CD製作費用漸趨便宜，另外加上正處於數位音樂的時代，這方面的需求有增加的趨勢。雖然有專業學校，但是畢業後也未必能成為電子音樂創作家。

 **台灣**

台灣目前有些大學以及電腦技能訓練班會開設電腦編曲創作課程供學生或大眾學習，但由於現在家用電腦設備普遍，軟體和器材價格也不高，所以很多人可以在家自行摸索學習電子音樂創作，並且直接錄製出水準相當高的音樂，透過網路發表，也能吸引同好，互相討論切磋製作技巧，是個相當開放自由的創作環境，也吸引很多有興趣的年輕人用這樣的方式創作。（鄭鏗彰）

## 音樂CD母帶製作工程師

　　將錄製好的音樂，整合壓製成光碟。必須決定曲目與曲間，以及各種聲音的音量大小，然後輸入到音軌上，並依據音樂光碟所需要的規格（一般稱為Redbook），輸入必要的音碼。在製作完這種被稱為PQ Encode Master的母帶之後，才能進行之後的音樂光碟的壓片工作。音樂光碟製作工程師除了必須具備音樂方面的專業知識之外，也要具備可以聽出樂曲的聲音中所存在些微差別的聽覺能力。一般都是從有關音樂與錄音技術的專門學校畢業後，在唱片公司或母帶製作公司就業，從製作助理開始做起。也有人從事這方面的自由業。

**台灣**

在台灣一般這樣子的工作被稱為母帶製作工程師或是母帶後期工程師，不僅僅是轉成CD所需要的格式，從LP到比較高品質的SACD、DVD等格式都可以製作，因為現在一般以CD格式出版，所以才會叫做CD母帶製作工程師。擔任這一工作的人，除了敏銳的聽覺之外，對設備器材的掌握以及音響理論的知識也同樣重要。儘管現在電腦錄音軟體相當方便，有些在製作過程中也會省略送到專業的母帶後期製作錄音室，而在成音、混音的錄音室一起完成，但對追求高品質或處理特殊錄音的製作而言，這部分的專業是不可或缺的，現在有很多有能力的自由工作者，自行布置中小型的錄音室，專門從事這方面的專業工作。（鄭鏗彰）

## 表演工作經紀人

　　表演工作經紀人在日本稱INPEC，是「inspector」的簡稱。在錄音工作與現場演唱當中，依據音樂總監或是音樂製作人的要求，進行包含演出行程、收入

音樂 其②聆聽

管理與演奏樂手的交涉與企劃的工作。從事這一項行業，必須要和許多的演奏樂手有緊密的聯繫管道，以及和唱片公司與母帶製作公司有所往來，所以從事這行業的人大部分出身自演奏樂手、唱片公司的音樂製作或是經紀人等，幾乎原本就是音樂界的人。這是隨著日本流行音樂的蓬勃發展所發展出來的新興行業，不過受到音樂界也吹起裁員風，以及音樂製作費用壓縮的影響，現在從事這行業的人已經逐漸減少。

※在台灣由於經紀制度不完整，所以單純以樂手為對象的經紀人並不存在，這部分的功能會由製作人、
　舞台總監、藝人宣傳或經紀等分工所取代。

## 舞台美術設計

　　根據演唱會的內容，和舞台總監商量之後，設計演唱會現場的舞台。設計的內容並不限於現場演唱會，也包含歌劇、話劇、時裝秀、嘉年華會、主題樂園的活動與博覽會的會場設計等，工作範圍相當廣泛。有人在會場經紀公司與舞台美術設計相關公司裡工作，也有人從事自由業。除了美術設計方面的知識、燈光效果方面的知識與溝通技巧之外，如果會用電腦繪製3D立體圖的話，就更加有利於就業。一般來說，都是在大學或是專門學校學習美術或設計之後，到相關的公司打工，累積經驗之後成為這方面的專家。

 **台灣**

在台灣的藝術大學裡面會有劇場及舞台設計的專業課程，但由於真正中大型的演唱會需要舞台美術設計的機會不多，一般都在劇場、電影電視節目錄影現場有比較多相關的人力需求。而真正這行的從業人員，不一定是舞台設計科系畢業的，但基本的美術設計能力是必須的，所以美術專科畢業的學生，也可以學習燈光相關知識進而從事這行。（鄭鏗彰）

## 背景音樂創作

　　背景音樂創作(Desktop Music)使用電腦，將CD裡的音樂或樂譜製作成midi音樂的格式。主要是應用在手機的來電鈴聲與電子伴唱用的錄音帶上，目前也應用在網路的網頁中。基本上，只要對於音樂有所喜好，具備能聽寫樂譜方面的專門知識，再加上會使用電腦的話，任何人都可以從事這項工作。也有人以打工的性質製作midi音樂販賣，可以賺取不少的利潤。但是，來電鈴聲或伴唱帶的流行熱潮可能幾年後就會面臨循環性的消退，所以未來可能只有音樂知識與電腦技術兩方面都很優秀的人才能繼續生存下去。

 **台灣**

台灣現在手機內容服務相當發達，因為消費者對來電鈴聲所只使用的midi音樂有相當的需求，有些內容服務公司會聘請內部的midi製作人員，有些會委由外部的自由工作者。這些人一般都具備基本的聽寫譜以及編曲的能力，也對使用midi編輯軟體熟悉，需求高的時候，可以有頗豐富的收入。但因近年手機來電鈴聲開始漸漸改為原音鈴聲，對midi格式的鈴聲需求會漸漸消

退，但這樣的人才往往具備專門的編曲及電腦技能，可以另謀發展。（鄭鏗彰）

## 舞台音響

　　舞台音響的工作涵蓋的範圍從音樂劇、商業性戲劇演出到小劇團的舞台的音響。例如要製造雨聲、雷聲時，有時候會錄實際的雨聲雷聲使用，或者配合場景在正確的時間點播放音效。在大型的會場裡，舞台音響也要負責演員的麥克風聲音。除了正式上場外，即使在排演當中也必須寸步不離地工作。目前市面上很多CD圖書庫販賣現成的音效，方便舞台音響的操作。從事這方面工作的人，通常隸屬於音響方面的公司，也有人是以獨立身分從事這項工作。不過即使是獨立身分，很多人也會成立自己的音響公司。

就讀舞台音響相關科系者，進入此行業為多，音樂系畢業者也有；而若非本科生，則可進入舞台音響相關公司，從助理開始學習；若對劇場的舞台音響有興趣，目前某些大學之推廣教育中心有劇場相關課程可供選讀。（尹玫瑰）

## 燈光師

　　根據演唱會的內容與表演的曲目，和舞台總監商量後，擬定現場的照明計畫，並進行燈光器材的現場裝設與操作。有人在燈光照明的專業公司或是演唱會製作公司裡就業，也有人從事自由業。工作範圍不限於現場演唱會，也可能包含歌劇、話劇、時裝秀、嘉年華會、主題樂園的活動等。所需具備的技術包含對於光、影、色調的明暗與強弱的感覺、溝通技巧、電機方面的知識與體力。目前有專門學校開設有舞台燈光的專業課程，不過一般都是在燈光照明公司內一邊打工一邊累積經驗，之後成為這方面專家的情況較多。日本燈光師協會有舉辦這方面的技能檢定考試，但是那對於現場的工作幾乎沒什麼幫助。不過，如果要成為公共設施內燈光照明管理的專業管理，這方面的技能檢定執照是必要條件。

**台灣**

在台灣並沒專業的執照認定，在大學或專科學校裡面的戲劇、電影及傳播科系會開設燈光相關課程，但一般的從業人員是在舞台燈光音響公司從新進人員開始邊做邊學。有經驗的燈光師可以不在固定公司上班，而以自由接案維持生活，在有舞台表演、電視、電影以及營業場所等都有機會接到工作。（鄭鏗彰）

## 音控師（PA）

　　和舞台總監與演出人員商量之後，調整演唱會中朝向觀眾的音響設備。為了能讓站在舞台上的表演者聽到自己的聲音或音樂，而進行音響調整的人被稱為音響控制。包括音響設備的搬運、裝設、聲音調整和拆除，都是音響控制的

工作內容。工作範圍除了現場演唱會之外，也包含了歌劇、話劇、時裝秀、嘉年華會、主題樂園的活動等。這方面的工作人員除了要具備溝通技巧、音感、良好的聽力與體力之外，因為要進行音響裝置的配線工作，所以也要具備一定的電機工程的知識。因為要搬運音響器材，所以必須持有駕駛執照。在專門學校中，雖然有擴音裝置相關的課程，但是很多人都是在音響公司打工，累積相當經驗之後，成為這方面的專業人員。國家技能檢定方面，有舞台器材調整技士技能檢定和舞台音響調整作業技能檢定，不過即使取得這方面的資格，對於現場的工作也不是有很大的幫助。但是要在公共機關與設施工作時，則有必要取得這方面的資格認證。

## 台灣

在台灣沒有專業音控師的執照，但在學校的戲劇及傳播科系有相關課程和練習，一般從業人員在舞台燈光音響公司從打工搬運器材做起，在旁觀察學習，漸漸坐上音控台，也可以在有現場表演的營業場所鍛鍊音控的感覺和技能，有些樂團會徵求固定的音控師，也是進入這個行業的方式之一。另外除了舞台表演之外，電影電視節目製作現場也需要音控師，但都偏好有經驗的音控師擔任。（鄭鏗彰）

---

## 相關職業

謄稿員‧打字員→**P.42**　作詞者→**P.44**　舞台總監→**P.217**　舞群→**P.330**　佛朗明哥舞者→**P.330**　歌舞劇舞者→**P.331**　在廣播業界工作→**P.418**

音樂 其②聆聽

# 其❸ 演奏

與朋友合奏或用各種樂器來形塑一首曲子的形態會覺得非常開心。能照著100年前的作曲家所譜的曲譜，完全無誤地演奏出來，能感受到像是奇蹟出現般的喜悅。樂譜所描寫的音符與音符之間，有著無限的自由。

## 樂手

其主要的工作是流行歌手或樂團，在舉行演唱會或是在錄音室錄音時，擔任伴奏。也有人同時擔任作曲或是編曲的工作。懂得讀樂譜是最基本的要求，當然也要具備傑出的演奏能力。從事樂手工作的人，有些會登錄在被稱為「表演工作經紀人」的名單中。鍵盤樂器、管弦樂器方面的演奏家，一般都是在音樂大學等學校接受專門的音樂訓練。電子吉他或貝斯等包括電子樂器與打擊樂器，未必要接受正統的音樂訓練，例如，就拉丁音樂中的打擊樂而言，如果在海外的主要演出地有演奏經驗，或是和有名的演奏家一起組織樂團，累積豐富的音樂知識與演出經驗之後，可以因此邁向成功之路，同時也可以累積許多的附加價值。不管哪一種樂器，競爭都相當激烈，除了具備傑出的表演能力，溝通能力也很重要。掌握良好的人際關係對於就業也很有幫助。

**台灣**

台灣的錄音室或演唱會樂手，大部分不是科班出身，但透過學校的專門訓練，可以具備紮實的演奏能力。一般可以自行組織樂團，透過練習和表演累積演奏經驗，具備一定水準的演奏能力後，透過人際關係，擔任伴奏的樂手。有些資深樂手不僅在錄音室裡擔任編曲的角色，他們同時在外授課，有能力的學生，也比較有機會參與伴奏的工作。（鄭鏗彰）

## 古典音樂演奏家

在演奏會中個人演奏古典音樂的獨奏曲目，例如，獨奏曲或協奏曲等，或是在錄音室進行音樂唱片的錄製工作。其中最具代表性的是鋼琴與小提琴、大提琴、長笛、單簧管和雙簧管等。其他的管弦樂器、打擊樂器等用在獨奏曲或協奏曲作品的機會比較少，所以要成為這方面的獨奏家比較困難。一般都是從小時候就開始接受基礎的音樂訓練，之後到音樂大學接受專業的音樂教育。也有不少人到國外去接受訓練並累積經驗。要成為演出技術被眾人所認同的獨奏家非常困難。在音樂大賽中贏得大獎，或是和有名的交響樂團一同演出，都是在確立自己的名聲與地位當中，相當重要的經歷。

**台灣**

在台灣要成為古典音樂演奏家，一般要從小就讀學校裡面的音樂班，高中或大學畢業後到國外著名的音樂學院就讀，畢業後舉行獨奏會，確立名聲和地位之後，在世界各地表演。也有很多經濟能力比較好的家庭，除了從小培養小孩樂器演奏的能力之外，也會在國小國中階段便將小孩送出國接受專門的訓練，擁有先天的優勢，因此大部分的古典音樂演奏家，家裡的經濟能力都有一定水準。（鄭鏗彰）

## 交響樂團團員

是隸屬於交響樂團的古典音樂演奏家。但是，交響樂團並不會募集那麼多的團員，所以即使是音樂大學出身，要進入交響樂團也不是一件容易的事。例

如，東京藝術大學的音樂科每年約400名畢業生當中，能進入交響樂團的也是屈指可數。其他人可能去當音樂老師，也有一邊打工一邊接受家庭的援助，繼續從事演奏家活動的人。雖然有人會説，「音樂又不能當飯吃」，但是演奏古典音樂時的喜悦與充實感卻讓人渾然忘我。正因為訓練嚴格的古典音樂能帶來成就感，所以常能不斷地激發自己新的才能。

 **台灣**

台灣的職業交響樂團數量更少，也鮮少有業餘交響樂團，本地音樂學校的畢業生，若有海外留學深造的機會，成為職業交響樂團團員的機會比較高。有些交響樂團會有臨時團員的缺額，也可以爭取這類的演出機會，進而成為正式團員。（鄭鏗彰）

## 歌劇演唱指導

　　排演歌劇時，擔任鋼琴的伴奏（一般來説，在公演的時候，都是由交響樂團伴奏），但是其任務不僅是伴奏，也充當歌劇歌手的老師，指導他們歌唱與演戲的技巧。一般是音樂大學的鋼琴科或是伴奏科畢業後，加入歌劇劇團並累積許多的演出指導經驗，也有可能兼任指揮。在日本是屬於鮮為人知的職業，因為市場需求不是很大，所以光靠這行業為生的人幾乎很少。當然，傑出的鋼琴彈奏技術是應該具備的絕對條件，還要加上對於歌劇相當精通，一邊揣摩演唱者的心情一邊彈奏著鋼琴。不管怎樣，必須對於歌劇有所喜好，希望對於歌劇的創作能貢獻自己之力的想法也是很重要的。

※在台灣，歌劇演出機會相當稀少，並無此專門職務。

## 指揮家

　　指揮管弦樂團或交響樂團。在音樂大學的指揮科學習，或是到國外接受個別的指導與訓練。也有人是在學習作曲之後，轉任指揮家。以指揮家作為正職的人，在日本可能不到10人。因為日本的交響樂團在演出時，大部分都是邀請國外有名的指揮家來擔任樂團指揮。説不定，比起當內閣首相，想成為樂團的指揮家還比較困難。要成為一位指揮家，必須具備各方面的才能，例如對音樂與樂器有深入的理解與崇高的敬意，成為作曲家的企圖心與超凡的創意和想像力，激發演奏家潛力才能的溝通能力與魅力，身為交響樂團製作人時所須具有的忍耐力與指導能力等等，都是缺一不可的特質。對於喜愛音樂的人來説，成為專業的樂團指揮，可以説是一生的憧憬。

 **台灣**

在台灣的藝術大學裡並沒有專門的指揮科系，僅有研究所裡有指揮組，大部分有志的學生，還是得到國外尋求教育深造的機會，回國能爭取到台灣的交響樂團指揮職位的機會也相當稀少，所以在海外發展也是許多人的選項。（鄭鏗彰）

## 鋼琴調音師

所有的樂器都必須進行調音。這包含樂器的保養與管理，為了能讓樂器發出更美的聲音出來，必須要進行樂器的音律調整。幾乎所有的樂器都是由演奏者自行調音，但是像鋼琴這種具有複雜精細的構造與功能的樂器，則有專門負責調音的行家，稱為調音師。調音師的工作，分為三部分，除了將基本音調與標記符號。

調整一致的「調音」之外，為了讓能在良好的狀態發出琴音，也要進行「音律調整」，之後還必須依據演奏者的表演風格調出需要的音色的「整音」工作。另外，最近針對隔音、溫度與濕度的管理，也要接受鋼琴使用者的詢問並給予他們建議。在鋼琴製造商附屬的調音師訓練機構或設置有調音科的音樂大學與專門學校學習，或者高中畢業後就到附設有樂器維修部門的鋼琴販賣公司去實習。適合音感良好，喜歡音樂的人，可以的話手指最好能夠彈到高八度音的琴鍵。要能成為一位獨當一面的調音師需要好幾年的時間，不過聽到自己調音的鋼琴能夠演奏出美妙的聲音是一種至高的喜悅。

 **台灣**

台灣的各大樂器製造廠以及樂器行都會有專門的調音師，另外也有兼職的自由調音師可供彈性調派。目前台灣廠商有設立訓練班培育調音師，有些會送到日本接受進一步訓練。廠商和同業公會也會定期舉辦晉級考試，自行訂定技術標準。（鄭鏗彰）

## 在樂器製作公司工作

在大型的樂器製造公司裡，樂器的製作過程完全分工化。在製造鋼琴的時候，只有鍵盤是用機器製造。這和一般專家的世界是完全不同的。因為製作的專門知識都是在就業後才開始慢慢學習的，所以並沒有特別需要到音樂的專門學校學習。就職的考試中，所重視的不在於專業的知識，而在於將來能否具有統籌整個製作團隊的領導能力。但是，有時實際的製作過程可能都在國外進行，所以整體來說目前就業市場逐漸縮減。製造商內可分為企劃部、美觀設計部、構造設計部。美觀設計部都是在美術大學或是專門學校學習設計，因為現在是電腦的時代，所以構造設計部門大多傾向於雇用在大學工學部學習，具備電子相關知識與軟體技術的人。自己希望進入哪一個部門，必須讓自己能具備那樣的能力。另外，目前純屬個人興趣而製作小提琴或大提琴的人也逐漸增多。

 **台灣**

目前台灣有幾家聚規模的樂器製作公司，大部分製作價格較低的樂器，供學校學生學習使用為主，其中管樂器的製作較為知名，製作水準較高，也打開國際的知名度及市場。另外也有專門

幫國外知名電子樂器或設備代工的工廠，使用者常可以在知名電子樂器和設備上發現「Made in Taiwan」的字樣。（鄭鏗彰）**99**

## 管樂器維修師

　　進行管樂器的維修工作。在木管樂器、金屬管樂器的專業工作室裡工作，也有人在製造商或樂器販賣店工作並學習維修技術，之後再自行創業。要從事這門行業，必須要具備音響方面的知識與一對可以精準分辨音色的耳朵。這方面有專門學校，也有人到法國去留學學習。比起學歷，實力方面比較受到重視。累積讓顧客感到滿意的經驗，可以成為管樂器方面的專業技術師。雖然有意願往這方面發展的人很多，但是目前真正技術好的維修師卻是少數。

**66**

在台灣過去從事這項工作大部分是師徒制，由於台灣的管樂器製作有一定水準及規模，現在大部分是到樂器工廠實習，並且精通某樣樂器的演奏，經由公司錄取後，由專門的師傅教導，出師後成為正式的維修師。（鄭鏗彰）**99**

## 樂器製作專家

　　一般是製作設計新穎的樂器，同時從事樂器的維修與調音。就小提琴來說，也有專門負責交響樂團的樂器維修工作的專家。也有人會製作和自己專門製作的樂器相類似的樂器（小提琴與中提琴，吉他和四弦琴）。要成為這一行的專家，可以到樂器製作工作室拜師學藝，或是到專門學校學習。一般要去拜師學藝的人，最好事先已經具備相當程度的知識與技術。如果可以向樂器銷售量高的製作專家拜師學藝的話，將來獨立之後也可以因為老師的名聲而受益，可以說前途可期。不過，沒有熱情與耐心的人，不適合拜師學藝。另外，到國外去留學也是一項利多管道。例如，小提琴的話，在義大利的克萊摩納（Cremona）就有專門小提琴製作學校。如果有自信一個人獨立完成製作一把樂器，或是製作技術受到老師的認可的話，就可以成為獨當一面的專家。不論如何，要學習製作樂器的技術，需要很長的一段時間。製作的樂器，可以到樂器零售商或專門店去推銷，拓展市場。想要增加出貨量時，可以透過零售或批發的管道進行樂器的銷售。名家製作的樂器，價格會比一般製造商來得昂貴。13 歲或許應該先以成為演奏家為目標吧。但是如果真的因為太喜歡樂器而放棄演奏家想製作樂器的話，即使很困難，也是很值得推薦的職業。

在台灣嚴格來說並沒有西方古典樂器製作專家的行業和課程，大部分的從事者都在樂器公司學習或出國尋找專門學校。目前傳統樂器的製作樂師逐漸凋零，政府和學校都會舉辦一些入門的講解課程，希望能夠讓傳統技藝保存，但由於學習製作樂器需要很長的時間，要能夠拜師堅持學習到底的人少之又少。（鄭鏗彰）

## 編曲家

　　所謂編曲，是思考演奏樂器的組合，編寫各種演奏樂器的樂譜，配合作曲家所製作的旋律與節奏，為各種的音樂進行裝飾的工作。錄音室、舞台、廣告短片、電視劇或紀錄片等這種的節目的主題曲，舞台或音樂劇等，在編曲方面有各式各樣的工作領域。另外，也有人為一般市面上所販賣的樂譜、業餘的市民交響樂團或小樂團進行編曲工作。當然，必須要具備音樂相關的專門知識與編寫樂譜的能力。所以必須要在音樂大學或是專門學校接受專業的教育訓練。尤其最近，因為使用電腦製作樂曲的方式越來越普遍，所以要成為專業的編曲行家，必須要具備卓越的音樂知識與編曲的技術。

## 樂器老師

　　以初學者或是職業的演奏家為教授對象，教導他們樂器的演奏與音樂理論。一般可以在鋼琴或小提琴等樂器教學教室，音樂相關的大學或專門學校，樂器店、樂器製造商附設的吉他、貝斯或鍵盤樂器或打擊樂器的教學教室裡，教導學生樂器的演奏。大多數的人都是屬於自由業。鍵盤樂器、管弦樂器的學習，一定要在音樂大學或專門學校接受正式的音樂訓練。尤其是在小地方授課時，大學母校的排名，會影響到招生的人數。以成為演奏家為目標活躍於這個領域的人，中途選擇當音樂老師的人也不少。

樂器老師目前仍是台灣從事樂器演奏的人，最主要的經濟來源，大部分老師在樂器行的教室裡面教學，條件好或不想讓音樂教室抽成的老師，也有自行開班授徒或是到學生家裡面當家教的方式。（鄭鏗彰）

## 演唱會製作人

　　當歌手、演奏樂手、交響樂團等要進行現場表演時，從開始到結束負責統籌管理與準備工作的人。在考量到演唱會的規模、內容、時間和場所，以及擬定收支預算，確定工作計畫之後，開始著手選任舞台總監、音響效果人員、燈光師等的工作人員，為了順利舉辦一場演唱會而進行所有的準備工作。很多人都是先在演唱會製作公司下打工，慢慢累積經驗，之後成為為人所熟知的演唱會製作人。在專門學校中雖然有這方面的訓練課程，但是要成為一位成功的演唱會製作人除了音樂方面的專業知識之外，更重要的是要同時具備溝通技巧與交涉方面的能力。因為可能會處理國外音樂表演者的演唱工作，所以外語能力

也是必要的。

在台灣目前有幾家具有規模的專業演唱會製作公司，但由於台灣演唱市場不算蓬勃，規模也不夠，所以很多都會往大陸、東南亞等地發展。由於演唱會要牽涉的細節相當多，包括場地租借、票務、法令、舞台、燈光、美術、藝人、樂手等環節都需要熟悉，在各地演出生活也不穩定，所以相當辛苦，能夠擔任製作人都得在這行有相當的經驗和耐力，但相對地完成一場表演也很有成就感。（鄭鏗彰）

### 舞台總監

　　統籌整個演唱會現場的進行流程。指導從預演到真正演出的準備工作，例如現場的音響設備與燈光照明等，希望提供表演的歌手、演奏樂手或樂團一個良好的表演現場，也必須事先設想可能發生的問題以及解決的方式。一般都是在演唱會製作公司工作，也有從事自由業的人。工作範圍相當廣泛，並不限於現場演唱會，也包括歌劇、話劇、時裝秀、嘉年華會與主題樂園的活動等等。像是歌劇或話劇等有表演者的時候，要尊重他們的意見與指示。在英語當中，舞台總監稱為Stage Manager，而Director則是指表演者。作為一位舞台總監，必須要有領導工作人員時所需要的指導能力與耐力。同時，溝通技巧、面對問題時能夠冷靜判斷與處理的能力、以及與音響、燈光、特效、美術等相關的專業知識，也是不可或缺的。可以的話，盡可能從年輕的時候就開始踏入演唱會製作的業界，事先累積相關的經驗是有必要的階段。目前也有專門學校開設舞台總監的訓練課程。

在台灣可以在戲劇、傳播等科系學習到舞台表演相關的專業知識，擔任舞台總監一般都具有高EQ，好的應變能力，並能充分掌握表演內容，因此各專業的能力有沒有特別突出並不是最重要，反而協調溝通的能力才是最需要的。所以即使不是在學校裡面受過專業課程訓練，在表演經紀公司或舞台燈光公司從基礎學習，建立人脈，慢慢的也可以勝任這項工作。（鄭鏗彰）

### 能樂表演者（配角、樂師、主角）＊此為日本特有職業。

　　在歌舞伎中曾經提到傳統藝能傳承者養成所，在這個地方也能學習能樂中的配角、主謠、笛子、小鼓、大鼓、太鼓、狂言等的技巧。能樂的報名與訓練後的就業情形與歌舞伎、文樂等幾乎相同，但是報名資格則限定在國中畢業後到25歲之間。能樂與歌舞伎、文樂相同，是一個十分重視才華與努力的世界。傳統技藝本身歷經了歷史的考驗，在外國被視為是日本獨特的藝術。由於傳統技藝帶有明確的自我認同色彩，所以即使在全球化時代、無國界時代，更凸顯其無法被其他國家模仿的獨特性，更受到矚目。換言之，接受過嚴格的發聲、動作訓練的傳統技藝演員，若能累積實力，有朝一日可能能再度活躍於電視、

電影、戲劇的舞台上。年輕的歌舞伎演員擔綱成為電視劇主角，能樂的年輕演員跨越領域贏得超人氣，這些現象都顯示這樣的時代即將到來。

## 文樂表演者（大夫、三味線、人偶操控師）＊此為日本特有職業。

日本傳統人偶劇文樂自1872年起也在傳統藝能承傳者養成所開設課程。目前第19屆研習生已經修畢，培養出8名大夫、10名三味線、20名人偶操控師的專業人士。這個數目占了文樂技藝員總人數的44％。研修的科目包括藝太夫、三味線、人偶操控技巧、日本舞踊、胡弓、謠曲、箏曲、狂言、身段、講義、見學等，資格限定在中學畢業以上23歲以下男性。募集人數並不清楚記載，只寫若干名而已。國立文樂劇場每兩年會舉辦一次公開招募，從1月到3月舉辦招募，4月上旬經過簡單的術科測驗與面試後，經健康檢查後就開始進入研修課程，並在6個月內做適性審查，正式決定是否錄用，然後再決定專攻哪一門（大夫、三味線、人偶操控師）。

## 作曲家

替電視劇或是紀錄片、電影的主題曲、廣告短片的配樂及電視遊戲軟體的音樂以及歌手，進行樂曲的製作工作。從事這行業要具備音樂理論的相關知識與理解，為此必須到音樂大學或是專門學校接受專業的音樂課程教育。尤其是電視遊樂軟體的配樂方面，在使用電腦完成樂曲的製作之後，也必須具備能將作品轉化為國際共用規格的midi檔並發送的能力。最近，除了電視遊樂軟體配樂之外，使用電腦進行樂曲製作的傾向也越來越普遍。但是，電腦的技術和製作樂曲的技術當然不能相提並論。電腦技術很厲害的人未必能成為作曲家。另外在唱片公司、CD母帶製作公司、音樂製作人或製作指導當中，出身音樂大學具有專業音樂知識的人也逐漸增多。由他們負責製作樂曲的案子也增加了，反而專門只負責製作樂曲的人減少了。但是，網際網路與數位傳播等新興媒體蓬勃發展的影響，未來將更需要這方面優秀的作曲家。

## 傳統樂器表演者

在日本，是指演奏琴、三味線、鼓、日本簫等傳統樂器的人。要成為演奏專家，必須要具有意願與才能並接受老師或師傅的教導。盡可能從小就開始學習，最重要的是在好老師或師傅之下學習與練習。從東京藝術大學的傳統樂器科畢業，或是彈奏技術已經獲得老師或師傅的認可，抑或是自日本藝術文化振興會訓練所畢業的人，就可以算是專業的彈奏家。除了日本舞表演時常常需要使用到的三味線之外，其他樂器的演奏家，很難僅靠著公演或一般的演出維持生活。因此，幾乎絕大多數的傳統樂器的演奏師傅，都是以招收學徒教授樂器彈奏為生。不過，傳統樂器的樂迷卻比想像中的多，有錢人家常常請人伴奏以飲酒作樂，所以真正的專業演奏家當中，也有不少人可以品嚐山珍海味，欣賞歌舞伎或相撲等表演，過著傳統日本式的幽雅生活。

**台灣**

台灣的藝術學校裡面有一些傳統藝術科系提供傳統音樂的演奏訓練，另外近年也有一些針對社會大眾所開設的傳統藝術學校或是社團，讓逐漸凋零的傳統樂器演奏家，可以有機會傳承。一般而言，從事傳統樂器演奏的人大多以興趣為主，僅有零星的廟會或婚喪喜慶場合，需要傳統音樂演奏，真正以音樂欣賞為主的傳統音樂演奏會，演出數量相當少。（鄭鏗彰）

## 電動遊戲配樂師

　　電腦遊戲的配樂以及音效製作的工作。大致可分為作曲以及程式的工作兩種。電動遊戲的性能比起以往有飛躍的進步，可以使用的聲音也比以前增加，作曲的自由度也提高。但是還是得先熟知在電腦中所發出的聲音適合度、再配合各個場景狀態，設計所需要的音效以及旋律。是一個需要高度獨特專業的工作。雖然也有一些單純喜歡音樂、自音樂大學畢業、會作古典音樂曲子、很會彈樂器等的人才在此業界活躍，不過這工作或許更適合對電腦發出的音色感到興趣的人吧。以前電動遊戲中的那種皮扣皮扣的配音現在已不太可見，音樂的種類也有「技術性」、「電子音樂」、「後搖滾」等人工的聲音，以及注入熱情將聲音加工的種類。被這種不可思議的音色所吸引的人，應該可以為電動遊戲的配樂帶來更大的貢獻吧。

**台灣**

台灣的遊戲產業蓬勃，亦有遊戲配樂師的需求，但國內音樂校系所學的，大多是正統的音樂理論或作曲技巧，與遊戲音樂的差異非常的大。而且因為遊戲關卡眾多且多元，更新速度又快，因此快速創作出曲子，便是遊戲配樂師與一般作曲者最大的差異。除了速度的要求外，透過音樂營造出的場景氣氛和打鬥效果，更可看出遊戲配樂師的功力。（蔡承恩）

## 相關職業

歌星→**P.200**　　舞妓・藝妓→**P.333**　　走唱藝人→**P.337**　　馬戲團團員→**P.336**

音樂　其③演奏

# 音樂家的幸福

村上龍

和坂本龍一先生認識已經有很長的一段時間，儘管如此，他「創作」音樂的地方，我只去過一次。那時我才知道，所謂的「作曲」，事實上是一個人坐在鋼琴或其他樂器之前，所進行的過程。幾年前，我們兩人曾一起製作「TOKYO D ECADENCE」這個付費成人網站。那時，坂本是負責動畫配樂的製作，而我所挑選的音樂是探戈樂曲。在某個夏日的午後，他發簡訊給我，上面寫著：「現在，我正在錄音室作曲，要不要過來聽聽看。」看了之後，我便往錄音室的方向出發。

踏進錄音室時，想到居然可以親眼看到音樂家創作樂曲，一時之間覺得渾身緊張。進去之後，坂本就如往常一樣向我打招呼。之後，我一邊喝著咖啡，一邊看著坂本用合音器製作探戈樂曲的過程。首先，製作旋律，然後插入音樂，最後補上低音與手風琴的樂音。在整個創作過程中，坂本似乎非常樂在其中。雖然他會笑著說：「如果是探戈大師皮亞佐拉的話，應該會這麼做吧。」但是，實際彈奏之後的當下，感覺那已經不是阿斯托皮亞佐拉，而是坂本龍一的樂曲了。我還記得，那時的我對他感到非常欽佩。當然，在創作樂曲上，我想坂本也會有痛苦難熬的時候吧。那時，我覺得身為小說家可能無法像那樣很有「玩性」地工作。或許，坂本讀了這篇短文時，也可能已經不記得當初他創作那首樂曲時我也在場的事了。不過，這不是因為他太健忘，而是因為他創作探戈的時候，沉浸其中並且感到相當滿足吧。

平常，坂本龍一幾乎不談論有關音樂的話題，也不會有讓人有覺得他是音樂家的感覺。曾聽他好幾次說過音樂的話題太過乏味了，而且，坂本似乎平常也不聽音樂。我曾問過他，常常會看到很多人帶著隨身聽聽音樂，我不了解這些人為什麼要這樣，你覺得呢？他回答說，這麼說起來，我開車時也幾乎不聽音樂。因為聽音樂，需要某種程度地集中精神，所以我無法想像總是被音樂環繞的感覺。邊慢跑邊聽隨身聽，對我來說是不可能的事。認識坂本龍一之後，我才知道音樂家並不是整天被音樂環繞，也不是整天聽音樂的人。

本文撰寫於2003年

**音樂** 其③演奏

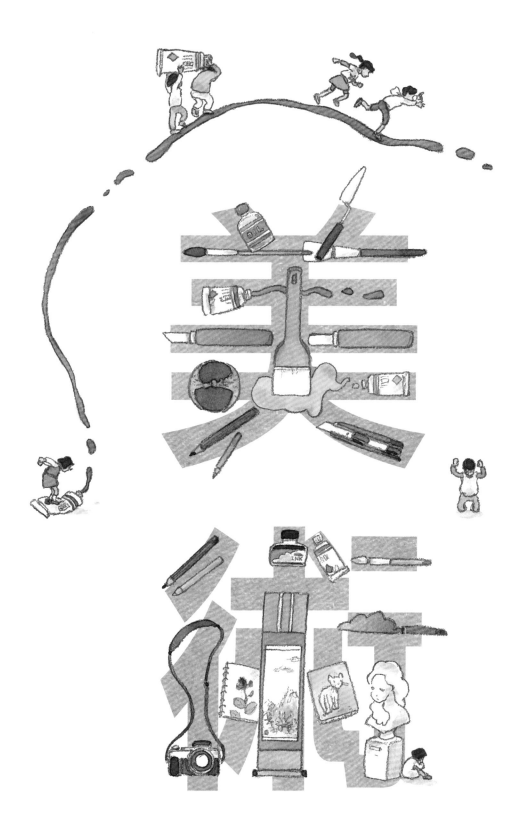

# 其❶ 繪畫、設計海報、玩黏土

在純白的畫紙上畫上線條、塗上顏色，畫出人物、風景，或是靜物，那是一個誰都無法干涉的「自己的世界」。有人看了自己製作的海報，理解自己想要傳達的理念，就會非常開心。把一團硬硬的黏土做成什麼樣形狀的感覺，像是跟世界有了連結，讓人覺得心情非常好。

美術　其①　繪畫、設計海報、玩黏土

## 畫家

　　畫油畫、水彩畫與日本畫。依據畫法的不同，又可以細分為好幾種繪畫。一般都是到美術相關的藝術大學或是專科學校，從最基本的繪畫設計開始學習。當然，並非畢業後就可以成為畫家。相反地，沒有接受過學校美術教育的畫家的作品有時也常受到大家的矚目。在日本，有所謂的畫壇，畫家申請參加畫壇主辦的公開展覽會，一旦入選，就可以先成為畫壇的一員。但是，繪畫的藝術價值和畫壇沒有任何關係，因為對於一個畫家而言，最重要的是能夠持續創作畫作。不管是一邊擔任學校的美術教師或是繪畫教室的老師，還是從事和美術不相關的行業，而僅以打工維生或是接受家人或情人經濟上的支援，都要繼續從事繪畫的創作。也不管畫賣不賣得出去，因為能從繪畫中得到的某種滿足與歡喜，所以不管幾年，甚至幾十年都可以持續繪畫的創作工作，這樣的人就是畫家吧。

**台灣**

在台灣畫家分為油畫家、水彩畫家、水墨畫家和膠彩畫家，或混合多種媒材使用的複合媒材畫家。儘管受過美術相關科系的教育並非當畫家的必備條件，但是至少拜在某位名家的畫室學習，對於想要參加美術比賽得獎，或是獲得畫廊和美術館的青睞，獲得辦展覽的機會來說，顯然比較有可能被提攜。在台灣完全以畫家為謀生職業者極少數，主要是賣畫的機會不算太多，但是一旦能夠開始賣畫，不管賣多賣少，就已經開始被定出一定的價碼，具有職業畫家的身分。比方以油畫家來說，每一號的畫價如何。為了維持畫家的認同，至少每隔幾年參加團體展或是個展，是必要條件，所以就算沒有賣畫的機會，畫家平常就得要持續不懈地創作新作品，以應付源源不絕的展覽所需。（蘇意茹）

## 插畫家

　　從事雜誌的封面、插畫、書籍封面的素描以及廣告素描等。一般都是接受出版社或廣告代理店的委託進行這樣的工作。從事這行業，雖然未必要到專科學校或是美術相關大學科系學習，但是最好還是能在學校裡學習基礎的繪畫技巧，與學校的老師與同學相互激勵，藉此建立的人際關係也會對於日後的就業很有幫助。首先，可以先和出版社的裝訂室、書本的裝訂師、設計書本或雜誌的美術指導電話聯繫，向對方推銷自己的作品，從而開始畫插畫的工作。自己的畫作受到好評時，委託者就會增加，不久就可以成為有名的插畫家。插畫費用，一般而言，出版社比較便宜，而廣告插畫則是會有十倍的差距。工作主要在家裡進行，為了必須集中心力，大多是單獨作業。　在街上看到使用自己插畫的海報時，即使在海報前面往來好幾遍，那種無上的喜悅仍舊不會消減。

**台灣**

台灣插畫家的工作原則上和日本相似，但案子主要集中在書籍、教科書、幼教雜誌、報紙等來源；廣告插畫較少見，但酬勞相對較高。台灣並沒有插畫專門科系，有興趣者可選讀美術或設計相關科系，但也有許多非科班的人才投入此行。一般而言，除了繪圖技巧外，作品是否具有個人風格是脫穎而出的關鍵。多數插畫家都以個人工作室的型態接案，因此需要良好的自我時間管理，才能在工作量和健康之間維持平衡。也有插畫家以團隊的型態接稿，綜合各人專長共同完成稿件，或是接受各種不同類型的約稿，由擅長的成員完成。台灣插畫界尚未建立經紀人制度，因此稿酬上的削價競爭或權利被剝削的情況時有所聞。身為插畫家最大的成就感，就是看到自己的作品被刊登，若作品能授權商品化，甚至揚名國際、建立專屬美術館，應該是插畫家的最高榮譽了。（曹瑞芝）

## 繪本作家

主要以孩童為對象，透過圖畫講述故事。近年來，成人的讀者也逐漸增多。有時圖畫與文章是同一人創作，但是也有分工的情況。這是給予小孩快樂與活力的工作，其中也有不少男性作家，而且特別受到女性讀者的歡迎。在日本要成為繪本作家，一般是向出版社編輯部毛遂自薦。這方面並沒有像文學界有芥川賞和直木賞這樣的獎項，可以作為成為新人文學家的跳板。但是，有些企業會贊助一些以業餘作家為鼓勵對象的獎項或創作比賽，參加這些活動也是管道之一。不過，即使得獎也不保證可以成為獨當一面的繪本作家。很多繪本可以持續銷售一段時間，2002年大約出版了1000冊左右，銷售市場非常大。由於現在開始邁向少子化的時代，所以預測重視小孩教育的父母親也會逐漸增加。追求繪本品質的提升也因此成為主要潮流。國際上有義大利波隆納兒童書展（Bologna Children's Book Fair），是屬於世界性的書展，相當具有國際性。

**台灣**

要成為一個繪本作家，必須對創作有興趣，擁有一顆童稚的心，同時具備畫圖與說故事的能力。在台灣，繪本作家不一定非得畢業於美術科系，只要本身繪圖與說故事的能力足夠，也可以進入這個創作世界。在台灣，新人多得透過比賽獲得注目，台灣目前（2006）有「信誼幼兒文學獎」與「國語日報社的牧笛獎」，得獎者有機會經由主辦單位出版第一本作品；至於是否能就此獲得肯定，還是要看作品本身的銷售成績而定。在台灣繪本作家是冷門工作，因為相較於翻譯的外文繪本，本土作品數量極少，因此光靠繪本創作很難過活，作者通常會兼任插畫家、兒童美術老師，或其他各種職業。近年來由於政府、學校和許多繪本愛好者的大力推廣，繪本創作逐漸受到關注，學校或家庭教育也常倚賴繪本而進行。對喜愛繪本的人而言，繪本作家也許可成為未來的理想職業。（曹瑞芝）

## 版畫家

蝕刻銅板畫或銅雕以及絹版畫、木版、石版、平版畫等以版畫的方式呈現作品的藝術家。大部分是畢業於美術相關的大學或專科學校。畢業後，當然不一定就可以成為版畫家。在學校學習比較有利的一點是，可以和學校裡

的教授、學長姊與朋友進行交流，可能也因此有了和畫廊聯繫的管道。和畫廊的聯繫管道雖然很重要，但是如果版畫作品本身就沒有吸引人的魅力，也很難獲得畫廊的青睞。因此，要成為版畫家，所應列為優先的事，就是磨練自己的藝術感與技術，才能創作出高評價的作品。參加美術館主辦的美術獎競賽，也是晉升專業版畫家的管道之一。一旦得獎，就會受到畫廊與畫商的矚目，也可能受邀開設個人畫展。但是，僅靠著版畫即可維持生計的人是微乎其微，很多人還是必須開設版畫教室，或是在中小學與高中當美術教師，或是在美術相關的大學或專科學校教書。相對於繪畫是一種純粹的「藝術表現」，版畫則還必須使用各種的機器進行「製版作業」。例如浮世繪，可分為版畫作者與製版師。但是，除了絹版畫之外，現在的版畫家一般都是自行製版。

台灣

台灣版畫創作人口稀少，所以不像國外有許多供版畫家租用或是還能接受訂製的版畫工作室，台灣版畫家都必須要有自己的版畫設備，所以得要有工作室的規模，依各自創作的需要添購設備和學習新的技術，這樣的情況則又更添加了在台灣當版畫家的困難度，因此增加國際交流的機會是非常重要的。全世界專門的版畫科系只有日本才有，其他的藝術家頂多只把版畫或創作的媒材之一。（蘇意茹）

## 代筆書法家・代客書寫

使用一般的筆或是毛筆，代替顧客書寫邀請函或禮品包裝上的賀詞等文字。基本上，書寫的全部是細字體。現在，字體必須謹慎工整地書寫且要求清楚易讀，所以必須要有一定水準的專業技術。首先也是必須求教於能紮實地指導自己書寫的老師，一般至少要學習2年左右的時間。工作的場所可能是飯店、百貨公司、葬儀事業、代書公司等。實際上，幾乎很少人受雇於專業的代書公司，大多數都是屬於打工性質。因為僅以代書為生很難維持家計，所以兼職書法家等其他行業的人很多。若能學習到這樣的技能，也是一輩子可以從事的副業。

台灣

台灣對於一般邀請函和包裝上的文字要以手工書寫並不講究，比較講究的則使用電腦打字列印。只有政治人物等常有贈送輓聯和匾額需求者，才會聘請專門的代筆書法家為其代筆，保持風格一致性。如果是這樣的情況，代筆書法家單單字體工整是不夠的，還得要能夠寫出固定的風格，非得有一定的書法程度不可。（蘇意茹）

## 人偶製作師

　　人偶製作具有各式各樣的造型與種類,包括傳統的日本人偶、西洋人偶、藝術性質的創作人偶等,也有以塑膠大量生產的人偶。以傳統的日本人偶而言,一般是到製作工廠或是向知名的人偶師傅拜師學藝,在製作現場學習技術。女娃人偶或各節慶的人偶,都是在小型的製作工坊,由不同人專責臉部、服裝、以及裝飾配件的製作。要成為一位可以獨當一面的人偶師傅不是一件簡單的事,有時甚至需要花上10年的時間學習。成為人偶製作師傅並沒有固定的管道,除了可以向有名的師傅拜師學藝之外,也有人在文化中心學習,也有人是無師自通,苦學而成的。據想要製作的人偶的不同,所需要學習的技術也有所差異。作品可以在藝廊中展示販賣,也可以藉由廣闊的人際關係開拓客源。

### ❝ 台灣

在台灣人偶的製作分為人偶模型設計和手工人偶製作兩個產銷體系。人偶模型設計主要是為了之後以工廠大量製造的商業目的,不管是用在飾品或是目前風行的公仔和企業娃娃,都相當受歡迎。而手工人偶製作主要是接受訂製和教學,以劇團的戲偶來說,主要還是以手工為主。人偶技術的學習範圍非常廣泛,不同材質和造型,都需要多年的學習和研究才能夠專精,而且拜師學習不管如何用功,只能學到製作的技術,創作能力需要自己不斷地鑽研用功,才有辦法獨當一面。如果要在工廠做設計,除了傳統的手工製作之外,還需要學習電腦技術。此外,玩具業界也需要許多角色人偶(action figure) 造型師,目前職缺集中在美日兩國。但近日台港等地,有不少以獨立公仔設計師在市場上崛起。(蘇意茹、李建興)❞

## 刺青師傅

　　刺青的樣式非常多,從手臂上雕刻的心形或是骷顱頭等小圖樣,到背部整面都刺上龍虎牡丹等大圖樣。一旦刺青後,基本上就無法將它去除掉。所以在刺青之前,一定要和客人進行詳盡的商量,妥善準備底圖設計以及刺針的訂作等前置作業。因為刺青用針是刺入皮膚裡,所以要特別注意衛生問題。刺針要用醫療用消毒機完全地消毒,使用後必須丟棄。要成為刺青師傅,一般都是拜師學藝,一開始必須從打雜的事情做起,之後充當師傅的助理,準備刺針與收拾工具等工作。刺青的技術也是跟著師傅邊看邊學。剛開始是以自己或是同門弟子的身體作為練習的對象,實際上,要成為刺青師傅需要1～3年的時間。刺青又可分為手工刺青與機器刺青,現在大部分是結合兩者進行。因為刺青機器不管是誰都可以取得,所以也有自己練習刺青的人。不過,因為考慮到衛生問題,加上刺針的刺法與深度、角度等方面的專業技術,不是光靠自己學習就可以成功的,所以還是應該拜師學藝比較妥當。

### ❝ 台灣

在運動明星與藝人帶動的風潮下,刺青已經逐漸擺脫「黑道專屬」的汙名。刺青師沒有正式的教育機構,仍然仰賴師徒傳承。想成為刺青師可以參閱國內外相關雜誌,聽取同好口碑,尋求

值得追隨的大師。（李建興）

## 陶瓷釉彩師

　　就是在陶瓷器上畫中國水彩畫的陶瓷彩繪師。這當然必須具備繪畫才能，另外也要求要具備準確的設計感與描繪技術。在日本，可以在窯場或是製作食器的大公司就業。不過，食器公司也開始傾向於機器印刷的大量生產，因此這行業出路不多，單以彩繪作為自由業，也很難維持日常生計。所以這方面的行業幾乎都是擁有自己的窯場，獨立製作的陶藝作家較多。現在，雖然重視經驗遠勝於資格檢定，但是各縣市職業能力開發協會也主辦了陶瓷器製作與彩繪的國家檢定。因為是屬於繪畫的工作，所以有不少大學或專科學校的美術相關科系畢業生從事這種彩繪工作。在日本全國也有幾個地方政府設置的公立窯業專科學校。例如，佐賀縣的有田町，由於需要大量的彩繪師傅，所以幾乎全部的佐賀縣立有田窯業的大專畢業生都在此就業，以當地的窯場作為就業的中心。

 **台灣**

由於台灣陶瓷產業外移，所以陶瓷的彩繪和製作目前已經轉型為教學、觀光和創作。目前台灣以陶瓷彩繪著名的，都是原本就已經具有深厚的書畫根柢的藝術家，偶爾接受窯場主人邀請在作品上面題字作畫，增加陶瓷品的價值。（蘇意茹）

## 書法家

　　要成為一位書法大家，必須學習古典式的運筆方式與文字結構，之後在展覽會展出自己的書法作品，在自己所屬的學派中建立自己的地位。但是，要成為一位著名的書法家，並非是件容易的事，首先，必須求教於能時常紮實地教導自己的書法老師，慢慢累積實力，直到自己的作品被書法大家所認同。能以專業的書法家身分自立自足的人，相當有限。大多數的人都是在大學的書法學科學習，畢業後取得教師資格，在中學擔任書法老師或是自己開設書法教室。若能通過文部科學省（即教育部）認可，由日本書寫能力技能檢定協會所舉辦的毛筆書寫技能一級檢定的話，對於取得教職會有所幫助。另外，也有兼職代客書寫工作的人。不管如何，除了奠定好自己的書寫基礎之外，也必須具有發展出自己揮毫特色的能力。

 **台灣**

目前在台灣還沒有書法專門科系，但在美術或是中國語文科系裡面，藏有許多名師。由於書法的學習需要花費相當長時間的努力，所以就算是在學校裡面學習也是不夠的，除了必須進入書法名家門下磨練許多年，並且還要參加

比賽和展覽累積經驗。書法使用的工具比其他美術創作簡便，一旦出名，開班授徒、接受訂製書寫或是辦展覽鬻字的機會是很多的。（蘇意茹）

## 電腦繪圖師（CG）

使用電腦繪圖技術，製作畫像、插圖或動畫等的工作。現在，不管在什麼領域都會應用到電腦繪圖，所以電腦繪圖師的出路相當廣泛，包括電影、電視、電玩遊戲、CD-ROM、網站設計、插畫、動畫卡通等，另外還有建築、機械設計、工藝設計、科學研究的視訊模擬等。在大學或專科學校專攻設計或是電腦繪圖設計等課程，畢業後，一般都是在影像相關或是出版相關的製作公司、廣告代理店、電視台等就業。忙碌的時候，可能要連續熬夜工作好幾天，所以必須要有相當的體力、耐力與集中力。使用電腦繪圖，除了需要技術之外，創造力也很重要。要創作出自己滿意的作品，不僅需要設計能力，也要有企劃與製作的處理能力。這方面的有電腦繪圖（CG）資格檢定，三級是初學者，二級是有1年學習經驗的人，取得一級資格的話，即被認為具有與專業人員同等級的技術。

### 台灣

目前台灣應用美術方面的工作，已經全面進入電腦時代，也就是只要會電腦繪圖，這些相關工作機會幾乎就可以一把抓。要成為電腦繪圖師沒有學歷的限制，只要會使用相關的軟體，提出自己做過的作品，就可以應徵相關的工作，證照並不是一定必要的。在台灣學習這類軟體的機會非常多，不管是看書或上網自學、到電腦補習班等職訓機構或是高職、大專院校相關科系，都有豐富的課程可供學習。但是儘管電腦工具提供繪圖作業上無上的便利，但是要利用這樣的能力創作出豐富創意的作品，傳統的手繪技術和美感的養成訓練，依然是不可或缺的。（蘇意茹）

## 視覺設計師

海報或是商品的包裝、書籍、看板等有關於商品宣傳、販賣等的平面設計。最近，隨著媒體多元化的發展，也包括網路與電視廣告的設計。因設計對象不同，會稱以不同的專業名稱，例如，書籍的設計被稱為美術編輯，網頁的設計則稱為網路設計等。基本上，必須先瞭解商品所要訴求的目的與對象，在藉由設計上的巧思，完美地將其與商品整合。企業的識別標章，是企業發展方向與事業開發的象徵，所以對於企業的發展理念，必須具備能夠融會貫通的能力。這些專門知識，可在工科大學、工業職業學校、專科學校和美術相關大學學習。另外，現在使用電腦從事設計很普遍，多媒體方面的知識也是必要的。就業的場所包括廣告代理公司、企業的廣告文宣部與設計公司等。從助理開始到成為一位獨當一面的設計師需要約10年的時間。另外，有些人還可以擔任領導其他設計師的藝術指導。因為這行業牽涉多元化的領域範圍，所以必須事先思考要往什麼方向開展自己的事業。

**台灣**

## 美術編輯・美術設計

從事有關書籍雜誌的封面、目錄、內文與大幅照片等版面的設計者。一般大多是在專科學校或美術大學學習設計之後，再到設計公司工作，不過也並非全都如此。另外，也有人累積一定的實務經驗後自行創業。從版面設計是否精準地表現書籍雜誌的內容並且符合書本的樣式，可以判斷出一位美術編輯者專業技術的優劣。美術設計是很受歡迎的一種職業，除了要有設計能力外，和客戶之間溝通的能力還有一般綜合性的常識也是必要的。從事這行，持續不斷地磨練自己的技術與敏感度是很重要的一件事情，所以平常就要把握機會藉由欣賞電影或閱讀書本，來訓練並提升自己的審美觀。

**台灣**

## 書籍裝幀師

對於已經確定書名的書籍，從書衣的設計製作，到內頁紙張以及之後的封面製作，依據這本書的性質內容，設計其造型。裝幀師的工作必須先瞭解承接的小說、散文或其他主題書籍的內容，依據設定的讀者年齡層，進行書本的設計。想從事此行，可以在美術相關的學校學習基本的設計，或擔任目前相當活躍的裝幀師的助理，也可以在雜誌或書籍等與出版相關的設計工作室工作，這些都是踏入書籍裝幀師這個行業的第一步。從這些工作中能夠進一步學習到有關紙張與印刷的知識，也從承接企劃案的過程中逐漸瞭解如何成為獨當一面的裝幀師。由於現在出版業不景氣，出版社為了節省書本設計費用的支出，大多是出版社內部自行設計與裝訂。但是，從另一角度來看，書本終究還是一種商品，設計出優秀作品的裝幀師，還是可以源源不絕地接到來自各出版社委託的案子。

**台灣**

美術 其① 繪畫、設計海報、玩黏土

用。（蘇意茹）

## 角色創造

　　為動漫、電玩、電影、廣告、商品包裝上登場的人物或動物，為其設計角色的工作。在動漫製作公司、電玩製作公司、設計事務所、廣告公司任職。人氣漫畫家、動漫作家等以外，光是「好可愛」是不足以被採用的。動漫的角色設定要有故事性，商品的角色要揉入商品的想法及特色，以此來製作代表性的角色。在各個不同的現場設計以及作畫等工作，一面磨練自己的技術與表現力，創造出自己的設計的角色。可以就讀美術大學的設計科或是設計專門學校。現在也有學校設有專門學習如何設計角色的專屬課程。

## 遊戲美術設計師

　　製作遊戲中登場的人物、場景以及在遊戲中可能被使用到的所有圖像。以一般製作3D遊戲而言，是依據遊戲企劃書中的設定（企劃書中的圖像初始概念大多是由遊戲企劃人員用文字描述，然後再請2D美術人員繪製設定稿置於企劃書中），再用3D繪圖軟體製作出3D模型。純熟的設計概念以及專業的電腦繪圖技術是從事這行的必要條件。由於遊戲機硬體條件的關係，遊戲繪圖可以使用的色彩會受到限制。為了在此限制之下製作出精美的畫面，必須反覆不斷地進行試驗與修改。另外，因為必須要和應用這些美術製作物的程式設計師一起工作，所以也要對於程式設計有一定的基本認識。在美術大學專校可以學習到基本設計，之後可以拿著自己的作品到遊戲製作公司毛遂自薦，或參加就業活動。在遊戲製作公司裡累積一定的經驗之後，不少人可以成為獨當一面、自行接案的遊戲美術設計專家。

 台灣

在台灣常稱作遊戲美術，或遊戲美術設計師。歐美比較常用Game Artist來稱呼此一職務，又分為2D Artist與3D Artist。大型的遊戲開發公司分工會比較細，遊戲美術設計師常依據專長不同而會再做工作上的區分，例如有人專門負責畫場景設定，也有人專門負責人物的設定或怪物的設定，另外還有負責3D模型建模工作的人員，也有人負責製作模型上的材質貼圖；甚至有些較大型的遊戲需要製作大量的服裝或配件，也會配置專人負責設計。較小的公司或遊戲專案則會需要遊戲美術設計師能十八般武藝樣樣精通。隨著電腦與遊戲機這些遊戲硬體的3D運算能力越來越強，有越來越多的遊戲使用3D技術，也因此近來對3D遊戲美術的技能需求也比以往增加了許多。想從事這方面的工作可就讀各大專院校的多媒體設計相關科系，無術科背景者，也可參加政府補助民間機構所舉辦的多媒體設計課程。（王勇智）

## 動物攝影師

　　拍攝各種動物、鳥類以及昆蟲的生態。也有專門拍攝海中生物的海洋攝影師。攝影場所遍及全世界。近年來，拍攝野生動物的生態照片比重變多，因此在大自然中露營、拍攝的工作機會變多。為了不讓野生動物察覺，有時在偽裝的裝置中潛伏，一連就是好幾天，只為了等待最好的畫面，需要有相當大的毅力才行。現在也開發出可以使用感應器或是IT機器，動物出現時會自動偵測，並且拍照的裝置。要準備這些器材、交通、駐地的費用、聘雇當地導遊等的費用不少，要籌措資金也是件相當辛苦的事。電視節目增多，比起靜態攝影照片，多半是以動態的影帶拍攝為主。在大自然中攝影，經常會遇到危險的狀況，有在阿拉斯加為了拍攝白熊而意外死亡的攝影老手，也有攝影師遭遇雪崩而遇難。避免感染到瘧疾等傳染疾病，要有周全的準備。比在專門學校學習攝影的基礎更重要的是，參加登山社或探險社團，讓自己學會在大自然中生存的方法更為有用。擔任活躍的動物攝影師的助手，在其手下工作，一面學習攝影的技術也很有助益。

 **台灣**

在台灣，可以作為職業的動物攝影師，指的是專門為居家寵物拍攝寫真的寵物攝影師。台灣飼養寵物的民眾不少，花錢在寵物身上也常不手軟，因此產生了這樣的職業。因為動物無法溝通，所以寵物攝影的難度不在話下，因此優秀的寵物攝影師必須瞭解動物、對動物有熱情並且有耐心，並要搭配寵物美容替動物們做造型，甚至搭布景、出外景。（蔡承恩）

## 風景攝影師

　　拍攝世界自然風景的攝影師。有拍山岳專門的山岳攝影師，以及專門拍攝花和植物的植物攝影師。山岳攝影必須要搬運沉重的器材上降雪的山嶺，或攀爬高岩。與登山家一樣，需要相當的體力。為了拍攝雪山的景象，或許得在吹雪的山中搭帳蓬等上好多天。有時會租借直昇機從上空拍攝。植物攝影的話，比如拍攝櫻花，依照日本櫻花前線的時間，從南到北縱橫日本列島，要花一個月以上的時間，隨著櫻花移動拍攝。攝影受天氣影響很大，要有相當的毅力。要成為風景攝影師，首先在攝影專門校學習攝影基礎後，看是自己開拓攝影的類型，或是擔任攝影師的助手，學習知識。要得到大眾的肯定，得花上很長一段時間。此外，器材和採訪所需要的經費，在經濟上是一大負擔。收入要靠照片被雜誌或是海報、月曆等使用才能獲得稿費。最近，電視台的環境相關節目增加，除了靜態的拍照外，不少人同時也會攝影。此外，將照片在網站上公開展示，接受訂購的作法也在增加之中。

 **台灣**

風景攝影師一般都有自己設定的喜愛主題，像是日出、山岳、濱海等。常為了等一次彩霞或日出，必須長時間等待，更常因氣候的不穩定，打亂了攝影計畫；拍攝山岳風景的攝影師，甚至

每上一次山就得待上一個月左右，高山的寒冷對身體也是一項考驗。而風景攝影師主要透過販售作品版權或輸出作品維生，大多時間都在戶外拍照。（蔡承恩）

## 經營照相館

擁有相片攝影的設備，拍攝婚禮、新生兒的寺廟參拜、七五三、成人式、相親用等各式各樣的紀念照片。另外也有進行如護照用等的證件照片的拍照、洗照片等。毋須具備特別資格，但是照片拍攝的知識、技術及經驗是必要的。因為攝影工作室、攝影器材、背景布、攝影用的服裝等的組合等設備投資時很花錢，繼承家業的照相館的人佔半數。近年大頭貼或數位相機的普及，在照相館拍紀念照片的人變得越來越少，經營越來越不容易。因此，最近有將拍攝好的照片做成賀年用明信片、請帖或貼紙，也有到府服務的攝影、寵物的紀念攝影、物品攝影、拍攝時的化妝服務，還有底片修復或是小冊子的印刷等，進行綜合的服務。拍照的技術日新月異，新產品或服務項目也推陳出新，為了能夠對應，學習新知、投資新的設備也是不可欠缺的。

※編註：「七五三」是日本傳統祭典活動，於每年11月15日舉行，祈求孩童健康長大。

**台灣**

照相館經營硬體設備投資為主要成本，由於現在都是機器自動沖洗相片，而相片品質消費者也難以辨別，所以一般相館的老闆並不是專業攝影者，只要會操作機器即可。而在台灣人去相館中拍照只是簡單的證件大頭照，想要拍出具有風格的寫真，台灣人會到婚紗店或是專拍寫真的商家。（吳逸驊）

## 在攝影工作室工作

在出租暗房或沖印店的攝影工作室，針對客人需求設定必要的機器或設備等，進行接待的服務。不只是照片拍攝，也有可以進行錄影帶或影片攝影的工作室。不需特別資格或學歷，但是喜歡相機、擁有相機或攝影的基本知識是必要的。若是專門學校主修攝影的畢業生則較有利。另外，因為顧客當中不只有專業攝影師，對於準器材使用方法不瞭解的業餘攝影師也很多，因此可以用笑容及細心周到的待客態度是必要。對於想要增加相機的知識，接近一流的攝影師、學習其品味的人而言，工作室是最佳的工作場所。

**台灣**

台灣攝影工作室多是小型個人工作室，而大型工作室則是以國內著名攝影師為主要領導者，其旗下有其他攝影師支援。個人工作室案子來源多為雜誌社、廣告公司等，拍攝內容為雜貨、服裝等商業攝影、時尚攝影、活動紀錄等。而大型工作室，除上述內容之外，還有能力接受政府部門委託的拍攝案件。在台灣想進入工作室當學徒，機會不多，多半是進入婚紗店裡從攝影助理開始做起，或者是就讀新聞、傳播相關科系去媒體實習。（吳逸驊）

**美術**

其① 繪畫、設計海報、玩黏土

## 產品設計師

　　設計產品，也就是「製作物」的工作。除了建築物以外的產品，全都設計。因此，原來的意思當然也包括了工業設計師。只是，近年來相對於設計汽車、飛機、家電製品、業務用機械、光學機械及醫療機械等產品的工業設計師，設計家具、餐具、文具、雜貨及包裝等的設計人員，多半被稱為產品設計師。特別是近年來，設計雜貨、文具及包裝等生活周遭物品的工作，深受女性的歡迎。以「可愛」為關鍵，也創造了許多人氣商品。但為了設計出「可愛」的產品，必須學習設計的基本，以及擁有「看透一切」的才能。工作內容則是完全與「可愛」無緣的嚴格世界。在大學的設計系與專門學校的設計科修習後，一般都是進入各大企業的設計部門、設計公司或廣告公司等單位就業，但也有要求實際經驗即戰力的領域，所以也有很多人會先在小設計公司尋求工作經驗。

 **台灣**

在台灣，大專院校裡的商品設計系、商業設計系、應用美術系等，就是培育產品設計師的搖籃。產品設計師須時常關心時下的流行趨勢，掌握市場走向才能知道市場需求，設計出好的商品。除了有創新的設計概念外，媒體整合與行銷觀念，是優秀的產品設計師需要同時具備的能力。設計的產品若能獲得國際設計大獎，未來要邁入世界舞台也絕非難事。（蔡承恩）

## 工業設計師

　　企劃並設計所有的工業產品，小從原子筆大到飛機。一般都是以可以大量生產的產品為設計對象。設計不僅要求要優良精緻，而且也要兼顧到其功能性與安全性。從事這行業不需要特別的資格證照，不過能夠在有工業設計學科的大學、高職或高工等學校學習相關技術與知識是比較好的管道。就業的場所有製造商的產品開發部、另外也有極少數人是在個人工作室。因為必須和產品的製作工程師一起合作，在產品商品化之時，也必須負責向經營高層做簡報說明開發的產品，所以當然必須要具有設計觀念，也要能和周邊的人共處愉快。能看到自己設計出來的產品被實際應用在商品上是最快樂的一件事。

 **台灣**

隨著台灣精品逐漸受到重視，工業設計師的角色也日趨重要。目前台灣有許多高職大專 院校都設有工業設計科系，但是這項學科必須配合外語能力，透過國際交流來增進美感與創意的實力，單單只有技術的能力是不夠的。儘管台灣工業設計人才需求孔急，但是由於上述條件的缺

乏，所以大部分的設計中心寧可與國外合作尋求效率，本土設計人才依然有待努力。（蘇意茹）**"**

## 網站設計師

　　網路上的超文字稱為www（World Wide Web），在此設定頁面，稱為網頁（HP）。世界上的任何一個人都可以登入，所以全世界的公司以及團體為了廣告，以及為了公開資訊，都會設立自己的網頁。個人的話，也有為了宣傳自己而製作網頁。而製作網頁的人，可稱為網頁設計師或是網站設計師。要製作網頁，使用製作軟體的話，並不是那麼困難的事情。但是如果要將製作網頁當成自己的工作，那麼就需要品味以及獨特性。仔細聽取客戶的要求，並將其要求用文字、照片、故事畫、音樂等加以表現設計。但就算讓客戶感到滿意，但一般人都不登入瀏覽的話，也等於沒有效果。也有些網站具有獨特性以及花了心思，讓人一再想要登入瀏覽。將最新資訊以及新聞以最快方式登載（可以登載的設定）也有其必要。要成為網頁設計師，要先到網站設計的專門學校就讀，再進入專門的公司，可以經手各式各樣的設計是最好的。獨立之後，一個人也能工作，但因為大量年輕有才能的人才進入這個工作，競爭也相當激烈。而在2007年起，網站設計師技能檢定的國家考試也開始舉辦。

**"** **台灣**

在台灣，資訊傳播、媒體傳播、美術等科系的畢業生，都有成為網站設計師的機會。除了設計網站的網頁設計需用到的設計軟體之外，網站架設所需的電子資料庫軟體、讓網站更精采的FLASH製作、APS程式設計等，都需要略懂一二，能增加自己的競爭力。部分網站設計師還得負責網頁的維護與經營、執行美編設計與文宣品的製作，甚至還要有撰寫網路行銷企劃的能力。目前台灣沒有網站設計師的技能檢定考試。（蔡承恩）**"**

## 塑膠模型製造

　　塑膠模型由廠商向工廠下單大量生產製造。就職於此類公司，想要有製作塑膠型的實際感受，必須配屬於企劃或設計部門。如此便可在公司為想要加強的模型進行企劃，或開發新領域的商品，進行繪製設計圖的工作。另外，還有對於販賣的元件（Kit）進行塗裝並實際完成的所謂模型師（Modeler）的職業。大多不是接收顧客的訂單，就是成為模型販賣店的專屬模型師。若是成了有名的作者，則可以期待高收入。也有和模型專門雜誌訂定契約，兼任寫作的。另外也有像被稱為古典車模型天才的英國人溫格洛夫（Gerald Wingrove）那樣，從材料加工到完成都由自己一手包辦的模型製造者。

## 經營模型店

　　以前只要是男孩子不論誰都曾玩過模型，現在卻變成人物模型的現成品比較受歡迎，多數的模型店會因為電影或卡通的主角，也加入相關的模型。但是，將每一個零件仔細地花工夫進行組裝、塗裝，忠心不變的也大有人在。精

湛手藝者完成品的品質好，勝過大量生產的產品。有全部的塑膠模型都有的模型店及只有一個種類、例如只有飛機的專賣店。在製造、販賣的廠商上班，瞭解業界的內情之後而獨立的人也很多。在店裡擺飾吸引顧客的完成品是受歡迎的，所以若是擁有技術就更好了。再者，模型製作為單獨作業的興趣，若是店主也是沉默寡言性格的話就比較不容易與顧客互動了，因為是以小朋友為大多數販賣對象的店，所以性格開朗有社交性的人是比較適合的。

**台灣**

模型店的經營者，大多同時也是模型的愛好者，對於模型的組裝技巧、模型的種類認識，都非常瞭解。大多客人較少的時間，經營者會自行組裝新發售的模型，以供陳列使用。但因台灣模型玩家並不像日本眾多，所以大多模型店會兼賣其他如電動遊樂器、遙控模型、四驅車等玩具，或結合網路商城經營，會是比較好的經營模式。以台北來說，最大的集中地是西門町西寧南路的萬年大樓。不過近年來模型店多半也兼賣生存遊戲用的模型槍，或是卡通漫畫人物角色的模型等，很少只賣武器模型。（程嘉文、蔡承恩）

## 看板職人

　　以前一提到看板，最具代表性的就是電影的看板或是澡堂裡一定會掛上的富士山。不過如今，到處都有著各式各樣的看板。走出家門到車站之間的距離，到底有多少看板啊？寫著咖啡店店名，可以照明的看板、銀行建物的側面，寫著銀行名的長形看板、選舉候選人的看板、自家住宅的門牌也是一種看板，公園的導覽圖、小鋼珠店和遊樂場的閃亮看板、中古車中心和美容院亮晶晶的金屬看板。車站內更充斥著各式廣告看板。看板的原料及材料，也從以往只有紙以及木頭，進化到如今的鋁、壓克力以及LED等各式各樣材料。

　　而現代的看板，不論是繪畫還是文字，都是用電腦輸出。但是，看板的畫面，文字跟留白還是跟以往手繪時代一樣，維持著三：七的比例。不在腦子裡好好記住這個比例的話，就算電腦輸出的畫面再美麗，也不會作出專業的作品。也就是說，長年來用手描繪累積悠長經驗的看板職人，即使工具從筆變成了電腦，一樣也能做出優秀的設計。此外看板職人也要會畫漫畫以及插圖。若只是把素材集的照片或繪畫用電腦弄出來，直接做成看板掛上去，只不過就是到處都看得到的無聊看板。必須要找出適合顧客店面，並且做出原創的專業看板。多半是小型的公司，實務經驗比學歷更重要。到看板製作公司就職，雖然成為長輩或前輩的弟子可以學習工作的精髓，但是在設計使用工具上，如果會使用Illustrator、Photoshop、Dreamweaver等Adobe軟體的話會更有幫助，可以到設計相關的專門學校學習，會有很大的助益。

**台灣**

滿街林立的廣告招牌看板，是台灣街道的特色之一。早期的招牌看板，多以手工繪製，招牌的品質全要看師傅的繪圖技術而定。而現代的招牌店，則分為美術與技工兩個部分，前者負責前端美工作業，如排版、割字、貼版面、完稿、冷裱等；後者則負責後端安裝工作，如電焊、招

牌安裝、油漆等等，分工更為細緻。（蔡承恩）

## 舞台設計師

　　舞台設計師的工作是瞭解演出者的想法後，依照演出者的想法設計舞台劇或演出所需的舞台裝置、服裝，並指揮其製作工作。也有些舞台美術只負責舞台裝置的設計，稱作舞台裝置師，或者只設計舞台服裝，稱為舞台服裝設計師。通常舞台美術工作者都以獨立身分從事這份工作，但有些人則隸屬於舞台製作公司。舞台藝術乃是受劇團、劇場委託接案，當然其才能須獲得演出者與製作人的認可。最好先加入劇團，或進入製作公司工作，或者成為舞台美術家的弟子以鍛鍊自己的能力。要成為舞台美術師須能迅速將舞台的圖像設計繪製出素描，甚至須將之製作成模型，因此通常以大學美術系或專門學校出身的人為多。舞台美術師平常須多看舞台公演，學習前輩如何工作。然後再從中創造出具有自己性格的舞台美術設計。

 **台灣**

　　在台灣的舞台設計師以藝術、劇場科班出身為多，也有就讀美術、建築相關科系者從事舞台設計。若非本科生想從事舞台設計的工作，可至大學的推廣教育中心或劇團研習班學習。舞台設計師並不單純只是搭設布景，必須要有色彩學與空間學等美學概念，並對劇本的內容、劇中角色性格等，都要有十足的瞭解，才能規劃出流暢的舞台表演動線。此外，對於木工、金工、繪景等各種運用在舞台的材質，也要有所認識，才有可能設計出完美的舞台。（尹玫瑰、蔡承恩）

## 舞台燈光師

　　舞台公演、電視節目都需要利用燈光製造演出效果。例如，要呈現熱情的場景，就要交錯打出紅色的燈光與黃色的燈光。或者運用藍色的燈光效果展現主角低落的情緒。燈光效果的確左右戲劇性張力的效果。舞台燈光有時候會以手動操控，但是大型的公演通常都會事先設定好電腦控制。燈光效果是利用燈光、各種濾光片做出無數隸的搭配，需要高精確度的呈現。過去舞台燈光多粒屬於劇團或劇場，但是近來則隸屬於專門的舞台燈光公司，或者是以獨立身分從事這項工作。由於舞台燈光是一項敏銳度很高的工作，需要天賦的才能與強烈的動機才能帶來成功。

 **台灣**

　　台灣從事舞台燈光者以本科生為主，或者跟隨經驗老道的舞台燈光師學習。學歷對此工作並非必要，經驗與對燈光的敏銳度才是所需。大多情況下，都是先以燈光助理開始做起，學習對各種燈光器材的認識，並瞭解不同場景燈光照射角度的差異。燈光運用在任何影像載體上，都是

最重要的一環，透過燈光的顏色、明亮，都能給觀眾不一樣的視覺感受，因此，燈光師是需要長時間學習，以經驗成就技術的一項職業。**”**

## 雕刻家

　　使用石頭、木材、黃銅或鐵器等金屬以及石膏等材料從事雕刻的創作與作品的販賣。要成為雕刻家，並沒有固定的管道，可以向有經驗的雕刻家拜師學藝，也有不少人在美術大學的雕刻系學習這類技術。學好雕刻所必須具備的是紮實的製圖與素描能力。對於初學者來說，越快學習好這種素描能力越好，趁著年輕的時候，儘快地努力練習素描人物、動物或靜物。不過，雕刻的材料昂貴，而且沒有廣闊的空間也無法從事創作，因此靠此行業維持生計也不容易，一般都是兼職美術教師或講師。購買雕刻作品的人大多是政府機構或是公司行號，一般是放置在公園、庭園、人行道或是大樓的入口處等室外場所。被當作紀念物，形狀上偏向立體幾何造型的雕刻作品也越來越多。如果在美術展上獲得獎項的話，委託製作的件數會隨之增加。目前活躍於雕刻藝術的日本人也很受到世界各地的矚目。

**台灣**

台灣的雕刻市場主要提供三種需求：宗教（原住民雕刻亦列入其中）、純藝術和公共藝術。宗教類雕刻多半自有家學，雕刻的材質以木雕居多，與學校教育較無關係。大學雕刻系所學有助於增加對不同材質雕刻的認識，並且熟悉藝術走向和建立展覽關係。雕刻家必須具備不易打擾到鄰居的工作室，還需準備雕刻的材料和工具，所以雕刻工作室的設立具有地緣特色，如盛產木材的三義木雕和盛產大理石的花蓮石雕，當地名家輩出。（蘇意茹）**”**

## 媒體藝術家

　　媒體藝術（Media art）指的是利用新技術的藝術作品的總稱名詞。要來表現出文本、影像、聲音等，應用電腦技術加以組合。媒體藝術沒有一定明確的定義，而其表現形式以及範疇的意見也相當分歧。從媒體藝術家們的經歷來看，有美術家、音樂家、影像作家、使用身體來表達藝術的表演家等，從這看來，表現的方法以及手段仍未被確立。不過可以確定的是，媒體藝術可說是最先端的表現類型。教育、鑑賞用的媒體，以及企業和各地政府的紀念物、甚至玩具和遊戲設備，也已被商業化。電腦技術程度較高、善於表達纖細情感的日本年輕媒體藝術家中，也有人已在國外受到很高的評價。對日本而言，也是一個具有相當可能性的科別。不過，政府所設立準備用來展示、資料收集、保護以及調查研究媒體藝術及其他商業藝術的「國立媒體藝術總合中心」，因為被譏為「國營漫畫店」、「動漫的殿堂」，這項計畫已被撤銷。

**台灣**

隨著數位媒體的發展，台灣也出現許多透過數位科技或網路技術，發表藝術作品的媒體藝術家，除了將新科技運用在作品之外，有些藝術家也會融入台灣本土的書法、水墨畫等傳統藝

術，創造出新舊融合的藝術作品，或利用互動式媒體裝置，拉近創作者與觀賞者之間的關係。在台灣，媒體藝術又被稱為「科技藝術」或「數位藝術」。（蔡承恩）

## 漫畫家

在日本，除了有少年漫畫、青年漫畫、少女漫畫、以及以20歲以上的女性為銷售對象的漫畫雜誌等主要的刊物之外，還有許多各種類的漫畫。暢銷漫畫作家可以和雜誌社或出版社簽約並獲得一筆簽約金，也可能和接受其他出版社主編的邀請，在各種的雜誌上同時連載。但是，能有這樣成

就的漫畫家畢竟屬於少數。要成為一位新秀漫畫家，必須獲得各雜誌社所舉辦的漫畫新人獎。可以拿自己的漫畫原稿直接到雜誌編輯部毛遂自薦或是先擔任漫畫家的助理，如果非常有實力的話，也有可能由主編直接教導，學習能夠獲得新人獎的技術。以前曾有漫畫家的原稿來不及出版，而臨時刊載編輯部裡新人投稿的漫畫，因為這樣的機會成為漫畫界新秀的情況。不過，現在幾乎很少有這樣的情形發生。因而，以獲得漫畫新人獎作為成為漫畫家的唯一目標，是比較適當的。

在少年漫畫、青年漫畫等以男性為主的漫畫雜誌裡，由於參加新人獎競賽的人非常多，所以主編要從參賽者當中挑選出有才能的人加以培育幾乎是不可能的事。大部分成功的漫畫家都是在16歲到20歲左右的時候，就以成為漫畫家為其努力奮鬥的目標。如果過了25歲，還無法發表個人作品成為新秀漫畫家的話，可能之後就不太有希望成功了。相反地，在培育新秀漫畫家方面，少女漫畫雜誌就顯得比較積極。很多漫畫，每月都會區分等級設置各種獎項，即使是最低等級的受獎者，也可能受到主編栽培提拔。另外，也可以到漫畫專門學校學習。有人是因為突然地獲得新人獎而進入漫畫界，但是絕大多數的人是受到主編好幾年的指導後，或是投了好幾次稿之後，才被雜誌刊載其作品。當然，成為漫畫界新秀之後，並不代表就此一帆風順。也有人在成為漫畫界新秀後，卻苦無創作的背景題材，投稿後還必須屢次修稿。以少年漫畫來說，相當重視讀者的意見調查，不受到讀者喜愛的作品，很快就會暫停連載。自己創作的漫畫作品可以登載在自己喜歡的漫畫雜誌上，可以說是一位成功的漫畫家。但是不僅是繪畫與編劇的技術，也要能充分客觀地理解與分析讀者的喜好與自己的漫畫能力。

## ❝ 台灣

除了學校的訓練（復興商工歷年來培養出不少優秀漫畫家）外，向現役漫畫家學習、擔任助手是最有效的方式。目前台灣的主要漫畫出版社有東立、青文、尖端、長鴻、角川、東販、大辣、時報等，新人欲投稿或應徵漫畫家助手可以寫信到出版社或洽台北市漫畫從業人員職業工會。目前各出版社新人獎多已停辦，但可注意每年一度的行政院新聞局劇情漫畫獎。由於作品發表管道

以及市場規模日漸式微，許多現役台灣漫畫家轉往中國成立工作室尋求發展，也有不少漫畫家進入插畫、遊戲、動畫、網路、公仔設計等領域開發新的可能。新興媒體如網路、手機下載、MSN圖案等，對漫畫圖像的需求日廣，有志者可朝此方向努力。（李建興、林沂頡）

# 動畫家

　　電視上播放的卡通，1秒鐘的畫面就需要將近24張的圖片。動畫畫家的工作就是畫這些動畫圖片。雖然是有點混雜，但是動畫一般可分為畫原稿的「原稿畫家」和為了讓圖片變成連續動作，而一點一點修整潤飾原稿的「動畫畫家」，這就是所謂動畫畫家的工作。更重要的是要具備從各種角度描繪各種東西的素描能力。因此，一般認為，比起動畫專科學校，美術相關的大學比較能夠培養這種素描能力。這工作有時一天必須工作10到15小時左右，熬夜工作也是平常的事，工作條件相當嚴苛。全世界的動畫作品當中有六成是在日本製作，其中的七成又幾乎是在東京完成。因此，要成為世界知名的動畫畫家最好能在東京找到這方面的工作。也有簽約承接個案的自由畫家，不過大多數是屬於製畫公司或是動畫公司直接簽約的公司職員。一開始就當自由畫家有點不太可能，因為不先在製畫現場學習並累積經驗，無法成為獨當一面的動畫畫家。

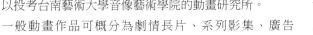

## 台灣

傳統動畫業是分工非常繁複的辛苦行業，必須找到最適合發揮專長的職務才容易生存。目前台灣許多大專院校均設有視覺傳達等動畫相關科系，但其中多以電腦3D動畫的創作為主；對於木偶、黏土等停格動畫感興趣者可以投考台南藝術大學音像藝術學院的動畫研究所。

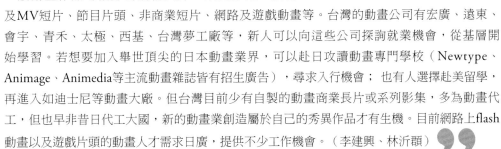

一般動畫作品可概分為劇情長片、系列影集、廣告及MV短片、節目片頭、非商業短片、網路及遊戲動畫等。台灣的動畫公司有宏廣、遠東、會宇、青禾、太極、西基、台灣夢工廠等，新人可以向這些公司探詢就業機會，從基層開始學習。若想要加入舉世頂尖的日本動畫業界，可以赴日攻讀動畫專門學校（Newtype、Animage、Animedia等主流動畫雜誌皆有招生廣告），尋求入行機會；也有人選擇赴美留學，再進入如迪士尼等動畫大廠。但台灣目前少有自製的動畫商業長片或系列影集，多為動畫代工，但也早非昔日代工大國，新的動畫業創造屬於自己的秀異作品才有生機。目前網路上flash動畫以及遊戲片頭的動畫人才需求日廣，提供不少工作機會。（李建興、林沂頡）

---

# 相關職業

地圖製圖員→**P.57**　花藝設計師→**P.116**　藝術品修復師→**P.243**　室內設計師→**P.258**　西式甜點師傅→**P.282**　服裝設計師→**P.302**　珠寶設計師→**P.302**　鞋子設計師→**P.304**　皮包設計師→**P.304**　帽子設計師→**P.305**　理容師→**P.311**　指甲美容師→**P.312**　內衣設計師→**P.314**　舞台劇服裝設計→**P.315**　電動遊戲計畫主持人→**P.419**　藝術總監→**P.433**

美術　其①　繪畫、設計海報、玩黏土

# Essay

# 一年6000個小時

村上龍

　　第一次與本書繪者濱野小姐見面時，她還只是一位19歲的大學生。她來聽我在大阪的演講，演講結束之後，她送我一個可愛的包包作為禮物。我並沒有馬上打開包包，而是等到回到飯店房間後才打開看看裡頭是裝著什麼東西。結果裡頭裝的是還是學生的濱野小姐所創作的風景明信片。

　　那時我正準備出版一本書名叫做《這些錢買了什麼》的繪本，因而需要尋找一位畫家作畫。有名的畫家因為工作多，可能已經忙得不可開交，所以可以的話我想找位新人畫家為這本繪本作畫。濱野小姐的風景明信片上畫著小動物。我想，這位學生應該可以勝任吧。所以就開始請人打聽濱野由佳這個人，希望能委託她幫《這些錢買了什麼》這本繪本作畫。濱野開始實際為本劃作畫時，已經20歲了。當然，把這件事委託給一名沒沒無聞的學生，引起其他工作人員的質疑，但是我向他們説，年齡並不是問題。那時贊成與反對的意見都有，不過最後還是由我決定由她來擔任此次繪畫的工作。我那時向工作人員解釋説，當我23歲，還只是個沒沒無聞的大學生時，就已經寫了《接近無限透明的藍》這本小説。我自己都可以做到，我想她應該也可以做得到吧。問題不在於可不可以，而在於做與不做。

　　《這些錢買了什麼》這本書因為有出版時間上的緊迫壓力，當時，濱野窩在暖爐桌下，一天持續畫了16個小時以上；累了就這樣睡著，醒來再繼續畫，這樣的生活似乎了持續兩個月以上。當初和她見面時，她手裡總是拿著繪本。當她去參觀長崎荷蘭村舉辦的古巴嘉年華時，我突然看到她正在素描一位古巴女歌手。那時，與我同行的主編曾跟我説，濱野能被我相中，真是非常幸運。我回答説，這並非幸運，如果當初她給我風景明信片，我看了之後覺得不行的話，我也不會委託她幫繪本作畫。這次，濱野也是在緊迫的時間裡畫了許多的畫，因為整天拿著畫筆作畫，所以手指頭都腫起來了。一年有8760個小時，其中濱野大概有6000個小時都在作畫吧。

本文撰寫於2003年

# 變與不變

村上龍

　　第一次接觸到鈴木成一的裝幀是10多年前了吧。我那時候受邀擔任某一家出版社的裝幀設計獎的審查委員。鈴木成一所設計的書是卡爾‧馬克斯的《共產主義宣言》。那時好像是1990年代中期吧，蘇聯已經解體，柏林圍牆倒塌的時候。但是，鈴木所設計的《共產主義宣言》的封面，卻不會使這本書好像已經失去其存在意義的樣子。是一個非常有敏銳性的裝幀設計。

　　結果，那時鈴木就以這本《共產主義宣言》一書的設計獲得優勝。那時我就想和這位裝幀家合作，不過並不是因為他得了獎的緣故，因此馬上和他談妥新書的裝幀工作。從那之後，我到底委託他設計幾本書呢？包含文庫本在內，我想大概有超過20本吧。和他合作以來應該也有10年以上的時間，但是他每次的設計都不會讓人覺得陳腐老套。他的設計雖然總是在最後期限才交稿，不過，我每次看到新書的封面總覺得很有新鮮感。但是，為什麼總是會覺得新鮮呢？是因為我們覺得別人的工作是一成不變才覺得新鮮，或是因為覺得他們時常在轉變，才覺得新鮮呢？

　　以鈴木來說，他一定有「不變」與「變」的部分。不變的是，在任何方面嘗試實驗性的東西且不拘泥固定形式的態度。因為每次都會嘗試實驗性的東西，所以必然地每次設計的裝幀都讓人覺得和之前的作品有所不同。委託他裝幀時，有時我會給他電腦繪圖檔案，請他參考一下版面設計與書名的字型，有時也將裝幀完全交由他製作。不管什麼時候，他的設計感讓人一眼見到就知道這是鈴木成一的作品。說起來奇妙也不可思議，我從未當面見過鈴木成一這個人。雖然曾經有一次通過電話，但是實際上完全沒見過這個人。在完全不清楚他的長相或是給人何種印象的情況下，就一起合作工作。當然，或許未來可能會有機會見面，不過到目前為止我對於他的作品還不曾感到不滿意過。

本文撰寫於2003年

# 其❷ 在美術館欣賞繪畫以及雕刻

去看美術展或展覽，被其中一件繪畫或雕刻作品所吸引、不曾多想地就停駐不前。心裡的最深處，像是被輕輕的撫觸、輕輕的為之動搖、像是被什麼刺到一樣。一直記得那樣的繪畫或是雕刻作品，記憶不曾消失。

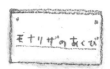

## 藝術品修復師

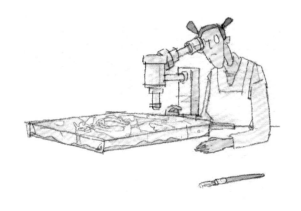

傳統的日本畫，其中也包括佛像畫與壁畫等作品，運用和這些作品一起流傳下來的材料與技術，不斷地對這些歷史悠久的作品進行修復。以國寶或重要文化財的修復來說，在日本必須由具有國寶修復裝潢師聯盟會員資格的專業技師來進行修復的工作。這種民間性的資格認證從2003年起制訂，有約200人接受資格認證。這行業幾乎都是屬於代代相傳的工作。藝術品的修復不僅包含歷史文物，也有在自然災害或事故中受損的藝術品，以數量來說，後者佔了待修復文物中的絕大部分。學習的管道可以向各種專家拜師學藝或是在美術大學的保存修復課程中學習。在東京藝術大學的研究所裡，有文化學與保存學的專業研究領域（即保存修復學，內容包含日本畫、油畫、雕刻、工藝、建築物、保存科學、系統保存學），大學畢業生就有資格報考這類研究所。繪畫和修復畫作是完全不一樣的工作，不少人因為喜歡繪畫所以從事修復畫作的工作，不過最後仍徒勞無功。修復的工作，講究的是紮實的技術，也要有向先進請教的謙虛與雅量；藥品方面的知識與先端技術的應用也必須有所涉獵。不管怎樣，最重要的莫過於經驗的累積。

> **台灣**
>
> 在台灣古畫修復分為修復水墨畫和油畫。目前在台灣的美術相關科系裡已經有學成歸國的教師擔任指導。學習藝術品修復需要具備該畫類的創作經驗，並且還要精研藝術史、材料學和保存等相關科技，是結合美感與科學的技能。在台灣可以學習到修復的基本功夫，但是還需要出國學習才能具備成為獨當一面的修復專家的紮實基礎。若想出國學習古畫修復，根據藝術品的類別，大致上來說，學習亞洲水墨畫修復，可以到日本，進藝術大學或是拜入專家的工作室學習。學習油畫和壁畫的修復，歐洲的法國、義大利都有專門的學校可以學習，並且有許多觀摩實習的機會。目前台灣的公私立博物館或是私人收藏都有修復方面的需求，除此之外，台灣修復專家也跨海到大陸進行修復的工作。（蘇意茹）

## 策展人

規劃展覽會的舉辦是其主要的工作內容，在開幕之前所有的大小事務都必須經手處理。大致上可分為兩類，其一是隸屬於美術館或博物館的藝術協會會員（須具備專業資格），另一類是藝術自由工作者。以自由工作者而言，一般都會先在負責舉辦展覽會或藝術活動的企劃公司與一般企業的文化事業部門裡累積相當的工作經驗。這不僅要具備藝術方面的專業知識，在商借美術作品的時候也需要交涉溝通能力，或是向主辦的企業或美術館提交企劃案時，語言能

力與企劃能力都是必要的。和作者商談並調度企劃的資金時，也必須具備交涉溝通能力。現今的美術館中，舉凡作品的記錄、管理、教育宣傳等各種層面的工作，都是展覽策劃人的工作內容。但1990年之後籌設的新美術館，則開始像歐美地區一樣在這方面開始進行分工。

### 台灣

台灣原本的策展工作主要都是由在美術館工作的人員負責，內容包括定展覽主題，徵集藝術品，規劃展覽場地和宣傳。目前許多美術展覽場地也接受獨立策展人規劃展覽。隨著公立美術館法人化的腳步，策展人目前還需要具備募款、尋找贊助的能力。目前台灣已經有專門的策展相關研究所，許多獨立策展人活躍於各種不同的美術展覽種類和展場，這些人不僅是展覽的幕後功臣，同時也必須具備口才和文筆，向公眾介紹展覽的能力，可以說是個必須具備多方面才能的綜合工作。（蘇意茹）

## 藝文企劃

從事展覽會或藝術活動的企劃，依據主辦單位的目的與主題，挑選展出的作品與協調出席者，還有掌控預算與安排行程等事務上的全面性工作。説是一種職業，也可説是一種功能性角色，並不需要特別的資格；但是如果具有藝術協會會員資格（須具備專業資格）或是曾在國外的美術館、博物館中有研修過藝術企劃的經驗，就業管道會更加寬廣。不少是屬於自由工作者，有活動舉辦時，才簽約承攬企劃的工作。如果有一定程度的業績與知名度，就常會被委託承辦大型的活動，所以也要累積一些助理經驗，盡量拓展、熟悉各領域的知識和人脈。因為和國外交流的機會很多，所以足以和國外人士進行交涉的英語能力也是必要的。由於也是協調功能的角色，行事必須細膩小心謹慎。作家與藝術企劃會常提出相關問題與要求，具備熱情與毅力的人比較適合。

### 台灣

目前專門從事藝文相關活動企劃工作的人都要具備對藝文的高度熱情，本身是藝文工作者和相關大學研究所畢業者居多。參與工作本身也可以接觸到自己喜歡的領域的人事物，對於喜歡接觸人群、耐煩於溝通協調聯絡的人來說，是個非常有趣的工作。另一方面，這個工作本身已經是藝文資訊的最前線，除了工作上需要經常接觸新知，自己也需要經常學習相關的藝文和語言，與社會脈動和國際發展同步。（蘇意茹）

## 畫廊經營者

　　一般的畫廊經營者，是指經營畫廊、藝廊並販賣藝術作品的人。專門販賣藝術作品的人則被稱為畫商或藝術商。舉辦展覽會時，舉凡作品的運送、宣傳、擺設、接待、營業等各種工作，都是其服務的範圍。要成為畫廊經營者，一般都是在畫廊裡累積實務經驗。想進這行，沒有什麼固定的就業管道，主要是靠個人關係或自由工作者居多。發掘沒沒無名的藝術家並使其成為名家，也是畫廊經營者的工作之一，所以要具有評鑑藝術作品價值的鑑賞眼力，以及行動力與資訊收集的能力。另外因為也需要和海外市場往來，所以英文能力也很重要。把這行業當作是一種企業來經營或許有所困難，但是比起經濟上的收穫，不少畫廊經營者還是以能和藝術家往來以及對藝術文化有所貢獻，感到滿足。

目前台灣的畫廊已經很少提供生活費和創作費培養藝術家，大多是以租借場地和抽取賣畫佣金的方式經營。有財力或是雄心的畫廊經營者會朝向大陸市場發展。另一方面也出現新的畫廊經營模式，藝術愛好者以具特色的空間（古蹟等）經營同好者的作品展出，在政府相關單位的輔助之下，也漸有規模，是個極富挑戰性的領域。（蘇意茹）

## 版畫印刷師

　　依據藝術家的要求，印刷刻版畫與絹版畫的工作。一般都是在美術相關大學裡學習版畫或是到印刷工作室拜師學藝。這工作必須和藝術家做好詳細的溝通，因為所選擇的紙張與彩墨調製的不同，都會表現在畫作之上，所以這類工作非常要求精神與手工上的細膩，要不斷地努力充實自己在繪畫材料與技術方面的知識。工作本身是一種身體上的勞動，工作中也會接觸揮發性塗料，因為多少對身體有害，所以體能上必須能負荷。不過，由於版畫的流行熱潮已經消退，銷售已大不如前，因此現在版畫印刷工廠有逐漸減少的傾向。

## 鑄模師

　　依照雕刻家所刻的造型，將融化的青銅灌注其中，最後成為作品。要完成一項作品，要先將雕刻家的設計圖樣鑄出原型，再灌注青銅加以鑄造，也有可能每個工程步驟是由不同的專業人員參與完成。不僅是美術作品，最近使用合成樹脂所製作的工藝品與機械零件，也委託這行業進行鍛造。一般是在美術學校或工藝學校學習相關技術之後，再到工廠實習。要成為獨當一面的專家，必須花費將近十年的時間，必須確實學習好自己專門的部分，才能獨立作業。技術優秀的人，也常接受來自國外的委託。從事這行業的人大多會有一種身為專業人士的自信。

※台灣鑄造業很少只從事藝術品的鑄造，以工業產品為大宗。因此美術工藝方面的訓練之外，工業材料和製程的學習其實是更為重要的。

美術　其②　在美術館欣賞繪畫以及雕刻

## 博物館‧美術館員

在博物館或美術館等單位工作的專門職務。負責資料或作品的收集、保存、調查研究、公開展示等工作，也掌管館內解說手冊或展覽活動目錄等製作。近來，由於在資料整理方面數位典藏計畫的發展，電腦技術也成為從事此職必備的技能。要成為博物館或美術館員，得先在大學修得博物館學的專員課程，接受資格考試，或在短大畢業後到博物館等單位，擔任助理專員3年以上，再參加各個博物館或美術館的入館考試。這時館方多半會要求具備考古學、民俗學、美術史、歷史學、地球科學、生物學等專業知識。平常最好盡量多去接觸一些博物館、美術館、史蹟、活動等，以拓展自己的視野。不過，此類職缺並不多。目前公立博物館、美術館迫於經費的縮減，極少徵求新的館員。

 **台灣**

近年來台灣公私立博物館、美術館和地方文化館機構開始普遍設立，公立美術館偶有職缺，私立博物館機構的工作機會也不算少，工作的內容大致可分為行政推廣與教育典藏。行政推廣的工作需要具備文化行政、管理營運、公關和舉辦活動的能力，學歷需求為大學以上，公立機構尚需公務人員任用資格。執行教育典藏的工作，則需要具有研究藏品、策劃展覽和編纂展覽圖錄的能力，一般學歷需求為文化、歷史、藝術相關研究所以上。目前國內培養相關人才的系所包括美術、藝術史、歷史、美術行政、博物館學等，除此之外，參加過相關的研習營也是必要的。另外，由於台灣與國際之間交流展出機會頻繁，還需要具備英文和第二外國語的聽說讀寫能力。（蘇意茹）

## 裱框師

製作畫作與相片邊框的專家。有一些人將邊框的設計與製作當作是一種藝術創作，不過一般都是在製作與販賣邊框的公司就業。從事這行業要有持續製作固定邊框的技術與耐力，當然偶爾會被委託製造設計較為特殊的邊框，此時也必須能夠忠實地呈現特殊作品的設計感。另外，使用邊框來襯托畫作的同時，也可以作為室內設計的裝飾品，所以也要加強繪畫與建築方面的造詣。例如，事先詢問客戶家中的建築樣式、室內的擺設狀況或窗簾顏色等，依據外在環境來決定畫框的種類。最近，市場上逐漸需要這類能在繪畫裝飾方面提供意見的設計企劃師。愛知縣是日本畫框製作的中心地，總部設在此地的全國畫框工會聯合會，僅對會員開放，也進行培養裝框師的函授教育。

**台灣**

在台灣裝框師可分為兩類，一類是做中式的裱褙，另一是做西式的畫框設計。裝框師除了專業的裱框技術需要拜師學藝之外，也要具備對於裱褙品的審美能力，才能對於藝術品有增色的效果。一旦能力獲得肯定，往往可以得到藝術家或是相關單位的長期合作，可以獨立經營。（蘇意茹）

## 藝術品鑑定師

鑑定繪畫、書、陶瓷器、古董等物品的真偽與價值，有時須簽發鑑定書。在美術館或畫廊、古董藝術商等地方工作。若是為畫廊或古董藝術商工作，還須有能力估算出符合時代的市場價格。美術鑑定師沒有專門學校，一般都是跟著其他鑑定師學習，培養審美的眼光，不須資格審定。經驗與信用是決定性的因素，必須窮其一生不斷地學習。此外，在特定的領域被公認為一流的鑑定師，有時會受法院委託成為「公設鑑定人」，估算法院扣押物品的總價值，或判定詐欺案件中物品的真偽。

**台灣**

目前台灣的藝術品鑑定師沒有資格審定，但是社會上有此項工作需求，靠經驗和口碑贏得顧客的信任。這項工作可以以私人顧問方式執行，或者受僱於美術館、畫廊和拍賣機構。根據藝術品的內容，具有發給鑑定書資格的個人或單位包括：美術館或博物館、畫廊、藝術家家屬或其基金會、在大學任教的相關藝術品的教師或私人藝術家或研究者。藝術品鑑定需要具備美術、歷史，甚至科學鑑識等知識，目前台灣公私立大學的文學、歷史、美術等相關系所的課程都有助於學習美術品的鑑定，除此之外，各美術館開授給義工的訓練課程，針對藏品的相關知識，皆精闢實用，有助於增進鑑定的實力。（蘇意茹）

## 相關職業

評論家→**P.35**　旅遊行程設計→**P.80**　漫畫家→**P.238**　西洋古董精品店→**P.250**

**美術** 其② 在美術館欣賞繪畫以及雕刻

# 其❸ 收集漂亮的、有趣的物品

一點一點的收集自己喜歡、也就是對自己而言代表寶物的物品,並且陳列出來,只要看著這些,心情就會沉靜無比。只要有人看了自己的收藏,說聲「不錯耶」,就會無比的開心。

## 寶石鑑定師

決定寶石的等級，並製作鑑定書。以決定鑽石品質的 C（Carat＝克拉數、Color＝成色、Clarity＝純度、Cut＝切工）為標準，判定寶石的等級。主要的工作場所是珠寶店、珠寶廠商、百貨公司、寶石鑑定機構、當鋪、進口代理商等。另外還有個人珠寶採購商。目前日本並無寶石鑑定的國家資格或公認制度。你可以到珠寶店工作，磨練鑑定的眼光，也可以到有寶石鑑定師資格授予及教育課程的國外去學習。例如美國的GIA-GG（Gemological Institute of America - Graduate Gemologist，美國寶石學會寶石學修畢者），就是全世界通用的資格。要取得GIA-GG的資格，可以到美國留學或在GIA日本分校研習。

 **台灣**

在台灣，真正只靠寶石鑑定謀生的人可說微乎其微。全球寶石市場向來由少數國際企業所主導，一般消費並不會直接採購裸鑽，所以在款式設計與鑲工之餘，前述的4C成為決定寶石價值的關鍵因素。由於國際頂級品牌早有原廠賦予的保單與GIA檢驗證書，並無特地送驗鑑定的必要，次級或本土品牌的第一線銷售人員，為了取信於消費者，持有GIA等國際公認寶石鑑定機構所授予的鑑定師證照，成為必備的條件；也因此，本地所謂的寶石鑑定師，幾乎可以和寶石銷售員和劃上等號。燈光美、氣氛佳的賣場工作環境，同時頂著偌大的品牌光環，大概是這個行業最令人稱羨的地方，底薪平均2.5萬到7萬。因為是店頭銷售工作，所以多半須擔負業績壓力，當然相對也有高額獎金可拿，頂尖的銷售人員，光憑獎金就有可能達到七位數的年薪。（蕭仁傑）

## 在拍賣公司工作

結合繪畫或版畫、工藝品、寶石的賣主跟買主的就是拍賣會了。拍賣公司幾乎是定期舉行拍賣會，採取在公開場合叫價競標的拍賣方式。拍賣公司藉此賺取得標價格的百分之十作為手續費。在歐美有知名的老名號蘇富比（Sotheby's）與克莉絲蒂（Christie's），在日本也有十多家拍賣公司。此行毋須資格，直接進拍賣公司工作即可。日本最大藝術品拍賣公司Sinwa Art Auction的基本錄用條件是四年制大學畢業，專攻美學、藝術學，或有博物館／美術館員資格的人可能比較有利，不過最主要的考量還是品格。理想的人才是彈性佳、擁有大膽的挑戰精神、有專業的自覺與自信、有上進心、待客態度佳的人。必須實地學習藝術品的知識，培養藝術眼光，而視市場情況提出估價、與客人交涉也是工作之一。由於商品種類繁多，大部分的人都以成為特定領域的專家為目標。在世界不景氣造成許多畫商倒閉的情況下，拍賣市場的業績卻仍見成長。

美術　其③　收集漂亮的、有趣的物品

**台灣**

台灣目前沒有在地的藝術品拍賣公司，但是國外重要的拍賣公司仍會在台灣不定期地舉行拍賣預展，需要的只是臨時工作人員，仍須具備外文和藝術相關知識。如果想要從事跟藝術品買賣直接相關的工作，除了必備的知識基礎之外，就是要有廣泛的收藏界相關人脈，並且具有收買藝術品的眼光，在世界各地蒐集品項。然而由於網路拍賣的發達，目前國際間透過網路進行買賣投資的風氣也非常盛行。進行不同藝術品的拍賣工作，需要廣泛地參加同性質的拍賣會鍛鍊眼光和膽識，並且參觀博物館研習，目前國內外也有很多相關的拍賣雜誌可以提供新知與學習管道。（蘇意茹）

## 西洋古董精品店

　　「Antique」是指百年以上的古董，而「Vintage」則是未滿百年的古董。近年來古董精品很受歡迎，個人經營的店家不少，通常一開始都是以兼差身分工作。此行業相當重視服務業必備的禮節，到歐美採購商品的機會也很多，會講該國的語言或瞭解該國的文化，機會就會增加。累積經驗後就能負責採購工作，之後自行開店的人也很多。自行開店需要申請古物商營業許可，只要參加講習就可取得。跟一般的生意比較起來，能夠說明商品歷史背景的專業知識，以及令顧客安心的誠實態度是最重要的。

**台灣**

目前台灣從事西洋古董販賣的店家，從畫作、雕塑品、生活用具、家具等，無所不包，主要多以家居裝潢為主，少數也走畫廊經營路線。進口代理商的工作內容包括選擇貨品、辦理貨物進口，有些還負責店面的經營行銷和為顧客裝修搬運等業務。根據服務內容的多寡，需要的能力也有所不同。從與貨物本身相關的藝術知識、進口物件當地的語言文化、進口的商業知識，還有運送和裝修的服務等，可說包羅萬象。目前國外有專門的藝術行銷學位可供進一步的研習。（蘇意茹）

## 郵幣社・集郵社

　　買賣收集嗜好中最具代表性的即錢幣或郵票。不論新舊，以稀少、價格高的商品為主。基本上是自己開店銷售，也會定期到古物市場採購，或在百貨公司的活動會場、古董市場等處設攤。這幾年來，網際網路的郵購逐漸成為主流。以前多半先到店裡學藝再自行開店，最近靠自學開店，之後再累積經驗的人很多。然而，經手古物時，價格因年代及保存狀況差異很大，所以一開始經常會失敗虧錢。要培養能看出價值的精準眼光，需要三、四年的功夫。不須任何資格，唯一的條件是要向警察局申請古物營業許可證。現在市場需求比以前少，很難賺大錢。不過喜歡郵票跟古錢幣的人，可以在被喜愛的東西圍繞下，享受自由自在做生意的樂趣。

美術　其③收集漂亮的、有趣的物品

**台灣**

台灣各地皆有不少數十年以上的老集郵社，專門經營郵票或者還包括錢幣的買賣。由於對於郵票和錢幣的收藏買賣有固定的人口群，所以這項工作一直以來也是以服務老客戶為主，而店主通常也都是郵票和錢幣的專家。過去集郵社以郵購目錄提供愛好者的服務，目前由於網路盛行，已經加入網路服務的範圍，而且就算是小玩家，也可以透過自營的網路拍賣店鋪，或是透過集郵社的網站拍賣自己的藏品，並沒有資格審定的問題。關於這項知識的學習，沒有正式的學校課程，必須要靠前輩的指導和自己收藏累積經驗，郵政和錢幣博物館也能夠提供相關知識的引導。（蘇意茹）

## 二手服飾店

從國內外採購二手衣，經過修補鈕釦、洗滌、整燙等處理後，標上定價重新出售。直接進大型二手服飾店工作是入行方法之一，不過大部分二手服飾店都是雇用兼職人員，由數名員工來經營一家店。在學到採購的知識、選擇商品的訣竅等經驗後，也可以自行開店。其中有人是在跳蚤市場賣過衣服，因為生意很好，所以進而開店。挑選暢銷商品的眼光與經商的才能是不可或缺的。此行最重要的是進貨，進貨順利的店家一般都擁有自己的進貨管道。

**台灣**

由於網路拍賣興起，使得即使是沒有很多資本和營業空間的個人，都能夠進行二手衣的拍賣工作。目前二手衣的選件和處理過程，大致上可分為兩類：一是名牌二手衣折價出售，其二是經由設計師重新改造過的二手衣。前者需要具備對於名牌衣物的相關知識，並且需要有這些高檔產品的貨源，至於成本，由於可以用寄賣的方式收取手續費，所以成本不算太高。後者需要的衣服材料不限定名牌貨，但是由於衣物經過改由造，所以最好自己具備服裝設計和製作的能力。目前台灣的高職、大專院校有不少服裝設計、織品，甚至美術及設計系，皆提供直接或間接相關的課程。（蘇意茹）

## 二手商店

與古董店、古書店和中古車店同屬為「古物商」。將穿過的衣服、用過的生活雜貨以及電器用品，再次陳列於店面裡。要開業得先取得各地方政府的公安委員會基於「古物營業法」所發出的營業許可。在環保呼聲甚高的時代，加上不排斥「中古」的物品，以及因不景氣而想要購買便宜物品的消費者增多，成了熱門行業。生意的基本原則是，好的物品標價卻很便宜，要標上會讓人想要購買的價位。因

美術　其③ 收集漂亮的、有趣的物品

為買與賣都沒有明確的定價，光靠商品的價值來判斷，所以要有看清價值的眼光。將收購進來的物品加以修理、加以裝飾，可以用好價格再賣出去。一開始先在二手商店、中古市場工作，學習標價的方法，磨練買賣的平衡感。

## 台灣

台灣的二手商店，通常會依照經營者經營方針的不同，而有顯著的差異。有的專營古董買賣，商品價格高，業者須懂古物鑑賞；有的以販售二手衣物為主，處理過的衣褲所呈現的復古味，反而成為年輕人喜愛的流行商品，不同經營方式與販售的商品，直接影響經營者所要會的技能。而某些地區不定期營業的跳蚤市場，則是台灣的另一項特色，二手商家將販售的商品，以擺攤的方式於市場販賣，而隨著各個跳蚤市場的時間不同，二手商家也會出現各大市場。（蔡承恩）

---

## 相關職業

古董店→**P.62**　當鋪→**P.82**　票務中心→**P.83**　南極觀測隊員→**P.182**　經營模型店→**P.234**　畫廊經營者→**P.245**　博物館・美術館員→**P.246**　藝術品鑑定師→**P.247**　調香師→**P.315**　二手書店→**P.38**　偵探→**P.420**　圖書館員→**P.426**

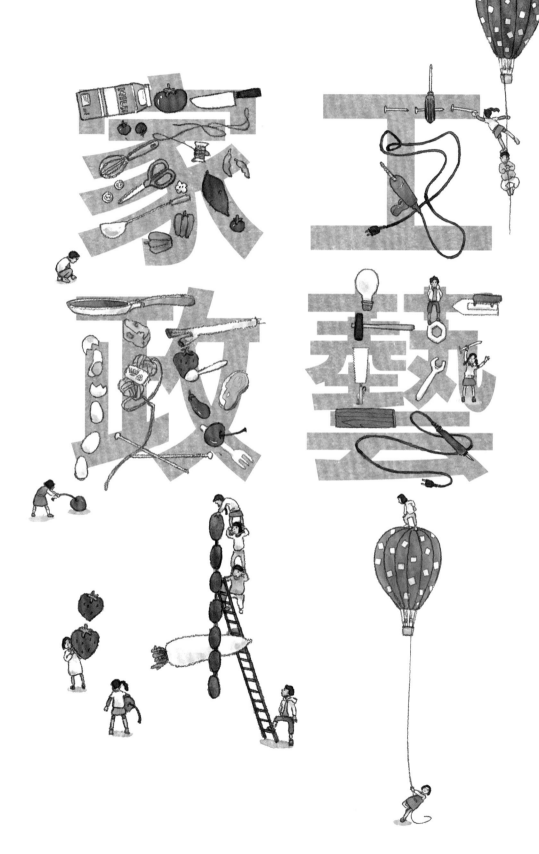

# 工藝家政

喜歡工藝．家政科，對工藝家政有興趣

# 其❶ 使用道具做出各種東西

首先，只看著可以做出東西的道具完全不會厭煩。用老虎鉗將木板和金屬棒固定住，再用銼刀或是磨光紙磨擦成光亮，只要看到變得閃閃亮亮就非常開心。

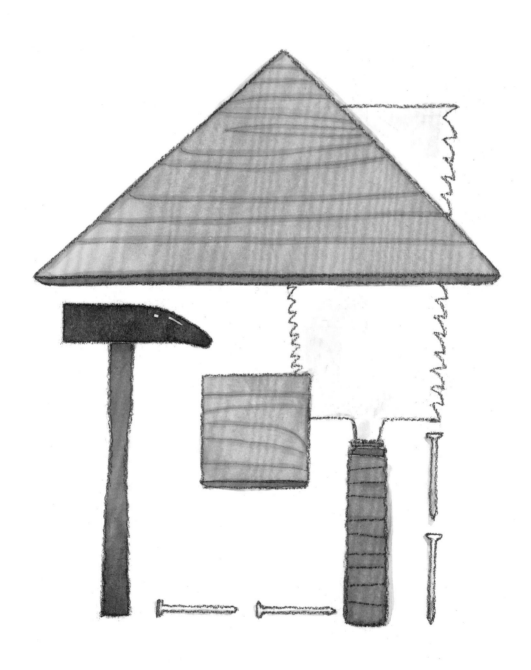

## 木匠

　　木匠的工作是使用曲尺、墨斗和墨尺、刨刀、刀鑽、鋸子等七類工具，進行木造建築的施工。這雖然是歷史相當悠久的職業，但是機械化與電腦製圖的發達，也為這個傳統行業帶來急速的變化。現在的建築都要求無障礙空間、構造耐震、建材防火以及必須避免新建築產生不適感等，受到來自生活形態與環境變化很大的影響。可以在建設公司或工務店就業，不過一般都是在被尊稱為師傅的木匠底下拜師學藝。要成為獨當一面的木匠師傅，還必須通過國家木工技術士的檢定考試。實際的施工大部分都是由木匠師傅親自進行。必須要學習吸收有關於新建材與新技術的知識。木材接合是基本的技術，但是一個木匠師傅技術的好壞就取決於此。具有優秀技術的木匠師傅會受到高級的待遇，當然收入也會相當可觀。近年來，具有自然風的建材再次受到喜愛，因此以傳統技術建造的木造建築非常受歡迎，增建與改建的需求也越來越多。是負責居住的重要職業，今後也預估有一定程度的需求。

### 台灣

從前台灣的木匠，一般以師徒制為多，跟隨一名資深的老木匠，學習如何使用工具來製作物品，經由師傅的教導與經驗，學得一技之長。如今雖然就讀土木相關科系可以學得知識與方法，但仍以學術面為多，若要以此維生，還是需要各式豐富的經驗，此時跟隨公司中一名好的木工師傅學習，將會讓你事半功倍。而若非相關科系畢業卻對木工有興趣者，可參加職訓局所舉辦的相關課程，學習與攝取經驗；至於只想將木工當成兼職或休閒嗜好者，則可至相關補習班或社區大學習得。目前有相關的木工技能檢定可認定專長，對於剛從事門窗木工、家具木工、裝潢木工工作者，擁有相關的認證也是必須的。（尹玫瑰）

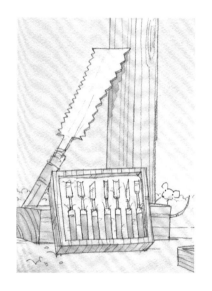

## 廟宇木雕師傅

　　指專門建造神社廟宇的木匠。神社廟宇的建築都各具特色，所以這類廟宇木匠的工作內容會有所變化。另外，也會進行文化財產的拆除修理與修復，這是和具有數百年歷史的建築物有關的工作。因此，廟宇木匠必須具備高度的技術能力，而且也要具備考古學、地質、土壤等廣泛的知識。廟宇木匠是採取師徒制，一邊和師傅一起生活一邊學習技術與知識，然後承襲作為一位廟宇木匠所應具備的靈感。工作的性質上，需求的增減很難預估，不過在傳承傳統技術方面扮演重要的角色。

※台灣的廟宇木雕師傅以師徒制傳承為主。

## 鷹架搭建工人

負責在大樓建設工地的高處，組裝踏板與鋼筋，裝設機械。因為是在高處作業，所以集中力與平衡感是非常重要的。當然有懼高症的人不適合從事這行業。工作非常危險，但是在這行業中也有名人行家，他們的收入和受歡迎度都很高。這是以體力為主的工作，但是靠著自己的努力，也有可能取得二級建築士的執照，可以力求技術的提升。近年來，隨著不動產業的不景氣，工作機會有減少的傾向，不過就像「建築是從鷹架開始也以鷹架作收尾」這句話一樣，是建築業界不可或缺的工作。

 **台灣**

此工作對學歷並不要求，若要學習如何搭鷹架、成為鷹架搭建工人，最快的方式便是尋找建築相關工程公司或工地的工作，在工地現場學習搭建。不過並非每個人都適合此工作，在工地現場的工頭會依照個人的特質來分派工作，有懼高症和平衡不佳的人會被安排其他工作。（尹玫瑰）

## 泥水匠

指使用土、沙、稻草、石灰和水等各種材料，建造牆壁與地基的師傅。隨著建材的進步，工作的內容也變得多樣化。一般都是在職業訓練所學習，之後到工務店工作。有不少是小規模的事業所與家族式經營的小企業。牆壁的建築是水泥師傅技術優劣的關鍵所在。目前擁有優秀技術的水泥師傅已經越來越少了。最近，水泥師傅所建造的不含有害物質，又可以適當地使室內保濕保暖的牆壁，反而被認為是既自然又健康的。

 **台灣**

豐富的相關經驗，是泥水匠所必須的，從天氣、濕度、溫度來調配泥水原料，都需要經驗輔佐，無法以理論而貫之。在台灣要當個泥水匠，除了從學校得到知識之外，跟隨或請教經驗老道的泥水師傅，將會更加強自我的能力、判斷與相關經驗。（尹玫瑰）

## 石材師傅

石材師傅從事石材的裁剪、加工，有關石材所有的工作。還有處理墓碑與石燈的製作，以及土木建築用的石材。一般是在專門學校學習後，再到石材店工作。並非是世襲制，不過家族經營的石材店較多，所以繼承家業成為石材師傅的人也多。目前製作的工廠引進了電腦，因此很多工作都已經機械化。以傳統技術製造出手工味道的行家已經逐漸減少。不過用鐵鎚與鐵鑿進行纖細的作業，看著石頭紋路打鑿等，還是有許多要依靠行家的技術與經驗的地方。

**台灣**

在台灣想習得石材加工之技能，除了可就讀相關科系，磨練設計、雕工等，最快的方式便是直

工藝‧家政科 其①使用道具做出各種東西

接進入石材公司或工廠上班學習，或者拜師學藝，學到理論上無法說明的技巧。目前由於都市生活步調快、人工產品多，人們反而會刻意尋求自然的物品、體會純自然的生活，所以利用石材等自然材質來製成家具或裝飾，將逐漸成為潮流。這時手工精練、有創意或具個人色彩的石材師傅當更受歡迎。除純手工打造以外，使用科技的電腦設計、切割輔助創意，將讓石材師傅更有發揮的空間。（尹玫瑰）

## 塗裝業

塗裝當中，又可分為好幾種類別，例如，建築塗裝、木工塗裝、金屬塗裝、噴霧塗裝等。原本是油漆師傅所從事的工作，但現在的塗裝已經不是單純地塗上顏色而已。已經出現了以抗菌、防臭、防水等新的觀點所進行的高科技塗裝，因此需要的是具有熟練技術的人。一般在專門學校學習技術後在塗裝公司就業，或一邊在塗裝公司工作一邊學習技術。塗裝公司大部分是屬於小規模的公司，所以技術純熟之後，獨立作業的人不少。

**台灣**

要學會塗裝技能，高職便可就讀塗裝技術相關科，社會人士則可至社區大學或大學推廣中心所開的木工相關班別，職訓局、國立台灣工藝研究所也會不定時開相關課程。若想以此為業，除了課堂上的知識與訓練之外，進入建築、塗裝公司從相關助理做起更快。技術熟練、經驗豐富的塗裝師傅可因塗裝材質、溫度濕度等而選擇塗裝的方法，如果不恥下問，將可縮短自我摸索的時間。在台灣從事建築塗裝的工作需要相關證照，可參加技術士技能檢定取得。（尹玫瑰）

## 裱褙師

裱褙師以紙、布、漿糊為材料，製作紙窗、屏風、捲軸與掛軸等。因為是使用纖細的材料所進行複雜的製作工作，因此必須具備純熟的技術與經驗。另外常常會處理貴重的美術品，所以有關於美術相關的廣泛知識也是不可或缺。要成為裱褙師，可以從15或16歲開始到裱裝店拜師學藝，約7年的學習之後，一般就可以成立自己的事業。另外也有不少人在高中大學畢業之後，到裱裝店工作。從事文化財產修理的裱裝店大部分集中在東京和京都，需求雖然少但是目前紙製屏風的功能與設計又重新受到大眾的矚目。這是一項歷史悠久的行業，當然必須要有維護傳統藝術的崇高意識與心思。

※在台灣要學裱褙，可拜師學藝或至相關藝文補習班學習。

## 手工家具師傅

手工家具師傅主要是以橡木或檜木，製作並販賣桌椅等家具。從事的管道因人而異，在職業訓練學校學習，之後到家具製造商工作，或是在工作室累積經驗，以自行創業為目標。現在，家具製造師傅是一種非常受歡迎的職業，這方面求職的人很多，但是市場上並沒有那麼多的需求。另外，大部分的收入，都必須用在工具與材料的採購上，因此以製造傢具能夠維持生計的人差不多只

有幾百人。但是，近年來因為室內裝潢上堅持使用高級傢具的人越來越多，今後對於手工製造的家具的需求預料也會隨之增加。家具師傅除了製作家具之外，也必須要準確地掌握顧客的需求。

## 台灣

製作家具的方法可從學校或相關補習班習得，高職可就讀木工家具科，大學則可讀工業管理科系、工業設計系、土木建築等相關科系。不過若要成為手工家具師傅，除了以上的學習，更需一顆細膩的心與熟練的手法，對於家具相關的材質也需十分瞭解，再加上至少略懂室內設計，如此才能勝任。目前在台灣堅持手工製作家具的師傅或店面並不多，想習得這些老師傅的精湛手藝也很難，想以此為業者，除了多加磨練自己製作家具的技術，也可至國立台灣工藝研究所等地尋找相關老師、師傅學習切磋，以期達到能以自由工作者身分接到手工家具設計製作案子或開店的準備。而想當手工家具師傅，在台灣需要木工家具的證照，若還負責到木工裝潢等工作，則尚需裝潢木工證照。（尹玫瑰）

## 榻榻米師傅

　　在日本有以藺草和稻草製作或修理榻榻米的師傅。但近年來，出現了以各種材質製作的榻榻米，因為很多都是利用機器製作，所以從以前就一直堅持古法製作榻榻米的師傅就變得更加重要，被視為一項重要資產。以前是採取師徒制度，現在可以在榻榻米製造工廠就業或是在職業訓練所學習製作的技術。要能成為獨當一面的榻榻米專家，必須要累積10年以上的經驗。目前榻榻米的需求雖然逐漸下降，但是因為使用的是健康的材料，所以還是非常受到歡迎。另外，因為現在處於後繼無人的狀況，所以就職的場所還不少。因為是細膩的手工作業，建議雙手非常靈敏的人來從事這項工作。

## 台灣
**草蓆師傅**

草蓆材料以藺草為主，又稱鹹草、蓆草，最有名的即是清末和日據時代的大甲蓆，但以純手工製作的大甲蓆幾乎已經被工廠機器製造的草蓆取代。以往台灣草蓆大量外銷日本，但近年來受到越南、泰國廉價草蓆擠壓市場，競爭激烈，留在在台灣設工廠的蓆織業者只剩兩三家，其餘皆轉移到大陸設廠以降低成本。若想至蓆織工廠工作，當然以具織品相關知識背景者為佳，但眼前更需要的是具有產品及市場開發能力者。若想學習手工編蓆，可報考織品相關科系，或是藉由參加大甲在地開辦的文化體驗課程入門。（何曼瑄）

## 室內設計師

　　負責包括從住宅、辦公室到飛機、汽車等的室內空間以及家具、窗簾、照明器具等室內用品的設計。室內設計師有一部分的工作內容是從建築師那裡專業化之後形成的。在大學或專門學校學習設計後，一般都是在家具製造商或是建築公司裡累積實務經驗。不需要特別的資格，但是，要成為能獨當一面的室

內設計師，必須具備廣泛的知識與經驗，因此至少要花費十年的時間。因為對於室內設計感要求高標準的人越來越多，所以預期室內設計師的市場需求也會逐漸增加。

## 室內企劃師

依據顧客提出的要求，提出企劃案，然後根據企劃案製作設計圖或規格圖，並進行施工的監工工作。具體而言，要掌握顧客的需求，一邊進行適切的建議，同時考慮到安全性的問題，來決定樑柱、牆壁或是天花板的位置，選定材料與室內擺置的建築計畫，開始繪製設計圖。因為也必須在施工現場監工，所以也必須具備建築相關知識。個人住宅或公寓、店鋪、事務所等都是可能設計的對象。另外，也會有樣品屋製作設計的工作。工作內容的絕大部分是在設計出在都會裡如何能營造出舒適的生活空間。如果擁有室內企劃師的資格（每5年更新登錄一次）會更加有利於就業，不過如果同時又具備二級建築士的資格就更有利了。一般在建築事務所、設計事務所、住宅建設公司、內裝改建公司工作的人較多。近年來，希望改建房子的人越來越多，對於生活環境的變遷相當敏銳的女性，進入這行業就業的人數也增加。

**台灣**

目前台灣室內企劃師的工作併在室內設計師之內，想當室內設計師者除了就讀本科系之外，也可上相關補習班習得此技藝。目前有室內設計技術士、室內裝修技術士的證照可考試取得。另外，台灣在施工時的監工工作是由建築公司的專案經理來負責。（尹玫瑰）

## 室內裝飾師

依據顧客的需求，在住宅、店鋪或是辦公室等室內空間，規劃家具、牆壁、地板等的裝飾計畫，並對於室內相關商品的選擇提供建議。目前有屬於民間資格的室內裝飾師，登錄的人數約有3萬5千人左右。在具備室內相關商品的詳細知識的同時，要站在顧客的立場，掌握顧客的生活方式與價值觀也是非常重要。這也是一個家庭主婦或是上班女性經常從事的行業。一般都是在住宅公司、百貨商店或是室內設計公司裡工作，也有人以個人自由業的方式，活躍在室內裝飾界。今後，改建市場的擴大是可以預見的，所以室內裝飾師的需求預料也會隨之增加。

**台灣**

主要擔任室內配件搭配為主，例如：樣品屋、商業空間、飯店大廳等裝飾擺設，此工作於台灣大部分為室內設計師之下工作，須對於藝術、顏色、材質敏銳。室內設計的工作，除了以上介紹，還有室內燈光師，雖說是室「內」但其實室內外均做，主要工作內容為戶外大樓、庭院、室內的燈光，以及日光擷取（如何引入日光）等。室內燈光師主要就讀建築或劇場相關科系，畢業後至國外就讀燈光設計系，學成歸國後以自行開業者為多。（尹玫瑰）

工藝・家政科　其①　使用道具做出各種東西

## 室外設計師

設計建築物外觀的工作。例如：圍牆、大門到玄關等的設計，以及停車庫或柵欄等裝飾建築物外圍的設計。依據顧客或施工負責人的構想，描繪設計草圖，選擇各式各樣的材料與成品，有時候也必須以手工製作，使設計的對象具有一體感。也會承包室外的改建，這方面的需求也日漸增加。不管是日式或洋式，對於國內外流行的室外設計，必須有敏銳的觀察力。一般是在專門學校的室外設計科學習。就業的場所有住宅公司、室外設計公司、設計事務所等。也有可能成為獨立作業的自由設計師。

**台灣**

以就讀建築相關科系為多，美術系、室內設計系，甚至攝影系也有，但由於工作內容專業，例如大樓面之吻合度、廣告效益、美觀等，非相關科系比較難以進入此行業。（尹玫瑰）

## 營建管理師（CMr）

在工程計畫中，避免發生工期延期以及超出預算，是工程發包單位以及承包單位以外，具有專門知識的第三者。管理‧監督工程期程、成本以及品質的CM（工程管理）這種業務的專家，稱為CMr（施工管理員）。CM的發源地雖然是在美國，但近年來日本因為要求成本透明化、費用與效果的對應關係等呼聲高騰，首都圈已引用這種方法。CMr在企劃、設計、發包、工程以及產權移轉的各個階段，要以發包者的代理人身分，整合工程設計者與施工者之間的關係。以專業而言，當然要求豐富的專業知識，而對於利害關係的調整能力也是必要的。一般而言，會先在建築設計事務所或是建設公司累積實務經驗後，再到施工管理的專門公司就職。雖然不需要特別的資格，但是日本施工管理協會在2005年成立後，舉辦施工管理員的資格認定，是一個具指標的認定資格。到2009年為止，有五百多人持有此資格，2007年，國土交通省也向建設業推薦要多利用施工管理員制，也提高了外界對此職位的認知度。

※台灣只有營造工程管理技能檢定，擁有此執照可擔任工地主任，和日本的CMr不相同。

## 多能技術人員（木匠）

目前為止，建設以及建築業，作業多分為模板、鷹架、鐵筋、重機作業等分工。而一人可以擔當多項工作的職人，就稱為「多能技能工」。只有行使單項作業的工人的工程現場，除了營業以及施工管理以外，工程幾乎都是外包的。但是如果有多能技能工在的話，工程現場作業也會比較有效率，從木工到管理，全部的工程都是由自家公司成員進行的「內製化」工作體系，工程進度也比較好。如果所有的作業都是自家公司人員可以完成，工人之間也可以有比較密切的連結，資訊共享、業務進行也比較有效率。客人所提出的要求也可以馬上對應，更有可能因為效率好而縮短工期。但是多能技能工尚不是業界的主流。想成為多能技能工，可以到有心培育多能技能工的公司就職，從頭開始學

習技術。最近也有不少大學或研究所畢業的高學歷年輕人，立志成為有從事價值的多能技能工。

※目前台灣尚無此類工作。

## 相關職業

古董店→**P.62**　考古遺址發掘調查員→**P.62**　經營民宿→**P.79**　庭園設計師→**P.107**　機械設計→**P.106**　花藝設計師→**P.116**　花卉布置教師→**P.116**　花道教授→**P.117**　造園技術士→**P.118**　景觀設計師→**P.120**　花店→**P.122**　裝蹄師→**P.133**　義肢矯具師→**P.160**　塑膠模型製造→**P.234**　雕刻家→**P.237**　西洋古董精品店→**P.250**　板金工→**P.266**

工藝・家政科　其① 使用道具做出各種東西

# 其❷ 組合或分解機械、組合模型

那個機械是如何運轉的？一直想都不會膩。把時鐘分解開來，一個個零件看來都非常漂亮。把各式模型看不到的地方都塗上漂亮的顏色，是從別的地方得不到的滿足感。

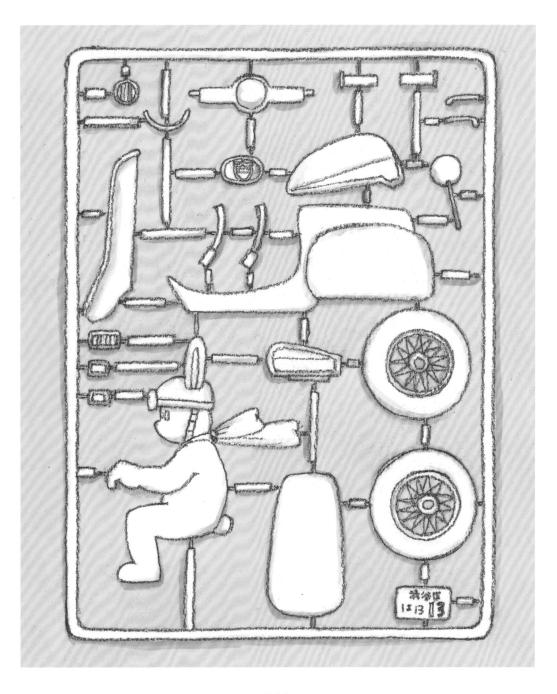

## 鐘錶師

　　不屬於任何企業，擁有製造或修理不使用石英的鐘錶之高度技術的工匠。其中有人組成團隊進行鐘錶製作，也有由頭到尾全部一手包辦的人，型態各式各樣。日本的鐘錶師大多任職於鐘錶廠商，而能獨立進行鐘錶製作者，得經過相當年月的修練。日本也有此類教育的專門學校，但是對於要成為最頂級獨立製錶師的人，建議到鐘錶業者贊助的瑞士學校學習。現在活躍的獨立製錶師所做的鐘錶，不僅是作為計時的工具，就外觀而言也可説是藝術品。其中有以容易修理、樣式簡單為製錶優先考量者，也有致力於創造「唯有自己才能達成」之藝術作品的工匠。但是、任何鐘錶師對於鐘錶都有其深厚的愛及哲學。

**❝ 台灣**

台灣雖是彈丸之地，卻是全球精品的櫥窗，叫得出名號的鐘錶精品幾乎都可在本地找到。但相對於熱絡買氣，坐落於錶店深處的維修台卻顯得格外冷清。在台灣的正式教育體系中，完全沒有針對鐘錶維修人員所設的專門科系，補教系統亦乏善可陳，因而師徒傳承在鐘錶維修界尤其明顯。目前僅有職業公會與寶島鐘錶總部有不定期的職訓，但寶島鐘錶僅提供旗下維修人員的在職訓練，一般人不得其門而入；近一點的香港雖有專門學校，仍屬短期進修。瑞士鐘錶教育最完整，可以一路從職校念到碩、博士班，本地有心鑽研鐘錶維修與研發的新生代就業人口或玩家多半循此朝聖路線。不過，目前在台灣即使有極少數的頂尖玩家或有製錶

的能力，也兼自製一兩款自用錶，但並沒有達到生產的經濟規模，所以並不算所謂的獨立製錶師。近年來國際品牌紛紛在台設立分公司，高級複雜功能錶直接回送國外總廠維修幾成常態，本地維修人員僅能處理一般件或保養。就業市場主要在各品牌總公司及錶店通路，月薪則視錶店規模與修錶技藝而訂，從3萬到10萬不等，但職缺少、技術斷層與缺乏升遷管道，是未來的隱憂。（蕭仁傑）**❞**

## 鎖匠

　　為遺失車輛、金庫或家裡鑰匙的客人進行開鎖或製作新鑰匙的人，開鎖費和技術費為主要的收入來源。由於顧客的需要，24小時營業並不稀奇。近年來闖空門事件頻傳而新增了更換安全性較高的圓筒鎖或加裝補助鎖等工作項目。要成為傑出的鎖匠，必須於鎖匙的專門商家工作或經由培育機構學習技術。這工作當然適合手巧的人。雖然沒有正式的證書，但是有日本鎖匠協會所舉辦的鎖匠技能檢定測驗之民間的資格。鎖匠在日本必須以「鍵師」或「錠前師」於日本鎖匠協會登錄商標，沒有取得此資格者是不能工作的。鎖匠須於日本鎖匠

協會所舉辦之培育機構，進行為期6天的基礎學習，而後經過半年至一年實地經驗的累積，才可以稱得上是獨立工作者。之後獨立創業，大多是獨自一人或夫婦共同經營的。於開業的同時，雖然不需要向警察局申請或許可，但是一般都會向其報備，因為偶爾會接受警方委託，另外可避免在進行開鎖工作時被警方誤抓。

### 台灣

目前鎖匠在台灣沒有證照，也不需要申請特別許可。有些縣市的職業訓練中心不定期會開辦鎖匠的訓練課程，協助就業。這項工作的機動性高，收入不錯，個人經營亦可。比較積極的鎖店，除了配鎖、開鎖之外，還會同時經營刻印的服務。（蘇意茹）

## 金工師

使用金屬進行飾品或小裝飾物或建築物的裝飾等工作的工匠、藝術家。使用銀的鏤金是最近的主流，但是也有運用鑿子鑿出模樣的日本傳統工藝的鏤金。美術、藝術系的專門學校或是美術大學也都有專攻鏤刻的課程，從歷史到技術、設計、市場銷售等，得到統合的學習。或是不用到學校，可以在文化中心或鏤金教室學習。自學也是可能的。有一定程度的技術之後，即可參加雕鏤工作室的錄用試驗或是成為教授的助手或是自行創業。另外也有的是就職於其他的職場如寶石店或美術館。若想自行創業，參加各項比賽，得到名次獎項等，先得到一般性的好評，會更容易啟步。

### 台灣

由於自動化機械的進步，目前台灣的金工技術已有絕大部分被電腦機械所取代，一般工業性產品或是紀念品上的裝飾，可以透過小型金工工廠的機械幫助，而輕鬆地做到精準的成果。要開設這樣的工廠要學習基本的電腦和小型機械的操作，跟自動刻印機很像。另一部分手工的金工，比較盛行於珠寶設計製作上。目前台灣有些應用美術系有開設相關的課程，除此之外，社區大學或是某些珠寶設計師的工作室也有開班授課，國外也有短期到一兩年的專業課程可以進修。（蘇意茹）

## 工程師

製作東西的技術者、技師。以製作汽車引擎為例子，以石油動力燃燒的原理為基礎，使用各式各樣的材料，將各式各樣的零件組合拼湊，重複進行實驗、組裝出作為動力源的引擎。不僅如此，如果認為汽車只是「利用引擎奔馳的機械」，日本的汽車產業也不會這麼蓬勃發展。對於成本、安全性或舒適性的追求，孕育出各種的技術，進一步的加以改良後，達到現在狀況。再者，以環境問題為著眼點，追求「以汽油以外的動力啟動汽車」。最近，創造出以電力或水分子作為動力源的引擎開發技術的也是工程師。藉由製造業的「產品製造」造就出經濟大國。在日本的1960年代到1980年代之間，工程師促進了經濟

發達，成為社會富裕的原動力。於機械、化學、金屬等任何分野，以新的技術製作出新的產品，形成了大量生產、大量供給的體制。但是近年圍繞於工程師的環境逐漸改變。大量生產的時代產生變化，已發展成為能將市場或顧客的聲音立即反映於製成品上的能力，超越企業或國家的範疇進而互相合作的能力，以及IT相關能力成為必要的時代。於理工科系的大學裡和接觸了自己有興趣的技術分野，就職於技術相關的企業或研究機關都還是現今的主流。但是、在高科技企業之中，也有從完全不同業種尋求人才的情形發生。再者，經過一定程度經驗的累積，並取得技術士的國家資格考之後，作為技術經營顧問自立的人也相當多。

## 台灣

台灣的工程類科的教育和就業管道非常豐富，從國中畢業的工廠裝配工作、高職專科畢業可經由考試取得技師資格，到大學工學院學士和博碩士的工程顧問，從電機、機械、土木，甚至化學、資源、環境，都是喜歡工程工作的人很好的選擇。這也是目前台灣求才市場上最炙手可熱的熱門類科。另外，有獨立資本和技術者，可以自行創業，經營得法可以獲得非常高的利潤。
（蘇意茹）

## 壓力機操作員

使用壓力機，將金屬板等予以加工、成型。大型的東西包括了汽車的門或屋頂，小型物品包括有相機的零件等的製作。支持著汽車產業、電力、通信機器產業等各行各業的工作。依照公司或工廠的規模大小不同，收入的差距也相當的大。但是一般而言，普遍為員工人數30人以下的小規模工廠或公司。手或指頭受

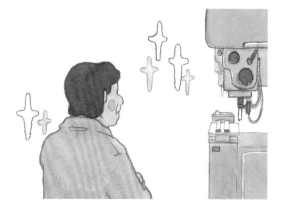

傷（嚴重者手指會斷掉）等事故也屢見不鮮，因此，較適合能孜孜不倦、認真工作性格者。再者，工作型態千篇一律，因此訂出自己的目標，認定工作意義價值的態度也相當重要。若是身為壓力機作業工想要更上一層樓時，可以試著取得「壓力機機械作業主任者」之國家資格。壓力機機械作業主任者，負責管理壓力機械，確保工作安全，於萬一發生異常狀況時能夠做出適切的對應。有實務經驗五年以上者就可以參加測驗，接受過18小時的講習並通過測驗之後，其合格率幾乎是百分之百。擁有此項資格者多半是40到50歲以上的人，因此若是在年輕時就能取得資格應該會更有幫助。

※台灣壓力機作業員目前沒有證照制度，也沒有學經歷的限制，工作需要耗費相當體力，並且要小心工作傷害。

## 板金工

　　將薄的金屬進行加工的工作，有進行汽車板金的板金工、工業板金、屋頂或外壁、雨水導水管等的工程、改裝的建築板金工等等。成為板金工並沒有特定的必要資格或能力。從前、在學校畢業後，一邊當板金見習工，一邊學習技術或知識是一般的狀況。但是、最近則有較多的是去板金工訓練的職業學校或高等技術專門學校學習的情形。例如建築板金工，能夠自由自在充分運用各式各樣的工具或剪刀，按照想像做出成品是讓人感到非常快樂的事情。若是能學會基本的技術，就能夠受用一生，但若是考慮要自己經營板金店的話，經營、管理等的完整學習是不可或缺。相關連的資格為建築板金技士（分2級）。

 **台灣**

一般板金工過去多經由學徒方式培養，目前部分高工及專責職訓機構均設有板金工科。台灣亦實施有板金工技能檢定辦法，從業人員通過檢定取得職業證照有助於其職業發展。（蘇意茹）

## 電氣工程師

　　電氣工程師並不是職業，而是國家資格。電氣工程師的資格，還有像是電氣工程施工管理技師以及認定電氣工程從事者、電氣主任技者，但電氣工程師更為一般，也比較廣為人知。主要工作內容從大樓或公寓、住家建築電氣的配線到變電設備的配置，空調設備的安裝等。是與工作有直接相關的資格。主要是在電力公司或電氣工程公司或是工廠的設備課工作。電氣工程師的資格中，第一種以及第二種需要執照。要在大樓等從事真正的電氣工程，需要取得第一種資格。財團法人每年會舉行一次電氣技術者考試，進行筆試以及實技考試。要取得第一種資格，必須在通過考試之後，要有三到五年的實務經驗，大學或是高等專門學校的電氣工程課程畢業的話，需要三年內經驗，非本科系畢業的，就要有五年內經驗。開始有了電氣工程的實務經驗後，就會交付執照。第二種的話，在有電氣工學等學科的大學或專門學校內，沒有實務經驗也可以取得。並沒有辦法獲得很高的薪水，但是電氣工程的工作不可能消失，在不景氣之中，依然受到歡迎。而且最近因為電視播放數位化以及付費衛星電視普及，電視以及AV機器的設置讓電器工程的業務增加。一般的電器行老闆，取得電氣工程師的執照的人也在增加之中。

## 古董時鐘修理・時鐘修理師

　　時鐘修理師就是幫手錶換錶帶及換電池、高級時鐘的檢查等等工作。近年來環境意識抬頭，電池使用後要丟棄的石英鐘被減少使用，使用太陽能電池的時鐘、接收標準電波可自動修正誤差的時鐘等，時鐘的製作引進不少新的技術，所以不只是要有修理的技術，對電子工程的知識也相當重要。時鐘修理師的開業不需要執照。職人的技術力各不相同，職業能力開發協會所實施的「時鐘修理技能士」的資格，因為對時鐘修理士的技術程度有一定的保證，持有此資格的人不少。要自己學習或是到專門學校上課（時鐘、時鐘修理法、機械原

理、材料學等），以及術科（時鐘的修理、工時的估算）的學習，再接受鐘錶修理技能檢定考試。雖然數量不多，但是也有專門修理古老的高級時鐘、古董鐘錶的職人。這種專業的職人，也會製作自己原創的鐘錶。雖然幾乎都是小公司，但也有在募集員工或是學徒，有興趣的人可以上網查詢看看。有修理技師就表示，已經不能動的古老時鐘，被修理之後，發條被再次轉動，再次刻畫時間的那個時刻，就像是生命重生般地令人滿足。

## 台灣

台灣目前沒有開設鐘錶修理的課程，但有地方性鐘錶行不定期會開設簡易課程，大多數的從業人員都是跟著師傅學習。工作所學包括了學習使用檢測儀器、零件組裝、錶面拋光、機蕊拆解等，實際維修還是要透過大量實務經驗，並觀摩資深師傅的技術，才能精進自我。（蔡承恩）

---

## 相關職業

機械設計→**P.106**　牙技師・齒模師→**P.156**　太空人→**P.192**　在NASA工作→**P.192**　樂器職人→**P.**　人偶製作師→**P.226**　遊戲美術設計師→**P.230**　塑膠模型製造→**P.234**　舞台設計師→**P.236**　藝術品修復師→**P.243**　美術造型→**P.**　裱框師→**P.246**　手工皮鞋師傅→**P.313**　電影導演→**P.429**　藝術總監→**P.433**　特殊造形：模型→**P.440**　飛行員→**P.449**　直升機駕駛員→**P.449**　賽車手→**P.450**　汽車工業設計師→**P.455**　自行車維修員→**P.458**　汽車維修員→**P.456**　專業高級跑車維修保養員→**P.456**　賽車車隊技師→**P.457**　機車維修員→**P.458**　飛機維修員→**P.460**

工藝・家政科　其②組合或分解機械、組合模型

# AI（人工智慧）和認知心理學

村上龍

## 電腦和人腦，那個比較優秀？

隨著電腦的進化，出現人腦和電腦有何不同的問題。電腦有心靈嗎？電腦會有意識嗎？提出此類問題的主要是研究・開發AI的工作者。他們從情報科學和認知科學和腦科學的重疊結合下發出有重要發現的訊號。

由結論而言，人類的腦和電腦哪裡不同的問題還沒有完全闡明。人腦和電腦的差別已可以瞭解到許多點，即使是像我在使用非常普通的筆記型電腦時，也能夠得知其中一部分的不同。例如，電腦本身是不會寫小說的。不只是像寫小說這類特別的事情，例如簡單的企劃書或信也都無法書寫，也無法畫出三歲的幼兒所畫的簡單圖畫。現在的電腦可能做的事情，只是提供書寫小說或企劃書的工具而已。

但若因此而覺得現在的電腦是笨蛋的話，也是不正確的。時速周波數2GHz的CPU（中央處理裝置）每秒可執行二十億次的命令。就演算、計算能力而言，人類是遠不及電腦。人腦和電腦的各個的「零件」規模是如個。和此相比，人類的腦裡約有一千億個稱為神經元（Neuron）的神經細胞。其中兩個神經元的相接處（稱為Synapse）和其他的數千個神經元連結著。人的腦是由如此龐大數量的神經細胞的結合而成，所以能顯示出複雜的動作，但是其實它的「演算速度」並不是那麼的快速。神經元基本上以化學信號和電子信號進行情報傳達，其反應每秒約一百次左右，比電腦還慢。但是，腦對於在知覺的反應之過程上，則顯示出遠比電腦來得優越之動作。

## 機器人的煩惱

以下為關於AI的限度之一則軼事。有一位科學家製造出一具擁有人工智慧的機器人一號，進行了從家裡過斑馬線到對街的便利商店買回冰淇淋的實驗。過斑馬線時，若是遇到紅燈會停止，綠燈則可以通過。但即使是綠燈，遇到闖紅燈的車子或卡車為了安全會自動停止；設定了如此縝密的計畫。機器人一號非常順利地買到冰淇淋，準備回來時何？構成Intel Pentium 4的中央處理器（CPU）半導體管數約有5500萬經過斑馬線路口附近、碰巧遇到了小朋友在玩遙控車。因為遙控車一直跑來跑去，機器人一號依照命令，即使是綠燈也不過馬路。很快地冰淇淋也就完全融化了。

製作者反省設計不完備之處，加入了綠燈若有玩具車仍可以通過的設計。但再度朝便利商店而去的機器人一號，在斑馬線前又停了下來，動也不動地開始計算所有由那裡經過車輛的尺寸。計算車輛大小的過程非常瑣碎，而且又只能在綠燈時過馬路，要過馬路時機器人一號又不得不對車輛大小進行判斷。因此機器人一號終究沒能買到冰淇淋。

## 機器人不擅長足球

令機器人一號煩惱的是於AI的研究中被稱作「框架」（Frame）的問題。電腦是頑固而不會隨機應變的。無法區別所面臨的問題是可以忽視或是不能忽視的事情。若是人類，不論是小孩、或是跑過來的玩具遙控車，在交通號誌是綠燈時是不會靜止不動的。我們瞭解玩具遙控車不危險，但電腦只會遵從既定的程式命令。人類的腦究竟如何判斷玩具遙控車不危險呢？有關玩具遙控車的尺寸的訊息被送達至腦部，腦的「中樞」判斷為不危險，對身體下達可以過馬路的命令。認知心理學所謂的「Affordance」，被輸入的所有信號、情報會在腦的中樞進行處理，再由腦中樞輸出如何反應的命令，如此向知覺模型提出疑問。我們一邊和外界環境的信號進行「交涉」，一邊靈活作出對應。

足球選手開始運球，超過球門前的三名對方選手，對於守門員動作的反方向，漂亮地射中球門。試著想像一下這樣的畫面。所有的動作選手必須於瞬間做出判斷。自己的選手在哪個位置？對方的選手會如何移動？從傳球和運球和射門等選擇題中決定選出哪個？接著在看到球門的瞬間選擇射門，以右腳的前面進行踢的動作，但是因為知道守門員會往左跳起來，而選擇使用右腳的外側進行射門。或許這一連貫的動作，選手從運球開始大約3秒左右就可完成。最後感覺守門員的動作瞬間改變踢球的方法的這個判斷，是於零點零幾秒的「瞬間」被執行。在如此短的時間中，信號和情報被送到腦部，中樞發出命令，再將訊息傳到身體而肌肉做出反應，執行如此的過程是不可能的。選手瞬間對「周圍的環境」做出反應，這個和當你在觸碰到燃燒中的爐子瞬間將手離開的反應是不一樣的道理。為什麼呢？因為選手是在看到守門員的動作後，自己做出「判斷」之後進行射門的。

## 新的人工智慧機器人─「人造物」

有一則新聞一名叫「深藍」（Deep Blue）的機器人於世界西洋棋比賽中贏得冠軍。對於AI的輝煌成果記憶猶新。但是西洋棋的棋子的動作等所有程序及推論對於電腦而言是其最拿手的分野。在這個所謂的西洋棋規則的被限定的框架之中、充分的發揮了它的能力。接著AI研究者為了超越「框架」開始進行各式各樣的實驗。其中以1980年代開發出來的所謂「人造物」（Creature）火星探測用機器人為代表。此階段的傳統AI製作概念，是把用以感覺或動作的周邊機構，以及用來進行推論的中樞，分別安上「知性」設計，於動作時再將其進行統合。

但是「人造物」的「知性」於一開始就是數個獨立的「知覺與行為系統」，其中各知性的單位系統稱作「層」。例如，分為「避開障礙物的層」、「於環境內探索目標的層」、「回收目標物的層」等，以各自獨立但互相輔助的關係來進行複雜的作業。有趣的是，這個成果並不是基於「作用」認知心理學理論而開發出來的。也就是說，「作用」理論在AI的世界中再次被發現了。在未知的火星世界中，無法事先對環境進行程序的限制，所以才開發出了「人造物」這個劃時代的機器人。而現代則有機能更複雜的AI的機器人持續被開發出來。

## 結論：情報・認知・腦科學的融合

總之，AI中有特效的要素，刺激我們的想像力。因為AI的進步說不定電腦就會擁有意識，或是、是否會有一直活下去不會死亡的寵物機器人，或可以做出只花3秒就能跑完100公尺的人型機器人，但應該有比諸如此類想法更加重要的東西才是。那就是藉由AI或機器人的研究，人類的腦或身體的動作一一被解析。於AI的研究開發，集合了各個分野的研究家或科學家，交換跨越各自不同領域中的先端知識。主要的知識為情報科學和認知科學和腦科學，其成果今後勢必會帶給許許多多領域極大的影響。

本文撰寫於2003年

工藝・家政科 其②組合或分解機械、組合模型

**參考資料**

《Affordance・新認知理論》，佐佐木正人，岩波書局。

《腦和電腦有何不同》，茂木健一郎・田谷文彥合著，講談社。

# 充滿創造性的工作

豐田汽車公司主任工程師／小木曾聰

## 1.要如何才能成為工程師

　　保持興趣及好奇心，對工程師來說是非常重要的一件事。像我的話，對於日常生活週遭的日用品以及機械都非常有興趣。「是用什麼樣的原理來轉動的呢？」。雖然是為了理解運轉的原理，卻也因此增加了對有相關關係的數學和理科的理解，變成喜歡上自然和理工科的小孩。不單單只是為了讀書而去學習跟工程有關的科目，而是因為對週遭事物有興趣而開始學習的心態非常重要。

　　工程師也分為好多種，所以我選擇了我自己感覺最有興趣的東西（不只是製品。最近，最具代表性的像是電腦虛擬畫面，所需要的解析技術也是重要的工程），想像自己未來會活躍在那個領域之中，想想跟自己的日常生活有什麼樣的連結？這樣一來，自然而然的就會朝著自己有興趣的領域。接下來的學生生活，就會很清楚自己所選擇的方向。而且，出社會之後，工程師有什麼樣的面相會更加具體化，自己想要成為工程師的目標也會更為強化。

　　我自己先是對自己家中所有的機械感到興趣，之後，高中時代，對自己身邊最大的機械——汽車感到非常強烈的興趣。因此在大學時代，選擇專攻機械工學，並加入汽車部社團，上課以及實際上都與汽車製品接觸。這對我日後進到汽車公司，擔任工程師有很大的幫助。

## 2.對工程師而言，最重要的事情是什麼

　　雖然有點多，但我認為對工程師最重要的有四件事情。

　　第一件是「一面思考原理原則，一面要親自嘗試」。新開發一項技術時，最重要的是要充分理解到目前為止的技術是為何，然後要身體力行，實際去動手做接下來要思考的事。而在那個時候，學生時期所學習的數學、物理、化學等基礎知識，會非常派上用場。

　　第二件是「應用能力」，換句話說，就是「柔軟的思考能力」。實際上，一個專業的工程師，光靠學問和理論，會出現瓶頸。在實踐之中，有時在應用之時，不只是工學的知識而已，重新排列組合的創造力也是很重要的。就算與理論有些不同，面對出現的現象時，重新組合找出可行之道也是非常重要的。

　　第三件是「要有強烈的目標意識」。常常會把挑戰困難的事情本身當做目標，但是明確的知道當初的目標與目的（做件事有何幫助？）是非常重要的。我開始參與prius這輛次世代的汽車開發工作時，就一直想著未來的狀況以及預想客戶會有什麼需求，並且心中非常強烈的想要「做出一台讓客人喜歡的汽車」。

　　第四件事情，我想所有的工作都會共通的，那就是「熱情」。工程師的工作，光靠理論是沒有辦法找到答案的。在理想與現實之間碰壁，與大家一起的工作團隊必須一直往前進，有時失敗與挫折週而復始。這個時候，帶著「熱

情」，大步邁前，是非常重要的。

### 3.給憧憬工程師的13歲的你們的建議

我從事「工程師」這個工作，已經有25年了，但現在仍然非常喜歡這份工作。老實說，是在一種工作跟興趣分不清楚的幸福狀態。

我試著回想，為什麼會這樣呢？當然，我有一份好工作跟友好的工作伙伴是原因之一，但我想最大的原因仍是在於「工程師」這份工作的魅力吧。工程並不是只等於「○○工學」「╳╳科學」而已，而是有創造性以及需要思考，非常深奧以及非常有趣的職業。

我剛進入公司的年輕時代，擔任零件的設計者，是以「善用自己的力量，盡全力做出最好的零件」為目標而努力。剛開始設計出的零件，只不過是眾多汽車零件中的一件，但是實際上被使用在賣出去的車子時，那時的喜悅至今仍然記憶猶新。最近雖然成為主任工程師，帶領一個專案團隊，要提出汽車的全面性企劃，但在未來，開發出可以讓所有使用者都能開心使用的汽車的心願，讓我每天的工作都非常的開心。

工程師工作給人一種好像很難接近的工作，但是可以實現「用更好的技術，做出新的物品，可以派上用場，也會讓人覺得開心」的心情，是具有創造性的工作。

大家會因為「在公司裡，做不到自己想做的事」而放棄了嗎？還是會想，「非常開心的工作，情況好的不得了」？當然，在公司上班，會有很多的規定以及制約，但是不要從一開始就想要放棄。我自己也是並未放棄，而一點點的擴大工作的範疇，堅持工程師的工作，之後，漸漸就會拓展範圍，出現更多有趣的工作。希望大家也能試著駕馭看看。

**小檔案　小木曾聰**

1983年進入豐田汽車就職。參與prius的開發，是最資深的成員，從第一代到第三代的汽車開發都有參與。現在則是負責混合動力汽車、充電式混合動力汽車、電氣汽車、燃料電池車輛的企劃和開發。

# 思考「給憧憬工程師的13歲的你們的建議」

豐田汽車公司主任工程師／大塚明彥

## 1.要如何才能成為工程師

　　大多數的企業，在技術性的職種上，分有工程師（技術者）以及技師（技能者），依進公司時的任用型態而決定其職種。工程師是活用知識及創造力，開發新的物品（製品、技術）的職種。技師則是用技術來做出物品的職種。因此，以工程師的職種進入公司是非常重要的事。雖然進入公司後，依自己的實績而改變職種，並非不可能，但是需要非常努力且花上很長的時間，並不是有效率的生涯規畫。

　　要成為工程師最快速的方法，就是進入高等專門學校、大學的理科，專攻技術科系，徹底學習基本的知識及技術，達到企業所需要的程度。當然，要不要就讀理科，應該要從這樣的觀點來判斷。那就是，創造物品是要一步步穩定向前的工作，自己是否喜歡創造物品。儘量不使用能源，想要有效率的賺錢，有這樣想法的人，就不適合當工程師。

　　工程師可以活躍的製品、技術領域非常廣泛，在這個時期，好好的想清楚自己未來想從事那個領域的工程師是非常重要的事。這是需要豐富的經驗與知識的重要職種，對自己所從事的製品（技術）的熱情轉薄，並不是那麼容易就可以轉換領域的。

## 2.對工程師而言，最重要的事情是什麼

　　我想先說明工程師這個工作所需要的能力以及心態。

　　最重要的當然就是，自己要喜歡自己所創造出來的製品（技術）。只要喜歡，開發中途所發生的困難，也能夠有熱情的積極面對。而且也不會輕易妥協，提高製品的完成度，做出更有魅力的製品。也就是說，要做自己有興趣的事情是最重要的事。

　　此外，要常常站在使用的客戶的角度來思考也是非常重要的事。工程師的這份工作，並不會常跟客戶有所接觸。而且在研究和開發的過程，經常會陷入是自己的興趣以及自我滿足為優先的狀態，但是，以客人的觀點來思考製品，絕對是不會錯的大方向。當然工程師絕對會想要在眾多類似的製品中做出具有自己獨創性的製品，與他人不同的觀點來考察以及實現自己的作品。

　　公司是透過製品，對社會做出貢獻，並且獲得利益，所以工程師必須開發出符合客戶以及社會需求，適時且有效率的製品。因此，不只是專業知識，要從有效率的觀點來開發研究，開發過程的分配能力，以及各種各樣的技術領域的廣泛知識，將製品的綜合平衡（性能、成本、生產性、實用性）做到最適合的能力、以論理的思考為基礎，看清課題本質的能力，以及擁有面對週邊環境

的變化，具有高度的情報分析能力以擬定中長期計畫的能力。

## 3.給憧憬工程師的13歲的你們的建議

　　不只是工程師這份工作，要對自己身邊的事物與環境還有現象，時時抱有高度的興趣，「如何變成這樣？為什麼會這樣？」養成這種不斷思考的習慣是非常重要的。經常這樣碰撞思考，就能看見事物的本質。其次，「可是如果是我的話，會這樣做」，自己的創造與想像會不斷的擴大，這應該是件好事吧。

　　此外，要理解到，所有的製品、技術，不是自己一個人就可以全部辦到。要傾聽別人的意見，瞭解對方想要表達的意思。而在這過程中，養成正確且迅速的理解力和協調能力。當然，把自己的意見正確表達給他人理解的能力也是相當重要的。因此，要說的話首先先在自己的腦海中整理一次，再自問自答，為何要用這樣的理由，為何要如此思考。在這樣的過程中，自己就可逐漸理清楚自己的明確意思，再加以修正之後，應該會相當具有說服力吧。

　　近年來，光是一個製品就廣泛運用到全球各地的技術‧零件的案例相當多。所以，溝通時要儘可能減少時間的浪費，而且也要提高自己的英文能力。

**小檔案　大塚明彥**

1986年進入豐田汽車任職。曾擔任過實驗部門、派駐歐洲技術據點，現在則在製品企劃部門負責prius汽車。座右銘是「工作和遊樂都要盡全力」

※製品企劃：製作車輛商品的概念、企劃、搭載系統的檢討、整體輸出企劃、試作車評價等全　體開發事項。

# 其❸ 使用電腦（PC）

喜歡接觸電腦，光是工藝‧家政科的授課還不夠。電腦是只要好好地輸入，就會有反應。不過如果出了錯的話，再怎麼拜託，電腦也不會理人。但是，就是這點讓人喜歡。

## DTP操作

DTP是desktop publishing的簡寫。要出版的印刷品在製造過程中,用電腦將排版設計師所做出來的設計,做成可印刷的檔案。要求的是,要依設計師的指示,正確而迅速作業的專門職務。印刷公司和大型出版社經常在招募這方面的人材。不過近年來,幾乎所有的設計師也會使用電腦,設計師自己身兼DTP的情形也在增加之中。依不同的情況,有時編輯也會自己做這些工作。DTP與出版業和印刷業的界限非常曖昧,但是,出版是出版,印刷是印刷,是不同的業界,依自己對那一個業界有興趣,而決定就職業別。此外,若是想成為設計師的話,先做DTP之後,就是跨出成為設計師的第一步,這是沒有根據的說法。

## 成果報酬型網路行銷

在自己的網頁、部落格、信箱中,供企業放置廣告,有興趣的讀者登入閱覽、購入商品的話,可以賺取一定程度的「手續費」。這是網路上特有的廣告手法,稱為成果報酬型廣告。從事這份工作的,稱為成果報酬型廣告人。比如說,自己到國外旅行時,將遊記發表在自己的部落格中,並在文章中加入旅行社的特定商品的連結的手法。要成為成果報酬型廣告人,只要到專門登載想刊登廣告的企業的網站APS(成果報酬型網路行銷服務網)登錄就可以了。誰都可以輕鬆開始,而且不需要費用。不過,若是部落格沒有人氣的話,收入就幾乎等於零。一個月要有1萬日圓收入的,僅佔全部成果報酬型廣告人中的一成以下。但是也有極少部分的人,一個月收入可達1百萬日圓。

---

### 相關職業

廣告業界工作→**P.78**　顧客服務中心・接線生→**P.81**　網路股票買賣→**P.98**　機械設計→**P.106**

庭園設計師→**P.107**　生化技術人員→**P.124**　醫療祕書→**P.159**　醫療紀錄管理→**P.162**　太空人→**P.192**　在NASA工作→**P.192**　背景音樂創作→**P.208**　插畫家→**P.223**　電腦繪圖師→**P.228**

視覺設計師→**P.228**　遊戲美術設計師→**P.230**　媒體藝術家→**P.237**　在拍賣公司工作→**P.249**

室外設計師→**P.260**　工程師→**P.264**　旅遊作家→**P.357**　電動遊戲計畫主持人→**P.419**

# 其❹ 製作料理・點心・蛋糕

做料理、點心和蛋糕時，就覺得很開心，而且只要吃的人說聲好好吃，就會更開心。認為食物不單單只有攝取營養，好吃的食物更能為人帶來幸福。

# 主廚

　　是指西洋料理的主廚。要成為主廚，最好在十幾歲時就先在餐廳的廚房中打工、學習。從調理師訓練學校畢業之後，或許可以透過學校的介紹，找到工作機會，但更好的方式是，自己親自到有興趣的餐廳詢問是否有在招募新進員工。一般來說，研修時期的薪水並不多，但等到能夠獨當一面，開店成為主廚店長之後，整個餐廳的營業盈餘就成為自己的收入。身為一位主廚，除了做菜的技術必須高明之外，也要懂得因應當天天氣變化或顧客的口味等來進行調味。除了要做出好吃的料理，也須留意店鋪給人的整體感覺，若能兩者兼顧，自然會吸引客人上門光顧。如果能夠好好規劃，年紀輕輕也有可能成為主廚店長。此外，最近漸漸也有不少女性以成為主廚為其目標。即使把目標放在海外餐廳的主廚，但是如果不能在日本國內先好好學習基礎技術的話，也不見得能如願找到工作。

## ❝ 台灣

要當上主廚方法有二，一是在國內就讀餐飲科系，畢業後至職場工作幾年，有了實際經驗之後，最好再至國外就讀餐飲學校深造，學成歸國再度進入餐廳等地方工作，慢慢憑藉經驗當上主廚；其二是跟隨師傅學習當學徒，學得料理功夫。想要當上主廚，一般從助理、三廚、二廚、副主廚一路升起約須7、8年的經驗；至於大飯店的行政主廚就須更多實際經驗以及統管行政、開發菜單等能力，約需15年以上的經驗。至於證照方面，若要至大飯店工作，須擁有中餐烹調乙級的證照，而若是國際連鎖飯店，也承認國外相關證照。（尹玫瑰）❞

## ❝ 台灣

### 台灣的廚師

在台灣若想以廚師為職業，並到各餐廳或飯店工作，以中式料理而言，便細分許多菜系，例如台菜、粵菜、上海菜、川菜等等，甚至有中西合併的創意菜餚。從學校畢業就能到川菜館、上海菜餐廳上班嗎？答案是可以的，但大部分都必須從二、三廚開始做起。其實目前台灣的餐飲學校的教學，還是以理論為重，至於做菜的基本功，則以整體約括的方式來學習中西餐的烹調。所以說，到學校上課只是一個進入此行業的基本，最重要的是畢業後，是否已經立定志向，要專攻哪一菜系。要學到專精、學習到該菜系的特色，進而加入自己的巧思，這些細節可以從飯店的主廚或餐廳的廚師學習，老師傅火候的拿捏、調味料的製作、發麵醒麵的技巧以及工作的細心等，都可讓自己快速成長。而若是非本科班畢業卻對做菜有興趣者，可直接選定想學的菜別，從餐廳的低層工作做起，只要肯學肯做，往後自行開業的機會也不成問題。而由於證照制度的實施，到飯店、餐館擔任廚師和自行開餐廳，要

擁有中餐烹調（區分為葷或素）、麵食加工等的相關證照。至於所須證照技能檢定的資格與考試內容、日期，詳情可至行政院勞工委員會中部辦公室之網站，台北市請至台北市勞工局職業訓練中心網站，高雄市則至高雄市政府勞工局訓練就業中心查詢。（尹玫瑰）

## 日本料理師傅

　　日本料理講究四季的變化並且具有獨特的美感。利用食材本身具有的美味來加以調理，堅持使用新鮮的食材，並且在盛盤時選擇適當的容器，用心擺飾菜餚。這就是日本料理所呈現出來的美感，光用眼睛欣賞就會讓人有大飽眼福的感覺。如果能夠兼顧以上各方面，才可以稱為是一位一流的廚師。日本料理之中，又可分為本膳料理、懷石料理、普茶料理、鄉土料理、家庭料理等類別，當然調理的方法各自不同。光是菜刀等調理器具的使用方法，便會讓人感到學無止盡般地五花八門，相當深奧。要成為日本料理師傅，必須具備調理師執照。一般來説，若是從調理師專門學校等培訓機構畢業後，便可不經過考試直接取得執照。此外，從事調理工作2年以上的人，也可參加考試，合格之後亦可取得執照。現在大多是在專門學校畢業後，透過學校介紹在餐廳工作。首先要從雜務做起，不論是哪種料理，要成為獨當一面的廚師，至少都要花費10年以上的時間。並且必須一大清早就出門採購食材，晚上也得工作到很晚才能休息。這幾年盛行和風料理，這股風潮到現在絲毫不見消退，或許這股需求也會這樣持續下去吧！如果成為一流的廚師，甚至也有機會登上雜誌專訪或是在電視節目中接受訪問。

**台灣**

台灣日本料理師傅的傳承以學徒制為主，學校並無專門科系可習得；有意者可至日本修讀日式料理專門學校，回國後自行開業或至大飯店日本料理餐廳、坊間日式餐廳工作。（尹玫瑰）

## 製麵師傅

　　日本傳統製麵師傅做蕎麥麵時，是從研磨蕎麥粒開始，接著捏揉蕎麥麵團，使用麵棒將麵團延伸平，最後用菜刀切齊。從事這份工作需要有一定的體力，但除了體力之外，例如加入蕎麥粉與麵粉的比例多少，以及根據氣候及粉粒的狀態來斟酌加入水量的多少等，都需要憑藉著從經驗中所累積的感覺來判斷。若是在老店當學徒，據說至少要先工作5年以後，才會讓你第一次碰觸到蕎麥粉。之後大約再磨練5年左右，應該就可以成為獨當一面的師傅。除了手打蕎麥麵之外，湯頭的做法，以及日式天婦羅的炸法等等，要學習的東西相當多。即使有些餐館會使用機器來製作蕎麥麵，或者使用外製的蕎麥麵來取代自行製作手工蕎麥麵，但仍必須學習許多必要的技術。一般來説，先到老店中拜師學藝，學成之後，另開分店，獨自營業的情況很多。最近，有些訓練學校或道場中，開始教授如何製作手打蕎麥麵，這樣的課程在已退休或結束上班族生活的人之間非常受歡迎。除了必須重視味道之外，也可以讓顧客直接參觀手打蕎麥麵的製作過程，或是開設一家蕎麥麵店並營造出既使女性一個人也可以輕鬆製

作蕎麥麵的感覺。活用許多創意點子，讓蕎麥麵店擁有更多發展的可能性。

在台灣有製作拉麵、麵條等的製麵師傅。想學得製麵功夫機會並不多，一般以師徒制或家族企業世襲為主，並不對外教學；不過有興趣者，還是可至坊間料理補習班學習相關製麵方法。由於相關證照的實施，目前製麵師傅也有中式麵食加工乙、丙級證照，須考試取得；而台北市則於2004年起推動「衛生自主管理」認證，若要開製麵店面，以擁有此認證為佳，確保消費大眾的餐飲衛生安全。（尹玫瑰）

## 壽司師傅

對於一位站在櫃檯後捏壽司的師傅而言，捏壽司只佔工作內容中的四成。因此，如果不是很喜歡跟人接觸，或是與別人聊天，或許無法勝任這份工作。不只是捏壽司的技巧，也必須具備選購食材的能力以及經營管理店鋪等綜合性能力。一般來說，客源大都是因為壽司師傅個人所建立，因此如果要自行開店營業，最好能獲得原本店家的理解與體諒。不願意在年紀比自己小的店長之下工作或者想要以工作效率獲得高額薪水的人，大多會選擇到比較不需要和客人閒話家常的迴轉壽司店工作。要能獨當一面最少也要花費十年的時間學習，不過這也會因為店鋪或個人而有所不同。雖然研修的過程相當嚴格，但由於壽司具備了其他料理所沒有的娛樂性，因此很適合具有好奇心的人來嘗試這項工作。此外，捏壽司這份工作，不但強調傳統技術的重要性，也會因應時代的變化，而嘗試開發新的壽司種類以及吸收國外的創意等，可說是一個沒有偏見的世界。

台灣壽司師傅多為師徒相傳，可至餐廳從助理做起，或前往日本修讀日式料理專門學校。和日本一樣，台灣的日本料理店分為傳統的居酒屋形式，以及速食的迴轉壽司兩種。傳統的壽司師傅還是以師徒制傳授廚藝；而新式的迴轉壽司則是講究速度、品質等規格化流程，但相同的是，要學會捏壽司的技巧，還是得從學徒開始慢慢隨著技術的提昇才能升等。而有部分對於廚藝或正統有堅持的廚師，也會親自遠赴日本的居酒屋拜師學藝，或進入和式料理專門學校進修學習，同樣也能返國一展廚藝。（蔡承恩）

## 麵包師傅

麵包師傅的工作相當辛苦，早上一大早就得起床，而且工作內容幾乎都是十分費力，甚至連坐下來的時間都沒有。如果不是真的喜歡麵包，或是喜歡做

工藝・家政科 其④ 製作料理・點心・蛋糕

麵包的人，或許很難一直持續這個工作吧！除了必須學習依據麵包種類的不同，採用有關的製作方法，去調製不同的材料等知識之外，也要能夠敏銳地感受當下流行風潮，配合自己的創意製作出有特色的麵包。為了學習製作麵包的知識及技巧，除了可以在麵包店進行研修之外，也可以在專科學校修習相關

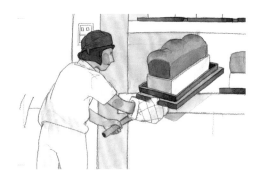

課程，之後再到麵包店工作。或者可以一面在麵包店工作，再利用晚上的時間到專科學校的夜間部進行學習，但這種方法可能需要較多的體力。如何選擇一家好的麵包店進行研修，是一件很重要的事情。如果是較具規模的大型麵包店的話，或許工作環境、條件等都整頓得比較完善，但由於規模較大，分工等也就越清楚，因而較難從中掌握製作麵包的整體流程。如果將來想要能夠獨當一面，開設一家麵包店的話，應該對於辛苦的學習過程有心理準備，再到一些中小型的麵包店進行學習。

**台灣**

以前麵包師傅的工作以學徒制為主，現在則可至餐飲科系學得烘焙的技能，尤其現在的餐飲科系十分重視烘焙，不像其他烹調課程比較著重理論，故在學校便能學到烘焙實務經驗；而社會人士想轉行當麵包師傅，則可至職訓局所舉辦的相關課程或烘焙補習班上課習得。目前要當上麵包師傅，除了經驗以外，還須擁有烘焙食品的證照，以方便職場所需。（尹玫瑰）

## 日式甜點師傅

　　從具有悠久歷史的傳統糕點到新式的創意甜點，製作種類多到數不清的日式甜點（和菓子）。除了基本的蒸、烤、捏揉等技術之外，也要磨練能夠兼顧到美觀與顏色調和的創意與巧思。一般來說，要成為日式甜點師傅，通常是在專門學校學習，從烹調器具與設備的使用方法開始，之後學習日式甜點的特殊裝飾技巧及連切技術等。在日式甜點的店鋪實習累積經驗後，一般可以到日式甜點公司工作。如果能夠取得甜點製作的專業執照，或是甜點衛生師的專業執照，到日式甜點公司就業就更加容易。這個行業要求相當嚴格，所以要成為獨當一面的師傅，大約要花費10年左右的時間。作為一位成功的師傅，重點不在於手的靈巧，而是要能充分掌握甜點的味道與美觀。當然，也一定要對日式甜點有好感與興趣。

**台灣**

**中式甜點師傅**

在台灣有製作太陽餅、綠豆椪之類的師傅。一般以直接跟隨師傅學習為佳，可習得傳統純正的製作方法。另外職訓局開設的相關課程、坊間的烘焙補習班能學習到此技能，以及補習相關證

照的課程；社區大學、大學之推廣教育中心也常態性開設此類課程，提供喜歡做中式甜點者上課學習。（尹玫瑰）**"**

## 西式甜點師傅

　　是指製作西式甜點與蛋糕的師傅，日文中的「西式甜點」一詞取自於法語的「ptissier」。在日本，是指專門製作蛋糕、派、巧克力、餅乾、幕思、冰淇淋等各式西式甜點的師傅。近年來，也有不少女性從事這項行業，相當受到矚目。攪拌材料時的順序、溫度，以及調理時間等，依據西式甜點的種類而有不同的技巧。必須能正確掌握這些技術，才能每次都能做出品質一致的甜點。同時，也要具備甜點裝飾的技巧與靈感，時常對於新店鋪及新甜點抱持好奇心，並具備能開發出創意新甜點的能力。另外，還得具備食品相關的綜合性知識，並熟悉各種不同的飲食文化等。一般會在調理師專門學校的甜點製作部門修習之後，再到西式甜點專門店或飯店、餐廳的糕點部門等進行實習。可以將糕點專門店中的師傅當作努力的目標，之後再獨立開店等。雖然不是必要的條件，但若能通過檢定考試，取得日式、西式甜點的製作技能師執照，對於增廣甜點方面的知識與技術是非常有幫助的。

**"**

就讀餐飲相關科系可習得西式甜點技能，或者跟隨甜點師傅學習，至烘焙補習班、社區大學等也能習到此藝。在台灣若想當個受人矚目的西式甜點師傅，經驗、創意與舉一反三的功力很重要，一般在台灣學習到製作甜點的基礎之後，會至國外例如法國繼續深造，再回國求職或自行創業，對於想到大飯店工作者，有了越洋學習的實際經驗，求職與升職較易。（尹玫瑰）**"**

## 豆腐師傅

　　手工製作豆腐的師傅會用機器研磨浸泡在水裡一晚的大豆，然後將已呈液體狀的大豆煮熟，最後再用布擰乾水分。做好的豆乳，放入苦鹽等凝固劑讓豆乳凝固。再使豆腐凝固成型。如果是木棉豆腐的話，還要再用大石頭重壓，擠出多餘水分，然後切塊。這樣的話，一箱的豆腐約可切成50塊。因為豆腐不能保存太久，所以從前一個村子約有兩到三間豆腐店，現在因為專業的豆腐製作公司的產品都陳列在超市裡販賣，所以舊式的豆腐店已經漸漸減少。以前騎著腳踏車，鳴按著喇叭到處叫賣的豆腐小販很久之前就沒再看見過了。因為是代代相傳的職業，所以想要成為豆腐師傅的話，可以先在豆腐店當學徒學習技術。在關西地區，特別是京都有許多豆腐店在經營，工作的學徒也很多。凌晨3點左右就要開始煮熱水，豆腐完成階段時要用冷水處理，工作相當辛苦。近幾

**工藝·家政科** 其④ 製作料理·點心·蛋糕

年來，豆腐成為一種健康食品，逐漸受到一般大眾的矚目。堅持優良品質的百貨店與大型超市以及豆腐創作料理的專門飲食店都有這方面的需求，所以銷售的管道會越來越寬廣。

### 台灣

台灣製作豆腐以家傳為主，要學習此技能，以跟隨師傅學習為佳。但不一定想學師傅就會收徒，因製作豆腐關係到手法與密技，一般豆腐製作工廠還是以家族成員傳授為主。（尹玫瑰）

## 醬油師傅

　　將蒸好的大豆和發酵粉混合，揉團使其發酵之後，榨出來的就是醬油。在超市販賣的醬油幾乎都是大公司製造的。目前全日本還是約有1300家中小型的醬油工坊，到現在依然堅持在地的古老味。因為大公司都是以機器釀造醬油，如果想要成為醬油釀造行家的話，最好到傳統的醬油工坊工作。但是，就算是小工坊，製作醬油的過程也逐漸機械化，並非傳統的方式純手工釀造。雖然醬油的消費量整體來說逐漸減少，但是調味醬或沾醬湯汁方面的使用量卻是逐漸增長。不只是調味料，應用各種方法開發醬油製的叉燒等食品的工坊也很多。必須不斷追求新點子，開發出目前所沒有的醬油新產品。另外，從大學的農學部畢業之後，進入醬油大廠的研究室工作，從事醬油的開發研究也是一條出路。

### 台灣

想學醬油的手工釀製，目前只能至傳統的醬油工廠學習（例如西螺鎮的手工醬油廠），但由於醬油釀製也關係到祖傳製法，不一定會收徒傳授，只能進醬油廠從工作中學習。（尹玫瑰）

## 味噌師傅

　　味噌當作調味料的歷史相當悠久，以米、麥、豆為材料，各地區都有在製作味噌，這也是一般鄉土料理不可或缺的味道。在以前的農村裡，不管哪一個家庭，都會自己製作味噌。味噌的做法，是先將浸泡在水裡的大豆煮爛，加上鹽巴和發酵粉，儲存一段時間使其發酵成熟。如何使其發酵到恰到好處是技術好壞的所在。天然釀造的手工味噌除了在超市或專門店販賣之外，郵購販賣也非常受到歡迎。味噌製造大廠大多是機械化生產，主要的工作在於製造管理方面，所以想要成為製作行家的話，還是要到小工坊工作。在過程中，更加要注意的是發酵的過程，發酵時間約40分鐘左右，就必須調整溫度與濕度，其間幾乎不能睡覺。因為有許多費力氣的工作，所以主要是男性從事這行業。發酵的製作過程方面，就有女性從事這工作。傳統工坊的數目年年減少，但是儘管規模小，全日本還是有1200到1300家在經營。也有不少地區開始努力培養年輕後進從事這行業。大學農學部畢業後，在味噌大廠的開發研究室工作，也是一種管道。

## 製鹽師傅

1997年日本廢除鹽專賣法，從此之後不管是誰都可以自由地製造與販賣鹽。現在因為講求健康，所以堅持優質食鹽的人越來越多。目前食鹽的品牌超過1500家。其中受到矚目的有以陽光曝曬海水，用燒煮的方式所製作的天然鹽，從沖繩到北海道都有人製作各式各樣的鹽。這行業的就業經歷可以說是各式各樣，一般是到各地製鹽所學習傳統的製鹽方法之後，再從自己心裡所屬意的製鹽工廠開始工作。製作食鹽，乾淨的海水是必要的條件，最好是附近沒有住宅或是工廠的地方。另外也需要有土地與設施的興建經費。也有企業是藉由地方上的支援贊助，成為地方上的新興產業。天然鹽的價格較高，有許多販賣管道，例如：百貨公司、超市、電視購物等。另外，也有開發鹽製的冰淇淋與糖果等鹽製加工食品的製鹽所。日後，可能藉由各種新產品的開發，製鹽的工作發展空間會越來越廣。

 **台灣**

台灣雖然於2004年公布廢止「鹽政條例」，政府不再管制鹽品產製與運銷，不過2002年台鹽早已關閉了台灣最後一個曬鹽場即是七股鹽場。沒有了曬鹽廠，象徵著製鹽師傅失去了工作舞台，不再以此維生。而想學習製鹽的人，也只能私下尋找這些老師傅傳授製鹽技能。目前台灣的鹽以進口為主，製鹽技能所能發揮的空間幾乎沒有，但鹽的加工品例如SPA鹽等因應現代生活、具減壓舒緩功能，廣受歡迎。（尹玫瑰）

## 釀酒師傅

在日本稱負責領導釀酒工作的人為「杜氏」。從原料處理到釀熟的全部過程中，擔任管理要務的人，同時也必須從事人員的管理。可以到釀酒工廠或地方工坊工作，一般是屬於季節性的約雇職員。日本酒因為是在氣溫低的冬天釀造，所以冬天時都一起集中作業，到夏天就編遣到其他部門或是從事農業工作。釀酒是很辛苦的工作，所以有後繼無人的現象，這對於一般的釀酒工坊是個大問題。目前因為有電腦的引進，工作環境有進一步的改善。13歲的孩子想成為杜氏的話，一般都是因為有機會接觸到釀酒工作的人，不過也有人是因為長大後品嚐了日本酒之後，對酒產生興趣，因而進入這行業，就算如此也不嫌太遲。但是，喜歡喝酒和懂得品嚐酒香完全是兩回事，釀酒師傅也未必全都是嗜酒如命的人。要釀造出好酒，有許多考量不到的因素，所以讀書、聽音樂，琢磨感性也是很重要的訓練。

 **台灣**

若要學習釀酒的技術，可就讀有相關課程的大學，例如大同和大葉大學均有開設釀酒工藝課程。成人若想學習釀酒過程，甚至開設酒莊，農委會農糧署則是不定時舉辦製酒技術訓練基礎班，詳細可至農糧署網站觀看「農村酒莊巡禮」。此外，全省的社區大學、大學之推廣教育中心，以及坊間烹調補習班等也可習得釀酒的技術。由於台灣開放民間釀酒時間不長，想以此為

業者，可至國外相關學校或酒莊學習深造，吸取知識與經驗。而關於釀酒後之酒品認證相關問題，可至財政部國庫署之菸酒管理資訊網查詢。（尹玫瑰）"

## 在葡萄酒莊工作

在日本，葡萄酒的釀造，在明治時期是殖民產業政策的一環，從葡萄栽培開始振興日本的釀酒業。但是，葡萄酒真正開始融入日本的飲食文化，卻是1970年大阪萬國博覽會之後的事。由於海外旅行與飲食文化的歐美化，日本人開始適應並接受葡萄酒。國產葡萄酒業者也開始積極地進行葡萄酒的釀造以及廣告宣傳。近年來，可以說是葡萄酒熱潮的時期。全國各地都有葡萄酒莊，以當地種植的葡萄作為原料。但是世界上有40%的葡萄酒都是產自義大利與法國。日本的生產量也只有法國的四十六分之一。種植葡萄的面積不同，歷史經驗也完全不同。在日本雖然也有非常優良的釀酒廠，但是說起知名度與銷售量，都遠遠不及進口葡萄酒。有興趣從事釀酒業的人，一般似乎沒有公開召募這種管道，不過可以到釀酒工廠拜師學藝。在大學的釀造學科學習也是非常有用處的。除此之外，也有人前往法國等海外的釀酒專科學校或是釀酒廠，學習道地的釀酒技術。

### "台灣

若想至葡萄酒莊工作，學習栽種葡萄、釀製酒、管理酒莊等，由於台灣近年才開放釀酒、推廣休閒酒莊，所以並沒有學歷、經驗限制，除了觀看求職情報，還可至全省取得證照評鑑合格之酒莊毛遂自薦。而台灣目前知名的農村酒莊有苗栗大湖農村休閒酒莊、東勢石圍牆酒莊、東勢橘園堡酒莊、后里樹生休閒酒莊、台中太平酒莊、埔里農村休閒酒莊、南投奕青農場酒莊、南投車埕酒莊、南投信義梅子酒莊等九大農村酒莊，詳細名單可至農糧署網站之「農村酒莊巡禮」觀看，此網頁也能查看到每年度的「農村酒莊及酒品評鑑獲獎名單」。（尹玫瑰）"

## 茶道家

茶道的流派相當多，有裡千家流、表千家流、武者小路千家流、奈良流、利休流、藪內流、肥後古流、織部流等。茶道即是從各自流派的始祖傳承下來的制度。茶道家從屬於一個流派之後，依據其修習的功夫，在十幾個級數中，逐次地往上升級取得證書。流派的宗師握有發行證書的權限。弟子所繳交的證書費用是其主要的收入來源。大部分的時候，證書費用只有發行證書的宗師知道，一般弟子因為不知道詳細內容，所以都是以謝師的名義支付高額的費用。裡千家除了證書之外，還設置有資格制度，有初級、中級、上級（助理講師）、講師、專任講師、助理教授。在上級取得「引次」證書後，就可以開始

擔任授課的教師。從入門開始，幾乎要進行一週一次的練習訓練，至少3年才能取得「引次」證書。目前全日本學習茶道的人，包含小孩子據說約100萬或200萬人之多，不過正確的人數並無法確知。裡千家成立以培育茶道家為目的的「淡交會」，現在會員人數有20萬人，也有相當比例的教師人數。

 **台灣**

台灣並無日本茶道專門學校或補習班，除了到社區大學、坊間茶藝館上課之外，還是到日本學茶道較為正統。而台灣茶道（茶藝）的學習管道比較多，一些學校如高雄餐旅學院、慈濟大學具有茶文化或茶道之類的課程，校園則有茶道社或茶藝社相關社團；坊間則有茶道或茶藝教室，分初中高級班教學，社區大學與大學的推廣教育中心也有相關課程可選讀。要成為一個茶道家，除了從課程上獲得茶葉文化、如何泡茶等理論，最重要的還是親身多加體驗與嘗試，確切瞭解茶道中的層面與文化。喜歡喝茶者若想以此為業，可以選擇到茶藝館工作，或者自行開業例如泡沫紅茶店等。茶藝館重視茶道文化，也須懂得挑選茶葉、沖泡方法、選配壺具等，喜歡喝茶卻完全無此工作經驗者，可先進入茶藝館從助理做起，一步一步學習與感受茶道。而喜歡喝珍珠奶茶、泡沫紅茶的人想自行創業，除了可至坊間相關餐飲補習班上課學習以外，也可選擇加入正統連鎖店，學習一套煮茶、調配飲料的方法，這是目前所需資金少、容易開業的行業，但也由於開業容易，導致泡沫紅茶店品質與水準參差不齊，倒店的機率也相當高。另外，若喜歡做菜又喜歡品茗的話，可到提供茶餐的茶藝館工作或開業，將兩種興趣結合，將茶葉或茶加入料理，豐富菜色與味道，適合喜歡喝茶以及研發新菜色的人。（尹玫瑰）

## 咖啡烘焙師傅

　　一般人所熟悉的咖啡豆，是將青綠色的豆子放進烤箱加以烘焙而成。藉由烘焙，咖啡最吸引人的風味與香味就散發開來。烘焙工坊的師傅，會依據豆子的狀態與其生長的氣候條件來決定烘烤的溫度。能將咖啡豆的內外側都烘烤到平均恰到好處，可說是行家的技術。採購品質優良的咖啡豆也是重要的工作。也有人直接到巴西等產地去採購咖啡豆。咖啡的製造大廠，因為是透過代理商進口，再以工廠的機器進行煎焙，所以並不是烘焙師傅的工作場所。咖啡烘焙師傅雖然是一種專門的職務，不過大部分的人還是會兼營咖啡屋與販賣咖啡豆。一方面傾聽顧客的喜好，一方面向顧客推薦咖啡豆，以自己製作的咖啡來招待顧客，可以成為咖啡專家也可以藉此擴展自己的社交圈。先從事與咖啡有關的工作之後，再開始學習烘焙技術比較好。

 **台灣**

目前台灣坊間一般咖啡課程，以調製各種不同咖啡為主，很少教授咖啡豆的烘焙法。在學校方面，目前有台灣大學的農藝系開設咖啡學課程，其中有學習到咖啡烘焙；而一般人若想學習咖啡豆烘焙技術，除了可至有相關技術的咖啡館或餐飲補習班上課之外，也可到自行烘焙咖啡生豆的咖啡館工作，然後從中學習各種咖啡生豆的烘焙過程與注意事項。至於學得咖啡豆烘焙技術之後，除了可至自行進口咖啡生豆的咖啡館工作外，也可選擇自行開業，不過此類咖啡館的

咖啡烘焙師，一般均要身兼咖啡烹調，所以還必須要有調製各類咖啡的技術；而學習調製咖啡的課程，餐飲補習班、社區大學等均有教授，目前也有調酒（咖啡包括在內）證照可考試取得。（尹玫瑰）

## 侍酒師

在飯店或是餐廳裡，擔任酒類的採購與管理、料理與酒類的搭配服務，負責所有有關酒類的一切業務。有時也必須直接到產地去採購各種酒。要成為專業級的侍酒師，必須通過日本侍酒師協會所舉辦的侍酒師資格認定考試。和法國將其列為國家考試不同，在葡萄酒文化尚未深耕的日本，2000年厚生勞動省（相當於台灣的勞工局）才正式將其列為正式職業。然而那時已經有超過500人在從事侍酒師的工作。大飯店的餐廳部門有時會有好幾位侍酒師，由上到下分別設有首席侍酒師、助理侍酒師、資深侍酒師以及一般侍酒師等職位階級。首席侍酒師的責任非常重大，但是所得的收入與聲望也相對的高。即使在餐廳工作，依據顧客的喜好挑選菜色與酒類的服務中，侍酒師佔有重要的地位。不管是相當高級的酒吧或是普通的義大利餐廳，都需要侍酒師。葡萄酒文化成熟之後，從此侍酒師活躍的場所就會逐漸增加。

**台灣**

在台灣要成為侍酒師，目前除了坊間私人授課之外，只有高雄餐旅學院開設品酒課程，也可選擇行政院農委會農糧署「農村酒莊輔導計畫」的品酒課程。想學習品酒，具有觀光與餐飲相關科系背景的學生或對酒具有基本概念者入門較易。取得證照的品酒師起薪約有5萬元台幣，但台灣並沒有舉辦相關認證考試，目前台灣領有證照的品酒師多是在法國考取。（尹玫瑰）

## 酒保

在櫃檯內調製顧客要求的雞尾酒等飲料。能讓顧客享受品酒的樂趣，是身為一位傑出酒保的關鍵。因此，不僅要具備各種酒類與雞尾酒的知識，基本的禮儀與推想顧客喜好的感覺也是必要的條件。要成為酒保，最好是可以到有歷史與信用的酒吧工作實習。能否勝任這個工作，和外表不太有關係，最重要的是要能具有抓住顧客喜好的個人魅力。

未必要具備調酒師或料理師資格，酒保是一種靠自己的能力開創的事業，努力的話也可以擁有自己的店。熟客會常常賒帳，所以也要具備經營的才能。不需要特別的資格，為了提升酒保的能力與技術，日本酒保協會有舉辦「全國酒保競技大會」。

一般的餐飲科系都能學到調酒的課程，由於每年均有花式調酒的比賽，所以學校對於調酒課程相當重視。而若是社會人士想在飯店或夜店、餐廳裡擔任調酒師，則可至專門餐飲補習班上課學習，並且順便習得丙級調酒證照的考試內容，以便在上完調酒課程之後，報名證照考試並取得資格。另一個方式則是先進入飯店或餐廳擔任吧檯助理，跟調酒師學習各種調酒的方法，再去考證照。不過有證照並不表示應徵調酒師一定會被錄取，但若應徵時資歷相當，有證照者自然會比較容易錄取。（尹玫瑰）

## 食品調配師

規劃電視或雜誌上介紹的菜單，負責食材的採購與搭配等工作。有時也會在電視、電影或是廣告的料理畫面中擔綱演出。因為著重的是料理的外觀美味，所以必須要有美術感與技巧。除了食品的調配之外，也規劃食品相關雜誌或書籍的出版，在餐廳或飯店工作負責新菜單的規劃等，或者在食品公司從事商品開發，就職的領域相當廣泛。可以到餐飲學校學習，或是擔任食品專家的助理，一邊從事相關工作一邊培養自己實力。如果取得日本食品調配師協會的認證資格，就業就更加有利。這幾年來，食品的安全與健康逐漸受到高度重視，因此今後食品調配師的工作應該會越來越熱門。

在台灣並無食品調配師這項職稱，而如果是與電視美食節目、電影、廣告相關的工作，幾乎都是由烹飪老師負責擔任美食顧問、幕後指導菜色的搭配等；而雜誌上出現食譜等版面，則是由主廚或廚師以及雜誌編輯共同來負責。（尹玫瑰）

## 烹飪老師

在雜誌的料理專欄或食譜書籍，或是電視的料理節目中，於餐桌等背景之下示範美味料理的烹調方法。具體而言，要先準備和示範料理能相搭配的碗盤，以及花、小東西等裝飾物，擺設餐桌，之後，像是啤酒的泡沫或熱湯的蒸氣，還有食材本身也必須妥善規劃。攝影棚內要準備的工作很多，有時也會到戶外或相關活動中，進行示範演出。可以在設置有料理教學課程的餐飲專科學校或訓練班學習後，開始成為專業的料理教學家。也有人之後轉行當料理雜誌的主編、室內設計或流行服飾的示範教學者。因為這是憑藉感覺與靈感的工作，所以時常有創新想法與感性的人比較適合從事這項職業。

台灣過去於學校任教的烹飪老師，均是由師範大學的家政系所畢業。如今一般餐飲學校所聘請的烹飪老師，大部分是飯店或餐廳的主廚，或者烹飪經驗豐富的師傅；這些大廚若學歷不足而要教學，必須重回學校補修學分，並且加上乙級證照才能教書。而在電視或雜誌上稱為「烹飪老師」者，則無如此嚴格的要求，無論是烹飪補習班老師或飯店、餐廳的主廚，只要經驗與創意夠的話，便能上電視表演料理烹飪，或製作菜色供雜誌拍攝，甚至出食譜書供人學習料理。

## 美食研究家

從事新菜單的開發並對於料理給予意見，在餐飲學校或教室擔任教師，或是在料理雜誌或食譜書中擔任主筆，或是在電視的料理節目中演出。日本料理、法國料理、義大利料理、中國料理等的領域，雖然有人會專精於傳統料理、鄉土料理或家庭料理，但是大部分人擅長的領域都在一種料理以上。在大學、短期大學、專門學校學習營養學與料理課程後，大多數的人會先擔任料理研究家的助理，也有不少是從營養師或料理雜誌主編、家庭主婦轉行的人。最近，因為有關健康料理的工作逐漸增加，具有營養管理師、營養師資格的話，就非常有利。這是份女性所嚮往的工作，所以從事這行業的女性非常多。因為想要從事這行業的人很多，所以具備專業領域的知識以及對於料理具有獨特見解是很重要的。可以在料理的製作現場累積經驗，藉以培養對飲食文化的知識與造詣，這是必要的訓練。

###  台灣

在台灣大部分的美食研究家，都是由自身喜好或工作所需而漸漸變成所謂的美食研究家。例如因為喜愛小吃而吃遍台灣各地，最後整理出心得，甚至可以提出相關建議者；或者報章雜誌中跑生活線或美食線的記者，因專業而變成美食研究家。若想成為美食研究家，並無相關的科系可研讀，但可參加相關的美食研究社團或上BBS、Blog與同好交換情報，增加知識與經驗。最重要的是，因為喜好而專研某領域的料理，搭配自身的專長，才能朝著美食研究家的路前進。
（尹玫瑰）

## 外燴主廚

是指從私人住宅等少數人集會的宴會到大型的宴會，各種的歡迎會、電影拍攝現場的餐會等，出差到現場從事料理工作的人。必須考量到預算、人數、場所、宴會內容等，依據顧客的需求，隨機應變，準備和式、洋式、中式、地方料理、甜點、小菜、便當、宴會菜單等。也要考量宴會中使用的食器與花卉等氣氛的營造，請專人擺設餐桌。這行業的工作型態各式各樣，從高級餐廳的廚師出差擔任外燴主廚，到擺設玻璃製的冷藏箱，捏製壽司的廚師都有。從料理製作到會場收拾都由專家負責打理，今後這種外燴料理會越來越有市場需求。首先以成為廚師為目標，在料理師餐飲學校學習或是在專門料理的飯店或餐廳研修。即使已經取得料理師執照，在日本料理的方面，還是得從打雜開始。從菜色擺盤、燒烤練習的等級開始，一直到被稱呼為師傅，最少都要4到5年的修習時間。之後，可以成為外燴餐廳、或是有外燴服務的餐飲加盟店的廚師。也有人自己開店，從事餐飲自由業。

### 台灣

外燴主廚的資格與一般主廚相異不大，有些飯店甚至沒有所謂的外燴主廚，而是由主廚兼任，

待有外燴工作時，便轉身一變成為外燴主廚。而在台灣還有一種相當盛行的外燴「辦桌」，辦桌師傅幾乎都是師徒制，學歷不重要，重要的是口碑與經驗。若想當上辦桌師傅，一開始得跟隨辦桌師傅學習，從助理做起，隨著師傅東征西跑，到處外燴。由於辦桌師傅所負責的事雜又眾多，從菜色的採購、雕花擺飾、烹飪，到桌椅鍋碗瓢盆的準備，以及預計出菜與負責端菜的人手，沒有相當的經驗是無法在最短的時間籌備好這一切事務，所以想當辦桌師傅，除了自身肯學習之外，也要有清晰的頭腦和俐落的手腳，以便指揮全局，辦出令人滿意的流水席。（尹玫瑰）**"**

## 路邊攤老闆

　　路邊攤老闆會推著有料理檯的簡單台車，煮拉麵、滷菜或是燒烤雞肉等，給顧客享用。這種移動式餐飲店的定義就是「稍停一下，販賣東西，時間到了再移動到他處。」別說椅子，有時連桌子都沒有，所以如果客人介意的話，必須接受客人的抱怨。移動式的台車攤販，因為會引發排水等衛生問題與交通問題，造成附近人家的麻煩，所以在日本

並不是很流行，但是目前在大都市的熱鬧街道上，夜晚都可以見到。博多的小巷子裡有好幾十家的路邊攤相連著，因此成為觀光勝地。關於營業許可，各都道府縣的規定不同。例如，在東京都，雖然並沒有強制規定必須擁有許可證，但是為了不讓從以前就流傳下來的傳統消失的緣故，所以只要提出申請就會許可，一台僅限經營一種料理，可以經營5年，必須要具備食品衛生的訓練資格。改裝車子，販賣咖哩、各國料理、油煎薄餅的路邊攤，只要是生食之外的東西都是可以。但在博多一人只限經營一台，並且禁止轉讓。在東京都的路邊攤雖然逐漸減少，但是在丸之內地區的辦公大樓，代官山等年輕人聚集的地方，專門販賣咖啡或各國料理的路邊攤，數量雖少但是有增加的趨勢。和客人保持適當的距離是很重要的。另外因為必須一個人長時間工作，相當需要體力。

**"台灣**

想在路邊擺攤賣肉圓、魷魚羹、蔥油餅、豆花等，可至烹飪補習班或社區大學、大學之推廣教育中心學習相關課程，或者有些業者也會以加盟的方式來傳授小吃的做法，或者不恥下問，直接請教路邊攤老闆，或請他收你為學生，教導你製作祕方。不過現在就算是路邊攤，政府也開始推廣證照制度，依著所販售的小吃製作而須考取相關證照。（尹玫瑰）**"**

## 營養師

　　營養師會在學校或醫院負責餐飲的營養管理與指導。依據兒童與住院病患

的病情，並考量熱量、營養素等攝取決定每天的菜單。也有人是在養護中心或是老人中心等社福機構裡工作。在一次需要供給100人份餐點的機構當中，是有必要安排營養師進駐的。在日本，營養師的資格依法只要在大學的家政科、生活科學科、營養專門學校等專業營養師訓練機構畢業之後，就可以取得資格。全部都是屬於日間部，沒有夜間部與函授課程。現在，因為肥胖與糖尿病等生活習慣引起的疾病逐漸增加，所以有關營養指導的專業知識與技能也開始高度專業化。因此，設置了負責營養指導的營養管理師制度。營養師也會從事照顧病床上老人的看護工作，所以必須具備社福的相關知識與經驗。從今以後，有關於飲食健康的營養師工作應該會越來越多。

## 台灣

可以就讀食品營養相關科系，畢業後並有一定的相關實習認定，便可考營養師執照，不過證照並不好考，要有多考幾年的打算。目前營養師可工作的地方例如醫院、醫院附屬餐廳、學校廚房、便當團膳公司、瘦身美容等，營養師法中規定「醫療機構、護理機構每天供餐在200人次以上，學校每天供餐在500人以上、每週供餐至少一次以上之群體，進行營養需求所為之飲食設計及其膳食製備、供應之營養監督應由營養師為之。」。詳細的營養師法則與執照等相關問題，可上食品資訊網查詢。（尹玫瑰）

## 料理顧問

　　並非料理人，而是一種營業職務。主要是屬於調理器具的製造商或是食品商的員工，透過介紹各種調理方法、產品的相關資訊，達到推銷製品的目的。主要工作地點都是在食品賣場或是活動會場，但有時也會到各家戶和學校拜訪。通常是在製造商舉辦的料理教室、一般的料理講習會擔任講師，有時也要負責編製宣傳用的傳單。回應使用過產品的客戶的意見、抱怨或是詢問事項，可說是擔任消費者和公司之間的橋樑。近年來以自由身分活躍的人也增加。雖然販售商品是這份工作的主要目的，但是也是企業形象的一部分。不需要特別的資格，但也有人是具有調理專門學校的基礎，或是持有調理師或營養師的資格。這是可以活用主婦的經驗和智慧的工作。其中雖然也有人活躍於雜誌或電視上，但屬於極少數。因為要公開示範料理的作法，來宣傳自家商品，溝通技巧以及對商品的知識是不可缺少的。

## 咖啡店老闆

　　喫茶店經營者、咖啡店老爹等，有各種稱呼以及各種印象，但叫做「咖啡店老闆」時，有種獨特的「手工」感覺。要開設原創的咖啡店，首先要擁有對咖啡、紅茶、以及花草茶等知識，也要準備好麵包、蛋糕、點心、三明治等輕食。當然因為要用到資金，所以得有資金計畫。因為是餐飲事業，所以必須要到規定的養成講習會接受講習，並取得食品衛生責任者的資格，並向保健所申請營業許可。調理師學校的喫茶部門以及學校的經營咖啡店課程以外，也可以透過函授課程學習，當然也有人是自己學習，深入瞭解紅茶和花草茶的知識，

供應手工麵包和點心。在大型連鎖咖啡店未進駐的住宅街一角，開設一間時髦的咖啡店，供應當地居民一個休憩的去處。開設咖啡店給人一種是退休後的上班族、主婦的副業的印象，但作為地域以及地方商店街再生的一環，也有不少年輕人投入這個事業。

## 台灣

現代人崇尚「慢活」，在下午或下班後，到咖啡店喝杯咖啡，也逐漸成為台灣人的習慣，因此越來越多人，特別是年輕人，選擇自己經營一家有自己風格特色的咖啡店，過著優雅的生活。除了學習沖泡各式咖啡、拉花等技巧外，小點心與簡餐也成了現在咖啡店不可或缺的重要配角之一，因此相關的餐飲烹飪技巧，就成了創業者在開店前必須學會的課題。像是台灣大學進修推廣部、咖啡用品專賣店等地，都會不定期開設咖啡課程供有興趣的人前往學習。（蔡承恩）

## 相關職業

在飯店工作→**P.71**　客房服務員→**P.72**　家事管理（家政婦）→**P.76**　經營民宿→**P.79**　便利商店店長→**P.84**　經營登山小屋→**P.183**

工藝・家政科　其④製作料理・點心・蛋糕

# 紅酒相關工作的海外學習

紅酒專賣店　Petite Maison老闆／內池直人

## 1.對紅酒研究者（紅酒作家以及釀造學者）、販賣者（生產．輸入、大盤商、商店）、侍酒師（餐飲關係）等人而言，到國外進修是必須的嗎？

　　先說結論。從事紅酒工作的人而言，到國外進修的經驗是非常有幫助的。但也有很多人在日本工作，沒有國外進修的經驗，卻非常專業。並不是非得到國外去才能把工作做好。

　　關於紅酒的「進修」，大學和專門機構（狹義的留學）、生產地的栽培釀造、在餐廳以及販售商店的實際工作等等，有不同的類別。

　　紅酒跟其他飲料所不同的地方在於，產地決定七成的品質。紅酒是從世界各地的產地所製造出來的，舉個極端的例子，甚至只是隔著一條小路，味道就有不同的變化，實際上的價格更有好幾倍的差距。要直接瞭解這種微妙的土地和氣候的變化，直接到當地，直接去撫摸田裡的土地，是非常重要的事情。並不是說要長期停留進修或是留學，專家就算在日本工作，也會經常往返當地做短期的訪問，時常更新當地最新的資訊，是非常重要的。

　　雖然現在各個酒廠都會更新自己的網站，生產者也會寫部落格、利用Google搜尋引擎，在自家的電腦上，連產地的葡萄園有微妙的傾斜都可以看得出來，可以獲得的資訊，跟以往完全無法相比。光是在日本，就可以知道想要知道的事情。最近還有紅酒學校，在日本也可以輕鬆地學習紅酒的基礎知識，也有非常多的專門雜誌以及相關書籍。我剛開始學習紅酒知識時，還什麼都沒有，現在可說是大不相同。

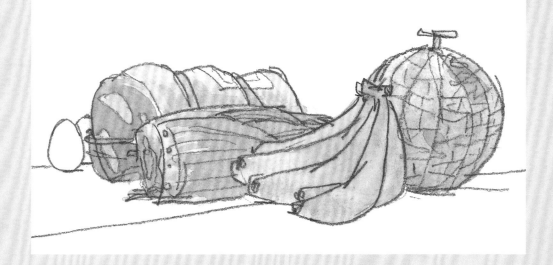

但是，「百聞不如一見」，從事紅酒的工作，如果有機會的話，一定要到國外產地學習。在日本提高自己的收集資料的能力，並且到當地進修的話，一定能讓自己學到非常棒的知識。

## 2.考慮到國外進修時，最重要的事情是什麼？

這已經不是只要出過國，就可以獲得肯定的年代了。在國外的生活體驗讓自己成長、在國外努力學習後，得以跟很棒的人相遇的機會也會增加。

與其說放輕鬆的出發，首先在國內徹底做好事前的準備，是不要讓留學失敗的第一步。是要在學校取得資格，還是要到酒廠學習釀酒的技術，或是要在餐廳實習工作？要有明確的目的之後再出發，要抱持著「要學到知識才能回來」的心態。

在當地停留的時間可以用一年、兩年或是三個月為考量，要在不依賴他人，自己可以學習的狀況來確定。

離開家人，一個人的生活，所以自由也會變多，也會遇到許多的誘惑。要有嚴格管理自己的能力，確定自己能夠達成目標，並且獲得肯定的意志力相當重要。

我的情況是，大學畢業後，先到一般公司任職3年後，才出國留學。我認為這樣的時間分配對我而言是相當好的。有了社會經驗以及培養了責任感，加上成為學生之後有了充分的時間，有著想要充分經歷這段時間的心情，再次回到有意義的學生生活。還是中學生的各位可能還沒辦法想像二十歲代後半時光，但是這是可以吸收知識並且加以發展的相當好的年代。在二十歲代後半來臨之前，在學校可以累積多少基本的能力以及嚴以律己的能力，對中學生而言，是非常重要的。

## 3.寫給憧憬紅酒以及侍酒師、對國外進修有興趣的13歲的你們的建議

要瞭解紅酒，就得瞭解世界的地形、氣候、葡萄的品種、製造的方法，此外還有歷史、文化、料理，要鍛鍊五感以及表現力。

與紅酒相關的職業所共通的必要技術是品酒（試飲、試酒），你們或許會覺得很有趣，但是不論是試飲多麼高級的酒時，含在口中確實感受到味道之後，要將之吐出來，再整合意見，是要重覆累積，確確實實完成的作業。

未成年的各位若是想要成為專業紅酒工作者，雖然現在無法飲酒，但是像是嗅聞花香、品嚐料理時，確實的將其味道用理論的方式表達出來的訓練方法也是非常重要的。跟成為音樂家是同樣的道理，事實上，要成為判斷香味以及味道的專家，從很小的時候就要開始做感覺的練習，並且累積經驗是非常重要的。不光只是自己單方面認定，也請他人品嚐，再提出他人也可以理解的語言，將之記錄在筆記上或是寫在部落格中，這是要成為紅酒專家的基礎。此外，若是要成為紅酒販賣者或是侍酒師，除了知識外，體貼他人的心意更是不可或缺。並不是說像日本社會中，上下的威權關係或是意圖討好，而是帶著對不認識的對象的敬意、和親近的西洋式服務精神。這是我在法國工作時，直接

感受到的非常有意義的經驗。要表現紅酒，必須要用到語言，與外國客戶以及當地的生產者對話的機會也很多，因此需要靈活的語言能力。加州產地需要用英文，而如果是歐洲的話，就需要法文或是義大利文。雖然學習會相當辛苦，但若有一定程度的學習，就會看到工作快樂以及寬廣的面向。

　　接著，到了20歲時，請直接品嚐紅酒的味道。不需要特別高價的紅酒，但也不要是大量生產的紅酒。到那時，如果可以感受到紅酒的美味，那麼，應該可以開創紅酒專家光明的未來。

**小檔案　內池直人**
1986年慶應義塾大學法學部政治學科畢業後，進入kirin啤酒公司工作
89年離職後，前往法國留學一年，學習紅酒知識
90年回國後，繼承家業，是明治二年創業的酒類盤商（橫須賀市）的第五代。
97年，開始在網路上販售紅酒
98年，因為產業不景氣，結束酒類盤商事業，專注於網路販售
2004年，在東京都世田谷區開設紅酒專賣店「La Petite Maison」
現在在網路以及實體店面販售優質紅酒

# 到國外學習

料理研究家／上田淳子

　　我從小就是個喜歡做料理的小孩。因為父母親都在工作，我從中學開始就常常在廚房做料理，用零用錢買食譜，再照著食譜做菜，是我平時的樂趣。

　　高中畢業後，進入大學的家政科，但是那個時候，我想把這項興趣當成工作，因此畢業後就進了調理師學校，學習法國料理。要作為一個料理人，我起步的時間可說比別人晚。開始工作後，最強烈的想法是，因為興趣而做的料理，跟從工作的人手中領到錢所做的料理，完全不同。在瞭解這件事的同時，越是日復一日的磨鍊自己的技藝，心中那個單純的疑問就越是擴大，「什麼是法國料理？」為了尋求答案，我在25歲時，花了3年前往瑞士和法國學習。

## 1.料理研究家、主廚、甜點師傅有必要出國進修嗎？

　　我不知道是不是必須，但對我而言，我覺得曾到過海外進修，真是太好了。

　　舉例來說，法國田螺（對日本人而言較不熟悉的食材）這道料理，該如何料理、如何組合，在調理師學校都會教授，但是為什麼法國人會那麼喜愛這道料理？法國人的日常生活中，又是以什麼樣的方式品嚐這道料理的呢？當時我也問過學校的前輩，查閱了相關書籍，但就是找不到足以說服我的答案。而在不知道的情況下去做法國料理，總覺得格格不入。「想要知道更多」、「想要碰觸真正的物品」的情緒一直昇高，所以就決定無論如何都要到國外學習。

　　想要做料理以及點心的我，所考慮的，比起地點，我更想要「接觸到真正的東西」，所以去到有我想要學習的東西的地點，才是最重要的。

　　雖然在國外的生活比想像嚴苛，但所接觸到所有事物的樂趣及喜悅卻是無法比擬的。在國外所學習到的知識及技術，至今對我而言仍是自信的來源。

　　在網路社會中，資訊取得的速度可以以秒計算，全世界各地的食材也幾乎都有進口到日本。但是透過他人的眼睛所得到的資訊，以及走過漫長的道路而送來的食材，有時跟真實是有距離的。親自去看料理的發源地以及食材的產地，實際去看那些持續在生產、親自去撫摸感受，是非常重要的事，也可以增加自己的知識及技術。

　　不單單是做出像「法國料理」的東西，要在材料中投入愛情，做出美味且令人感動的料理的話，就要浸淫在技術及適合食材的飲食文化之中，做出屬於自己的東西才是最重要的。

## 2.要到國外進修時，最重要的是什麼事？

　　我出國留學時，是日本泡沫經濟的最高峰。跟現在一樣，有很多日本人為了學習料理、時尚、語言等各學科而到法國生活。我也曾看到許多人連睡覺都覺得可惜般的努力學習，也有人忘記本來的目的，甘於被誘惑，流於玩樂，也

有人為了賺錢，拚命打工。

　　雖然是老生常談，但好不容易到了國外，想要學習的東西就要盡全力吸收才是。因此，心中要常常記得「將來想要從事什麼樣的工作。為了那個原因才會出國學習」的決心。像是為了學習各種各樣的料理以及食材，或是成為最頂尖的料理人的弟子，並且延續其精神，提昇自己的技術，或是溫故知新，想要瞭解並學習當地傳統料理與調理的方法等。要有高遠的目的才行。

　　換個相反說法，在出國留學之前，先想好回來日本之後的事情也是非常重要的。不是渾然的「不知所以然的到國外工作，不知何時的回到日本」，在進修前，要先想好「留學的時間以及想學習的事物」，可以讓自己的時間過得更為緊湊。當然，如果在進修期間，想要改變學習方向、想要有更深入的學習，也可以改變原先的預定。但是，心中一定要常常切記「到底是為了什麼才來到這裡？為什麼要這麼辛苦的在這裡學習？是因為我想在這裡學到什麼」。

## 3.寫給憧憬做料理以及點心、對國外進修有興趣的13歲的你們的建議

　　不論是多麼喜歡的工作，很遺憾的是，不可能沒有挫折、不用努力就可以快樂活下去。但就因為是喜歡的工作，面臨障礙時，一定可以克服。現在你所抱持的「喜歡料理、喜歡甜點」的心情，請一定要持續下去。

　　國外進修也是一樣的。「去比較好吧！」一面這樣想，一面找著無法成行的藉口。「學好語言之後再去」「要好好進修，所以要多存一點錢再去」，一直這樣想的話，就無法實現。雖然事前的準備非常重要，但「想」的情緒是更為重要的。語言的學習不足的話，到了當地就會拚命地學習，錢不夠多，就會有住在比較差的房間裡的覺悟。要得到多少的知識及技術，就要付出多少代價是應有的覺悟。但是，抱著那樣的心情而努力，跨越障壁的前方，你所希望的未來正在前方等待，而下次再有障礙出現時，想必你已找到超越的方法。

　　未來的工作，為了活下去，是必須持續40年以上，也是現在大家年齡好幾倍的時間。在那之間，光靠自己努力也無法解決的困難（天災或是不景氣）會出現。在那時候，只要擁有「喜歡的心情」以及進修時所培育的「紮實的技術」，以及「不間斷的自信」，一定可以走出一條道路的。吃美味的食物是人得以幸福的根源。請一定要記得這些，成為可以做出自傲的料理和甜點的大人。

**小檔案　上田淳子**

短期大學家政科畢業後，進入調理師學校。成為同一所學校職員後，後赴歐洲學習。在瑞士及法國的餐廳、肉品餐廳等地學習三年。回國後，經歷料理人、甜點師傅，現為料理研究家。也辦理孩子「食育」相關的活動。

工藝・家政科 其④ 製作料理・點心・蛋糕

## 出國留學

村上龍

　　就某些領域而言，在國外可以學習到相當程度的新知識。在國外留過學、具備語文能力、可隨時留在當地生活的人，回到日本也能過有利又充實的生活。這種看法在具有明確優劣基準的技術、表現、運動等方面特別顯著。在佛羅倫斯學習皮雕而有一定評價的師傅回到日本也能輕易獲得工作。在法國學習有相當成績的葡萄酒品酒師，似乎不費吹灰之力就能在日本的餐廳任職。

　　經濟充裕的人才有辦法出國念書或受訓。另外足球員由球團推薦，支付資金，於特定期間參加歐洲或南美球隊練習也時有所聞。一旦目光朝向國外，就會發現有各式學校。但是若想在義大利學習家具製作，該申請哪個學校，老實說我也不清楚。究竟什麼叫好學校呢？若問日本哪所學校最好？顯而易見地，答案應該就是東京大學吧！不過真是如此嗎？

　　好學校的定義究竟為何？擁有許多好老師嗎？還是擁有充足的設備？或是歷史悠久，培養出許多成功的校友，知名度高的學校？學費高的還是學費低的是好學校？假如能進入蘇俄聖彼得堡的芭蕾學校學習，是否就能像熊川哲也一樣成為主角呢？是否只要參加義大利尤文圖斯（Juventus）足球聯隊的練習，將來任何人都能像中田英壽般進入義大利甲組聯隊比賽？是否只要能從茱麗亞音樂學院畢業就能成為獨唱家或獨奏？

　　這觀點深受從前日本社會所謂「只要進入好學校、好公司，就能終生安穩康泰」之說法影響。應該上哪一間外國學校？這課題有本質上的錯誤。該先決定自己究竟想學什麼？想得到怎樣的訓練？最好先決定學習或訓練的對象然後再把目光指向國外的學校。適合哪一種學校，依個人特性與性格決定。有的人適合嚴格的學院派教學，也有人必須在開放而有家庭溫馨氣氛中一展長才。

　　最近卻有不少年輕人，不清楚自己的方向，只想到國外念書受訓，總之抱有這種想法的小孩和年輕人日漸增多。對這些人，我們給他們的忠告也僅有：「如果沒有任何目標而只想出國並非不行，但是有風險。」所謂風險是指，無法忍受國外生活的壓力以致毫無成果，又因為老是和日本人一起遊樂而語言沒有學好，返國時只是徒增年歲這些負面可能。雖然無目的地出國留學並非壞事，但是相對地，喜歡設計或精細工藝而想前往義大利學習的孩子，似乎風險較少且較有利。

　　我只想讓大家瞭解，13歲的孩子也有選擇到國外學習的機會。在此特別提醒各位，出國念書並非從此捨棄日本，而是為了讓人生更有利、更充實的戰略。

本文撰寫於2003年

# 「喜好」的需求

村上龍

在義大利的城市鬧區裡會有中華料理店，而在米蘭、羅馬等地也有日本料理店。儘管如此，當地的義大利人幾乎對中華料理或日本料理不感興趣。而且只有在義大利，鬧區的大飯店裡面不會有法國餐廳。電影導演法蘭西斯·柯波拉( Francis Ford Coppola)，當年在菲律賓拍攝《現代啟示錄》的時候，還讓一團義大利廚師隨行到拍片現場。因為柯波拉本人雖是義裔美國人，但包括擔任攝影導演的維托里歐·史特拉羅(Vittorio Storaro)在內，攝影組員大多是義大利人。世界一級方程式賽車的義大利隊，也都會有義大利料理的廚師同行。也就是說，義大利人不論走到哪裡，都還是想吃義大利菜。

義大利人對於料理非常保守，並且十分堅持地方性口味。米蘭所在的義大利北部以出產生火腿聞名，那是一種用豬屁股肉醃製而成的知名火腿一「義大利燻豬肉」（ culatello ）。但是若是在羅馬等地向人詢問這種燻豬肉，卻沒人知道。而且羅馬不只是餐廳或超市裡沒有販賣這種豬燻肉，甚至當地很多人連聽也沒聽過這種火腿。在羅馬近郊一帶，每到冬天時會生產一種名為Puntarelle的蔬菜。Puntarelle是一種融合了芹菜、蔥及小黃瓜的味道，並且味道很香的蔬菜，通常會淋上鯷魚醬之後食用。然而，在米蘭的餐廳中5 絕對找不到這道料理。不只是找不到，義大利北部的人甚至連這個菜的名稱，或有這種菜的存在，都一無所知。義大利料理本身是一種家庭料理，因為每個家庭中的料理都不盡相同，因此甚至有人會說，義大利有幾戶家庭，就可以說義大利料理擁有多少種類。也就是說義大利人對於自己原生家庭中的料理，有其執著的喜好，而對於其他的料理或是食材，幾乎都不感到興趣。

那麼，日本人又是如何呢？一些介紹戶外生活的電視節目中，或者介紹因為嚮往鄉村生活，而在退休之後搬到田野生活的雜誌報導中，不約而同地都會描述到他們平日習慣做出「以新鮮蔬菜做成的法式沙鍋」這道料理。所謂的法式沙鍋，是一種將肉及蔬菜燉煮而成的法國鄉村料理。似乎在日本的鄉村生活中，缺乏了這道料理，就不能稱之為鄉村生活一樣。與法式沙鍋並列的是一「剛出爐的麵包」；尤其若是自己家裡的庭院裡，有可以烘培麵包的烤爐，則更可以形成話題，引起大家的注意。最近在日本國內航線的飛機上看到一個介紹戶外生活的節目，節目中介紹有人在河邊露營時，使用攜帶式麵包爐來製作香蕉麵包。看到這一幕不禁讓我回想起自己小時候，那時候所謂的露營，都是用鐵盒來煮白飯，而配菜一定是咖哩或是豬肉味噌湯。

像那樣的菜色，根本不可能刊登在現在的雜誌中，也不可能被電視節目採訪和生活與社會有關的職業其報導出來。難道日本人都不喜歡吃日本料理嗎？絕不是這樣的。很多人出國時都會先在附近找尋看看有沒有壽司店。此外，很多在外國相當活躍的日本人，之後回到日本的理由，都說是因為想念好吃的蕎

工藝·家政科 其④ 製作料理·點心·蛋糕

麥麵跟壽司。我會透過宅配訂購信州出產的無添加物味噌。因為這種味噌要價不斐，所以特別向宅配業者詢問，都是哪些人在訂購呢？沒想到，我所得到的答案非常簡單—他說，大多是「喜歡味噌」的人在訂購。

所謂的做生意，總歸一句就是賣東西，而考慮要販賣什麼商品時，其實更重要的問題就是「有沒有需求」。這點在料理、食品、食材等生意方面，也是相行不悖的道理。此外，當今的日本社會某種程度上正處於過渡期，料理、食品、食材等生意也是如此。其中，最明顯的不外乎是食材或食品等相關貨物流通方式的改變。以農產品來說，以往都是透過地方上的農會，大盤商、中盤商等來流通，對於農家而言，他們也只能透過農會來出售他們的農產品。但隨著宅配及網路的普及，貨物流通方式產生了巨大的改變。消費者可以直接從產地購買產品。不僅一般的公司，現在也有許多保全公司與衣料公司都投入食材食品的買賣經營。即使運送成本沒有因此減低，但對於講究健康並具有較高附加價值的食品、食材的生產者而言，這種經營方式仍比以往有利。

現在，重視健康的熱潮仍然持續著，諸如安全的食材、食品，或者是強調健康的美食等都很廣受大家的喜愛。然而，當健康的飲食逐漸成為理所當然的條件之後，從事飲食生意的人就不能再用這點來招攬顧客。取而代之的是，必須配合日本人的喜好，或者說是當地人的喜好來宣傳自己的產品。雖然在戶外生活或鄉村生活中，不能缺少法式沙鍋，但是其實喜歡味噌的人也還不算少數。也有不少人為了好吃的蕎麥麵跟壽司，放棄外國的工作回到日本來居住。就如同真正使用鹽鹵所製造的高級豆腐，或一斤要價幾千塊日幣的酵母麵包等，即使價格不斐，仍然廣受大家的喜愛是一樣的道理。如果能夠正確掌握顧客對於飲食的喜好，並著重健康與安全的考量，必定可以在今後開創出一番成功的飲食事業。

本文撰寫於2003年

# 其❺ 欣賞或自己製作漂亮的洋裝和小飾品

可可·香奈兒是代表女性利用時尚走進社會的象徵。衣服不僅僅是用來禦寒。衣服展現了著裝者的價值觀，有時也表現了擁有多少財富。

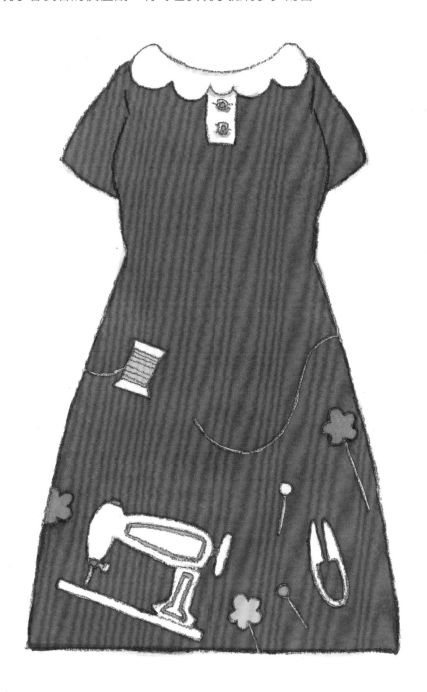

## 服裝設計師

　　服裝設計師的主要工作是設計服飾。設計內容又可細分為少女服飾、男裝、童裝、牛仔裝、運動服以及內衣等種類，另外也有企業內部的專屬設計師與高級服飾設計師。為了準備一年4次的發表會，設計師必須一邊謹慎地和業務人員與打樣師進行協調並進行發表的準備。因為是需要在前一年就開始準備的工作，所以對於未來的流行走向必須具備預測與分析的能力。另外，因為須和許多工作人員共事，良好的人際溝通能力也不可少。當然，獨創性與表現能力也同樣重要。要想成為知名品牌的服裝設計師，可先在大學或專科學校學習服裝設計，之後到紡織相關產業就業。也有人到國外的專科學校留學後，利用網路進行服飾販賣，並創立個人品牌。很多人會憧憬成為一位服裝設計師，但事實上這個行業競爭相當激烈，單純想求職就已經很難成功。要成為服裝設計師的最佳跳板，就是贏得時裝展的優勝，若從學生時代起就開始積極參與相關活動，較有機會開創就業之道。

 **台灣**

在台灣就讀服裝相關科系，可學得設計、製衣等技術，而從大學畢業後，一般都會至服裝公司，從助理設計師開始做起，直至創意與經驗豐富後，才可能獨當一面，升為服裝設計師，或者自行創立品牌開業。不過只擁有國內經驗還不足以成大器，尤其面對時尚界的嚴苛與資訊的飛速，許多立志成為時尚設計師者，會於學校畢業或工作幾年後，至時尚之都例如紐約、巴黎、東京等繼續研讀或短期遊學，再回台灣繼續發展，而擁有國外服裝相關學歷，對於工作職位與薪水也比較好爭取。至於若非本科系畢業者卻想從事服裝設計之工作，可至大學的推廣教育中心，或社區大學、坊間服裝補習班等上課學習；但若想成為服裝設計師，最好還是進入專業學校長期接受學習與訓練。（尹玫瑰）

## 珠寶設計師

　　珠寶設計師主要是負責戒指、手環、耳環等小型裝飾品的設計。首先，在珠寶設計學校研修基本的技術。大學美術系畢業之後，也有很多人進入這類專門學校學習。習得專業知識之後，在寶石加工公司就業，另外也可以在百貨公司、珠寶店、飯店或舉辦活動的賣場上學習設計，琢磨技術與設計感。累積經驗之後，可以成為自由工作者，和百貨公司的珠寶部門簽訂契約，依據顧客的要求進行珠寶的設計。這方面的收入，除了設計費用之外，還可以賺取相當於設計費用三倍的加工費用。若是顧客對於完成品感到滿意，是一件非常令人快樂的事，但是如果經過詳細的商量後，還是無法讓作品得到預期結果的話，也有可能被要求退貨。因為要連續從事相當細膩的作業，所以不適合粗心大意的人。另外，珠寶是一種奢侈品，所以其所具有的價值常隨市場景氣改變。現在，因為受到景氣不佳的影響，珠寶加工公司現在已經不太常召募新進員工。另外，雖然到義大利等的珠寶專門學校留學的人日漸增加，但是因為歐洲人和日本人，在體型、膚色、流行、飾品的喜好方面都有所不同，所以在國外學習的技術和設計感，並不能完全適用於日本。

在台灣就讀與珠寶設計相關的科系，例如飾品加工、金屬飾品設計、金工等，可習得設計珠寶的技術；而社會人士則可至職訓局或大學的推廣教育中心、坊間的珠寶設計相關補習班上課學習。此外，國立台灣工藝研究所也會不定期的舉辦珠寶設計師培訓課程。喜歡珠寶設計者除了可到珠寶相關公司上班設計珠寶飾品，還可自行開發品牌，設計製作小飾品，租個店面或網上販售。而若想至知名大型珠寶公司上班，學歷與語言能力是重要的，最好能到國外相關學校進修、獲得證書，以利爭取進入國內外知名珠寶公司的工作。（尹玫瑰）

## 時裝模特兒

工作以演出時裝秀為主，另外也在廣告或雜誌上穿著服飾，展現出名牌服飾與雜誌本身的流行意象。要成為職業的時裝模特兒，必須登錄在模特兒代辦機構之下。可以在街上等待被經紀人發掘的機會或是拿著自己的履歷到模特兒代辦機構毛遂自薦，參加試鏡。要成為時裝展的模特兒，首要條件就是身高必須至少在170公分以上。擔任模特兒的基礎就是走姿與拍照的姿勢、表情與目光等，在模特兒學校的新生時期就必須多加練習。為了保持工作時必要的身材比例，經常要持續著節食的生活，堅強的意志力與自我管理能力是非常必要的。另外，也需要體力與耐

力。收入大多是採取抽成制，知名度高，等級越高的話，收入也隨之增加。成功地成為明星模特兒的話，也有機會藉此進入演藝圈。

台灣

在台灣若要學習如何當一名模特兒，在高中時可選擇就讀相關科別，例如育達商職之模特兒科，或喬治高職美容科的模特兒專班。此外，還可參加職訓局或大學之推廣教育模特兒養成班，以及知名正派模特兒經紀公司所舉辦的專業訓練課程；另一個方法則是在街上逛街因有潛力而被星探發掘，加入模特兒經紀公司加以訓練，不過星探身分真假難辨，還是小心為是。至於要如何才能站上舞台當上一名時裝模特兒？在台灣相關的秀場演出，大部分是透過各大模特兒經紀公司徵選適合模特兒，是故得與經紀公司簽約才有工作機會，意者可在參與相關課程被選中簽約，或毛遂自薦得到簽約的機會。若單打獨鬥，想自行接雜誌或服裝公司的工作比較困難，必須透過認識相關行業的朋友引薦、面試，以及自身模特兒素養、資質相當好，才能獲得工作機會。而在伸展舞台表演久了，許多模特兒在退下舞台之後，選擇往演藝圈發展，或依著資深的走秀經歷，當上訓練模特兒的老師、秀場導演等，少數也會自行開設小型模特兒經紀公司，培訓新進模特兒。（尹玫瑰）

## 鞋子設計師

　　和洋裝與皮包一樣，鞋子也會隨著季節變換而改變流行樣式。因為穿鞋對於拇指外翻、扁平足與膝蓋等有很深的影響，所以現在對於穿鞋都很注重足部健康的問題。因此，比起時髦亮麗的鞋子，穿脫容易、長時間行走也不會讓人覺得疲累、也可讓雙腳與全身負擔減少的鞋子反而比較受到歡迎。此後的鞋子設計師，應該具備人體雙腳的結構與運動、骨骼等人體工學的知識。要成為鞋子設計師，在設計相關大學或專門學校學習，畢業後，一般都是在製鞋公司或紡織業就業，成為企業內部的設計師。很多人期望成為鞋子設計師，因為鞋子很受歡迎，所以就連一般紡織業也開始從事鞋子的設計與販賣。累積經驗後成為鞋子設計的自由工作者也是可能的管道。

可從學校學習設計鞋子的技術，例如聯合技術學院的工業設計科可主修鞋類設計等。學校畢業後至製鞋工廠或相關設計公司，從設計助理開始做起，且於上班之餘至紡拓會、鞋技中心、鞋類暨運動休閒科技研發中心進修上課（課程有時會有至國外研習的班別），學習更進階的設計功力。另外一個方法則是拜師學藝，例如繡花鞋的縫製與設計的技術已近失傳，學校與職訓班幾乎無此課程，是故直接找老師傅學習，比自我摸索來得快，並可傳承到經驗與技術。習得鞋子設計技術之後，除了可到各鞋類之公司、工廠上班之外，也可自行開業，製作訂製鞋或手工鞋。在這忙碌的社會，穿對一雙鞋子變成健康的指標，針對顧客所需設計製造出適合舒適的鞋，將是未來所趨。（尹玫瑰）

## 皮包設計師

　　知名品牌的時尚製造商被稱為企劃銷售商。皮包設計師是附屬在企劃銷售商之下，專門設計具有功能性與美感的皮包。大部分都是屬於自由工作者，其中也有人自行創立品牌。但是，絕大部分都是從企劃銷售商收取製作的設計費與權利金，依據年度製作數量的契約，獲得報酬。以品牌形象與個人的設計風格為標榜，若能被消費者所接受的話，就可以成為熱門商品。相關的製作技術可以在與服飾有關的專科學校學習，節省製作費用的同時，慢慢累積經驗，琢磨成為一位專業設計師所應有的技術。

### 台灣

可就讀服裝或工業設計相關科系，學習皮包設計的概念與實務；紡拓會、鞋類暨運動休閒科技研發中心則有相關的課程可進修。此外，經濟部工業局則有計畫的送專業設計人才至海外進修碩士課程，在「紡織與時尚設計開發與輔導計畫(紡織設計學院)」中，便有個國際創意設計人才培訓國外組，專門針對具國內、外紡織設計相關科系畢業，或具在職經驗者，進行紡織及鞋類、袋包箱等專業設計人才甄試，通過甄試者將送海外學校紡織設計科系進修碩士學程。有了皮包設計的技能，除了可進相關公司上班，也可選擇當皮包製作老師，或以自由工作者的身分，設計製作和客戶訂製皮包販售。（尹玫瑰）

## 帽子設計師

　　帽子設計師會選擇帽子的材質，設計外型與顏色。有時候也需要從事實際的製作工作。帽子製造商與帽子小賣店裡，一般都是靠手工製作一頂一頂的帽子。除了個人經營的工作室之外，從洋裝到飾品、帽子、鞋子等綜合性的紡織製造商裡，也都進行帽子的設計。和製造商簽訂自由契約，提供帽子的設計服務的人也有。為了成為帽子設計師，必須知道製帽的相關技術與知識。在專科學校或是製帽教室，學習製帽的基礎也是一條捷徑。另外，也必須要求具備流行相關的全盤知識與敏銳的觀察力與吸收能力。最近，帽子非常受到大家的歡迎，具有與眾不同設計才能的帽子設計師，將很有希望在這一行中嶄露頭角。

服裝相關科系有帽子設計的課程可供選讀，若本身有時裝或配件設計經驗，可直接至製帽工廠（或公司）毛遂自薦，從設計助理做起。（尹玫瑰）

## 織品設計師

　　設計布料的編法與染法，顏色與花色。經手處理棉花、羊毛、聚脂纖維、尼龍、合成纖維等多種材質。各種布料在洋裝以及圍巾、帽子、窗簾、地毯等方面都被廣泛地應用。設計師工作的內容，包括參觀產地、選擇材質，製作樣品以及反覆修正設計，到最後完成布料。有時會和服裝設計師一同研究材質的共同開發。一般而言，紡線與色調的選擇，以及布料的設計都各有專人負責，而布料設計師的專門知識更是重要。因此，在設計相關學校學習布料的染色與設計，畢業後，在紡織業和纖維業中就業的人很多。這工作從外在看起來普通，但是開發出具創意的布料材質，是非常有意義的工作。

服裝相關科系能學到織紋、花布等的課程，而大學的推廣教育中心也有布料材質研習班等。紡織相關從業人員則可至紡織產業綜合所，參加人才培訓的相關課程，詳細課程、內容與開課時間，請至紡織產業綜合所網站查詢。（尹玫瑰）

## 縫製人員

　　是指使用布料裁製洋裝、皮包、飾品等商品的專家。依據技術的成熟度，工作的內容會有所不同。例如，可能會負責洋裝的衣領或袖子等特定部分，或是負責精品展與展示會中展示樣品的縫製，或是負責高級洋裝店的裁縫工作等。在大學、短期大學或專門學校修習服飾相關的課程，畢業後在紡織業、纖維業、洋裝店、個人工作室、精品小店等地方就業。或者可以承接來自企業或商家的作業委託。不過，無論是什麼工作都必須集中精神去完成。非常適合喜歡拿著針線縫製東西的人從事這行業。

**台灣**

不一定需要服裝相關科系畢業，只要對縫製、製衣有基礎者，便可擔任此項工作；細心、準時是此工作需要的特質，主要是能靈活運用製衣、縫紉等技巧，完成所負責的時裝或飾品。除了學校服裝、紡織相關科系可以學得製衣、縫紉等技術，社區大學、大學之推廣教育中心、縫紉補習班都能習得此藝，而專業與熟巧度便須自己努力與經驗的養成。（尹玫瑰）

## 西裝師傅（西裝訂做）

依據顧客的需求，選擇布料，並且決定設計的款式，丈量尺寸，製作訂製的西服。西裝的縫製比起女裝或童裝來得困難，製作的形式，裁剪手法，到最後的縫製都需要高明的技術。要成為西裝師傅，可以從服裝相關的大學或專科學校畢業後，在高級西服店或是裁縫店累積實務經驗。另外，也可以在公立的職業技術專科學校的洋裝科學習基礎的知識與技術。
但是最近因為大量生產，價格下跌，廉價的西裝非常流通，所以現實上，西裝師傅的工作要求正逐漸減少。

**台灣**

若要學習製作西裝，除了大學服裝相關科系以外，坊間也有專門的服裝補習班教授西裝的製作。目前台灣訂製西裝的訂單，大多已經轉到大陸，而開西裝店者也不一定會請師傅在店內坐陣，而是當有顧客訂製西裝後，再外包給家庭式或小型西裝工廠製作。換言之，需要西裝師傅的地方變少了，工作量也因市面上的西裝價格低廉、顧客轉移購買而逐漸減少。（尹玫瑰）

## 日本和服師傅

以一片布料，製作各種和服服飾，例如單片長服、內襯衣、折領短衣、長袍、和服外衣、單片短服、腰帶等。一般是接受百貨公司、和服店、精品和服店或是熟人的委託，在家裡縫製。另外，也可以開設和服縫製教室。這行業和年紀無關，是一項可以長期從事的工作。但是，比較適合樂於打理平凡普通的瑣事與細心貼心的人。經手處理一套100萬日圓的和服是很常見的事。為了保持和服的乾淨整潔，並且製作中不會有差錯，必須相當的小心謹慎。要學習和服裁縫的話，可以在專科學校、訓練學校或是和服教室裡修習課程。要測試自己的能力，可以參加和服裁縫技能檢定（共分三級）以及和服裁縫檢定（共分四級）。也可以試著參加大間和服學校的資格認定考試。

**台灣**

**民族服飾師傅**

在台灣除了西式製衣師傅以外，還有製作旗袍、鳳仙裝、原住民服飾等中式傳統服飾師傅。旗

袍、鳳仙裝等傳統服飾，學校的服裝相關科系可習得，坊間的服裝設計補習班也有開課教授；除了學校能學得此技能，也可拜師學藝，向資深的旗袍師傅學習，從助理做起，從中學得專業與細微技巧，甚至開業、接單的整套步驟。而原住民服飾的縫製，在大學的服裝相關科系有文化理論等課程可學得。由於原住民的傳統服飾，從織布、花紋到服裝和配件設計都一手包辦，所以若要學習製作原住民各族的服飾，得從織布開始，並且瞭解各族的文化特色與圖騰，才能做出一件道地的原住民服飾。若想學習甚至以製造與創新原住民服飾為業，可至原住民部落大學、原住民技藝研習中心詢問相關協助與學習課程。（尹玫瑰）

## 服裝修改師

修改舊衣，使其變成流行時尚的服飾，修改裙子的腰圍與臀圍以及衣褲的長短，縫補缺損的布料等等。將成人服裝修改成童裝，男性服裝修改成女性服飾，不再穿的結婚禮服修改成其他的服飾等等。從修改各種樣式的服飾當中，可以看出修改師的技術是否傑出。要成為服裝修改師的管道也很多，即使不是服裝相關的學校畢業，如果在洋裝裁縫上非常在行，也很有靈感的話，亦可成為服裝修改師。主要的就業場所，有服裝修改店、紡織業、百貨公司、洗衣店等。自行承攬工作的人也很多。現在，衣物回收已經慢慢成為習慣，所以修改衣服是吸引人的行業之一。

 **台灣**

台灣的服裝修改師約略分為兩類，一種是科班出身，在學校便學服裝相關科系，畢業後至服裝公司或賣場擔任修改師，或者自行開業，接受顧客訂製衣服和修改衣服；另一種則是自學或至縫紉補習班學過裁縫，再經過熟悉裁縫流程與熟練的手工之後，便在住家或租房開始從事服裝修改、換拉鍊等工作。自行開業的服裝修改師口碑很重要，要如何讓顧客滿意並且樂於介紹人前來，必須更體貼顧客的需求，準時交貨是此行業的美德。（尹玫瑰）

## 紡織業

紡織業之中，有負責製造洋服、飾品、鞋子、帽子、紡織布料的「設計製造部門」，以及與設計師合作並研擬商品銷售策略的「企劃管理部門」，還有販賣商品給顧客的「販賣部門」。其各自的工作內容如下：

### ●設計製造部門

- ・設計師……依據流行消費的動向與品牌形象，設計洋裝、飾品、布料等。
- ・打版師……依據設計師描繪的設計圖樣做成版型紙樣。
- ・標記師……依據打版師做成的主要版型，在布料上做成型式標記。
- ・樣紙師（打版助理）……製作不同尺寸的版型紙樣。
- ・裁剪師……依據版型紙樣裁剪布料。
- ・裁縫人員……縫製布料成為立體的成品。
- ・人體工學設計師……設計運動服裝與內衣時，必須考量到人體工學的設計。

## ●企劃管理部門

- ・經銷商⋯⋯掌握從企劃、設計、生產到販賣的全部流程，管理商品進出貨。
- ・批發商⋯⋯將進貨商或銷售商的商品分發到各店鋪。
- ・商品展示銷售⋯⋯為了讓商品能夠兼顧醒目與美觀，讓人印象深刻且容易挑選，而思考陳列擺設的方式。
- ・銷售經理⋯⋯為了販賣商品而進行銷售活動。
- ・商品管理⋯⋯維持商品的品質，進行商品價格與運輸管理，研究更加有效率的程序。
- ・市場行銷分析⋯⋯分析、調查市場與消費者的動向，以反映在公司策略上

## ●販賣部門

- ・服飾推銷⋯⋯在店鋪裡，招呼顧客並販賣商品。
- ・店長、分店經理⋯⋯各個店鋪的經營負責人。
- ・採購⋯⋯負責商品的購入與進貨。
- ・銷售指導員⋯⋯負責職員與銷售員的教育訓練。
- ・店面設計⋯⋯開設符合品牌與商品特色的店鋪，並考量到顧客服務與商品展示。
- ・媒體公關⋯⋯在電視報章雜誌中，宣傳自己的商品，並從事商品的外借。

　　從外表看來相當華麗的紡織製造產業，實際上工作相當枯燥乏味。這行業也受到景氣的直接衝擊，加上最近中國與韓國的進口服飾增加，因而受到了更大的影響。事先必須要對於這樣的嚴峻的現實情況有所理解。從事紡織相關產業，基本上必須對於消費者態度親切以及對於服裝抱持著熱情。此外，也要求具備原創性、能將自己的想法化成實際作品的知識與技術，也須具備組織能力。因為必須和其他各種行業的人共事，良好的溝通能力、協調性、豐富的人脈、表達能力與積極的行動力，都是不可或缺的。目前，流行服飾也已經邁入國際化，因而到國外學習流行服裝，在國外或外商的紡織業中就業的人也不少。英語、法語、義大利語等，都是必須先琢磨的語言能力，因為不管哪種語言都可以變成就業利器。

 **台灣**

### 台灣的紡織業

由於人工與成本問題，台灣的紡織業紛紛出走至大陸、越南等地設廠，紡織業所需的作業、技術員工大量減少，還好設計、研發部門所受到的影響並無基層工人來得大，因為地球村的觀念以及台北成為時尚之都，使得全球的各服裝品牌均來台灣設點，服飾的採購、企劃與販賣部門反而熱門，而設計相關的工作，也因國人自創品牌，以及與工廠外移、研發設計中心留台灣的策略，使得設計人才有機會發揮。不過因為國外服飾品牌的來台發展，使得溝通的語言成為不可或缺的條件之一，創意與國際觀也變得更重要，懂得市場趨勢和結合行銷，也成為純設計之外必學的利器。此外，由於台灣紡織工廠外移，相對的也表示了若想加入該公司的設計部門，至大陸或越

南、東南亞長期出差、甚至駐於當地是免不了的，必須要先有心理準備。（尹玫瑰）

## 髮型設計師

依據顧客的需求，做出自然漂亮且有流行感的髮型。除了剪髮、燙髮、設計髮型、染髮之外，還有全身美容。美容師是屬於國家認定資格，從美容師專科學校（2年制，函授教育3年制）畢業後，參加理容師美容師試驗研修中心舉辦的國家考試，合格之後即可取得證書。在專科學校除了學習基礎技術與知識之外，也可以學習日本髮的傳統編法與和服的穿著方法。取得證書之後，除了可以在美髮沙龍或美容廳工作之外，也可以在電影公司、結婚典禮會場、電視公司裡擔任美髮師。累積經驗後，就能成為許多顧客的固定美髮師，或做美容的自由業。雖然看起來很光鮮亮麗，但是在學習的階段，可能要洗好幾個月的頭，每天打烊後還得繼續練習，非常辛苦。有人從理容師轉業為美容師，反之則很少。另外也有特殊髮型的專門店。例如，只有標準舞的選手才需要的髮型，這種燙髮專門美容店在日本僅有兩間。這類燙髮技術雖然目前是屬於技術獨占，但是日後預定會廢除。

在台灣，美髮與美容的工作大多分開進行。高職開始便有美髮相關的科系可研讀，並有建教合作班，一邊到學校上課、一邊到美髮中心開始學以致用、實際工作。而若是社會人士想從事美髮業工作，可到職訓局報名上課，或者至社區大學、大學之推廣教育中心、美容美髮補習班等上課。另外想以此為業的人最常學習的管道，便是直接至住家附近或連鎖美髮中心，從最基本的洗頭助理開始做起，慢慢從工作中學習到剪染燙髮的技術等，再根據公司制度慢慢一級一級升等為美髮師。目前美髮已經實施證照制度，相關的考試可由書籍或補習班、自修準備。（尹玫瑰）

## 服裝造型師

在雜誌、電視、廣告、海報與電影等的服裝攝影中，負責指導洋裝、飾品、鞋子、服裝配件等搭配的專家。和負責人協調，準備符合拍攝內容時所需要的商品。有時必須從紡織業界的廣告部門與店鋪中，商借商品，拍攝時拿掉價格標籤並以熨斗燙平，為了不要弄髒鞋子必須在裡面貼上膠布，有許多諸如此類的瑣事。當然需要有流行感以及商場上的交易手腕，還有豐富的人脈、手腳伶俐與優秀的決策能力。抱著三四個裝著洋裝、配件、鞋子的行李移動時所需的臂力與體力，也是必要的。在專科學校的服裝指導科畢業後，除了可以成為服裝指導師之外，也可以在服裝指導公司就業，累積經驗，再擔任助理從工作現場學習實際的指導技術比較妥當。另外，在食品、室內設計、一般生活用品等流行服飾之外的領域，亦需要專門的指導人員。

服裝造型師大部分由服裝、戲劇、美術等相關科系出身，或有時尚雜誌服裝編輯、記者經歷者，熟悉搭配整體造型而改行成為服裝造型師。此行業以自由工作者居多，一般由學校畢業初入此行，會從服裝造型助理做起，經由服裝造型師的指示，到各大服飾店、精品店商借衣物和飾品，而案子完成後還要將所借商品一一送回，衣物弄髒或受損時還得自掏腰包賠錢。服裝造型師接案的價格受知名度影響，差別很大，端著造型師的經驗與搭配服裝手法，想馬上接到知名雜誌或電視、電影、藝人的通告，並非如想像中的容易。（尹玫瑰）

## 禮儀專家

　　在結婚典禮或是喪禮等正式的場合裡，該穿怎樣的服裝，如何應對進退，給予這類有關於婚喪喜慶的建議。禮儀專家在日本必須經過日本禮儀協會的資格認證，也被稱為禮儀諮詢師，目前大約有9000人活躍於這個行業。要取得禮儀專家的資格，必須在該協會接受講習課程，並通過考試合格。資格當中有可分銅級、銀級、金級的等級執照。在課程中，必須學習禮俗禮儀的規範、最新的流行風潮、賣場上的展示、日美的禮俗禮儀及其歷史等。就業的地方，有百貨公司、禮儀服裝的專賣店、經營禮儀相關商品的企業、服裝出租店、美容相關行業、飯店或結婚典禮的會場等。

台灣

要養成和學習良好的禮儀，社區大學或大學的推廣中心、坊間的時尚補習班都有專為此所開的課程，但若想以此為業，則須詳細明瞭各種禮儀的知識與相關應對，例如：生活、商務、社交等，並且自己本身也須以身作則。台灣目前並沒有相關的禮儀專家規範與證照，一般的禮儀專家，大部分是從航空公司、模特兒公司、藝術相關學院受過專業的禮儀訓練之後，佐以社會經驗而開始進入此行。禮儀專家的工作地點在於需要商務禮儀的公司行號、飯店所開設的小紳士和小淑女禮儀課程、社區大學等一般人所需的生活禮儀等等，大部分以此為業者是自由工作者，少部分會開設美容美儀補習班開課教授。（尹玫瑰）

## 和服著裝專家 *此為日本特有職業

　　在成人禮、結婚典禮、喪禮、小孩子初次到神社參拜、七五三節、茶會、宴會等場合，因為一個人無法自行穿著複雜的和服，所以有了這類幫忙打理和服穿著的專家。和服因為有許多的固定的穿法，並不是只是單純地穿上就可以了，不同的場合與季節，穿著都有所不同，和服穿著專家就是在這方面給予指導與建議。挑選符合自己個性與喜好的和服與腰帶，以及小飾品的搭配等，舉凡與和服有關的所有事項都負責指導。成為有名的專家時，可以在雜誌上設計搭配和服或是在電視與表演舞台上幫忙表演明星穿著和服。目前教授和服穿著的專科學校與訓練學校很多，但是也有人向自己的奶奶與媽媽學習技術與穿著方面的知識，之後自行就業。另外，在七五三等節日，是屬於穿著和服需求最多的時節，可以和美容院或結婚會場簽約，當作是一種副業，同時從事協助打理這類穿著的工作。

## 理容師

　　理容師主要是以男性為對象，剪髮、洗髮、燙髮、修鬍和按摩等。理容師和美容師不同的地方在於工作內容中的修鬍。另外，理容師雖然大多只用短捲髮的燙夾進行燙髮，但是也有不少使用電燙捲的理容師。理容師的剪髮主要著重頭髮的「整理」，而美容師則在於設計出時髦且自然的髮型。兩者對於髮型的想法概念是不同的。對於理容師來說，光是剪髮似乎只能當作是工作的一部分。理容師是國家資格，必須取得資格證書才能執業。從理容師專科學校（2年制，函授教育3年制）畢業後，參加理容師美容師試驗研修中心舉辦的國家考試（筆試與技術考試），合格之後即可取得證書。取得證書之後，可以在理髮店、美容院及美髮沙龍工作。理容師的工作，工時長且要站著工作，所以很辛苦。另外，取得證書，累積3年以上實務經驗，參加指定的講習會，就可以取得管理理容師的資格。這個資格，在開設有兩名以上理容師的理容院時，其中至少有一名必須具備這個資格。但是很可惜的是，目前全世界的理容師正逐漸減少中，恐怕以後在日本也不需要理容師的資格鑑檢定了。

 **台灣**

專為男士服務的理容師目前已經很稀少，市面上的美髮中心、髮廊，男女顧客均有服務。而有關男士剪燙髮、髮型設計等技能，同樣可以在專門學校習得，或者至職訓局、社區大學等上課，或到美髮中心等從助理做起。此工作在台灣目前也需要美髮相關證照。（尹玫瑰）

## 彩妝師

　　負責模特兒、明星與演員的化妝。活躍的場合有電視、電影、雜誌、廣告、時裝秀、演唱會、舞台劇等，在業界一般都暱稱為「化妝師」。除了要具備化妝品與肌膚等方面的知識之外，還必須具有能滿足顧客化妝需求的應變能力。因為是長時間的工作所以也要具備體力。要成為化妝師，可以在專科學校或是短期大學的化妝藝術課程學習，之後在美容專業公司或化妝專業公司就業。累積經驗之後，不少人成為化妝方面的自由工作者。另外，可以在化妝品公司、結婚典禮會場、美容室裡負責化妝的工作，也有人從事美體美容的諮詢工作。最近，同時從事頭髮與指甲方面的綜合性工作的人越來越多。如果具備美容師資格更加有利。稍微不同的，也有負責特殊化妝的化妝師。

 **台灣**

就讀美容相關課系可學到化妝等技能，一般民眾則可至化妝品公司、補習班等上課學習。彩妝師目前以自由工作者為多，在工作中負責的內容不僅化妝而已，經常還需要設計髮型，甚至包

括造型，所以需要化妝、髮型、配飾造型等技能都會。而彩妝師除了於電視、電影、報章雜誌等為藝人、模特兒化妝工作之外，也有於新娘攝影禮服公司固定上班，或是自設工作室當新娘祕書，幫新娘化妝、補妝，照顧一整天的美麗。（尹玫瑰）**"**

## 指甲美容師

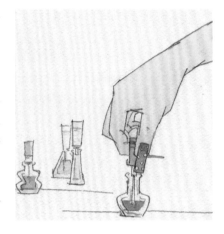

是指按摩指甲，以指甲剪修剪外形，修復缺損的部分，塗指甲油，裝人工指甲或指甲裝飾配件，在指甲設計並塗上漂亮的圖案。絕大部分都是女性。必須配合顧客的髮型與服裝，思考指甲的修剪與設計。因為要塗得乾淨漂亮，所以雙手要靈活，對於流行資訊也要非常敏感。工作內容還包括改善指甲的困擾，矯正指甲外形，日常指甲的保養建議等。在日本，已經有指甲修剪藝術方面的專科學校，另外一般學校、訓練學校、講習會等，學習這方面知識與技術的地方很多。在指甲修剪藝術的大本營美國取得資格證書的話更好。可以在按摩沙龍、指甲沙龍或美容室裡工作，琢磨技術與培養靈感。如果這方面的靈感很好的話，擔任藝人或知名人士的專屬指甲美容師並不是不可能實現的夢想。

**" 台灣**

台灣某些美容科有教授指甲美容的課程，以美甲師為志願者，可選擇相關的科系就讀。推廣教育中心也有少數美甲課程，坊間的指甲美容中心以及相關補習班開課更多，在選擇時注意課程內容，以免報讀了卻和理想不符。或者也可直接至美甲中心由助理的工作做起，學習指甲彩繪等技術。從助理升到美甲師的時間不定，除了細心之外，創意也是個重點，現在至美甲中心修指甲、塗指甲油的人不多，選擇做指甲彩繪或水晶指甲等服務者較多，這時創意與經驗便能幫助你做好這份工作，並且贏得讚美聲。（尹玫瑰）**"**

## 服裝搭配師

可被稱為服裝搭配師的工作有兩種。一種是在服裝公司或是在服裝店工作，預測市場流行趨勢的專家。一種是在服飾店裡為客人的穿著打扮提供建議的販售員。在這裡所提及的是，從事較有高度，在服飾店的專業協調師。服裝搭配師首先得決定當季要採購的主題，再給予採購人員意見，並向賣場的促進銷售人員以及銷售人員說明主題。甚至，還要檢查賣場的展示是否有依主題設計，讓銷售（商品化計畫）跟賣場協調出最好的狀態。這工作需要時尚知識、商品管理、市場銷售、展示設計、販賣、零售業等各項領域的相關知識。從有時尚科系的專門學校或是服務專攻科的大學畢業後，要再學習服飾製造的全部、時尚的基礎、色彩協調的知識，而經營及流通的商品管理也有學習的必要、客觀的分析能力、以及包含預測社會情勢的能力，此外，能與其他領域共

同合作的圓滑溝通能力也是必須的。有些公司的職銜會稱為銷售企劃或是市場調查，雖然名稱不同，但工作內容是相同的。

## 台灣

在台灣，一般擔當服裝搭配工作的人員，多為服飾店的店員（或網拍人員）或是流行雜誌編輯，雖然他們不一定是服裝設計相關科系畢業，但大多對時尚潮流非常關注，瞭解時下最流行的穿衣風格，建議顧客或讀者搭配衣服的方法。這樣的工作大多有著時間壓力，需要在短時間內，搭配出各式流行穿搭。（蔡承恩）

## 手工皮鞋師傅

接受客人訂單再製作鞋子。兼具機能與美麗的訂製鞋雖然價格高昂，但近來年頗受歡迎。要成為訂製鞋的手工皮鞋師傅，首先要具有對材料以及工具的知識、製圖以及設計，用專用的縫紉機縫製，要會做出一雙鞋子的全部工程。而腳的構造以及骨頭的知識也是必須的。因此，必須要先在專門學校學會基礎知識。其他還有像是手工鞋教室、適用鞋養成機關、訓練學校、工作室等等，可以學習的地方頗多。成為皮鞋職人的弟子，學習技術也是一種方法。累積經驗與實力之後，就有可能可以獨立開設工作室。評價則是來自於做好的鞋子能夠得到客人多少的讚賞。也有人在發源地義大利受到肯定。

## 台灣

過去台灣曾為手工鞋的製造大國，但因產業的外移，且皮鞋的銷售量也逐年降低，現存的手工皮鞋大多是由老師傅所經營。製鞋師傅會因應每個人的腳型不同，為顧客量「腳」訂做適合腳型的皮鞋，若要學習此項技藝，大多得向老師傅拜師學藝，從刀削皮材、手工縫製等步驟一一學習。（蔡承恩）

## 洗衣師傅

將襯衫、西裝、毛衣、皮衣等清洗乾淨，再加以整熨，清除衣物上的髒染以及補修。也會處理清洗和服和地毯、棉被等物品。近年來，在店面接收的清洗物品，交由大型專門工廠清洗的系統增加。像這樣的專門工廠分工越細，負責的作業也大不相同。雖然一直往機械化前進，但是還是有些作業僅能依靠手工。要開設洗衣店，必須要有一人以上持有「洗衣師傅」的執照。資格取得要通過各都道府縣知事所舉辦的試驗，合格後再申請執照，再於洗衣師傅原簿中登錄，才會被承認。考試科目分為學科試驗的公眾衛生、衛生法規、洗濯物品處理的相關知識等科目，以及洗濯物整熨、分辨纖維、藥品鑑別等術科考試。參加考試的幾乎都是在洗衣店或是洗衣工場工作，但也有人是就讀洗衣的專門學校學習技術。以東京都為例，考試的合格率一年約為60～80%。而資格取得後，3年內必須參加都道府縣所指定的研修講習。

## 台灣

台灣並沒有洗衣師傅的執照，但若想要經營一家洗衣店，首要考量的就是開店地點的選擇，必須符合當地居住者生活型態，而洗衣設備的購入是另一件要事。目前台灣開設洗衣店，可選擇加盟或自行開設，加盟店主要以收件為主，在統一集中至總公司送洗；而自行開設則須學習相關洗滌衣物與燙衣等技巧，只要價格合理、洗衣品質穩定，也能有一定客源。另外，投資開設無人的投幣式自助洗衣，也是現今台灣社會開始風行的洗衣店開設方法之一。（蔡承恩）

## 打版師

　　將時尚設計師所繪製的設計圖，畫出版型的專家，把要交給工廠製造的服飾畫出設計圖，是設計師與縫製工廠之間的橋樑。多數人會認為這份工作是設計師的助理，但是從打出樣版到布料的剪裁方法、縫製指示、檢查是否依樣本製作，可說是服飾製造的負責人。版型有沒有打好，關係到商品的完成度，是擔負重大責任的工作。想成為打版師，要在衣料關係學科的大學或是有打版課程的專門學校學習，一般而言，會選擇就職於服飾製造公司擔任打版師。徵才考試會進行術科考試。累積經驗的話就能成為主任打版師。

## 台灣

對於製衣打版有興趣的人，可以先到輔仁大學、實踐大學等有服裝設計系的學校，修習打版的課程，或參加勞委會職訓局、坊間補習班的訓練課程，但學校所教授的偏向理論性質，對於打版實務還是會有些許落差。或者，也可以至成衣廠擔任學徒，從助理打版師開始學起，累積個人實務經驗，逐漸成為成熟的打版師。（蔡承恩）

## 內衣設計師

　　內衣的設計師。有時也同時是外衣的設計師。在有限的素材，比起外衣，所能表現的面積更為狹小，因為是與身體直接接觸，所以更加要求要有服貼感。特別是胸罩，有鋼圈、肩帶、胸墊、下圍帶子等多個部位，需要針對所用素材、加工、生產工程的所有知識。內衣一直是屬於日用品，但最近開始也被賦予流行時尚的意義，也因此業界出現了一些擁有強烈時尚意識，對材料以及縫紉有著高度技巧的新進設計師。在服飾相關科系的大學以及專門學校學習設計，一般而言，會在內衣製造及販賣的公司上班，但也有人會獨立創業，設計生產自己的品牌。

## 台灣

因為是貼身衣物的關係，內衣的製版誤差要求度比一般服飾要求的更高，設計師除了要更精準的打好版，平時還要吸收大量流行資訊，並瞭解女性對內衣的需求點，才能有好的創意靈感產出。想跨入此行，可經由勞委會職訓局的車縫、打版等製衣課程學習基礎技能，再投入相關產業。（蔡承恩）

## 舞台劇服裝設計

　　舞台劇服裝設計的工作就是管理舞台戲劇、電視劇以及電影所使用的所有服裝。在日本有好幾家大型的服裝公司，要從事這分工作一般而言就是進入這類公司工作。通常服裝公司會派遣員工到劇團或電視公司擔任服裝管理，管理的對象則是劇團、電視台常備的服裝。此外若是歌劇的服裝，甚至有服裝公司特別將卡門用的服裝或茶花女用的服裝不同領域的服裝分開保管。舞台服裝很重視時代考證等知識，因此服裝師須具備足夠的能力才有辦法追究每個細節、判斷一件西裝上的釦子是否符合當時的時代背景。有時候演藝人員、電影導演會因為欣賞一位服裝設計師而指定成為專屬服裝師。大型服裝公司有服裝製作部門，但是基本上服裝的製作都是下包給業者縫製。舞台服裝師的工作須配合舞台、節目的進度，非常忙碌，但是當自己準備的服裝躍上舞台，那份快樂就足以安慰工作上的辛勞了。

除了本科生以外，就讀服裝設計系者也會加入此行業，但由於舞台的服裝設計與一般場合不同，想要從事舞台劇服裝設計，還得對舞台與戲劇有基本。劇團若缺此職，一般會經由四周朋友介紹而引進，若無認識劇團之人，則可以毛遂自薦的方式，直接寄履歷與作品，積極尋求機會。（尹玫瑰）

## 調香師

　　調香師由花、草或動物的分泌物中抽取出的香料加以調製，製作出獨特的香水與古龍水。稱為調香師（perfumer）。目前有很多美容相關的學校開設調製香水的專門課程。在這類的專科學校或訓練學校裡學習相關的知識與技術，之後大部分人都是在化妝品公司就業。要成為調香師並不需要具備特別的資格證書，但是就業時如果具有化學相關或藥學相關科系的畢業生，則更加有利。不過，最終還是以鼻子的靈敏度與嗅覺來決定勝負。如果不能夠分辨出約6000種香水的種類的話，是無法勝任這項工作。香水也是屬於流行產業，對於流行風潮的轉變也要相當敏感。最近，除了香水與化妝品之外，帶有香水味的日常用品也逐漸增多，所以未來擁有一個靈敏的鼻子的調香師，就業市場上的需求會越來越大。另外，製作食品香料的專家被稱為調味師（favorist）。

調香師最重要的便是嗅覺，調味師亦然。想學調香或調味，在台灣並沒有專門學校可學習此技能，但如果你擁有一個對味道敏銳的鼻子，並且具有化妝保養品或食品等基本概念的話，可從芳香療法中找到類似調香師的工作。（尹玫瑰）

## 手工包師傅

　　日本的包包製造業，在國外LV、GUCCI等名牌及來自中國等低價產品之間

苦戰。然而，為了那些不被名牌所左右，追求真正好品質的包包的消費者的需求，日本職人用熟練的手工技術，做出高品質的包包，人氣也在急增之中。要成為包包的職人，在工房一面接受老手的指導，裁斷以及打洞等作業從頭開始學起。要能獨當一面，得花非常久的時間。也有包包職人不屬於任何工房，而是以個人身分工作。但在這種情況下，除了製作及修理技術之外，包括材料的進貨、商品的販售管道都得要自行開拓才行。也有職人收到送修的包包，是孫女將母親從祖母那裡繼承的包包，拿來修理。隨著「珍惜並長久使用」的意識提高，更有職人收到來自全國眾多感謝的信紙。

## 台灣

台灣近年來也吹起一股手作風潮，越來越多人因怕在街上「撞包」，而改為選購或訂製手工包，無論是帆布包或是皮革包，都能買到獨一無二的手工包。想成為製包達人，可以參加坊間所開設的包包製作課程，學習打版、打洞、車邊等製包技術。而手工包的另一項優勢是售後的維修服務。（蔡承恩）

## 相關職業

婚禮顧問→**P.77**　花藝設計師→**P.116**　寵物美容師→**P.129**　寶石鑑定師→**P.249**　二手服飾店→**P.251**　電影服裝師→**P.434**

# 日本年輕人的流行

村上龍

　　1999年秋天，我小說的法文版翻譯家（一位阿爾及利亞出生的法國女性）帶著12歲的女兒在東京與我一起用餐。這位翻譯家遲到了一會兒，她解釋說是因為女兒因為無論如何都想去澀谷看看。問她女兒為什麼那麼想去澀谷，她回答說不管怎樣都想去看一下所謂的109辣妹（日文為ガングロ，音ganguro）。法國有一本雜誌曾經製作東京的特集，她在這雜誌上看到把臉部曬得黝黑，妝化得像貓熊一樣的女生，覺得很有特色，所以想說如果有機會到東京的話，一定要到澀谷看一下真正的109辣妹，而且她也知道109辣妹這個詞。我問她，覺得109辣妹怎麼樣？這位12歲的法國女生回答說，太酷了。

　　「那些女生們，是不是對於大人的世界懷著抗拒的心理？抗拒得很酷。」衣服原本只是單純地用來禦寒之用，但是種種條件具備之後，就成了「流行」（fashion），而成為人們溝通的重要媒介。更有高級感的用語是「時尚」（mode），兩者都是源自法語。19世紀末的巴黎，治安相當糟，治安當局於是改造經常成為犯罪巢窟的昏暗小巷道，於是整修道路，增加路燈數量，開闢公園，同時為了方便購物也蓋了有屋頂的商店街，讓當時的手工業者，有了可以販賣衣服、皮包、身上配件的空間場所。如此建造成的購物商店街在工業革命之後成為新興的中產階級的休憩之地。許多的設計師在這裡切磋技術與靈感，之後這裡就成為時尚品牌的奠基之地，也是法國最重要的國家資源。

　　我們都是以流行服飾來表達自己的主張，向外宣示自己所屬的團體。也就是說，流行服飾已經成為一種溝通的媒介。流行或是時尚這樣的用語，除了服裝的意義之外，在所謂樣式、流行與生活方式的意義上，存在著一種說不出來的差距，在日語當中並沒有相對應的字。這表示，在日本的社會中，流行服飾要當作是一種溝通媒介，歷史還不是很悠久。對於江戶時代的農民或是戰後初期在被戰火夷為平地的地方，興建臨時住宅的人來說，最需要的應該是能夠禦寒的「衣服」，而不是流行服飾。僧侶、軍人以及廚師，他們的制服代表了他們的職業。基本上，一般人開始以服裝來作為一種溝通媒介，是在社會完成近代化，生活較為富裕之後。換句話說，社會富裕之後，衣服就不再單純只是禦寒工具，也不是當作制服的功能，而開始具備溝通工具的特性。

　　在寫作以女子高中生援助交際為題材的小說《愛與流行》（LOVE &POP）時，曾經訪問過幾位女子高中生。這些穿著鬆垮毛襪的女孩子們雖然看起來相當成熟，但是並沒有自己個人的主張，也就是說想做什麼連自己也不知道。問一位曬得黑黑的女孩說，為什麼要去日曬沙龍呢，她回答說，曬得黑黑的，才顯得比較醒目。《愛與流行》是1996年的作品，當時喜歡去日曬沙龍的女孩子們應該就是後來109辣妹的前身吧。日本的大人對於穿著鬆垮毛襪的女子高中生會覺得厭惡，109辣妹就更不用說了。這位法國少女將109辣妹理解為是對成人世界

的反抗的標記，但是當時這些109辣妹是否真的有這樣的自覺，我就不清楚了。

當時，對於從事援助交際的高中女生，媒體大多數的論調都是覺得「令人感嘆欷歔」，但是也有一部分的媒體抱持著，或許這些女生存在著某種嶄新發展的可能性。對我來說，對於這兩種論調都覺得不妥當。販賣具有市場價值的自我資源，而去購買名牌商品，我覺得那是對成人的世界的一種模仿。日本社會主要的資源是高品質且又便宜的大量生產品，販賣這些東西所得的金錢，日本的大人拿來購買的是高爾夫名人賽或溫布頓網球賽的播映權、百老匯的作品、雷諾瓦的畫作，都是一些名貴品。女子高中生的資源就是她們的身體，只是她們出賣自己的身體為了要去購買她們自己所謂的名牌商品。我覺得，這兩者是非常類似的。到現在，我還是這樣的認為。

但是，所謂毛襪的流行我覺得很有興趣。請不要誤會，我並不是被毛襪所「迷惑」了。毛襪，很明顯地就是女子高中生的溝通工具，而且這並非承襲自歐美的習慣。從明治鹿鳴館時期的服裝到1960年代末的迷你裙，日本的女性基本上在服裝穿著上都是模仿歐美的流行。也可以說是原封不動的歐美翻版。但是，毛襪，先不管它是功能性的或是為了美觀，至少它並非模仿自歐美。

現在，日本的社會也將流行服飾作為一種重要的溝通工具。不能形成流行的服飾，會被社會所嫌惡，例如屬於沒落階級的「一般上班族式」與「老頭式」服裝，象徵了階級化的多樣性社會。想看看這或許是理所當然的事，但是象徵著日本社會過渡期的毛襪與109辣妹，都不能像迷你裙那樣具有世界性的影響力。尤其是109辣妹在短短的時間裡就消失了，也不再成為人們的話題焦點。不過，非仿效歐美的毛襪以及不想與成人世界有所牽連的109辣妹們，是否能在未來的什麼時候，換一種方式，再次將日本年輕人的獨創流行風展現於社會呢？

本文撰寫於2003年

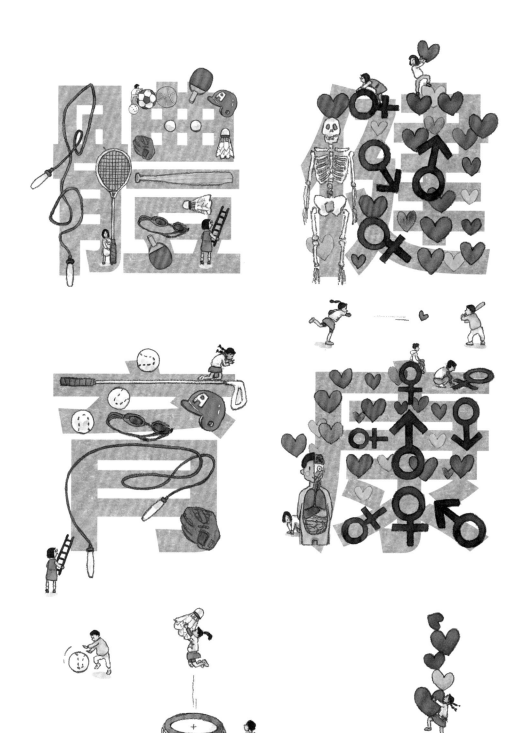

08

喜歡健康・體育科，對健康體育有興趣

# 其❶ 比賽練習足球等運動、觀看比賽

上國語和數學課時，想著怎麼不快點上體育課呢？動動身體，流一下汗就會感到舒暢。看職棒和足球比賽就會興奮地忘了時間。

## 職業運動選手

　　教你「如何成為職業選手」並無意義，這裡只敍述職業選手有哪幾種。請注意，「職業」這個概念因運動項目不同而有差異。有些運動如棒球或足球的職業選手可從所屬球隊獲得報酬，也有些運動會明訂職業資格的最低門檻。

- ·足球..............................日本職業選手人數約1000人。由Ｊ聯盟（J-LEAGUE）的隊伍負責發掘新人及測試。依照合約領取底薪、出場費及特別津貼。
- ·高爾夫球.......................日本通過職業考試者約2200人。不過可光靠比賽獎金維生的人僅一小部分，多數與企業簽有合約，兼做教練等其他工作。
- ·棒球..............................日本約800人。由職業棒球團負責新人發掘及選拔。簽約金加上年薪制。
- ·網球..............................日本登記的職業選手約300人。不過可光靠比賽獎金維生者僅一小部分。
- ·職業摔角＆搏擊............日本約100人。加入各團體從中領取酬勞。另有比賽獎金等收入。
- ·拳擊..............................日本通過職業考試者約2800人。不過可光靠拳擊獎金維生者僅一小部分。
- ·大相撲..........................日本約700人。先入門拜師，一級級往上爬。十兩以上的選手，可從相撲協會領取薪俸。另外還有獎金或懸賞金。
- ·賽車..............................各種車賽有不同的出賽資格，但並未明訂職業資格。多半從所屬的隊伍領取薪資，日本能光靠賽事維生的選手，兩輪、四輪賽車合計共20至40人。
- ·賽馬..............................日本約900人。想成為中央馬賽的騎士，要先進賽馬學校，並於在學中考取執照。地方馬賽則要先參加考試。收入來自出場時的騎乘津貼及獎金，或由所屬馬場領取簽約金。
- ·自行車競賽...................須進入日本自行車競賽學校就讀，通過選手資格考試。可領取獎金及出場津貼。
- ·賽艇..............................日本約1500人。須進入大和賽艇學校就讀，畢業後通過資格考試。可領取獎金及出場津貼。
- ·保齡球..........................日本登記的職業選手約1121人。除了獎金，還可領取教練費或公司的簽約金。

　　其他另有多種運動項目，是由企業資助的實業團體。在這個制度下，實業團體的選手主要靠運動從企業領取報酬，看似職業，但身分立場卻像業餘。不過目前國際上的職業與業餘的分界線逐漸模糊，加上日本企業的實力漸次衰弱，不再贊助實業團體的企業越來越多，使這種制度瀕臨崩解的危機。另有一小部分田徑、游泳等曾被稱為業餘主義根基的運動項目，也出現了發表職業宣言的頂尖選手。

**台灣**

目前在台灣盛行的職業運動包括了棒球、撞球及高爾夫。其中真正可以稱得上職業運動的，大概只有棒球。從事職棒運動的球員，主要收入來自簽約金、月薪、比賽獎金和廣告代言。現在也很熱門的SBL籃球聯賽，由甲組球隊和籃球協會達成共識合辦比賽，比賽多集中在週末時段，偏向半職業式。其他較具規模的有高爾夫球，其取得職業球員資格者約180人，但是可以光靠比賽獎金維生的僅一小部分。撞球比賽雖然固定有電視轉播，但是現場幾乎沒有觀眾，沒有觀眾捧場代表沒有門票收入，微薄的比賽獎金也不足以維持生計，選手靠的多半是出國比賽的國光獎章、擔任教練或是自營撞球館的收入。其他還有個人職業選手，例如：網球界的王宇佐、盧彥勳；桌球界的莊智淵，原本都是無任何奧援地單槍匹馬、四處征戰，參加世界職業比賽。（吳盈達）

## 運動經紀人

代替運動選手、隊伍或是特定運動團體，進行各種簽約或經營管理、宣傳等活動。這是在最早發展出體育事業的美國所興起的工作，在職業運動界擁有很大的影響力。日本最具代表性的職業運動─棒球，長久以來由於對經紀人的權限設下諸多限制，所以在職業的認知度上很低。然而隨著棒球及足球選手積極往海外發展，經紀人的存在逐漸受到重視。有的像足球的FIFA公認經紀人，需要有執照，有些則由律師兼任。依運動項目而異，除了必備的法律常識外，還須具備外文、經營管理、宣傳等各種能力。在日本多半採取小規模企業的形式，並錄用具有上述技能的人才。

※台灣目前為止尚無十分健全專業的運動經紀人制度，但是已有一些所謂的運動行銷公司從事運動贊助、公關、廣告、活動辦理以及運動員經紀的工作。

## 運動新聞記者

主要是報章雜誌負責撰寫運動消息的自由記者。報導運動消息的媒體有電視、廣播、報紙、雜誌等，一直以來都是由主播或記者負責這項工作。至於評論等，則多半起用退休選手。近來由於運動迷的增加，媒體數目隨之增多，因而多了不少具有專門知識的撰稿人。他們多半是在報社或出版社累積了相當的經驗後，才成為運動新聞的自由撰稿人。

**台灣**

在台灣想要擔任運動新聞記者，不是一件容易的事情。由於政府不支持，市場太小，記者的需求量相對就小；再加上分工不像國外那樣精細而專業，一個人得負責許多運動項目，除了大家最熟悉的棒球、籃球、足球外，還得深入瞭解其他項目的競賽規則，才能將最正確的資訊，提供給閱聽大眾。因此，比起其他如政治、社會、影劇新聞記者，運動新聞記者得具備更多的專業知識才能應付工作所需。（王聰霖、尹玫瑰）

## 總教練‧教練

雖然依運動項目而有所差異，但是培養職業選手、指導職業選手或隊伍的

總教練跟教練，一般也是該項競技的過來人，且絕大多數還是職業選手或有同等資歷的人。當然除了當選手時累積的經驗，人脈更是不可或缺的重要資產。總教練跟教練可以從事的職業還有一項，就是教學。有人正職是教師，但是對學校的體育教學投入相當心力，教練反而成為主要工作。有的學校還特別從校外聘請專門的教練，這時指導成效就非常重要了。有些運動像足球一樣，採取從業餘到職業各階段分級的教練資格制度，有些則像網球一樣，明訂教練的職業資格。

健康體育科　其①　比賽練習足球等運動、觀看比賽

**❝台灣**

以台灣職棒為例，擔任總教練的不一定是台灣人，可能禮聘自日本或是美國等棒球運動發達的國家；但是他們有一個共通點：都是退休的棒球選手。他們過去在選手時期，不見得有很顯赫的戰績，但是一定要累積足夠的資歷；看過大風大浪，累積足夠的資歷之後，才能在詭譎多變的比賽場上，在最短時間內作出最正確的判斷和調度；也唯有運籌帷幄、用人精準的總教練，才能獲得球員的敬重和信服。（吳盈達）**❞**

## 運動健身教練

2004年時，全日本約有2000家運動俱樂部，另外在公家機關或企業內還有運動設施。教練就是在這些地方指導會員訓練的方法，或設計訓練的計畫。雖然有健康運動指導員、運動指導專員等證照，但並非沒有證照就不能從事這項工作，而有證照的人也不一定保證有工作。各個運動俱樂部會單獨召募人員，也有到人才派遣公

司登記而被派遣到某俱樂部的例子。許多運動俱樂部會將重心放在有氧運動跟游泳上，有的還設有專門教練。有些教練甚至橫跨數個運動俱樂部，教授有氧運動。此外，河川休閒活動、滑雪、滑雪板、潛水、騎馬、帆船等，在不同俱樂部中設有專門的教練，各個項目都由日本體育協會或民間競技團體明訂了教練資格。

**❝台灣**

在台灣較常見的運動俱樂部是所謂的健身中心，而要擔任健身中心教練必須具備CPR心肺復甦術）急救資格，也需要人際溝通技巧、體適能、解剖學、生理學、心理學、營養學、運動傷

害預防與處理、心肺復甦術甚至是外語能力等各項知識。有些運動項目亦須具有救生員資格、ACSM（美國運動醫學學會）指導員證、NASM（澳洲體適能教練培訓中心）私人教練執照或是AFAA（美國有氧體適能協會）國際體適能指（導教練等國際性運動醫學組織的執照。（王聰霖）

## 在體育團隊或組織工作

即使是職業棒球或初期的J聯盟，都各自隸屬於母公司，經營球隊的主導權也多半掌握在公司手中。從母公司派來的職員很多，還被詬病為「職業選手配上業餘的球團經營」。企業所屬的實業球團就更不用說了。不過就像J聯盟的隊伍跟母公司保持一定距離一樣，今後球團無疑地將朝著獨立組織的方向發展。到時候可以想見，主要運動項目的當紅隊伍將成為營利事業，其餘的則成為非營利性的組織。職員除了管理球隊跟選手外，還有業務、宣傳等工作，範圍極廣。另外尚有醫療人員跟口譯員等專門工作。錄用人數雖少，但已出現公開徵才的隊伍。

 **台灣**

以台灣職業棒球為例，球隊經營的主導權依舊掌握在母企業的手裡；老闆本身對棒球運動的支持，也直接影響球隊的存續。受限於市場規模，台灣的職棒隊幾乎都處於虧損的狀態，母企業大多以回饋社會、塑造企業形象、甚至是老闆個人喜好等因素，來維持球隊的營運。和日本一樣，台灣球隊除了教練和球員之外，需要的員工不多，包括管理、防護員、駕駛和翻譯等，都有公開徵才的例子。不過，球隊員工得跟著球員南征北討，須有無法和家人相處的心理準備。（吳盈達）

## 在體育用品公司工作

在體育用品公司工作，工作內容研發或販賣各種運動相關用品。從一流選手使用的特殊用品，到一般人適用的泛用品、衣物等流行性高的商品，無所不包。不管從技術或宣傳的角度來看，兩者都有密切的關係。與運動緊密結合的專門工作相當多，例如，與人體有關的最新科技、設計，或透過體育活動拓展業務等皆是。大公司會公開徵才，愛好運動、具有專門知識的人比較有利。

## 裁判

現在日本全職的體育裁判，只有職棒、相撲及一部分的搏擊，以及賽馬、自行車競賽的裁判相關工作。職棒方面，中央、太平洋兩聯盟會不定期進行招募。除此之外，許多運動項目基本上幾乎沒有什麼酬勞，只有遇到大型比賽時，會視需要給付日薪。不過裁判除了熟知規則之外，還必須具備經驗、技術跟體力，所以多半由統籌的協會訂定資格跟制度。以足球而言，公認的裁判分一到四級，以及女子一級。從一級裁判中，再選出J聯盟的裁判或國際比賽的國際裁判。目前在國際上，類似足球這種人氣旺盛的職業運動裁判，已有職業化的趨勢。

### 66 台灣

在台灣要成為一名運動裁判必須通過執照考試，而裁判執照通常依判決的精確性及可執法的比賽規模大小分為C級、B級、A級及國際級。台灣各地的單項運動委員會定期會舉辦各級裁判的講習及考試。目前台灣只有職棒有專任裁判的職務，收入以場次計算。包括高爾夫球在內的其他運動裁判通常是兼任，這些兼任裁判多半另有正職，只在比賽期間以兼差賺外快、甚至是義務擔任裁判工作；但是因為執法場次不多，加上素質參差不齊，難免影響比賽的公正性和選手的權益，甚至阻礙了該項運動的發展。台灣體育界正在努力推動更健全的專任裁判培養制度，在增加比賽場次、規劃裁判合理薪資結構的配套措施之下，將來才有可能徹底施行專任裁判制度。（吳盈達）99

### 運動新聞攝影師

　　包括隸屬於報社、通訊社、出版社、照片經紀公司等單位的攝影師與自由攝影師。其中自由攝影師所拍攝的對象特別受限於足球、網球、賽車等具備相當人氣的運動項目。動作激烈快速的運動攝影，過去被認為是最需要技巧的領域之一。但隨著攝影機與底片性能的提升，這方面的差距已不復見。不過，有些運動項目在比賽時按下快門的機會非常有限，所以個人經驗

以及對該項運動的知識是不可或缺的。由於國外採訪的機會多，所以若能嫻熟外文會非常有利。想成為運動攝影師，可以進報社或長期徵求攝影師的公司，也可從攝影助理開始做起。

### 66 台灣

除了上述的平面媒體攝影師，台灣的電子媒體也非常需要運動新聞攝影師。平面媒體攝影師要求的是，瞬間按下相機快門，將比賽過程中，最精采刺激的畫面凝結；而電子媒體攝影師拿的不是相機，是價格更昂貴，結構更複雜的攝影機。電子媒體攝影要求的不只是一個凝結的畫面，而是將整個比賽過程完整而且忠實地記錄在攝影機裡，所以除了基本攝影的構圖觀念，攝影師還要花一段時間，學會攝影機的操作技巧；在工作時，也需要更大的專注力和持久力。（吳盈達）99

## 職業摔角手

　　力道山、巨人馬場、安東尼奧‧豬木等日本摔角手都已經退出摔角場了。英雄不再，職業摔角作為大眾娛樂的時代也結束了。取而代之的格鬥搏擊很受歡迎，但是跟職業摔角的本質有所不同。職業摔角的本質，不僅在比賽誰比較強悍，為了讓觀眾著迷驚嘆，必須鍛鍊肉體、創新技術、在每次比賽製造對手關係或仇敵關係，在摔角場上展開一場壯觀的表演。職業摔角手雖然靠的是身體，卻有很多團體規定，必須國中畢業。現在有超過20個團體，從暖場賽到主場賽，有許多摔角手在競技比賽，同時下面還有很多年輕摔角手隨時待命。由於經常會受傷，在修練階段就退出的人也很多。多數選手是由業餘摔角選手轉職，但由大相撲或柔道等各種運動選手轉行的人也日益增多。經過嚴格訓練之後才能出場比賽。這種工作就是不斷地重複移動、練習、比賽等過程，非常辛苦。1970年代中期出現的女子摔角，同樣是辛苦的職業，卻展現出男子摔角所沒有的輕快與華麗，令觀眾為之沸騰。

**台灣**

多年前，日本的全日本職業摔角聯盟曾應電視業者Z頻道邀請，來台招募摔角新人，陳羍昀通過選拔，並前往日本受訓成為職業摔角手。後來陳羍昀在美國等地的摔角聯盟十分活躍，多次拿下冠軍，並受邀至國際間最具聲望的綜合格鬥比賽「終極格鬥」（Ultimate Fighting Championship）擔任裁判，目前他已轉任私人保鑣。陳羍昀不但是台灣摔角界及格鬥界的第一人，也是受到國際矚目的好手。雖然台灣目前尚無職業摔角聯盟，不過坊間已經有同好組成業餘聯盟，目前正積極招募新選手，並提供場地進行練習與比賽，致力推廣讓摔角在台灣職業化。（王聰霖）

## 格鬥家‧武術家

　　雖然通稱為格鬥術，但是會因國家與民族而有所不同。光是日本傳統的格鬥術，就有柔道、空手道、劍道、合氣道、古武道等不計其數。此外還有俄羅斯的桑勃式摔角、泰式拳擊（MUETAI）、韓國的跆拳道等。拳擊、摔角也屬這個範疇。職業的形態也是形形色色。有人開道場廣招徒弟；有的以格鬥者的身分在觀眾面前表演，靠比賽獎金為生；有的屬於實業團體；也有人成為教練，到各國各地傳授功夫。許多格鬥術的產生，是為了在國家、民族間的戰鬥中自衛並獲勝；日本的武術則不拘泥於勝負，而是一種人格養成的手段，長久以來深受日本國民喜愛。其崇高的精神深獲認同，在世界各地從大人到小孩，希望入門學藝的人也不少。目前在日本國內，可以學到各種格鬥術與武術。你可以先到有興趣的道場學學看，想藉此強身健體或當作防身術皆可。在學習格鬥術、武術的過程中，自會找到未來的願景。想以此為職業的人，越早入門學藝越好。

## 台灣

台灣目前並沒有職業的格鬥比賽，因此想要以格鬥或武術作為職業，可以考慮成為武術類運動項目的國家選手，如柔道、空手道、國術或跆拳道，以國家提供的零用金及國際比賽獎金為收入。以跆拳道選手為例，要成為跆拳道國手，首先要進入跆拳道館訓練並晉級升等至黑帶初段以上，並有三次全國性正式比賽的成績，便有機會參加跆拳道國手選拔，通過選拔後即可參加選手集訓。在集訓期間，選手可以領有一定的零用金，在國際比賽中獲得名次還可獲得獎金，如奧運金牌可獲得新臺幣1200萬元、銀牌為新臺幣600萬元、銅牌為新臺幣400萬元。如果不擔任選手，也可以經由中華民國跆拳道協會等武術團體所認可的升等及考核方式，取得擔任教練或裁判的資格。（王聰霖）

---

## 相關職業

芭蕾舞者→**P.330**　佛朗明哥舞者→**P.330**　啦啦隊員→**P.332**　有氧舞蹈教練→**P.333**　幼兒律動指導員→**P.334**　馬戲團團員→**P.336**　滑雪指導員‧滑雪巡守員→**P.347**　救難隊員→**P.397**　警察的特殊部隊（SAT）→**P.398**　特技演員→**P.431**　武術指導‧動作指導→**P.436**　賽車手→**P.450**

# 運動專業的領域極廣

鍋田郁夫

健康體育科

其① 比賽練習足球等運動、觀看比賽

　　喜歡或擅長運動的兒童，未來會想成為職業選手是理所當然的。但是以運動為職業並不容易。日本的運動人口約1000萬人（據日本體育協統計），其中職業選手據說有一萬餘人，能夠光靠競技維生的選手就更少了。

　　不僅困難，運動還有別於其他職業的特殊生態。許多運動項目以選手的體力來看，2、30歲就達到顛峰期。換作其他工作，這年齡才正要開始發展。累積專門的訓練，為了成為職業選手而開始競賽則是在此之前的十幾歲就得開始。

　　實際上，進高中才開始練足球的少年，幾乎是不可能成為 J 聯盟選手的。以足球來說，日本國手選拔年齡規定是10到15歲，可見從相當低的年齡就要開始參加某種選拔。 J 聯盟隊伍中的少年球隊，所吸收的就是優秀的小學生。不僅日本如此，在發源地歐洲徹底執行精英教育的國家或社團更是多。網球、體操等運動也是如此，講究特殊技術的運動項目，尤其需要從年幼時開始培訓。

　　從年幼時開始從事某項運動，在具備才能、有好教練的環境下專心練習，還要有好運氣不受大傷—這種體能上的精英們，經過嚴苛的競爭、選拔，逐漸成為職業的運動選手。反過來說，對大多數的運動選手而言，15歲到20歲之間也是「放棄成為職業選手」的時期。 J 聯盟的隊伍也進行青少年選拔（以中學生為對象），將一小部分選手作「強化」與「普及」足球運動，做明確分野。

　　然而，無論在何時放棄職業之路，十多歲時專注於某項運動有它的好處，也可以增加選擇的機會。這就是所謂「運動的效用」，這裡不再贅述。即使不當選手，與運動相關的機會越來越多，其中一部分還成為新興行業，需要更多新的人才。以商業的眼光來看運動，可以說這個市場尚處於過渡期。不過看看創立十年的 J 聯盟就知道，其週邊衍生出各式各樣的工作，像是球隊的經營、運作，以及運動場的管理、專門醫療、宣傳、商品、流行、新聞報導等，橫跨各種職業領域。 J 聯盟是「看的運動」，同時也是「做的運動」。日本雖說有1000萬的運動人口，但平日親近運動的人口比例，尤其是成年人，遠比歐美要低。環境不佳是最大的理由，加上高齡化以及相繼而來的醫療費用增加等問題，有越來越多的人認為應該設法改善。

　　運動人口一旦增加，新的市場與工作也將隨之興起。有個人可以做的工作，也有企業參與的例子。地方自治體或民間非營利組織也將扮演某些角色。有的會成為一種職業，有的採行某種義工性質的參與形式。

本文撰寫於2003年

# 其❷ 跳民族舞等舞蹈

只要好好記住民族舞蹈的舞步，正確無誤地跳出來，心情會感覺很輕快。跳舞的時候，能忘記厭煩的事物。也很喜歡看專業舞者跳古典芭蕾和爵士舞、街舞，還有有氧舞蹈等。

## 芭蕾舞者

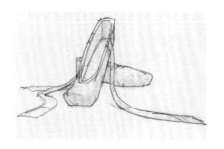

為了站上古典芭蕾的舞台，許多人會先加入芭蕾舞團，當然也有一些人是自由舞者。基本上人人都可參加入團甄試，但也有舞團僅接受連鎖舞蹈教室學員報考。有名的芭蕾舞團在甄選時，總是群集了各芭蕾舞教室的頂尖學員，充滿了緊張的氣氛。若想以此為業，至少在10歲前要進入舞蹈教室學舞，否則很難成為職業的芭蕾舞者。不斷重複嚴格的課程，熟練基本姿勢，再逐步學習更高度的技巧與表現力。除了技術以外，還要做好體重控制等健康管理。扣除學費及舞衣等必要花費，職業舞者的收入不算多。然而，最近有日本芭蕾舞者進入歐洲的芭蕾舞團，受到國際的肯定，讓芭蕾舞者活躍的空間更加開闊。

### 台灣

除了科班出身以外，一般人也可以參加舞蹈教室練舞、參與專業鑑定考試，一級一級往上升，進而獲得資格與演出機會。不過有心鑽研芭蕾舞藝者，多會選擇到國外深造，吸收更多相關經驗，以使自己舞藝更為進步。（尹玫瑰）

## 舞群

在音樂家等表演者身後跳舞，讓舞台更多采多姿。不同的音樂，會搭配各種不同類型的舞蹈。最近隨著流行音樂的腳步，街舞舞者也相當受到歡迎。像廣告等僅此一次的工作多半靠甄選，而音樂會等較長期的工作，則多由舞蹈指導推薦人選。最近還有團體簽約的例子。此行專職的人很少，幾乎都是歌舞劇舞者、舞蹈教室的老師，或在主題樂園等地跳舞的人兼職。有些人在擔任舞群累積經驗後成為舞步指導。你可以先參加甄選累積人脈，再設法擴大事業範圍。能針對各種音樂跳出不同的舞蹈，並以舞蹈襯托音樂家，是擔任舞群的必備條件。

### 台灣

目前台灣的舞群大部分是由舞蹈老師兼職組成，當有演出時，便會聚集一起練舞、表演；若為街頭舞蹈表演或只是為演出者配舞，則不一定需要嚴格的舞蹈資格與經驗，一般來說是以舞蹈科或坊間舞蹈教室學生為主。要獲得演出機會，可以從舞蹈教室得知活動消息和相關單位內部缺人訊息。此外，多加參與相關舞蹈比賽，也可能會被伯樂識中而加入舞群。（尹玫瑰）

## 佛朗明哥舞者

佛朗明哥舞是在200年前左右，於西班牙南部的安達魯西亞省誕生的民族音樂舞蹈。以歌曲、吉他和舞蹈，表現悲歡苦樂等情緒。佛朗明哥舞的原點據說就是受歧視及迫害的吉普賽人的吶喊。日本也有許多愛好者，不過光靠跳佛朗明哥舞維生有困難，多半佛朗明哥舞者會開班授課。在日本不需要資格認證，

但以自發源地西班牙學成回國者居多。不僅止於舞蹈，舞者還須具備歌曲與吉他的相關知識。要當一個成功的佛朗明哥舞者，必須熱愛佛朗明哥舞，最重要的因素則是能否跳出媚惑人心的舞蹈。

 **台灣**

除了本科系畢業以外，一般有興趣者可至舞蹈教室或社區大學學習佛朗明哥舞，本身有舞蹈基礎者學習起來較易，音感和神韻也是學習中很重要的一環；而若想成為佛朗明哥舞者，大多數人會選擇到西班牙進修，學成歸國後參與相關的舞蹈表演，以及開設佛朗明哥舞蹈教室教授學生。（尹玫瑰）

## 歌舞劇舞者

歌舞劇由舞蹈、歌曲與演技融合而成。若純粹以舞者身分參與歌舞劇的公演，擔任的就是主角旁邊的舞群。若是又唱又演，則多半稱為「歌舞劇演員」，不過實際上的分界線並不清楚。歌舞劇的舞蹈視戲碼的不同，融合了嘻哈、爵士舞、民族舞蹈等各種舞蹈的元素。除了有紮實的基本舞技外，還要有豐富的表現力。每次公演幾乎都是先通過甄試後，再單獨簽約，所以有很多舞者兼差當舞蹈教室的老師或舞群等。最近日本有許多專門學校還增設了歌唱、演技等歌舞劇專門課程。

 **台灣**

歌舞劇舞者一般以就讀或畢業於舞蹈相關科系為主。歌舞劇在籌備時便會甄試所需的各式舞者，而原本於劇團工作或實習者，若有舞蹈基礎，也可能因劇團已經瞭解你的特長，而直接錄取或分派小角色。（尹玫瑰）

## 編舞者

負責編舞並指導舞者的動作。從芭蕾舞到歌舞劇、電視的歌唱節目、廣告等，只要有舞蹈的地方幾乎就少不了舞蹈指導。他們多半是退休的舞者，也有現役舞者同時擔任舞蹈指導的。這個工作最需要的是獨創性，也要有吸收各種不同類型舞蹈的彈性。這是一種教學工作，所以還要具備溝通能力。擔任舞者時所培養的人脈，在這個業界非常有用。舞蹈指導的工作範圍很廣，像廣告或音樂錄影帶等皆是，需求也很大。

 **台灣**

從事編舞工作，不僅要有舞蹈的基礎，也要有創作的靈感與概念，此項工作大都是由舞蹈老師來兼任。不過會跳舞並不代表會編舞，會編舞也不一定很會跳舞；對於舞蹈只懂基礎但跳得不好的

人，也可能因為對音樂與舞步的敏銳，而編出適合、流暢的舞蹈動作。另外，編舞者需對於流行與資訊多方涉略，也必須從傳統中找到創新的舞步，多加充實自己，如此才不會被時代淘汰。至於編舞者的工作從何尋來？小則如舞蹈教室、各項跳舞比賽，大則音樂劇、舞台劇，或者電視綜藝節目群舞、活動之開場和閉幕舞，均需要編舞這個重要角色。你可依照自己的舞蹈強項，多加注意相關的工作機會或朋友介紹，或者毛遂自薦，如無經驗也可自薦擔任編舞老師的助手，以發揮自我編舞創意為主，慢慢累積經驗，成為獨當一面的編舞者。（尹玫瑰）

## 國標舞老師

　　自己開班教授國際標準舞，或到舞蹈教室教舞。需具備教師資格，必須通過日本標準舞聯盟或全日本舞蹈協會聯合會這兩個團體之一的考試。資格考試分為術科跟筆試，年滿18歲即可參加。一般會到舞蹈教室上課，準備1年左右再應考。此外，各地方自治體還有地區舞蹈指導員制度。其中有不少人在職業舞蹈比賽中有不錯的成績。現在日本的國標舞教室，至少有1500家。由於舞蹈人口眾多，當舞蹈老師的人也多，可以說有過剩的傾向。不過由於學習國標舞的人以女性居多，所以優秀的男老師非常搶手。

**台灣**

想成為國標舞老師並且受到國際承認資格，在台灣可以參加英國皇家舞蹈教師協會（ISTD）或英國國際舞蹈教師協會（IDTA）的專業證照檢定；不過坊間的國標舞老師不一定都有此師資資格，一般都是自行於舞蹈教室或跟隨老師學習國標舞一段時間後，舞技熟練、能公開表演或參與相關比賽，便自行開業教舞。（尹玫瑰）

## 啦啦隊員

　　以加油聲、舞蹈、特技動作等幫運動選手加油。啦啦隊同時也是一種運動競技，在運動大會上互較技與美。放眼世界，幾乎找不到專業的啦啦隊員。美國的超級盃（NFL）專屬啦啦隊堪稱世界第一，那裡的啦啦隊員也幾乎都有其他的職業。順道一提，目前日本的職業啦啦隊，只有擁有足球隊及籃球隊的新潟天鵝隊（Albirex Niigata），其中也有人進入NFL。一年招考一次，應徵者眾多。在高中、大學當過啦啦隊的人自然比較有利，但也錄取沒有經驗的人。身體的鍛鍊與表現力，是不可或缺的。

**台灣**

學生時期可加入學校的啦啦隊社團接觸啦啦隊的魅力，而如果於高中前便熱中於啦啦隊的演出、參加校內或校外的競賽，於考大學時甚至還可參加運動項目績優學生的甄試分發或獨立招生。若對訓練啦啦隊有興趣、想成為教練者，則有相關的講習可供參加，在測驗合格後取得甲、乙、丙級教練資格。至於以啦啦隊表演維生的話，在台灣有數個啦啦隊是以接活動為主，但並非為正職。詳細啦啦隊活動、課程與相關討論可參考中華民國台灣競技啦啦隊協會網站。（尹玫瑰）

### 日本舞舞蹈家

在日本，除了以舞蹈家身分上台表演外，還可以開班教授日本舞。教學必須持有舞蹈老師的執照。日本目前有西川流、藤間流、花柳流等傳統流派，以及分支出來約120個左右的新流派。關西一帶的舞蹈稱為上方舞，京都則有舞妓必學的京舞。各有不同的執照。據說要拿到教師資格至少需要10年以上的時間；而且必須從上小學前就開始學習，否則難以成大器。教授舞蹈多半在家中，所以家裡要有足以設舞台的大空間。從小學習日本舞培養儀態的風氣已日漸消失，整體而言學生有減少的趨勢，不過成人開始學舞的人數倒是日漸增多。

### 台灣

**民族舞蹈家**

在台灣有新疆舞、採茶舞、苗女弄杯等中國民族舞蹈，以及世界傳統民族舞蹈、原住民舞蹈家的工作機會可選擇。一般民族舞蹈在正規舞蹈學校可學習得到，另外也可至坊間民族舞蹈教室或社區大學上課學習；進修原住民舞蹈則可至全省各原住民部落大學洽詢。而若想學得精湛，最好在學習一個段落時，出國至所學習舞蹈之國家觀摩、上課或遊學，例如：中國大陸、韓國、土耳其、北歐等，得以體驗與學習更道地、傳統的民族舞蹈。學成歸國後，一般會至學校或舞蹈教室授課，也有些人會自行開業，開設舞蹈教室教學。（尹玫瑰）

### 舞妓・藝妓 ＊此為日本特有職業。

在茶屋或料亭的包廂幫客人斟酒，陪客人聊天、跳舞或彈奏三弦琴、唱歌等，以技藝娛人；此即為舞妓或藝妓。舞妓大約15到20歲，20歲以上就是藝妓了。15到18歲的未婚女子，受完義務教育，須經由茶屋或置屋的熟人介紹，或各花街的工會、歌舞會等管道介紹，才能成為舞妓。也有人邊上國中邊接受舞妓教育。只要跟家長一同去介紹處面試，獲得認可後便可住進置屋，開始接受舞妓教育。教育期間通常為半年到一年。學習以外的時間幾乎都在幫老闆娘或前輩們做事。這是一項比想像中來得辛苦的工作，身體強健是必備條件。

### 有氧舞蹈教練

有氧舞蹈於1970年代誕生於美國，是一種結合有氧運動的舞蹈；在舞蹈的同時獲得美容及健康，其簡便性與時尚性風靡全世界。在日本不僅在年輕女性間受到歡迎，還受到各個年齡層的喜愛。想成為有氧舞蹈教練，要去自己喜歡的健身房應徵，並通過考試才行。這個工作不需要執照，不過若有幾個民間認可的有氧舞蹈教練資格會比較有利。此外，有氧舞蹈的經歷也很受重視。除了喜愛舞蹈的必備條件外，注重身體與健康的人會比較適合這個工作。體育大學

或短大體育系出身的人也很多。

## 台灣

若要當上有氧運動教練，目前台灣坊間有相關的指導員培訓課程；國家認證則有行政院體育委員會所舉辦的國民體能指導員授證檢定考試等。至於需要國際認可的教練證照例如美國有氧體適能協會AFAA 等，在台灣也能參加各項檢定。剛當上有氧運動教練時，經常無法以口碑找到工作或招攬學生，這時擁有多項相關的證照有加分的效果，不僅到健身中心找工作時有能力依據，當私人教練時也是讓別人快速瞭解你專長的好方法。（尹玫瑰）

## 脫衣舞孃

在巴黎或拉斯維加斯，一流的歌舞秀表演者或脫衣舞孃的地位相當受到尊崇。日本的脫衣舞秀，通常在常設的脫衣舞劇場或溫泉地的舞台進行。最近有些紅牌的年輕脫衣舞孃，甚至擁有眾多的追星族粉絲。而舞蹈的水準據說也相當高。想當脫衣舞孃，要去拜現任或退休的脫衣舞孃為師。從AV女優轉型也是一種方法，不過AV女優的工作與舞蹈無關，風險太大，不值得推薦。

## 台灣

在台灣若想當脫衣舞孃，除了須擁有最基本的身材姣好、舞姿誘人、懂得掌控現場氣氛外，能演出的地點並不多，一般得由相關演出場地（例如夜店等）者之介紹，或者直接毛遂自薦。而在喜慶流水席或是私人場合出現的脫衣舞孃，只要膽大敢秀，再加上有舞蹈基礎與魅惑的神情，不須嚴格的訓練便可上場，這類的演出大部分靠經紀公司安排。（尹玫瑰）

## 幼兒律動指導員

幼兒律動Eurhythmics這個字，在希臘語當中是節奏韻律的意思。這是瑞士的音樂家所開發出來的音樂教育法。也就是使用音樂，培養小孩子的韻律感、集中力與創造力。這種教育法在歐美相當盛行，目前在日本也逐漸推廣開來。在日本，還沒有幼兒律動相關的國家認證資格，不過有許多音樂韻律指導的訓練學校或文化中心的訓練課程。其中有一至兩年的密集訓練課程，也有在那裡學習幼兒發達心理學、音樂教育理論、從音樂教育的基礎到實際運用的課程。在這些學校學習，優勢在於取得認證資格後，可以因此透過介紹找到工作。幼兒律動指導員主要是在音樂韻律教室或文化中心授課，但是也可以獨立創業。即使結婚生子了，仍然可以繼續這項工作，這點是很吸引人的。除了喜歡小孩子的人之外，學習過音樂、巴蕾、舞蹈的人，也可以在從事這項工作時活用那些經驗。

## 台灣

台灣會開設幼兒律動教室的大部分是幼稚園或音樂才藝班，目前也有機構專門提供幼兒律動的教育訓練以及外派幼兒律動老師到需要的單位去。一般原本從事音樂舞蹈等相關職業的人，可以經由訓練成為專門的幼兒律動老師，如果喜歡小孩，可以轉而從事此行。（鄭鏗彰）

健康體育科 其②跳民族舞等舞蹈

## 歌舞伎演員 ＊此為日本特有職業。

　　歌舞伎是一個非常封閉的傳統戲劇的世界，截至目前為止唯有進入由日本藝術文化振興會所主宰、附屬於國立劇場的「傳統藝能承傳者養成所」學藝，才有可能成為歌舞伎演員。能夠從歌舞伎以外跨界踏入歌舞伎圈的人，只有歌舞伎超級巨星坂東玉三郎而已。但是像他那樣的案例，可說是30年、50年才會出現一個人。「統藝能承傳者養成所」的課程為全天制，為期兩年，課程內容包括歌舞伎實際技巧、站立轉身、化妝、服裝、假髮、日本舞踊、義大夫、長歌、三味線、笛子等樂器、箏曲、發音、發聲、身段等等。報名「統藝能承傳者養成所」的條件為23歲以下具備中學畢業以上學歷的男

性。通常不會寫明要募集幾名，只會寫著若干名。國立劇場每2年一次從1月到3月會公開招募學員，在4月上旬經過簡單的術科測驗與面試後，經過健康檢查，然後在開始上課後6個月內會舉辦適性審查，正式決定是否錄取。學員在完成課程的研修後，就加入日本演員協會，登錄在傳統歌舞保存會，然後就有機會上台表演。雖然說可以登上舞台，但是也不過是沒有半句台詞的小角色。經過一年，經過保存會的幹旋雖然可以成為幹部演員的一員，但是由於這種被稱為「部屋子」妾身不明的年輕演員人數眾多，所以只有約25％能真正躋身看板演員之列，但就算躋身看板演員，通常也無法獲得太重要的角色。或許這是因為養成學校裡所作的練習，不論質與量都無法與從小就浸淫在歌舞伎界的兒童相比。而且歌舞伎又稱作梨園，是一個採世襲制的世界，有其獨特的氣氛，出身梨園世家從小浸淫其中的演員也會將那種素養反映在演技上，這一點對養成學校出身的歌舞伎演員可說相當不利。但是也有例外，只有猿之助超級歌舞伎的演員都是養成學校出身的演員。不過其中的成員都是非常資深的養成學校出身演員，年輕後進很難加入。

## 狂言師 ＊此為日本特有職業。

　　狂言是一種擁有約600年歷史的傳統技藝。它與「能」劇就像兄弟一樣，通常會一起演出，但是近年來越來越常見狂言單獨演出的情形。能樂講究的是莊嚴的舞步搭配歌謠謹慎演出，相對地狂言則追求以台詞的進行與輕快的身段、笑點來吸引觀眾。目前狂言師的人數約有150人，分為大藏流與和泉流兩派。流派不同，造成即使同一首曲子的演奏方法也會不同，共同演出的能樂師也不同。狂言師一般依然沿襲世襲的方式代代相傳，但這不意味就不對一般人開放門戶。基本上要進入這個行業只有敲開狂言師的門拜師學藝之外並無他途，不過其中也有人超過30歲才入門成為弟子。有的文化學校也開設狂言師的課程，但是這樣學到的東西與從小出生於狂言師家庭自幼開始學習的人成就完全是兩回事。

台灣的傳統戲曲如歌仔戲、國劇、客家戲演員，以及相關戲曲音樂表演，目前均有專門的學校可供就讀，例如，由復興劇校與國光藝校合併升格的「國立臺灣戲曲戲曲學院」便是一所戲曲人才培養學校。目前招生方式，京劇與民俗技藝學生是自國小五年級入學；歌仔戲、客家戲以及戲曲音樂學生自國中一年級入學。有興趣者可至該校網站查詢相關科別的教學內容與相關資訊。除了上述學院，一些大學的戲劇系也有相關的科系可就讀，校園內也有國劇、歌仔戲等社團可參加；而若想自學，則可至劇團所舉辦的研習班或社區大學學習。（尹玫瑰）

## 舞台劇導演

　　戲曲、音樂劇都需運用創造力，竭盡全力以創造最佳的舞台演出。舞台劇導演須指導演員依照自己所設計的演出計畫演出，同時與美術、燈光、音響等工作人員合作，將腦中想像的舞台化為具象。以電影為例，舞台劇導演的角色相當於電影導演。在日本演出者協會登錄的舞台劇導演有約450人，有些則活躍於國外的舞台。通常要成為舞台劇導演須先加入劇團成為演員，例如，蜷川幸雄就因此踏上演出家的路，宮本亞門等人歷經演員、編舞家的經歷後到歐美留學成為演出家，因此有各種方法可以成為舞台演出家。舞台劇導演有人是以獨立身分從事這份工作，有人隸屬於劇團，通常都主宰擁有劇團。要成為一名舞台劇導演，通常會在自己所敬仰的演出家手下擔任助理學習，當然這段期間的收入不會太高。另外還可以參加演出家養成課程，或是參加戲劇工作坊、演出家建教合作課程在現場實際學習等等。不論哪種方法都須具備才華才能夠勝任，不過對戲劇愛好者而言，其中的魅力是不可言喻的，因此十分受到歡迎。

若想以舞台劇導演為職業，大學可主修相關科系，目前的舞台劇導演以科班出身為多。學校畢業後進入劇場並非馬上可當上舞台劇導演，而是一步一步做起、累積實務經驗，一般從排演助理開始，慢慢升到導演助理，直至經驗足夠才能做到舞台劇導演一職。（尹玫瑰）

## 馬戲團團員

　　馬戲團的明星在空中盪鞦韆，小丑人氣鼎盛任何人都能加入馬戲團成為團員，但是要習得一身技藝卻絕非簡單的事。馬戲團必須四處旅行表演，在公演時都會募集一些人打工來擔任接待、簡單的照明控制工作。打工的人若有心想站上舞台，在公演完畢後會留下來在晚上繼續練習，學得一技以便有朝一日能站上舞台。馬戲團招募人時經常會到體育學校貼求人廣告，或者招募有體操經驗的人參加。通常馬戲團成員都是因為自己的興趣去學習一技之長，但是這一技之長往往至少須耗費3年

時間。基本上馬戲團成員未必需要學會所有的特技，有的人擅長在圓球內騎摩托車，有人擅長騎單輪腳踏車走鋼索，有人具有馴獸能力，這些技巧都是跟著前輩學習得來。馬戲團的成員是由馬戲團支付薪水，團員男女各半。要在馬戲團裡占有一席之地，除了運動神經比一般人強之外，更需要對馬戲團抱有一股強烈的熱情，一股絕對要站上舞台的企圖心。不過這種工作對不愛四處遷徙及排斥團體生活的人並不適合。

## 台灣

台灣目前已經沒有純粹本土的馬戲團表演，多為外國團體來台表演，若相近性質的表演為雜技團，較為類似的是國立臺灣戲曲專科學校所附設的綜藝團。（蔡承恩）

## 走唱藝人

日本的走唱藝人是在各地旅遊，獻藝給各地觀眾的一種工作。走唱藝人涵蓋的範圍有戲劇或者街頭藝人等形形色色的種類，巡迴演出大眾戲劇的藝人稱為「走唱演員」。這類藝人基本上沒有據點，他們旅行九州、關西、關東等日本各地，在每個地方停留一、兩個月，於各地的小劇場或公共設施進行公演。所演出的內容主要是近代戲劇或歌舞伎等的戲劇。這類藝人，相較於舞台上華麗的一面，在現實世界裡都過著樸實的生活，其中甚至包括在電視上演出的明星。基本上這樣的劇團是由演員的小孩、親戚，甚至老觀眾的孩子所組成，但是只要有意願進入劇團，基本上有相當大的機會。事實上，有些身體上殘障的人雖然無法成為演員，但是只要誠意足夠，也能在後台擔任幕後工作。最重要的就是熱情與韌性，只要具備這兩項條件學歷完全不是問題。這是出自一位團長親口說出的話。

## 台灣

在台灣此類行業相似者為野台戲藝人，例如歌仔戲、布袋戲等，因應各地廟會、喜慶之邀，而到處表演。野台歌仔戲的演出者以家族成員為主，對於有興趣者也會收徒，從跑龍套之類的角色開始學習；而野台布袋戲也是以家族成員為主，有興趣者若要加入，則以拜師為徒為多，跟隨布袋戲團長一步一步學習。（尹玫瑰）

## 街頭藝人

在路邊、公園行人徒步區，經常可見到街頭藝人賣藝，換取觀眾投的錢作為報酬。直到二次大戰結束後不久，在路邊經常可見到轉盤子、耍猴戲的表演，或者沿街叫賣油、叫賣香蕉的商人。隨著近年來法規對路邊使用的要求日漸嚴苛，大部分的地方政府都禁止街頭藝人在路邊賣藝。不過在2002年，東京都開始「天堂藝人」的執照制度，只要通過審查，街頭藝人可以在東京都內的公園、地下鐵站區內活動，接受觀眾投錢。最近一年間，已經有各種演出、中國雜耍技藝的表演，或者南美音樂、陶笛等音樂演出團體共計246組團體取得

執照。在靜岡縣與橫濱市，每年都會舉辦好幾次街頭藝人大會。通常要成為街頭藝人，都是要拜師學藝鍛鍊技巧，但是也有專門培訓街頭藝人的補習班。不過，只有一小部分的街頭藝人有辦法依賴街頭獻藝維生，大多數的藝人還是得一邊打工一邊賣藝。

 **台灣**

近年台灣的街頭藝人也開始採取證照制度，自2005年起各縣市陸續頒布「街頭藝人從事藝文活動許可辦法」，各縣市文化局一年約有兩次受理報名的時間，分別舉辦活動許可證的審議，證件有效期限為1年至2年不等；獲得活動許可證後，便可以於該縣市公告之場所表演。申請資格為年滿16歲以上，區分個人及團體，詳細認證內容與表演項目請參閱各縣市文化局網站，或至已舉辦多年街頭藝人活動許可證審議的台北市街頭藝人網站詳閱。（尹玫瑰）

## 劇團團員

　　劇團團員是指隸屬於各個戲劇劇團的成員。劇團團員主要都是演員，但是也包括燈光、美術、大道具、甚至收票員等幕後工作人員。如四季劇團那麼知名的主流劇團，他們的成員在做自我介紹時不會光說「我是劇團團員」，而會說「我是四季劇團的團員」。從日本大正時代（1912～1926）到昭和（1926～1989）初期，所謂的劇團團員的職業就是知識分子的代名詞，只是因為他們屬於劇團這樣的身分，因此在當時治安警察格外的「關注」。在那之前，劇團團員也曾經是近代的象徵。在江戶時代，只有演戲的劇團或是歌舞伎的劇團，但是沒有近代戲劇的這種「劇團」。在1960年代後半，整個社會進入反體制文化全盛時期，也出現了地下劇團類型的前衛實驗劇團，之後劇團與劇團團員這樣的稱謂逐漸成為主流。尖銳的實驗性小規模劇場基本上是開發中社會、激盪時期社會的產物，當社會邁入成熟期後，就失去了其價值。成熟期社會的戲劇，勢必會走上更為成熟，更商業形態的模式。在現代社會基本上並不需要太尖銳的戲劇。儘管如此，日本劇團的數量卻異樣地多，而且希望加入劇團的年輕人也絡繹不絕。

　　為什麼會存在這種現象？因為在一個像今日日本這樣的過渡社會中，有許多年輕人不知道自己該做什麼才好，很難找到一份有成就感的工作。不論戲劇的性質如何，對年輕人而言能與同伴一起流汗排練完成一次的公演，就非常有成就感。不過這樣的成就感大多沒有外來的批評，也不牽涉到金錢上的風險，所以其實與完成校園中文化節的演出所獲得的成就感並無太大差異。在現代劇團中，有不少年輕人為了一些沒有意義的事情辛苦，卻自以為那是一種成就。要進入一個非商業性的劇團其實很容易，有的甚至只要打一通電話就可以加入。不過這種形態的劇團團員並無法從劇團那裡獲得酬勞。對劇團團員而言，風險不在於無法從劇團獲得酬勞。有很多年輕人一邊打工一邊參與劇團活動，這類年輕人所面臨的風險，是他們很難從劇團獲得在現實社會生存時所需的知識、技巧與人脈。若只是在一個封閉的劇團裡閉門造車自得其樂，這種情形其實非常需要警戒。

台灣劇團的團員從戲劇相關科系學生而來者多，此外也會因新劇的籌畫或擴大而招考新團員、公開招考劇中角色等等，對於毛遂自薦者表示歡迎。有些劇團會提供月薪給行政人員等班底，不過大部分均是有新劇上演才給予酬勞。若非科班出身而有興趣想加入劇團，可參加各劇團所開設的戲劇、舞蹈研習班等，學習肢體語言與表演技巧。（尹玫瑰）

## 魔術師

魔術師的工作就是利用撲克牌、銅板、繩子等等小道具表演魔術。要成為魔術師，通常必須先找一位自己喜愛的魔術師拜師學藝，從擔任助理開始。除了極少數一流的魔術師外，一般的魔術師很少收弟子，所以要拜師學藝時，誠意非常重要。目前在日本靠變魔術維生的魔術師約有300人左右。有些人隸屬於製作公司接案表演，很多人會利用空檔在產品銷售會上幫廠商表演，提高銷售量。魔術師的收入馬馬虎虎，但是也有非常高所得的魔術師，一次公演要價好幾百萬日圓。要表演一套魔術須徵得師父或發明者的同意，要獲得成功，除了手的靈巧技術高超外，更重要的是必須有原創的魔術點子。

**台灣**

想學習魔術技法者，雖然沒有相關科系可就讀，但從2003年開始，明新科技大學之休閒事業管理系開設了魔術學課程，喜愛魔術者便能選修學得理論與實務。除此之外想以魔術為職業的話，初期除了到魔術道具店購買道具、相關書籍、與熱中好友切磋以外，在校園可加入魔術社團學習技法，社團有時還會請魔術師當指導老師，更可趁此解開魔術疑惑、加強表演功力。社會青年則可到大學的推廣教育中心或坊間補習班學習。（尹玫瑰）

## 舞台劇演員

舞台劇演員指的是登上戲劇或音樂的舞台進行表演，並藉此獲得報酬的工作。如果某個劇團成員雖然在身分上隸屬於劇團，但並未因此獲得酬勞，則不能稱作舞台劇演員，而只能稱作是劇團團員而已。當然，這只是我在本書中將它作一個區分，在社會上未必如此認定。一個人能在舞台上唱歌、跳舞、演戲而且獲得酬勞，是因為這個人是個專業人士的關係。能支付酬勞給演員們的劇團也因此可說是已經建立起商業地位的專業團體。目前在日本有多到數不清的劇團，但是其中公開表演並能獲利的劇團卻屈指可數。大部分的劇團都需要仰賴廠商贊助，或者招募會員贊助劇團，或者接受政府補助，否則都無法維持劇團的表演活動。在這個情況下，要加入一個有能力進行公演，支付酬勞給演員、明星的劇團其實非常困難。有的人是接受特別課程或進入專門的學校學習，有的人是自學戲劇基礎，通過嚴格的試鏡才能進入劇團。即使進入劇團，

若無法從激烈競爭中勝出，也難有機會實際站上舞台領取報酬，因此才需要對「舞台演員」先下個定義。

## 台灣

除了科班出身以外，因為喜愛舞台劇的演出而進入劇團幫忙、做行政工作者，也可能因劇團所需而登上舞台當演員。此外劇團招考新團員或公開招考角色，也是當上舞台劇演員的方法。目前舞台劇因考慮到商業化，而找來電視演員、歌手、作家等演出，以他們的知名度來吸引觀眾。如此說來要當個舞台劇演員似乎很簡單？其實正好相反，要當個稱職的舞台劇演員，除了要擁有相關的戲劇、舞台基礎，還得忍受演出機會不多、收入不豐之苦。（尹玫瑰）

## 人偶操控師

　　人偶操控師的工作就是操控人偶。所謂的操控人偶，方法可分為從上方以繩子吊住人偶。或者是從下方將手伸入木偶內操控。童話中的小木偶就是一具人偶，在日本的古典藝能中，文樂的人偶是由兩或三個人操控一座人偶，是由下往上深入人偶內進行操控。要成為人偶操控師通常須進入人偶劇團從研修生的階段開始學習。在研修生階段，通常須繳納入團費與授課費。相關的工作除了操控人偶外，有的人還兼設計人偶、製作人偶。人偶操控師的舞台大半是在劇團主辦的公演中，但是有些劇團或個人也會接案製作一些電視節目所需的人偶。此外，人偶非常受到小朋友喜愛，因此經常會在學校巡迴演出。有些人光靠人偶操控師的工作無法維持生計，因此會兼做其他的工作。人偶操控，需要的只不過是手指必須很靈巧，但是感性、想像力、以及對人偶劇的熱情才是成為人偶操控師最重要的要素。

## 台灣

在台灣最受歡迎的傳統人偶戲是布袋戲。要進入傳統布袋戲劇團成為布袋戲人偶操控師，通常是以學徒方式隨團學習。目前若要學習布袋戲，可至台北原「台原大稻埕偶博館」改名為「林柳新紀念偶戲博物館」上課，該館持續開課教導布袋戲，招生年齡無限制，並邀請布袋戲大師駐館。其他如參加校園裡布袋戲社團、各縣市文化局不定時開設布袋戲研習營、社區大學布袋戲相關課程等，也能學習到布袋戲的操控與精華。（尹玫瑰）

## 相關職業

寶塚歌劇團→**P.199**　　劇團四季→**P.199**　　小學老師→**P.387**　　托兒所保母→**P.388**　　幼稚園老師→**P.390**　　女公關→**P.75**

# 舞至死亡那刻止

村上龍

第一次見到安娜‧露易莎是在1991年的冬天。安娜是一位舞蹈家、舞蹈總監，也是舞蹈老師。她屬於古巴國立民族舞蹈團，在我的電影《KYOKO》中負責舞蹈場面的指導，以及女演員的舞蹈課程。古巴女性的優缺點，安娜全都具備。她上課嚴格，但喜歡說笑，特別愛吃美味的東西，個性開朗，絕對堅持自己的意見，強硬、任性、愛撒嬌，在口舌之爭上絕不輸人。她不是靠道理講贏對方，是因為她絕不認輸，所以對方只好認輸。而且安娜無疑的是個天才舞蹈家。

古巴的國民可以說幾乎全是舞者也不為過，安娜的舞技更是超凡出眾。我認識她時，她大約40歲出頭，已經變得相當胖。不過她跳起曼波舞就像皮球彈跳似地輕盈，完全感覺不到體重的負擔。光看著安娜的舞蹈，就讓我感到心情開朗愉悅，對生命產生一種希望。像普利謝茨卡亞（Maya M. Plisetskaya）、紐瑞耶夫（Rudolf K. N ureyev）、弗烈德‧阿斯泰爾（FredAstaire）等優秀舞蹈家，個個都非常輕盈，好像完全不受地心引力影響似的。每次看到天才舞蹈家，就讓我想起小飛俠彼得潘和叮噹小仙女。舞者輕盈美妙的動作，讓人們得到安慰與救贖。

安娜‧露易莎有氣喘的老毛病。舊蘇聯瓦解不久後的1990年前半，正逢古巴最困頓的時期。以高於市場價格向古巴收購甘蔗的舊蘇聯瓦解，外幣來源就此斷絕。石油、食糧不足，醫藥用品也異常缺乏。我每次到古巴，都會幫安娜買吸入式的氣喘藥帶過去。安娜在上課中氣喘發作時，就會拿我買給她的吸入式氣喘藥來吸，等情況穩定後再繼續跳舞。吸入式的氣喘藥會對心臟造成負荷。我勸她吸過藥之後最好不要跳舞，但安娜總是搖頭以對，還對我說與其擔心她不如擔心女演員的舞技。她高聲談笑後，馬上又開始跳起舞來。她跳的是曼波、恰恰之類動作非常激烈的舞蹈，讓我很擔心。安娜那像皮球彈跳般的舞蹈，讓人看了就興奮著迷，不知不覺忘了她氣喘的事。

電影《KYOKO》的女主角中途換了兩次角，最後由演技及舞蹈動作精湛的高岡早紀擔綱演出。安娜的舞蹈課程前後長達4年，她常調侃我說：「村上，你真的有心想完成這部電影嗎？」1995年電影殺青，那年的12月，古巴國際影展在哈瓦那舉行，《KYOKO》特別受邀參展。許多音樂家等各方友人都來捧場，我邀請安娜‧露易莎坐在中央最好的位子一起觀賞。看完《KYOKO》之後，安娜給我一個擁抱，說她以為我一輩子都不打算完成這部電影，沒想到我真的拍出來了，說完便在我臉頰上親了一下。我問她女主角的舞跳得怎麼樣，她說有古巴的味道，我聽了很高興。她又說你知道女主角的舞是誰教的吧，語畢便笑得花枝亂顫。

1996年夏天，電影《KYOKO》在日本首映，我接到古巴來的一張傳真。通知我安娜‧露易莎心臟病發作過世的消息。安娜在上課時氣喘發作，她吸了藥之後暫時好轉，又繼續跳舞，接著再度昏倒，然後在被救護車送到醫院的途中不治。我很難過，不過知道她是在跳舞時倒下的，讓我心裡稍微得到安慰。安娜是真的熱愛舞蹈。她只要喝點酒，吃點美食，身體就會開始打拍子，之後只要放點音樂，她就會以渾然忘我的表情跳出完美的舞蹈。光看著她的舞蹈就讓我覺得很幸福。我家裡有500支以上安娜上課的錄影帶，後來我還未曾看過一次。不過我一閉上眼睛，就會浮現出安娜跳著曼波跟恰恰的身影，憶起她輕盈、優雅、美麗的舞步。我心想：這世上真的有人是為舞蹈而生的。

本文撰寫於2003年

健康體育科
其②跳民族舞等舞蹈

# 其❸ 在運動場、校園、街道、山野，跑步、漫步

走在寬廣的場所、喜歡的道路、景色好的地方，只是靜靜的走著，對風景以及這個世界，好像可以一直友善地相處下去。並不是有什麼事才去到那裡，只是走著走著，發現了新的風景，心情都變得清澈。

## 冒險家・探險家

　　日本人一說到冒險家，最先想到的應該就是植村直己了。他是世界上第一位登上五大洲山岳最高峰的人。他曾經駕乘雪橇，成為首位獨自成功到達北極點的人。並完成橫渡格陵蘭的創舉，但冬季登頂麥金利山後，於回程失聯，終至走上不歸路。無與倫比的探求心和挑戰的精神是支持冒險家這項職業的原動力。碰到「人類第一次」或「前所未有」的探險，往往可得到各企業團體或傳播媒體的贊助，但在大多數情況下，卻須為籌措探險經費奮戰。實際上，就算是植村直己，也是靠販賣探險手札增加收入，過著非常節儉的生活。有不少冒險家、探險家會先加入大學登山社或冒險社，反覆鍛鍊以累積經驗。探險的方向可能是海底，也可能是宇宙，還有無數未知的世界，散布在我們四周。

**❝ 台灣**

在台灣從事冒險運動的人並不多，不過活動的類型從海峽泳渡、航海、獨木舟及山林探勘等，種類相當多，通常從事冒險運動的人，對於該運動的技術能力相當高，並且勇於嘗試。挑戰高難度的冒險活動多半不是為了功成名就，而是對於自我體能與技能的考驗，一旦成功往往可以為自己帶來名聲與利益。台灣有一群以山林探勘為主的山友，由熱中登山的學生、商人、教師等各行各業的人組成，探勘時經常深入中央山脈人跡罕至的地區，進行為期十數天的踏查，目的是尋找屬於自己夢想中的一片原野，發掘台灣山林之美。（林軍佐）**❞**

## 登山家

　　有的登山家具備挑戰世界第一高峰的志向，也有人想在險峻的岩壁上留下足跡，或者就單純只想多登幾座山。不像在已確立登山家評價的西方，日本社會若想以登山為正職是行不通的。目前有些人會和運動用品店簽立顧問契約，有些則從事登山解說員來維持生計。也有極少數成名的登山家，得到電視公司等贊助屢屢挑戰險峻的高山，但此種待遇可遇而不可求。縱使將登山經驗撰寫成冊，事實上也不見得有銷路。登山常被評為「沒有觀眾的運動」，是挑戰孤獨的運動。若超脫興趣的範圍想成為職業登山家，需要相當大的決心。

**❝ 台灣**

台灣乃亞洲大陸板塊與菲律賓板塊推擠而成的新褶曲山地，境內高山林立，海拔超過3000公尺以上的山頭共有二百餘座。在台灣專職從事於登山的人口比例不高，其中有大部分屬於原住民族群。由於政府單位對於台灣登山嚮導的制度規範並不完善，因此於從事這種行業的人多半收入不穩定。除了在國內登山之外，台灣尚有小部分的人以遠征國外極地為職志，除了難度高出許多外，更重要的是費用也相對提高不少。近年來，有企業出資，提供選拔而出的優秀登山家從事七大洲最高峰的攀登活動，雖然贊助金額所費不貲，不過一旦攀登成功後，對於企業與登山家可謂雙贏。這（林軍佐）**❞**

## 山岳救難隊員

　　在險峻的山岳中巡邏，救助發生山難的登山客。有時得背負受難者下山，有時則須使用直昇機救援。日本設有多個山岳救難民間組織，但絕大多數是由從事山岳相關職業的人組成的義工性質的組織。想以山岳救難為專職者，必須先成為警察。在日本一些擁有峻峭山岳的縣份，於縣警編制中常編有山岳救難隊。實務上，也有不少年輕人為了加入山岳救難隊而以當警察為目標。每天持續的訓練是不可或缺的，同時必須具備有關山區地形、天候變化的特別知識與判斷力，當然體力也是必要的。總之，必須具備「救人優先」的熱情。有些航空公司設有山難救援直昇機部門，因此到這些公司就職也是方法之一。

**❝台灣**

在台灣與山難救助有關的單位有國家搜救中心、縣市警察局或分局、各縣市消防機關、國家公園管理處、國家公園警察隊、各地方林區管理處及部分民間救難組織（中華民國山難救助協會）等。在這些機關單位之中，多半設有專任從事山難救助的人員，而這些人員在從事救難前必須接受山訓、雪訓、溯溪、繩索操作、野外求生、定向定位實地訓練、傷患搬運實地訓練等各式各樣的訓練，以應付台灣山區多樣的地貌環境。在台灣的山難類型相當多，舉凡落石、墜崖、滑落、雷擊、疾病、迷途、涉溪落潭、失蹤等，都是山區可能發生的狀況；根據統計，其中以迷途（34%）與墜崖（32%）兩者的比例最高。每當山難事件發生時，救難隊員總是必須即刻前往現場，但由於台灣高山地勢陡峭，再加上驟變的山區天候，對於救難人員的體能與技術往往是一大考驗。除此之外，臨危的應變能力也是救難人員所須具備的技能之一，如此高技術性且危險的工作，如果沒有熱忱的工作態度是無法擔任的。（林軍佐）**❞**

## 挑夫

　　運送食物等物資到登山小屋，或背負重物翻越山岳等。利用「背架」─以木頭或金屬製成的特殊道具來背負重物。一般均以重量計算酬勞，1公斤約400日圓，也依登山小屋而異。除了大學登山社的學生打工外，也常有登山家為了自我訓練兼賺取外快來當挑夫，一般須和登山小屋簽訂兼差契約，沒有強健體能和體力的人是無法勝任的。

**❝台灣**

台灣近年來由於登山風氣的盛行，登山者的年齡層越來越高，許多長天數的登山活動需要背負相當多的登山裝備，對體能的消耗相當大，有許多有志登山而體能無法負荷的人，多半會雇用登山挑夫隨行，除減輕負擔之外，更可以較為輕易地參與登山活動。在台灣從事登山挑夫工作的人，多半還是以原住民居多，主要是原住民對於背負重物在山林活動的能力較一般人為佳，再者原住民對山區狀況較為熟稔。有時挑夫除了替山行的人背負物資外，常常還須擔任隊伍嚮導、辦理入山入園申請以及打理全體隊員的伙食及登山裝備，幾乎可以說一手包辦了所有登山活動的工作內容。由於挑夫背負的物資往往達3、40公斤之譜，對於身體機能方面的負荷相當地大，工作辛苦非一般人所能承受，不過這些居住在山林的原住民們卻能夠甘之如飴。（林軍佐）**❞**

## 自然解説員

在日本各地山林海邊的野外活動區，協助觀光客深入瞭解、體驗該地的自然景觀。解説員的名稱在日本因地而異，例如在屋久島稱為Eco-Tour Guide（生態導覽員），帶領較少人數的團體跋山（trekking），一邊注意遊客安全，一邊説明該地的自然景觀與環境。解説員的程度有高有低，有的只接受過民宿從業人員實習程度的打工人員，但也有是上至天文下至地理無所不知的專家，因此日本最近打算推動資格制度與認證制度。要成為一流的解説員，除了熱愛、熟知該地的自然環境外，更重要的是具有想傳達知識給其他人的熱情。

**台灣**

台灣從事自然解說的人，多半會參與政府機關或民間環保團體的解說訓練，藉由訓練的過程培養自然觀察的實力，不過也有少部分的人是因為專長所學或是地緣關係，無形中建立起自我的解說能力。要成為一位好的自然解説員，並不一定需要與所學科系相關，重點是能夠在大自然之中細心地觀察並輔以詳實的記錄，時間一久，多半可以擁有許多適合解說的題材。如果想要專職從事自然解說員，多半需要與觀光遊憩方面做結合，如此一來除了可以加深遊客景點印象，更可以為自己增加收入。通常這類的人在累積一定程度的觀察心得後，多半會以攝影、文字甚至影音的方式，發表或是出版自己的著作。除有收入可以維持生活外，更重要的是能持續不斷的進行自然觀察，累積成果。（林軍佐）

## 戶外休閒活動指導員

戶外休閒活動種類繁多，具代表性的有攀岩、登山單車、獨木舟、泛舟等。指導員的資格由各團體或協會認定，並沒有統一的模式。例如使用人工攀岩設施的競賽中，在壁面裝設規劃路徑的「路徑設定員」，便是國際大賽中公認的指導員。戶外休閒活動指導員大多隸屬於戶外休閒活動用品店，例如招募體驗獨木舟旅遊團的公司等，負責指導初學學員，並負責領隊的工作。此外也有不少人在運動用品廠商工作。目前日本最受矚目的是「自然體驗活動指導員」，他們在專門學校、團體或店內教室指導如何在山林河海中從事露營或爬山健行在日本是由自然體驗活動推進協進會（CONE）負責認證。

**台灣**

由於國民所得提升，台灣從事戶外休閒活動的風氣越來越盛行，如前述攀岩等戶外休閒活動，較傳統休閒活動技術性高，本地也因此產生了一群以推廣這些活動為業的戶外休閒活動指導員。從事這樣的工作，多半都需要考取一些相關國際性組織所發給的證照，例如LNT Trainer Course、EMT-1急救員證照、WMA野外急救認證、運動攀登教練證照等，希望能藉由引導的方式，帶領人們走向大自然。指導員的工作不以競技為目的，主要以體驗自然（Nature Awareness）活動為主，參與的人除可以學習安全所需的技術與技巧、建立環境保護與生態保育的觀念、引導學員感受人與自然環境的關係、察覺大自然的正向能量，進而達到身心靈的紓解；除此之外，在活動的過程中，還可以培養團隊間的默契、提升團隊競爭力以及團隊學習的

能力。從事此職業，營利並非首要目標，除了帶領人們體驗與訓練外，更重要的是能夠傳達民眾保育觀念，以期達到地球環境永續發展的目標。除了運動相關專長的人易於成為專門運動的教練之外，近年來因應休閒產業的興起，各大專院校也廣設休閒事業管理或經營的相關學系，吸納更多元的經營管理人才。行政院勞委會職訓局亦於2002年開始舉辦「展翼計畫」，積極培訓18-24歲的青年人才成為「休閒產業活動指導員」。（林軍佐）

## 滑雪指導員・滑雪巡守員

　　在滑雪場所開設的滑雪學校中，教授技術以及知識。有時是附屬於渡假飯店。近年來也出現了單板滑雪、越野滑雪、山岳滑雪等行程的學校，也要求具備知識以及技術。有專任以及非專任，專任人員則是屬於滑雪場營運的工作人員之一，負責滑雪場斜面的巡守、也要協助舉辦活動。非專任的人則是在繁忙的旺季時前往打工。不論是那一種，在滑雪場封閉的淡季時，就不會有工作。發行滑雪指導員資格的最具代表性的團體是日本最大的滑雪團體聯盟「全日本滑雪連盟（SAJ）」、以及專門教師養成的「日本職業滑雪教師協會（SIA）」。SAJ的資格是，準指導員要在20歲以上、指導員要在23歲以上才能取得。要成為準指導員，得在前一年以前取得SAJ的技能檢定一級資格。實際上，許多企業在募集指導員時，都會要求必須通過一級檢定。而滑雪巡守員則是要接受過在SAJ，甚至是「救急法一般講習認定證」，以及SAJ公認的滑雪巡守養成講習課程，需要有會長的推薦。不過，不論是指導員或是巡守員，有許多都是在當地經營農業或是民宿，只有在冬天時拿來當做副業或是打工。

---

## 相關職業

俳人→**P.41**　　地圖製圖員→**P.57**　　地方情報誌→**P.59**　　考古遺址發掘調查員→**P.62**　　經營民宿→**P.79**　　樹醫→**P.119**　　草皮專家→**P.119**　　林業人員→**P.121**　　森林官→**P.122**　　野生動物調查員→**P.136**　　眼鏡蛇捕捉員→**P.137**　　獵熊人→**P.137**　　南極觀測隊員→**P.182**　　經營登山小屋→**P.183**　　火山研究者→**P.186**　　稀有金屬挖掘與銷售→**P.189**　　風景攝影師→**P.231**　　海上警察→**P.395**　　救難隊員→**P.397**

# 其❹ 思考有關疾病及健康的各種問題

朋友不舒服時，不會坐視不管。看見身體好像不太好的遊民，心會作痛。也想過自己到底能夠為非洲那些飢餓的孩子們做些什麼？

## 運動醫療保健人員

在訓練中負責運動選手的健康管理工作，防止意外或傷害發生，並擔任選手、教練與醫師間的橋樑。多半是球團雇員或約聘人員，也有棒球或足球等一流選手個人專屬的醫療人員，有些則隸屬於訓練員派遣公司。選手健康管理的方法，依據從事競技或訓練的個人體質而有不同，除了專門知識外，還要有溝通能力。從事此職，體育大學或專校畢業的人比較多；而因為與醫療相關，擁有物理治療師、針灸推拿師、柔道整骨師等資格的人也不少。此外，專門治療運動傷害的醫生，稱為運動醫生。他們在運動整形外科或運動診所等處從事醫療工作，有時會當職業球團的隨團醫師。另外還有負責選手飲食健康管理的營養師等，這些都是在隊伍中支持選手的工作人員。

※在台灣，運動醫療保健人員的工作內容，通常與運動傷害防護員重疊。

## 腳底按摩師

腳底按摩是一種反射療法，利用反映身體各部位情況的腳底反射作用，以獨特的手部及手指的動作，刺激腳底的反射區，藉以消除緊張、肩膀痠痛、手腳冰冷、皮膚乾燥等不適狀況。施行這種療法的就是腳底反射區按摩師，除了基本的腳底按摩能力，可改善血液及淋巴循環之外，他也必須具備進行事前諮詢、正確建議及整體健康管理的能力。從事這個行業之前，要到學校學習理論、解剖生理學、營養學等，累積訓練，瞭解身體臟器器官與腳底反射區的關聯性，學得技術。美體中心及香療按摩工作室等都需要這樣的人才，有的人會自己成立工作室，或到府服務。基本上收費是以小時為單位計費，但也依經驗、技術等而有所不同。

※在台灣，腳底按摩包含在按摩士的考照和工作範圍內。

## 運動傷害防護員

在運動現場負責選手的健康管理、避免選手受傷以及一旦負傷時的緊急處置。同時也從事體能訓練、調整、復健的工作。在美國等運動地位相當明確的國家，這個職位屬於專門職位。近年來在日本，除了職業運動團隊和企業贊助運動團體、重視運動的學校之外，像是在運動健康中心內，一般愛好運動的民眾以及復健中的民眾，提供一對一的訓練的課程也在增加之中。日本體育協會公認為運動傷害防護員的資格規定，要大學或專門學校畢業以上，檢定考試合格後才可以取得。醫療相關知識是必須之外，也有防護員本身更具有「整骨按摩師」、「鍼灸師」的執照。此外，若是擁有物理治療師等復健相關執照的話，對本身工作也會很有幫助。

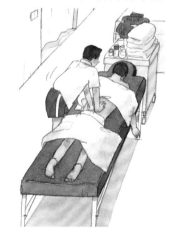

目前台灣也有運動傷害防護員的專業證照，只要年滿20歲，同時修習過「國民體育法」所規定的運動傷害防護相關課程，並取得學分證明者，就能參加檢定考試。運動傷害防護員主要的服務對象，為各種體育運動團體或學校從事體育運動者。主要的工作是負責運動員在運動傷害發生時的辨別與評估、送醫前之緊急處置、運動人員的健康管理、運動傷害後的防護與保健等。但若相關執行的任務有涉及醫療行為時，還是得遵照醫師的指示執行。（蔡承恩）

## 海洋療法師

海洋療法thalassothrapie一詞，是由在希臘語的海洋talas，和法文的sothrapie所造出來的單字。指的是海洋療法。19世紀後半從法國開始普及，20世紀後半因為自然醫學原因再受肯定以及注目。近年來，在日本也頗受歡迎。在海邊的自然環境中，以海水為主，利用海洋性氣候以及海藻、海洋泥等海洋資源，以療癒身心的療法。原本是用來治療及復健的療法，現在則廣泛利用於消除壓力、美容、預防生活習慣病、減肥、運動選手的調適等方面。在治療師養成學校學習、參加講習學得技術，主要工作場所是飯店的SPA或是療養設施。

## 芳香療法師

芳香療法是利用花及樹木等植物的芳香成分（精油），藉由香味來消除疲勞、緩解壓力以及改善身心失調、恢復精神的療法。在茶杯中倒入熱水，再滴入數滴精油，將蒸氣吸入鼻中、使用香草壺或是精油蠟燭，讓房間內充滿香氣，或是在浴缸內滴入精油來泡澡、泡手或是泡腳。其餘像是使用按摩精油（治療油），透過全身按摩，讓有效成分從皮膚滲透到身體內，也頗受歡迎。要成為芳療師，一般而言，先得在養成學校學習，再取得社團法人「日本芳療環境協會」等民間資格。也有人專程遠赴英國的IFA（The International federation of Aromatherapists）等國外的研修設施接受訓練，努力推廣芳香療法。

雖然芳療在台灣早已不是新話題，這類的自然療法也逐漸被國人所重視，但國內仍然沒有芳療師的專業證照。除了英國的IFA能夠研修相關課程外，美國的NAHA、加拿大的CAF、澳洲的AAMA都是知名的訓練所。芳香療法師一般可以選擇投入美容市場，進入坊間美容坊、SPA館服務；也可以自行開設SPA工作室；或從事芳療講座的講師工作，繼續推廣這項產業。（蔡承恩）

## 瑜伽指導員

瑜伽原本是發源於古代印度的修行方法。現在社會受到歡迎的瑜伽，被稱為健康瑜伽，強調健康，是因追求健康而在美國流行的影響。要成為瑜伽指導員，沒有公定的資格，但有幾個具有獨自認定資格的團體的瑜伽養成課程。在瑜伽教室裡，若有遇到不錯的瑜伽指導員，向他們請教在何處學習，也是一個方法。要學習的有各種姿勢的變化、呼吸法、瑜伽的歷史以外，還有解剖生理學、營養學，以及課程的設計、指導方法等。取得認定書、接受資格考試、並

成為該瑜伽教室的指導員的情況很多。此外，工作場所也可能是在健身中心、文化學校等，考試或就職情報在刊載在「FITNESS JOURNAL」等雜誌上，可以多加參考。

## 彼拉提斯指導員

彼拉提斯指的是指強化核心肌群、鍛鍊背肌，把歪掉的骨盤以及駝背調整回正常位置的運動。不讓身體有多餘的負擔，來調整核心肌群是其特徵。與瑜伽不同的地方在於，彼拉提斯是用胸式呼吸，一直在運動身體。此外，也沒有冥想的部分。大多數在彼拉提斯教室上課的指導員，會先取得指導者的資格。首先一定要先取得資格。要取得資格得先參加彼拉提斯的認定團體所開設的養成課程中，學得解剖學、生理學等的知識，有運動的實習經驗後，通過考試才能獲得。各團體所提出的教育訓練不太相同，所教授的東西也各有特色。現在，國內設有指導員的養成課程的主要是以彼拉提斯教室、健身中心、專門學校等。

## 熱石療法師

在背部以及胸部放上溫熱的石頭，幫助血液及體液流動順暢，稱為熱石療法。多數使用岩漿凝固後形成的石頭，也就是玄武岩石。用石頭押在身體穴位上，利用遠紅外線的效果，據說比起單純指壓更來的有療效。具有提高代謝、放鬆的效果，在年輕女性之中特別受到歡迎。原本是美國原住民的傳統民間療法，但在東洋，利用溫熱的石頭來進行灸療的歷史也相當久遠。因為並不是醫療的一環，多數是在美容中心以及熱石療法的專業沙龍使用。也有飯店會提供這種服務。各地均有培養熱法療法師的學校，關於熱石療法的知識以及東洋醫學的學科，也會有實際的演練教學。要成為熱石療法師不需要什麼特定的資格，也可以自學，但學校不僅是教授技術，也會教授開業的方法以及沙龍的經營方法，並且協助就職。因為客戶多半是女性，不需要使用太大的力氣，因此從事熱石療法師工作的也以女性居多。

**台灣**

在台灣若要體驗熱石療法，只能到坊間美體SPA才能進行療程，目前台灣並未針對熱石療法有專業證照。若想從事熱石療法工作，可以透過相關補習班、法人協會所辦的課程、講座學習，中國文化大學教育推廣部也有專門針對熱石療法的課程傳授。（蔡承恩）

## 美體美容師

從事皮膚的保養、脫毛、瘦身、指甲保養、化妝等，除了頭髮以外的全身美容的專家。配合顧客的目的、年齡、體質與個性等進行美體美容。必須要不斷地充實增進皮膚與化妝品方面的技術與知識。另外，因為顧客當中有不少人是希望能藉此獲得紓壓效果，因此時常要聆聽顧客的煩惱與感嘆。要成為美體美容師，可以在專科學校學習，一般也有接受函授教育。就業的場所有美體沙龍、美容室、飯店、化妝品公司、健身中心等。也可以自行創業，開設美容沙龍。在日本，這行業並沒有國家資格認證，不過民間方面有日本美體美容協會的資格認證。在歐美則設置有各種資格認證，社會的接受度與地位較高。現在有許多可以取得這類資格的美體美容專科學校和大學。

**台灣**

想學美容的技能，高職開始便有相關的科系可就讀；社區大學、大學之推廣教育中心也有開相關課程，但職訓局和美容美髮補習班的課程是整套學習，可直接上班運用。此外也可到美體中心等從助理學習起。美體美容師除了讓顧客全身美容之外，其實也是讓人情緒放鬆的紓壓師，藉由手法和適時的聊天，讓顧客身心都獲得紓壓，因此一個好的美體美容師除了手技好，懂得顧客心理也十分重要。目前美容已經實施證照制度，擁有證照將會加強你的專業可信度。（尹玫瑰）

---

### 相關職業

顧客服務中心・接線生→**P.81**　保險業務→**P.96**　生化技術人員→**P.124**　動物輔助治療員→**P.144**　醫師→**P.150**　護士・護理師→**P.151**　保健師→**P.151**　助產士・助產師→**P.152**　臭氣檢測人員→**P.189**　營養師→**P.290**　看護員→**P.381**　外出看護員→**P.383**　求助專線電話輔導員→**P.385**　保健老師→**P.392**　急救員→**P.395**　救難隊員→**P.397**

**健康體育科** 其④ 思考有關疾病及健康的各種問題

# 其❶ 跟外國人說外文

在路上與外國人相遇時，會用英文課上學到的單字和片語與之交談。然後，當對話成立、可以溝通時，會毫無來由地高興了起來。

## 口譯人員

　　成為使用不同語言人士間的橋樑。外文翻中文，中文翻外文，或是流暢的外文翻外文，協助雙方能順利圓滿地溝通交流。口譯人員主要活躍在企業訪察、商務會議、演講、國際會議、電視新聞節目等場合。除了語學能力、中文詞彙、表現能力外，還必須對對方國家的歷史文化背景、政治、經濟、演藝、運動等具備廣泛的認識與知識。口譯的方式依情況不同而多樣，有邊聽邊譯的同步口譯，有邊聽邊作筆記到一個段落再一次譯出的逐步口譯；不論何種方式，最重要的是能確切掌握說話者的意思，並以最適切的表現方式傳達給對方。日本最活躍的口譯人員中，大部分是經由口譯訓練學校學習後成為專業的口譯員。另外。一些具有國外生活經驗的人，回國後在口譯介紹所登錄並累積實戰經驗的情形也有所聞。雖不需執照，但是若能取得證明口譯能力的口譯技能考試的資格較有利。

 台灣

台灣口譯按照市場需求，以英語和日語為主，另外有少數其他語言如韓語、西班牙語、法語等工作機會。國內的口譯人才多半是先取得國內外口譯研究所碩士學位，再進入市場工作。另外也有少部分是參加國內如中國生產力中心，或各大專院校進修部的口譯課程，然後透過翻譯社或會議公司尋求口譯工作機會。關於證照方面，國內的證照目前仍由國立編譯館在研擬當中，所以基本上

無毋需證照便可從事口譯，但如有國內外相關科系學位或國外口譯證照的資格，則在初進入市場時較有利，但長期而言則無太大影響。不間斷地自我學習進修、事前的準備功夫、以及臨場的工作表現才是口譯員成功與否的關鍵。（徐子超）

## 領隊導遊

　　從開始到結束，全程服務照顧團體旅客，帶領全團完成旅程，並努力讓旅客得到滿足。可分為任職於大型旅行社，以及登記在導遊領隊專業派遣公司。大型旅行社可分為業務、票務訂位、跟團等部門，領隊導遊就是負責與旅客同行的跟團業務。大多數的旅行社均提供從票務訂位到跟團的所有業務。就國外跟團而言，非得具備一般行程管理主任的資格不可。雖然只有一週的研修課程，內容卻相當困難。也須具備萬一在機場或飯店發生意外時能處理問題的英語能力。若是公司派遣，則採日薪制，薪資依經驗增加而上升。旅程中，時常會遇上旅客生病或竊盜事故等問題。因此，具備在陌生環境中能臨機應變處理問題的能力，以及隨時隨地保持開朗性格的人較受歡迎。

**台灣**

在台灣，所謂「領隊」通常負責帶領台灣客人出國（outbound）、安排團員交通、住宿、用餐等事務，導覽則由當地人士（多為在地能操華語住民，或是台灣移民、留學生等）接手。而「導遊」則負責接待本地遊覽或國外旅客（inbound）來台旅遊，需陪同旅行團團員前往各地並導覽。此類從業人員須分別通過三種考選部甄試取得證照：導遊人員、出國團體領隊人員、大陸地區團體領隊人員。專業領隊及導遊多以自由業身分與旅行社合作，旅行社出團前才安排領隊時工作。領隊沒有底薪，收入來源為團員小費或購物抽成。依照淡旺季、團員人數的差異，收入多寡不穩定。能一邊工作一邊旅遊，是讓人投入的重要吸引力。工作期間多突發狀況，要有靈活應變能力。限於體力、收入、家庭因素影響，領隊導遊流動性極大。資深者必須常保熱情，否則一個地點可能去過數十次或上百次，容易產生倦怠。隨著旅行業屬服務業，即使是入行10年以上的老資格，身段依舊必須柔軟。因網路發達，國外資訊不難取得，領隊導遊要有更充分的準備，否則專業知識會有捉襟見肘的窘境。（李俊賢）

## 郵輪座艙長

航行到海外的大型客輪就像海上旅館。若以旅館內的職務來比擬，座艙長可區分為如同飯店大廳經理（concierge）負責應對客人需求的櫃檯座艙長，負責財務‧總務的協理座艙長，以及如同飯店經理般負責服務業務的主任座艙長。停留在船上的時間依照海上航行時間的不同而異，基本上一年有三分之一的時間是在海上度過的。要成為座艙長並不需要特別資格。有些公司以具備四年制大學畢業為錄取條件。對於喜愛船隻、海洋或旅行的人是絕佳的職業，屬於服務業，所以完全不適合不愛與人應對的人。因為航行時間很長，除了接待客人外，也必須能體貼同事。由於有時必須接待外籍乘客，因此如果想成為乘客窗口的櫃檯座艙長，必須具備一定程度的英語能力。

## 採訪聯絡人

負責安排國內外電視、雜誌採訪或廣告攝影的工作。選擇攝影地點、採訪對象、安排當地工作人員及器材等，甚至還須交涉拍攝日期及製作費用。在海外工作還須能口譯。總之，就是事先安排準備，俾使攝影團隊能在短時間內順利攝影的工作。能說該國語言，並擁有豐富的人脈是必要條件。並無特定入行方式，一般可先進入自己想工作的國家中以日本人為對象的旅行社就職，並累積人脈。也有不少曾在日本居留的外國人回國後從事此項業務。在偏遠地區採訪有時須提前一個月左右進入當地。必定會伴隨著肉體上疲憊與突發意外，所以擁有強健身心是從事這個行業最起碼條件。近來有些聯絡人發揮其細膩的服務精神與情報能力，成立以觀光客為對象的旅行社。在旅行社安排票務與房

英語科 其① 跟外國人說外文

務，或為顧客計畫旅遊行程的職員稱為旅遊聯絡人。

## 台灣

台灣媒體人事精簡，並沒有採訪聯絡人的職務編制，多由採訪記者自己安排。報社及電視台會有編政組，可能協助部分行政事務。以電視台節目部而言，還有執行製作、製作人、編導等人會協助採訪聯繫、勘景等事宜。一般而言，雜誌社人事最為精簡，通常只有文字記者與攝影記者兩人一組，少數會有助理。聯絡過採訪對象後就直接前往採訪，並沒有充裕的時間先安排勘景或做準備工作。尤有甚者，文字與攝影工作僅由一人兼任，報社與電視台的地方記者多屬這種情況。（李俊賢）

## 旅遊作家

撰寫旅遊記事或海外情報。與其他領域作家一樣，成為旅遊作家的捷徑必須擁有出版社的人脈，或曾經擔任編輯工作。除了必須具有寫作能力外，還必須擁有足以在國外生活的語言能力，此外使用網路、電話或在地採訪所須的情報蒐集能力也是不可或缺。如果不具備經營出版社的附加能力，光靠撰寫旅遊文章是很難維持生計的。介紹無人知曉的消息是旅遊作家最引以為樂的事，據說目前活躍於文壇的旅遊作家絕大多數是熱愛旅遊的人。

## 台灣

旅遊作家大約分兩種：情報資訊類、旅遊札記類。前者居多數，鉅細靡遺地大量採訪與歸納，以實用為主；後者所須功力較高，常要兼顧個人感性觀點及知性訊息傳遞。有些作者難免流於個人式喃喃自語。現任或曾經擔任過報社旅遊版、旅遊相關雜誌的記者、編輯，因工作經驗及人際網絡的建立，較易找到作品發表管道。有些非旅遊類的作家因興趣使然，寫作也跨足旅遊題材。另，參加國內幾項旅遊文學獎也是嶄露頭角的好方法，如華航旅行文學獎、長榮寰宇旅行文學獎、世界華文旅遊文學獎等。應充分運用旅行社、觀光推廣單位、航空公司、飯店等資源，增加消息來源與旅行機會。若沒有社會資源的初出茅廬者，網路部落格也是能發光發亮的好舞台，好作品不怕沒人注意到。目前在台灣能完全靠旅遊自由寫作的人並不多，多是另有工作支撐經濟來源。（李俊賢）

## 觀光局職員

觀光局是指各國政府或地區負責觀光事務的單位，在日本有世界各國、地區觀光局所成立的駐日分支機構。工作內容包括，宣傳該國、地區、州的魅力，以爭取日本的觀光客。以上電視、雜誌或辦活動的方式進行觀光宣傳、廣告、市場商情調查等。有時還須讓自己曝光上鏡頭接受採訪。要成為觀光局的職員，起碼必須喜愛相關國家或地區，具備語文能力，並瞭解當地的習俗與文化。一般以大學、研究所畢業生為多，也有不少是具備在當地生活或留學經驗的人。此外，為了製作對日本人有效果的宣傳，不只須瞭解該國的文化，也必須深切知悉日的文化與社會性。徵才機會少。有職缺時大多在《Japan Times》

等英文報章或其官方網站上刊登求才廣告，也可經由介紹推薦的方式。

 **台灣**

國外駐台觀光單位大約有兩種型態：一、直屬國外的分支機構，二、委託代理單位。前者機構首長多由國外直接派任，其他職員則在當地招募，如泰國、馬來西亞等觀光局。後者由國外觀光單位委託台灣公關公司或旅行社代理業務，如澳門旅遊局由達豐公關代理、帛琉觀光局由頤德國際代理。觀光局職員具備該觀光局國家語言或英文能力是基本要求，工作內容包括：與旅行社合作推出旅遊產品、媒體邀訪、發新聞稿、舉辦記者會、與國外旅行業者聯繫等。亞洲地區的觀光局編制較大，歐洲、美洲等其他觀光局人事精簡，常見一人辦公室，外加工讀生一名，一人身兼數職不足為奇。（李俊賢）

## 日語老師

　　教導那些把日語當外語學習的人，能更容易學習瞭解。工作地點可能在國內有可能在國外，依照工作所在的國家或機構，須具備不同的資格。國內的大學或國立的教育機構，大多將具有日本語教育博士或碩士學位作為應募資格。民間的日本語學校則以通過日本國際教育協會舉辦的日本語教育能力檢定考試，或修完專門學校長期培訓課程為條件。由於國外的大學或國際機關任教大多須具備當地教師資格，因此必須到當地的大學留學才行。此外，青年海外協力隊會派遣日語老師到開發中國家服務，深受歡迎，競爭率高達五、六倍之多。

 **台灣**

### 華語文教師

擔任華文老師，除了華文聽說讀寫流利外，還須教導完全不熟悉華文的人認識華語的語音特色、漢字部首結構、詞語規則、與常用句型的變化等。目前教學方式多以媒體教材設計活潑互動的方式，取代刻板臨摹筆順與重複覆誦教科書上的語句。華文教師須深愛傳統卻不古板，若能熟知華人歷史文化，帶領外籍學生認識傳統節慶或介紹相關風土更佳。全球正興起前所未有的學習華文熱潮，以美國一地為例，美國高中進階先修課程已正式加入華文為申請大學加分學科，並採用正、簡體字並用原則。許多地區也已提前至國小國中課後加強學習華文，華文教學的前景看好。台灣各大學院所紛紛開辦華語文師資養成班，只要擁有大學學歷、熱愛華語文教學，課程修業及格畢業後，便可至僑委會或相關機構登記成為外語教師儲備人選。（謝麗菁）

---

## 相關職業

主持人→**P.49**　新聞工作者→**P.65**　在飯店工作→**P.71**　客房服務員→**P.72**　地勤人員→**P.74**　旅遊行程設計→**P.80**　太空人→**P.192**　在NASA工作→**P.192**　聲樂家→**P.201**　西洋古董精品店→**P.250**　職業運動選手→**P.321**　英文報記者→**P.364**　日本口譯導覽員→**P.365**　大使館工作人員→**P.368**　聯合國職員→**P.369**　外交官→**P.369**　字幕翻譯→**P.443**　飛行員→**P.449**　航管人員→**P.459**　傭兵→**P.467**　美軍士兵→**P.468**

# 語文的專家們

村上龍

　　擅長外語的人有哪些特徵呢？日本人中若能說阿根廷口音西班牙語的人可能是最厲害的吧？說到法語，那位仁兄應在日本前五名之內吧。英語的話，那就非戶田奈津子莫屬。我認識好幾位稱得上是外語達人的人。那位能說帶阿根廷口音西班牙語的攝影師是我的朋友近藤篤。那位在電話中講起法語來，能讓法國人認定絕對是法國人的法語達人，是N汽車公司的O先生。近藤畢業於上智大學西班牙語系並久住阿根廷。O先生因父親工作之故，從幼稚園就旅居法國。

　　在幼稚園的年齡若能到國外居住一段時間，據說非常有利於該語言的學習。例如4到6歲這段期間居住國外，而能說該國語言的孩子，回到國內就算不再說該語言以致忘記，只要再學習就能迅速恢復會話能力，光是發音就會不同。因為耳朵能記得該種語言特有的發音方式。然而，幼稚園時代居住在法國的人不在少數，但並非所有人都能像O先生一樣能如此流暢地使用法語。O先生進入N汽車公司就職後，曾派駐在巴黎好一陣子，因此有機會使用法語，可能是這一點較有利吧。近藤篤因為身為攝影師而常有機會出差南美及歐洲採訪足球新聞，實際上使用西班牙文的機會很多，因而非常有利。

　　但是他們兩人不只各自會說流利的西班牙文或法文，連英文也很高明。在一旁聽他們說法語或西班牙語時，讓我深信世界上真有與生俱來的外語天才。我有個名為J的愛爾蘭裔英國友人，除了母語英文外，還會說法語、日語和西班牙語。聽說他的哥哥會說俄語、希臘語和中國話。弟弟會說土耳其語、阿拉伯語和印度語。父親會說波蘭語、德語、荷蘭語和丹麥話。一家人聚在一起，幾乎能和所有國家的人談話。

　　精通數國語言的人，都有著遠低於實際年齡的年輕外貌。記得以前採訪「巴黎－達卡拉力賽」時，曾在尼日共和國礦山受口譯人員K先生的照顧。K先生是日本人，在當時教導法國人皇室英語，也是一位外語天才。年少時曾經打工跑單幫─把賓士車從歐洲開到中東後，在當地想辦法把車脫手，因此也能說阿拉伯語。和K先生聊天時，我一直以為他應該約30歲出頭的年紀，沒想到一問之下才知道實際年齡已超過50歲了。我還認識幾位朋友，曾在國外拚命習得外文能力，而外表也突然年輕了10歲左右。為什麼學習外語能返老還童永保青春呢？

　　依據個人的看法，長期處於閉鎖的環境，老是和思考模式及價值觀相同的和旅行與外國有關的職業其人生活在一起可能會導致提早老化。和我同年級的朋友中，一直在地方公所或保險公司工作的人，看起來就比實際年齡更顯老態。在國外生活或時常和外籍人士交流的人，正好與一直在日本鄉間過著閉鎖生活的人明顯對比。他們的大腦常受刺激，也必須注意時尚，更須習慣不同的思考方式和文化。這確實是很累人的事，但能以不同語言溝通交流的喜悅是無

可取代的。

　　記得《KYOKO》這部片子當年在美國東海岸及古巴拍攝時，和外國攝影組員一起工作，每天都身心俱疲、筋疲力竭，不過卻充分體會能夠相互溝通時的充實感與快感。只要自己的想法和點子能完全傳達給對方，就可以得到充實感。在國外好不容易能讓外國人瞭 解自己的意思想法時的喜悅和開放感，想必是大家都有的經驗。除了自然學會外語的小孩子以外，語言學習確實是以牛步緩慢進步。聽說中田英壽選手的經紀人是在用義大利語和義大利人吵架時，才赫然發現自己的義大利文頗有進步。換言之，語學的進步是有階段性的。每通過一個階段，和外國人的溝通就如同重生般，能夠感受到喜悅感、充實感與成就感。或許這就是語學達人們都有著年輕外貌的原因吧。

本文撰寫於2003年

**英語科**

其① 跟外國人說外文

# 導遊這行有未來嗎？

村上龍

　　目前在日本説到出國旅遊，還是以旅行團為主流，但是今後的趨勢呢？將來出國旅遊不足為奇，像巴黎倫敦八日遊這種典型的團體旅遊方案將沒有市場。越來越多旅行社簡介或廣告上刊登著「到英國探訪泰迪熊的故鄉」、「法國旅遊附三星級餐廳晚餐」、「到義大利欣賞文藝復興時期的美術作品」、「到上海接受中醫治療或學習太極拳」等，細膩地依照個人需求設計行程。即使到關島、塞班或夏威夷等普通的度假村，越來越多旅行社增加了高爾夫球、衝浪等選項，以及各種美容美體、按摩等以健康、美容為賣點的各式企劃。總之單純只提供國外旅遊的行程已日漸減少。

　　此外，就探訪泰迪熊的旅遊團而言，最低出團的人數降到二至四人左右。旅行社為了配合旅客的需求，必須大量提供出團人數少的企劃。當然像傳統巴黎、倫敦八日遊的行程並未消失，只是減少。當出團人數只有兩人時，則不叫旅行團，而是個人自由行了，也沒有同行的導遊領隊。領隊人員隨時由人才派遣公司派出，目前幾乎沒有任何一家旅行社雇用專職的領隊。如果兩人團也派員隨行，就會造成該企劃無利潤可言。因此領隊、導遊的需求持續減少中。

　　隨著有出國旅行經驗的旅行者增加，若只有「能夠在機場和飯店辦理報到手續，能説些許英文」程度的領隊或導遊已有所不足。例如帶參訪義大利文藝復興時期美術之旅，或欣賞英國園藝之旅等旅行團，必須具備相當專業的知識。今後導遊領隊將必須具備更多特殊知識。不過，人們的興趣變化很快，今後興趣嗜好的變化幅度必將更多樣化。因此，即使是具備義大利美術或園藝等特殊知識卻也不一定能成為受歡迎的當紅導遊領隊。「因為喜歡出國旅行所以想當導遊領隊」這種安逸悠閒的時代早已結束了。

本文撰寫於2003年

# 其❷ 閱讀外文的文章、新聞、小説等

遇到不懂的單字就查字典，瞭解英文等外文的意思時，會得到無可取代的滿足感。即使是同樣的意思，但是是用另一種語言所表達的，感覺世界變寬闊了。

## 筆譯人員

　　所謂筆譯人員，有的從事外國文學翻譯，讓外國文學作品在日本出版，也有人從事商業用文書、企劃書、作業手冊等實務性翻譯，還有人專門負責電影、電視節目、雜誌、歌詞等媒體的翻譯等，範圍十分廣泛。日本沒有專門教授翻譯的大學科系，所以大部分翻譯人員是在專門的外語補習班學習翻譯的技巧之後，有的人到翻譯公司上班，有的成為自由譯者。雖然翻譯不需要具備特殊的資格，但是日本翻譯協會有舉辦英文和中文的翻譯技能認定考試，是一種測定實力的標準。翻譯不僅需要具備優秀的外語能力，也必須有良好的母語作文能力。若要從事實務翻譯，最好能具備專業知識。外國文學作品的譯者，多是直接受到出版社委託，初入行者可以拜託外語補習班的老師介紹，或是在有名的翻譯家下面工作，最重要的是先建立起自己的人脈。在外國文學出版方面，譯者的地位和原作者一樣重要，是一份很有價值的工作。從事實務翻譯者，大多是先到翻譯社登記，再由翻譯社把工作轉過來。可是，一開始就能靠翻譯生活的人很少，據說如果想要成為專職譯者，必須要有一筆幾年沒有工作都餓不死的積蓄才行。

### 台灣

　　在筆譯人才培訓方面，台灣也由國立編譯館在研擬證照制度當中。目前國內包括長榮大學、文藻外語學院等大學都設有翻譯系，研究所則有輔大、師大、彰師大、長榮大學等數所。但是國內翻譯科系出身的譯者尚屬少數，大部分為各種不同背景的自由譯者。如從事實務性翻譯，則多與翻譯社配合。如從事其他類型翻譯，則多半自行接案，與出版社或雜誌社洽談。在外國文學出版方面，除了極少數知名譯者可領版稅，大多數譯者的稿費以字計酬，稿費通常在書籍出版後支付。一般而言，透過翻譯社的稿酬較自行接案為低；內容涉及專業知識的案子、或是英日文以外的特殊語文，稿酬較高。許多譯者為兼差性質，若想以筆譯為生，翻譯的品質和速度皆須達到一定水準才能有穩定收入。如同上文所提，要成為優秀成功的筆譯，不是只有外文能力好就可以，中文能力也非常重要；特別是文學作品，要能夠忠實呈現原著語氣和筆調。此外，翻譯過程會遇到各式各樣的專有名詞和典故、知識，因此廣泛的雜學知識和勤於搜尋查證很重要，這也是從事翻譯工作的趣味之一。若能同時略為涉獵其他語言，對翻譯工作也會大有幫助。（徐子超）

## 外語學家

　　語言學和外語學習雖是完全不同的領域，但常被誤解混淆。語言學是以科學的方法將語言當成一門學問來研究，而語言學習則是須掌握語言使用的技能。因此就算是語言學家也不一定能精通多種外語，或是「英語很流利」。事實上，大多數語言學家的英文程度，往往僅止於能發表及寫作論文而已。不

過，很多語言學家由於工作或興趣的關係，多多少少會一兩種以上的語言。例如，研究非自身母語的語言學家，由於必須實地進行田野調查，探訪使用該語言的地區，所以除非可以找到適當的翻譯人才，或與所研究族群有其他共通之語言，對於自己所研究的語言，往往必須至少具備可以與人基本溝通的程度。語言學的研究對象主要以人類的語言為主，但有時亦包括動物語言。流行語和方言也是研究對象之一。語言學家必須將所蒐集的相關資料，以科學的方式加以分析，以得出正確的結果。要成為語言學家，一般皆先進入大學語言或認知相關領域，如中文、外語、哲學、心理、人類、資訊（人工智慧）、醫學（腦神經科學）等學系，然後再進入研究所，攻取語言學或相關領域的學位。不過，由於語言學所需相關知識相當廣泛，大學主修並非主要決定關鍵。許多人皆由研究所開始，才正式與語言學接觸，後來亦成為優秀的語言學家。語言學家最主要的特質，乃是對於日常使用的語言，必須具備敏銳的觀察能力，且能將所觀察的結果，加以統整分析，以找出語言的規則。世界上有數千種語言，其中還有為數眾多的語言尚無法分門別類，建立其語族譜系。這個領域適合喜歡探索未知的人。（原文改寫補充／馮怡蓁）

## 英文報記者

　　日本的英文報紙是在日外籍人士的消息來源，也是日本人學習英語的教材。採訪和撰寫原稿的流程和日語新聞記者無異，但有外籍同事，而且如果母報是日語報時，將該報的報導翻譯成英語便成為主要的工作。此外也轉載外電報導。較重視英語的寫作能力而非會話能力。撰寫報導時，必須考慮以外國人能理解的角度記

載。和一般日文報社文字記者招募方式不同，英文報紙文字記者多自行以郵寄或電子郵件寄出履歷、求職書信，等到報社有職缺時聯絡面試。

 **台灣**

國內相關領域分為兩類，一類是在國內英文報紙或雜誌擔任文字記者，主要工作是將採訪到的國內新聞以英文寫成報導，國內英文報紙通常會有英文母語者擔任審稿把關的工作。另一類則是擔任中文報章雜誌的外文編譯，工作則為將收到的外電報導編譯為中文報導，如為電視台之編譯，通常還須負責配音與剪輯的工作。（徐子超）

## 留學顧問

　　接受顧客諮詢，綜合判斷掌握其要求後，量身規劃適合的留學方案，並安排學校、機票、住宿等事宜。99％就職於留學諮詢公司，幾乎沒有個體戶。有的公司從留學前諮商到回國後就業全程包辦，也有些大型公司將留學諮詢與行程安排分派不同的負責人，工作內容依公司不同而有差異。有留學經驗有助於

處理顧客諮商，在求職上較有利，但並非必要條件。因屬於服務業，所以更重視技巧地諮商、瞭解顧客的需求。由於必須親自安排留學當地的相關事宜，所以必須具備一定程度的英語能力。聽說有很多曾經出國留學的人，希望讓更多人能體驗同樣美好的留學經驗而投入這一行。

## 台灣

台灣留學顧問的工作，大致可分為留學顧問、諮詢祕書（負責處理相關行政工作），以及文件顧問（負責讀書計畫或其他申請文件之諮詢及協助）等角色。留學顧問通常要求標準較高，最好有名校申請成功經驗或學位，以及GRE或GMAT等留學考試高分成績。後兩者最好也有留學相關經驗，但要求標準較低。（徐子超）

## 國際會議統籌人

從世界領袖級會議到世界盃、學會、研討會等各式各樣國際性活動的企劃，日程、地點的調整，以及節目內容、當天的準備布置等整體規劃。能夠與外國來賓溝通的語言能力是當然必備的。必須具備能夠掌握理解主辦單位的能力，以及遇到突發狀況時的隨機應變能力與臨危不亂的氣魄。國際會議統籌員大多任職於專業公司。有些公司只負責其熟悉範疇的業務。

## 台灣

國內的會議展覽產業相關工作內容包括籌辦與協辦大會與年會、活動行銷、會場／展場設計施工、專業器材設備租賃、及相關會議展覽人才培訓等。台灣的工作管道除專業會議公司之外，還有經濟部支持設立的公益性財團法人中華民國對外貿易發展協會（簡稱貿協或外貿協會）。（徐子超）

## 日本口譯導覽員

跟隨訪日外籍旅客，介紹日本的名勝古蹟，並使用外語說明日本文化及歷史等，協助處理旅行上各式問題。單只有優異的語言能力是不夠的，還必須具備對日本的文化、歷史、地理、甚至產業、經濟、政治等廣泛的知識與教養。工作辛苦，必須如同導遊般陪同往來各名勝古蹟。但是藉由向訪日外籍旅客介紹日本並使其留下好印象，對國際親善貢獻良多，可說是非常有價值的工作。想要從事這個行業，除了必須通過日本交通部舉辦的口譯導覽業考試外，還必須得到各縣市發給的口譯導覽業執照。最後的錄取率低，過關不易，因此大多數人捨棄自學而先進專門學校進修後再參加考試。取得執照後，有的人與旅行社簽約，也有人進入旅行社就職，不過近來大多數口譯導覽員均以個體戶的身分

登記於日本觀光口譯協會中，由協會安排工作。目前日本口譯導覽業中包含九種語言，有英語、德語、俄語等，最近隨著亞洲觀光客的增加，中文和韓文導覽員的需求亦增加中。

 **台灣**

台灣並沒有觀光口譯協會，只有外語導遊和領隊工作。這兩種專業人員均須通過普考，高中職以上學歷即可報考。外語導遊人員分英語、日語、法語、德語、西班牙語、韓語等六種，外語領隊人員則設英語、日語、法語、德語、西班牙語五種，由考生任選一種應考。及格後經交通部職前訓練合格可加入國際觀光服務行列，工作內容則與上文大同小異。（徐子超）

## 著作權代理

　　日本的出版社要翻譯出版外國的書籍時，必須先取得作品的翻譯版權。在擁有著作權的外國作者／出版社和日本出版社之間擔任仲介的角色，就是著作權代理商。翻譯書的書殼背面裡一般都會寫上××××translation rights arranged through ○○○○Agency（××××譯本版權是透過○○○○代理商取得）。這類代理人一般都是在其所屬的代理公司下工作。翻譯書版稅的一部分是手續費用，也是公司的收入來源。如果經手的是一本暢銷書的話，單靠這本書就可以增加不少收入。目前外國書籍的日譯版本數量相當多，但是最近幾年日本書籍的外語翻譯版也有逐漸增加的趨勢。因為必須與外國交涉，所以必須具備商務英語的溝通能力。如果想要在這行業更上一層樓，就要具備速讀外文書籍，尋找有暢銷潛力的書籍，向出版社推銷的能力。

 **台灣**

在台灣，著作權代理人也稱為版權代理人或版權經紀人，主要的能力需求與工作內容和日本的代理人完全相同。台灣的專業著作權代理人總數大約在60人上下，多數隸屬於著作權代理公司旗下，除了英語之外更有專精日文、法文、德文、西班牙文等各種語文的專業人才。另外，近年來台灣出版界對外文翻譯書的需求大增，除了仰賴著作權代理人協助引進外文書版權之外，稍有規模的出版社也會設置自己的版權人員，除了處理公司本身的版權事務之外，也能在不依靠著作權代理人的情形下，直接與國外著作權所有人或代理人洽談外文書的中文版授權事宜。（李佳翰）

## 相關職業

在出版業工作→**P.36**　編輯→**P.36**　新聞工作者→**P.65**　太空人→**P.192**　在NASA工作→**P.192**
採訪聯絡人→**P.356**　旅遊作家→**P.357**

# 其❸ 嚮往其他國家

自己現在所住的地方的「外面」，也就是海的另一邊，是自己所不知道的世界。有著無法想像的景色、意想不到的料理和時尚、非常不可思議的祭典以及奇妙形狀的建築物。總有一天，一定要親眼去看看那些事物，而下定決心之後，也產生了一股勇氣。

## 大使館工作人員

在日本的外國大使館以及領事館，除了從母國派遣外交官來日本之外，也會在日本任用事務人員。像是祕書、證件審查及發放、文化宣傳、祕書、翻譯等事務工作。此外，電話總機以及司機也都是會任用在地人員。也可以以廚師身分進入大使館工作。會採用可以有即戰力以及經驗的人。當然外語能力是最重要的。除了該國的官方語言外，還要求具備英文能力。基本上，出現新的職務或是補充缺額時，會舉辦徵人活動。可以查閱「Japan Times」的求職欄和大使館的網頁上，若有求才訊息，就可以去求職。

 **台灣**

通常外國大使館在聘用人員時，仍然習慣聘用其母國公民，若開放給駐在國公民擔任，也多為低階職位，如總機、司機、櫃台等。不過由於台灣的外交狀況特別，不見得所有國家在我國都設有大使館，有些國家在台灣會設置「工商辦事處」、「經貿辦事處」等對口單位，於本地推廣兩國經貿、旅遊往來等工作，這些辦事處聘用駐在國公民的機會相對較大，但因通常規模不大，所以工作機會也比較少。這類工作需擁有良好的語言能力（看該國使用語言，不一定為英語）與公關能力，較易推動兩國貿易。（蔡承恩）

## 報關人員

要成為報關人員，需要有國家資格。負責代替所有進出口產品的人，進行手續（通關手續）的報關業者。報關人員要承包一連串的手續以及處理業務。通關手續、通關書類的製作、提出申訴等，在書類上簽名及蓋章的只有報關人員。工作職場包括運送業、倉儲業、進出口的食品公司以及服飾業等。考試要考通關業法、關稅法、關稅定率法、以及其他關稅相關法律，還有外匯以及外國貿易法等法律相關知識、以及製作書類的術科考試。雖然考試資格不分學歷、單位經驗、性別、國籍、實務經驗，卻非常困難。近幾年，約1萬人參加考試，合格者最多約2500人，最少時不到1000人。負責考試的政府單位是財務省，全國各地稅關都有實施。要成為報關人員，得先由工作地點的報關業者向稅關主管提出申請，獲得確認之後才可以。通常，取得報關人員的資格後，累積數年的實務經驗，再取得稅關主管的確認。近年來，因為個人輸入行為也非常盛行，報關人員明顯不足，是頗受到注目的資格。

 **台灣**

在台灣，也有特考專責報關人員的國家考試，主要工作也是可以代理人身分，替進出口商或收發貨人，辦理報關納稅的手續。不過實務上，在台灣並非一定要取得「專責報關人員」這張證照，才能在報關行工作，因為報關業務注重的是相關的報關經驗，但每家報關行都必須要有持有本證照的報關士才能營業。（蔡承恩）

## 聯合國職員

　　聯合國辦事處約有1萬4千名員工，另外若將隸屬於聯合國之下的聯合國兒童基金會等組織，或者聯合國教育科學暨文化組織等附屬組織一起加入計算的話，大約有6萬5千名聯合國職員。像這樣在國際組織中工作的人，一般稱之為國際公務員。工作的內容因隸屬單位的不同而有所差異，基本上大多與經濟、醫療、援助發展中國家等有關，由這些領域的專家所組成的官僚系統。工作的地點，廣及世界各地。職員的招聘方面，採取一旦出現空缺，馬上進行招募的方式。但是這份工作主要針對具備處理國際業務能力的人為對象。而新進職員的招聘，則由聯合國祕書處舉行聯合國職員招募考試來徵選。規定的徵選門檻標準為具備「大學畢業文憑」以及「以法語或英語從事工作的能力」等，但實際上，大多要求要具備碩士文憑，擁有經濟或法律等專門知識，及兩種以上的外語能力。此外，也可透過外交部的專家派遣制度（Associate-Expert），在派遣任期結束之後，繼續留任在聯合國機構工作。

 台灣

聯合國是一個完全以會員國為主體的政府間組織，為服務會員國，設有祕書處，祕書處最高主管就是常在新聞出現的祕書長，2007年起將由南韓前外長潘基文出任該職。若想成為聯合國祕書處常任職員（permanent positions），必須具備會員國國籍並通過考試（UN competitive recruitment examination）。由於台灣目前並非會員國，因此中華民國籍的人民無法申請該職。但若你有雙重國籍，可以在聯合國網站查詢目前職缺。除了祕書處的常任職位外，聯合國及其相關專門機構亦不定時有臨時職位出缺；所需專長經歷不等，聘僱合約長短及薪資亦不同，通常不限國籍，並公開招聘。但據內部瞭解，因競爭者眾，聯合國人員任用雖號稱任何符合資格者可自世界各地申請，制度力求公開公平，但實際從內部晉升或任用情形仍多；故想打開聯合國大門，實力及人脈（Network）實缺一不可；從無給職的實習生（Interns）做起，是常用的入門磚之一。有志朝國際組織求職的朋友，可將我國具正式會員資格之組織列為目標，並隨時注意各組織網站公布之召募消息，如亞太經貿合作會議（APEC）、亞銀（ADB）或世界貿易組織（WTO）等。另應加強語文能力，放寬視野，豐富在開發中國家工作之經驗（以具聲望的NGO為佳）；因為無論國際組織專門項目為何，目標多在幫助開發中國家發展（Development Work），若能具備相關地區工作經驗（Fieldwork）及人脈關係較具競爭優勢。（饒慶鈺）

## 外交官

　　代表國家與其他國家進行交涉。具體來說包括締結條約等外交工作，並且也要蒐集該國的情報來加以分析，同時也將日本國內的情報傳達給該國等等。基本上，外交官是隸屬於外務省（外交部）的職員，必須通過第一種國家公務員的考試，或是外務省獨自舉行的外交事務專門職員的考試，合格之後，才可以獲得任用。外交事務專門職員大多對於某一特定地區或領域具備專業知識。錄取之後還須參與研修課程，之後會反覆在國外的日本大使館和外務省內執行勤務。最近的外務省改革風潮中，有人大力鼓吹聘用民間人士來擔任外交官的

想法，但是否真能實現，其實還是未知數。

台灣

在台灣要成為外交人員，最直接的管道是通過每年舉辦的「外領人員特考」，進入外交部服務。另外，許多中央部會如新聞局、觀光局、僑委會、中央通訊社 等也會編制駐外單位。外交人員在國內工作如同一般公務員，但約每3年就外調工作6年。台灣在全球約設有110個館處，外交人員除處理政治及外交事務外，在許多地方也須兼辦經濟、僑務及核發簽證護照等工作。然而派駐各國的大使依法由總統任命，視同政務官，不須具備前述外交人員資格。外交人員外調地點主要依據外語專長，及外館當時出缺的職位等級，統一由外交部人事處作業。由於外調為外交人員職業生涯的重點，又牽涉到薪資、子女教育、配偶工作機會及生活品質等，因此外調地點對外交人員而言影響重大。我國外交處境艱困，外交人員多派在無邦交國家工作，並未享有外交特權，甚至受到不合理的限制；中國駐外大使館尤其密切注意台灣外交人員的一舉一動，極盡刁難之能事。兩岸間的外交戰爭，台灣站在十分不利的位置，有心從事外交工作的人，必須有心理準備。（饒慶鈺）

## 相關職業

新聞工作者→**P.65**　空服員→**P.73**　地勤人員→**P.74**　旅遊行程設計→**P.80**　藝術品修復師→**P.243**　策展人→**P.243**　寶石鑑定師→**P.249**　服裝設計師→**P.302**　時裝模特兒→**P.303**　職業運動選手→**P.321**　芭蕾舞者→**P.330**　歌舞劇舞者→**P.331**　馬戲團團員→**P.336**　冒險家‧探險家→**P.344**　登山家→**P.344**　飛行員→**P.449**　航管人員→**P.459**　賭場發牌員→**P.480**

英語科　其③　嚮往其他國家

# 其❶ 表達、討論意見

在班會或是公民課的時間，提出自己的意見時，經常思考以下的問題：該如何傳達給他人知道？要如何說明才能讓人容易理解？要如何讓人感到興趣？也就是說要站在對方的立場發言、聽取對方的意見和想法有多麼困難呢？

## 精神科醫師

　　以醫學的方式來治療並診斷「心理疾病」。現代的「心理疾病」分成很多種，狹義來說是指精神病中的精神分裂症、躁鬱症和精神官能症等疾病。但近年來，因為壓力而引發的身心方面的疾病有逐漸增加的趨式。面對這類疾病時，必須確實掌握病患的心理狀態，再以藥物療法、精神療法與社會療法等方式來治療。不論是哪種療法，都要以和患者長時間的交談溝通，作為開始療程的第一步。最近，由於受到身邊事故衝擊而導致心靈受創的案例越來越多，這種案例必須透過與心理諮商師的共同治療，來幫助患者進行心理復健。所謂正常的心理與異常的心理之間並沒有一條很明確的界線，因此精神科醫生必須具備願意去觀察人心的親和態度。此外，因為社會普遍對於這類「心理疾病」存在某種偏見，所以要具備敏銳的察覺能力，避免使用隱含歧視以及輕蔑人權的用語。事實上，為了導正這種社會偏見，日本精神神經學會便在2006年時，將精神分裂症的名稱改為統合失調症。要成為一位精神科醫生，首先必須在大學醫學院或者醫科大學接受6年的正規課程之後，參加醫師的國家考試並合格後，才能擁有醫師執照。就業的的地點大多是在醫院或者身障者福利中心等地方。也有不少人自行開業行醫。

 **台灣**

在台灣要成為精神科醫師須通過長時間的訓練和許多門檻：除了醫學系必修的7年基礎課程和實習、兩階段的國家考試外，畢業後尚需要3年以上的精神科住院醫師訓練，並通過精神科專科醫師考試後，才算是正式的精神科醫師。而醫師執照每6年更新一次，期間內需要修滿一定時數的在職教育學分。由於取向的不同，有些偏生理取向的精神科醫師著重藥物的調整，有些偏精神分析取向者習慣用會談分析，其他則是兩者並重。目前精神科醫師主要的執業場所仍是醫院，包括精神專科醫院（如療養院）以及綜合醫院，少部分則自行開業。此外，精神科醫師也會以委任的身分執行司法精神鑑定、身心障礙鑑定、學校駐診等業務。為了因應不同服務對象的特殊性，現在已發展出兒童精神次專科，其他如老人精神次專科等也在逐漸成形中。台灣的精神科醫師現約1000人左右，為醫學系學生的熱門志願之一。（許惠淳）

## 臨床心理師

　　與精神科給予藥物治療不同，臨床心理師主要是對於因「心理疾病」而產生身體異常，或在生活上引發問題的患者，以心理學上的方法來進行治療。一般也稱為心理諮商師或心理治療師。在壓力高漲、複雜多元的現代社會中，這項工作更顯重要。諮商工作，大多採取一對一的方式，因此普遍來說，要成為臨床心理師，必須能夠與個別的患者進行深度對談，並設法藉此取得對方的信任。此外，最好具備豐富人生經驗，能夠接納並包容對方。就業的場所有醫院的精神內科及精神科、家事法庭及兒童訪談所、少年感化院、少年看守所與監獄等司法機構。另外還有殘障兒童福祉機構、老人福利中心等一般福利機構及一般企業等。現在也有設置於學校之內，以兒童、學生為輔導對象的「輔導老師」。在日本要成為臨床心理師，必須在大學畢業後，繼續在日本臨床心理師

資格認定協會所指定的研究所（目前有105間）進行深造。研究所畢業並通過資格檢定者才能取得正式資格。由於臨床心理師是相當熱門的職業，因此要擠進特定研究所的入學窄門並不簡單。此外，為確保專業知識的維持與提升，每5年必須更新審查一次執業資格。

### 台灣

台灣在2001年底通過心理師法，正式將心理專業納入法律規範內，並將心理師劃分為臨床心理師與諮商心理師。根據法規，要成為臨床心理師首先要取得臨床心理學的碩士學位，其中包含一整年全職的實習，方有資格參加臨床心理師的專技高考；唯有通過考試並取得執業執照後，才能從事臨床心理師的業務。目前大專院校中設有臨床課程的心理研究所約只有十來間，競爭相當激烈。心理師執照每6年更新一次，必須修滿一定時數的在職進修課程或督導。在台灣，臨床心理師的就業市場主要還是在醫療體系，除了傳統的精神科外，近幾年也跨足到復健科、神經科、家醫科、臨終照護等，服務的族群擴及心理疾病患者、腦部功能異常患者、臨終病人與家屬、以及有心理調適困難的一般民眾。（許惠淳）

## 精神內科醫師

針對身心症、恐慌症、輕度憂鬱症、飲食失調及PTSD（精神創傷後壓力疾患）等「心理疾病」進行診察及治療的醫師。與精神科不同，主要以身體方面也出現症狀的身心病患為診療對象。由於這類疾病的成因，被認為與患者承受過大的社會壓力有關，因此在進行治療時，不能只針對患者的身體狀況來進行診斷，也須考量其心理狀態及社會層面的問題。因為精神內科醫生擁有醫生執照，所以除了心理諮商之外，也可開立藥方來輔助治療。要成為精神內科醫生，必須和內外科等醫生一樣，在大學的醫學系或醫學院中修習6年專業課程，並通過醫師的國家考試後，才能取得醫生執照。其後，再透過各種研修，增加精神內科的專業知識。現在社會日趨複雜化，求助於精神內科的病患也越來越多。

### 台灣

在台灣，並沒有此項職業分類，上述的治療範疇多由精神科醫師和臨床心理師所負責。差別在於，醫學系畢業的精神科醫師可以開藥輔助治療，而修習心理學的臨床心理師無法開藥，主要以心理療法、測驗來進行診斷治療。通常大醫院裡會有結合精神科醫師、臨床心理師、社工人員、職能治療師、護理人員的團隊，一起針對各個個案進行最適合的治療法。（許惠淳）

## 算命師

以塔羅牌或星座、手相等方式或知識，預言對方的運勢或事情的吉凶發展。雖然在這行業裡，業餘與專業的分際並不是很清楚，但一般來說，加入算命師協會可作為算命師的執業證明。這工作收入的多寡彈性空間很大，有一部分算命師會擁有固定的企業或個人客戶，另外有人會透過演講或上媒體節目等方式維持生計。一般來說，必須具備特殊能力才能從事這項行業，但事實上，

還是必須透過學習來累積與強化這種能力，以便能讓客戶願意敞開心房來進行談話諮詢。

##  台灣

台灣並沒有正式立案的算命補習班，也缺乏專業認證機構，所以要學習上述算命術，多半依靠口耳相傳的師徒制度。另外電視命理節目所邀請的各類算命師則被塑造成另類明星，除了開業算命外，其中有些命相名師也開班授徒，透過網路可以搜尋到開課資訊，但學習費用從萬元起到20萬都有，收費標準差距甚大。有志學習命理者，選擇好老師非常重要，但市面上授課老師良莠不齊，入門者須打探口碑，謹慎選擇，最好在繳付學費前先要求試聽課程。近幾年大環境景氣不佳，尋求算命指點迷津的人倍增，想當算命師的人也越來越多，除了對命理知識的興趣，算命師也須具備口才與良好溝通能力才可能成功。（佛洛阿德）

## 靈媒

　　透過向神明祈禱並請示神意的方式，再將該神意傳達給信眾。具體來說，靈媒從事命運占卜、代傳死者的口信以及作為子孫與往生祖先之間溝通媒介等協助的工作。收入的主要來源是來自於信眾的謝金，但並不是每個人都可以在修行之後成為靈媒。舉例來說，沖繩的靈媒，必須依據上天指示或命運安排才能成為女巫（或巫師）。甚至也有人曾表示，「並不是因為喜歡才從事這個工作」，由此可見這份工作中所存在的宿命成分。一般來說，沖繩的靈媒有男性也有女性，並沒有性別的區分。在沖繩，有人會為了取得祖先的指示，或因為擔心自己是否有什麼不好的事情會發生，而在一年之中數次求助於靈媒。不論在哪哩，幾乎都有靈媒這個行業的存在。此外，從前的靈媒曾被政府賦予官方職位，執政者仰賴靈媒提供經濟或政治等方面的建議。並且，靈媒也會被賦予醫生、藥劑師、研究者及藝術家的身分。

##  台灣

台灣的靈媒通常以回顧前世為主要工作項目，其根據是輪迴與業力。靈媒從求問者前世所作所為，對照到今生的人際恩怨，說明現世的挫敗、生病與被欺壓，正來自前生自我為惡所製造的業力，因此今世要受苦以償還，使占卜者較甘願忍受今生的不平遭遇，產生心理平衡的作用。從事靈媒工作者，須能感應或窺看靈異世界或鬼神的存在，俗稱「第三隻眼」。靈媒通常從小即能自然而然看見或聽見鬼神的召喚，屬於天賦，完全不同於占星師或紫微斗數、八字等的算命方法，可以透過相關課程而努力習得，因此很難主動投身此職業。

台灣其他與靈媒相近的行業，有乩童、道士等，條件都是要具備能強烈感應靈異世界的體質。此行業

收入來自信眾求問時的酬謝紅包，乩童與道士還有為信眾作法事的酬勞。「乩童」會被鬼神附身，以鬼神身分回答信眾在愛情、事業等生活上的疑問，給予指引；觀落陰也是乩童的工作內容之一，指為求問者進入靈異世界，代為探問過世親朋好友的近況。乩童會被這些過世親朋好友上身，直接與求問者進行對話，傳達死者現在的需求，或是去世前未曾交代清楚的現世事宜，提供生者有接觸死者的管道。「道士」以道家學說演變而來，是從中國古代就存在的行業，主要是為信眾解惑，代為向神明提問或求助，以及化符施咒，驅走糾纏生者的鬼魂，以及為長年疾病不癒或運途不順者作法，去除霉運或怨靈，求取好運。（佛洛阿德）"

## 律師

針對在社會上發生的種種問題，尋求解決的方法，並在過程中伸張和保護委託人的基本人權，律師便是這樣的法律專家。取得律師執照之後，必須先加入執業地所在的律師工會，並且也必須在日本律師聯合會進行登錄，才能開始執業。但一般來說，大多數的新進律師都是先到有名的律師事務所中學習，累積足夠的能力以及資金之後，再自行創業。一般在電視新聞或連續劇等，看起來威風八面的大多是與刑事案件相關的律師，但其實大部分的律師都是處理有關金錢借貸糾紛、離婚糾紛等民事事件為主，大多根據法律規定就能找到解決之道。然而，隨著社會越來越

加複雜化，現在也出現不少專門處理企業糾紛，或是跨國性國際糾紛的律師。律師所活躍的舞台，已經發展到法院以外的領域。2003年6月時，日本的律師人數約有2萬人。目前不僅面臨了律師人數不足，而且因為大多數的律師都集中在大都會地區，導致在城鄉服務的的律師人數過少。此外，仍有不少律師自以為「律師這種工作是必須通過超難考試才能勝任的偉大工作」，像這種落伍的觀念，隨著司法制度的改革，將產生改變。今後有許多挑戰正等著律師們來克服。

### "台灣

在台灣想要取得律師資格，必須在大學法律系畢業後經由律師資格考試，在法律事務所實習5個月，並且接受全聯會（全國律師公會聯合會）開辦的實習課程一個月才能正式取得律師資格，向準備執業的地方法院聲請登錄，可以選擇獨立開業或是在其他律師事務所就職。非法律系畢業生，也可以在修習民法、商事法、公司法等指定法律相關學科至少七科滿二十學分，取得報考律師的資格。（王聰霖）"

## 法官

在日本各地的法院中，審查民事、刑事、行政、家事、少年等訴訟案件，依據法律規定來做出判決，維護國民的權利以及整個社會的法律秩序。日本憲法規定：「所有的法官必須僅受本憲法及法律的約束，依據自己的良心，獨自

行使其職權」，也就是說法官在審查案件時，不應受到其他任何國家機關的干涉。雖然取得法官資格，但必須先以陪審法官的身分進行實習，累積10年的實務經驗後，才可被任命為法官（判事）。目前約有3100名法官在全國各地的法院工作，其中約有800多人是陪審法官。法官必須能夠以中立嚴正的立場進行司法判決，可說是身具重大使命。今後，尤其是在一些繁忙的大都會地區，法官的審判過程更被要求要具備效率及專業。

## 檢察官

　　協同警察一起偵查違反法律的犯罪事件，或者自行針對嫌犯進行調查，最後決定是否加以起訴。若是決定起訴，則須在法院提出相關證據，並與被告律師進行辯論，若最後宣判有罪時，檢察官也必須指揮判決的執行。透過司法考試取得檢察官資格，或是在特定的大學中擔任3年以上的法學教授或副教授後，可以成為檢查官。2002年7月時，日本約有2300名檢察官。在日本，只有檢察官可以起訴嫌疑犯，因此檢察官可說是伸張公眾正義的代表者，擁有很大範圍的權限，並且在日本的刑事司法制度當中，扮演相當重要的角色。但是由於這份工作非常辛苦，因此通過司法考試的合格者之中，只有一成左右的人願意成為檢察官。由於今後的高科技犯罪問題以及外國人犯罪等問題日趨嚴重，社會上要求嚴加管制，所以強化檢察官的數量及素質，可說是一項重要的議題。

台灣

在台灣想成為法官或檢察官，要於大學法律系畢業後參加司法官（包括法官、檢察官）的特考及格。除了從法律系畢業外，政治系、公行系等法學院的學系，或是書記官考試及格滿3年後，也可以取得報考司法官特考的資格。另外，也可由律師再轉任法官。考取司法特考後，還得經過一段期間的受訓。受訓期間，每階段都仍然有考試，以及品德的考量，受訓及格後，依各學員的訓練所考試成績及操行成績的名次，分發至各個地方法院或檢察處，並依照分發成為法官或檢察官。不過，目前考上司法特考的大多只能擔任檢察官，法官任用則由資深律師、法律系教授等等向司法院申請遴選為法官。也就是說目前法官的晉用是以遴選為主，而非以考試為主。（王聰霖）

## 政治家

　　所謂的政治家，是指怎樣的人呢？根據日本公職選舉法或是政治資金改正法等，政治家是指國會議員、地方議會的議員及那些候選人。所謂地方政府的首長是指各都道府縣的知事（各縣市長）以及市町村長（鄉鎮市長）。地方議會又分為縣議會及市町村議會。這些都是透過公民投票選舉產生，但若沒有出現與現任首長競爭的對手時，候選人的人數會比定額還少。原則上這些政治家的任期為4年（參議院議員是6年），另外25歲以上才能參選眾議院的議員，而

參議院議員的參選年齡限制為30歲以上。

　　政治雖然是我們日常生活中經常可以看到的用語，但要能真正理解政治所代表的意涵，是一件很困難的事情。或許可以將政治家的工作內容解釋為一幫助大家改善生活，或維持良好的生活品質。但是非營利組織成員、非政府組織成員、宗教家、公務員之中，也有不少人在從事這些工作。到底什麼叫做政治呢？這和什麼叫做政治家一樣是個難解的問題。說不定，政治家是這世界上最難解釋清楚的一種行業。寫這本書也不是為了要去定義各種行業，因此總歸一句，13歲的孩子不該以這樣難解釋的職業為目標。

　　政治家必須面面俱到地考量各個團體之間的利益與損害，讓他們達到調和的狀態。事實上，這是相當麻煩也吃力不討好的工作。因為不可能有一種政策是符合所有人利益的，能夠讓團體之間人人都感到滿意，所以政治家很容易得罪別人。因此，從凱薩大帝時代到現在，遭到暗殺命運的幾乎都是政治家。二次世界大戰後的韓國，在每當政權更替時，都會發生前政權的中心人物遭到暗殺，或是被逮捕等事件。這是因為當他們在掌權的時候，得罪了別人的緣故。就連在日本也一樣，幕府末期或戰前的日本，也有許多政治人物都遭到暗殺的命運。然而，到了現代，已經很少人會認為政治家是一項吃力不討好的工作。這是由於戰後的日本經濟持續成長，所有的國民都能夠得到利益分配。也就是說，當生活越來越好轉後，利益的這塊大餅也越來越大，大到足夠分給所有的人，所以不再有人對於政治人物抱持不滿。

　　不僅不會對於政治家感到不滿，相反地，還出現一群為了多分一點利益而去拍政治家馬屁的族群。因此，戰後以來，政治家可說是相當受到大家羨慕的行業。為了要成為一個政治家，就算對於權力具有慾望也無妨，此外，像是嗓門要大，臉皮要厚，或者要懂得關照別人，具有異於常人的體力，甚至最好能夠擅長權謀心計等。然而，所謂的政治家應該是透過非營利組織、非政府組織等實際參與一些國際性活動，在瞭解利害折衝協調的重要性與困難度之後，再來參與政治比較好。長期接觸企業活動與環境保護之間協調活動的人、能夠成功地讓企業或銀行浴火重生的人或是奉獻於地方社會的發展與教育的人，都有可能成為政治家。如果你是一個對於權力具有慾望，嗓門很大，臉皮不薄，並且懂得照顧別人，具備異於常人的好體力，及擅長權謀心計的13歲孩子，我想給你的建議是：不要一開始就以政治家為目標，應該努力在非營利組織或非政府組織中，吸收知識、磨練技巧，並累積經驗。

※台灣行政院已經於2002年9月18日通過取消鄉（鎮、市）自治地位，廢除鄉（鎮、市）級自治選舉。
　台灣法院立法委員自第七屆任期改為4年。參選直轄市長的年齡限制最低為35歲，而參選立委、市議員等民意代表的年齡限制最低則為23歲。

## 相關職業

評論家→**P.35**　司法代書→**P.65**　行政代書→**P.66**　專利代理人→**P.66**　船務代理→**P.67**　報社記者→**P.67**　公務員→**P.68**　報關人員→**P.368**　聯合國職員→**P.369**

# 司法工作及司法制度的改革

村上龍

　　在美國，大約有100名法律相關的工作者（律師、法官、檢察官），然而，在日本卻僅有3萬名左右的人在從事這些工作。雖然美國一向以訴訟案件之多而聞名，但從人數差距之大，也可以看出日本人和司法非常疏遠。日本社會要從「什麼？……喔這樣喔」的反應轉變成以明確的法律規則來運行時，一定要先徹底改革現有的司法制度一而這正是司法制度改革的基本想法。2001年，司法制度改革審議會向政府提出其決議，並開始司法改革的法制作業。改革法案的內容有，加速訴訟的程序，預期訴訟案件的增加而整合相關配套措施以及陪審團制度等各種項目，其中被認為最重要的課題是，增加法律相關工作者的人數。換言之，大幅增加律師及法官的人數。

　　要成為律師或法官，都必須通過司法考試才行，長久以來，每年的合格人數大約在500人左右。不只是合格人數太少，日本的司法考試被稱是「世界上最難」的考試，似乎只有能夠將六法全書一字不漏地背下來的人才可能通過這項考試。然而，在現實社會中，除了必須具備法律知識之外，例如，熟稔金融事務的律師，或者瞭解最新醫學的律師等，也逐漸受到司法界的重視。

　　日本於2004年4月設立的法科研究所（LawSchool）是日本司法改革的一環，這個以法律實務為特別重點的專門研究所，畢業後，只要通過比司法考試還更容易的新司法考試後，就可以考取資格。考取後與舊司法考試一樣，都能開啟成為法律工作者之路。法科研究所是由全日本約七十所大學所合併設立，修業年限為3年，但若是在大學部時便已修讀法律系，則只需2年的修業期間。開始修讀課程後，5年之內便能接受三次新司法考試。雖然曾有一段新舊司法考試並存期間，但舊司法考試已於2011年廢止。

本文撰寫於2003年

# 其❷ 思考正確的事，希望對社會有所貢獻

要靠自己去判斷孰是孰非非常困難。為了能做出判斷，就必須謹慎思考做什麼事是必要的，也要傾聽他人的意見。你會試著思考想成就一個公平社會，使多數人獲得幸福，要如何才能累積有利的知識和實力呢？

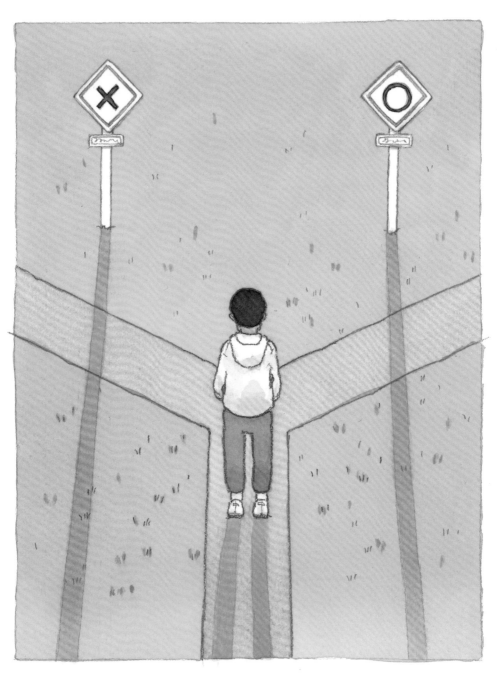

# 社會福利

## 在公立社福機構工作

在公家社服機構中，與日常生活中會發生一些困難的人進行深談，並針對其各種不同的狀況，提供解決、對應的方法。現在有許多諸如這樣的機構存在，例如，社福事務所便是與社會福祉相關的綜合行政機關；而保健中心則是提供身體及精神方面的保健知識及飲食方面的指導等，可說是與地方社區相當有緊密關係的機構。另外也有以身心障礙者等為對象，提供諮詢輔導服務的專門機構，以及提供女性朋友因為家庭暴力或收入不足等問題而煩惱的諮商協助機構。因為在公家機構服務的職員都具備公務員的身分，因此必須通過公務員考試，取得公務員資格後才能在這些地方任職。

## 在與社福相關的公司中工作

所謂與社福相關公司是指進行輪椅、攜帶式便器、看護床等看護用品的販售或出租的公司。隨著福祉看護事業逐漸轉變為到宅服務，像這樣的公司逐漸受到重視。此外，也有一些提供到宅看護服務或代為處理家事的民間企業。在寢具業界或宅配業界，也開發出許多與老年人看護相關的服務項目。對於想要在與福祉相關企業中工作的人而言，最好能夠先在學校的福祉相關科系中學習專業知識，或者取得與福祉相關的執照後，比較容易可以得到這種工作機會。

## 社會福利工作者‧社福調查員

社會福利工作者（social worker）與社福調查員（case worker）是在福祉的領域中具協調性質的工作。以因身體上或心理上有障礙，或者因各種狀況導致日常生活上發生困難的人和其家屬為對象，提供諮商、建議、援助等服務。工作地點有社會福利事務所等行政機關或一般的公司行號、醫院等地。在公立機構工作的話，必須要通過一般行政職的公務員考試才行，一般稱呼這種在公立機構工作的人為「生活輔導員」或「諮商員」等。此外，現在不論公立機構或是私立機構，都漸漸傾向要求從事這方面工作的人要具備社會福祉的國家執照證書。可以從很多管道考取這樣的執照，但一般來說，大部分的人都是先在大學（4年制）的福祉相關科系中學習指定課程，之後再參加國家考試。

> **❝台灣**
>
> 在台灣，要在公立社福機構工作，可在就讀大專院校社工相關科系畢業後，並通過公務人員高考，取得社工師證照即可擔任。至於一般的民間社會福利單位通常並沒有證照限制，只要對於社會服務工作有相當熱忱，即可有機會從事社會福利工作，但是取得社工師證照能有較高的工作保障。❞

## 看護員

幫助無法像正常人一樣，自理日常生活事務的人。尤其是指在看護中心工

作的人。與社會福利工作者一樣，有許多公私立的工作場所。若是在公立機構工作，也要取得一般行政職的公務員資格。目前的趨勢逐漸轉變成要取得看護福祉師的國家證書執照才能從事看護工作。由於看護保險制度已經在2004年4月開始實施，可想而知，今後對於具備看護師執照的需求將會逐漸提升。然而，因為在福祉專科學校研修完成後，就可以同時取得執照，因此近年來新成立了許多福祉專科學校。為了確保品質，現在除了要求須具備執照之外，也會根據個人的人品等進行選考。

## 家庭看護

前往老年人、身體或心理方面有問題的患者家中，從事看護或幫忙做家事等服務。除了患者本身之外，也可以減輕其家屬的負擔。除了公私立的機構之外，也可以在家庭看護事業所或幫傭公司等從事這份工作。必須具備家庭看護工作的執照才能進行這份工作。這種執照分為一至三級，可以透過訓練研修相關課程來取得執照，但目前正朝著廢止三級證照的方向發展。此外，更上一層樓獲得具國家證照的照護福祉士。擁有這張證照，無論在就職或待遇方面都比較有優勢，大多數人在擔任了三年以上實務經驗的訪視員後，就會挑戰國家考試，嘗試取得證照。

課程，年紀在20歲至55歲，領有駕駛執照且自備交通工具（機車或汽車），國小程度以上，具正確行使聽、說、讀、寫之能力，身體及心理健康者，都有機會可以申請成為地方政府委派的居家服務員。其他具社會工作、醫護等相關科系學歷者並具職前訓練結業證書，或服務滿5年以上專職居家服務員並具成長訓練結業證書者，更可成為居家服務督導員。（蘇意茹）

## 外出看護員

陪伴重度障礙者或需要看護的患者外出透氣。主要以老年人為對象，目前這個行業呈現出人手短缺的現象。接受各地方政府的研修課程之後，再取得嚮導看護員執照，便可執業。與其他的行業相比，這項工作並不是那麼廣為人知，因此今後這方面的人才需求應該會越來越高。

※在台灣此項工作包含在「居家服務員」（或「照顧服務員」）的工作內容中。

## 醫療社會福利工作者

與患者或其家屬進行深談，好讓他們能夠安心接受療程，或者，負責幫助其他職員跟患者之間進行聯繫等工作。具體來說，診療時所須負擔費用方面的問題；休養期間的育嬰工作及患者與家人之間的人際關係問題；或者考慮轉院治療時，介紹患者適合的醫院；以及協助患者病癒之後重新適應社會生活等等，都是醫療社會福利工作者的工作內容。一般來說，可以在福祉相關的大學或短期大學中進行修習，取得社會福祉管理任用資格之後，再到醫院或診療所、保健所、看護機構等地方就業。現在雖然沒有專屬的執照，但因應高齡化時代的來臨，在是否應該設置國家執照的問題上引起熱烈討論。換言之，目前這份工作與其他福祉相關的行業相比，並沒有那麼明確的專業區分。因此，必須靠自己去開拓、界定所需從事的工作內容。在往後的社會中，想必這份工作會越來越受到重視。

**台灣**

在台灣目前尚無獨立醫務社工師證照，在台灣要從事醫務社會工作師工作，可以可以在大專院校就讀社工相關科系，並考取社工師證照即可擔任。或經由中華民國義務社會工作師協會所舉辦的「醫務社會工作師」檢覈取得認證。（王聰霖）

## 精神醫學社會福利工作者

依據精神醫療社工的相關法規，在1997年時設置相關的日本國家證書執照後，大多稱呼從事這項職業的人為精神保健福祉師。其工作內容，主要以心理障礙患者為對象，在不侵害患者本身的自主決定權的前提之下，透過跟地方相關機構共同協力的方式，來解決各式各樣的問題。具體來說，主要幫忙處理跟治療有關的問題，或者提供患者重新適應社會生活時所需的各種建議與輔導，以及日常生活上的各種訓練。可以在精神科或精神內科等相關的醫院就業。一般來多，大多先在保健相關的大學中進行修習，之後再參加國家考試以取得精

神保健福祉師的執照。隨著精神科醫學的發展、提升，這種與患者病癒後要重新適應社會生活時所需相關的職業，將顯得越來越重要。

 **台灣**

在台灣目前尚無獨立精神醫療社工師證照，想要從事精神醫療社工師，可以在大專院校就讀社工相關科系，選修精神醫學概論、醫務社會工作、精神醫療社會工作、變態心理學、心理治療理論、酒癮與藥癮防治、個案工作管理等科目，並考取社工師證照即可擔任。（王聰霖）

## 家事法庭調查員・保護官・法務教官

在日本社會福利事業的領域中，跟犯罪有所關聯的職業便是這三種。家事法庭調查官的工作地點為家事法院。針對家庭內犯罪事件、少年犯罪等，以行動科學的觀點來進行調查與分析。其後，再針對犯罪少年或其家屬等，進行心理諮商或提供相關的社福協助。而保護官則是屬於國家公務員的一種，對於犯罪者或發生不當行為的成人或少年背景加以瞭解之後，幫助其改過自新，給予教導或施以援助。至於法務教官的工作地點，則是在少年感化院，少年收容所等地。工作的內容為輔導收容機構中的少年，幫助他們改善社會不適應症，以期重新回到社會生活。由於這些職業全都具備公務員性質，因此無法期待在短期內能快速且大幅地增加職缺。雖然如此，但隨著少年犯罪年齡逐漸年輕化，今後將需要更多優秀的人才投入其中。

 **台灣**

在台灣，少年觀護人依職務不同分為少年調查官或少年保護官，少年調查官的工作為調查、蒐集關於少年保護事件之資料等等，而少年保護官的工作為執行保護處分，包括假日生活輔導、保護管束、勞動服務、安置輔導等等。想要擔任少年調查官或少年保護官的工作，必須通過司法人員特種考試才能擔任。在台灣的少年輔導機構中，主要則是由社工人員與心理輔導員來擔任。（王聰霖）

## 手語翻譯技術士

手語指的是有聽覺障礙而無法用口語來進行溝通的人，用手和手指的動作，表達意思的技術。用手以及指頭的形狀、動作、位置來表達聲音以及單字，利用手語大概可以表達出四千個日文單字。一般來說，在比手語時，嘴唇也會同時動作，顯示所說的語言。要學習手語翻譯，可在設有社會福利學科的專門學校、手語社團以及相關團體、各地政府所舉辦的手語講座等學習，或是以近似自修的方式學習也可以。沒有手語翻譯的資格也可以從事，但是1970年開始的國家的手語工作人員的養成事業，以及2006年依障礙者自立支援法，國家以及都道府縣，都將手語翻譯士制度化。手語通譯士的資格有厚生勞動省的認定資格以及都縣府縣的資格，必須到各自的養成課程上課，並且通過全國統一舉辦的考試才行。要成為翻譯士，先到派遣事業公司登錄，再接受由個人或是團

體所提出的工作。在手語的技術外，還要再充實一般教養以及與聽覺障礙者有關的資訊以及知識。是具有價值以及充實感的工作，但是依現狀而言，要成為一種職業還是相當困難的事。幾乎所有的口語翻譯士都是從事其他職業的義工。

 **台灣**

2009年，台北聽障奧運會的舉辦，讓更多台灣人注意到了聽障朋友的需求，也興起了一股學手語的熱潮。若對手語有興趣，可以從各地啟聰學校或聽障協會的基礎手語課程開始學習。因為手語不是只透過看書就能學會的，有些立體的手勢需要透過老師的示範，才會比較清楚正確的位置。目前國內有「手語翻譯丙級技術士」的技能檢定考試，可透過檢定取得證照。台灣目前的手語翻譯員以接案為主，多在聽障服務團體內服務，或各委託單位透過手語翻譯中心找尋翻譯員，以承接專案方式執行。（蔡承恩）

## 求助專線電話輔導員

　　負責接聽來自想要輕生的人或者其家人的電話、傳真，為了防止自殺事故的發生而提供24小時無休的匿名輔導服務。每個地區對於從事此行業的年齡、資格等限制不一。但在日本要成為輔導員，一般來說，年紀限制多在25歲以上，58歲以下，必須在通過相關審查之後，再進修2年，研修時所需的費用必須自行負擔。全日本近五十間輔導中心約有8千名左右的輔導員從事這項工作。但在日本每年自殺死亡的人數高達3萬3千人，是交通意外死亡人數的三倍以上，據說自殺未遂的人數約是其二十倍以上。由此可知。求救電話輔導員的人數相當不足，一年一度的招募活動中雖然會有很多人應徵，但是因為所有的輔導員都是義工，因此沒有辦法獲取報酬。從事這個行業最重要的是能夠真誠地去傾聽他人的煩惱。

 **台灣**

台灣提供此類輔導工作最久的是「張老師」基金會，其他還有如「生命線」、「觀音線」、「宇宙光」等，不過從事此工作者多為志願服務，並未領取薪資。以「張老師」基金會為例，此類求助專線服務的對象不限於想要自殺的人或其家人，還擴及一般社會大眾的種種心理問題。要成為輔導員須為大專畢業以上之社會人士或大專二年級（含）以上在學學生，須自費參加三個階段的訓練，每階段均須通過甄選，總計約9個月的時間。服務方式有電話、函件、直接晤談、網路即時對談、電子郵件等。除志工輔導員之外，此類輔導機構也會聘雇專職的諮商心理師，透過「談話」提供專業服務，協助人解決問題。取得諮商心理師資格的方式與前述臨床心理師大致相同，取得執照後才能執業，透過心理諮商、心理治療、心理測驗等方式，協助有心理困擾的當事人釐清造成心理困擾的根源，調整因應問題的方式，或找出解決問題的方法。（陳柏翰）

## 校園心理輔導老師

　　為了讓學生能夠更加充分享受學校生活，透過學校所設置的心理輔導老

師，來提供學生們有關友情、相處等人際關係及戀愛煩惱等諮商。此外，為了改善學生拒絕上學的問題，也會提供任課老師跟學生家長一些建議或協助。從事這份工作，要能耐心地傾聽學生在各種方面所面臨的問題，並給予正面積極的支持與鼓勵。目前雖然沒有明訂學校心理輔導老師的任職條件，但因為有些學校要求任職者要具備臨床心理師或學校心理師的資格，因此或許可以透過修習心理學的方式，來取得這類職業的資格。據說自2001年度起，日本所有的公立國中都必須在校內設置心理輔導老師。但因為此職基本上是採兼職制或約聘制，因此其工作條件與收入並不是很穩定，招募的情況也沒有很踴躍。此外，因為這算是新興的行業，必須仰賴自己開拓就業管道，也要自行研修工作上所需要的技能知識。

 **台灣**

台灣目前沒有學校輔導老師的相關法令和專門科系，因此各級學校的輔導人員在養成背景、工作內容、專業能力等各方面有很大的歧異性。以中小學來說，雖設有輔導室、輔導主任及輔導組長之編制，但均由一般學科的教師兼任，目前並無法令要求須具備輔導諮商的專業背景。近幾年有少數縣市實施心理師進駐校園實驗方案，提供包括和學生會談的直接服務，以及和學校老師研討學生問題的間接服務，但因經費來源不穩，這項專業服務在時間和地域上也就有所限制。高中職和大專院校則有專任的輔導老師，多須具備臨床心理師、諮商心理師或社工師的專業背景；長期來看，前述專業資格、學歷在此行業的任職上將越形重要。不過普遍來說，台灣的學校輔導專業人員與學生數的比例明顯失衡，在推展心理衛生或輔導學生心理困擾等方面資源相當不足，許多個案又須長期、工作時間外的關注，是個壓力相當大且需要高度熱情的工作。（許惠淳）

## 照護設施的工作人員

提供高齡者以及障礙人士住宿以及照護服務的設施，提供入浴‧排泄‧移動的照護、提供飲食以及協助飲食、室內的整頓以及清掃、衣服清洗、寢具的交換，以及提供娛樂等等。也有不特別要求要有照護資格的部門，但是如果是從事直接接觸入居者身體的照護人員，那麼大多會要求至少須具有訪問照護員的資格。依各設施的規定不同，在照護部門工作的規定也不太相同。照護福祉士的資格，是在福祉系養成設施畢業後（通常是為期2年的課程），有3年以上的實際照護經驗，再通過國家考試後才可以取得。過去多數的照護機構都是公立是社福法人（NPO）所設立，現在民間企業興建的照護設施則在增加之中。

 **台灣**

隨著人口的老年化，照護服務也成為台灣逐漸重視的領域。照護服務在台灣稱作照顧服務（或看護），可以透過「照顧服務員技術士技能檢定」考試取得證照。主要的工作內容為身體照顧（如廁、沐浴、口腔清潔、進食、服藥、翻身、拍背、簡易被動式肢體關節活動、上下床、使用日常生活輔助器具等協助）、日常生活照顧（換洗衣物之洗滌及修補、文書服務、備餐服務、陪同或代購生活必須用品、陪同就醫、文康休閒及協助參與社區活動等）、安全性照顧

（注意異常狀況、緊急通報醫療機構、協助危機事故處理等）三大類。由於工作時間長，工作內容辛苦，目前國內多以外籍看護為主力。（蔡承恩）

# 教育
## 小學老師

在大學的附設的小學教育學程內，除了修習橫跨小學教育九門科目的專業課程外，還須修習以教育學、心理學為基礎的學分，之後才可以取得小學教師的執照。在公立小學的招聘方面，必須參加各地方政府的教師甄試選拔，合格之後，再依照職缺候補名簿上的缺額來進行分發。而私立小學的聘用

方面，則委由各校單獨進行選拔考試，從具有教師執照的人才中，依照各校的校風及教育方針等來遴選。甄試的內容除了一般通識科目的筆試之外，也包含游泳、鋼琴伴奏等技術科目。近年來受到少子化的影響，小學的班級數逐漸減少，因此想要成為小學教師變得越加困難。對於孩子來說，小學老師可說是除了父母親之外最親密的大人。除了傳授知識外，在各方面老師都帶給孩子許多影響。因此，不能純粹因為喜歡小孩，就想成為小學老師，更重要的是要具備與孩子共同成長的心態才適合這個行業。

## 國中、高中教師

日本的國中、高中的教師是採取分科專任制，因此教師資格也依學科來進行區分。即使不是教育學系，只要取得專業科目及教育學程的學分，就可以成為國高中教師。在公立學校方面，必須在通過各地方政府的甄試選拔後，接受分發雇用。由於少子化的情況日趨嚴重，因此教師的需求人數也逐漸減少。據說現在中學教師的競爭率約為以前的四十至五十倍。今後若不實施大刀闊斧的教育改革，例如，將班級學生人數限制在30人以下等，預料這種粥多僧少的情形只會越來越嚴重。至於私立學校的部分，則與小學教師相同，可由各校獨自進行招聘選拔。也有部分地區的私立學校協會進行教師性向測驗，以測驗結果作為錄取與否的參考。另外，在面試時若能讓對方感受到自己對於所擔任的科目具有教學熱忱，似乎可以獲得加分效果。另外也有不少情況是透過大學老師或畢業校友的推薦來進行選拔。最近幾年，公私立學校都放寬社會人士成為國高中教師的標準，傾向聘用具備個性多元的資質，並且在運動或藝術等領域中有所表現的人來擔任教師。目前的學校教育正逐漸轉型中，因此具備能與學生建立信賴關係的包容個性越顯重要。

根據現行師資培育法，要取得教師資格，必須先就讀師範大學或學院等含有師資培育課程的學校，並且按中等學校、國民小學、幼稚園及特殊教育學校（班）師資類科修習師資職前教育學程，若是就讀一般大學，則可以在畢業後考取教育研究所，補修教育學程。修畢教育學程，成績及格並取得師資職前教育證明書後，並通過教師資格檢定考試後，便可以取得合格教師資格。在台灣光復初期，教職只能經由就讀師範體系的學校取得，並享有優存利率以及終身聘用保障（近年皆已逐漸取消），師範學校亦提供公費讓清寒子弟就讀，因而被認為是搶手的鐵飯碗。近年來放寬教師資格認證，非師範體系的學生也可以經由考試修習教育學程，但在取得教師資格後，還必須經過在各縣市學校有教師缺額時，通過該校的教師甄試，才能順利取得教師職務。任用資格看似放寬，但是受到少子化影響，教師缺額大幅減少，造成許多人空有教師資格卻無課可教的問題。有些人會選擇先以代課老師的身分考進學校，邊教學邊準備正式教師甄試。（王聰霖、何曼瑄）

## 托兒所保母

這是在托兒所從事托育兒童的工作，照顧的對象年紀約在小嬰兒到上小學之間。一般稱呼為為保母或奶爸。在日本要取得此類工作執照，必須先在衛生署所認定的托育訓練學校、學習中心等修習必要的課程，之後再通過由各地方政府所舉辦的托兒所保母資格檢定考試才行。取得執照之後還要登錄在各地方政府的托育保母名冊中，之後才能正式從事這項職業。托兒所保母的工作主要是支援和彌補家庭教育的不足，幫助孩童與家長之間的感情能夠更加圓融美滿。因此，保母本身的親子關係是否圓滿相對之下顯得很重要。此外，一般來說也希望能具備開朗與包容的個性。現在，這種以社區育嬰為主要的專業保母越來越受到重視。隨著兒童福利法的修正等，托兒所保母所面對的環境也逐漸產生變化。

## 家教老師

以小學、國中、高中學生為主，在學生家中進行一對一教學的職業。雖然大部分是屬於大學生的打工工作，但也有以家教老師維持生計的社會人士。透過朋友的介紹或在家教中心進行登錄等方式等，有各種找到家教工作的方法。若是擁有較高學歷，就比較能獲得學生的喜愛及信賴，相對而言收入也會比較多。但重要的是對於教學的熱情及自己的個性。另外，也必須因材施教，建議個別學生所應有的學習方法。因此，也不一定學歷越高便是越好的老師。受到少子化的影響，小孩子的人數漸漸減少，但父母對於獨生子女教育問題的關心卻不減反增，因此這種行業仍然存有很多的工作機會。

## 補習班老師

自從國公立學校導入「輕鬆學習的教育」，主張尊重學生的教育內容後，父母親反而紛紛將小孩送到補習班，希望他們能多多加強升學考試上所應具備

的考試能力。作為一個補習班老師，要能夠分析考試的解題方向，並向學生提供有效的應考對策。此外，也要根據學生的學習能力，提供他們有關選填志願方面的建議。或許在跟學生互動之中可以獲得許多快樂，但補習班老師的本分應當以升學輔導為重。每期能夠幫助多少學生考上排名前面的名校，將作為老師工作能力的評價根據。由於學生人數因為少子化而逐年減少，因此如何促使學生前來補習，也成為老師的工作內容。親自打電話招攬學生，或是利用暑期的各種輔導課程來宣傳，都顯示出補習班老師也被賦予招攬學生的重責大任。由於補習班課程是在學校放學後才開始進行，因此往往必須工作到晚上9點以後，並且還得接著著手隔天課程的備課工作。大致而言，都必須從白天就開始工作。若要成為補習班老師，至少要具備大學畢業文憑，此外若能取得教師證書則更為有利。除了提供升學考試方面的指導之外，對於跟不上學校教育步伐的學生，也有老師專門負責提供補救教學。

## 升學補習班老師

在升學補習班中，以高中生或高四生為對象，實施大學入學考試的補習教育。補習班老師的雇用，是屬於獨自招考，所以錄用標準不盡相同。一般是各自專攻科目的筆試及授課檢定合格後，即可被聘為老師。大部分都是以年約方式簽約，將補教工作當作副業來經營的人也不少。收入的多寡依據工作年數及受學生歡迎的程度而有所不同，也有人擁有像藝人那般的高人氣，並負責編寫參考教材或試題彙整集等。要有高收入，不只是要對於升學考試具備專門知識，如何將課本上的知識以簡單明瞭的方式傳達給學生，更為重要。此外，補習班老師也必須具備吸引學生前來聽課的個性。

 **台灣**

### 台灣的補習教育

在台灣，在補習班任教不需要教師資格，僅視該補習班的聘任條件而定。但由於學校教職短缺，不少具有教師資格者轉而投身補教界，有些大專院校學生和研究生也會選擇在補習班兼差。台灣較具規模的國高中升學補習班多半以知名補教老師的名號來招生。除了負責教學的老師之外，尚有擔任生活輔導及招生事宜等行政工作者，稱為「輔導老師」或「班導師」，另外還有「解題老師」負責出題、改作業並替學生課後解答。小型的補習班沒有如此分工，會由老師兼任行政工作。另外在台灣還有國小學生的課後輔導班和安親班，多為私人在社區開設，主要服務是提供上班族父母安置兒女的場所，由於學生年齡較小，工作內容亦較為繁瑣，改作業、教學、輔導、行政工作多由幾名班導師包辦，有些人會從大學生開始在安親班兼職，畢業

後直接轉為正職。另外有些安親班（或稱作才藝班）會開設外語或才藝課程，這些課程須另外聘請進行教學的老師，由於並沒有證照規定，大學專科生兼差轉正職的情況也很多。（何曼瑄）

## 大學教授

　　大學教授，各自擁有不同的專業領域，在大學或附屬研究機構進行研究的同時，也對大學生進行授課。一般來說，從大學或研究所畢業後，在大學裡以擔任助教或講師的方式，再從副教授升等為教授，並在這些升等過程中，取得博士學位。必須撰寫相關論文以便獲得大學或學術審議委員會的評價，因為大學教授的職務是逢缺遞補，所以也必須耐心等待，可說是一條相當漫長並且困難的道路。如果不是真心喜歡從事學問的鑽研，很難從事這項工作。另一方面，若在體育界、演藝界、金融及行政等領域有突出的優異表現，也可能會因此被大學任以教授身分，聘請到學校任教。因應國際化、多樣化時代的到來，許多新領域的學問開始蓬勃發展，也因此增設了不少新的科系。原則上教授的聘用都是採用終身聘用制，也就是說一旦成為某校教授之後，鮮少會再更換任教學校。但近來年由於這樣的做法會導致研究的品質或是教授教學品質不佳，因此開始導入任期制或由學生評鑑老師的制度。教授不只是要傳授學問給學生，如何能夠以引起學生興趣的方式來進行授課，也開始受到重視。

###  台灣

台灣的大學教師分為講師、助理教授、副教授、教授，講師升等為助理教授需任講師滿3年以上或具有博士學位；助理教授升等為副教授須任助理教授滿3年以上或獲得博士學位後從事相關研究工作、教學或專門職務滿4年以上；而副教授升等為教授須任副教授滿3年以上或獲得博士學位後從事相關研究工作、教學或專門職務滿8年以上。升等須經由提交和發表升等論文至系所，通過後提交至院校，通過後呈報至教育部審核才算完成。目前台灣的大學教師若沒有博士學位或發表過專門著作，很難光憑年資升等。（何曼瑄）

## 幼稚園老師

　　在幼稚園中，對3歲以上到就讀小學之前的小孩實施學前教育。為取得幼稚園教師資格，首先需要在具有幼稚園教師訓練課程的大學或短期大學中修習必要課程，取得幼稚園教師執照之後，再前往各私立幼稚園進行個別面試或參加縣市的統一招考。雖然工作的時間不是太長，但由於必須敏銳地留心小孩子們的心情變化及動作舉止，因此不管是精神層面或身體勞動方面，都可說是一份相當辛苦的工作。目前幼稚園教師人

數已經呈現飽和，因此剩下的職缺較少。但由於社會逐漸重視幼兒教育的重要性，今後此類工作機會應該會增加。此外，由於日本最近開始討論是否應該增加幼稚園中男性教師的比例，因此不難推測今後男性教師的聘用也許會增加。

## 在無障礙學校工作

所謂的「無障礙學校」原本是指自由學校（Free School）的意思，但是一般是指以「拒絕上學、自閉傾向等學生」為對象的學校。而最近幾年，無障礙學校中，也開設了以患有輕度智能障礙的學生為對象的課程。雖然不需要另外特別的執照就可以成為無障礙學校的老師，但是除了必須對學生進行綜合性的學習輔導外，也須與學生或學生家長進行心理諮商，因此一般被期許要能擁有教師執照或心理診察師等資格。目前這種工作的職缺並不多，而且大多數的人都是以義工的身分來從事這項工作，所以只有一小部分的人可以賴此工作維生。

## 特殊教育老師

在特殊教育的學校中，針對身心等方面有障礙的學生進行教育的工作。例如，以盲生為主的視障學校，有聽覺方面問題的學生為對象的聽障學校，或者針對有其他障礙的學生所開設的養護學校，以及以障礙狀況較為輕微的學生為對象的特殊班級等，可說是這個行業的工作場所。雖然這份工作需要耗費龐大的精神及體力，但若從學生身上看到明顯的成長、進步時，可以獲得無上的成就感。從事這份工作的人，必須具備不易被小挫折擊倒的恆心與毅力，以及開朗的個性。此外，這份工作的薪水會比一般教師工作要高一些，可說是這份工作的優點之一。要成為特殊學校的老師，首先要具備普通教師的證書，並且進一步取得特教教師的普通執照。因此，在擁有特教科目的大學教育學程中修習學分，可說是成為特教老師的捷徑。

**台灣**

根據特殊學校教師登記辦法，在台灣想要從事特殊教育工作，可以在就讀各大專院校的特殊教育學系畢業後，向主管機關辦理登記。特殊教育老師又分視覺障礙組、聽覺障礙組、肢體傷殘組、智能不足組、資賦優異組，需要修習的課程及學分也各有不同。（王聰霖）

## 保母

有工作的媽媽出門上班時，照顧那些小孩的工作。在自家保育也可以，擁有保育士以及幼稚園老師資格的人較為有利。配合小孩子的年齡，保育工作包括陪小孩遊戲、學習、吃飯、洗澡等。做這份工作的前提是要喜歡小孩子，但因為有發生小孩生病以及意外事故的可能性，更需要反應靈敏、責任感強的人來從事。不只是要贏得小孩的喜愛，讓母親信賴是非常重要的，若能建立彼此的良好關係，工作也可以長期持續下去，若無法做到，可能很快就會被開除。隨著女性外出工作人口增加、假日夫婦共同外出的影響，保母的工作機會也在增加之中。此外，現在有許多公共設施在舉辦活動時，為了服務帶小孩子前往

的母親們，也會安排保母服務。雖然有民間機構提出資格認定，但是不需要特別的資格，一般來說先在派遣公司登錄，工作依時薪給付。從大學生到養兒育女工作完成的中高年都有，年齡層相當多樣。

 **台灣**

目前台灣可經由「保母人員技術士技能檢定」考試，取得保母資格，若有心從事保母工作，即使不是幼保或兒福、社工等科系畢業，也可參加各地保母人員訓練或托育相關訓練課程，即可參加檢定考試獲得證照。近年為提昇保母品質，政府於各地推廣建立「社區保母系統」，並辦理相關課程，以期落實托育服務的社區化。而在實際需求方面，國內目前分為在宅保母與到府保母兩大類，主要差別是後者保母到小孩家後，除了基本的托育之外，還需要兼做一些簡單的家事，因此待遇上會比傳統的在宅保母高出些許。（蔡承恩）

## 職業顧問・職業發展顧問

　　與面臨工作以及事業轉機的人進行諮詢。為不知道該做什麼工作而迷惘的人、找工作的人，架起跟企業等就職單位間的橋樑。因為前來諮詢的人都是抱著自己並未理解的不安以及希望前來，所以導引出那些不安與希望，並且協助他們，是工作的目的。社會以及雇用環境急速變化的現在，尋求諮商的人也在增加之中。不單單只是瞭解諮詢者的學歷與經歷，而更要仔細的聽對方談話，將對方自己也未察覺出的興趣以及隱藏的才能引出來。此外，雇用的形態變得多樣化，新的職種也不斷出現，要有把握這些變化的搜尋能力。要成為職業顧問不需要特別的資格，但也不是只要聽對方說話就可以，因為要問出內容、正確而仔細地給予建議，所以最好是要有企業的人事、人才介紹等工作經驗，或是派遣公司的指導員以及職業介紹所等經驗會比較好。也有取得CDA（職業發展顧問）傾向實務的資格的人。要取得CDA的資格，要先上改良自美國的職業開發協會的教育課程，約6個月程度的講座。取得資格後，也得繼續學習。試驗費用一次試驗是1萬5750日圓，二次試驗是2萬1千日圓。民間資格是由特定非營利活動法人・日本職業開發協會所發行。

 **台灣**

台灣目前類似這樣的工作，被稱為「人力資源顧問」或「職業指導顧問」，他們的工作主要是負責擔任眾多公司的人力招募面試官，替各公司行號尋找適合的員工，並幫適當的求職者媒合到適合的工作職缺。人力資源顧問會根據求職者的履歷，找尋符合企業文化與需求的工作。因為工作的關係，人力資源顧問可以接觸到非常多企業及求職者，因此必須懂得問問題的方法及替雙方著想的信念，至於「推薦錯公司」或「幫公司介紹錯員工」，則是人力資源顧問最不願遇到的事。（蔡承恩）

## 保健老師

　　常駐於學校的保健室，在校生若受傷或生病時的緊急處理、透過健康診

斷，健康觀察的資料，瞭解在校生的身心健康情況。此外，身為保健人員，要負責健康檢查、水質檢查、照明檢查、空氣檢查等環境衛生檢查、保健衛生知識等計畫的實施。有時還要負責健康教育以及性教育的授課。要成為保健老師，必須要擁有教師執照。取得四年制的教師養成大學的保健老師養成課程、指定的護理大學等所指定的保健以及教職的單位，可以獲得第一種執照。若是取得短期大學的保健教師養成課程所定的單位，可獲得第二種執照。而持有國家資格的保健老師，只要向都道府縣的教育委員會提出申請的話，就可以獲得第二種執照。近年來，兒童心靈保護工作也越形重要，兒童身體以及心靈的虐待事件頻傳下，保健老師的工作被認為比較容易早期發現，因此也被期待在兒童虐待事件中，可以早期發現並且及早對應。

## ❝ 台灣

台灣各級院校附設的保健室，被稱為「校護」。基本上是各校獨立招聘，並沒有固定的招聘日期或考試科目，完全依照各校需求規定，相關招募訊息可透過行政院衛生署或護理師護士公會網站查詢。常見基本需求為：相關護理系所大學畢業以上學歷，並擁有護士或護理師執照，甚至健康促進管理師證照等。因為校護工作環境與對象都單純，處理事務相對簡單，但職缺有限，所以想要進入校園擔任校護工作的錄取率非常低。（蔡承恩）❞

# 安全
## 警察

　　首先針對日本的警察組織作簡單的說明。警察有隸屬於警察廳（警政署），以及隸屬於各都道府縣（各縣市）的警察。警察廳是屬於中央政府，負責指揮各地警察的行政機關。警察廳中的職員都是國家公務員，與其說是警察，倒不如說是政府官員。相對於警察廳的官員，分布於各都道府縣（各縣市）的警察局則是直接執行警察工作的單位。縣市警察局中的職員都是地方公務員，這種警察的人數多過於國家公務員的警察。此外，只有東京都的警察總部特別被稱為警視廳。根據縣市規模等的不同，每個地方的警察局機構也有所不同。根據其工作內容的不同，可以區分為以下幾類：

地區　　　　輪值工作等與地區安全有關的活動
刑事　　　　偵查或調查犯罪狀況等
交通　　　　防止交通事故發生或處理交通事故
生活安全　　防止犯罪發生、處理少年犯罪以及取締吸毒或非法持有槍械等
警備　　　　政要保護及災害救助活動等
管理　　　　人事、總務等事務

　　日本警察招募大多由各縣市單位各自進行。一般來說分三類組，第一類組必須具備大學文憑，而第二類組則必須具備短期大學畢業文憑，至於第三類組則是要求要具備高中學歷。也可以跨越縣市參加其他地方的招考。若是通過考

試，錄取之後必須先至各縣市地區的警察學校參加訓練課程，並且此警察學校是採用全體住宿管理制。高中畢業或短大畢業的男生，必須在警察學校研修10個月，大學畢業的男生則只須研修6個月，而女生則不分學歷，都只須在此研修6個月。研修期間也可以領薪水，在這段研修過程中必須學習包含法律等各項警察所須具備的知識。另外，包括如何使用槍枝射擊等，也都是在這邊進行學習。在研修的後半段中，也會實地到派出所實習輪值的工作。從警察學校畢業之後，大部分的人都會先被派到派出所執行勤務，官階屬於巡察。警察的官階除了巡察之外，往上還有巡察長、巡察部長、警部補、警部、警視、警視

正、警視監、警視總監（只有東京有）等官階。累積一定的工作年數之後，通過檢定考試並參加研修之後可以獲得升遷。

此外，還有刑事警察、騎乘警用摩托車或駕駛警車的警察及從事鑑識工作的專業警察等。如果想要從事這些工作，除了考量勤務的績效之外，仍然必須透過研修之後才可轉任。例如接受警用摩托車的駕騎特訓等，先克服各項所需的條件之後，便會被配置在各警察署之中，成為一名交通機動隊員。若為了更進一步地吸收專業的知識，也有可能會被派遣到外部的教育機構進行研修。例如培養外語能力，或者學習如何透過電腦來操縱船艦運行，甚至是成為警犬的訓練員等，有各種不同的進修部門。從警察培訓系統的充實教育內容來看，不難得知，警察的專業性也逐漸受到重視。

## ❝ 台灣

在台灣，警察的最高主管機關是內政部警政署，直屬機關有：入出境管理局、刑事警察局、航空警察局、國道公路警察局、鐵路警察局、港務警察局、保安警察總隊（保一至保六總隊）、台灣保安警察總隊（水庫、金融機構駐衛警等）、國家公園警察大隊、警察電訊所、民防防情指揮管制所、警察廣播電台、警察機械修理場、台灣警察專科學校等，各直轄市、縣（市）地方政府亦設有警察局，警察局底下另設有各分局、交通隊、刑警隊、保安隊等，各分局底下設有派出（分駐）所、交通分隊、刑事組等。

想要擔任警察，可以在高中職或五專畢業後報考兩年制的臺灣警察專科學校，或是報考四年制的中央警察大學，畢業後並在兩年內通過警察特考，根據分發來擔任不同單位的警察工作。由於警察學校的學雜費是由公費支出，因此若未如期通過考試，須賠償在校期間所享受的公費支出費用，另雖經特考通過分發後，因有服務年限之限制（6年），故如未服務滿年限，亦須賠償在校期間所享受的公費支出費用。台灣警察的官階由高至低分成警監、警正、警佐，經由考

試檢定或遴選等管道出任或晉升。（王聰霖）

## 急救員

在救護車內，當運送中的患者發生緊急狀況時，提供確保呼吸暢通，心跳回復，輸送血液等臨時急救措施的工作。這份工作的執照是從1991年起開始認可，但若不是消防隊員，單只持有急救員執照也無法從事這份工作。在全國約11家急救員訓練中心學習2至3年後，參加國家考試，取得急救

員的執照。此外，在大學修習公眾衛生學、解剖學、病理學等科目後，再以急救隊員身分累積一年以上的經驗的話，就可以取得參加執照考試的資格。因為必須在行進中的車輛內，進行攸關生死的急救工作，因此這份工作需要冷靜的判斷力及隨機應變的技術及責任感。此外，當急救車抵達醫院後，也必須確實地向負責該名病患的醫生進行急救過程報告。未來這份工作在就業市場的需求度，應該會逐漸提升吧！

### 台灣

在台灣，配備於救護車上的人員（包括司機），均須具備初級救護技術員以上的訓練，證照效力需要經常複訓才能更新。目前台灣的消防人員已經至少具備救護技術員初級甚至中級的證照，所以民間救護車的救護技術員有許多由其兼任或轉任。初級救護技術員只要國中畢業就可以受訓，（但要繼續接受中級的訓練必須同時具備高中職畢業的學歷）並且可以依此繼續受訓至高級救護技術員。主要由各級醫院、衛生機關和警察消防單位辦理這項受訓的業務，民間機構的訓練只到初級階段，並且需要收費。（蘇意茹）

## 海上警察

維持海上的安全、處理海上事故或提供海上救援等作業，海上保安官的工作內容主要是在負責守護日本的海域安全。以國家公務員的身分在海上保安廳（即海岸巡防署）等地執行勤務。除了必須監視或取締來路不明的船隻，以維持海上交通通暢外，當海難發生時，也要進行救援行動。另外，針對發生意外的船隻所流出的燃油或有害物質，進行海上掃除，也都是海警所須負責處理的狀況。為了讓船隻可以安全航行，透過測量水路及觀測海洋、天象的變化，來製作海上地圖，以及設置、管理讓船隻可以確認自己所在位置的航路標示（燈塔及浮標等）。要進入海上保安廳工作，得先在海上保安大學或海上保安學校進行研修。在海上保安大學中，除了可以學習到執行海上保安業務時所需的高度技術跟技能外，為了培養出海上保安廳的幹部，也會針對身心兩方面來進行

鍛鍊。一般課程修習完成之後，再到特定專門科目中進行實習。例如搭乘練習船前往遠洋航海，從中培養海上的操作實踐能力。入學考試的錄取率約有十二到十三倍左右。另外，在海上保安學校，針對未來將成為海上保安職員的學生，教授執行海上保安業務時所須的學術跟技能。例如航海班、行政班等，根據畢業後勤務種類的不同，共分五種專攻班級，在海上保安學校中培養各領域的專家。入學考試的錄取率約在五倍到二十倍之間，依據專攻班別的不同有所差異。此外，例如海洋資訊部等地方的職員，則是透過國家公務員第一種考試來進行理工系專業人員的招募。並且也會針對持有海洋技術執照的人進行巡視船艇職員的招募。

 **台灣**

在台灣，是由內政部海巡署負責台灣沿海的治安。海巡署當初在2000年1月成立，將原屬於內政部警政署之水上警察局（原為保七總隊）、國防部海岸巡防司令部、部分財政部關稅總局海關之海上緝私艦艇人員合併為一。因此海巡署組成成員多且複雜，包括了職業軍人、義務役軍人、警察、公務人員、約聘人員，任用及薪資制度也各有不同。軍人及警察可經由分發進入海巡署工作，而公務人員則是經過高普考或海巡特考及格任用，約聘人員無須經由考試，是視職務考量而臨時雇用的人員。（王聰霖）

## 保全警衛

例如，銀行的現金運送，或是在施工地區、停車場進行交通指揮，以及負責檢查大樓出入口是否有可疑人士進出等，保全警衛這項工作在各種需要安全維護的地方非常活躍。也有透過電視監視器來進行監視的狀況。「管制」工作是保全警衛公司中相當重要的一部分，為了確保顧客所要求的安全，警衛公司除了需要訓練警衛外，也須能夠策劃警備計畫，製作警備配置圖，甚至視情況增加警衛人數等，在必要當下提供明確的指示。執行勤務時，可能會與犯罪者接觸，或是被捲入交通事故之中，可說是一份相當麻煩的工作。即使有些時候會被允許攜帶警棍，但大多時候還是要憑靠自己的力氣。除了需要有不懼危險的勇氣之外，更要具備能夠判斷如何讓事情安全解決的能力。此外，不僅對於客戶，也須對路上一般行人加以留意照護。最近開始有希望由女性來擔任警衛工作的需求。18歲以上便可參加警衛的國家檢定考試，若能擁有該執照，有利於警衛工作的求職。有許多警衛都是從警察轉行過來，若擁有柔道等幾段幾級的身手，則更容易獲得錄用。各警衛公司都不傾向錄用具有犯罪或違反交通規則前科的人，尤其嚴格拒絕雇用身上有紋身的人。對於這份工作而言，確保安心與安全是最重要的要求。

 **台灣**

台灣的保全工作的地點包括公司行號、工廠、銀行、大廈等，工作內容有駐衛警、機動、特勤、運鈔保全員等。根據工作內容，需要的專業能力有很大的差異。大樓保全人員基本上只要年滿20歲，具高中以上學歷可擔任，如果需要執行警備任務，則具有軍警訓練的背景較佳。另

外，在保全業法中規定，曾犯法坐牢未滿10年者，以及其他相關規定不得擔任保全人員。（蘇意茹、尹玫瑰）"

## 監獄官

　　配置在監獄或是看守所、少年看守所的國家公務員。全國約有1萬7千多位典獄官。在所長之下，分有看守、看守部長、副看守長、看守長等階級的組織。犯罪者進到監獄，要監督其日常生活，並且指導讓他們可以重返社會。對社會而言，需要犯罪者進到監獄後，可以往好的方向變化，而監獄官則是幫助受刑人。若能讓受刑人的缺點至少變成一個優點，那種成就感是無以倫比的。考試資格是必須完成義務教育的年齡，考試年度的4月1日時，年滿17歲、未滿29歲。任用考試分為刑務A的男生以及刑務B的女生。要考教養試驗、作文試驗、人物試驗、體力測驗等。體力測驗要考肌肉持久力、瞬發力、敏捷性等，只要有一項未達及格標準，就無法通過。

### "台灣

台灣的監獄也設有監獄官的職務，位階在一般監獄管理員之上，工作內容為監獄戒護管理工作、收容人的突發或違規事件處理等，主要以戒護、調查、教化工作為主，隨著工作年資與績效，可慢慢晉升至專員、科長、副典獄長、典獄長。目前約在每年8月舉辦監獄官的例行性考試，適合心理學、社工等相關科系的人報考。（蔡承恩）"

## 救難隊員

　　救難隊員除了有消防方面的救助之外，還有民間的救難隊、縣警的山難救難隊、警察的機動隊等。消防救難隊員主要是在火災、地震、颱風、溺水等事故現場，從事人命救援的工作。根據各鄉鎮市區的地理狀況不同，例如，靠近海邊的消防救難隊便較專精於溺水事件的救助，靠近山區的消防救難隊便較專精於山難救助等，各有不同的特色與專業。要成為救難隊員，必須在各都道府縣（各縣市）的消防總部（東京都的話則是在東京消防廳）參加公務員考試。也會依據各地區需求舉行體力測試。幾乎沒有新人可以一下子就成為救難隊員。首先必須先在消防學校（採取全體住宿制）接受為期半年到1年的消防基本研修，畢業後再分配到各消防署。其後從中選出具備較佳體力及意志力的人，任命其為救難隊員。因此，就算目前已是消防隊員，並且本身想要成為救難隊員，也不見得就一定可以實現願望。救難隊的世代交替非常頻繁，據說

公民科　其②　思考正確的事，希望對社會有所貢獻

就算做得比較久，也大概在40多歲就會被替換下來。當海外發生災害時，會從救難隊員中挑出適當人選，派遣前往救援。

 **台灣**

台灣的救難系統分為政府單位與民間團體兩種，官方救難隊的隊員，全都為經公職考試合格的消防隊員，並依個人意願或隊上挑選，且參加救難隊訓練而組成，而依據不同的災害發生層級，官方救難隊又分救助隊、特種搜救隊、國家搜救隊三種。除了基本的救護能力，救難隊員還有消防戰技、戰術與救災體技能等進階訓練，才能在特殊情況下，順利救助受災人員。而民間救難隊則是一般民間團體，知名的如台灣國際緊急救難隊、中華民國搜救總隊等，都是民間自發性組成，並透過一定程度訓練，協助救災。（蔡承恩）

## 警察的特殊部隊（SAT）

Special Assault Team，通稱SAT，主要是因應恐怖攻擊而組織的警察特殊部隊。若是直譯的話，就是特別攻擊部隊，正式名稱為「特殊部隊」，前面再冠上所屬都道府縣的警察名。例如屬於警視廳的SAT的正式名稱就是「警視廳特殊部隊」。1970年代，國際上恐怖攻擊事件頻傳，警察廳參考了德國警察的特殊部隊「GSG9」（國境警備隊第九團）以及英國的陸軍「SAS」（Special Air Service特殊空挺），並且到現地實際考察、訓練，創設了對付恐怖活動的部隊。現在警視廳、大阪府警察、北海道警察、千葉縣警察、神奈川縣警察、愛知縣警察、福岡縣警察、沖繩縣警察均備有SAT部隊。全體人員約3百人。2000年的西鐵巴士挾持事件，特殊部隊打破車窗玻璃丟入閃光彈後，衝入巴士內制壓犯人並且加以逮捕，讓特殊部隊的存在廣為人知。成員主要是從機動隊員中尋找志願者、通過選拔測驗者可以加入。要求高體能、強毅的精神力、判斷力以及決斷力。SAT隊員被要求要嚴守業務機密，自己是SAT成員的事情也不能對外曝光。SAT是可以使用日本法律規定為「特殊武器」的衝鋒槍和狙擊用的步槍在內的重武裝部隊。日本國內有五處進行訓練，訓練本身非常嚴苛且危險，隊員重症以及負傷的消息時有所聞。SAT也會使用發出光亮與聲音，用來制伏恐怖份子或是犯人的特殊閃光彈、手榴彈。海上保安廳也有稱為SST（Special security Team）的對付海上恐怖行動的特殊部隊。訓練的嚴苛程度以及使用的武器與SAT大致相同。

 **台灣**

台灣的「特種警察」分為地方與全國兩種層級，前者為各縣市警察局之「保安大隊」（俗稱霹靂小組），主要處理區域型武裝暴力事件，負責攻堅圍捕武裝罪犯等高危險性任務；後者為警政署隸屬的「維安特勤隊」，主要處理國內重大治安事件，如劫持、劫機等一般霹靂小組無法處理之高危險性勤務。但無論何種層級，都是由警察內部挑選，並對體能有嚴格要求。（蔡承恩）

### 保鑣

　　負責保護民間重要人士，或是身處危險的人士。近來由於被可疑分子跟蹤的事件頻頻發生，因此轉而向保鑣尋求保護的需求逐漸增加。陪同顧客前往交易進行的地方，或是當顧客要前往外國危險的地方出差時，保鑣也會陪同一起前往。工作的內容主要與如何避開危險的危機管理相關。由於屬於警衛工作，因此不論是公司法人或個人，都需要取得各都道府縣（各縣市）的公安委員會認定。要成為一名保鑣，一般來說，首先必須在專門的學校或訓練中心學習防身術、跑步訓練、開車技術、上下車時的訓練等，並且也要學習與爆裂物的相關知識和參加法律知識的研習。其後，到專業公司或是具有保鑣部門的警衛公司任職。也有自行創業，接受客戶個別委託的人。或者登錄在某一公司之中，當有工作時，再以登錄員工的身分來承接工作。與歐美相比，日本的保鑣工作的發展較為落後，目前亟須大量培養保鑣等人才。因為目前的人才不足，所以在募集時，大多不會要求太困難的條件。基本上，具備大學畢業文憑，持有汽車或機車的駕照，品格端正，具備簡單日常會話能力的英語能力，擁有武術及格鬥技經驗，年紀介於30到35歲之間，身高170公分以上，體重75公斤以上等，可說是一般要求的條件。

 **台灣**

在台灣，保鑣的工作內容，可囊括到保全警衛的工作中，因為在保全的工作分類中，便有一項是為人身保全。人身保全的資格較嚴，因為須貼身保護客戶，身高、體型、武術、機動力、敏銳度等均為嚴格要求，也因此薪水會比一般保全來得高。一般重要人士的隨身隨扈、名歌星的保鑣，大多待過特種部隊、憲兵隊等，或為特警。具有以下條件者，也可以進保鑣訓練的保全公司受訓：男性身高至少要170公分以上、女性162公分以上，須年滿20歲以上40歲以下，亦或是學有武術專長（技擊、跆拳、國術）之男女，或是具有外文能力，身心健全，體能良好者亦可。另外，還必須通過良民安全查核，並儀表端正、不吸菸、不喝酒、不嚼檳榔、無成癮性藥物、酒精習慣。目前雇用保鏢的國外人士頗多，外語能力也成為現代保鑣必備的條件之一。

（蘇意茹、尹玫瑰）

# 宗教
## 僧侶

　　僧侶是指皈依佛門的出家人，一般稱為「和尚」。僧侶的主要工作內容就是每日誦經，另外也負責主持在寺廟內進行的結婚儀式及法事、喪事等等。日本佛教之中又可分為天台宗、真言宗、淨土宗、禪宗、日蓮宗等派別，甚至還可再細分各種支派。在日本要成為僧侶的方法，一般來說會因為宗派不同而有所差異，但主要有兩種方式。一種是接受皈依佛門的儀式之後，在佛寺所在的研修所等地，虔心研讀各宗派的教義及歷史，大致上需要2至3年的修行，才可以成為僧侶。另一種方法是進入佛教相關的大學中學習，並且利用學校的暑假期間來累積修行經驗。如此一來，從佛教相關大學畢業後，便可成為僧侶，進入寺廟中繼續修道。不少人是因為自己的父母親從事僧侶工作，因而也成為僧

侶。另外，有些在小寺廟中修道的僧侶，因為無法賴此維生，而會前往學校兼任講師的工作。

在台灣，僧侶依據性別分為和尚與尼姑兩種。一般來說，出家並沒有資格或學歷的限制，可以自行前往廟宇皈依，經過學習佛經和剃度等儀式，正式成為僧侶。但台灣大小廟宇很多，規定也不同，成為僧侶的養成時間也沒有一定，目前多數僧侶是在大型廟宇服務。

嚴格來說，僧侶不能算是為了「賺錢」而從事的「職業」，鑽研佛法與修行濟世、普渡眾生等，也與一般講求利潤、升遷的工作相當不同。僧侶賴以維生的所得來自信眾到廟宇自由貢獻的香油錢，或為信眾作法事的收入，有的僧侶也會在路上托缽化緣、自己種菜、或從事簡單手工業，以得到生活必要的最低所需。

國內某些大型廟宇或佛教團體開設慈濟大學、佛光大學或華梵大學等提供一般人就讀的大專學校，某些具有相關學歷或資歷的僧侶，也會因此到這些學校內從事管理工作，或在相關課系教授佛學等課程，部分佛教團體大力從事國內外的慈善事業，會派遣門下僧侶，前往各地進行急難、醫療與金錢救助等工作。（佛洛阿德）

## 住持

在日本，住持是指在神社工作的人。作為一個住持，每天一早必須先到本殿進行寺內打掃，之後到神殿進行禮佛、誦經等工作。此外，安太歲、嬰兒的初次神社參拜等也都是神社住持的工作內容。另外像是破土儀式、各種婚喪喜慶的儀式和一年一次的地方祭典等工作也都委由住持來負責。包括神社本廳，目前全國各地約有總數八萬間的神社，但由於部分神社的住持是採取兼任的方式，因此住持人數約僅有2萬1千人左右。一般而言，在日本要成為住持，必須在國學院大學或皇學館大學研修神職課程，並在取得神職資格後，才能在全國的神社從事住持的工作。此外，在神社附屬的神職訓練或研修所中修讀的話，也同樣可能取得從事神職工作的資格。就業方面，若是在大學中研讀神職課程的人，可以經由神道研修事務課的指派，到各神社任職。若自己的父母本身已在從事神職工作，大部分的人會在派遣赴任5至6年後，回到自己父母親所服務的神社中工作。近年來女性住持的人數漸漸地增加，但就目前而言，若不是出身自神職家庭，女性住持想獲得神職工作還是比較困難。

## 神父‧牧師

雖然兩種都是指基督教的神職人員，但嚴格來說，天主教方面一般稱之為神父，而新教則稱之為牧師。一般而言，神父也被稱為祭司，歸屬在羅馬基督教會之下。除了負責主持每天的彌撒之外，也要負責教會的營運工作，以及傾聽信徒的煩惱（告解）。此外，也要鑽研聖經的研究或進行傳教、主持婚喪喜慶等。而且，神父之中也有一些人隸屬於耶穌會的修道會或傳教會。修道會是在修道院中進行修行，傳教會則是指以海外傳教活動為重心的團體。要成為神父必須得到教區、修道會或傳教會領導人的推薦，之後在神學學校學習相關

公民科　其②　思考正確的事，希望對社會有所貢獻

課程。當然前提必須是一位天主教徒。而新教的牧師，如果是在教會中工作的話，其內容與天主教的神父相同。所不同的是，牧師不用負責主持彌撒，而是要透過作禮拜等方式，向信徒宣揚理念。要成為牧師，除了得到現任牧師的推薦之外，一般都還要在新教的神職學校中進行研修。不論是天主教或是新教，由於教會必須有信徒的支持才能存續下去，因此若神父或牧師無法獲得信徒的信賴，可能會被迫離開教會，被派往其他地方工作。另外，面對世界各地的貧困跟不幸事件時，也有很多神父或牧師會跨越教會的界線，一起奮力進行救援工作。

## 相關職業

司法代書→**P.65**　行政代書→**P.66**　專利代理人→**P.66**　船務代理→**P.67**　公務員→**P.68**　聯合國職員→**P.369**　外交官→**P.369**　律師→**P.376**　法官→**P.376**　檢察官→**P.377**　代客服務→**P.420**

# 公平貿易

People Tree/Globe Village代表／Safia Minney

公民科

其②思考正確的事，希望對社會有所貢獻

## 時尚背後的事實

　　最近日本也開始出現了「Fast fashion」這個名詞。Fast（快速）fashion指的是像速食一樣，將當季的流行快速的引入、大量生產並且便宜販售的時尚。像是用過就丟一樣，店面排列著大量的商品。這到底是誰做的？為何這麼便宜？

　　日本的時尚服飾有90％以上都是來自海外製作再進口的商品。且幾乎都是來自中國等開發中國家。你們是否曾經想過，住在那裡的人，有得到合理的薪水嗎？有沒有在不合理的勞動條件下工作呢？

　　在孟加拉共和國首都達卡，我前往在成衣工廠上班的人所居住的貧民窟，我被我自己所看到的光景嚇到了。那裡看不出是可以住人的地方。數公尺高的竹子組成的房屋就立在水漥之中。沒有下水道或是垃圾的處理系統，生活排水以及垃圾，就全丟到下面的水漥之中。走廊上可看到剝露的水管及瓦斯管線，地板有許多空隙和破洞，小孩子很容易掉下去。有幾千人在此生活，他們大多數都是從農村出來工作賺錢的。這個區域因為沒有學校，到了上學年紀的小孩只好離開父母，再回到故鄉上課。不到四疊半榻榻米大小的房間內，住兩、三個大人，廚房裡有三、四台瓦斯爐，卻有兩百多人在共同使用，廁所和浴室也都只有一間而已。

　　而且，聽了工人們的談話後知道，他們一天要工作12～16小時，不間斷地在工廠踩著縫紉機，薪水卻還不夠支付一個月的生活費用。達卡的最低工資是1600塔卡，但是實際的生活卻需要三倍金額，一個月約4500塔卡才行。但是除了繼續工作以外，他們別無選擇。孟加拉共和國的海外輸出品，有70％是衣料品。已開發國家流行的速食時尚，要求衣料工廠提出更便宜的價格、削減人工費用、情況越來越惡化。

## 什麼是公平貿易

　　想要改變這樣的情況，我投入公平貿易運動已有15年的時間了。簡單說明公平貿易，就是「對人跟地球良善的貿易」。從亞洲以及非洲、中南美等地的婦女以及小規模農家開始，支援社會以及經濟地位屬於弱勢的人，讓他們有工作機會、並支付合理的勞動薪資、讓他們能用自己的力量提昇生活能力以及自立。

　　我所成立的品牌「People Tree」，希望能夠解決貧窮以及環境的問題，與開發中國家的勞動者一起製作衣服、配飾、食品以及雜貨等商品，再於日本以及英國販售。並不是為了要獲得高利益而犧牲人與自然環境，而是協助製作工作機會、讓生產者有安定的收入、靠自己的雙手養活自己。積極運用該國以

及當地傳統的手織、刺繡、編織等手工藝。此外，更使用在生產地可以大量採集的素材、有機栽培棉花等，不使用農藥以及化學肥料的自然農法所生產的素材，持續不斷的生產產品。與大量生產的衣服和雜貨的感覺不同，有種溫潤的風味。而且，透過這樣的商品，多少可以感受一種生命共同體的感覺，因而著迷的客人也在增加中。

## 公平貿易村

實施公平貿易之後，生產者的生活會有什麼樣的改變呢？我所拜訪的貧民窟是位於達卡西北方的農村名叫塔納帕拉。這個村子裡，有河流經過，河的土堤上有燕子築的巢，小孩子們在河中玩水，村子裡的婦女在屋外煮飯。

至今仍留存往昔生活樣態的村子，People Tree與村民共同製作產品已超過十年的時間，有個稱為「塔納帕拉天鵝」的公平貿易團體。兩百位以上的女性活用手工織布以及手工刺繡的傳統技術，來製作服飾。這些婦女的薪水，是都市裡住在貧民窟中，在服飾工廠工作的工人薪資的兩倍。像塔納帕拉這樣的農村，與都市相比，物價約便宜三分之一，加上婦女還會自己在家養雞、種菜，每個月都可以有相當的存款。在「天鵝」裡工作的女性的家裡，都能有電氣、不會漏水的屋頂、水井、收音機等，而附近的人家，有同樣設備的房子不到25％。此外，相對附近其他的小孩到了12歲就得離開學校開始去工作，母親在「天鵝」工作的孩子們，可以上學直到17歲左右。因為公平貿易，不僅讓人獲得收入，也可以保有安全的家以及受教育的機會，也讓村落有發展的可能。

## 公平貿易是社會企業

這樣的活動很容易讓人誤以為是慈善活動，但是，我們所從事的絕對不是慈善志工。像我們這樣，透過商業行為，來改善社會以及環境的問題的企業，可稱之為「社會企業（Social business）」。社會企業跟一般企業不同的是，是藉由促進商業發展，而對社會及環境做出貢獻。

公平貿易的作法是，付給生產者的錢，是在生產完成前先支付一定金額，所以需要大量的資金。商品沒賣完之前，不會有下一個生產計畫。而以商業機能而論，利益提昇不了，向銀行的借貸也會比較困難。商業要成功並不是件容易的事，但是若是從事社會企業的公司增加的話，我相信這世界是會往好的方向前進的。

## 寫給13歲的你

我有兩個分別是13歲和15歲的小孩，學校有公平貿易的社團，兩人都是社團成員，並且相當活躍。People Tree為了傳達貿易以及時尚所存在的問題，以及公平貿易的必要性，得到許多演藝圈以及意見領袖的支持，也一起參加過活動。2010年春天起，演出電影《哈利波特》中的妙麗的英國女星艾瑪·華特森（Emma Watson）也一起參加活動並發行專輯。這是第一次針對10～20歲前半所發行的時尚型錄，很期待看到讀者的反應。我認為，時尚要能吸引人，不單是在外表，我更想要賦予時尚擁有吸引人的內在，我相信，世界會因此而有所

改變。就算不是從事公平貿易的工作，也有很多參與公平貿易的方法。每天的購物中，一點點的改為公平貿易採購、與朋友和家人傳達公平貿易的內容。在自己的職場中傳達公平貿易，是可以改變公司的。要改變世界，先從自己身邊做起，你也一樣，一起加入改變世界的行列吧。

**小檔案　Safia Minney**

英國人，1990年到日本。91年設立環境保護以及國際扶助的NGO組織「Global village」。93年開始從事公平貿易事業，95年成立「Fair Trade Company」（品牌名是People Tree），2001年在倫敦成立分公司，09年時因為公平貿易事業被肯定，獲頒大英帝國勳章。

公民科　其②　思考正確的事，希望對社會有所貢獻

# 另一條路——NPO

村上龍

## 大相撲協會與骨髓銀行都屬於一種NPO

NGO是「非政府組織」（Nongoverment organization），NPO是「非營利組織」（Nonprofit organization）的英文縮寫，但是兩者的性質非常接近，當非營利特性比較明顯時稱為NPO，當在國際間活動的非政府組織色彩較為強烈時稱為NGO。本文中一律統稱為「NPO」。NPO是一種非政府、非自治體的組織，也不是企業組織，是一種新的組織形態，近年來備受矚目。主要是透過媒體運作等的一些小型志工團體，例如形象最為鮮明就是在阪神大地震發生時，從事救災活動的草根性志工組織。

事實上所謂的非營利組織已經有許多類型存在，例如：公益法人、宗教法人、醫療法人、教育法人等。例如許多私立學校、醫療法人、甚至日本的大相撲協會與骨髓銀行都屬於NPO的一種。但是NPO並非志工團體。當然他們也從事志工性質的工作，但是大多數的NPO也都獲得收入。所謂的「非營利」並非指他們活動時不收取任何報酬，而是指他們不以獲利為目標，也不將所得利潤分紅。非營利組織透過活動所獲得的利潤被運用來支付通訊費用、宣傳費用、工作人員薪資等必要開銷，剩餘的部分則依照組織的使命、目的，再度進行投資。

## 日本的NPO現狀

1998年，日本的政黨從自民黨到共產黨，所有政黨的國會議員通力合作，制訂了首部由國會議員訂定的NPO新法。過去日本的法律幾乎都由官僚制定，由國會議員起來制定法案的情形實為罕例，由此可知NPO受到全體國民重視的程度。被視為是NPO的領域計有保健、醫療、社會福祉、社會教育、城鄉建設、文化藝術、環保、地區安全、人權維護與和平的促進、國際合作、促進男女平等參與社會、兒童教育等十七個領域，地方的鄉鎮市、廣範圍團體都由內閣府進行認證。

當一個NPO組織被認定為特定非營利活動法人時，其組織在法律上即

認定為公眾的組織，可以以法人名義在銀行開設帳戶，或者簽訂契約、在名下登記土地。由於這樣的組織被視為是社會上可信賴的團體，因此較容易獲得國家、地方政府的補助金，以及民間的捐款。但是今後所謂「草根性」NPO的新類型組織，經營將極度困難。自1980年代起，日本誕生了許多的NPO組織，大部分是由市井小民志願參與的小型團體。除了專職人員外，參與的工作人員幾乎都是以志工或打工形態服務，經費來源來自會員的會費或有心人士的捐獻，罕有企業捐助。專職人員以微薄的薪資生活。這就是今日大部分「草根性、市民型NPO組織」的現狀。

## 由官到民

「綠色和平組織」（Greenpeace）、「無國界醫師團」（Medecins Sans Frontieres）以及「國際特赦組織」（Amnesty International），都是在國際間具有影響力的NPO組織，在一些國家政府、企業所不喜歡討論的環境問題、跨國的人命救援、人道支援、人權擁護等議題上成績斐然。目前日本最需要的NPO，是代替原本政府與地方政府，提供行政服務的工作。目前日本政府處於財政最糟糕的狀況，很難維持過去政府所提供的服務水準。例如：收垃圾、治安維護、運動、文化機構的營運管理、學校伙食、醫院、診所的營運、特殊養老院的營運等，都已經開始委交民間經營管理。這種外包業務的承接，通常民間企業與NPO會相互競爭，但是在公共服務領域上，相對於企業有獲利的壓力；非營利性的NPO就有充分的發揮空間。

此外，教育、醫療、社會福祉、看護等所需的服務形態也越來越多樣化。當過去全體國民同步朝近代化、高度經濟成長邁進時，所發生的青少年問題、家庭功能問題、老人看護、失業等問題幾乎都源自「貧窮」。因此政府最基本的行政公共服務都集中在如何因應「貧窮問題」上。但是當社會越來越豐富，就出現許多非屬貧困的問題。當這樣的時代來臨，就需要更多元化的公共服務，例如對日漸增多的精神病患提供照護服務、提供逃學學生教育服務，設置庇護所以提供家庭暴力受害者安置與諮詢服務，並輔導其回到社會正常生活、協助遭到裁員的中高齡工作者、無家可歸者與低收入戶職業訓練、就業輔導的服務，提供銀髮族文化、娛樂與運動等服務，提供需要看護服務者各種細緻的照護等，都是現代社會極端多元化的需求。政府部門已經無法應付這麼多元化的服務需求，許多業務逐漸移交民間處理。但是，目前企業的形態還無法參與教育與醫療領域，所以是NPO取得工作的大好良機。

## 未來可預見的NPO工作

未來即使企業形態的團體被容許參與醫療與教育領域，在成本、產能與能力相同的情形下，對營利企業與非營利法人的需求將會如何呢？當教育、醫療、看護等服務機構需要協助、捐贈時，會考慮營利企業或非營利團體呢？我想應該選擇NPO的可能性比較高吧。同樣需要出資，但是NPO不需要分紅，因此狀況對NPO比較有利，而且NPO的形象清新。未來NPO有機會可參與的領域將不僅止於教育、醫療與看護的領域，在勞動力不足的農業、漁業、林業等的

一次產業也可能需要NPO的參與。

　　NPO過人之處在於能透過網際網路等進行資訊收集、分析，同時與其他NPO合作。或許NPO有機會能與農業、漁業、林業技術人員共同建構一套網路，派遣技術人員前往世界各地，同時與環保NPO以及國際交流的NPO合作，重建並活絡地方的一級產業也不一定。傳統工藝、傳統技能與文化事業、活動，可能也需要藉助NPO的力量。舉例來說，若某地方自治體計畫重新活絡地方時，須花費大筆經費來支付經營管理顧問公司或智庫的昂貴報酬。但是若能運用NPO錯綜密集的網路合作，將帶來極大的潛力。例如調查地方產業的工作、過濾具有未來潛力的產業加以數位化的作業、尋找國外的供應商、尋求投資金主、介紹新的商業模式、與大學合作介紹所需的專利等工作，都可以由NPO出面協助。再以手工家具為例，可以透過NPO介紹國內外的設計師，改變銷售通路，提供環保方面的諮詢服務，提供不同領域的資訊並活絡網路等，將可能創造出不同價值。

## 營利企業也將朝NPO方向發展

　　話說回來，NPO並非志工團體。NPO也致力於獲利，工作人員也能獲得報酬。未來當NPO的成功範例增多，營利企業也有可能加入NPO的行列。在目前全球化企業競爭之下，營利企業須以投資者的分紅為最優先，當企業無法獲利時，主管必須負責，最高經營者可能會遭到革職。日本有許多企業在經營管理時，是以地方與從業人員的利益為優先。此起合理地順從全球化潮流，或許將有越來越多企業反思，認為應以重振地方與員工的健康及幸福為優先，而非在全球化之下努力提高利潤回饋給股東，公司重點不僅應是提升利潤，更應重視社會價值的提升，贏得人們的感謝。在美國、歐洲的某些跨國企業中，尤其主要分布在環保領域方面，越來越多企業從NPO挖掘人才，甚至實際與NPO進行業務合作。

## NPO的課題

　　前面我提到，NPO受到多方的期望，但是日本的NPO現狀並不樂觀，其原因乃是因為NPO過去被列為一種「公益法人」，成立的許可權操在官方手中，因此其所為與我們將來所需要的NPO活動幾乎毫無關連。在推動新一代的NPO時，必須改革故態依然的公益法人，同時也須重新檢討對NPO課稅的問題。這不僅是政治上的重要課題，也是本質問題。目前財政足以獨立的「草根性NPO」與「市民NPO」非常少，而且一般也欠缺足夠的公關、宣傳能力以成就NPO所應推動的工作。另外還有一項最關鍵性的問題，就是NPO無法

號召人才，沒有堅實的組織與專業能力足以培育人才。所以NPO所面臨的課題其實牽涉到各種因素。

日本的NPO還處於發展中階段，有些NPO甚至尚未達成目標就解散掉了。當然其中有一些NPO在國際社會已經十分活躍，受到媒體重視，可是即使連這樣的NPO組織，人才也極端不足。話說回來，當社會上出現越來越多問題是連中央政府、地方政府以及鄉鎮社區內都無法因應時，社會所需的互助活動、安全網性質的活動就只能仰賴NPO組織了。換言之，即使在現實條件下十分悲觀，甚至無法保證未來的人才培育問題，但是若任由現狀繼續發展，NPO就會走上消滅一途。這將導致NPO組織在日本社會尚未發揮任何功能就銷聲匿跡，而讓日本社會無法因應國內外問題，導致社會陷於危險而不穩定的狀態。

## 結論：NPO這條路

環顧NPO的狀況，可見到一種奇妙的現象。社會大眾認為NPO比中央政府、地方政府，甚至營利事業更能有效因應問題，未來這也將是必然的趨勢。以某個家庭為例，若有小孩窩居在家拒絕外出，遇到這種問題時，目前父母親除了求助地方的衛生所或民間的精神科醫生外，沒有其他可諮詢求助的對象。又或者遇到小孩有暴力傾向時，除了向警方或者散布在全國的少數幾個志工團體求助外，沒有其他辦法。遇到這種狀況時，倘若社會有一個NPO組織隨時有專業的諮詢師常駐，協助其他遭遇相同出問題的家庭，或由精神科醫師以及中途學校之類的機構建構一個網路，協助青少年接受職業訓練或者介紹工作的話，情形將大為改觀。目前交友網站十分平常，有些青少年在交友網站結交到壞朋友，發生問題時受到威脅不准告訴父母；或者因為援助交際懷孕，或者從鄉下被帶到大都市並遭脅迫賣淫，這類青少年在遇到困難時該如何是好？政府機構雖然有教育、醫療、警察、諮詢、職業訓練等系統組織，但是這些系統組織通常都各行其道，很少做橫向連結，也沒有全國性的網路組織。

社會上出現越來越多領域是光靠政府與營利企業無法全面涵蓋的，但是能彌補這塊空缺的NPO卻無力吸引足夠的人才與資金。日本社會有許多大學生畢業後找不到工作，或者在因緣際會之下成為打工族或無業遊民，這類年輕人已經達到200萬甚至300萬人了。可是在這個情況下，卻鮮少有人出來組織NPO，或是加入NPO組織。今後日本的經濟即使多少好轉，就業機會將不會突然大增，企業減少聘用社會新鮮人或增加業務外包的形態將成為趨勢。儘管如此，卻有不少年輕人仍然抱持著就業就是找一家大公司蹲的想法。即使有幸躋身進入大企業就業，但是企業中將充滿競爭，當公司認為員工能力不足時，不是隨時裁員，不然就是減薪，相較於表現優異的同事，薪資水準甚至只有一半或三分之一。儘管大家都明白這已經成為必然的趨勢，但是大多數的年輕人在思考就業時，腦海裡卻仍想著要找家大公司上班的想法。

不過這情況早晚將改變，重點是需要很多人合力創造NPO的成功先例。創造許許多多成功、獲利並且受人尊敬的NPO才是最重要的事。同時，一般人對所謂的「成功」的印象也會跟著改變。將有越來越多人明白，所謂的「成功」不再是進大公司、出人頭地、成為有錢人、居住豪宅這類事情。大家將明白工

作上的成就感、存在價值受到社會認同、擁有豐富的人際網絡才是所謂「成功」的真正標準。打個比喻，日本的NPO就如同小嬰兒一般，尚未臻於成熟，所以對我們而言，也是一個良機。NPO需要無窮的知識與技術，涵蓋金融到宣傳、醫療、環保甚至藝術等等各種領域，需要各式各樣專業人員。當我們找尋就業之路時，是要繼續追求成為擁有知名度與豐富經驗的工作人？或者鍛鍊專業知識與技術自己創業？或者與彼此信任的夥伴一起成立NPO組織？就業之路絕非僅止於一種選項而已。

本文撰寫於2003年

**參考資料**

《NPO入門》，山內直人，日經文庫。

公民科 其② 思考正確的事，希望對社會有所貢獻

# 什麼叫作理想的教師？

村上龍

## 不符時代的教育系統

我的父母親在退休前都是老師，1970年代左右從職場退休之後，經常掛在嘴邊的嘮叨就是：「還好已經退休囉，現在的老師真是太辛苦了」等等。每當我向他們詢問以前跟現在的教育有什麼不同時，他們總是可以指出許多地方。例如，現在的小孩子跟從前不一樣，現在的家長也在改變，學校的教師、行政主管、教師會，甚至是教育部也都跟以前大大不同。但是，若再進一步追問，是怎樣的改變，哪裡變得不一樣了，經常他們的回答都是「一言難盡」，然後又開始重複嘮叨著幸好現在已經不擔任教師的工作等。

日本的教育狀況在這20年之中，確實有了明顯的改變，欺負同學、不遵守上課秩序、校園暴力、拒絕上學等許多問題層出不窮。適合高度成長期的教育系統及想法，在現代的社會中已經出現落差，但由於沒有人提出改變落伍教育系統的方法，因而造成了現在學校教育的各種混亂狀況。這並不是說教育制度全面失效，而是在產業結構、雇用型態及社會都在轉變的現代，目前的教育系統已經落伍，呈現出跟不上時代進步的步伐。所謂產業結構的變化是指，從以前的大規模生產的工業轉變成現在的高附加價值科技產業或服務業。而雇用的形態的改變則是指諸如終身雇用制逐漸瓦解等現象。另外社會的轉變，則是指「因差距擴大而產生的多樣化」情形。

## 教育上所需要的不是愛心而是資金

今後在教育上所產生的差距，應該只會越來越擴大，越來越嚴重吧！事實上，教育中的絕大部分都是得靠「金錢」來支撐。從事教育工作需要愛心，這樣的主張並沒有錯，但不可否認的，教育是一項很花錢的事情。由於父母親的經濟能力、孩子所能接受到的教育水準、以及地方政府或國家的財政收入的改變，教育內容也會隨之轉變而有所不同。例如30人以下的小班制教學廣泛受到大家的認同，但若真要實現小班制，同時必須設法解決的便是增建教室及增加教師人數等問題。因為教育是國家的根本，因而主張要花費更多預算在教育上，這樣的說法或許非常正確，但現實生活中，不論是地方政府或是中央政府的財政狀況，大多是入不敷出，因此根本不可能有多餘的經費來改善教育。節省其他預算的浪費支出，例如將效率不彰的土木公共事業的經費轉用到教育之上，或許這樣的說法也是非常正確，但是這需要透過複雜的政治運作才可能實現。尤其，目前打著「組織改革」為旗幟的政權，乃是主張將資本主義或市場原則運用在各領域中，藉以達到有效分配資源的目的，因此並不容易實現將其他預算移轉到教育用途的理想。

## 無法制止的市場化潮流

　　從目前政權所舉出的施政標語，諸如「民間可以做到的事情就交由民間去做」、「小政府」、「從中央到地方」等可以知道，國家經濟已經陷入了入不敷出的狀況之中。不只入不敷出，還積欠龐大國際債務，因此再也不能期待能把國家預算轉移到較為匱乏的項目，而要依賴國民大家自由競爭，以求加以改善。廢除官方限制，減少官僚的浪費等，所謂的構造改革確實有其良善的一面，但是這樣的改革之下，國民之間的貧富差距，或許只會越加擴大吧。如同經濟高度成長期時那樣奇蹟式的經濟復甦，已經不可能再重現，並且市場原則之下，也不會允許再次採用社會主義般的資源分配。因此，沒有其他的政策選項，卻也無法停止這種會將差距逐漸擴大的組織改革。若是忘記架設安全網（safety net，提供競爭失敗者的最低國民保障），個人間的差距將會完全地反映在教育及醫療服務等層面上。放任差距存在的教育系統，具有很大的風險。競爭下的失敗者失去自尊心，轉而向社會發出怒吼，漸而向犯罪、狂熱式宗教或偏激的政治思想等靠攏，造成許多社會問題。

## 教育並不適用市場原理

　　與一般生產、販賣產品的產業不同，因為教育是以人為對象，因此不能以提升效率或追求收支合理來企圖加以改善。為了確保優秀人才的平均分配，不能一味建議想要成為老師、教育家的人努力地往賺錢的補習班或私立學校就業。試想若是優秀人才全部都集中在可以保障高薪收入的升學補習班，或是沒有校園暴力的私立學校時，日本的教育制度將毫無前途，社會也會越來越不安穩吧！但反過來說，也不是要所有的有志之士，全都前往偏遠學校，與有問題的偏遠地區學生從事教育工作。某些偏遠學校裡的狀況，並不是以感性的態度，例如「以愛心為出發點，學生遲早一定能夠瞭解自己的苦心」就可以克服。尤其受到少子化的影響，現在的教師職缺逐漸減少，要成為一位教師已經越來越不容易。

## 不要再妄想用權威來馴服學生

　　那麼，針對想要成為老師、教育家的年輕人或孩子們，應該給予怎樣的建議呢？因為教師是非常重要的工作，因此首先希望你們能夠好好重視那份想要成為老師的心情與期望。在從前那個全國人民大團結，以追求近代化及高度成長為共同目標的時代中，或許還可以透過威權來教育學生。而在以生產物美價廉的工業產品為主的時代中，教育目標在於幫助孩子將來可以進入大企業工作，因此對於孩子、學生而言，順從老師的權威去進行學習，可說是合理、容易被接受的狀況。在那個時代，如果依照教師教導，畢業之後便可以獲取較好的工作，享受較好的物質生活，因此教師的存在有其威權的一面。然而，「只要能夠進入好的公家機關、銀行、企業、學校的話，就可以獲得鐵飯碗」的時代已經過去，因此教師所曾經擁有的權威也隨之消失。要企圖用權威來馴服學生，已經是不可能的事情。

## 結論：所謂的教學，從享受人生開始

今後所追求的理想教師典範，並不是要去重現過去那種教師的權威，而是能與孩子、學生充分溝通的老師。對於那些將來想要成為教師的孩子或年輕人們，除了期許他們要先培養各種專門的知識及技能之外，更希望他們不論在哪間學校，都要先能夠「充實自己的人生，充分享受自己的人生。」希望作為老師的人，可以先充實自己的人生，享受自己的人生之後，再與孩子們接觸。事實上，孩子們都會對老師進行觀察，並且可以分辨哪個老師很充實地享受人生，哪個老師的生活充滿無趣及乏味的瑣事。生活乏味且無趣的老師，無法獲得學生的信賴，學生只是被迫聽從老師的指示。

以前一到週末假日，若有學生跑來家裡找我父母親，我父母總是要我跟學生佯稱他們不在家，用此方法把學生趕回家。因為我的父母親希望假日可以好好做自己平日喜歡做的事情，而不是又被學生絆住。譬如從前是畫家的父親，會利用假日拿起畫筆作畫，母親則是悠閒地在家裡閱讀一些她喜歡的書籍。說自己父母親的好話，或許有點老王賣瓜的嫌疑，但是像這樣即便是週末假日，學生卻還會想要跑來找老師，從這點來看，或許可以說我的父母親都很受到學生的歡迎！不只是

老師，就是作為父母親也是一樣的，除了嬰幼兒期的孩子之外，對於孩子而言，與其一直陪他玩耍，倒不如讓自己成為孩子心目中「具備魅力」的人，才更能得到孩子的信賴。所謂有魅力，應該就是能夠充實地經營自己的人生，充分地享受自己的生活。

本文撰寫於2003年

休閒

時間

下課後　　休假

# 其❶ 講手機或在教室、校園內跟朋友聊天

不喜歡悶不吭聲，遇到看起來很寂寞的小孩就無法置之不理，會想跟他說話。
喜歡用手機聊天，但也不討厭聆聽他人説話，經常成為別人諮詢的對象。

どね、
たんだよ。
して、
したの。
たら、
てる？
きて、
べたの。
たら、その

## 獵人頭公司

「Head Hunter」原本是「狩獵人頭」的意思，在現代主要是擔任以由企業委託尋求幹部級人才的形式，從其他公司挖角高階人才的業務。在日本，幾乎很少看到個人獵人頭，多半會兼任顧問業務。但是，探詢人才的這一方與被探詢的一方進行「一對一」的媒合是常見狀況，多半會要求各式各樣的高度個人能力。所以首先必須正確掌握求人企業的需求。舉例來說，尋求CFO或最高層財務負責人時，就必須衡量對方是否具備會計及財務的專業能力，是否能具備全球資金調度能力，是否擅長進行資產運用等，具備高度的專門理解力與判斷力。其次，雖是列出需求人才的名單，但若有專業人才也不會那麼有企圖心想轉換跑道，向對方探聽：「要不要到這家公司試試看？」時，很少會有輕易回覆：「好，請務必幫忙，我想馬上換到這家公司上班。」的情況。優秀的人才都是企業中必要的存在，從事很充實的工作內容，備受重用，基本上沒有金錢周轉上的問題。所以，重要的案子要探詢適合的人才，有時也會花費數年之久。獵人頭並不是一個很簡單就能勝任的職業，但卻是象徵終身雇用制度崩潰時代的一種極具價值的重要工作。若獵人頭媒合成功，就會獲得人才和求人企業雙方面的感謝，能得到其他領域無法獲得的成就感。先進入付費職業介紹所等職業媒合公司、人力銀行或轉職仲介等公司累積工作經驗，努力充實實力或學習商業能力，磨練出受人信賴與具備個人魅力的性格是必要的一環。

 **台灣**

台灣的獵人頭公司以替企業搜尋、媒合高階管理人才為業，大多以「企業管理公司」或「人事顧問公司」的名義營業。因為委託企業的產業類別眾多，也就必須與各行各業的人接觸，因此廣泛的商業知識就成了這個行業必要的技能了。若遇到外商公司的委託案件，必須與客戶做外語的面試，因此外語能力強的人，自然更容易承接較多的案子。（蔡承恩）

## 電視購物主持人

在經濟不景氣，銷售乏人問津的時代，顧客和銷售員不用面對面的電視購物等通訊銷售的營業額日漸提昇。這裡所提到的電視購物主持人並不是指拿著商品一味地稱讚的演藝人員，大部分是電視購物專門頻道中，長時間持續介紹商品的「專業人士」。舉例來說，日本大型電視購物頻道「Jupiter Shop」，擁有包括演員、解說員、主播、配音員、DJ、寶塚OG等各式各樣擁有說話專業人士，以CAST，也就是「Creative Advisor of Shopping」的身分活躍於此領域。尋求這類人才時需要具機動性，且對購物和銷售有興趣，並擁有業務企圖心，像藝人般優秀，並對商品資訊、促銷手法等擁有理解的欲望，能以正確的日語表達，並且能夠照顧、關心客戶等等，都是這個工作必備的技能。擁有主播或MC經歷，或者在大眾傳播業界、零售業有工作經驗者，對從事這個工作較為有利。

 **台灣**

在台灣，電視購物主持人被稱為「購物專家」，因為現在台灣的購物頻道每天放送24小時，所

以電視購物主持人的曝光率非常高，因此有不少人，將這個職業當作跨入演藝圈的跳板。通常通過面試之後，要有3個月的時間擔任實習工作，只負責在節目上「陪襯」，3個月後才可能有自己時段的節目推銷商品，而待遇的好壞，完全要看個人銷售的業績決定。（蔡承恩）

## 在電視圈工作

日本電視公司除了NHK（公共電視）與民間電視台的主電台和地方分台之外，另外還包括衛星電視台及CATV（有線電視台）。其中以主電台所錄用的職員最多，雖然因公司而異，但是越來越多的公司將職業別約略粗分為製作、技術和廣播員。實際上進入職場後，則會細分為製作、新聞、編輯、業務等部門。目前，衛星電視及各式各樣活動等工作有增加的趨勢。其中以編輯、業務及新聞廣播等範疇是電視公司職員主要的工作。事實上在日本有超過四百家電視公司。這是因為在數位化及多頻道化的推波助瀾之下，BS、CS、CATV、甚至是寬頻網路（目前尚無法取得播送執照，而以「通信」處理），也就是無線以外的電視公司增加了。其中，有的是設立在原來主電台之下，有的是獨立的公司，從異業跨足進入的也不在少數。不過今後數位化會如何進展的未來性還是未知數。唯一可確定的是，因為節目數增加以致廣電相關工作也一口氣暴增。相對的，獨占地方電波使用權的地方分台地位低下，經營狀況惡化，徵才的數量也相對減少。

支持多頻道化的主力是一些具有實力的外包製作公司。單就節目製作而言，就算是民間主電視台，大多也須借用外包製作公司的力量來製作節目。雖說是外包製作公司，還分為將企劃案帶入電視公司以全程製作為主的公司，或以提供導播及助理導播等人才的派遣公司，另外也有專門支援技術或美術的公司。在大型公司中職員數常超過數百人，也有不少公司會定期招考新人。大部分公司招募人員做法彈性，或增加約聘人員，或依節目需要聘僱臨時組員。一般而言，工作條件不比電視台職員好。有時電視台職員會跳槽到外包公司，有時外包公司的職員會被延攬到電視公司，或是有實力的導播獨立成為自由導播等，比起其他傳播媒體，人員流動性較頻繁。

### 台灣

至2005年8月止，台灣電視台（包括無線、有線、數位等）近百台、電視頻道則已破百。大部分與電視相關公司都聚集在大台北地區，除了以往老三台（台視、中視、華視）均於台北設台，導致相關外包製作公司也選擇於台北設立之外，台北也是各類資訊最快接收之地，易於處理各種新聞與製播。近年各地系統業者自行製播在地節目，觀眾所需資訊亦更趨細緻化，台北之外也有相關的工作提供。（尹玫瑰）

## 電視節目製作人

企劃製作電視節目並招募演員和籌組資金。要成為電視節目製作人，應先進入電視公司或節目製作公司成為助理節目製作人（AP），跟隨資深製作人學習。節目製作人具有中階幹部的職務特性，有時也有歷經助理到導播後，再

成為不須從事現場工作的製作人的情形。如果遇上電視台內部派系鬥爭，提拔自己的上司若不幸中箭落馬，有時也會受到波及。能與喜愛的主持人或演員共事，或是自己的節目企劃能播上螢幕，可說是節目製作人的一大喜悅。

## 電視導播

電視節目製作現場的負責人。工作內容因節目或公司不同而異，舉凡對演員的技術指導、查核工作人員的工作、編輯組織錄製的VTR等，必須率領眾多的工作團隊及演員錄製完成節目。要成為導播必須先任職於電視公司或節目製作公司，從助理導播（AD）做起，學習現場的工作。有些工讀生在職中就直接被錄用就職，不過基本上屬於一般公司，所以對4年制大學畢業生較有利。並非學過影像就一定當得成電視導播。比起精通影像的人，有廣泛知識、好奇心、體力，並具有幽默感的人反而較受歡迎。能製作自己所想要的影像，或節目能得到更多觀眾喜愛，可說是導播的一大樂事。但是常因預算及團隊作業之故，以致事與願違。雖然影像軟體需求增加，但相對的競爭也更加激烈。因此更需要有製作有趣節目的欲望，並能努力達成目標的導播。

### 台灣

導播一職也有新聞相關科系進入電視圈與非本科系跟著專業人士學習兩種。經驗比學歷更重要，大部分的導播均從助理導播做起，約4、5年的經驗，依照公司體制或其他機會，便能當上導播。（尹玫瑰）

## 攝影記者（攝影機）

1980年代開始因電視科技急速發展下形成的職業，帶著小型攝錄影機飛馳街頭，獨立完成新聞的企劃、採訪、攝影、編輯。與電視台有組織的採訪團隊不同，攝影記者最大特徵在於可依個人自由意志作出大膽的報導。一般會拿著自行採訪的錄影帶到電視台兜售，最近也開設許多攝影記者培訓課程。在日本單憑個人信用的受信賴度並不甚高，因此是較不被認同的職業。然而，影像媒體界在急速發展的多頻道化的洪流中，須具備更多樣性且個性化的報導，因此，能夠從企劃到編輯獨立作業的攝影記者必會受到更大的重視。

### 台灣

台灣的電視攝影記者，基本上都要懂得Betacam攝影機，大多情況下是一人單機作業。除了和採訪記者搭配外出拍攝外，回到棚內還要負責後製剪輯，因此拍攝過程還需要有基礎的分鏡概

念，不能一鏡到底，否則剪輯上會有困難。大多攝影記者從大學廣電相關課系畢業，若非科班出身，可報名參加華視訓練中心等單位所開課程，學習攝影及剪接技術。（蔡承恩）

## 節目資訊蒐集

蒐集電視節目製作、企劃所需的情報。蒐集情報的方法千百種，首推閱讀雜誌、搜尋報紙等文字情報。近來利用網路的情形增多。根據節目需求，有時必須採訪專家達人，有時需要找人。由於可以瞭解未曾聽聞或不感興趣的事情，所以是一項適合好奇心旺盛的人的工作。同時為了探查出正確的情報，沒有超乎常人的常識、耐力和突發奇想的能力是無法勝任的。情報大多以報告的形式提出，所以也須具備一定程度的寫作能力。比起編播作家，搜查員在電視界地位和收入都低。有時會被AD使喚。不過除了無線電視台外，由於有線電視或CS播送等頻道數急速增加，電視公司及節目製作公司中有熱情的新人越來越少，因此產生需求。或許是上述原因，近來搜尋專業的公司增加，比起完全自由的搜尋員，大多是隸屬於這類公司。

※在台灣這類的工作由節目企劃或執行製作來完成。若是電視台或製作單位配置人員較為充足，節目資訊蒐集的工作會交由相關助理來執行。

## 在廣播業界工作

日本雖然有AM、FM和短波廣播，不過和有數百家廣播電台林立的美國相比，日本的廣播電台大多隸屬於各報社或電視公司，又因為屬於特許行業，因此由少數電台獨占的狀態依舊持續著。除了廣播電視合一的NHK外，位於東京的大型廣播公司每年也只招考個位數新人。就職後分別進入製作、編撰、播報、主播（大多另外招考）、活動等各事業部門服務。在廣播製作現場，外包節目製作公司已成為不可或缺的組織。廣播節目的基本團隊包括製作人、導播、音效等技術人員和編播作家等。不過依節目規模大小，也有另外增加組員，或一人兼任兩項工作的情形。在一些電台或節目中，電台人員完全不參與某個節目製作的情形也所在多有。最近數年，以第三部門方式成立的電台或小型FM電台在各地如雨後春筍般出現。固然經營不易，且大多由義工組成，但是擁有組織精簡、定位為地區性社區媒體的特性，也多能持續經營。先不論是否能以此維生，不過這類型電台的工作機會持續增多。

※台灣截至2006年8月為止共有178家廣播電台。

### 台灣

台灣的廣電、大眾傳播相關傳播系所很多，畢業後都可選擇進入廣播業界工作。若想擔任播音員，也非一定要科班出身，只要說話方式或聲音有個人特色，或對某領域具有很高專業度，都能嘗試擔任播音員的工作，但最重要的還是需要口條清晰。而若想擔任電台工作人員，如導播、控音師等，則是需要設備使用的專業技術，如果不是科班出身的人，也可透過參加電台人才培訓班進入電台工作。（蔡承恩）

## 廣播節目製作人

一個節目的負責人，決定節目的企劃、出場人員和工作人員、與營業部門交涉、預算管理等工作。大多是電台內部職員，不過如果電台是將節目企劃、製作、錄音外包給製作公司時，則由該製作公司成立製作群。實務上，由於工作內容大多仍與他部門交涉有關，因此必須累積一定程度的現場經驗才能勝任。

**❝ 台灣**

一般由大學新聞相關科系畢業後進入此行業，從助理或企劃做起，直到經驗可獨當一面，才由公司內部機制或適當的時機升為製作人；若非本科系畢業，也可毛遂自薦要求實習工讀或助理的工作，從中獲得經驗而慢慢晉升。有些小型電台廣播製作人還兼廣播DJ，自行主持所策劃的廣播節目。（尹玫瑰）**❞**

## 電台導播

決定組員、廣播演員及節目內容，並依此負責管理節目錄音與播放等一切事務。若是選曲或錄音節目，還須編排錄音後的帶子。此職可能由電台員工擔綱，也可能由外包製作公司的工作人員或自由導播來擔任。一般而言，必須先成為助理導播，在導播旁處理雜事學習經驗後才能獨當一面。除了進入電台就職外，也有不少人先上專門學校，再以打工的方式成為助理導播開始工作。

**❝ 台灣**

在台灣有新聞相關背景進入此行業比較容易，但非本科系的人也很多，許多人從助理做起，薪水雖少但卻是可直接實習的方法。目前因廣播電台節約成本、減少人工，裝置了自動化操作系統，廣播DJ一人便可操控播錄，故電台導播需求減少中。（尹玫瑰）**❞**

## 電動遊戲計畫主持人

在電腦遊戲的設計公司，負責電玩的企劃立案到完成，也就是所有作業的「司令台」的重要位置。要在遊戲中放入什麼、讓遊戲變有趣的企劃能力。接著，要向公司說明為何會有趣，讓企劃得以實現的表現力也是非常必要的。當然，也需要攝取流行、收集市場資訊的能力。要書寫遊戲中的台詞，更需要書寫文章的能力。此外，遊戲設計是設計師、音效等各領域的專家的共同作業，計畫主持人要負責協調的工作，好讓作業可以順利進行，更要讓工作人員彼此能夠合作無間，要負責雜事，溝通能力也是非常重要的。但再怎麼說，這份工作最大的魅力仍在於，電動遊戲從賦予聲音到問世的一連串過程都可以親自參

與。有很多專門學校有此學習課程，但是不需要特別資格，也不需要會寫電腦程式。總之，這是一份需要品味的職業。

**台灣**

電動遊戲的計畫主持人，在台灣被稱作「遊戲企劃」，基本上除了對遊戲的熱忱之外，還要有美術、程式設計相關知識，才能與執行的技術人員溝通。遊戲企劃的工作主要是負責遊戲故事情節的撰寫、遊戲風格的設定、遊戲玩法的制定、相關場景、道具、角色設定、音樂風格等，最重要的還要控制製作時程進度。但因台灣的遊戲多以代理為主，自製的遊戲較少，所以在工作內容還是依各家公司而有所差異。（蔡承恩）

## 偵探

　　根據委託，進行事實的調查，之後再對委託者進行調查報告。偵探的工作與犯罪事件的搜查等，事實上和在小說或電影、電視連續劇中所看到的並不相同，可說是非常實際的工作。被委託的內容包括了生活情況的調查（蒐集外遇、盜領、被可疑分子跟蹤、被欺負等的證據）、所在地點的調查（離家出走、失蹤、尋找初戀情人等搜查工作）、公司或個人的信用調查（結婚、雇用時的調查），以及是否被裝有竊聽器等調查工作。近年來，治安逐漸惡化，並且犯罪事件也逐漸多樣化。但由於日本警方的不主動介入民事事件原則，因此大家紛紛求助於偵探事務所。擔任偵探並不需要任何執照許可。但若能擁有汽車駕駛執照，機車執照，以及熟稔法律知識的話則更加有利。若是對於機電領域也有所瞭解的話，則有助於竊聽器材的搜查。為了成為一名偵探，大部分的情況都是先到與某一偵探公司有關的偵探學校或訓練中心進行學習，之後再進入該公司工作。但是當中也有不少程度不佳的訓練中心，或是之後就倒閉關門的公司，因此在選擇時需要多加小心。也有不少是透過報紙或網路來徵募人才。因為大部分的調查工作都與個人隱私有關，因此最好能具有較高的道德感。此外，因為有時也需要從事跟蹤、監視等辛苦的工作，因此最好能夠具備堅毅的耐力及體力。收入大多採抽成制，依照業績多寡而定。

**台灣**

台灣的徵信社所做的工作跟日本所謂的私家偵探是一樣的。要當一個徵信社職員，經常必須長期跟蹤、調查，而除了工作內容，還得與顧客溝通協調，是一種很費腦力與體力的工作。在此行學歷並不重要，社會經驗以及清晰、邏輯的辦事方式，反而是錄取的要件。目前台灣沒有專門訓練徵信社人員的單位，但是隨著接受委託案件的多樣化，日後需要的專門人才會越來越多。（蘇意茹、尹玫瑰）

## 代客服務

　　在不違反法律，人道的範圍，對於客人的各種要求給予對應。簡單的自來水工程、家事、代替酒醉者將車開回家等為主要的工作，其中也有代為進行愛

的告白或假裝男女朋友等，其工作內容各式各樣。多數的薪資為佣金制，依照不同的工作也有得到高報酬的人。若是有經營的想法只有電話或傳真就可以開始工作，但是，若擁有較多的擅長的領域或人脈則較為有利。隨著社會的高齡化，有關看護的需求也跟著增加，其他如電腦的設定等的要求也很多。工作的性質上，嚴守祕密是絕對必要的。

## 活動企劃

現場演唱會、展示會、樣品展示會、新商品的發表記念會或是演講活動、企業的就職說明會等等，種種活動的企劃、舉辦，向客戶提出企劃案，並且執行。必須依客戶的想法以及目的，提出企劃書。從企劃開始，尋找場地、募集工作人員、與演出人員交涉、宣傳廣告的分配等執行工作，而預算管理等事務作業也包含在內。一般來說會在活動製作公司或是廣告公司任職，負責活動製作業務，一旦實力被肯定，獨立作業也是可能的。有學習課程的專門學校，參與高中或大學的園遊會等運作也會很有幫助。

### 台灣

台灣的活動企劃人員，沒有限定一定要是哪種科系畢業，但行銷相關科系是較有相關的選擇，不過學生時期的社團參與，對投入該產業有很大的幫助。台灣活動企劃人員的工作內容與日本差異不大，但活動形式更多元，除了上述的演講、說明會外，在台灣常需要企劃的活動有婚禮、春酒尾牙、發表會等。一般以公關公司、廣告公司會有較多這類職缺。（蔡承恩）

## 星探‧酒店色情業

「喂，想不想成為女明星？」

走在都心的馬路上、等紅綠燈時，應該會有女性被這樣問題。從事星探工作的，大多是任職製作公司的新人開發經紀人，挖掘演藝圈新人。Laforet原宿以及涉谷車站前，可說是星探的聖地，常常在這裡出沒，但是若聽到有人說那裡有可愛的女孩或男孩，也會前往各地。除了在街上尋找新人，製作公司也會舉辦試鏡會，集合想進演藝圈的人，再從中圈選出耀眼的人材，進行發掘。不過，所謂星探之中，也有不少是惡質的業者或是詐欺。而且最近也有很多是要找酒店女孩、脫衣模特兒、A片女優，其中也有很多是專門尋找這方面女性的專家。當然，若是能找到陪酒女、脫衣模特兒或是A片女優，報酬似乎不錯，但不管是那一種星探，比起善於說好聽話，若沒有給人某種真誠感的話，是無法走這條路的。此外，有一種說法是，一被誘惑就輕易答應的女性，作為商品的價值是比較低的。

## 演藝經紀人

管理、照顧主持人、演員、樂手們的行程起居，有時還兼任祕書的工作。大多從事與電視公司交涉演出行程、安排各項試鏡的工作。發掘新人也是重要工作之一，因此必須具備發掘新才能的功力。基本上是演藝公司的職員，以所

負責藝人的演出費的若干百分比為經紀人費用，所以若成為當紅藝人的經紀人，所得到的經紀人酬勞也相對提高。除了特別有實力的經紀人外，一個經紀人大多負責十名左右的藝人。當然，為了應付忙碌的工作，必須具備堅韌的意志與體力。由於面對工作上的客戶時，必須時常表現出「請給我們工作機會」的姿態，所以可說是勞心傷神的角色。看到自己呵護成長的藝人，在演藝界展翅高飛的姿態，應是最高興的事了。雖然坊間有經紀人學校，不過對演藝界強烈的興趣和熱情是進入經紀公司所不可或缺的。

 **台灣**

在台灣此職一般均由宣傳助理開始做起，沒科系限制，要喜歡與人接洽、應酬、協調與安排事物，由於工作經常日夜顛倒、工時長，必須靠濃厚的興趣支撐。大多從藝人的貼身助理，陪著藝人上各種通告瞭解演藝圈生態開始，進而晉升到「經紀人助理」的職位，協助經紀人處理相關事務，並學習與藝人、製作單位的雙向溝通技巧，及安排藝人通告、行程。等熟悉一切業務後，即可晉升為「宣傳」，負責藝人的知名度炒作，待資歷與經驗完整後，最後才有機會成為「演藝經紀人」。（蔡承恩）

## 相關職業

主播→**P.49**　　主持人→**P.49**　　廣播節目DJ→**P.50**　　電視演員→**P.50**　　外景記者・外景主持人→**P.51**　　雙簧表演者→**P.51**　　落語師→**P.52**　　漫談家→**P.52**　　搞笑藝人→**P.53**　　配音員→**P.54**　　觀光巴士導遊→**P.73**　　活動接待展售員→**P.74**　　男公關→**P.74**　　女公關→**P.75**　　婚姻媒合→**P.77**　　管理顧問→**P.78**　　在廣告業界工作→**P.78**　　旅遊行程設計→**P.80**　　顧客服務中心・接線生→**P.81**　　歌星→**P.200**　　在攝影工作室工作→**P.232**　　酒保→**P.287**　　咖啡店老闆→**P.291**　　日本口譯導覽員→**P.365**　　電影製片→**P.428**　　選角經紀人→**P.431**　　選角總監→**P.432**

休閒

其① 講手機或在教室、校園內跟朋友聊天

# 不協調感與警戒心

村上龍

　　對絕大多數本書的讀者而言，電視是理所當然，從出生就存在於各位家中的物品。然而在我那個世代卻不盡然。在我那個世代，電視是「後來才出現」的東西。電視出現在家中的情景，至今依舊歷歷在目。那是我8歲時候的事了。電器行的老闆像抬轎似的來到我家玄關。從瓦楞紙箱中看到真空管的一刹那，圍在身旁的鄰居們齊聲歡呼起來。這是因為喜愛新奇事物的父親，在街坊鄰居多還沒有電視的時代，率先買了電視機的緣故。接上電源，設定天線，轉開開關，當影像浮現在螢光幕上時，我嘗到一種奇妙的感覺。雖然週遭的大人們，看著畫面中實況轉播的摔角節目而興奮地叫囂著，我卻異常冷靜，拚命地想著，這些影像究竟是現實還是幻影呢？

　　至少，這與電影不同。在漆黑中上映的電影，與現實大同小異，我們將感情轉移至螢幕上的人物身上。似乎化身為主角，隨著他喜，隨著他悲，隨著他不安。當時8歲的我覺得兩者確實不一樣。在明亮的室內，雖然只是在小小的箱子表面播映著，卻有著驚人的情報傳達率。大人們似乎能夠將小箱子表面播映的影像視為一種新媒體而迅速接受。因為大人們依據他們的消息了解區別，電視就像付影像的收音機似的。半年後，小鎮上家家戶戶都添購電視機了。才一下子工夫，「家裡有電視機」成了理所當然的事了。不過，對我而言，電視依舊是個「異物」。不是恐懼，也不是不想看。只不過在不知不覺中，電視是一種特別的媒體一事已經深深烙印在我心中。

　　自從成為小說家後，每次上電視節目時，都會抱著異樣感及警戒心。獲得芥川賞後，因為得獎者依慣例非得上NHK晨間新聞節目不可，因此我便前往攝影棚。至今仍記憶猶新。首先，主播向我打招呼：「以描寫毒品和性等具衝擊性小說出道的村上龍先生，早安」。當時我差點想反問主播：「在NHK頻道上可以一早就說毒品和性這些字眼嗎？」不過我忍住了。是我心中的異樣感與警戒心警告我不可以如此回話。並非就道德倫理的角度停止自己的發言，也不是顧慮說了這些話會讓電視機前的觀眾反感。而是我不想透過電視機讓自己的性格、真實的自己傳播到全國每個客廳裡。

　　我在1980 年代末期，曾有3年半的時間主持一個談話性節目，直到今日也想不透當時為何會接下這份工作。並非已到30歲後段而看開不在乎。我並不是演員，當然不需要在攝影機前表演。電視這種媒體，無論多焦躁，無論再修飾，即使加上演技，也會呈現出上節目者原本的部分。換言之，就是將人的精神面脫個精光。在那個談話性節目上，我選擇的主持方法是，無話可說就保持沉默。這是違反電視原則的。在電視節目上，「沉默」因為會挑起閱聽人的想像力，因此最受到嫌惡。必須讓閱聽人隨時隨地處在被動狀態才叫做電視。

比我小6歲的妹妹，打從她懂事就屬於有電視機的世代。我的上一代，能以理性迎接電視機。8歲時的我，因為不自覺地感受到電視具有的異常力量，因而能夠抱持異樣感和警戒心。和我同世代的歌手，大多不願意上電視節目。也許他們也同樣對電視抱有異樣感和警戒心吧。電視是強而有力的傳媒，無法忽視它，也毋須忽視它。一方面意識到它強大的情報傳播力，一方面不失去對它的異樣感與警戒心，就是我個人與電視打交道的基本態度。

本文撰寫於2003年

# 其❷ 在圖書館讀書

比起跟人說話，一個人在安靜的地方讀書更能讓自己自在。有時是因為不擅於跟人家說話，也有人不是因為不擅於說話，而是覺得跟人家好好說話會很累，不如自己一個人比較好。

## 圖書館員

在圖書館工作的專門職務。從蒐集、整理、保存、出借圖書雜誌，到提供資訊服務等一切工作，都得負責。要取得圖書館員資格，必須在大學或短大修完圖書館學，或修過文部科學大臣認可的大學所開的特訓班才能取得。不過在圖書館工作，不一定要具備圖書館理員的資格，只要通過各個圖書館的館員錄取考試即可。因此，一般在圖書館工作的人，多半也通稱為圖書館員。對愛書的人來說，這是很有吸引力的職業。不過近年來各個年齡層利用圖書館的人數日益增多，所以能親切應對並解答讀者在閱覽上的問題，便成了必備的條件。此外，由於電腦檢索系統普及，所以必須能夠使用電腦。

 **台灣**

台灣的圖書館員工作內容和日本非常類似，舉凡書刊與資訊的蒐集、組織整理、傳播利用、資訊素養的教育與訓練、圖書資料的保存與維護、資訊與知識的諮詢顧問、資訊資源的管理等，皆屬圖書館員的工作範疇。為了正確理解圖書館使用者的需求、應對相關疑問、再加上數位化資料的日益普及，一名稱職的圖書館員不可或缺的條件還包括敏銳的研究能力、良好的溝通技巧以及基本的電腦技能。依照民國91年教育部圖書館事業委員會的修正，在台灣想要成為專業館員，有以下四種方式和條件：(1)通過國家公務人員圖書資訊管理類科高普考或特考及格；(2)國內外大專院校圖書資訊學系本科系所或相關學系所畢業；(3)大學畢業，修過教育部或圖書館辦理的圖書資訊學課程20學分或320小時以上；(4)大學畢業，曾正式出版圖書館專門論著，或從事圖書館專業工作3年以上者。（黃邦欣）

---

## 相關職業

評論家→**P.35**　在出版業工作→**P.36**　書店店員→**P.35**　編輯→**P.36**　校對人員→**P.37**　二手書店→**P.38**　作家→**P.40**　詩人→**P.40**　俳人→**P.41**　文字工作者→**P.41**　廣播電視節目作家→**P.44**　童話作家→**P.45**　手機小說家→**P.46**　和歌詩人→**P.45**　新聞工作者→**P.65**　繪本作家→**P.224**　策展人→**P.243**　博物館‧美術館員→**P.246**　藝術品鑑定師→**P.247**　運動新聞記者→**P.322**　筆譯人員→**P.363**　外語學家→**P.363**　英文報記者→**P.364**

# 其❸ 看電影

雖然租錄影帶或是看DVD也不錯，但還是喜歡看大螢幕。不一定是熱門的電影，也不是其他人都會去看的電影，若有自己喜歡的電影，會專注地看。

## 電影編劇

專門寫電影腳本的編劇很少。不過在電影界總有幾個「當紅劇作家」，他們是編寫日本電影的基柱；還有很多編劇後來轉當電影導演。就讀電影專門學校可以學習編劇的基本功夫，不過從專門學校畢業，並不能馬上成為電影編劇。把劇本送給喜歡的導演、製片或演員閱讀，也是一種方法，不過對方多半不會看。酬勞跟電視劇本比起來，並不算太多。但撰寫電影腳本是很有魅力的工作，所以有才華的新人總是不斷在尋找機會。此外，舞台劇或電視劇的編劇，有的也會轉到電影，或受託編寫電影劇本。建議想當電影編劇的13歲孩子，要先多看書、聽音樂、看電影，最好能去旅行增廣見聞。

**台灣**

想成為電影編劇，可念相關的電影、中文科系等，但其實只要文筆好、會說故事、對電影有基本概念，便可自學或到坊間的編劇班上課學習。新手可以參加新聞局舉辦之優良劇本獎，得獎作品有可能會被拍成電影，進而成為電影編劇；或者將創意與點子寫成小說出版，也可能被片商或導演看中，而簽約改編成劇本，達到成為電影編劇的夢想。（尹玫瑰）

## 電影製片

在電影的創作上擁有實權的是導演，而負責籌措製作費用、決定導演與工作人員，在實際製作上擔負所有責任及實權的人則是製片。製片還要負責宣傳及安排上映電影院等事宜，多半還要承擔電影成功與否的風險。有的製片因為電影不叫座而負債累累。從前片廠體系存在時，製片都屬大型電影公司聘僱的職員。現在則是個人承擔風險、自行企劃的獨立製片比較多。有許多教授電影製片相關課程的專門學校，但實際上，光靠學校學的東西是當不了製片的，這個情況不僅限於製片，不過只要有決心，在專門學校也可以學到相當多的東西。去念電影專門學校的人很多，畢業並不能保證有工作。端視有否認真學習、不斷向老師或學長提問、跟各式各樣的人交談獲取資訊與知識，比別人看更多的電影、更多的書，例如，想當編劇的人能否比別人寫出更多的習作等。總而言之，成功的關鍵就在於學習的態度有多積極認真。

一個製片基本上必須熟知各種現場情況，像是企劃電影的現場、攝影現場、剪輯錄音的現場、拍好的電影之宣傳配片現場等。擔任製片助理以累積這些現場的經驗，比什麼都重要。一般會先進製作公司當製片助理或受僱於製片，累積現場的經驗，為成為製片而鋪路。電影界有各種類型的製片，不過他們有一個共同的特徵，就是跟演技派當紅的演員或導演有特別有力的關係，並且熱愛電影。有人靠其他職業賺錢籌足製作費後，就打算當製片了。這樣的人無法長久持續下去。還有，以賺錢為目的的製片即使成功過一、兩次，但不知為何最後總會失敗而離開電影界。

**台灣**

台灣稱此工作內容為「製片人」。可就讀電影相關科系，畢業後從製片助理開始做起，約需至

少12年左右的經驗，累積相當人脈，以及創造出對影片有利的環境（例如，找到投資者等），才能坐上此位，指揮大局。（尹玫瑰）

## 電影導演

　　諸如題材、故事、台詞、演員選角、指導演技、小道具、布景設計、服裝、外景等，從準備到完工，擁有電影所有內容的決定權。在籌募資金或預算分配等電影的製作上，多半由製片負責，其中也有導演全部自己一手包辦的例子。從學生的獨立製作型電影到好萊塢的超大鉅作，電影絕對少不了的就是資金。所以製片優秀與否，對導演而言非常重要。因此，今後的電影導演若沒有製片的資質，據説將很難生存。

　　想當電影導演，有電影專門學校可以就讀。畢業後大多先從電視台或電影助理職務做起，不可能馬上當電影導演。事實上，很多人永遠也當不上導演。電影導演這條路，有像巨匠黑澤明因「喜歡繪畫」入行，也有「喜歡文字」的編劇轉行成為導演的人。有從拍廣告片起家的，也有舞台劇或電視劇導演轉行過來的。最近由日本《PIA》雜誌主辦、擁有20年以上歷史的影展，其中也開始有大獎得主晉身商業電影導演得獎人。想成為電影導演，最重要的是擁有想拍電影的強烈決心，但不保證能成功。最近有越來越多的人到國外的電影學校就讀，直接以好萊塢為目標。放眼世界是好事，不過是否真能拍出電影，就要看本人的努力、意志、才能、運氣及魅力了。

　　不僅導演，所有電影相關的工作都一樣。日本電影製片廠體制已然崩解，從前的「年資制度」體系幾乎已蕩然無存。結果就是負責攝影、燈光、美術、錄音、技術人員（操作攝影用機器手臂或製造雨景的工作）等技術部門，紛紛脱離片廠另外成立多家公司。還有，即使拍的是8釐米、16釐米短片或業餘錄影帶電影，只要作品和藝術與表演有關的職業優秀，才華受到肯定，也可能被發掘去拍攝商業電影。當然，在業餘者之中，實際能成為商業電影的導演、編劇或攝影師的，只占整體的一小部分。不過跟片廠全盛時期相較，年輕的電影人機會是更多了。

### ❝❝台灣

希望成為電影導演，可就讀電影相關科系，在學校學習電影拍片與製作的過程。在學期間或畢業後最好開始有自己的短片作品，然後參加相關電影競賽，累積經驗，期許有朝一日其作品被片商或電影老闆看中，獲得資金籌拍電影；而在拍攝自己作品的同時，也必須開始進入電影製作公司等，從場記、助導等做起，大約至少6、7年的經驗才能做到導演的地位。參加競賽與進入電影公司工作可以並行努力，縮短成為導演需要的時間。至於師徒制在台灣並不明顯成為現

象，倒是有相關拍片班底（例如演員）因接觸電影拍攝時間久，並對導戲有興趣，而在拍片過程中慢慢學習到導演的功力，進而假以時日當上導演。（尹玫瑰）

## 執行製作人

　　協助製片的工作。在前置（開拍前的準備期間）工作上，主要是尋找外景場地、跟導演及技術小組研商、決定拍攝地點等。開拍後，在攝影現場要確保外景場地的安全、餐飲的安排及所有工作人員的調配。製片在實際開拍後就離開攝影現場，負責預算、攝影日程的管理、後製工作（剪輯、配音等作業）的準備、宣傳配片的協商等行政工作。因此，在現場最高的製片負責人就成了執行製片。執行製片必須先當製片助理以累積經驗，並獲得製片的信賴。雖然有教授執行製片課程的專門學校，但一畢業就想馬上當執行製片是不可能的。

此工作內容在台灣被稱為「製片」，管理現場拍攝內容部分。可就讀電影相關科系，也是從製片助理做起。由於經常需要開會、現場調度人員與行政相關問題，所以需要溝通協調能力強的人來勝任。（尹玫瑰）

## 執行製片助理

　　在執行製片底下當助理的工作。在現場準備飲料、買便當、發放雨景所需要的雨鞋雨衣等，所有的雜務都要做。經常被因疲憊而焦躁的工作人員斥罵，被使喚得幾乎沒有時間睡覺。可是這種在現場做雜務的經驗，對將來擔任執行製作或製片非常有幫助。做執行製片助理的人有的出身電影學校，也有打零工的人。

就讀電影相關科系畢業後，若以製片人、製片為未來工作目標，便需要先以製片助理的身分熬上幾年，因為在電影界無經驗者是不可能一步登天的。另外非科班出身者，只要對電影有興趣，也能從製片助理等工作著手，從實務中開始學習電影的一切。（尹玫瑰）

## 電影明星

　　以前在日本電影的全盛期時，電影明星是很穩定的職業，但現在卻今非昔比。也就是説，幾乎沒有一個日本演員可以光靠演電影維生。通常都會邊演電視劇、電視廣告或舞台劇，邊等待演電影的機會。不過其中也有少數演員把重心只放在電影上。假如電影全盛時期的片廠體制依然存在，與片廠簽約的「新人」就會有出道的機會，可惜現在已經不可能。想成為電影明星的人，可以去參加新片甄選會，或加入藝能傳播公司，或演出學生電影以吸引眾人的注意，方法只有這幾種。女性若想成為演員，更要提防許多壞人會藉故説要讓妳演電影來騙妳。其實真有能力讓妳演出電影的製片或導演，因為必須自己承擔風

險，所以絕不會說出「我可以讓妳演電影唷！」之類的話。

## 台灣

若想當電影明星，最基本便是需要亮麗外表（或具有特色）和內在修養。意者可參加試鏡或新片選秀會，不過這類的訊息對外發布不多（相對的也是因為開拍的電影很少），最好經常翻閱報紙和瀏覽電影相關網站，以免錯失機會。演員訓練班也是栽培演員的好地方，當課程完畢後，大部分會核發給演員證，但參加演員訓練班並不表示讀完就有演出機會。而且另一問題，由於電影不振，正統的演員訓練班也很少開課，有興趣者要多加留意開課時間。至於透過星探或經紀公司進入演藝圈，雖是比較直接可接觸電影的方式，但是星探和經紀公司良莠不齊，還是小心為上。（尹玫瑰）

## 特技演員

　　從事高危險性的表演工作，例如，在懸崖或激流等危險地點拍攝，或表演汽車相撞、在高速列車內打鬥，或垂吊在飛行中的直升機上、與毒蛇猛獸共同演出、從高處跌落或被火焚身等。也經常擔任演員的替身，並研發中彈、被火焚身的攝影技術或裝置。電影常出現的特技演員，都隸屬於專門的公司。通常從動作演員訓練班結業後，就去拜特技演員為徒，接受一連串的訓練。這一行沒有運動神經的人是做不來的。像是被火焚身這類特別危險的場面，酬勞是「以秒計費」的，也就是以一秒多少錢來計算酬勞。危險動作或飛車追逐、爆炸起火等場面多的好萊塢電影，用的特技演員水準非常高，擁有特技演員的公司也很多，算是一項大事業。

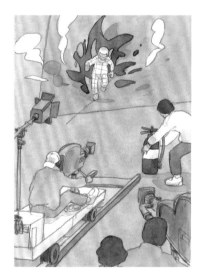

## 台灣

在台灣的特技演員，由劇校或特技團出身者多，也有跟隨師傅從學徒、小弟做起，在電影拍攝時學習特技。特技演員由於需要體力與精確度，大部分做到40歲左右便會轉行，或者升為武術指導、特效指導，指導特技演員表演。（尹玫瑰）

## 選角經紀人

　　選角經紀人會邊跟導演商量，邊運用自己的人脈進行選角。多半由製片負責和演員交涉與安排拍戲日程。但隨著獨立製片的電影日漸增加，專職的選角經紀人也應運而生。幹這一行必須受到演員跟製作公司的信任，而且面子要夠大，通曉演藝界的表裡、倫理、仁義及禁忌等。由於與演員關係密切，有的選角經紀人會晉升為製片。只要憑著與主要演員的密切關係，掌控住演員的檔

期，就可以拿到預算，這種情形所在多有。也有童星因從小在演藝界活動，靠著累積的關係與經驗，後來成為選角經紀人的。

※在台灣，除了超大型的電影開拍，否則很少有這個職位出現。一般電影選角的問題，大部分都是由導演組、製片組來負責。

## 選角總監

目前日本和台灣尚無這種職業。這是美國電影事業中負責選角的人。不比日本的演員經紀人，選角總監（casting director）擁有的力量非常大，有自己的事務所，負責與演員的經紀人交涉或舉辦甄選會等工作。將來日本電影界更加活絡、發行片數更多的話，這項工作可能在日本也會有所需要。

※台灣選角通常由導演和製作人決定。

## 電影攝影師

電影攝影的靈魂人物。以攝影機將每一幕場景拍到膠卷中。在錄影帶全盛時期，能拍出底片特有的光影濃淡效果的電影攝影師雖已減少，但以拍廣告片起家，或在錄影帶影片、音樂錄影帶需求多的時期，年紀輕輕就拍起電影的年輕優秀攝影師卻是增加了。想成為電影攝影師，可以去念電影專門學校，再進入電影、影像、廣告製作公司擔任攝影助理累積經驗，或是去當自由攝影師的助理。最近的趨勢是，無論作品是8釐米電影或個人錄影帶，只要去參加影展，作品獲得導演或製片的注意或青睞，年輕的攝影師也可能獲得晉身的機會。不過這種例子少之又少。到國外就讀電影學校或吸取經驗的人，也不斷增加。美國等地稱這工作為攝影指導（Director of Photography, DOP, DP），要負責包括燈光在內的設計工作。

**66 台灣**

就讀相關電影科系，畢業後從電影攝影助理做起；若非本科生，則可至攝影器材公司從助理開始學習。而從攝影助理熬到攝影師，至少需要10年的時間。（尹玫瑰）**99**

## 錄音師

在電影拍攝的同時，錄下對話、台詞以及周圍的現場音。並在拍攝結束後進行稱作配音（After Recording）的重錄台詞、調音等作業。一開始的作業是拿前端裝著麥克風的長桿（稱為boom mike），站在距離演員最近但不會入鏡的位置收錄台詞。現在有別在衣服上的小型無線麥克風（小蜜蜂），但衣服摩擦會產生雜音，所以基本上錄音還是要用麥克風桿。也因此，這個工作除了要有敏銳的聽覺與音感外，還要有長時間撐持長桿的體力。通常在電影專門學校畢業後，會先進電影、影像、廣告製作公司從助理做起，也有不少人去當自由錄音師的學徒。

想當專業錄音師，可就讀電影相關科系，或至電影製作公司從助理做起。目前台灣最知名的錄音師為杜篤之，得過坎城影展最佳技術獎，以及數次的金馬獎最佳錄音獎、音效獎榮耀，國內許多知名的電影均指明由他負責錄音。若想學習杜篤之錄音之技巧、經驗，可參加他於相關系所或台北光點等地開設的電影講座。（尹玫瑰）

## 燈光師

掌握住劇本與導演所要表現的東西，打出攝影用的燈光。在日本的地位與攝影師是同等的，哪裡要打光，哪裡是陰暗處，由燈光師決定。但在美國則要聽命於攝影指導。最近日本也有地位等同於攝影指導的攝影師，這時燈光師就要按照攝影指導的指示來打光。通常從電影專門學校畢業後，會進電影、影像、廣告製作公司從助理做起累積經驗。最近跟著自由燈光師當學徒的人也不少。據說夜景的燈光安排，做再多次也不會膩。有的燈光師還因為燈打得漂亮而受到大牌女明星的指名。

目前台灣的電影燈光師多為學徒制，跟對好的燈光師，將可縮短自我摸索與琢磨的時間；而以學校的學習而言，可就讀電影、戲劇相關科系；社會人士可至燈光音響相關公司從助理做起。從燈光助理做到燈光師的時間，至少需要8年左右。（尹玫瑰）

## 藝術總監

雖有美術、藝術總監、美術設計等不同的名稱，但其實是同一種工作。藝術總監底下有美術助理、裝飾（例如，去找來酒吧場景所需要的酒桶等）、裝飾助理、製作攝影用建築物等布景的大道具、小道具（視電影規模，多半由副導兼任）等工作人員。藝術總監會跟導演交換意見，設計場景並提出構想，將外景地或布景（室內場景）按照劇本或導演想要的樣子布置出來。想成為藝術總監，通常從美術大學或電影專門學校畢業後，會進入美術製作公司或電影、影像、廣告製作公司等，從助理做起。也可以去當自由藝術總監的學徒。藝術總監的創意或準備的東西，會直接反映在電影中。在美國不稱作藝術總監或美術，而是稱為美術設計，從時代考證到裝飾、大道具、小道具、流行等，為電影作整體的美術設計。

由於工作所負責的內容包括造型、服裝、布景等，故就讀美術、設計、服裝相關科系者均有益於進入此工作的機會。一般從相關學校畢業後投入電影圈，均從美術設計助理做起，約需7、8

休閒 其③ 看電影

年甚至更久的時間才能因經驗而升為藝術總監。（尹玫瑰）

## 髮型師及化妝師

負責幫演員梳頭化妝。一般從專門學校畢業後，會先進化妝公司磨練技術，也有個人的自由化妝師。極少數人被知名女星看上後，被聘為專屬的化妝師。有時需要負責皮膚傷口、血跡、傷痕、瘀青或黑痣、皺紋等妝效。像《決戰猩球》這類的特殊化妝則另當別論。以前的電影底片感光度低，經常需要打強光，所以電影的梳化妝技術與時尚界要求的不同。最近隨著高感度底片、高解像度鏡頭、各種特效等技術的進步，跨足電影與時尚界的人日漸增多。

**台灣**

在台灣要成為化妝師可先就讀美容美髮科系的學校，學習美容概論、美容與衛生等課程。台灣並實施有美容師證照制度，一般要成為專業化妝師之前必須先取得乙級或丙級美容師執照才能執業。電影的化妝和電視化妝相較之下較為細緻，也不似舞台妝誇張，其中會特效化妝者工作酬勞較高。（王聰霖、尹玫瑰）

## 電影服裝師

有戲服、服裝造型師、戲服設計師等各種名稱；從主角到臨時演員，為戲中所有演員準備戲服。其中的服裝造型師，特指管理主角級演員服裝的人。有許多知名明星，擁有個人專屬的服裝造型師。有名的服裝設計師偶爾會負責電影的服裝，不過與戲服設計並不相同。戲服設計師光瞭解流行還不夠，還得熟讀劇本，具有為劇中人物設計造型的想像力。此外，古裝劇另有隸屬於戲服公司或傳播公司的專門服裝師。時裝劇則幾乎都由造型師擔任服裝師。通常可以進電影戲服公司，或在專校畢業後去當自由造型師的助理，以累積個人經驗。

**台灣**

電影服裝師在電影開拍前擔任服裝造型與準備的工作，電影開拍現場則大多做服裝管理、準備戲服之事。就讀服裝、戲劇相關科系有助於此工作的執行，或者選擇當造型師助理，慢慢學習搭配服裝之敏銳度與技巧。（尹玫瑰）

## 剪接師

拍好的底片要按照腳本做剪輯。從電影專門學校畢業後，從助理開始做起。以往是實際拿底片做剪接，現在一般都是用電腦的影像剪接軟體在錄影帶上做剪接。通常在日本為了節省底片，拍攝一個景時會先作分鏡處理。也就是說在日本會在攝影時先做初步的剪輯。這可能就是日本片的剪接讓人覺得枯燥乏味的原因。不過美國電影在拍攝一個景時，會先以「主鏡頭」從頭到尾拍一次，然後再拍特寫等「接續鏡頭」。有些鏡頭更是運用多台攝影機同時拍攝。主鏡頭以及繁多的接續鏡頭都需要做剪接，所以剪接師的天分與才華足以影響

整部電影。美國電影的剪接師，有些會轉當電影導演，也有導演親自操刀當剪接師的。

## 音效師

電影拍完後，為拍攝剪接完的影片進行調音、或添加聲音的最後作業。在這個作業中，要重新製作必要的音效。聲音對電影來說非常重要，電影整體的品質會因為音效的真實度與品質而受影響。現實中沒有的聲音，譬如《侏儸紀公園》中的暴龍叫聲等，要組合各種真實的聲音，再用電子合成樂器重新製作出來。從電影專門學校畢業後，通常會從助理開始做起，也有人從錄音組轉來做音效。片廠全盛時期有專業的音效師，現在越來越需要的是從大學音響學系或音響學專科學校畢業，擅長用電腦做音效的人才。

## 膠卷剪接師

在剪接編輯作業之後，就是膠卷的剪接作業。自從電視劇的攝影改用錄影帶、電腦剪接系統之後，膠卷剪接師失業收山的人很多。然而，只要膠卷電影存在一天，膠卷剪接師這個職業就不會消失。

## 場記

為電影作拍攝記錄的人。電影不會按照劇本的順序拍攝，而且台詞會根據導演的意思或演員的即興演出而產生變動。加上同一個鏡頭可能重拍好幾次，所以哪個鏡次（亦即第幾次拍攝的東西）是OK的、每次拍攝時台詞有什麼變動，都要記錄下來，以免在剪接時造成混亂。還有為了要連戲，演員站的位置、服裝、髮型、化妝等都要記錄下來。幹這行的人，通常從電影專門學校畢業後，會先從助理做起。不知是何緣故，做這工作的幾乎都是女性。在美國稱為場記總監scriptsupervisor），工作內容跟日本幾無二致。

**"台灣**

電影或戲劇科系畢業後，場記由於不需經驗，所以是許多人踏入電影界的第一份工作。不過別看場記的工作好像打雜、什麼事都做、不必專能，其實一個好的場記必須能有條不紊地處理事情，如果一個晃神或粗心，很可能會延誤到影片的拍攝，並且換來導演的責罵。而在有場記的經驗之後，一般都會朝導演組發展，慢慢從助導、副導升到導演一職。（尹玫瑰）**"**

## 武術指導・動作指導

日本有被稱為傳統武術指導的一群人。武術指導主要是在時代劇中，負責刀槍或其他武器的動作場面。現代的武術指導除了時代劇，多半還要負責時裝劇的打架、殺人或混戰場面的指導與建議。除了指導動作與真實度，還要對攝影的安全問題作出建議。最近也出現了專門學校。好萊塢稱為動作指導，要與導演共同擬定動作場面的整體計畫。

**"台灣**

一般以劇校、特技團進入此行為主，並且大部分都是由特技演員開始做起，慢慢當上武術指導或動作指導。目前經驗豐富的武術指導、動作指導（例如香港袁家班）均往好萊塢發展，在西片中混入中國武術或動作技巧，增加影片的可看性。（尹玫瑰）**"**

## 場務

從水罐車拉水管製造雨景、以大風扇製造風、用造霧機或製煙機做出霧或煙、操作架設著攝影機的機器手臂、推攝影機板車、鋪設攝影機板車的軌道等，負責操作所有沒拉線的攝影器材。攝影遮光的任務，在日本由攝影組負責，美國則由場務小組（grip）來擔任。通常從電影專門學校畢業後，會先進有場務部門的公司，從助理開始做起。

**"台灣**

此工作不重學歷，但得專心認真。主要工作為協助電影拍攝，除了電影公司自己聘請的場務之外，有些如造雨景等效果，還會外包給相關公司，而該公司便會連車派助理（場務）來支援。一般來說，場務是電影拍攝中最容易挨導演罵的人，因為有些場務散漫、不尊重工作，或者不注意

聽從導演指示，往往拖累拍攝進度，若想以場務為工作者，千萬要特別注意。（尹玫瑰）

## 劇本審閱

　　審閱劇本並將之「開發」成可以拍成電影的劇本。在日本多半由導演或製片負責，好萊塢則由專家進行這項工作。無論何者，都不可缺少對故事、台詞、出場人物個性的深刻洞察力與評斷力。將來日本電影界若更加活絡，發行片數增加的話，這項工作預測在日本將更形充實。

※在台灣，此項工作多交由製片或電影公司老闆把關，很少特別設此職務。

## 助理導演

　　稱為導演助理或助理導演的這份工作，主要是協助電影導演的工作。在一部電影中，可能會有3位或4位助理導演，若是大製作的片子，助理導演的人數可能更多。助理長（第一助理導演）主要負責攝影日程的安排，臨時演員的演出，所有工作人員之間的協調。第二助理導演負責管理小道具，指揮臨時演員。第三助理導演負責拿著名為「拍板」（Slate）的拍子與黑板，在攝影機前拍板，在每一卷影片開頭記錄該場景的編號與鏡頭編號、拍攝編號以及聲音，作為編輯時的重要資訊。雖然說片廠中總是缺乏優秀的助理導演，但是近來助理導演能力不足的問題尤其嚴重。以錄影機（Video Camera）拍攝的電視劇等短期製作的影片增加，因此似乎出現了許多對電影拍攝現場狀況不瞭解的助理導演。今後一邊擔任助理導演一邊學習戲劇的傳統日本做法將會逐漸銷聲匿跡。在美國，助理導演的地位與日本並不相同。美國的助理導演並不屬於創意工作的一環，美國的助理導演是為了協助攝影作業順利進行，負責居間聯繫所有工作人員，控制現場的職務。日本的助理導演有朝一日會升為導演，但是美國的則不同，助理導演就只是單純的助理導演而已。目前日本的助理導演通常是在專門學校學習電影的基礎知識後，進入電影、影片、廣告的製作公司，其中也有人利用個人的人際關係先打工擔任助理導演。當然一開始只能擔任第三或第四的助理導演，或者職務更低的助理導演。

※在台灣並沒有細分所謂的第一、第二助導。一般由本科生或拍片班底從場記做起，累積經驗至助理導演一職；但能力強者，也可能便直接從助理導演開始做起。

## 特效人員

　　原本屬於美術組，但由於是特殊技術，所以特效人員被視為獨立的工作。主要是用起重機、滑輪與鋼絲將演員吊起來並移動。另外還有操作機器怪獸、在小型模型城市裝上電飾，或使用火藥等工作（開槍或小型爆炸等）。通常不是拜專業的特效人員為師，就是進有特效技術部門的製作公司學習。不

只是電影，廣告片、舞台或秀場也需要這種人才。用繫在起重機等機器上的滑輪與鋼絲將人吊起來並移動，是基本工作。不過自從研發了以電腦控制鋼絲、起重機的技術後，特效人員的工作據說起了很大的變革。

※在台灣想當特效人員，可至特效技術製作公司，從助理開始做起，學習如何操作鋼絲、爆破等。想以此為職業者，需要具有基本的理解力，以保障人身安全。

## 顯影技師

顯影技師主要的工作就是遵照攝影師、攝影導演的指示進行影片的顯影作業。在過去黑白片的時代，畫質可依照顯影時間長短調整。但是進入彩色影片時代後，負片在沖洗成正片時，沖洗的曝光量變化會影響到畫質與色調，因此影片會隨著攝影機光圈與鏡頭亮度畫質也呈現微妙的變化。因此在影片拍攝過程中需要顯影的專業人員，他能瞭解攝影導演的企圖調整光圈、鏡頭的數值。在攝影導演中，有些人會指定專屬的顯影技師。顯影技師的來歷五花八門，有人是攝影專門學校畢業，有的人在大學專攻化學，在錄影與數位的全盛時期，後繼人才無法因應市場需求。顯影技師的培養，就是仰賴進入影片製作公司累積經驗來培育。

## 光學技師

光學技師的工作就是專門負責處理電影畫面中的特殊效果，例如，畫面慢慢浮現的效果稱為淡入（fade in），相反地，畫面逐漸暗去的效果稱為淡出（fade out），畫面靜止稱為停格（stop motion），多重影像相疊稱為影像重疊（overlap，或稱疊化[dissolve]），另外還有主字幕（main title）與工作人員列表（staff credit），這些都需要利用特殊的光學處理製造效果。雖然重疊、疊化也可以利用電腦以數位的方式處理，但是非以數位處理的方式則稱作光學處理以別於數位的處理方式。這種光學處理乃是利用複雜的光學印表機進行影像的合成、處理，其中微妙的調整除了需要懂得專業知識外，經驗更勝於一切，這樣的經驗就是技術人員從專門學校或設有光學課程的大學畢業以後，必須進入影片公司累積的經驗了。

### 66 台灣

顯影和光學效果處理這方面的工作，電影公司會交給沖印廠來處理。大傳相關或化學科系等能學到膠片顯影、光學處理的技術；但若要快速學會此技能，可進入沖印廠工作，從助理做起從中學習。（尹玫瑰）99

## 特效總監

特效總監（SFX特效[Special Effect]）的工作是遵從導演的指示與電影的概念，負責作品中有關特效部分的內容、攝影、剪接、合成等工作，肩負影片最終效果的責任。在日本的怪獸特攝片《哥吉拉》（Godzilla）中，過去的特效總監是由擁有最佳技術以及經驗最豐富的人物全面管理所有有關特效攝影的工

作，這種人物稱作特效導演。但是近年來由於特效的分工更為細緻、專業，因此也就由各領域的專業人員各自負責。所以過去稱為特效導演的職務，現在細分為SFX總監、視覺效果總監等頭銜。日本雖然有一些專門學校設置有特效的課程，但是在日本還沒有堪稱為SFX總監的人才出現。目前日本SFX界都是在好萊塢學習特效的日本人回來日本引領風騷。

## 台灣

關於電影中需要使用到電腦特效方面，電影公司會發包至特效公司製作，當影片在拍攝的過程，特效導演會到現場觀看，以便跟劇對位；待影片拍攝完成，特效公司便會專人分工利用電腦軟體來製造所需效果，例如：特效攝影、電腦動畫等。而要去哪裡學電腦視覺特效？以學校而言，可就讀數位多媒體相關科系或課程；若自行研修，則可到電腦補習班或大學之推廣教育中心，選修多媒體課程，學習與操作使用特效專用軟體。選擇以電腦特效為工作者，需要具備基本的電影製作觀念、美術觀念強、對空間有敏銳度，如此在創造電腦動畫、特效時，才能抓住所需，而專用軟體要使用熟練當然也是必備之一。（尹玫瑰）

## 特效攝影

特效攝影的種類五花八門。例如，在製作慢動作影片時的高速攝影，從廣義來說也屬於特殊攝影的一種。另外如靜止動畫是一格一格畫面拍攝，這也屬於特殊攝影的範疇。不過在當今這個SFX全盛時期，所謂的特殊攝影就專指讓演員在藍色布幕前演戲，再與背景合成的藍幕處理，或是運用模型拍攝放大的潛望鏡相機（Snorkel Camera）以及由電腦控制攝影作業的動作控制攝影機（Motion Control Camera）之類的攝影作業方式。過去日本在拍攝《哥吉拉》之類怪獸特攝片的時代，雖然也有負責特效攝影的專業攝影師，但是卻不像今天，特效攝影師能運用動作控制攝影機來操控攝影機的位置、方向、移動速度、快門、焦距、變焦、光圈等等，幾乎所有的攝影機功能都可利用電腦控制，大部分的攝影師只須專注在照明打光的作業上。特效攝影的主角已經從過去的攝影師，轉移微電腦操作人員了。因此要學習特效的相關技術，尤其是動作控制攝影機，由於它的發源地為美國的好萊塢，因此在日本，只能進入IMAGICA這家影片公司（目前在日本，只有這家公司擁有最先進的動作控制攝影機），透過邊學邊做的方式累積經驗。

## 技術助理

在電影製作中需要各種的技術助理，例如攝影助理、照明助理、錄音助理、剪接助理，可以說每一位電影人都是從助理進入電影業的。通常這些技術助理會先在專門學校學習之後，進入製作公司工作或打工，擔任助理累積經驗之後，成為正式的技術人員（攝影師、燈光師或剪接師）。

## 繪圖師‧SFX動畫師

在過去還沒有電腦工具可供驅使的時代，S FX特效創意人員的作業通常都

從繪圖開始。即使在今天，SFX的製作還是需要畫家們發揮想像力創造出未知世界的景象。在一部特效電影製作過程中，繪圖師經過與導演一番討論之後，會先以繪畫方式描繪外星人、怪物、恐龍、猛獸、太空、龍捲風、洪水、戰場、大爆炸等場景的繪圖。通常在製作一部特效電影時，會先根據這類繪圖來思考整部電影的計畫。近來的特殊效果經常是透過各式各樣的作業組合成一部作品，因此如何讓全體工作人員腦中浮現相同的圖像、印象非常重要。在開始著手電影的拍攝工作前，首先會做所謂「Previsualization（預先視覺化）」的工作，讓所有工作人員對電影的形態先塑造出共同的認知。在預先視覺化的作業中，通常會使用劇情腳本或名為「分鏡（story board）」的故事內容繪圖來開會，當然現在也有3D的專用軟體可供使用。不論使用哪種方法，預視化的內容都是在呈現電影核心精神的圖畫，對電影上映前的宣傳與資金調度上也是重要的一環。除了預視化的繪圖外，還有一種稱為繪景（matte painting）的繪圖。繪景是一種二次元的繪圖，描繪電影的背景部分，製作成本遠較實際製作美術布景還低，因此電影中一些需要耗費工夫的布景製作就改以繪景方式製作，然後再以合成方式嵌入演員人物。儘管繪景的製作成本較低，但是依然需要精密的技術，所以除了在專門學校、大學美術科系學習繪畫的技巧外，繪景人員還需要具備能掌握電影呈現概念的理解能力，以及對未知世界的想像力。

## 特殊造形：模型

為了獲得精巧的特殊視覺效果，在電影拍攝作業中會製作一些小型的模型，例如：太空基地、街道景色的迷你模型、縮小的車輛、太空船、房屋等，這也是因為製作實際大小的街道或太空基地的布景成本太過高昂的原故。儘管是縮小模型，但是為了呈現出逼真的效果，這類模型的製作其實需要高度的技巧。縮小模型的製作除了細微枝節都須忠實原物外，為了能讓模型看起來更接近真實世界，因此在距離的縮小、材料的選擇、遠近距離感的呈現、追求合成效果的正確縮尺上都得非常仔細講究。例如，拍攝小組若製作一艘縮小軍艦停泊在游泳池中時，為了讓拍攝出來的效果逼真，連水的波浪比例也必須考慮。為了讓縮小波浪的大小與縮小軍艦呈現正確比例，游泳池水就必須添加藥劑讓水的表面張力變大，縮小水波的規模。此外，縮小模型也會採用潛望鏡攝影機、高速攝影、慢速攝影等特殊攝影方式拍攝。在拍攝橋深、大樓爆破、大地震、水壩潰決、大海嘯等的場景時縮小模型通常會遭到破壞，因此必須與其他周邊技術仔細協調方能成功地完成攝影。在日本，縮小模型與怪獸、怪物、妖怪等人物的模型製作、特殊化妝等並稱為特殊造形，但是在好萊塢，縮小模型的製作則被視為是一門專業的獨立工作。即使在CG（電腦動畫）的全盛時期，縮小模型與模型製造依然是不可或缺的一環。要成為一名縮小模型的造形家，必須先在美術系等專門科系、美術大學等學校學習繪畫與雕刻技巧後，再進入有特殊造形部門的製片公司累積經驗。縮小模形製作的市場需求除了電影之外，還有建築物的展示場、各種活動的場合、博物館等機構，需求很廣。

## 特殊造型：特效工學機器人

　　「特效工學機器人（animatronics）」這個字，是由animation和electronics合併而成。日本電影中的怪物與怪獸，通常都是由演員穿著道具服裝飾演，但是在好萊塢，主要則是利用電子機器人，也就是在怪獸等造型物裡或皮膚下安裝機器人飾演。一些不易實際飼養的生物（大蛇、鱷魚、黑猩猩等）、恐龍、外星人的角色，通常會先製作外表的造型，然後再組裝電腦控制的機械來操控角色的骨骼、肌肉、臉部表情，這門技術稱作是「特效機器工學」（animatronics）技術。例如《侏儸紀公園》等近年來的電影中，大多利用全CG電腦動畫創作生物的角色，但是在拍攝如恐龍與猛獸的近距離畫面，或是演員與怪獸進入同一畫面的鏡頭時，也會利用電子機器人拍攝。在一隻小型恐龍之類的電子機器人身上，若要全身都做電子操控，就需要在臉部、頭部、頸部、雙手、雙腳、身體、尾巴等處裝上多具電子控制器，由好幾位工作人員同時操控。要學習電子機器人技術，最好能兼具工學知識與對各種材質的造型技術兩者，同時也必須具備理解力能瞭解電影腳本內容、以及足夠的想像力以掌握導演的企圖。由於這是一門新技術，因此還是必須到好萊塢去方能真正學習技術、累積經驗。在日本雖然數量極少，但是還是有公司擁有電子機器人技術。電子機器人技術不僅運用在電影上，在廣告、各種活動、博物館等各種展覽場合、地方政府活動上都有市場需求。

## 特殊造形：特殊化妝

　　電影中常見的血漬、傷口、傷疤、瘀青、痣等，都是髮型彩妝設計師的傑作。髮型彩妝設計師能改變演員的臉部形貌，例如，將年輕演員化妝成80歲的老人，或是在同一張臉上合成人臉與猿猴的臉、人臉與野狼的臉。這門技術稱為特殊化妝。特殊化妝從電影還是默片的時代起就常見到，在最早時期，會在演員的臉上以鉛

筆狀的工具畫出皺紋，但是隨著各種素材的開發、現在甚至能製作出有毛孔的人造皮膚來。近來特殊化妝的大趨勢包括了發泡乳膠以及小規模機械的運用。發泡乳膠是一種乳液狀的橡膠，具有良好的加工性質與彈性，能緊貼在演員臉上，做各種的造型變裝。發泡乳膠在1968年製作的《浩劫餘生》（又譯：《人猿星球》Planet of the Apes，《決戰猩球》便是重拍此片）中首度正式登上大銀幕。今日在提到特殊化妝時，除了發泡乳膠外，也包括電影中常見的各種化妝技巧。另一種小規模機械是指在人工皮膚下裝設小型的機械，成為身體的一部分，利用這樣的機構，演員的臉部可以呈現皮膚隆起、動作，或是做出怪異的表情等等的特效。特殊化妝師除了須具備瞭解劇本與導演意圖的能力外，現場經驗勝過一切。目前特殊化妝師的人才通常來自專門學校，他們進入特殊造型公司後，透過工作累積經驗。日本現在有越來越多優秀的特殊化妝師，另外，也可以選擇至好萊塢發展。

在台灣，一部電影簡單的特殊化妝均由化妝師擔任，除非需要特殊的老妝、燒燙傷等，才會請學過特殊化妝的化妝師來化妝。而若要學特殊化妝法，可至坊間特殊化妝補習班學習，或至國外專門學校短期進修。（尹玫瑰）

## 電腦特效・CG・CGI

電影中常見爆炸的場景，這些場景有時候在實際拍攝之後，會加上電腦處理，讓火勢看起來更驚人，這種經過處理的畫面被稱作CG畫面（Computer Graphics）。自1990年中期起，CG指的是以電腦模擬的虛擬影像，也被稱作CGI（Computer Generated Image）。例如《侏儸紀公園》在拍攝初期曾經考慮利用模型，以停格動畫的方式拍攝（一格一格拍攝模型恐龍）；但是最後大部分的場景都利用CGI效果製作，因此能呈現出許多恐龍群集奔跑這類前所未見的畫面。隨著CGI技術的進步，成本降低，演員開始感受到虛擬影像的威脅，因此在好萊塢的演員公會就有部分人士反對電影中過度頻繁使用虛擬畫面。但是可預見的是，一些太過危險不適合真人肉身拍攝的畫面將逐漸被CG取代。在日本，基本上CGI的技術可以在專門學校中學習，但是想成為CGI的專業人員還須具備理工方面的電腦技術、繪畫雕刻的才能，還有對電影的深入瞭解。有志之士可進入CG製作公司學習累積經驗，當然進軍好萊塢也是另一個選項。

## 電腦遊戲

動畫「Animation」的原文字義原本是「賦予生命」的意思。過去動畫乃是指運用一格一格圖畫製作的動畫，但是近來隨著電腦技術的進步，動畫的定義也出現變化。新一代的電腦動畫是將繪圖的草稿掃描讀入電腦中，在電腦上上色，並且以數位方式測量人的動作讀取數值，然後再由電腦自動描繪。而且整部動畫從企劃到製作、剪接全部以數位處理。數位動畫運用各種技術，其中最具代表性的是將人類與動物動作的數值輸入電腦中，這些數值直接被輸入電腦裡成為一個動作檔（Motion File）。這項技術稱作動作擷取（Motion capture）。由於電腦技術已經能夠正確掌握人體與動物微妙的動作，將之轉換成數據，因此動畫人物就能呈現出維妙維肖的動作。使用電腦製作的動畫，可以融入實際拍攝的影片中，或是作為電子動畫（機器演員）的製作數據，或者用在CGI上。在日本，可在專門學校學習數位動畫的基礎知識。要從事這個行業，須具備理工方面的電腦技術能力、美術才華以及對電影有所瞭解，可在動畫製作公司或數位動畫製作公司工作，累積經驗，也可到好萊塢去發展。

## 預告片製作

這個工作是製作電影的預告片，在過去攝影全盛時期，是由第二助理導演負責預告片的製作。但是隨著預告片之類的宣傳材料重要性日增，預告片就改由專業的公司製作。目前幾乎所有電影的預告片都是由專業公司製作，通常這類專業公司都是由配片公司委託製作預告片，而且以西片為主。一部電影的預告片在製作時會召開多次會議，找出一部電影的核心魅力，剪輯片中具有震撼

休閒 其③ 看電影

性的台詞，或是製作標題，以數位處理製作出本片中所沒有的影片，並且設計文字標題，加入聲音效果。製作預告片的團隊包括了效果、製作、負片剪接、動畫設計師等人員。一般從事預告片製作工作的人，多畢業於電影科系，然後進入預告片製作公司工作。不過有些在業界十分活躍的人，其實也會離開公司組織獨立作業，或者有些廣告業界的人受到預告片這種獨特世界的吸引轉行。會從事預告片製作工作的人許多都是愛電影成癡的人，在日本業界就出現了幾位偶像級的預告片製作人。

※台灣的電影預告片由電影公司老闆、發行公司或導演決定內容與製作。

## 字幕翻譯

　　國外電影在日本放映時，會將影片的台詞、旁白打上日語字幕。根據統計，人類閱讀文字的速度是1秒鐘約四個字，因此不論台詞對白有多長，都必須限定在有限的字數內，正確清楚地翻譯出來。因此從事字幕翻譯的工作，不僅是外語能力要佳，本國語言的書寫能力也非常重要。在日本不管電影的台詞多寡，通常一部電影的翻譯時間只有一個星期而已。要成為一名電影字幕翻譯師可以在專門學校、講座學習字幕翻譯的技巧，然後接洽電影字幕的製作公司尋求工作機會。當然也可以先成為專業翻譯師的弟子學習，但是目前業界並沒有這種模式，反倒可以透過專業翻譯師介紹工作機會。由於電影的題材形形色色，因此翻譯師須具備廣泛的知識，而且也必須熟悉俚語。除了戲院上映的電影外，錄影帶、電視節目、資料片也需要上字幕。此外，DVD、衛星放送等，越來越多領域都須仰賴字幕翻譯的技巧，因此入行的門檻也越來越寬。雖然有許多人希望成為字幕翻譯師，但是目前其實有能力的專業翻譯師非常地少。

**台灣**

對於字幕的翻譯，電影公司都交給翻譯社或對電影與文字有興趣者。所以若是想翻譯電影字幕，首先須外文能力（依據該影片的語言為主）佳，最好有翻譯的經驗，然後找尋有接電影字幕翻譯的翻譯社兼職工作，或直接打電話給片商毛遂自薦，請教他們字幕翻譯都發到哪間公司或是否缺此職，經過試譯稿爭取工作機會。（尹玫瑰）

## 電影發行

　　電影發行的工作就是購買外國影片在日本國內上映的權利。買下放映權後，就要選定要在哪個電影院播映，並且須進行宣傳工作。由於這份工作須與外國的電影公司交涉，因此須具備良好的外語能力，而且在可以獨當一面之後也有機會到坎城或威尼斯參加場面豪華的電影展。要成為電影發行人員不須畢業於電影專門學校，也不必懂得如何製作電影。反倒是懂得如何做生意，知道什麼樣的電影能引起轟動，對電影這種商品擁有「識貨」的眼光才是重要條件。而且除了前述的條件外，唯有擁有一顆熱愛電影的心才能在這個行業成功。現任電影發行工作的人員來自各個領域，有的是在大學裡專攻經濟學或經營學，或者是學習文學與外語，有關配片方面的經驗則是在進入發行公司後才

開始累積。其中有些人在累積一段經驗之後自己成立公司，或者以自由業的身分活躍於這個行業。目前很多獨立發行公司，在早期都是從一人公司起家，不過在業界要能夠獨當一面需要相當豐富的知識與經驗方能立足其間。

## 台灣

在台灣，挑片、買片的工作是由片商的選片人來負責。能做到此工作者，必須對電影有濃厚的興趣、格調、判斷力，以及電影行政或實務相關經驗，站在消費者與片商之間，選購適合的電影在台放映。（尹玫瑰）

## 電影宣傳

在過去，製片、配片公司裡都會有個宣傳部門；不過日本近來專門從事電影宣傳的公司日漸增加，他們甚至從企劃階段就參與電影的製作，製作宣傳片，將電影原著委交出版社出版，配合電影殺青制定宣傳策略。這類公司，有時候是由個人的電影宣傳製作人獨力擔綱。最大的重點是他必須掌握住電影宣傳上的魅力所在，而且在媒體、傳播界擁有良好的人脈關係也有利於宣傳工作的推展。一般從事電影宣傳工作的人，都從電影宣傳公司或發行公司的宣傳部入行，逐漸累積經驗，而且這份工作很少採用學校剛畢業的新人，通常是透過人脈介紹，或者從打工入行。有些宣傳製作人甚至後來也轉行為電影製作人。目前，只有幾個人構成的獨立電影宣傳公司越來越多，這類公司不分西片、日片，一年約可承接二十部電影的宣傳工作，他們必須橫跨報紙、雜誌等平面媒體，以及電視、收音機、網路等多種媒體制定出宣傳策略，與各種媒體交涉，因此必須擁有廣泛的人脈與嶄新的創意。電影的宣傳工作通常都是交給發行公司或宣傳公司負責，獨立個人宣傳所能分到的利益較少。要從事這類工作需要擁有良好的體力，若能說英語更是如虎添翼。宣傳人員無從選擇自己要替哪一部電影做宣傳，因此若是電影大賣，或者上映首日觀眾大排長龍，更令人格外感到高興。而且當國外的影星來日本時，接待影星也是電影宣傳人員工作的一部分，所以有人也是針對能與影星面對面而投身這份工作。

相關職業

編輯→P.36　作家→P.40　劇本審閱→P.437　電視演員→P.50　配音員→P.54　水中攝影師（攝影機）→P.178　特效人員→P.188　畫家→P.223　插畫家→P.223　繪本作家→P.224　電腦繪圖師→P.228　漫畫家→P.238　動畫家→P.239

**休閒** 其③ 看電影

# 把鳥移開，開麥拉！

村上龍

　　名導法蘭西斯‧柯波拉（Francis F. Coppola）旅日時常去一家六本木的店，那家店的媽媽桑正好是我朋友，我們因此而結識。大約在25年前，我造訪在菲律賓拍攝《現代啟示錄》（Apocalypse Now）的柯波拉。在距離馬尼拉車行約2小時的百勝灘有個知名的瀑布，他們在那附近搭起了壯麗的外景。我在當地停留5天，只看到他們拍攝6個鏡頭。《現代啟示錄》無疑是20世紀最具代表性的電影之一，但柯波拉在拍攝本片時正為椎尖盤突出所苦，健康狀況亮起紅燈。當時有一幕是要拍攝主角一行人在叢林中遭到老虎襲擊，以機關砲亂射並駕船逃生的情景。驚恐的主角喊著：「Fuckingtiger!」並倉皇駕船逃離，這一幕約有40秒。

　　上空有直昇機盤旋刮起大風，攝影機前的紅樹林上停著兩隻類似鸚鵡的熱帶鳥類。他們計畫以鳥為前景來拍攝主要演員。鳥兒當然不可能乖乖停在樹上，所以當時用鐵絲將鳥的腳固定在樹上。柯波拉打著赤膊，身著短褲，靜靜地對演員說明這一幕所要表現的東西。經過數次簡單的排演後，終於要正式開拍。按照計畫，主角一行人要從叢林中邊喊邊逃出來，跳上船發動引擎，機關砲手將老虎誤認為敵人來襲，以機關砲亂射一通，而後駕船逃離，在水面上留下一片漣漪。上空的直昇機刮起狂風，水面波紋不斷擴散，這應該是緊張萬分的一幕。然而，柯波拉叫出開麥拉的同時，直昇機往下降，鳥受了驚猛拍翅膀，導致鐵絲移位，鳥兒一個翻轉就變成倒吊在樹上。

　　鳥若真從樹上振翅飛走，倒值得一拍。不過倒吊在樹上根本有違現實，這種畫面不能用。柯波拉對著攝影小組大喊：「把鳥弄好！」攝影機持續拍攝。柯波拉繼續叫組員把鳥弄好，可是鳥倒吊在與水面平行、從岸邊生長出去的樹枝上，不是船上的人伸手可及的。要將鳥歸位，必須先游過黃褐色渾濁的湖水。那湖水不僅渾濁，水面上還漂浮著很多噁心的蟲，也不知道其中有什麼寄生蟲沒有。用鐵絲將鳥綁在樹上時，是由兩個當地男子從岸邊爬到樹枝上完成的。柯波拉再怎麼叫，那兩人就是置之不理，一副事不關己的模樣。副導跟攝影助理也低著頭一動也不動。沒人願意跳入混濁的湖水裡。

　　柯波拉連續叫了10秒鐘之後，認定沒有人要下水，就自己縱身跳入湖中。他游到樹枝那頭，抓住兩隻倒吊的鳥，一把扯斷鐵絲，不顧臉上沾滿水草跟蟲，大喊著開麥拉！在攝影機拍攝時，柯波拉躲入水中以免入鏡。副導在我身旁嘟囔了句：「真是瘋狂！」不知道他指的是攝影還是柯波拉。大概兩者都有吧！當天晚上柯波拉請我吃飯。我提到今天的拍攝真不得了，他問說哪個場景，我說是把鳥扯下樹枝那幕，他點頭說：「啊，是那個哦！」他說因為拍攝時間拖得太長，拍攝小組都累了，所以那是導演應該做的事。我本想問他骨刺沒關係嗎？後來打住沒問。當時我26歲，是個剛出道的作家，很想拍電影。可

是對電影的拍攝現場一無所知，連製作方法也不懂，也沒有當副導的經驗。

吃完義大利麵，喝著葡萄酒，我誠惶誠恐地提起我也很想拍電影。柯波拉一聽就抬起頭簡單回了一句：「那就拍呀！」他還接著說電影導演是世界上最簡單的工作，誰都可以做。

「演員要經過訓練，編劇不能沒有哲學與文采，攝影師要有經驗才能操作攝影機，美術也需要才華，製作人則需要有資金、名望及信用，只有導演是沒有專長的人也能做的。」

電影導演是否真是世界上最簡單的工作，我一直半信半疑，直到今天我還是不清楚。但我想柯波拉的意思可能是說，對立志要拍電影的人而言，電影導演是這世上最簡單的職業。

後來我拍了五部電影，每當我在拍攝過程中遇到困難，我就會設法想起柯波拉那爬滿水草與蟲的臉，以及他說「電影導演是世界上最簡單的工作」那席話。

本文撰寫於2003年

# 特效與好萊塢

村上龍

　　特效（SFX）相關的主要技術幾乎都是好萊塢所研發的。初期的科幻電影（Science Fiction, SF），用的是全景活動布景，譬如在黑暗的夜空布景上用針戳洞，從另一側打光，做出繁星點點的效果。史丹利・庫柏力克（Stanley Kubrick）在拍攝《2001太空漫遊》（2001：A Space Odyssey）時，有個參與製作的年輕人叫做道格拉斯・莊伯（Douglas Trumbull）。莊伯學過視覺效果及特殊攝影，但庫柏力克的要求遠遠超過他所學的。在不知如何是好的情況下持續拍攝，費盡心血絞盡腦汁，終於完成了《2001太空漫遊》。

　　莊伯接著拍攝自己的電影《寂寞狂奔》（Silent Running），當時在大學學工業設計的約翰・戴司卓（John Dykstra）也參與拍攝。戴司卓在電影方面可以說是大外行，但是在拍攝《寂寞狂奔》的過程中，他學習到龐大的知識。後來在喬治・盧卡斯拍攝《星際大戰》（Star Wars）時，戴司卓成為洛杉磯這群熱愛科幻電影的年輕團體的領導人。好萊塢的特效技術就是這樣不斷進步的。簡言之，並非一開始就有龐大的資金、知識及技術。

　　在電腦合成（CG）全盛期的現代，這種傳統依然存在。洛杉磯有許多特效專門公司現在仍舊在作業上費盡心思，不斷研發新的技術。好萊塢的電影特效品質高，不是因為有電腦合成或微控攝影機（motion control camera，以電腦控制攝影機的動作）等技術，而是好萊塢的電影特效製作者那股要求研發新技術的熱情所致。

　　現在好萊塢有無數的特效技術。像是概念藝術家，或有視覺藝術家之稱、專門畫「設計原型」的畫家，還有製造太空船迷你模型的設計師或工匠，及製作外星人原型的雕刻家。有畫太空船射出的光線或火焰的漫畫家，也有用電腦作畫的CG專家。有操作電腦遙控攝影機的人，也有設計製造機器外星人內部結構的專家，還有特殊化妝跟爆破專家。洛杉磯有培育這類專家的學校，畢業生不一定能在好萊塢從事電影特效的工作。《阿波羅13》的導演朗霍華（Ron Howard）曾經說：「看著自己的構想逐漸實現，這個過程是無與倫比的。」

　　到洛杉磯進修，學習電影特效，應該可以測試出自己對特效及電影的熱愛程度。現在有許多日本人活躍於好萊塢的特效業界。被挑選出來的人、特別優秀的人才，不見得能在好萊塢成功。絕不放棄的人、樂於挑戰的人、熱愛特效跟電影到極點的人才能成功。

本文撰寫於2003年

**參考資料**
DVD《電影SFX大全集—電影魔幻特輯》（全四片），TOSHIBA。

休閒
其③ 看電影

# 其❹ 旅行時，搭飛機、火車以及汽車

看到車子的方向盤和壓力表就會興奮不已。長大的話就可以駕駛。喜歡搭飛機，看到飛機在空中飛就會心情很好。看著新幹線進到月台，看到那美麗的流線型就為之沉醉。可以把自己帶到遠方的交通交具都非常的棒。

## 飛行員

　　想要成為航空公司的飛行員有兩種途徑。其一為一般大學畢業後，通過航空公司舉辦的甄試，由公司內部培訓而成。另一種方法是考進航空大學，接受兩年的訓練後再進入航空公司就職。就算從航空大學畢業也未必保證一定能成為飛行員，但是有可能進入一些不定期招募的公司就業，求職的可能性會較寬廣。在訓練或實務中必須取得各式各樣的資格，像是客機的副駕駛員需具有民用駕駛員的資格，而機長需具備更上一級的定期運送用駕駛員的資格。除此之外，還要定期體檢、並取得無線電相關執照以及不同機種的各項技能證明。除此之外的民航用途還包括小型機、包機、及相片攝影公司的飛行員，但錄用機會因規模過小而受限。另外，有極少數像警察等公家機關會錄用一些飛行員。以上，民用駕駛員的資格同樣是必要的。

### ❝ 台灣

目前國內航空公司飛行員的來源有三種：軍中、自訓、自學。在1990年代之前，幾乎所有民航飛行員都是由軍方飛行員退伍後轉任。後來因為市場膨脹，軍方飛行員供不應求，航空公司才開始培訓自己的飛行員：通常是招收大學畢業、30歲以內的青年，體檢合格後送往外國（美國、澳洲等）接受飛行訓練，取得執照後加入公司服務。由於訓練費用是由公司支出，因此通常都必須簽約保證不能跳槽，時間通常長達十幾年。而除了「自訓」機師外，也有人自費到國外學飛行，取得執照後向航空公司投遞履歷表毛遂自薦，這種稱為「自學機師」，不過如果當時市場的景氣程度太差，就不容易覓得職位。由於近年來國內線航空市場不景氣，除了專飛國際線的華航、長榮之外，其他中小型公司都經營得相當辛苦，因此工作並不好找。至於收入方面，不同的公司也有相當差距。當然還是華航、長榮等兩家業者最高。目前以華航而言，公司自訓新進副駕駛的月薪將近10萬元，資深的正駕駛可以達到3、40萬以上。由於近年來大陸空運市場興起，因此也有國內飛行員跳槽到大陸的航空公司。不過要到國外（包括大陸）航空公司服務有一點要注意：就是中華民國不是國際民航組織（ICAO）會員國，因此我國政府核發的民航機師執照未必會被其他國家承認，所以在出國服務時，還是要先取得ICAO會員國核發的執照。以目前出國服務的機師而言，有人是自費考上其他國家的執照，也有人是新公司幫其付費考試。（程嘉文）❞

## 直升機駕駛員

　　就業方向可分為公家機關和民間航空公司。就公家機關而言，隸屬於警政署、海巡署、消防署的航空相關部門中，執行巡邏、搬運、人命救援等業務。而民間航空公司的業務則是包羅萬象。首先是人員或物資的搬運，例如富士山頂雷達巨蛋的建設，就是赫赫有名的直升機物資運送事業之成果。此外，還包括農田噴灑農藥或高壓電塔的巡視業務等。遊覽飛行、空中攝影也是重要的業務。有時，電視台

或報社也會委託駕駛員駕駛他們公司的私人直升機。現在，正值直升機世代交替的時刻，需求持續增加。取得國土交通省的民用駕駛員技能證明或總務省的航空無線電士執照是必要的，因為沒有公立的教育機構，所以一般都是在民間的航空學校學習並取得執照。此外，17歲起即可考取私人飛行員執照（等同於普通車駕駛執照），因此也有高中生利用暑假考照。

## ❝ 台灣

目前國內除了軍方之外，最大的直升機操作者是內政部旗下的空中勤務總隊，整合了原本警政署、消防署、海巡署、農委會、民航局的直升機。目前的飛行員都是約聘人員，不算是正式公務員，來源幾乎都是軍方。另外，國內也有幾家直升機民航業者，主要經營的是空中噴灑農藥、清洗高壓電塔、外海鑽油平台交通等任務。由於規模很小，人員需求量很低，因此也沒有固定的進用管道，通常都是軍方飛行員轉任。（程嘉文）❞

## 賽車手

　　沒有比賽車手更難做出「職業級」定義的職業了。例如說到最高級的F1賽車手，理所當然是職業賽車手。以年薪超過30億日元的舒馬克為首，為數眾多的賽車手可以獲得高額的報酬。然而另一方面，自行集資數億日圓並繳付給賽車隊，以確保其在F1中佔有一席之地的情形也不少見。之所以與其他運動相比更複雜，全在於鉅額的廣告收入。有的贊助廠商投資車隊，有的贊助賽車手個人。這種情形在國內的賽事中也大同小異。業餘車手即使在較低階的賽事中出場，只要成績出色成為目光焦點，就有可能被拉進大型賽車隊，或得到廠商青睞。就日本國內最高階的賽事（目前是日本方程式）而言，因為出場的賽車手大部分過著以比賽為重心的生活，因此視為被職業級。近來在十歲組的簡易賽事中被挖掘後，接受所謂菁英教育，並在國外初試啼聲的例子也漸有所聞。現今已非只有速度狂才想成為賽車手的時代了。雖然尚未有任何資格審核制度可以區隔職業選手和非職業選手，然而JAF有必要依出賽規模大小，發行相關執照。

## ❝ 台灣

在欠缺賽車場地與資源的台灣，賽車手這種職業顯得格外虛幻。目前台灣還沒有符合國際標準的賽車場，也沒有持續性的賽車活動在進行，只有家中較富裕的車手可以到中國或其他東南亞國家參加當地的賽事錦標。這些自掏腰包參加比賽的賽車手固然可算職業級，但他們所獲得的實質報償往往遠不及所付出的，因此只能算是一種狂熱或興趣，卻不能算是真正的職業。現階段在台灣闖出一些名號的賽車手，無論是老一輩的陳俊杉，或是新生代的林伯亨，都是靠家裡出資，但目前國內環境尚無法提供他們出賽的機會。目前在屏東尖端或桃園TIS等賽車場包場練習，或參加所謂新手賽的多是業餘的賽車狂熱分子，在台灣要讓「賽車手」成為真正的「職業」，恐怕還有很長的路要走。（方維鐸）❞

## 計程車司機

可區分為計程車行聘雇的駕駛員和個人計程車駕駛兩類。計程車司機須具備小型車職業駕駛執照，因此絕大多數的計程車行，均以取得該項執照作為錄用之必要條件。一般雖無年齡限制，但因必要的小型車職業駕駛執照之取得，必須領有小型車普通駕駛執照後滿3年的駕駛經驗才能應考，所以21歲以上的人才有可能成為計程車司機。來自各行各業的轉業者為數眾多。一般計程車行的執業狀況是，每二到三名駕駛員輪班使用一輛車，出勤16小時休息一日。大多數的薪資組合為基本薪加拆帳制，因此收入因人而異。要成為個人計程車業者須具備嚴格的資格，資格依年齡別取決於駕駛經歷。例如以未滿35歲的情況而言，必須持續在同一家計程車行或叫車公司工作10年以上的經驗，同時10年間沒有肇事紀錄。隨著年齡增長，可換算50％的其他客車駕駛經驗，或駕駛經驗降為3年等條件會有所改變。目前，靠行計程車駕駛約有40萬人，個人計程車駕駛約5萬人，其中女性計程車駕駛約有2000人。雖然因為限制鬆綁而計程車數量增加，來自其他行業的轉業者又多，以致有過剩的跡象，但因進入就職門檻較低，又可依個人情況決定是否工作，因此希望入此行者仍多。必須具備切實的駕駛技術、熟悉地理環境和交通狀況及良好的待客態度。

**❝ 台灣**

在台灣要開計程車，除了要有職業小客車駕照外，還要向當地的交通大隊報考執業登記證，至於計程車牌照的取得，可以使用車行的牌照，或是去申請加入計程車運輸合作社；如果已經連續6年持有有效的執業登記證，且年齡在30歲以上，可以去申請個人車行。此外，營業車輛需要裝錶，並通過檢驗才可以上路。若想要加入勞健保，則要去繳費參加計程車駕駛人職業工會。（方維鐸）**❞**

## 包車司機

不須像計程車一般沿街找乘客，只須待在營業處所內，等公司或個人叫車後才出車。大多數與企業有合作關係，執行接送公司內幹部或賓客的勤務。薪資結構和計程車業者主要為拆帳制不同，採用較安定的固定薪加拆帳的制度。對客人的服務須很講究，例如用字遣詞、舉手投足、開門關門、雨天撐傘接送等禮節，均須用心實行。一般是進入設有叫車服務部門或公司的計程車公司服務。

※台灣叫車的情況與日本不盡相同，大部分採靠行制度的車行是和駕駛員採拆帳方式，但也有少部分會有固定薪資，各家車行的經營方式大不相同。

## 大客車司機

可大致分為公車司機與遊覽車司機。公車是與地方關係密切、具高度公共性的交通方式，因此最優先重視安全性。但是因為服務客人也是一件大事，所以就算是車箱內小糾紛也要慎重應對。都會區裡增加許多無障礙的車輛，有末班電車結束後才行駛的深夜客運，也有只行駛於限定區域內的小型社區巴士。對於一些鐵道路線遭到廢線、只剩公車作為公共交通工具的地方而言，公車已

成為地方鄉親的寄託。遊覽車運送團體客人到目的地，在行駛中為了讓乘客旅途愉快，常需要車掌小姐的幫忙。另外還有連結都會區和相隔甚遠地區的長途客運，雖然比電車費時，但是票價便宜，又不用換車轉乘，因此需求依舊。想成為大客車司機，應以司機的職務進入鐵路公司或客運公司就職。大多數公司以取得大型客車第二種執照為錄用要件。一般年齡限制在21到45歲之間。也有不少公司招募女性駕駛員。固然也有因乘客數減少不敷成本而廢線的情形，但因公共性高，基本上是安定的職業。

66 台灣

在國內不管是開公車、客運或遊覽車，都須具有職業大客車或職業聯結車的駕照。由於國內的捷運系統不似日本發達，因此屬於大眾運輸系統的公車和客運，每天的工時都很長，待遇從3萬多到6萬不等。國內女性司機非常少見，駕駛年齡的限制不像日本那麼嚴苛，許多老司機都會開到5、60歲才退休。
（方維鐸）99

## 大貨車司機

　　就職於貨運公司，運送收取貨物，或進行貨車轉運站間長距離幹線輸送工作的司機。四噸以下的車種只須普通駕照便可駕駛，但四噸以上則須大型貨車第二種執照。大多數的貨運公司，會讓無經驗的新手以司機助理的身分，與駕駛同乘並藉此學習工作內容，進而考取執照。要學習的事項很多，操縱卸貨是不可或缺的，起重機，貨品的裝運，繩索的捆綁方式等等。必須確認貨物安全無虞地在固定的時間內運送完畢，因此規律的生活作息是必要的。也有自立門戶，擁有個人的貨車，並與業主簽約的情形。在這個行業中也會看到女性的身影。

66 台灣

在台灣普通大貨車駕照與職業大貨車駕照的主要區別在於，前者只能載運公司行號自身的貨物，後者則屬於貨運公司，可以對外營業，載運任何貨物（包含危險物品）；至於貨車噸位大小差異，3.5噸以上貨車須有大貨車執照，3.5噸以下僅須小客車駕照即可駕駛。（方維鐸）99

## 宅配人員

　　也稱為sales driver。責任區固定，從便利超商、酒店等代收店，或到公司

行號、住家等收取貨品，配送到轉運中心。亦從轉運中心向據點配送物品。開發新客戶也是重要的營業項目。大型宅配公司擁有全國的通路網，也有執行深夜、長距離運送的司機。包括指定時間內送達、收件人不在家時的配送等，雖然是從早到晚焚膏繼晷以體力定勝負的工作，但是看到枯等貨品的客人愉悅的神情時的快樂是無法比擬的。因為是服務業，所以要注意避免喧嘩叨擾收件人的左鄰右舍。今後可預見將有形形色色的商品，會經由無店鋪的網路販售，因此需求量必會更高。雖然沒有特別的就職門檻，但是大多要求要有至少一年以上普通小型車駕駛經驗。

## 快遞員

將客人委託的貨品以機車運送到目的地，且與機車快遞公司簽約。大多須持有普通機車執照，並自備機車。配送物品琳瑯滿目，在傳播業界有原稿、照片或錄影帶，在一般公司行號是文件的遞送，在製造業則多是小型機械零件的配送。大都會區短時間的遞送是其賣點，所以必須具備快速、安全、使命必達的駕駛技術與可信度。薪資結構屬於完全按件記酬的拆帳制，以當日營業額的40％左右為收入。若能做滿一個月，都能獲得相當程度的高收入。大多數公司要求一週只須工作三日以上，因此非常適合喜愛機車的打工族。隨著2003年郵政部分民營化，已出現一些遞送信件等書信的公司，業務範圍持續擴大。此外也有自行車快遞業。

## 登山纜車‧空中纜車駕駛員

不論登山纜車或空中纜車都不需要駕駛員。兩者皆是為了攀登急陡坡的交通工具，登山纜車除了具備構造特殊的軌道外，並在車箱頂裝配纜線，再以裝設在山頂的捲輪機牽引，而空中纜車則是以懸掛空中的纜線運送車箱。登山纜車中只有站務員提供車內服務，大多由地上的操控室進行車輛控制及管理。而空中纜車大多無人駕駛，只在站內設有遊客服務窗口兼監控室，主要還是由

地上的行控指揮所來操作，皆以按鈕操作為中心，採自動化操作模式。當然確保安全是必要的，因屬於易受天候影響的交通工具，所以必須確實判斷氣候狀況再決定是否行駛。因為兩者均以上述的系統運作，所以毋須駕駛員的資歷。一般而言，先進入有纜車運行的登山鐵路公司就職，有站務員或乘務員的資歷後，通過篩選，接受教育訓練即可。

## ❝ 台灣

台灣目前沒有觀光載客的登山纜車，因此沒有登山纜車行控組員這種工作可以選擇。至於空中纜車也不多，較類似日本的應該是烏來地區通往雲仙樂園的空中纜車。另外，像是九族文化村內的空中纜車，或者台北市在市郊計畫興建的空中纜車，多屬小型、一車僅約四人乘坐的自動運轉纜車，並沒有需要空中纜車行控組員按鈕啟動的狀況與任務需求。（洪致文）❞

## 蒸氣火車駕駛員

以燃煤加熱的水蒸氣為動力的蒸氣火車（SL＝Steam-Locomotive）已在1970年代中期消失蹤影。但在1976年於大井川鐵道中復活，現在，C11型火車終年行駛著。其他還有C57型「SL山口號」行駛於JR山口線，同型「磐越物語號」行駛於JR磐越西線上，此外，JR豐肥線（已於2005年8月停駛）、私人鐵路公司的真岡鐵道和秩父鐵道也有季節性運行或週末運行的情形。在曾是蒸氣火車根據地的京都·梅小路火車頭區遺址上成立的梅小路蒸氣火車館內，也有展覽用的蒸氣火車行駛著。SL受到鐵路迷及小朋友的熱愛，除了實際乘坐外，拍攝行駛中的照片也超人氣。要成為蒸氣火車的駕駛，須具備動力車駕駛（蒸氣火車）的執照。在各地方交通局舉辦的考試中，都加考技能檢定，所以不適合沒有經驗者。一般會先進入JR或私人鐵路公司，再取得資格。以大井川鐵道而言，現在有20名駕駛員，成為站務員後先隸屬於乘務部門，從車掌開始，先取得駕駛的資格，並在教練駕駛員下一邊學習一邊從事2到3年投炭燃煤的工作後，才能接受國家考試。最少也須費時七年。JR有50名左右的SL駕駛員。

## ❝ 台灣

台灣的蒸氣火車約在1980年代初期消失於一般的運轉上，之後便一直到1998年才有CK101號復駛。台鐵的蒸氣火車在行駛時，需要一位駕駛與一位司爐，前者負責駕駛蒸氣火車，後者主要負責剷煤入鍋爐並協助駕駛監視列車行駛路況。由於台鐵並沒有定期行駛蒸氣火車列車，所以駕駛員係從一般的駕駛當中挑選自願擔任此項任務的熱心者，由退休蒸氣火車老駕駛加以訓練。目前，阿里山森林鐵路與台糖公司在烏樹林糖廠的懷舊五分仔車，也都有蒸氣火車動態行駛，因此不一定要加入台鐵才可以開到蒸氣火車。然而，因為這些蒸氣火車都不是常態性行駛，因此在台灣不屬於專門而且穩定的工作。想開蒸氣火車，可能得先進入這些有蒸氣火車行駛的單位從事駕駛員工作，然後再積極熱心地爭取駕駛機會才有可能。（洪致文）❞

## 電車駕駛員

除了駕駛電車外，確實的裝備檢查以確保安全也是重要的工作。特別是安全無誤點的駕駛，在國外也獲得很高的評價，這是日本電車駕駛員的榮耀。要成為駕駛員，須在公司錄用後，經歷站務員、車掌，於各公司自設的教育訓練所接受駕駛訓練，並通過國家考試取得甲種電車駕駛執照。駕駛有時須背負數千乘客的生命安全。有位駕駛員曾說，電車駕駛員除須具備專注力和事故發生時的判斷力之外，更須能隨時保持身心平衡。以前大多數的鐵路公司，常明確的以學歷作為職務區分的標準，錄用大學畢業者為公司營運職務，而高中畢業者則是駕駛員等現場人員。但是現在這種區分已很少見了。不過，因為規定依公司不同而有差異，所以趁早確認清楚為宜。

 **台灣**

台灣「電車駕駛」的職業類別，可分成鐵路駕駛與捷運駕駛兩類來說明。台鐵鐵路駕駛員是屬於機務處所掌管，一般養成訓練約需2年，基本上接受的都是機務方面的訓練，與日本必須歷練過運務部門之過程不太相同。台鐵駕駛員雖有其開火車的專長，但因台鐵車輛種類繁多且複雜，轉換車種時便須額外訓練才能上線。台鐵駕駛員其實是種危險的職業，過去有不少交通事故都造成駕駛員受傷或者殉職。這是選擇此項職業時必須考量的。當然，在台灣除了進台鐵可以從事「開火車」的工作外，阿里山森林鐵路、台糖鐵路、台灣高鐵……也都有鐵路駕駛的職缺。相對於大多起用本地駕駛員的鐵路營運者，台灣高鐵比較特殊，開通初期有許多高鐵列車駕駛是外籍人士。至於像是台北捷運的駕駛，因為捷運列車有到站後自動停車的設計，因此在操作過程中比台鐵的駕駛工作要較為簡單。一般來說，只要確認乘客都上車了，關了門、開動電車，系統就會自動把列車開往下一站停妥開門。當然，捷運電車駕駛還是要有一定程度的列車駕駛訓練，因為在自動駕駛系統出問題時，仍需要轉換成手動模式操作。相對於台鐵的環境而言，因為捷運的主線上沒有平交道，在捷運線上開電車是比較安全的。（洪致文）

## 汽車工業設計師

設計車輛相關產品的工作，除了外觀之外，還包括材料、性能、內裝等，相關領域廣泛。一般多隸屬於汽車製造廠的設計部門或部分專門設計事務所。日本的汽車工業雖然極具競爭力，但是設計卻是較弱的一環。因此汽車製造商為了強化這個部門，而計畫從外部引進人才。結果，即使是公司職員，漸漸的也會被認可為獨立的專業人員。要成為車輛設計員，最快的方法就是到汽車製

造廠工作，也可以去義大利的一流設計工房Carrozzeria進修，或到美國專門學習設計的大學留學。

台灣不像日本是汽車工業先進國家，嚴格來說還談不上有獨立自主的汽車工業，因此車輛設計人員的需求量其實不高，多半只是對海外母廠的既有車款進行修改，需要設計的也往往侷限於造型部分，在機械結構與性能調校上的著墨空間不大。國內幾大國產車製造廠都有所謂的設計研發中心，會依實際需求不定時招募一些車輛設計人員，經過適度的培訓之後就直接投入國產車的設計工作。但是能擠身海外母廠設計部門，從事更高層次汽車開發設計工作者少之又少。現階段，只有裕隆汽車有從校園發掘培養一些新生代設計人才，其他國產車廠對於本土設計人才的培養並未積極投入。（方維鐸）

## 汽車維修員

在維修工廠、加油站或車商裡負責車輛的維修、檢查和保養。要成為保修技師，除了有實務經驗後，在通過國家檢定考試取得資格外，還可以先進入訓練機構（國土交通部指定的專技學校或各都道府縣地方機關的研習所）修習，再通過民間的認定考試取得資格。資格共分三級，只要成為二級保修技師就可以經營保修廠。近年因技術進步，車輛的構造、設備日趨複雜化，因此必須具備保修高科技化設備的高度技術。具備相關專門技術的保修技師普遍不足的今日，需求量高。此外，車輛保修技師的責任正逐漸改變中，常被要求須具備瞭解像油電混和車等，能適應社會重視環保的知識。同時，更期待具備這些最新技術及知識的一級保修技師，能擔綱技術顧問的角色。

台灣

在台灣從事汽車保養修理工作大多要經歷相當時間的學徒階段，無論你是汽車修護本科（高中職學歷可擁有丙級技術士執照，專科以上可取得乙級技術士執照）畢業，或是半路出家，都需要有一定時間在工廠擔任技佐的實務經驗，才能獲得報考技工執照的資格（需由服務維修廠提供在職證明）。台灣和日本一樣，要取得乙級技工執照才可以自行開設維修廠。未經取得乙級技工執照的技佐（也就是所謂的學徒），只能在維修廠內幫忙遞工具，是不能自己出來開業修車的。以目前汽車維修的高度複雜化，除了理論基礎外，必須不斷接觸各式新車，吸收、累積更多最新的專業知識與技能，才能勝任現代汽車維修工作。（方維鐸）

## 專業高級跑車維修保養員

從事法拉利、藍寶堅尼等，特別是義大利高級跑車的修理、保養、車檢。大多先在進口車維修公司工作後才出來自立門戶。這些跑車並非只是會移動的機器，而幾乎是一種「工藝品」，所以就算是維修也要小心翼翼。法拉利、藍寶堅尼也是汽車，所以基本的構造是相同的，但是和國產車、大量生產車輛的維修還是有些許差異。引擎或剎車為了高速行駛而設計製造，樣式有所不同，

所以對此必須非常清楚。赴義大利學習並累積經驗是很重要的。由於就業困難的影響，同時這是相當拉風的工作，所以主動要求進法拉利跑車專業的保修工廠實習的人絡繹不絕。不過

聽說絕大多數很快就打退堂鼓了。但在這個擁有20年以上歷史的法拉利專業保修公司中，即使每年招募數名實習生，最終能夠習得技術而自立門戶的技師，在這20年間只有10人左右。就算是大學工科畢業生，也無法保修法拉利跑車。反倒是國中畢業或高中肄業的人，腦袋不會因升學考試而僵化而較有可塑性。對車輛與機械保有敬意和興趣是入行的必要條件，如果抱著輕鬆安逸的動機只是想觸摸、乘坐法拉利的話，想必立刻會遭遇挫折。固然不須使用義大利文，但因保修手冊多以英文撰寫，所以具備英語能力是較有利的。聽說在經濟泡沫後，法拉利跑車車主的絕對人數並沒有改變。「3年前買車的大多是因IT產業致富的人，不過現在很多都收山了。」一位法拉利專業保修廠的老闆笑著告訴我。對法拉利的憧憬是世界共通的，而且似乎超越時代和經濟環境。

**66 台灣**

目前台灣有代理商的超級跑車（Super Car）並不多，只有法拉利、瑪莎拉蒂和保時捷，若以更嚴苛的標準來說，後二者也僅算得上跑車（Sports Car）品牌，還不能算是真正的超級跑車品牌。今年才正式在國內成立的法拉利超級跑車代理商台灣蒙地拿，目前主要的技師都是由進口高級車品牌的維修服務體系中挖角而來，再送往義大利原廠接受專業訓練。這些技師都具備多年高級進口車的專業維修背景，與良好的英語能力，才足以勝任這份令人羨慕工作。其他如藍寶堅尼、布加堤、阿斯頓-馬汀等超級跑車品牌在國內都沒有正式代理商，少數由個人或貿易商導入的超級跑車，在台灣都不能獲得符合超級跑車規格的維修水準。國內曾發生由貿易商導入的法拉利超級跑車，在路上發生火燒車的悲劇，讓人為這些花大錢買車，卻得不到專業服務的冤大頭車主感到難過。（方維鐸）**99**

## 賽車車隊技師

英文裡mechanic就是技師，亦指賽車專業技師。應具備的基本知識和技術與一般保修技師無異，但基於賽車的特別範疇，因此須具備對速度、耐久性、機能性等方面獨特的專門技術。大多是從每次的比賽計畫中募集有經驗的技師，也有的車隊會招募一般技師來培訓。

**66 台灣**

台灣的賽車活動尚未步入正軌，一般國內賽事的技師大都為個別改裝店家或車隊的技師，平時

多半在做一般車輛的維修與改裝，等到有比賽的時候才隨車隊或客戶到賽車場獲取相關經驗，往往缺乏專業的培訓，只有藉由持續的熱情投入，與平時維修改裝的經驗，來增加自身的專業技能。（方維鐸）"

## 機車維修員

　　從事機車的維修、保養和車檢。大多在車輛保修廠、汽機車用品店或加油站工作。從找出送修車體的損壞部位，到完成修繕的一連串作業，以獨自一人的力量完成時的喜悅，是難以形容的。然而由於機械高度的數位化，導致不少技師一個頭兩個大。因此，就算是專業外的技術也要勤奮不懈努力學習跟上。和車輛保修技師一樣，有1到3級機車維修技師的國考資格，作為評量技師能力的標準。只要取得國考資格，就有利於就業。由於只要有1年以上現場實務經驗就能取得3級資格，而且取得3級資格並有3年以上實務經驗者，即取得參加2級考試的資格，因此一般多是一邊工作，一邊循序漸進取得執照。不過近年來，只要在專技學校完成一定的教育，縱使沒有實務經驗，也能取得證照，所以高中、大學畢業後先進入專技學校學習的人日漸增多。

**"台灣**

機車在台灣的普及度遠非日本所能比擬，至2005年6月底為止全國登記之機車總數為12,971,857輛，若以密度來看，每平方公里之機車約有358輛，堪稱世界之冠。國內一般高職的汽修科都能學習到相當程度的機車維修技能，政府開辦的職訓課程也不乏機車維修技術的傳授，加上坊間相關書籍與學習教材取得容易，一般人要獲得機車維修並沒有任何由國家訂定的技能檢定資格，所以任何人只要有興趣，都可以從事機車維修的行業。由於國內機車維修的店家十分普遍，要進入這個行業的機會和管道也很修的基本技能並不困難。目前政府只有對機車車籍與廢氣排放加以管制，但機車維多，只是每個店家提供的學習與工作條件不一，有的機車行一開始並不會給付正式的薪資，只是讓你有實地見習的機會；也有機車行會有完整的學習培訓過程，並提供可接受的基本薪資。有興趣去機車行當學徒的年輕人自己要先打探清楚，並仔細考慮哪一個店家提供的條件符合你的期待與需要。在台灣，坊間一般會用「黑手」來稱呼車行裡從事機車維修的職人；亦即從事此工作必須能接受充滿油污的工作環境。而除了對機車和機械的熱情，以及擁有機車維修的專業知識技術之外，良好的服務態度和合理公道的收費，也是「黑手」們能否維繫長期客戶的重要因素。（方維鐸）"

## 自行車維修員

　　從事自行車的維修、保養和安全檢查。基本上，由於自行車販售店亦須提供車輛的維修服務，所以大多由店員兼任。必須瞭解自行車的構造，同時應具備能獨立完成從拆解到組合的所有工作。除了保修車輛提供建議，維護學童上下學的安全外，也須有能力徹底檢修選手們送修的車輛。近來，越野車和道路競賽等運動廣受歡迎，因此保修技師的需求與日俱增。具代表性的保修技師資格有民間自行車安全保修技師和自行車組裝技師兩種。前者在店頭貼有能保證維修附保險的普通自行車的TS標章，後者則貼有製品安全協會的SG標章。若能

取得兩項標章，便能提升顧客對商店的信賴度。由於必須擁有兩年以上的實務經驗才能取得考試資格，因此最好先進入量販店、製造商或零售店就職，一邊工作一邊提升本業的知識和技術。

## 台灣

過去台灣地區的自行車組裝及維修服務幾乎是由販售店家負責，不過並不像日本發展得那麼專業化與制度化，大部分的店家多為店長一人負責組裝及維修工作，其背景多為家族事業傳承或對自行車有興趣而由學徒開始研習。目前在台灣從事維修的技師並不需要通過任何資格認證，也沒有專責單位發給執照或標章；由於自行車維修的技術門檻不高，任何人只要有興趣，肯花時間精力去接觸、學習和摸索，都可以從事這項工作。近年來由於台灣自行車發展技術純熟，加上假日休閒活動推廣，不少個人工作室也開始從事組裝及維修的工作。由於無店面方式經營，加上多管道取得零組件，使得組裝費用比起店家要便宜了一、二成，贏得不少車友的青睞。（江庭毅、方維鐸）

## 熱氣球操控員

　　在日本大多數的氣球都是熱氣球，以汽化爐燃燒桶裝瓦斯加熱球體內的空氣後，產生浮力得以飛行。雖然水平飛行時可以隨風飛行，但是依高度不同須利用不同的風向和速度來飛行。返回起飛地點是非常困難的，須以車子追蹤氣球的降落。想要操縱熱氣球，須具備日本氣球連盟的熱氣球操控員技能證。想取得技能證，要先跟指導員進行20小時的飛行訓練，並通過術科和筆試。若累積50小時以上的飛行時數，兩次一小時以上無著陸飛行經驗者，在成為安全協會認可的指導員後，便可進行飛行指導或舉辦講習會，賺取收入。一個熱氣球可搭載4到5人，所以也有人舉辦飛行體驗的活動，或成為國外熱氣球製造商的代理販售店。在日本也常舉辦世界大賽，是很受歡迎的競賽，喜好者與日俱增。

※台灣目前無此職業；有興趣者須前往國外學習。

## 航管人員

　　使用雷達或無線電等最先進的通訊器材，從地面傳達指令及情報給駕駛員得以完成安全的飛行。大略可分為兩大範疇。其一為航線管制，確認飛行計畫，取得管制認可，整理出太平洋全航域的航空交通。另一項為機場管制，進行機場內的監視、適切指引飛機起降等機場管制。此外，除了執行指揮進場順

序、航道、起降、進場待機等管制任務外，還必須使用精密入場雷達，向著陸機進行指示高度和航道等的著陸引導管制。須具備國土交通部公務員身分，並通過航空保安大學招考或航管人員考試及格後，接受訓練予以分發。考試內容相當困難，除了航空知識是必備的之外，由於大多以英文通訊，所以也須具備相當程度的英語能力。此外，還須具有氣象知識和通訊技術。在各地的機場和塔台，以24小時制輪班執勤的方式工作。由於此工作上不能承受任何差錯，因此需要正確的判斷力和專注力。今後航空器的需求將日益增加，人才的需求也與日俱增。

**❝台灣**

想要成為航管人員，必須通過考試院舉辦的航管人員特考，受訓完成之後再依照志願與成績，分發到各機場服務，不過男生幾乎都必須在離島的偏遠機場服務一陣子。航管人員的薪水將近10萬元，算是相當不錯的工作，但是工作壓力非常大，而且為了避免在值勤當中突然發病失能，所以航管人員雖然並不需要飛上天，但也要比照空服員，必須通過乙等空勤體檢（飛行員則是更嚴格的甲等）。（程嘉文）❞

## 飛機維修員

為了確保飛機飛航安全，負責保養檢修高度精密化機體內數以萬計零件的精密度和性能，使之能夠正確無誤運行的工作。保修作業形形色色，有些是使用工具徒手作業，也有些是在具備集塵裝置的無塵室中以電腦進行整修。有時也使用放射線透視及通電處理來檢查肉眼看不見的機體小裂縫。燃料及油料的補給，機身清潔

等工作也都包含在內。相關作業大多在飛機著陸後進行，因此夜間工作的機會較多。須具備國家考試資格，依飛機重量可分為三級。按照實務經驗、年齡等決定應考資格。一般而言，很多工專、航空高等專校及大學理工科系畢業生進入航空公司維修部門就業，接受公司內培訓後再去應試。大部分的人在就職5至7年內可以考取相關證照。由於有機會和飛機製造商共同開發新機種，因此角色越發重要。今後可預見需求會更增加，因此極受歡迎。

**❝台灣**

目前國內飛機維修人員來源，除了部分民間學校（高職、專科、大學）設有飛機維修科系之外，也有來自一般學校其他工程科系，或是由軍中退役維修人員轉任的例子。跟空勤人員一樣，飛機修護人員也有由民航局核發的證照。不過跟空勤人員一定要有證照才能登機執勤不一

樣的是，目前業界並不是所有的飛機維修人員都有證照，尤其是由過去軍中轉任的維修人員，可能經驗豐富，但是從未曾考過證照。當然，有證照的人待遇會比較好，如果能夠拿到美國聯邦航空署（FAA）的證照，待遇會比只有本國證照更優厚。而且隨著政府近年推動技術人員證照制度（包括軍中也開始核發），以後沒有證照的人想要應徵相關工作，恐怕會非常困難。（程嘉文）

## 塔台地面管制員

　　像引導降落在機場滑行道的客機駛向停機坪等，將機坪內飛機引領到適當的位置上。由於坐在駕駛艙內的機師無法看到停止位置，因此，管制員須站在升降機上揮動小旗子擺出迴轉、執行、慢行、停止的信號引導機師。基本上，飛機是無法倒退行駛的，因此若與停機位置距差太大時，會出動拖引機牽引。引航員也要引導起飛的飛機。這項工作不須任何資格。因為大多由各航空公司的關係企業在負責此項業務，所以大多只要畢業於設有機場業務科的專技學校，就能從事此項業務。首先要學習航空知識，接受專門訓練並通過公司內部的考試及格。由於成田機場新成立B滑行道區，而造就小型國內線起降、國外航班的增班及新航線的增加等，可預見起落架次將會增加1.5倍。因此最近有地勤人員擴編的計畫。近來也常見女性勤務人員出入其間。

**台灣**

在台灣，地面引導飛機的工作跟裝卸貨、加油等一樣，通稱為地勤業務。以目前台灣機場的情況，各座較大的民航機場（松山、桃園、高雄）都設有專門的地勤服務公司。不過有些航空公司（例如：長榮），卻喜歡自辦地勤，就是自己聘用相關的人員。另外，在一些小規模的國內線機場，相關業務往往也是航空公司自己負責。（程嘉文）

## 試車人員

　　試乘開發中以及未上市車輛的工作。跟賽車隊的試車人員又不相同。試車人員所必須具備的並不是華麗的駕駛技巧，而是要一再重覆正確的操作駕駛，查察有無危險以及不適切之處，可以冷靜面對瞬時變化。依試車人員的感想，製造商再加以改良，所以要具有將自己的印象明確地表達給製作人員的能力。一般來說會在汽車公司或是輪胎公司就職，並分發到開發部門。不過日本屈指可數的汽車製造商本田公司的技術研究所，並沒有試車人員的編制，而是由研究開發的工程師兼負試車的工作。負責試車的工程師要將車子運轉中的問題點抽出，所以需要駕駛技術以及問題的解析力，以及要先瞭解研究開發中最新的

技術動向。而有趣的地方在於，這暗示了試車人員到底需要的能力是什麼。

台灣

由於台灣並非汽車製造大國，國內生產的車輛多為外國已設計完成車輛來台組裝，所以台灣試車手的工作與國外不盡相同，台灣試車手也被稱為「測試工程師」或「測試員」，主要工作是測試車輛的用途與目的。目前財團法人車輛研究測試中心（ARTC）有專業試車場，並有試車場駕駛員證照考試，依照測試風險分為C、B、A、S四種等級，基本上要對車輛動力學及車輛結構有一定的認識，才能成為一名優秀的試車員。（蔡承恩）

## 相關職業

空服員→**P.73**　太空人→**P.192**　管樂器維修師→**P.215**　樂器製作專家→**P.215**　塑膠模型製造→**P.234**　經營模型店→**P.234**　鐘錶師→**P.263**　工程師→**P.264**　古董時鐘修理‧時鐘修理師→**P.266**　領隊導遊→**P.355**　郵輪座艙長→**P.356**　旅遊作家→**P.357**　急救員→**P.395**　救難隊員→**P.397**　警察的特殊部隊（SAT）→**P.398**

# 12

寫給不特別對什麼事物
感興趣的孩子們

# 寫給不特別對什麼事物感興趣的孩子們

這個特別篇要來思考關於被視為禁忌的「喜歡戰爭」、「喜歡情色」和「喜歡打架」等範疇。並且也會特別說明，沒有特別提出「電視遊樂器」、「漫畫」和「KTV」等大多數孩子都喜歡的事情的理由。

喜歡這個詞相當曖昧。從「不討厭」到「沒有它會死」，都屬於「喜歡」的範圍。父母跟老師可能會建議你去尋找喜歡的事物。可是尋找足以支持未來人生的「喜歡的事物」並非易事。因為「喜歡的事物」並不像餐廳的菜單一樣，排成一列任君挑選。

　　「喜歡的事物」或許不是尋找來的，而是一種「邂逅」的發生。「喜歡的事物」可能隱藏在電視畫面或書中的文字裡、亦或某人説的話當中，就在突然之間吸引了你的注意。閱讀這本書時，你不必因為「自己沒有喜好」而感到失望。這世上不是沒有你喜歡的事物，只是你還沒有找到罷了。千萬不可以放棄尋找。因為你不去尋找，當你碰到它的時候就無法察覺這就是自己喜歡的東西。不過也不必像飢餓的人尋找食物一樣，將眼睛睜得老大，拚了命著急地尋找。只要在心中惦記著要尋找自己喜歡的事物，這樣就足夠了。再來就是永遠保有一顆好奇心，這樣有朝一日一定會找到你「喜歡的事物」。在這世上有無以數計的學問、工作、表演形式，正等著與你邂逅。

　　可能有許多孩子對課業或運動沒有興趣，卻在別的領域擁有喜好。例如有些孩子可能喜歡情色、戰爭或刀劍武器，或喜歡打架。這樣的孩子也許還滿多的。老實説，我13歲的時候也喜歡這些東西。這些事物被視為「禁忌」，如果13歲的孩子向父母師長坦承「喜歡戰爭」、「喜歡情色」或「喜歡打架」，只會讓大人擔心或招來責罵。然而，確實有孩子喜歡情色、戰爭或打架。我們對此應該作何思考呢？

　　再説到「漫畫」、「電視遊樂器」跟「KTV」，幾乎沒有13歲的孩子會討厭這些東西。本書中沒有「喜歡漫畫」、「喜歡電視遊樂器」、「喜歡卡通」、「喜歡唱KTV」這些項目。在這個特別篇中會説明理由。

# 其❶ 喜歡戰爭

　　看到戰爭電影、戰爭新聞或戰爭漫畫書就感到興奮的孩子，出乎意料地多，男孩子尤其如此。這樣的孩子並非特別具有攻擊性，多半只是受到戰爭壯觀的場景、龐大的規模、眩目的槍彈爆炸場面所吸引。這樣的孩子可以參閱「歡看或實驗火焰與爆炸」（P.185）這個項目。而常被欺侮、不善交友的孩子，也有很多是喜歡戰爭的。這樣的孩子可以參閱「表達、討論意見」（P.372）。為何有人會去欺侮人、為何自己不善於交友，思考這些事情就是思考心靈與溝通方面的問題。看戰爭電影覺得舒暢的孩子，多半也會對戰爭中的團隊合作與勝利感到著迷。這樣的孩子可以參閱「喜歡健康・體育科，對健康體育有興趣」（P.319）這個項目。戰爭與運動雖然是兩碼事，但在團隊合作的重要性與勝利帶來的暢快感上，是很相似的。

　　幾乎所有的男孩過了青少年期，就會對戰爭失去興趣。正確地説，應該是找到其他有興趣的事物。也許是跟未來工作相關的學問，也許是跟女孩子談戀愛，或是自己喜愛的運動等。此外，也是因為瞭解到戰爭是以傷人、殺人為目的，非常耗費成本，是完全不合道理的事。若有人到了青年期還是只對戰爭有興趣，他的人生道路會非常狹窄，也背負了極大的風險，而且這裡所謂的風險攸關性命。以下的職業介紹，供喜歡戰爭的孩子作參考：

## 軍事評論家

　　發生戰爭或內亂時，憑藉軍事知識作適當的戰況解説或評論。1991年波斯灣戰爭、2003年伊拉克戰爭時的電視解説，使這項工作廣為人知。然而，軍事評論家主要的日常活動，是收集歐美專門雜誌或軍事方面的年鑑、報告等最新軍事情報，相當沉悶低調。從事此職，至少須具備英文的閱讀能力。近年來戰爭不僅發生在國與國之間的衝突上，還轉變為內戰、游擊戰、國際恐怖活動等，因而理解各國及各地區的民族、宗教、文化、政治等歷史背景自有其必要性。目前在日本擔任軍事評論家的大約僅有10人。幾乎都是從航空評論、美國軍事研究、跑國防線的記者轉戰而來。今後可預見的是，日本國安政策的重審、自衛隊海外行動的增加，都將使這項工作的範圍擴大。

※台灣方面補述參見「軍事武器評論家」（P.476）。

## 戰地攝影記者

　　到戰爭或紛爭地區採訪，提供媒體影像報導。從事此工作的大多數是自由記者，但是有工會組織。在與報社、雜誌社或電視台簽約下進行採訪活動。以前以平面攝影的報導居多，被稱為戰地攝影記者。越戰中有許多活躍的日本戰地攝影記者，有的名攝影師還得到美國的普立茲獎。不過，也有多位才能出眾的年輕攝影師因此喪生。最近由於電子攝影機的輕薄短小化與高畫質化，以及網路傳輸影像技術與衛星電話的進步，電視報導的工作日益增加。販賣影像報導給電視台，多半是以秒計價。這是隨時有生命危險的工作，須能承受惡劣嚴

苛的環境與短少的睡眠、空腹飢渴，還要能忍受神經被刀削似的壓力、對降低風險永不懈怠地努力、24小時保持危機感、對當地的人們及語言、文化、歷史、民族性抱著敬意並有心學習瞭解、憎恨不公不義但能對當地發生的事保持客觀、瞭解魯莽跟勇氣的差異、能夠處變不驚、並且「害怕死亡」，唯有這樣的人才能生存下來，這種工作就是如此特別。

　　我要再次聲明，喜歡戰爭的孩子多半是「自以為喜歡」，其實只是一種替代品。若是無論如何都對戰爭以外的事物發生不了興趣，不時時刻刻念著戰爭就快要爆發犯罪的人，可以參考以下的職業介紹。

## 傭兵

　　外國軍隊所聘雇的士兵稱之。法國的外籍兵團世界知名，以法國外籍兵團為例，他們招收20至40歲的男子，不問國籍。可用假名報名，不過會以指紋向國際刑警組織查證此人是否遭到通緝，此舉當然是為了防止犯罪者魚目混珠。他們的訓練極為嚴苛，另外還有法文的訓練課程。據說有日本黑社會份子為了學習武器的用法而加入，但大都因為法語課程跟不上，最後半途而廢。傭兵入隊前要先簽署一份合約書，內容是萬一遭到拷問、受了重傷、甚至死亡，都毫無怨言。法國軍隊出兵海外時，會由傭兵打頭陣。近年來參與不少非洲的紛爭及內亂，許多傭兵被捲入部族之間的抗爭，有的被挖眼，有的被削耳，有的受到宮刑，有的內臟被老虎、禿鷹吃掉，經過這些殘酷的拷問之後，最後遭到殺害。

## 台灣

全球最有名的傭兵就是法國的「外籍兵團」，很多外國人投身兵團，除了謀生與取得法國國籍之外，這支有幾百年歷史的部隊，也具有高度的榮譽感與光榮傳統，不管在法國或是在全球軍事界，都是著名的精銳部隊，享有相當的崇敬。外籍兵團強調不管成員來自何地，一旦加入兵團，就以兵團為效忠對象，以部隊夥伴為共生死的同袍。他們的信條是「兵團是我們的祖國」（Logio Patria Nostr a）。甚至連漫畫明星史努比，也經常戴上外籍兵團的特色白頂帽，把自己扮成外籍兵團的軍官！至於提到的「傭兵介入非洲部族內戰，結果慘遭酷刑凌虐與殺害」的情節，並不存在於法國外籍兵團中，可能是部分非洲軍閥對外招募私人傭兵。

台灣曾經有人到法國投身外籍兵團，但是並未通過嚴格的篩選而被淘汰。目前沒有聽說台灣人士加入外籍兵團的例子。當然外籍兵團也不會去強調成員的背景，因此有沒有成功者，並不能完全確定。至於下文「美軍士兵」中提到的「以外國人身分加入美軍」，目前在台灣也沒聽說過。不過也有當初為了避免在國內服兵役而移民海外的小留學生，後來加入美國籍，投身美軍參加波灣戰爭的例子。（程嘉文）

## 美軍士兵

美軍允許外國籍的年輕人入伍。有個日本人高中時到德州留學，在德州一個小鎮的節慶活動中，美國海軍正在辦理募兵。他因為幾乎不諳英語，就在不知情之下簽名辦了入伍手續。大學畢業之後他進入海軍，開始了他長達12年的美國海軍生涯，還參加了波斯灣戰爭。他表示：「戰爭是地獄。」當時他以海軍情報員的身分，到了伊拉克魔鬼海珊以生化武器殘殺庫德人的現場，大量目擊了因芥子氣（神經性糜爛瓦斯）而皮膚潰爛、眼球內臟掉出來、腹部脹滿瓦斯而後破裂死亡的人們。後來他回到日本繼承家業，並持續宣導生化武器的恐怖與如何預防恐怖活動。

寫給不特別對什麼事物感興趣的孩子們

# 中華民國國軍

中廣記者，軍史航空研究者／程嘉文

　　台灣開始有現代化軍隊，應該要回溯到清朝末年的自強運動，因為面對列強的入侵，所以開始「師夷長技以制夷」（學習外國人擅長的技能，藉此來對抗外人），由傳統的刀劍等兵器，開始改用西洋的槍砲。但是真正連制服、訓練都完全比照西方軍隊，要到甲午戰爭以後袁世凱在天津附近「小站」（地名）所成立的「新建陸軍」才開始。至於「國軍」一詞，要到民國13年國父孫中山先生成立黃埔軍校，第二年，國民政府在廣州將各地軍隊統一稱為「國民革命軍」，才正式有「國軍」的簡稱。時至今日，國軍當然已經不強調「革命」，但是還是可以稱為「中華民國的軍隊」。

　　國民革命軍成立之後，歷經東征、北伐、剿匪、抗戰、戡亂等戰役，隨著政府在大陸內戰中落敗，大約有60萬軍隊撤退到台灣。在這50多年中，對岸的中共政權曾經幾次對國軍據守的金門等外島發動攻擊，但是都被國軍擊退。而蔣中正總統時期，也曾經試圖發動反攻大陸，但是由於美國不支持，雙方實力有差距，所以最後並未真正付諸行動。於是海峽兩岸就維持對峙的狀態一直到現在。

## 從軍的優缺點

　　這幾年由於景氣欠佳，因此收入穩定的軍公教工作頗受外界青睞。以志願役軍人來說，薪水包括「本薪」與「加給」兩大部分：本薪是根據軍階與年資發給，加給則是依據擔任職務來發給。整體來說，越是辛苦、危險、責任重大、技術性高的職務，加給就越高。例如戰鬥機飛行員與潛艦官兵，就分別是空軍與海軍「服勤加給」最高的職務。另外如果在外島或高山地區服役，當然也有加給。

　　以剛剛完成學校訓練「下部隊」（軍方用語，指從學校畢業分發到服務單位）的少尉軍官，如果在一般陸軍部隊，月薪大約是4萬元，如果是戰鬥機飛行員，大約薪水是8萬元。另外，軍人享有免繳所得稅的優待（2006，不過過1.2年可能會被取消），退伍時有退休金，子女有教育補助，購屋有低利貸款，或是可以申請購買眷村房舍。就現在的社會薪資水準來說，待遇算是不錯。

　　至於軍事院校的教育品質，除了國防醫學院享有不錯的地位以外，幾所官校以往常被外界批評為「都是考不上大學的人才去念的」。也因為如此，當職業軍人退伍進入民間社會謀職時，軍事院校的學歷往往不被重視。但是近年來，一方面國防部開始改善軍事院校的教育品質，另外由於軍人待遇改善，願意投身軍旅的年輕人增加，因此軍校在大專院校中的排名有明顯改善的趨勢。另外，軍中近年來也開始實施證照制度，使得個人在軍中的專長可以取得證明，未來進入社會可以作為謀職的憑證。國防部也跟政府相關單位合作，替將

要退伍的幹部實施第二專長訓練，協助他們離開部隊後還能順利二度就業。

不過軍人的工作還是有其代價：「辛苦」是不可免的因素。過去如果分發到「金馬獎」—亦即外派金門馬祖等外島，可能一年都回不了家一次，甚至無法通電話。當然，現在這種情況已經大為改善，即使是外島也已經有電話可通了。另外，體能的操練當然也是不可免的，甚至如飛行員等特殊職務，必須比一般職務接受更嚴格的體檢標準（不能近視，也不接受手術矯正）。也因此，在部隊服務的軍人，因為生活規律，通常身材都維持得很標準。不過許多人在升官之後，調到辦公室職務，原來的運動習慣沒有了，所以反而「發福」得很厲害。

另外，軍人生活最讓人不適應的應該就是「不自由」，大部分的官兵沒辦法每天回家，必須住在營房裡過集體生活。除了中級以上的軍官之外，必須跟其他人共用寢室、衛浴（士兵甚至是幾十人的大寢室）。另外，因為軍隊的目的就是因應戰爭，打起仗來當然沒有道理可講，因此全世界任何軍隊的訓練，都首重要求「服從」，要求所有的軍人必須忍受各種不合理、不公平的情境，「合理的要求是訓練，不合理的要求是磨練」就是這個意思。再加上部隊是一個龐大的組織，因此對於一些內部問題的發現與改善，速度通常也比較緩慢。因此，如果自認個性要自由自在、一點委屈都不願意受、不喜歡被人管的人，可能未必適合當職業軍人。

總而言之，目前中華民國職業軍人的待遇，比起民間社會的薪資水準，算是相當不錯。但是軍人究竟是一個具有特殊性的行業，願意加入國軍作為終身志業的人，最好還是要先考慮以下幾點：自己是不是有愛國心與奉獻精神？是不是有服從紀律的體認？是不是能忍受封閉不自由的生活環境？如果這些答案都是肯定的，那麼軍旅生涯的確是值得考慮的選擇。

## 如何成為軍人？

軍人包括軍官、士官、士兵三種：

軍官　是部隊中負責指揮的階層，從「排長」以上的幹部都屬於軍官。國軍的軍官分為十級，由高至低依序是一級上將、二級上將、中將、少將、上校、中校、少校、上尉、中尉、少尉。目前軍官人數佔國軍總數的20％，其中女性佔軍官總數的5％。

士官　電影《報告班長》裡的班長就是士官，他們扮演「軍官的助手、士兵的導師」的角色，類似學校裡面的班級幹部或小老師。士官除了必須直接領導士兵之外，也擔任一些較具技術性的工作，可以說是部隊的骨幹。國軍的士官分為六級，依序是一等士官長、二等士官長、三等士官長、上士、中士、下士。目前士官佔全體國軍人數的30％，士官當中有30％是女性。

士兵　部隊裡面最基本的成員，接受軍官與士官的指揮進行任務。士兵分為三級：上等兵、一等兵、二等兵。國軍總人數約有一半是士兵，目前士兵都是男性，未來因應募兵制實施，也會開始招收志願役女兵。

## 義務役&志願役

　　根據台灣憲法規定，男性公民有服兵役的義務，目前服役的時間是1年。所以部隊裡面分為兩種人：一種是依法服兵役的「義務役」人員，另一種是以軍人為正式職業的「志願役」人員。如果是義務役人員，基本上是擔任士兵的角色，不過為了因應部隊需要大量基層幹部，所以役男在進入部隊之前，也可以透過考試成為「預備軍官」或「預備士官」，他們服役的時間跟一般士兵一樣，但是軍階是少尉與下士。義務役官兵因為是盡義務，所以薪水相當低：到今天為止，一般士兵的每月薪水還在5000元以下，少尉預官也只有1萬多元。

　　至於志願役人員的來源，主要是來自於各級軍官與士官學校。軍官學校的畢業生，將授予少尉軍階，一般規定至少要在部隊服役10年，飛行軍官與國防醫學院醫學系畢業生，至少要服役14年。

　　另外，一般義務役的預備軍官與預備士官，也可以申請轉為「志願役預備軍（士）官」，服役5年。服役期間的待遇比照其他志願役軍士官，等到約滿之後也可以繼續簽約留營服役。士兵以往全部都是義務役，但從2005年起完成法律修訂，國軍正式開始招收志願役士兵，也就是外界習慣稱呼的「募兵制」。志願役士兵要服役4年，目前的薪水大約是每月3萬元。而志願役士兵在服役一年半之後，可以報名參加士官甄選，考上並且完成訓練的人，就成為下士。國防部的希望是，未來的士官來源，主要都由優秀的志願役士兵當中拔擢。

　　一般青年可以報考的軍校，包括培養軍官的陸軍官校、海軍官校、空軍官校、國防管理學院、中正理工學院、政戰學校、國防醫學院，畢業生都可以領到學士學位。另外還有培養士官的陸軍專科學校（原本是陸軍高中，剛升格為專科不久），頒給專科學歷。

### ❝ 女生也可以當軍人嗎？

可以的，目前國軍當中約有5%的軍官與3%的士官是女性。7所軍官學校中，除了空軍官校目前不收女生之外，各校都招收女學生。除此之外，軍方也不定期舉辦「女性專業軍官班」與「女性專業士官班」的招考，分別招收大專以上學歷與高中以上學歷的女性。另外，在志願役士兵招募計畫當中，也保留了一個營（約600人）的女性名額。各官校招募女學生以來，她們在校的表現成績非常優秀，經常包辦了畢業時的總成績前幾名，男同學往往不是對手。目前（2006）國軍只有兩位女性少將潘愛珠與柴惠珍，不過相信未來會更多。❞

## 國軍的規模與組織

　　從遷台初期的60萬大軍，經過歷年來的裁軍，目前國軍的數字大約是35萬，目前還在推行「精進案」當中，預計到民國95年要減少為34萬人。分為陸海空三個軍種，以及獨立的憲兵。

　　根據中華民國憲法，男性國民有服兵役的義務。因此一般體格正常的男性國民，年滿20歲就會接到徵召入伍的「兵單」。如果還在大專院校就讀，可以申請「緩徵」到畢業為止。因此目前國軍當中除了以軍旅生涯為正式職業的所謂「志願役」人員之外，就是這些「義務役」官兵。但由於近年來國軍規模縮

減，社會又承平日久，許多年輕人不願意受當兵的辛苦，甚至如醫學系學生因為懂得相關知識，往往故意在體檢時把自己的身體狀況弄得不及格（利用服藥等方式）。在民意的壓力下，國防部也只好不斷縮短義務役官兵的服役時間，但是另一方面，現代軍隊的裝備科技化，官兵需要更長的時間訓練，兩者相互抵觸之下，軍方也只好逐步傾向於增加志願役人員，減小義務役人員的比重。

國軍分為以下七種：

## ●陸軍

陸軍的任務包括平時防守國土，以及支援地區重大災害防救工作。一旦爆發戰事，陸軍負責聯合海、空軍，擊滅進犯敵軍，確保國土安全。陸軍也是三軍當中人數最多的軍種，佔了國軍人力的一半以上，所以服兵役的時候，進入陸軍的可能性也最高。目前陸軍分為三個軍團，以及東部、金門、澎湖、馬祖等四個指揮部，基本的作戰單位是「旅」。旅以上有「師」與「軍團」，旅以下則是「營」、「連」、「排」、「班」。

陸軍之下又分為各個「兵種」，其中最主要的三個「作戰兵種」是步兵（徽章是一把槍與一把軍刀交叉）、砲兵（一根砲管與一枚飛彈交叉）、裝甲兵（履帶形狀，中間有一道閃電），是在第一線跟敵人對抗的主力。戰鬥支援兵種則有通信兵（兩面旗子）與工兵（一個城堡），其他還有政戰、運輸、兵工（武器的製造與修護）、經理（掌管後勤補給品）、財務、軍法等兵種。

另外，陸軍也有自己的航空隊，使用的都是直升機，任務則包括運輸、攻擊、觀測等等。在1999年的921大地震之後，陸軍航空兵部隊曾經擔負了大量的救難任務。

## ●海軍

中華民國海軍目前共有4艘飛彈驅逐艦、22艘飛彈巡防艦，14艘巡邏艦，4艘潛艦，約五十艘飛彈快艇，二十多艘登陸艦與運輸艦。就東亞地區而言，僅次於美國、俄羅斯、中共、日本。

目前海軍戰力最強的是四艘剛從美國買來的紀德級飛彈驅逐艦，另外還有總數二十二艘的成功級、康定級（拉法葉級）、濟陽級（諾克斯級），就水面戰力來說，並不下於對岸的中共海軍。但是國軍只有四艘潛水艦，而且其中「海獅」、「海豹」兩艘船齡已經達到60年，非常老舊，比起共軍有50艘左右的潛艦，顯得相形見絀。也因此這幾年軍方一直努力向美國爭取出售潛艦，但是因為只有美國願意出售，沒有競爭對手，因此價錢開得非常貴，所以到現在立法院還不能決定到底該不該買。

海軍跟陸軍一樣，也有自己的航空隊，用途是獵殺敵人的潛水艦。海軍航空指揮部除了反潛直升機以外，也有一般的反潛飛機。目前立法院正在討論的P-3型飛機，就是國軍計畫引進的下一代反潛機。

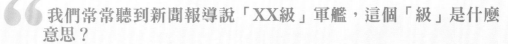

> **我們常常聽到新聞報導說「XX級」軍艦，這個「級」是什麼意思？**

在國際海軍慣例上，用同型船隻的第一艘，來幫這整批船艦命名。例如，成功級的第一艘，當然就是成功號軍艦。而國軍的軍艦有時是從國外購入，因此往往同時使用「外國名字」與「本國名字」：例如，台灣向法國購買六艘拉法葉級巡防艦，第一艘是康定號，所以也稱為康定級。

### ● 海軍陸戰隊

　　很多人都聽說過，當兵的時候最怕抽籤抽到陸戰隊，因為陸戰隊的操練比其他部隊都嚴格很多。而中華民國的海軍陸戰隊，也的確是世界上著名的勁旅，還曾經被美國的Discovery頻道介紹過喔！而且曾經當過陸戰隊的人，雖然回想起嚴格的磨練都心有餘悸，但是也都對身為陸戰隊的一員感到非常驕傲。

### ● 空軍

　　從民國38年政府遷台以來，一直到1967年為止，國共雙方的空軍，曾經爆發過多次的空中衝突。在這些空戰當中，由於台灣空軍飛行員的技術優良，因此多半佔上風。尤其是1958年的823砲戰期間，國軍號稱創下31比1的壓倒性勝利！一直到今天，空軍仍然是捍衛台海安全的第一線力量。

　　目前台灣空軍總共擁有約400架戰鬥機，其中大部分是最近十年內服役的「二代戰機」，包括美國出售的F-16、法國的幻象2000、以及國人自製的經國號戰鬥機（通常稱為IDF戰機，是英文「自製防衛戰鬥機」的縮寫）；另外有50架左右的F-5戰鬥機，到現在有30年歷史，已經快要汰換。另外，還有6架E-2預警機以及20架C-130運輸機、50多架自製的AT-3教練機。其中E-2鷹眼式預警機每一架的價格將近兩億元美金，是全空軍最貴的飛機，也比航空公司的波音747客機更貴。預警機之所以這麼貴，是因為它等於是把一座雷達站搬到空中，這樣的話就不容易被敵人的攻擊擊毀，更重要是因為地球是圓的，所以雷達波會受到地平線的阻隔，所以把雷達放到高空中，就比地面的雷達看得更遠。

　　除了一般的飛機外，空軍也有自己的直升機，就是經常在報章媒體上出現的「海鷗部隊」，主要是擔任搜救任務，另外也兼任載運政府首長的工作。

　　除了駕駛飛機的飛行員之外，其實空軍大部分的人還是在地面工作的，包括負責維修飛機的機械人員，包括操作各型防空火砲與飛彈的防空砲兵，也包括操作各型雷達與通訊設施的航空電子人員。

### ● 憲兵

　　目前台灣的憲兵總人數將近2萬人，他們的任務包括部隊軍紀的維持（其實憲兵的英文名稱縮寫MP，就是「軍中警察」的意思）、國防部直屬機關與空軍各機場的防衛等任務，甚至因為憲兵擁有司法警察身分，所以各地的「憲調組」有時也會配合警察進行犯罪調查。在大型火車站裡面，也都可以看到有憲兵的辦公室。

寫給不特別對什麼事物感興趣的孩子們

## ●特種部隊

　　特種部隊在整體國軍當中的人數很少，但是往往是最吸引人注目的。以陸軍來說，有一個空降特戰旅，除了所有官兵都必須完成5次跳傘的訓練之外，也會搭乘直升機進行突襲。另外大家經常看到的「蛙人」，其實不一定是海軍陸戰隊。目前國軍的「蛙人」共有兩種：包括陸軍的兩棲偵搜營，綽號叫「海龍蛙兵」，部署在金門、馬祖、澎湖等外島；另外就是陸戰隊的「兩棲偵搜大隊」。至於類似香港電影「飛虎隊」那種全身黑衣，負責反恐任務的特種部隊，在國軍叫作「特勤隊」，包括陸戰與憲兵都各有一支。另外，專門在水下救難、打撈，類似電影《怒海潛將》的，是海軍的「水下作業大隊」。

## ●情報員

　　位於陽明山仰德大道的國家安全局是台灣最高的情治單位，其中組成人員包括軍人、警察與文職人員。而國防部之下的軍事情報局是情報業務的執行單位，前身可以追溯到戴笠將軍在抗戰時成立的「軍統局」。戴笠字雨農，台北市的雨農國小與雨農路就是為了紀念他。國安局與情報局的軍職人員，除了由其他軍方單位調過去之外，這兩個單位自己也會舉辦招考，報名資格通常都是大專以上。

# 其❷ 喜歡刀劍

每當發生涉及刀劍的暴力事件時，刀的危險性就受到質疑。然而使壞的並非刀劍，而是使用刀劍的人。拿到刀子就感到興奮的孩子，出乎意料地多，尤其是男孩子。在生存考驗或戶外野營時，刀子就成了珍貴的工具。刀子也是人類最早使用的工具之一。然而，一拿到刀子就覺得自己變強的孩子，「絕對」不能拿刀。以下職業，供喜歡刀子的孩子作參考：

## 製刀師傅

小折刀、獵刀、軍刀等各種刀，現在仍是靠製刀師傅以傳統技術手工打造，使源自歐美的東西慢慢發展出日本的獨特形式。它纖細而富有男子氣概、平衡且機動性高，令不少人為之風靡。製刀師傅的工作室中頂多只有輸送帶、磨床跟帶鋸切斷機，並沒有最新型的機器。製刀不可缺少的淬煉，有的還是用傳統的焦炭爐窯來進行。現在日本的製刀工匠約有50到60人。名人所打造的刀，價格高達數萬或數10萬日圓，愛好者仍趨之若鶩。欲從事此行，通常只有拜師學藝一途，要出師至少得花上5年的時間。此外還有和式刀師傅，專門鑄造野外使用的和式鍛造刀。有櫻樹枝花樣的「山刀」或纏捲著皮帶的和式刀，相當受歡迎。有位師傅曾說，刀不僅可供觀賞，更重要的是可以當作工具。

## 鍛冶刀

請參閱特別篇3「傳統工藝」（P.525）。

> ## 台灣
>
> 國內的傳統鐵匠已經漸漸式微，還存在的刀劍師傅都必須往「精緻化」與「觀光化」上面發展：前者多半是製作精緻的仿古刀劍，主要是作為高價禮品、紀念品，或是如「宋江陣」等一類民俗活動的道具，例如，電影《臥虎藏龍》當中的「青冥劍」，就是由居住在高雄縣興達港的國寶級老師傅郭常喜打造。
>
> 觀光化的製刀業，最有名的應該是金門的菜刀店。由於過去戰地背景，金門曾經遭到砲轟數十萬發砲彈，留下數量龐大的廢彈片，這些高品質鋼材便成為當地製刀業者的原料來源。過去在金門服役的官兵，或是現在到金門觀光的遊客，幾乎都會買一把菜刀帶回臺灣。現在金門的菜刀業者更將產品更擴及瑞士刀、短劍等項目，而且標榜現場打造，將一片剛由整塊鋼材上切下的鋼片鎚打成刀具，噱頭十足。連政府邀請外賓到金門參訪時，「菜刀秀」也是必備的節目。
>
> （程嘉文）

# 其❸ 喜歡武器、兵器

喜歡武器、兵器的孩子其實還滿多的，男生尤其多。例如，AK47或M16等小槍、各式機關槍跟火箭筒、從前的帕頓戰車跟老虎戰車、現代的亞伯拉罕戰車或悍馬高機動車，還有阿帕契、眼鏡蛇、雌鹿式等攻擊式直升機、隱形式或英國鷂式戰鬥機、航空母艦、核子潛艇等，都是花費龐大資金研發製造出來的，其外型極富機能性，深具魅力。會有孩子喜歡這些東西，也是無可厚非的。

這樣的孩子，你越是對他喜歡武器兵器加以斥責，他就越加著迷。不過，僅有極少數孩子是真正喜歡武器或兵器；其他大多數的孩子，都只是對學校課業或家庭感到無趣或痛苦，為了紓解鬱悶才喜歡武器或兵器的。

以下的職業，供喜歡武器、兵器的孩子作參考。

## 軍事武器評論家

偏愛舊日本軍的零式艦上戰鬥機的愛好家、偏愛戰艦大和號或U潛艦（U-Boat，一次及二次世界大戰時德國使用的潛水艇）的軍艦愛好家們。首先收集照片、熱中性能的調查。再進一步尋找戰史雜誌，閱讀操作士或技術者的回憶錄，愛好家同好之間互相交換自己的知識。有對於二戰兵器的愛好者，也有對於現在的美軍或自衛隊的武器及兵器廣泛關心的人。只是，對於從前的低科技（Low-Tech）兵器和現代的高科技（High-Tech）兵器的心動程度還會有所不同，其中高科技兵器偏好是屬於軍事評論家的專業領域。但是即使是所謂的專家，收入以愛好者雜誌或兵器圖鑑等的執筆的稿費為主，也有很多這個領域的專家只是以此為自己有興趣的副業而已。其他如喜歡槍砲等或刀子等的人，也會穿著迷彩服手持空氣槍成為戰鬥遊戲或生存遊戲的解說者。無論任何的場合，將從小養成的興趣提升進而成為專家的人也很多。

**台灣**

## 槍枝模型製造商

塞入火藥欣賞爆炸聲音，為了體驗和實物一模一樣的構造，進行的模型槍的製造，著重於如何能夠將實物再現，而自創性則並不需要。以前是從相片推測實物的構造進行製作，可以拿到去除發射機能的「不可動實槍」後，便能製造更具真實性的槍枝。鐵製模型槍的場合，一定要塗裝成金色，並將槍身的洞塞住等，也必須確實知道有關於槍砲刀械法的事項。從事有關於模型槍的製造，可就職於現有十數家玩具槍製造公司任何一家，並會被分配到製造部門。不需要特別的資格，但是畢業於工業或機械相關的大學、專門學校者則較有利。

**台灣**

由於市場較小，因此目前台灣大多數的模型槍、塑膠兵器模型都由國外進口。在塑膠模型方面，必須由買家自行拼裝、塗漆的組合模型，大部分是由日本的田宮（Tamiya）、長谷川（Hasegawa）等地進口；而買來就是整架飛機（或軍艦）的成品模型，倒有不少是國內自行生產的。不過國內也有一些廠商針對國軍特有的兵器，開發國軍裝備模型的零附件，包括國軍機艦的貼紙、特殊的改造零件等。（程嘉文）

## 塑膠模型製造

第6章　其1 繪畫、設計海報、玩黏土，請參照P.234

## 經營模型店

第6章　其1 繪畫、設計海報、玩黏土，請參照P.234

寫給不特別對什麼事物感興趣的孩子們

# 其❹ 喜歡什麼事都不做 & 躺著睡覺

　　做什麼都覺得麻煩、只喜歡睡覺的孩子，出乎意料地多。這些孩子總是感覺無力，不管是讀書、運動或戀愛都覺得很愚蠢、無心去做。這種孩子大致上可以分為兩種類型：一種是大器型，其才能已超出學校的課業或運動等常識性的範圍；另一種是因為學校師長、父母或欺侮他的孩子剝奪了他尋找並投入某種事物的好奇心跟精力。

　　大器型的孩子即使放著不管，他也會找到自己應該專注投入的事物。問題是被剝奪了好奇心跟精力的孩子，他們需要社會的幫助。許多這樣的孩子，其實身心都累積了像岩漿一樣的能量。有了社會的協助，這個能量就不難解放，這些孩子甚至有可能成大器，做出一番偉大的成就。

　　對社會的協助無法寄予期待的孩子，説不定是因為自己的力氣被剝奪了；你可以先睡個飽，睡到睡不著為止，儲備好自己的精力，再從頭看看這本書。你一定會找到有興趣的東西。所有孩子天生就具有旺盛的好奇心，先從找回被剝奪的好奇心開始吧！

寫給不特別對什麼事物感興趣的孩子們

# 其❺ 喜歡情色

　　喜歡情色指的是一想到性或情色方面的事情就興奮不已，其他什麼事都沒辦法做。這樣的孩子，也出乎意料地多。男生、女生都有。他們多半會感到羞恥、自責，覺得自己是壞孩子，不敢向任何人說自己對情色好奇或感興趣。但毋須特別擔心，每個人在13歲的時候都會對情色有興趣，只是程度不同罷了。

　　有的孩子對情色不單只是喜歡，而是異常酷愛，這樣的孩子多半在家裡有溝通不良的問題，或是心理受過傷。心裡受傷的孩子的特徵，就是怕寂寞卻不擅於交友。在這種孩子當中，有些受了嚴重的傷害，需要社會的幫助。

　　心理受傷的孩子，多半會害怕人際關係。許多孩子更是無法自我表達。不過這樣的孩子，擁有其他孩子所沒有的潛能。他們的內在累積了之前一直沒有用出來的精力，一旦找到目標，能量爆發出來後將產生驚人的成果。

　　這樣的孩子要尋找什麼呢？真正的自己嗎？不是。不是這種莫名的東西，而是賴以生存的武器，也就是未來的工作。可以不依靠任何人，獨自一個人生存下去的工作。如果能找到，就會對自己產生信心，漸漸明白與他人的距離感，學會建立自己的人際關係。

　　喜歡情色的人，還有一個選擇，就是從事特種行業，亦即出賣身體。這個社會上有許多特種行業的工作，不過這行業的風險很大。不僅實際上會碰到危險、或是有染病的危險，還有年紀大了就不能做的缺點。然而最大的風險，是很難有充實感及成就感。工作最重要的部分，就是覺得自己很能幹，或自己很有用。出賣身體的生意是很難有這種充實感、自信、榮耀及成就感的。

　　很多喜歡情色的孩子，在某種意義上，對人際關係或溝通特別敏感。請先看看本書中「喜歡公民科，對公民有興趣」（**P.278**）這一章。事實上，喜歡情色的孩子所適合的職業多不勝數。以下的職業，供喜歡情色的孩子作參考。

## 精神科醫師、臨床心理師、精神內科醫師
　　第10章　其1 表達、討論意見，請參照**P.373**、**374**

## 作家
　　第1章　其1 閱讀散文及小説，請參照**P.34**

# 其❻ 喜歡打賭或勝負之事

## 撞球選手

現在日本的巡迴賽職業選手約有400人。大致分為「落袋撞球」跟「開侖撞球」兩種玩法，各有各的職業好手。前者是在有落袋的撞球檯比賽撞球落袋，後者是用沒有落袋的撞球檯比賽得分。須經過資格考試才能成為職業選手，落袋撞球由日本職業落袋撞球協會、開侖撞球則由日本職業撞球聯盟舉行筆試與術科考試。最大比賽的優勝獎金也不過200萬日圓左右（約新台幣57萬元），小比賽約為20至30萬，所以要光靠參加比賽為生幾乎不可能。多數的職業選手不是撞球

場的經營者或員工，就是約聘的撞球教練，或是專屬於撞球用品廠商的職業選手；當然也有從事完全不同的職業。而來參加比賽的職業選手。與其說靠撞球賺錢，不如說這是只有能單純享受比賽的人才能持續的一種職業。

### ❝ 台灣

在台灣，撞球一度被列為特種行業；至今仍有很多人對撞球運動不瞭解，認為撞球館出入份子複雜、打撞球的都是流氓太妹。單就這些淺層形象來作判讀，自然影響撞球運動的正常發展，也阻礙廠商的贊助意願。目前，台灣大多以花式撞球（Pool）的九號球（9 Ball）為主要比賽項目，其他像英式撞球（Snooker）或開侖（Carom），都屬於冷門項目，較少人接觸。儘管台灣近年來靠著花式撞球大幅提升國際上的能見度，獲得的國際賽冠軍不計其數，但球員個人贊助的領域始終乏人問津。即使是國內的職業比賽，缺乏觀眾和贊助，單戰冠軍不過10萬元獎金，年度冠軍也只有大約40萬元；一年一度的安麗盃女子撞球賽，冠軍獎金2萬美元，已算是天價。和日本狀況差不多，台灣的職業撞球選手，幾乎不可能光靠比賽維生。近幾年，撞球協會建立了中等學校聯賽、大專聯賽等制度，鼓勵國、高中成立校隊，建立完整的推甄升學系統，將優秀選手送進大學；期待培植出會打球也會念書的選手，改變撞球在一般人心中「不良活動」、「特種行業」的印象。（吳盈達）❞

## 賭場發牌員

在賭場以客人為對手玩俄羅斯輪盤或百家樂、21點等。目前在日本，賭錢的賭場是違法的，因此合法的地方只有航行遠洋的豪華客輪，或在活動會場等

地所設的遊戲賭場。無論何者，多數在日本從事這項工作的人，與其說是專門的發牌員，不如說是服務的一環。最近賭場合法化引起社會議論，先不管結果如何，假如想學習發牌員必備的技巧，可以到發源地拉斯維加斯等地的訓練學校去學，這些學校還會安排學員到鄰近的飯店、賭場工作。這項工作乍看之下風光，但即使在發源地，發牌員收入還是很低，大都要靠客人的小費，這是實際的現況。

## ❝ 台灣

在台灣，賭博也屬非法活動。若要成為合法工作的發牌員，也必須遠渡重洋到美國等地去取經。但是在澳門重新開放賭場經營權之後，澳門當地有類似的專業學校出現，負責訓練賭場中所需要的各類專門人才。由於華人賭客大增，各地賭場中需要更多能以中文溝通的莊家，當然流利的英語溝通能力也是必要條件。然而這份工作需要離鄉背井，不單只是在牌桌上的專業，更須克服文化適應等問題。此外，發牌員工時長且日夜顛倒，對健康的影響很大；而由於工作環境特殊，個人對金錢、物質的價值觀很容易迷失或錯亂，是否要從事此行業，需要審慎考量。目前在澳門，一個初入行的發牌員薪資約為新台幣3萬出頭。若要由賭場發牌員晉升至管理階層，需要10多年以上的資歷及個人專業能力的充實。（楊騰宇）❞

## 外匯交易員

　　外匯交易員的工作就是處理不同貨幣的兌換及外匯，由於匯率隨時都在變動，例如在1美元可兌換120日圓時，將日圓換成美元。然後當日圓下跌美元上漲，匯率變成1美元兌換130日圓時，將先前買入的美元兌換成日圓，就可賺取10日圓的價差。但若是日圓上漲美元下跌，匯率變成1美元兌換110日圓，就會虧損10日圓。這種靠貨幣交易（買賣）獲利的生意就稱作外匯交易。原本是在匯款到國外或從事貿易時，才會涉及貨幣市場。但隨著金融自由化、國際化的腳步，大量資金湧入貨幣市場，鉅額的獲利或虧損便由此產生。一個交易員進出外匯市場的額度，大約數億新台幣，有時高達數10億新台幣。

　　交易員手上部位大的時候，一點（萬分之一的變動）損益就要以億來計算。匯率會敏感反應當時的政治情勢或經濟情勢。當然這些資訊對交易員來說是不可或缺的。然而交易員是否光靠這些資訊下手買賣呢，似乎也不盡然。預測貨幣市場走向的方法繁多，其中甚至有人用水晶占卜法，這就是被外界稱為「比股票市場投機性更高」的原因了。而東京的外匯市場，是以銀行為中心的金融機構才能參與的銀行間交易市場（inter-bank market）。因此外匯交易員也是金融機構的職員。貿易公司或進出口業務多的企業，也設有外匯部門。想體驗經手鉅額金錢的刺激感，可以進入金融機構工作，展現自己想當交易員的意願。

## ❝ 台灣

國際化及電腦化之後，現在的外匯市場除了週末休息以外，都是24小時進行的。目前國際市場上交易量最大的貨幣是美元、歐元和日幣，每天全世界的外匯交易量可以達到1兆美元以上，由此可知此並非由單一勢力操控的市場。在台灣，由於新台幣交易上有一些限制，故各銀行都

將交易分為外幣對台幣及所謂G-7（也就是外幣對外幣）的匯兌。如果想要成為一個交易員，首先必須對數字有敏銳的直覺，另外對於國際金融秩序及變化有豐富的認識，以便在某些因素發生時，可以迅速地做出反應而增加獲利的機會。當然，身為一個交易員的壓力也是比較高的，如果你喜歡那種一分鐘幾十萬新台幣上下的快感，那你應該就具備初步的交易員性格了。（陳萬霖）"

## 在柏青哥業界工作

柏青哥業界以柏青哥店（即小鋼珠店）為中心，由柏青哥機器、柏青斯洛機器、鋼珠、獎牌補給機、電腦設備、保全裝置所構成。經濟規模超過2兆日圓（約新台幣5680億元），上市的企業也不少。柏青哥業界自1980年代發燒機上市以來，在急遽成長的同時也進行淘汰，許多個人經營的小型柏青哥店倒閉，取而代之的大規模企業集團勢力不斷增長。柏青哥營業場所的工作有很多，有興趣的人可以先兼差做客服的工作。很多人都是從這種服務工作開始，到負責兌換獎品的櫃檯工作（多半是女性），再到中階主管的主任、副店長，而後是負責店鋪財務及勞務管理、人事、培訓、決定新機種、活動企劃等總管一整家店的店長，最後才晉升到管理數家店鋪的地區經理。快速晉升是其特色，年紀輕也可以擁有高收入。

20多歲也可能成為總管年營業額數10億日圓（約新台幣2億8400萬元）的柏青哥店店長。不過其基層工作很辛苦，離職率也很高。

 **台灣**

在台灣，柏青哥屬非法電子遊樂器材，所以並沒有合法的店家。而一些地下經營之非法柏青哥店，多數與黑道有所牽連，環境較為混雜，經營模式和日本也不盡相同，更不會有如上述企業集團式經營。店內的服務人員也較少，也沒有專業的經理人員，決定新機種或改變經營模式的權力還是在出資老闆的身上。此外，常遇上工作之外的突發事件，例如警方取締或是不良分子滋事等，風險很大，在此類場所工作可說是弊大於利。目前台灣較類似日本柏青哥的合法遊戲工作環境為遊樂場（如湯姆熊），整體經營模式與日本相近。剛入行的平均薪資約2萬出頭，除了要有服務業的熱忱和耐心之外，更需要有基本機台故障排除能力，工時也較一般其他工作來得長。（楊騰宇）"

## 柏青哥玩家

指玩柏青哥或吃角子老虎（拉霸機）維生的人。有個人玩家，也有職

業柏青哥會的專屬會員。入會必須繳納會費,金額各不相同,一個月約1萬日圓(約新台幣3000元)。入會後就會得到「現在哪家店珠子掉出得多」之類的消息。其中也有跟流氓勾結,在機器上動手腳讓珠子出來的「老千」,但這是犯罪的行為。有些玩家年收入超過1000萬日圓(約新台幣30萬元),不過這種人當然屈指可數。從前需要會「解讀」柏青哥機器上的釘子,現在機器都已經數位化,所以漸漸不需要這種解讀技術了。也因此,號稱柏青哥玩家的人已經越來越少了。

## ❝ 台灣

由於賭博在台灣為非法活動,以賭為生多屬個人行為,並不像日本有會員或是團體組織。因為科技的進步,柏青哥等賭具機型多由電子控制賠率,贏家往往是非法經營的店家,賭客幾乎不可能倚靠技術來賺錢,反倒因為沉溺於此類賭博性電玩,而荒廢工作、妻離子散,或因欠下大筆賭債無力償還、因而鋌而走險或走上絕路等,這類社會新聞時有所聞。(楊騰宇)❞

## 賽馬預測師

以預測賽馬名次為職業。從當天馬的毛色、步伐、以往的成績、馴馬師或情報觀察員透露的消息等龐大的資訊中,歸納預測出馬賽的結果。有人自己下注靠獎金維生,這種人既然靠賭博為生,當然就要靠運氣了。也有預測師在賽馬場設攤,「販賣」自己預測的結果。基本上必須得到各賽馬場的許可才能營業,而能否生存下去就要看個人成績,完全沒有保障。最實際的做法,是到賽馬專門報社或雜誌社工作,成為一名員工。在電視節目上預測賽馬結果的專家,多半是這個業界中的記者或作家。出版社的刊物暢銷與否,端視預測是否準確。若非真正喜歡馬、喜歡賽馬的話,恐怕難以持續。

## ❝ 台灣

**台灣的賽鴿**

在台灣並沒有賽馬活動,只有在鄰近的香港、澳門或是其他有合法賽馬活動的國家,才有這類的從業人員。不過在台灣有合法的「賽鴿活動」。進入「賽鴿」這行的最低門檻,是家中有空間建造一個良好的鴿舍。初期可能參加一些地區性的賽事,增加自己對鴿子的訓練能力及比賽經驗;接著再參加全國性的比賽。一場全國性的賽鴿賽事優勝獎金可達百萬元,但在背後付出的心力卻絕對超過這筆金額,因此嚴格說起來,「賽鴿」並不算是一種「職業」,比較算是興趣。(楊騰宇)❞

## 專業麻將玩家

麻將是誕生於中國的一種遊戲。所謂專業的麻將玩家,因為競技的團體非常多,而且各自有專業的認定,所以比起圍棋以及象棋選手,社會的認知度並不高。戰後,麻將非常流行,而可以打麻將的麻將場,在最盛期的1970年代後半,全國高達3萬6000多間。大學生以及社會人士,只要集結四人就可以去麻

將場，這樣的風潮持續流行，早期的專家是屬於該麻將場所有，藉由指導打麻將而獲得收入。但是，現在麻將場急速減少，打麻將也給人不健康的印象。賭錢、一面喝酒、抽煙一面打麻將，是打麻將的附屬產品。最近則出現推行「不賭博、不喝酒、不抽煙」等，推動健康麻將的團體，在女性以及高齡者之間流傳很廣。要被認定為專家，是依各個競技團體所舉辦的比賽成績而定。收入則是來自於比賽的獎金、指導引用以及寫指導書籍的稿費、遊戲機的軟體開發等等。

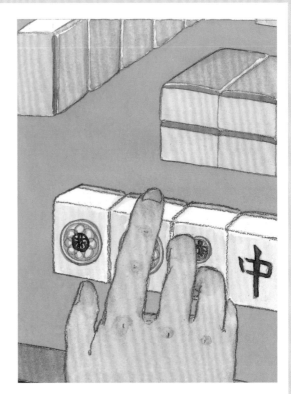

# I · 日本的農業

### · 作物的種類

　　日本的農作是以米的栽培為中心，還包括其他各式各樣的農產。首先是蔬菜栽培，有數不清的蔬菜種類，而消費量較大的蔬菜例如：高麗菜、小黃瓜、番茄以及白蘿蔔等蔬菜，為了維持穩定的供應，因此有指定的生產區域。這些蔬菜若因收成過多而造成價格崩落，會有補償價格。其他的蔬菜在特定的區域生產力比較強，也自然形成產地。因此要開始新的農業時，比起傳統的蔬菜，西洋蔬菜或是香草類等的栽培或許比較好也不一定。

　　切花或是盆花的花卉栽培，在女性之中頗受歡迎。大多是在溫室栽培。有不少花卉是從海外進口，價格競爭激烈，要有對流行解讀的能力。果樹栽培部分，要先選擇種什麼作物，再選擇產地。近年來從國外進口的水果相當多，不含蠟、無添加物的「國產」具有高價值，也能跟進口水果競爭。競爭激烈且價格落差相當大的草莓、有多種種類的柑橘類等，產地本身就具有特色。依消費者的嗜好，而沿續種植品目以及品種。

　　酪農的部分，牛乳是100%國產，近年來除了牛乳以外，手工奶油以及起士、火腿、香腸等產品品牌化，而牧場和農場附設餐廳等，產生了新的經營方式。

※也可參考第四章喜歡「自然科」，對自然有興趣的其1「觀察、培育花卉與植物」中的農業部分。

# II · 農業的現狀

### · 農業從事人口數的減少

　　2008年時，日本總農家戶數是252萬戶。1965年是566萬戶→1975年是495萬戶→1985年是423萬戶→1995年是344萬戶，年年在減少之中，在這40年間就減少了一半。2008年的總農家戶數中，有175萬戶是販賣農家，77萬戶農家僅供自給，持有土地的非農家有122萬戶。

### · 高齡化、後繼者不足

　　在販賣農家之中，農業勞動力的主要農業從事者有 197萬人（2008年），65歲以上占60%，也因此可以預測，接下來勞動力還會再減少。2005年度所進行的農林業調查，45.4%的農家後繼無人，這是非常嚴重的狀態。

### · 放棄耕種的土地增加

　　高齡化以及後繼者不足的情形下，2005年放棄耕作的農地有38萬6000公頃，是全部農地（469萬公頃）的8.2%。農家形態中，持有土地的非農家（16

萬2千公頃）以及自給用的農家（7萬9千公頃）的休耕地非常多。

### ・收入

北海道以外的都、府、縣的主要農家，平均年所得是386萬日圓（總收入是514萬日圓），依耕作規模，254萬～906萬日圓（總收入則是420萬日圓～1057日圓）的差距。依2005年發表的農業白皮書所記載，種稻農家，只有10%是主業農家（468萬日圓）、準主業農家（478萬日圓），從事副業的農家（490萬日圓）所得也一直往下降。農家收入不能說很低，但是機械等設備的投資、購買資材等物品的貸款負擔也相當大。

### ・農地法的修改

耕地的利用率年年都在下降，近幾年來，稻田92%，農地93%。純農業區域的農地價格，10公頃的稻田約150萬日圓，農地是100萬日圓，如果購入農地，要靠農作物的收益來回收投資金額，大約需要花80年的時間。

因此2009年修改的農地法中，為了讓農地能夠自由使用，針對非地主而是土地使用人，制定了使用規則。修改的重點有(1)讓從事農業者可以集合農地，擴充農用土地利用規則以及強化農地保有合理化事業(2)針對農業生產法人以外的法人，創設農地租貸制度。(3)針對休耕農地，市町村長介入主導，讓休耕農地地主出租農地，藉此可以擴大農地利用率，並增加農業新進就農者。

## III · 要如何成為農家

防止農業從業人員繼續減少而制定的規則生效，跟以往相比，想加入農業的人增加，往農業之路也大為開放。近年來，中高年齡層開始農業的人增加，除了個人以外，法人身分的農業經營也增加，農業從業人員的型態也越來越多樣化。不過，農業之路是高風險的漫長之路，一點也不甜美。個人開始經營農業的話，在上軌道之前至少也要花上3年的時間，因此至少要先確保3年間的生活費用。

### (1)繼承老家

可以繼承農地以及設備。此外，農業跟當地的土壤和氣候條件有關，技術也大不相同，對在該地域長大、看著父母工作的身影長大的小孩而言，繼承農業，可說備齊了所有良好的要件。

### (2)在農業高中・農業大學等學校學習

2006年新加入農業者有7萬5千人，半數以上是60歲以上的退休人員。從學校畢業的年輕人有2480人，其中有30%是農業高中、40%是都道府縣立農業學校的畢業生。

### 《農業高中》

雖然現在農業高中有減少的傾向，但現在全國約有389間學校。大多數的學校有農業科、畜產科（酪農科）、園藝科、果樹科、林業科、食品化學科、生物生產科、生產技術科、農業經濟科、食品商業科（農業經營科）、生活科學科、農業土木科、造園科、造園土木科、生物科學科。

畢業後的出路，有50％會繼續升學大學以及專門學校，40％就職，選擇就職的畢業生，除了繼承農業和酪農業以外，則是在當地的溫泉以及食品加工廠、建設公司、肥料公司、農會就職。

### 《農業大學》

農業大學是將農業、農家生活所需的技術專門化，學習高度農業經營管理能力，培育下一個世代農業人材而設置的學校。現在各道府縣立學校有四十二間，民間設立有四間。而獨立農業大學，總共有四十七間。高中畢業學歷可進入養成部門（2年），以養成部門畢業者和同等學力者為對象，實施高度教育的研究部門（1～2年）。此外，也有針對社會人士開設的短期研修部門。實施全部學生住校制度。包括宿舍費、餐費在內，學費約40萬日圓到70萬日圓之間。畢業生給予專門士稱號，也可編入4年制大學。畢業後的出路，約50％會繼承家業從事農業，其他則到農業法人、農業相關企業就職以及擔任公務員等。

### ⑶就職於農業法人、家族經營的農家工作、在參與農業的企業工作

農業法人的雇用人數（常雇）比起10年前，增加了8千人，現為5萬6千人（增加了17％）家族經營的農家的雇用人數（常雇）也增加了1萬8千人，成為6萬1千人（增加了43％）可知雇用情況相當熱絡。

2007年農業法人就職的新人有7290人（與前年相比增加12％），其中39歲以下的占60％，如同以下所說的，不需要初期投資，可以一面工作一面學習技術的農業法人，對想要從事農業的年輕人而言，是相當具有魅力的工作。到農業法人就職，除了透過友人介紹外，還有新農民諮詢中心以及職訓中心、民間的職業仲介公司或是網路、農業法人公開說明會等多種管道。

### ・「守護大地」股份有限公司

NGO守護大地之會於1975年成立，兩年後的1977年成立股份有限公司，以有機農業為主，開發、採購、宅配販賣無添加食品等商品。設立初期一直沒有辦法上軌道，但隨著重視食品安全的消費者意識提高、有機農業、環保的流行等因素，現在生產者約有2500人，消費者約有9萬人，營業額更高達159億1515萬日圓（2009年3月）。

### ・農業生產法人有限公司「Top River」

創業於2000年。以提供農業研修、蔬菜生產、販賣為主，為想加入農業、獨立務農的人，所從事的農家育成支援事業。以農業研修制度為對象而進入公司的人，3～5年內獨立，或是就職於法人，成為生產者。在那之前採薪水制，

第一年的薪水是每月15萬日圓，但有成果的話會給予分紅，也有人年收超過500萬日圓。蔬菜生產方面，擁有23公頃休耕農地，分為六個農場，生產萵苣、高麗菜等高原蔬菜。利用電腦，依出貨日起，逆算出生產的期程，生產的蔬菜不透過農會，而是直接出貨給超市和餐廳，一年營業額可達10億日圓。

### · 農業組合法人「山武蔬菜網」

成立於2005年。屬於千葉縣山武市JA山武郡市睦岡支所的有機部會的直販組織。山武蔬菜網更由山武市、JA山武市、watami農場、守護大地之會等，共同組成「山武市有機農業推進協會議」，是一個培育山武地區有志從事有機農業的年輕人的組織。山武地域是種植有機農業的先進地區，也是紅蘿蔔的指定產地，但是隨著耕種者高齡化、休耕地年年都在增加之中，急須引入年輕新血。技術部分由長年從事有機農業的45位生產者進行指導，而農業經營部分則是由watami農場加以支援。最大的課題在於銷售的管道，則是由山武蔬菜網為主的網路販賣以及守護大地之會和watami農場共同支援。

### · Ito Yokado堂的農業生產法人「seven農場富里」

2008年夏天設立。將店鋪裡已達食用期限的食品回收，做成堆肥，再把這些堆肥使用在直營農場培育蔬菜，再將收成的蔬菜放在店鋪販賣的「完全循環型農業」。

在千葉、富里的生產者的幫助下，JA富里市的成員占80％，JA富里市占10％，Ito Yokado堂占10％的出資比例所成立的法人。在4公頃的農地上生產的蔬菜，在全千葉市裡的Ito Yokado堂販售。半年內的收入不多不少，規模也還很少，但是預計今後在全國要建立十個農業生產法人。

※企業參加農業生產也有增加的趨勢，像是可果美、Kewpie、Calbee、Kirin、Tokyu store、Pal system、Oisix、Mos food system、Saizeriya、Monteroza等等，雖然型態各有不同，但都開始參與農業。

### (1)接受中央、地方政府的支援

想從事農業的人，可以到國家於都道府縣所設置的，新進就農者的諮詢中心，做個別詢問。為了讓人更實際瞭解農業到底是什麼樣的情況，學生或是社會人士都可以參加農業內部體驗以及住宿研修等，接受農業研修。此外，若進展到具體的階段，也會給予像是農地的洽詢、就農支援資金的融資、住宅的確保等支援。想就職的，日本農業技術檢定也提供農業知識，以及技術程度的檢定。實際從事農業的人，普及指導員也會提供技術援助。各都道府縣都有設立研修制度、借款等，支援新進農業從事者。

# IV · 多樣化的銷售管道

### · 地產地消 · 公路休息站

在當地生產的農產品，在該地消費的地產地消的風氣，正在蔓延。販售地區農產品的農產物直販所，全國共有約1萬4千所，而全國的868個公路休息站、

在地超市也是該地農產的販售中心。生產者的名字會寫在商品上面，讓人感到安心，新鮮且價格便宜，也獲得消費者的支持。當地的特產品也受到歡迎，對生產者而言，規格外的蔬菜也可以在此販售，是一大利點。

## ·產直販售

　　不把農產品送到市場，而是從生產者直接出貨給超市等，流通現場或是外食產業、餐廳等地。多數會簽年度契約。超市大約在30年前就開始這種做法，現在也多是採用這種方式。像全國有7千間的Ito Yokado堂，均跟農民簽有栽培契約。

## ·網路販售

　　利用網路、電話或傳真下單，再由生產者直接寄送給消費者的方式。有機蔬菜、低農藥蔬菜等，受到重視食品安全的消費者的支持。個人生產者組成一個團隊，來因應消費者的需求。不一定要求一定要在同一個區域，非採收時期時，也會與別的地方的生產者合作。

　　另一方面，也有像Oisix一樣，擴大網路販售版圖的情形。2000年Oisix網路公司開設，現在定期購入的有3萬名會員，利用該網路購物者有34萬人。以千葉縣成田市的80名生產者為中心，販售契約栽培的蔬菜，該公司年營業額達70億，其中有40％是蔬菜的營業額。

# 如何讓日本農業成為自立產業

農業法人瑞穗代表取締役／長谷川久夫

## 日本農業的歷史與定位

人類歷史可說是飢餓的歷史，現在全球68億人口中，也還有兩成的人口處於飢餓的狀態。現在為了食物以及能源，各國也一樣仍在爭戰之中。

日本的農業，自水稻傳來已有2600年的歷史。從自給自足的繩文‧彌生時代起，經過了要向國家繳交農產品代替賦稅的漫長時間，現在則是販售農作物的時代。以戰後農地改革為契機，農村的形態、生產的體系、流通‧販賣的流程都有重大的改變。日本農業基本法中，農業的生產構造改革的重組，要讓農業收入能與都市並列。這是把農業視為產業的第一步。

但是，因應戰後食物不足而訂定的體系，具有強烈的生產並供給食物的產業特性，無法發揮農業原本具有的豐富創造性，而被其他產業所影響，至少仍無法成為可以自立的產業。目前的狀態是，我們這些農業從事者還沒有辦法為自己的農作物決定價錢，沒辦法以自立產業的姿態獲得理解與信賴。此外，在農產品成了商品販售的現在，從生產現場出貨的農產，仍無法決定價格而供出，在激烈的販售競爭以及進口商品增加的情況下，價格持續下降，持續生產這件事反而形成危險的事態。

## 弱化的日本農業以及農產販售的實態

現在，日本的農村與農業正在進行結構性的激烈變化。日本的農村，正面臨其他先進國家也沒有的高齡化，生產體制在急速的崩壞之中，伴隨而來的是農會成員大幅減少，農業構造的變化，讓地區社會也面臨崩壞的危機。

另一方面，進口農產品大幅增加，街道滿溢食物，食品垃圾一年高達2千萬公噸，實際上相當於有四分之一可食用的食物被丟棄。所以如果能停止進口便宜的食物，也不會丟棄食物的話，應該就可以一口氣改善食材自給率。然而，一直進口便宜的農產品，也無法阻止食品的低價格化趨勢，農產品的生產現場，呈現完全不可能再生產的狀態。

農畜產品的總生產額在平成二年是11兆5千億日圓，但是平成八年是8兆2千億日圓，約減少30％，分析其中數字，主食用稻米從3兆2千億減少了44％，變成1兆8千億日圓，蔬菜則從2兆5千億減少為2兆日圓，減少了21％。水果類則是從1兆500億日圓減少為7500億，減少了28％。畜產品則是從3兆1千億日圓變成2兆5千億，減少了21％。不論是那一種農產品，都呈現大幅減少的現象，這是非常嚴重的事態。但是，這個國家的國民的飲食支出，從平成2年的68兆日圓，到平成17年增加為73.5兆日圓，食品的消費金額並未減少。

農產品的生產大量減少，是因為缺少販賣戰略。其中的一點是，到目前為止的農業，只要重視產品的生產量，並未回應那些要求安全、安心的高品質農

產品的消費者的要求，並且荒廢生產「真正的農產品」，而是追求效率與便宜的農產品。此外，身為生產者的我們，安於犧牲自己的勞動時間來產出，對於目前可維持農業經營體系的意識改革，以及基於這經營體系而產生的生產、販售體系的變革並未有所進展。

擴大生產的規模並提高效率，讓供給趨於安定，是在農業技術的進步下，以及大幅利用機械、肥料以及農藥等才能達到。隨著生產的大規模化，運送技術和輸送體系也跟著發展，遠方而來的農產品可以在新鮮的狀態下運抵，這也讓農業生產的現場產生巨大的變化，輸送體系的發達以及因國際化而擴大的農產品貿易，讓海外的大量農產品得以進口，這讓國產農作物的價格競爭成為一大課題。

要大規模且有效率的維持農產品的安定供給的經營體，已經實現了擴大農業規模以及成本的削減，達到有效率的經營，但是隨著社會構造的變化，光是擴大規模來追求經濟的成長也出現了極限。

而且，加入收益性低的農業的新人減少，確保農業生產的勞動力已成最緊急的課題。接下來，作為安全供給加工原料所需的農產品、以及肩負國產競爭力的社會責任和使命的產業，是必須要成長的。因此，生產現場的勞動力，以及因銷售管道擴大而需要的經營人才的確保、設備投資所需的資金調度等等，都是急需解決的問題。而農業必須與商、工維持良好的合作關係，也需要有政策的強力介入。

更大的問題在於流通販售上。依昭和四十八年所施行的大店法，果菜店可變更為超市，依平成十二年所修正的大店法，農會和市場的樣態也有所改變。現在大規模的購物商場林立，超市面積過大，超市之間的競爭白熱化，販賣價格的決定權不在市場，而在超市，個人品牌增加，零售價格下降。也因此農業生產者所能獲得的金額是零售價格的30％以下。現在這種情況是農業無法自立為產業的最大問題。

## 活化農業特性的產業化方向

每個人都想要追求健康幸福的生活。每日健康的根源──農產品的生產、流通與販賣，也被要求改換一個新的方向。今後的大目標是，要讓農業自立為一種產業，確立日本型的農業經營體。要成為一個可以讓日本國民自傲的農業產業，適地適作以及適材適所，是非常重要的考量。

日本的國土南北狹長，兩側臨日本海、太平洋，各地域氣候條件及土地條件均呈現很大的差異。利用日本獨特的地形生產適地適作的高品質農產品，並考慮到在那裡工作的生產者的適材適所問題，可以實踐充分活用特色的農業。日本的國土，四季變化相當豐富，平地少，山岳地帶多，梅雨以及颱風的關係，雨量也相當多，是可以充分發揮農業基本的適地適作、適材適所的土地。

在這個時候，要加以考慮的重要視點是，農業是理解了動植物所持有的自然原理，而整頓經營出適合動植物可以健全成長、生長的環境。因為農業而被生產出來的動植物，維繫了我們的生命，以及維持我們的健康，同時也為了生產，而創造出富裕的農業環境。接下來應該要追求實現的，是一個消費者、生

活者和農業生產者互相追求文化的生活，以及永續的共生社會。

我們作為主食的米，並不是農業生產者所製造出來的。米是稻子所結成的實，稻子這種植物，會為了繁衍後代而結實。而雞的蛋也一樣。並不是養雞的農家所生產，而是雞所生下的小孩。我們所吃的食物，包含加工品的原料在內，全部都是動植物為了繁衍子孫，而產生的重要的生命。農業則是整備出讓這些動植物擁有健全的環境的工作。

消費者的高齡化之中，健康取向也提高，對食品的安全以及品質的向上有更高的要求。而支持這些的生產現場，勞動力的高齡化以及年輕人參加程度低是一大問題。若是能像這樣，農業應該會受到那些理解農業、立志與自然共生的農業新人的歡迎。

## 自立的日本農家姿態和人

持續性經營的日本農家，我們農業生產者自己抱有自立的意識、重視當地地域的特性以及人與物資源的特性，農民自己擁有決定再生產的農產的販售價格的權力。然後，製造出與消費者、生活者共通的場所，以「地產地消」的視點，共同擁有從生產到販售的過程，互相傳遞分享正確的資訊。構築長期且持續的信賴關係。因為此信賴關係，消費者·生活者以及農民所擁有的強與弱，都能有更深的理解，更能支持農業與其相隨而來的活動。

農民不只是單純農業的生產，也要聽取消費者·生活者的多樣價值觀以及希望，並且加以回應，要有肩負農業的責任的自覺，彼此站在文化的視點上，創造共生的地域，以及成為自立的產業。

農產生產者身為農業經營者，有必要擁有決定以生產原價為基準而有再生產可能性農產品價格的權力。如果能夠再生產，獲得適切的利益，生產者就可以持續生產。如此一來，消費者也會得利，生產和消費的信賴關係得以形成，對社會體系的形成會有好的影響。

我們追求健康與幸福，農業就不只是生產，農民有農業經營者的自覺，讓農業脫胎成為國民會自傲的產業是非常重要的。未來擔任日本活力農業，以及信賴社會翅膀的年輕人，讓農業成為可以誇耀的產業，一起來尋求其可能性吧。

---

**小檔案** 長谷川久夫

1948年生於茨城縣，鯉淵學園特選科畢業。90年設立瑞穗股份有限公司，擔任總經理。94年就任筑波市議會議長，98年起至今，就任茨城縣農業法人協會會長。其他也兼任茨城農業改革研究會委員、茨城縣農業農民育成推進協議會委員、更被農林水產省選為「地產地消的仕事人」。

# 今後日本的農業

Top River股份有限公司總經理兼董事長／嶋崎秀樹

## 農業被認為是賺不了錢的行業

縱觀日本漫長的歷史，農耕民族的日本，以農業為中心築起了經濟的基盤。農業興盛的地方，該領國就繁榮，構築出璀璨的文明。但是現在的農業卻被認為是3K（辛苦、髒汙、危險→辛苦、沒辦法下班、薪水太低）行業。會有如此轉變，應該可說是日本農政的失敗吧。以米作為中心的農政之中，卻擴大減作政策，一味發放補助金，並未讓農家真正自立。此外，過大的農民保護政策，也阻止了其他產業進入農業的機會，如今仍持續成為一個閉鎖的社會，無法進行新陳代謝。也因此，農業被認為是無法賺錢的行業。

舉例來說，一個上班族的家庭，可以清楚知道靠年收入可以過什麼樣的生活。也就是說可以在收支平衡的情況下來決定自己的生活。但是農家的年收入，依當年的市場情況變化有關，跟自己所付出的勞動力沒有對價關係。因此，農家家族的勞動力沒有辦法計算進去。依一份資料顯示，東北地方的種稻農家的時薪是100～200日圓。農家的社長爸爸若是過這樣的生活，會說出賺不了錢的這種話，是理所當然的吧。而在這樣家庭長大的小孩們，會想要從事農業嗎？高齡化是元兇。現在的產業之中，只有農業仍維持著家族經營的型態，這是一個非常大的問題。家族經營並不是不好。也有些家族經營的農家具有良好的經營戰略，在那樣的情況下，也會好好的培育下一代。可是大多數家族經營的農家卻不太一樣。其他產業，有各式各樣製造商的公司存在，公司的經營者，各有自己的經營戰略來經營公司。而所製造出來的產品也有各式各樣的銷售管道，販售的價格可以自己決定，再獲得利益。但是農家自己栽培的作物要賣多少錢，自己卻沒有權力決定。在超市販售的話，捲入超市的價格競爭中，農家所能獲得的收益更是年年減少。當然，這是農家經營者的很大的責任，仰賴補助金的經營基礎，再交由他人決定的農業。

## 思考「該如何販賣」

國家對於滿是問題的農業提出各種對策。像是推動農業法人化。認為將農家法人化之後，就能具有穩定的競爭力。

但是，一直以家族經營方式至今的農家，直接法人化的話，應該知道，這根本沒辦法解決最基本的問題。相對的來說，擁有明確的經營理念的農家，就算不法人化，也能夠自然地擴大規模而且穩定經營。在此我要提出我所提倡的300點滿分的主張。農家的栽培技術以100點滿分，販賣以及經營的部分則以200點為滿分，合計共300點的農業理論。到目前為止的農家的農產品的評價，也就是指味道和外形、有機等，與農業技術相關的部分。而這樣生產出來的農產品的販賣，並不是做出消費者所需要的商品。就算同樣都是萵苣，交給超市的萵

苣和餐廳以及速食店的萵苣各不相同。就算再好吃的有機萵苣，不賣給需要有機萵苣的人，價格就會變低。但相反地，若是重視重量的加工業，把較重的萵苣送往加工廠，應該就可以賣出適當的價格。具備販賣方法的農業是未來農民所必要的。而這個調整部分有200點，就算100點的部分拿到很高的分數，但在200點這邊完全沒有做出努力的話，那就沒有意義。不是只有種出好作物就能賣得出去，未來的農業必須要考慮的是，要時時思考如何將作物賣出去的事情。

## 通往世界的產業

美國雷曼兄弟破產引發金融風暴之後，對雇用的不安導致從事農業的人口增加，本公司在那一年間約有200人前來詢問以及面試。其中也有非常高學歷的人。但是，但那之中真的可以靠農業生活的，大概只有一小部分而已。要如何發掘出更多那樣的人、培育他們，是我們的任務。來到本公司的人，也希望他們能夠有明確的目標設定。對於自己的目標，用5W1H加以思考並行動，應該可以成為一個有經營能力的農業者。不是要教他們，而是讓他們自己思考才是重要的。農業並不是一個人就可以做到的產業，握有組織以及戰略的農業者必定會成功。

像這樣在全國各地培育優秀的農家，希望能夠讓活化農業，提高食材的自給率，日本的農業可以成為通往世界的產業。

**小檔案**　嶋崎秀樹

1959年出生於長野縣。82年日本大學畢業後進入北日本食品工業（現為Bourbon）工作，88年辭去工作，進入佐久青果出貨單位上班（後接任社長）。2000年設立農業生產法人有限公司Top River），用9年時間就培育出一間年營業額達10億的企業。藉由「經營農業」這樣的想法，證明了被認為是賺不了錢的農業是可以成為「賺錢的商業」，在培育後進的同時，也持續對日本新農業提出建言。

# 清朗的農村

村上龍

## 對農業的憧憬

這幾年常在報章雜誌上看到一些報導，上班族對於公司內的競爭、被時間追逐的都市生活感到疑惑，因而進入農村，開始栽種好吃的有機番茄。最近，農業在各個面向上受到關注，也出現日本糧食自主的主題。專家指出日本的糧食自給率逐年降低，一旦來自中國的糧食出口減少，或日本經濟狀態持續惡化，則有可能發生糧食危機。此外，還有有機農業等與環境有關的農業技術問題，以及變換遺傳基因作物等生物科技等，與農業相關的話題相當多。同時有識之士也擔心務農者高齡化及後繼者不足將導致日本農業衰退。

可以確定的是，日本的農業正面臨重大的過渡期。日本的農業是否有未來與希望？把農業當成職業的選項是否合理？

1950年，日本農業人口占總就業人口的45％，1957年降為34％，到了1970年則降到20％以下，之後持續遞減，到了2001年終於只剩下4％。不過農業人口的減少，普遍發生在工業先進國家，並非日本特有的現象。

## 農業現代化、機械化的弊害

隨著農業人口的減少，從1960年之後開始發展農業的現代化／工業化。快速進展的工業化／現代化之下相較於富裕且便利的都會區，農村的生活與昔日無異，因而導致大量農村青年不願留在鄉村，而選擇遷移至都市中。此時，以標榜富裕農村的話題，開始了農村的「現代化」。讓大量生產／大量消費的大原則以及工業的生產系統，也能應用於農業上。例如，將長野縣的高麗菜等蔬菜，指定產地和品種後大量生產、大量運送、將價格壓低、使用機器提升生產效率，以達成農業經營擴大的目標。這就是「農業的現代化」。

然而，現代化卻產生各種負面結果。在同一塊農地上使用化學肥料持續種植同一種品種蔬菜，會造成特定養分的欠缺或過剩，因而造成土壤酸化或鹼化的問題，土壤進而更加惡化，產生病原微生物。在現代化的過程中若發生上述情形，為了提升生產力，只好使用更多的土壤消毒劑、殺蟲殺菌劑、除草劑等農藥，環境因此急速被破壞。除了少數實踐有機農業、減少環境負荷等方法，尋求持續可能農作法的農家外，以「現代化」所大量生產的農作物，依然是日本農業的大宗。

## 自由化大浪潮

然而進入1990年代後，因為若干重要因素同時出現，迫使日本的農業產生變化。首先就是WTO（世界貿易組織）制定的跨國性「農產品貿易自由化」的波濤。先不討論自由化對日本是好是壞，WTO的體制將日本農業推入國際競爭

的險境卻是不爭的事實。耕地狹小的日本農業，面對進口農產品的價格競爭，確實難以招架。倘若不另想出路，一旦在價格戰中敗陣下來，日本農業將招致毀滅性的打擊。在無力對抗自由化趨勢的情形下，還須費心思讓國內的農業再生，日本政府已被逼至困境中。因此不得不對沿用至今，所謂大量生產、大量消費、大量運送的農業基本方針加以徹底地檢討。

## 關心食品安全

日本農業被迫改變的第二個要因就是全球性環保意識高張。現在全世界為減少環境負荷均強制使用可以永續維持的生產方法，當然農業也不例外。消費者意識與喜好的變化，支持著減少環境負荷的農作方向。而消費者意識與喜好的改變，也就是強迫日本農業改變的第三個要因。消費者越來越嫌惡化學肥料與農藥，對食品安全的關心持續提升。這些意識成為一種壓力，促成日本農業的變化。從嘴巴吃體內消化吸收的食物原本就應該是「安全」的，然而實際上，卻有不少生產者持續現身說法：「我無法讓自己的孩子吃這種使用大量農藥的蔬菜」。

現在流行的有機食品（有機農產品或無添加人工食品）風潮，有別於昔日的自然食品或健康食品風潮。雖然幾項風潮都是以女性為重心，但在過去是稀有特別的有機食物，如今在百貨公司及超市店面唾手可得，甚至連平價連鎖家庭餐廳菜單上也可見。造成這種現象的原因在於，女性進入社會獨立自主以及通訊／物流業突飛猛進。首先是一些先進的主婦們對食物安全觀念的覺醒。

## 物流業的變化與進步

支持這種變化的是1980年代後期「宅配」體系成為物流的大宗，以及1990年代後期利用網路的情報通信網的普及。與1960年代國家所建置的「大量生產／量運送／大量消費」體系不同的另一套物流／情報網獲得確保。目前出現數家充分運用網路及宅配物流系統的有機食品銷售公司，使得生產者與消費者直接連結，因此促使生產者改變他們的想法。新型物流／情報通信體系的建置完成，成為迫使日本農業產生改變的第四個要因。

## 農業的重大分歧點

日本的農業因上述要因被迫改變，並面臨重大的過渡期。不過改變的方向卻是明確的。無論是日本政府的基本方針、國際的潮流、消費者的意識和喜好、以及物流和通訊等的進步，全部指向一個方向，那就是要將農業從無視環保而大量生產、大量運送、大量消費的泥沼中拔除，轉向以重視環境安全的新技術、新體系、新網絡為基礎的農業。各種嘗試已陸續在各領域進行。然而問題是，並非全體日本農業都朝向上述的新方向。如同農業以外的其他領域，要求長期以來維持的體系順應新的變化，絕非容易的事。不但新方向的相關法律尚未完備，特別是農村高齡化與後繼者不足的現象，成為非常嚴重的問題。沒有子孫承繼的農家面臨廢耕，農地變成荒地，正如同呈現凋零狀態的小鎮商店街景般，荒地到處零散分布的情形，事實上在日本各地農村中隨處可見。

## 農業雖迷人，但需資金

　　無庸置疑地，農業是迷人的產業。從「越光米」和「夕張哈密瓜」等產品的出現可知，農業可説是世界上最具創造力的事業。農業絕對是一項直接面對自然和生命，具創造性的產業。但很遺憾，至目前為止，年輕人或都會轉行族中，尚未出現能有效率地從事農作的組合。因為想要開始跨足農業經營，不論是畜產、稻作、蔬菜栽培、果園、花卉、園藝，在農地的取得、家畜的購買、農機具的添購、畜舍的建置、及購買稻秧、飼料、肥料等，必須準備相當龐大的資金。例如，就畜牧而言，最便宜的養雞業需數百萬，酪農或飼養肉牛則需數千萬日圓的資金。另外，例如經營稻作，因為從插秧到收成賣錢約有半年時間處於無收入的狀態，所以必須預備這段期間的週轉資金。當然有各式各樣的融資制度及農業支援基金可供運用，但是貸款數百萬甚至數千萬日圓來務農，風險可説是相當大。

## 門檻降低

　　有關農業保有合理化事業而言，農地取得比起以前更具效率，同時借貸型農場也日漸增多。另外，農業專門學校持續增加，改行務農管道也正在興起。由於稱為農業生產法人的企業化農業組織確實增加許多，存法籌措足夠資金經營新型態農業的人，也可進入上述農業法人機構「就職」。不過目前只有極少數農業法人招募人才。況且為了脫離上班族生活而想轉業務農的人，可能對進入農業法人「上班」或許多少會產生排斥感。自己承受風險與成本，但努力所得的回報利益由個人獨享的充實感，或許就是這種工作方式的吸引力，成為引人投入農業的動機。

## 結論：個人知識與戰略是不可或缺的

　　首先回到本篇短評最初設定的問題。就是把農業當成職業的選項是否合理的問題。依個人淺見，提出日本農業是否有未來和希望的這個問題本身就是錯誤的。更何況「把農業當成職業選項是否合理」，這個問題也不正確。想要投入農業的人必須用自己的雙手和腦袋，創造出個人的未來和希望才是。尋求日本農業的「整體」未來與希望是不合理的，同時也不應該把農業這個「範疇」當成職業的選項。想要以農為業的人，除了應具備對於該在何地以何種方式開始的知識外，也要有相當程度的戰略戰術。最重要的是應該認清重視環境與安全的必要性。這種態度不只適用於農業，應當也是想在今日日本各過渡期產業中工作時最基本的要求。

　　以上論點在林業、漁業、水產業等初級產業中是共通的。究竟有多少抱持這種知識與戰略的人們會加入，可説是決定正面臨過渡期的日本農業邁向重生，或繼續衰退、崩壞的關鍵。

本文撰寫於2003年

# 漁業

## 日本的漁業

　　被海所包圍的島國日本，自古以來就有豐富的水產資源，培育出漁業文化。日本的漁夫大多數都是在近海捕漁，在沿岸從事漁業，各地域的地形以及特色而形成豐富的漁業。

※關於漁業的種類，也可參考第四章喜歡自然科，對自然有興趣的其4「眺望雲朵、天空、河川和海洋」的漁夫一節。

## 漁業的現狀

### ·漁業從業人員數量

　　2006年從事漁業的人口是21萬2千餘人，2007年減少為20萬4千餘人。漁業從事人口數有持續減少的傾向，其中從2004年起，呈現每年都減少1萬人的情況。若以原本20萬這個漁業從業人口數字來看，真的處於急速減少的狀態。而在漁業從業人口減少之中，高齡者卻一直沒有變動，高齡者占全體比例逐年增加。農林水產省水產廳漁業部的資料顯示，新加入漁業的人口，每年約1000～1500人之間，其中有九成都是漁夫的子弟，而回來繼承家業。

### ·漁獲量

　　漁業、養殖業的生產量在2008年時是559萬公噸，（最高是1984年的1282公噸），雖然每年互有增減，但整體來說是傾向於減少。（農林水產省「漁業、養殖業生產統計年報」）其中漁業是437萬噸（遠洋47萬、近海260萬、沿岸128萬），養殖業115萬。

　　漁獲量最多的前五名是鯖魚類51萬噸、秋刀魚類36萬噸、片口沙丁魚35萬噸、干貝31萬噸、鰹魚30萬噸。養殖的主要品項有魚類中的鰤魚16萬噸、真鯛7萬噸，貝類的干貝23萬噸、牡蠣19萬噸，海藻類的海苔類有34萬噸、海草有5萬噸。跟最高時期相比，沿岸漁業、海面養殖數量幾乎沒有改變，但遠洋漁業和近海漁業卻大幅減少。

### ·輸入

　　日本占世界水產輸入貿易的11％，輸入額的18％，可說是進口大國。進口數量最大的前五順位分別是第一位的鮪魚、旗魚類、第二位是蝦子，第三位是鮭魚、鱒魚類，第四位是螃蟹、鱈魚卵等。自給率從1964年達到113％以來，2007年減少為62％。但是進口數量也在年年減少，主要的原因之一，在於以中國為主，全世界的魚介類消費需求增加，也出現「買不到」的現象。

## ·輸出

　　水產業界明確的目標是要年年增加輸出量。與2002年的輸出金額1265億日圓相比，2008年是2086億日圓。出口金額最高的前五項分別是第一位的珍珠、第二位的干貝，第三位的鯖魚，第四位的海參、第五位的鮭魚、鱒魚類。輸出增加的原因，首先是1996年因狂牛症問題，歐美的牛肉消費量減少，2003年禽流感的流行，全世界開始轉向消費魚介類，但再怎麼說，最主要的原因還是在於，近年來中國爆發的大量魚類需求。

## ·收入

　　依水產廳的「水產白皮書」，2007年沿岸漁家的平均收入是326萬日圓，海面養殖漁家是538萬日圓。雖然海面養殖漁家的收入看來比較多，但跟多屬家族經營的沿岸漁家相比，養殖公司共同經營的情況比較多，光從這個數字並不能一概表示，全都是高收入。此外，養殖業中，養殖場的漁業權相當固定，為了要確定利權，新人很難加入。

# 要如何成為漁夫？

## ·漁夫的入口

　　漁業就業的支援活動在東京、名古屋、大阪以及福岡都有舉行，這裡是以因人手不足而要募集新人漁夫的漁會和船主為主，以及對漁夫的工作有興趣的人的面談會場。漁會以及漁夫會介紹當地的漁業，也會進行諮詢。在那之後若有興趣，可以到當地接受研修。從一星期的體驗到最長6個月的實踐研修都有。在此體驗漁業以及漁村生活，學習基本的漁撈技術。

## ·徵人情報全國漁業組合連合會所轉寄的徵才人數有112件

例1）烏賊一本釣／長崎縣勝本町漁會／募集人數3人／把自動釣烏賊機釣到的烏賊裝箱、出貨到市場／上班時間，下午5點～上午8點／休假日是滿月前後以及天候惡化時／月薪15萬十津貼／就算天候不佳也有其他工作，絕對不是輕鬆的工作，但是也有從其他縣市來的工作同仁，可以一起聊天。等待喜歡漁業以及想從這事工作的人前來應徵。

例2）近海捕鰹魚／宮崎縣日南市／15歲以上義務教育畢業以上，誰都可以應徵。（未滿20歲者要有父母同意）／通常是5～7天出海，休息一天後再出航／一天工作時間約6～8小時。早上四點起床，前往鰹魚群所在漁場需數分鐘到數小時。捕釣時間從數十分開始，長的話約1小時前後。／最低保障月薪是每月15萬日圓。一般船員的平均月薪是20萬～25萬日圓（平均均包含津貼）／船員保險（健康、醫療、雇用）完備，也有災害補償。供應作業服以及漁具。

## ·水產廳的就業支援

　　水產廳的就業支援系統，新加入漁業者，每年約70～100人之間。不過，

希望就業者卻有近500人。其中有接近八成的人放棄就業，理由並不是被雇主辭退，而是希望就職者的印象與現實之間的差距太大而辭退。

辭退的理由首先就是「暈船」。在體驗的過程中，首先第一次發現「自己沒辦法搭船」的人意外的多。這到底是基本的問題還是性格中適不適合的問題有待討論。沒有不能乘船的漁夫。

其次是「生活的規則」。也有一種理由是，就寢與起床的時間，與自己到目前為止的生活完全不同。其次是「溝通」的問題。漁夫社會是一個獨特的共同體，比如說，沒有自信可以在常與人交換薪水以及生活狀況資訊的社會中生活。也有理由是說，跟平常穿著運動服以及木屐的這種打扮不合。此外，更有理由是，沒有自信在這個實力至上的世界中生存。無論如何，是有沒有覺悟的問題，但是前方有個非常大的障礙出現，也是事實。

「也有一些人是從電視上看到大間的鮪魚漁夫，覺得這是一個可以一攫千金的華麗世界而前來求職，但那只是其中一小部分的人而已……」漁業部企劃課勞動班的人指出。

此外，工作所要面臨的對象是大自然，這表示在海上工作經常要面臨危險。2007年遭遇海難的船隻有795艘（死亡、失蹤者50人）、2008年有732艘（死亡、失蹤96人）。

## · 如何成為沿岸漁業的漁夫？

1. 可查閱日本漁業就業者確保育成中心的徵才資訊、參加說明會及活動。國家及民間舉辦的「徵才大會」漁業部門聽取說明。也可直接向各地的漁業詢問
2. 參加漁業體驗，以在該地生活為前提，好好的詢問。
3. 成為漁業公司的從業員、漁船的船員、定置網、撒網、拖曳網捕漁的新人。或是跟個人漁夫學習、擔任養殖業者的新人開始。
4. 若能取得船舶駕駛執照、漁業無線電使用等資格，會很有幫助。
5. 若以獨立工作為目標，就要成為漁會的成員（一年有90～120天實際從事漁業的成績）。最小的船也要花數百萬日圓的資金，要有計畫地取得資金。

※漁場是靠近陸地的沿岸，主要是未滿十噸的船、每天往返的捕漁作業。也有不出船，而是捕撈海帶以及海帶芽、貝類的漁業。沿岸漁業因為靠近海濱，依季節、魚種而有各不相同的技術與智慧。日本的漁夫約23萬人之中，占87％約20萬人在全國各地從事漁業。

## · 如何成為近海、遠洋漁業的漁夫？

1. 先選擇想從事的漁業
2. 到日本漁業就業者確保育成中心、各都道府縣的中心、各地的船員職業安定所詢問。或參加就職活動，直接向漁業公司和船長詢問。航海的天數，近海漁業是1～2天到40天之間。遠洋漁則是從10天到1年半之間，所以要詳細詢問。
3. 成為漁業公司的船員，從甲板部、機關部的新人開始做起。甲板部成員要確保運航的安全以及監視。以成為甲板長為目標，累積經驗。機關部員工則是負責引擎的操作、安全維修以及修理。以成為操機長為目標，累積經驗。
4. 取得國家資格。甲板員要有以取得航海士的資格（海技士·航海：是成為近

海、遠洋漁業的船長所必須的資格），機關員的話要有取得機關士的資格（海技士、機關大型船舶推進機關以及操舵機關的管理資格）為目標而學習。要成為船長以及機關長需要三級海技士的資格。就算沒有讀過水產高中的人，只要有3年的乘船履歷，也可以參加考試。

5. 漁勞長（多數情況是指船長），也被稱為大船頭，主要負責運航所有事項。

6. 成為船長。漁勞長是要負責從船長到所有的漁業活動的現場指揮。有人就是自己存夠資金後獨立而成為船主。

※近海・遠洋漁業也被稱為漁船漁業。日本的漁夫約20萬4000人中占了12％，約2萬6千人。近海漁業的漁場主要是在日本的200海哩的水域內，也有靠近關島以及俄羅斯的漁場。是10噸以上的中大型漁船所進行的漁業。遠洋漁業的漁場則是全世界的海洋。包括日本200海哩水域內外、公海、外國200海哩水域。船隻是139～5千噸的大型漁船。近年來外國船員增多，航海時間非常長。近海以及遠洋漁業主要都是企業體在經營，職務內容以及資格等就業條件都有非常明確的規定。

### ・近海・遠洋漁業的構成例

**竹筴魚、鯖魚、沙丁魚的近海束網漁業**

船團組成⋯本船（80～135噸）一艘、探索船兩艘、運搬船兩艘共計五艘。

主要漁場⋯日本的近海海域

船員人數⋯50～60人（新人會搭乘本船，協助投網、圍網以及拉網）

航海時間⋯8～12小時（一年出海時間約200天）

薪資⋯⋯⋯月薪26～36萬日圓（最低保障月薪是17萬7000日圓）

**遠洋鰹魚船（一根釣）**

船舶規模⋯450～500噸規模的大型船

主要漁場⋯赤道附近到南太平洋、日本東近海海域

船員人數⋯26～33人（漁勞長、船長、機關長、通信長、甲板長、冷凍長、操機場、機關員、甲板員等。但是累積經驗的機關員可以成為操機手，而甲板員也可以擔任操舵手的工作）

航海期間⋯平均45日（船進港維修時，可以休息一整天）

工作時間⋯1日5～6小時

薪水⋯⋯⋯年收400～600萬圓。有船員保險。

## 漁業所面臨的問題

原油等直接影響

2008年時世界原油價格高騰，全球漁業均受到影響的新聞，想必仍然記憶猶新。事實上，日本國內，漁勞支出中，油費從2002年占了15％強，到了2004年超過20％，2005年以後，一直居於25％弱的程度。（農林水產省「漁業經營調查報告」）與流通業者等平均之下，要將原油調漲部分反應到漁獲物的價格，是非常困難的，特別是遠洋漁業、以及近海的鮪魚延繩釣以及鰹魚的一根釣、釣烏賊等，也都得概括承受。

## 透過漁量調整，要背負嚴苛的生活

日本近海棲息著全世界所沒有的豐富的魚種。但現在，依國家調查90種別（系群）的魚種有四十三種為低位水準（過去20年的魚量推算得出）。（水產廳「我國周邊水域的漁業資源評價」）特別是真鯖魚、真沙丁魚、鱈魚等。

會出現這種情況跟濫捕、氣候暖化、水質汙染等因素有關。但漁夫基本上唯一能做的，就只有不要捕魚、讓魚量增加而已。舉例來說，秋田縣在1992年起3年間，禁捕雷魚，讓幾乎滅絕的魚獲量再次恢復。之後，透過漁會，持續調整漁獲量。此外，日本海的松葉蟹、太平洋系的真鯖魚，同樣實施漁獲量的調整。

這樣一來，長期來看，當然是可以維持穩定的收入的方法，但是在嚴苛的經營狀態下，有時也會面臨眼前有魚卻不能抓的情況。

日本這個海洋國家，各地域都有其獨特的漁法、以及長年維繫的傳統。「這個魚不能抓」，是破壞了到現在為止的所有投資，並不是簡單的說一說，就可以改捕撈其他魚種。如果是就職的情況，選擇那個地域以及捕捉那個魚種，對自己的漁業人生都有重大的影響。此外，先前所提的調查報告中也提到，秋刀魚（太平洋北西系群）、胡麻鯖（太平洋系群、東海系群）等15系群的魚是屬於高位水準（與去年20年的魚量推算而出）。

# 漁業的現狀

地魚市場股份公司總經理兼董事長／鈴木敬一

日本有非常長的一段時間漁業興盛，捕獲大量的魚介類（魚以及貝類等水產生物），是全世界可數的漁業先進國家。

## 失去以往活力的漁業

1970年代以後，漁業水域從原本的12海哩擴大為200海哩的變動大為盛行，1976年，美國趁著設定200海哩時，一舉波及到其他國家，將世界的海洋依沿岸各國分割，其他國家的漁船再也不能自由捕漁。

日本的遠洋漁船也失去了可去的漁場，漁獲量明顯減少，漁業失去了過往的活力。2008年，日本的漁獲量是559萬噸，相較於過去最高漁獲量的1984年的1282萬公噸，減少了53％。減少的漁獲量則由進口水產來取代。

現在，日本漁業最大的問題在於，像這樣漁獲量年年減少，生產規模也減少，漸漸地失去了漁業的活動。其中的原因，因200海哩漁業水域的劃設，漁場明顯受到限制，但另一個更重要的原因在於，日本的魚介類的消費量，從1964年以來，就慢慢地在減少之中。也就是「離魚」的現象。

魚類的消費低迷，其價格自然也變便宜，也因此，漁夫的收入也減少，漁業這份工作的魅力也就一直往下降。把捕魚當做工作的年輕人也變的非常的少。靠漁業生計的人，在最盛時期有79萬人，但到了2008年僅剩下23萬人。

產業規模縮小，消費也減少，但魚介類依然扮演著日本人飲食中的重要角色。日本人每人一年所食用肉類大約是29公斤，但魚介類卻有32公斤（去除骨頭、皮、內臟後的消費量）。魚介類依然是目前最大的動物蛋白質來源。

與日本相反，外國的魚消費量卻是年年增加，因為魚介類對健康有益，而且又美味。世界的主要都市，壽司等和食餐廳急速增加。

但是，從資源角度來看，全世界魚類資源也達到極限，沒辦法再繼續增加漁獲量了。養殖業也有對環境的影響以及飼料和利潤問題，並不是那麼簡單就能再增加產量的。我們對於如此珍貴的魚類資源只有更加重視以及好好利用才行。

## 漁業的未來以及對13歲的你們的期待

雖然現在有著苦戰的氣氛，但日本漁業的未來絕不是漆黑沒有光明。如同剛剛所言，未來魚介類仍將是人類飲食生活的重要一部分。這是全球的共通現象，但日本更是。

第一個理由是，魚介類與其他食物相比，有各種明顯的優點。

營養豐富、對健康有益，還非常美味。此外，種類非常豐富，而且有季節性，調理方法也很多樣，可說是食品中的優等生。

第二個理由是，將來，若食物不足的時代真的來臨了，漁業將肩負非常重

要的工作。

世界的食物不足，每天都有很多人在想要如何獲得食物。現在全球人口約有10億人口營養不足，每七人就有一人為飢餓所苦。但是日本人非常幸運地，即使是日常中，也沒有餓肚子的感覺。

我們要覺悟到，嚴重食糧不足的時代將會來臨。那是因為現在世界上穀物、蔬菜、魚介類等食物全部的供應量，今後不可能比現在更多。

但是在其他地方，消費量在年年增加之中。那是因為世界人口在急速增加的關係。20世紀初，全球人口是17億人，但是現在是68億人。依聯合國的預測，到了2050年，全球人口將可能超過90億人。而且，隨著開發中國家、新興國家的經濟發展，將消費比現在更多的食物。

日本在2008年的食材自給率中，只有41％，是已開發中國家最低的。一半以上食物全靠進口。將來，全球性食物不足情況發生時，各國全都優先供應自己國家的消費，並制定出口限制，根本無法期待向別的國家購買食物。

但是，就算這樣深刻的時代到來，日本應該也可以避免有人餓死這樣悲慘的事情。那是因為，就算沒有進口食物，作為主食的米糧和魚介類，在日本國內就可以確保維持生命的數量。

日本經常被認為是缺乏資源的貧困國家，但就魚介類而言，日本可說是資源大國。日本的200 海哩的漁業專管水域有450萬平方公里，世界第六大。而且，是世界三大漁場之一，我們有非常豐富的海洋資源。

農業以及畜牧，是將森林切開、實施灌溉、給予肥料，必須與自然相競合。但是漁業，特別是天然魚類，只是把在豐沛的海洋以河川、湖沼中自己生出來的魚介類，直接捕獲而已，是對環境非常好的確保食物的方法。

13歲的你們，沒有汽車、沒有電視、沒有手機，只是不方便而已，但總是活得下去。但沒有食物，是非常悲慘的。有時連維持生命都有困難。對日本而言，甚至對人類而言，魚介類都是確保食材的重要之路，更要好好認識與之相關的漁業、努力保護漁業及漁業資源，並且加以培育。這對我們來說是重大的義務以及責任。對於即將長大成人的你們，也希望你們能成為力量之一。

**小檔案**　鈴木敬一
1936年出生於靜岡縣濱松市。喜愛俄羅斯文學，大學時專攻俄羅斯語。畢業後，到水產公司就職，並在捕蟹船上工作，之後一直從事漁類相關工作。興趣是圍棋與到澡堂泡澡。

# 漁業的現狀

近畿大學水產研究所／熊井英水

## 日本漁業的歷史

　　日本漁業自古以來一直富有進取的氣息，「沿岸到近海」、「近海到遠洋」一直擴大，可說制霸全世界。但是雖然被認為只是空論的「杜魯門宣言」首先發端，主張大陸棚的漁業資源的管轄權的變動，但1947年智利的總統先發表了200海哩宣言後，國際輿論也為之定調。終於在第三次聯合國海洋法會議中，確定了200海哩為世界海洋秩序。1977年，日本也宣布實施200海哩制，這一年也成為我國的200海哩元年。如此一來，在這之前自由活動於全世界海洋的日本漁船團隊，無異被逼入絕境。不得不重新檢視日本周邊海域的漁業資源，並且重新編成，漁業環境面臨極為嚴苛的情況。結果，日本的漁業生產在1984年達到最高峰的1282萬噸，89年起，受到200海哩制的影響，遠洋漁業景氣的低迷，以及近海漁業沙丁魚激減等數量的減少，近年來，甚至只有往年的一半，600萬噸的產量。

　　漁業自古以來就是大自然所賜予的優良產業，而日本人從這個天賜的水圈中，獲得動物性蛋白質，被稱為食魚民族。但是向自然的生態系中僅僅獲得所需，並且與自然共存的時代已經過去。

　　人類的生活水準在人類的智慧結集下，技術革新，漁業的發展也不例外，使用更好的技法以及相互競賽獲得更多漁獲的結果下，濫捕以及自然的破壞，給未來蒙上一層憂慮。

## 漁業的未來

　　半世紀以前的日本漁業，很遺憾的是，一直都是屬於略奪型的漁業型態。但是近年來，對漁業的意識轉換，已漸改為資源管理型，一面享受自然恩惠，用智慧以及技能來彌補弱點，在「培育」之中「捕獲」，守護資源、讓漁業永續經營，改變為栽培漁業的型態。

　　首先從培育種子（幼魚）開始，確保培育的田地（海域），要營造適合魚介類棲息的房子（魚礁）以及未受汙染的環境。適度捕獲增殖的魚類，對資源不造成損害，持續維持生產的理想計畫。要捨棄漁業資源是無止盡的想法，有必要改革想法，漁業與農業相同，播下有限的種子並栽培，再從中取得收獲。

　　但另一方面，在生產量相繼低迷的我國漁業型態中，唯一明顯的未見改變，現在也一樣維持其地位的，就是海面養殖業。海面養殖業是在昭和30年後半開始慢慢發展起來的，在我國的漁業經濟上扮演相當重要的角色，在某些地域，甚至是確保漁業者的工作以及安定收入的基礎產業，具有極為重要的地位。此外，所生產的物品強調安心、安全，且在技術上可以依消費者的需求，在必要時可以調整數量以及大小，對飲食文化的向上有很大的幫助。

今後我國的水產業，可以預想，是以近海以及沿岸漁業為主流，但是無法確保能有安定的魚種與漁獲量，取而代之的是，用人工種苗的養殖產業將肩負起安定生產的力量。

### 想對漁業有興趣的13歲的你們說……

幾乎所有的小孩都喜歡，也有興趣去追魚、捕魚、在水族館看魚群。但是隨著成長，「非常非常的喜歡魚」的人數，卻在減少之中。到13歲還會想要養魚、想要研究的，那就是真的喜歡魚的人了。重點正在於「喜歡」以及「持續」。

農業和漁業是人類生存不可或缺，最基本也是最重要的產業。但是不可否認的是，一次產業的農業與漁業有欠缺安定性的部分，但是漁業之中，也有具備計畫性以及安定性的養殖漁業。

養殖漁業的搖籃期是採集天然的稚魚（種苗），再用人工飼育成長，再作為商品出貨，非常單純的流程。但是這並不能增加資源，反而是在減少資源。但是現在，重要魚類的人工孵化、種苗量產的技術已相當進步。不仰賴天然資源，利用人工就可以完全生產出來，有健全的稚魚（種苗）來確保安定的生產，計畫性養殖業正在發展之中。

不過接下來養殖業要做的事情還有很多，是非常具有魅力的工作。舉例來說，太平洋的黑鮪魚其實主要是在台灣東部海域產卵，隨著魚的成長，有一部分的魚會橫渡太平洋，到美國西海岸渡過少年期，再迴游回到產卵地。最近的研究發現了這項事實，鮪魚也有著像母鮭魚一樣回歸的行為。這裡很明確的知道的是，不是「comeback salmon」，而是「comeback tuna」。像這樣充滿羅曼蒂克精神的栽培漁業的遠大事業，正在等著你們。

13歲的各位，不管是什麼工作，都有非常驚險的山在前方等著。但是，征服了那難行的道路，登上頂點的達成感，想必是任何事物都比不上的滋味。

特別篇　第一級產業的未來

**小檔案**　熊井英水

1935年出生。廣島大學水畜產學部水產學科畢業，農學博士、近畿大學理事‧農學研究所教授，專門是海水增殖學。是文部科學省全球COE的主持人，日本水產學會名譽會員。獲有日本水產學會技術賞、功績賞、日本農學會賞等。

# 林業的現狀

速水林業代表、森林再生system股份公司總經理／速水亨

## 林業的工作

日本的國土有67％是森林，與有名的森林國度芬蘭相似。全世界陸地森林的比例約是30％，所以日本的森林面積比例算是相當大。此外，近代以來，日本的歷史中，以現在的森林資源最為充實。林業指的是管理森林，並且生產木材的重要工作。

一直以來，木材可以加工成為各式各樣的物品，是非常重要的材料。日本在高度成長的1955～1975年之間，木材是經濟成長相當重要的資源。

木材在1964年時價格高騰，因此原木的輸入不需要關稅。是最早零關稅的物品。1971年，尼克森震撼的影響，日圓走勢強升，但是因為需求擴大，木材的價格一樣繼續往上飆升，1980年以後才開始下降。特別是從美國進口來的木材，外幣換算的話，在美國的輸出價格持續上升，但是受到日幣升值的影響，日本進口的木材以及國產木材，價格都在下降之中。特別是Plaza Accord之後，日幣持續升值，價格更是大幅下降。

而在阪神大地震之後，大型建設公司強調所建造房屋的耐震度，相較之下，中小型的工務店使用在地木材所蓋的房子，就失去優勢，這也是造成國產木材減少使用的原因之一。不只是日圓升值的因素，問題在於，比起進口木材，國產木材的流通、加工的生產性都比較低。現在製材工廠總算開始大型化，大型建築公司也積極使用國產木材，山林的人也非常積極工作，但是現在的木材價格真的非常便宜。培育了50年的杉木所製成的柱子，一根才1500日圓，換算成原木，才500日圓，真的是比蘿蔔還要便宜。連支付將砍掉的木頭再重新植回森林的復育費都不夠。我剛開始從事林業時，工作結束要從山裡回來時，會扛一根原木回來，那時一根原木可以抵我半天的薪水，與那時相比，現在原木真的非常便宜。

但是，森林不單只是生產木材，森林提供我們社會要維持下去的各種機能。舉例來說，最為人所知的就是造成地球暖化的二氧化碳被森林的樹木所吸收，並儲存在樹幹、樹枝以及根部。此外，降雨時，水份由森林貯存，另一半則被蒸發回到空氣之中。剩下的一半成為地下水，最後再流回到河川。就像這樣具有防洪的機能。為了讓這樣的機能有更強的發揮，因此有必要對森林加以管理，因此國家出資從事森林管理。

而林業不只是生產木材，讓森林的多樣性機能可以發揮在社會上，也是林業的工作。

2005年在山林工作的人約有4萬7千人，只有1960年的10％。木材價格下降，也因此不再進行森林管理作業的森林所有者增加，就業人口也大量減少。而林業的新就業人口當然也在減少，不過2003年起，林業新就業人口有相當幅

度的增加，2003年有4334人，2007年有3053人，比起與行政關係深厚的森林組合等協同組合，純粹屬於民間的林業公司的就業人口，在增加之中。

## 林業的未來

現在的林業面臨非常嚴酷的經營狀態，擁有森林的人也感到相當困擾。但是望眼全世界，正發展中的中國以及印度與先進國家爭奪各式各樣的資源。雖然比不上石油以及炭礦石等資源，但木材的影響也正在釋出。

大量砍代木材的俄羅斯開始實施嚴格的原木出口限制，就在同時，印度以及中國也開始出現木材的需求。

木材不單單只是蓋房子，也大量使用在製紙原料上。此外，全世界所生產的木材全體數量是33億5300萬立方公尺，其中有53％是當做炭薪材料，也就是燃料使用，47％為使用材，被用在建築以及紙張原料。炭薪材幾乎都在是本國內消費，主要是用材的部分，有17％會在貿易中流通，要爭奪的也就是那17％。

在這過程中，地球上的森林被違法採伐以及不具永續性的濫採，在1990年代的10年間，共被採伐了9400萬公頃，相當於日本國土面積的二倍半。為了防止像這樣的森林減少，以及讓消費者不要使用像這樣不適切的森林管理所產出的木材，有一個稱為FSC（森林管理協議會）的組織，審查認證有適切管理的森林，並且會在其生產的木材上貼上可以使用的標籤，供消費者辨識。日本在2000年也導入這項認證標幟。木材的管理有各式各樣的認證以及標籤，但論國際環保團體所要求的森林認證制度，以FSC最受到信賴。

今後木材的進口會越來越困難，那時日本的森林所擁有的木材生產機能，將會再次受到矚目。

作為產業的一環，日本的林業已到了要強化生產性以及導入各式各樣新技術的時期。到目前為止，充實森林資源的政策雖然成功，但是要進入經濟體系之中，至今仍然維持舊態，無法順利進入。

在如此情況下的國內林業，像FSC一樣持續保有經濟性、社會性以及生物生態的環境保護，將森林管理者到消費者之間的關係全部連結起來的體系，作為迎向未來的指針，應該會受到注目。

## 嚮往林業的13歲的你們

就算林業的工作現場已經開始機械化，也仍然是嚴苛的戶外勞動。在自然之中工作雖然很棒，但是對一個新人來說，站在傾斜30度角的斜面上工作，仍然是非常困難的事。就算習慣了，夏天也要隨身攜帶3公升的水去上工，還會全部喝完。

即使是老手，一個夏天下來也會瘦個3～5公斤，是少數可以領到錢還能減肥的工作。也就是說，應該找不到那麼好的工作環境了吧。

此外，現在森林價格是過去所不曾有的低價。只要不是靠近都市的森林，要購入也不會只是夢想。也就是說，雖然不可能說購入山林馬上就能靠林業吃飯，但如果成為森林所有者，休假時到自己的山裡，也不會是不可能的時代也

來臨了。

　　我所説的勞動，有「賺錢」及「工作」的意思。單純只是以錢為目的的「賺錢」以及有社會意義的勞動「工作」。我認為，林業的勞動成果，是具有守護地域社會，並且對地球環境有益的工作。

　　1960年代，在山林裡工作，在鄉下是件榮譽的事情。需要健康與體力，每天的工作中總是會出現許多要下工夫的事，偶爾也會有生命的危險，但是，這是培育美好森林的、值得驕傲的工作，所「賺的錢」也相當的充分。

　　現在也是，勞動的人在採伐時，是在暗黑的森林裡工作，等採伐達一定程度，周圍變成光亮時，那種達成感是相當獨特。

　　砍伐100生的樹木時，總是會不自主的呈現出一種，一定要全神貫注、正確砍伐的心情。而當樹木倒下來時，也會想要對樹木説聲「一直以來都非常努力呐」。

　　這是一份對自己也對社會有充實感的工作。現在的林業的經營狀態，不能期待可以「賺很多錢」，但是培育日本的森林，國產木材也廣泛的被應用在各式各樣的地方。想望未來，在穩健的雇用體制之下工作，想必應該可以過著住在獨棟房屋裡，享受當地美味的食材的生活。只要不經常追求特質的奢侈，那裡應該就是「心靈富裕」的生活吧。

**小檔案　速水亨**

慶應義塾大學法學部畢業。持續培育擁有美麗富足姿態的人工林，以「與地域共生、與自然共生」為目標。2000年2月，日本第一位取得FSC認證。（社）日本林業經營者協會會長、NPO日本森林管理協議會副理事長。

特別篇

# 02
# 環境

# 21世紀的BIG BUSINESS

村上龍

## 地球不被溫柔對待也無所謂

對生態系好、對地球好，這樣說法我一直感覺到不對勁。現在也是。那是因為，現在所引起的各種環境問題，問題不在於「地球」，而是在於「人類」。二氧化碳的排出量無限增加，就算地上氧氣全部不見了，厭氧性（一接觸氧氣就死亡的生物）的微細單細胞生物也會存活下來。就算大氣層的臭氧層全都被破壞了，對流圈的大氣汙染變得更惡劣，某個國家、地區的土壤以及地下水被戴奧辛等汙染，所有的河川乾涸、以致全地球都砂漠化、因地球暖化氣溫平均提高10℃，就算如此，地球也還是會有生物存活，會有適合那樣環境的生物存活。

我們人類很容易就會傲慢地認為，我們是地球生物的代表，是為了其他全部生物而面對環境問題。但是，其實我們並不是為了地球的環境，也不是為了其他生物。我們全都是為了「自己」，而守護地球的環境。但是，會讓地球環境陷於如今這樣嚴酷狀態的，也是我們人類自己。地球就算人類不好好對待它，也會存續下去，其他的生態系也會存續下去。所以，考慮環境保護問題，而寫著「對地球友善」的產品，應該改為「對人類的存續有益」的名稱。

## 守護地球環境是合理的

但是即使如此，守護地球環境是合理的，我們日本人更是必須要去修護，因經濟高度成長期而被破壞汙染的自然環境。但是，在那之前我們要先找出來，到底是誰、為什麼、因為什麼緣故，而要去破壞自然環境。破壞地球環境的是人類，最主要的就是已開發工業國家的人。而諷刺的是，現在熱心致力於保護環境的，也是那些已開發國家的人。多數的開發中國家並沒有關心環境的餘裕。為了明天的食物而傷腦筋的人，有時間去關心環境問題嗎？為貧困所苦的南美的原住民、以及入居者，為了飢餓的孩子而燃燒雨林，已開發國家的人可以責怪他們嗎？環境問題其實也是開發中國家以及已開發國家的利益衝突、對立的「南北問題」。

## 環境問題商業化的大方向

但是另一方面，以啟蒙志工為主的環境守護活動，也漸漸定位為「商業」。而把環境問題商業化，也是已開發國家的指導。以經濟合理性以及企業利益為原則的資本主義，用於環境問題上的思考方式，也將成為未來的主流。不再是「守護地球環境」的啟蒙呼聲，而是「好好守護地球環境的政府、企業以及個人，可以得到利益」的呼聲更為有力。過去包含日本在內，幾乎所有國家以及地域的環境問題，就是公害問題。環境問題是從海洋、河川、土壤以及

大氣的汙染在擴大之中、該如何制止才好的疑問中開始的。當然現在那些問題也還存在，但是導入經濟的合理性，從全球的視野著手，應該可以思考出更積極的戰略方法吧。

## 國際環境條約

促進環境問題商業化的過程，首先就是國際環境條約的出現。1972年在斯德哥爾摩舉行的聯合國人類環境會議中，發表了人類環境宣言。進入80年代，環境問題以全球規模來面對的基本態勢更為明確。90年代，在里約熱內盧召開的地球環境會議，更確定了「積極守護地球環境」的全球化態勢。國際法的約制也越來越加強。此外，地域性的兩個國家或是複數的國家也開始互相簽訂條約。像是因為中國急速工業化所產生的酸性雨，對日本也有很大的影響。中國的環境問題也是日本的環境問題，若是將來兩國之間可以簽訂環境條約，可以共同解決這個問題。此外，用地球規模來解決環境問題的方式，也漸漸成為世界市場的基本約束。今後貿易以及各種交易中，對環境問題考慮不足的企業，想必會非常不利。

## 增加政府預算以及擬定推動方法

國內與環境有關的政府預算在增加，相關法律也在整備之中。環境省也迫切實現「永續社會」，支援環境商業的預算也在增加。永續社會指的是，在非暖化而破壞的地球環境、非資源枯竭的社會下，考慮環境時的一個重點。經濟產業省增加了推動省能源以及新能源的行政業務的預算。新能源指的是太陽能發電、風力發電、利用微生物發熱的生物能源、燃料電池、氫能源等。但是現階段，仍然保有核能發電以及石油、天然瓦斯的預算，所以也引發並未明確想要做新能源轉換的批評。

國土交通省也停止破壞自然環境的公共事業建設，而推進自然再生型的事業。其他如推動生物事業的農林水產省，以及重視環境教育的文部科學省等，預算的分配也漸漸移到與環境相關的議題上。但也有批評指出，各部門的預算分配只是在模仿其他先進國家的半吊子做法。但是，國家編列預算這件事，現實上，金錢的確在移動。總之，環境商業的機會也會增加。法律則是施行了「循環型社會基本法」，此外，更全面實施容器包器回收法、食品回收去以及汽車回收法、建設回收法等。對企業以及個人，有義務要對廢棄物的回收做適當的處理。被要求各式各樣的生產物品的回收義務之後，新的商機就此產生。像是老舊被丟棄的小鋼珠機台等，再利用的部分增加，大多數的企業就會開始投資新的再生技術以及設備。

## 環境稅的導入

此外，也考慮到徵收各種環境稅。京都議定書標示了對抗暖化要減少廢氣排放，為了加以實現，日本也考慮要徵收碳稅。碳稅指的是石油、煤、燃料中所含的碳含量，課收相對應的稅。芬蘭、瑞典等歐洲一部分國家採全面徵收。而日本檢討中的，像是提高耗能的汽車的取得‧保有稅，是一種燃費比例型的

碳稅。但是，徵收碳稅就算有用，因為對企業以及個人會增加許多成本，直接對經濟活動造成衝擊，要導入真正的碳稅，可能還要花一段時間。但是在國際大環境的潮流下，今後將會導入真正的環境稅。也因此，未能有新的開發戰略、以及資金的企業，將可能被淘汰，但也會有新的商機因此而出現。總之，今後將是不能開發出減少碳排放量的技術，便無法在國際競爭勝出的時代。企業也會投資這方面的設備，新的商機也會就此產生。

## 國際規格ISO14001

　　企業等基於環境保護，而取得代表國際規格的ISO14001。ISO14001的ISO是國際標準規格認證的環境計畫系統的國際規格，但在各國取得品質保證規格的ISO9600系列後，敗陣下來的日本企業於是爭先取得ISO14001認證。在2003年6月的時點，日本取得ISO14001的企業以及事業體，共超過1萬3000間。ISO14001，並不是限制工場廢棄物的數值，而是對社員進行什麼樣的環境教育，如何削減事業所的用電量等，著重在對環境的努力。

　　在日本，不只是製造商，地方政府以及大學、各地的商工會議所、高爾夫場到地區的鄉村俱樂部，都引起了取得ISO14001認證的風潮。飲食店、超市、到牙科，都會接到「取得ISO14001認證了嗎？」的推銷電話。因此也有人批評這只不過是商業戰略而己，但是在環境計畫系統這種國際規格下，企業注意到得面對環保的問題，也是事實。但是，參與認證要有一定的成本支出，對於開發中國家的企業而言，取得ISO14001認證並不是那麼簡單的事。也因此，以ISO14001訂定出來的環境計畫體系中，對於未取得ISO14001的企業間的交易有所限制，這點也被批判為，可達到壓抑開發中國家產品輸入目的，是對先進國家有利的一項系統。

　　但是，對未來的企業而言，環境計畫體系越來越不可缺少。對環境保護未加以考慮的經營姿態，不僅是在國內，在國際也會令人討厭。排放公害、大量消費能源、散發廢棄物以及化學物質、破壞自然環境的企業，被環境NGO公開指名攻擊、備受批判，被居民提告，必須要付出龐大的成本。而且最近，有沒有取得ISO14001認證，更成為選擇商業伙伴的條件。漸漸形成一種，對環境保護未加考慮，或是不足的企業，將無法生存的情況。

## 森林認證制度FSC

　　利用經濟合理性並積極守護環境的運作，不只是國際規模，還有像是FSC（Forest stewardship council A.C：森林管理協議會）的國際NGO所運作的森林認證制度。國內的大型製紙業界中，早就取得FSC認證的三菱製紙，所擁有位於南美智利的森林，符合FSC嚴格的規定，包括防止林道流出土砂、保護野生動物的棲息地、水源保護林完全不予採伐等，而獲得認證。對環保的考慮，印刷紙只有再生紙。然而，再生紙在印刷時會有彩色印刷板的顯色不佳、或是從紙張紙漿生產時，會使用大量的石油等缺點。獲得FSC的認證後，為了貼上那個可以證明的標記，不只是從認證森林而來的木材，其他如加工、流通、印刷部門等所有的過程，也必須取得CoC（Chain of custody）的認證。

CoC是認證號碼。從號碼可以知道那個紙張的來歷。也就是從森林被砍伐下來之後，經由什麼樣的路徑輸入、在那個工廠加工、在那裡被印刷、經由什麼樣的流通管道，完全可被traceability（traceability：起因‧經路確定性）。FSC的認證制度超越「再生紙」的範疇。而是從防止資源被浪費的角度，轉換為守護原生林的積極作法。三菱製紙的情況是，現階段的FSC的認證紙，是年間紙漿總產量的1%程度，但今後在智利以外的厄瓜多爾以及澳洲所擁有的森林，都決定要取得FSC的認證。

## 環境NGO與企業的合作

不用多說，森林不只是木材、紙漿的原材料，更提供了地下水、豐富的微生物以及土壤、藥草植物以及食材，但最重要的就是「氧氣」，是地球珍貴的資源。以FSC認證為主，從事積極保護森林的運作的，是一直與企業對立、並且戰勝的先鋒環境NGO。企業之中，任用環境NGO的人材來負責環境計畫的例子也在增加之中。而事實上，這是企業、地方政府、NGO以及市民團體等共同重視環境保全運動的潮流。今後「關心環境保護的企業較為有利」的傾向並不會轉弱。

## 結論1：守護地球環境的欲望

當然守護環境的活動不能只是依賴企業的努力。環境問題包括道路、橋樑、鐵道、機場、上下水道、能源等社會的基盤、食品以及醫藥品、衣服、住宅，以及空氣、水等，跟我們的生活一切完全相關的問題。不要忘了，積極守護環境的最基本的幫手，就是我們自己。而且，我們是為了守護我們、以及我們的子孫得以生存的「適合我們的」地球環境。環境運動所需要的，是要有某種「欲望」。此外，積極守護環境的活動，必然是全球性規模，不會只是地域性的問題。森林、河川以及海洋，發電所以及垃圾‧廢棄物處理場以及農地、牧場等，存在於我們所生活的「地域」，在那裡，空氣與水的流動，甚至透過物流以及交通和貿易，而與「地球」結合。

## 結論2：地域的再生

在寫這本書的過程，其實有很多的類別都是用「地域」來思考。雇用問題是地域的問題，傳統工藝品等，某些物事是具體的與地域結合。農業、漁業以及食品業等新的變化，更要有地域的自立與自覺，而像是金融、教育、醫療、照護、福祉等，缺少與國家‧中央政府之間的關連就無法成立的類別而言，也需要地域的自覺與自立。

## 環保商機的概觀

以下將具體介紹環境商業的概要，有興趣的13歲的你們，不只要考慮今後環境以及環保商業的問題，更希望你們繼續保有寬廣的視野與興趣。環境與我們的生活完全有關，所以不只是要研讀與環境相關的問題，守護環境的活動，法律、金融業、醫師、教師、科學家、藝術家等，需要所有職業的人才。

## 太陽・風力・氫能源

開發能代替石油・煤等化石燃料的新能源，並且加以管理且販售的事業。代表新能源的有太陽能、風力能源、海洋波能等。太陽能現在已透過太陽能電池實際應用。風力發電則是利用立在山的稜線上的風車、Wind Farm，是潔淨能源的象徵。此外，21世紀被稱為「氫文明的時代」，用氫與氧氣連續產生的化學反應，產生電氣能源來做成燃料電池，現在備受注目。燃料電池的用途很多，實際上已應用在無公害的汽車。這些新能源基本上都是由大企業進行開發，要從事這些工作，要具有化學、工學、地質學、農學、生態學等專門知識，再進入相關企業工作，也可以參加環境NPO，累積知識以及經驗。

## 生物質能源

生物質能源指的是從廢材以及食品廢棄物中的微生物所發出的醱酵熱能，作為能源加以利用。其中有木質生物質，在日本大量被丟棄的廢材、建築解體現場被清出的建設廢材，以及作為調節用而砍伐下來的森林廢木等，再加以利用。其中被稱為木質球的粒狀燃料，是用木屑、樹皮等，以往會被丟棄的東西所再利用而成的，可作為家庭用的暖爐能源而備受注意。木質球是林業以及木工業的結合，林業相關的幾個企業所製造的。生物質除了木頭以外，下水道汙泥以及食品廢棄物的等，用甲烷使其醱酵，其產生的能源可成為生物質能源。與太陽能和風力相比，比較新且有加入的空間。企業以及地方政府也參與開發。要從事生物質的工作，要學習化學、工學以及農學等，到相關的公司以及地方政府就職、或是成為環境NPO的一員參與相關事務、或是直接創業，有很多項選擇，但不論如何，最重要的就是需要有專門知識以及人際網絡。

## 資源回收

Recycle 所指的就是把「現在丟棄的物品」再利用、作為資源再利用。是再利用以及再資源化的總稱。停止用過就丟，不浪費資源的意義下，「循環型社會」是其想法的基本。廢棄物的再利用、再資源化，如以下所說，有幾個種類，有RE（再的意思）的開頭，在那之中各有商機。

・REFINE使用後的產品的分類・分解
・REDUCE垃圾減量
・REUSE再使用
・RECYCLE（狹義的意義）廢棄物的再資源化
・RECONVERY TO ENERGY燃燒廢棄物回收能源
・REPAIR・REFORM修理・修繕（包括建築物的補修・改修）

上面所提的RE商業，從大型到小型企業都有參加「在這之前會丟掉的物品」，也就是指垃圾，依垃圾的種類不同，所對應的事業也不同。醫療系的垃圾、塑膠、家具、家電、電腦、小鋼珠機台、建設廢棄物、食品廢棄物（生垃圾）、衣料品、鞋子、文具、新聞以及雜誌等紙類、電池、玻璃、一直到家畜的排泄物等等，總之老舊、所有會成為垃圾的物品，其種類幾乎是無限的。開發出將這些垃圾加以分類、分解、焚燒的技術、裝置以及機械，這就是商業。

比如説，將塑膠的廢材抽出什麼物質、廢棄電腦的某個零件加以再利用等，這些創意及點子，就是商業。而更可以預測的是，今後的回收不再是「商業」而是一個「產業」。有關資源回收的產業，因垃圾以及產品的工作，可說是無限的。擁有知識、技術以及創意的人，是有可能把垃圾山變成寶山的。

## 環保材料

環保材料指的是該物品在生產、使用以及廢棄時，不會對地球造成汙染的素材。此外還是可以回收的素材。這也包含符合省能源的素材。隨著對地球環境的關心提高，企業在開發‧製造時，有必要配合需求以及成本，要有「環境設計（ECO Design）的這種新思維。也就是説在製造時，要如何減少使用的材料、如何不要汙染地球環境、要能長時間使用的物品。此外，選擇不會汙染地球環境的素材以及材料，也是環境設計的一個重要的元素。具體來説，自然界的微生物可以分解合成樹脂素材（生分解性合成樹脂）等，是其代表，其他像是不會產生有害物質的塗料、使用大豆等植物油的印刷用墨、不使用鉛的銲料和鍍料、不使用鉻的亞鉛鍍鋼板、不使用鹵素的接著劑等等。

生分解性的合成樹脂，現已開發出各式各樣可實用化的技術及商品，但是比普通的塑膠還要貴，現在塑膠占市場全體的0.1％以下，需求相當低。但是從大企業到小企業多數的製造商都參加這項環保材料的開發競爭。今後，為了地球環境的保護，將會有更多法律以及條例制定，因為怠於準備的企業會有所衰退也是可預期的。與環保材料有關的工作，化學方面的知識以及技術是不可缺少的，而創造性與獨特性也非常的重要。

## 生態復育

生物環境這個字是德語中代表生物的Bio以及代表場所的top所組合而成的單字，把一個地域、場所，恢復其本來的自然環境。將因為工業化以及開發工廠和住宅區而被破壞、汙染的環境恢復原本的樣子，將野鳥、動物、昆和魚等生物找回來。作為環境教育的一環，學校校園內、學校附近的自然環境復原的「學校生態復育」也受到注目。小河與森林、湖岸與海岸等自然環境的復原，事業規模會相當大，所以也要有相當程度的土木建築基本知識。但是實際上，不只是土木工事的技術，動植物等生態系相關的資訊和知識、土壤以及水質等相關的化學、地質學的知識、讓該地域瞭解生態復育的觀念的説明能力也是非常重要的。也就是説，關乎生態復育的工作，要學習土木‧建設技術，或是專攻化學‧地質學，或是學習生物學以及生態學，有各式各樣的領域。

## 環境顧問

與環境相關的諮詢業務，也被稱為綠色顧問。提供對地球環境關心的企業，在開發以及製造的技巧和手冊，甚至提供地方政府以及教育機關的環境教育，和研修等的諮詢。取得ISO14001成為流行，也傳達了提供專業技巧以及建議的環境顧問的必要性。主要是以地球環境優先的經營系統為思考的內容，再以此制作説明書、舉辦提高從業人員的意識以及知識的研修。就像本章所提及

的，環境商業真的非常的多，也分有各個領域。而且還有很多是跨領域的。因此，環境顧問也一樣，提高該企業所使用的能源、利用省能源減少支出，也因此有必要思考其設備並實際製作，產業廢棄物的處理以及資源回收，要提出創意，其實有非常非常多的種類。此外，像是考慮到環保問題的環保飯店、生態旅遊等的環境顧問公司也應運而生。而這樣的環保顧問業務所需具備的，不只是對環境問題非常清楚的人，更要有廣闊的視野和知識，以及具有商業敏感度的人。

## 生態旅遊

並不是指環境汙染和破壞，而是具有學習自然的要素的旅行，稱為環保旅行。都市人利用休假，到農村體驗農業工作，到河川等地接觸生態系，到漁村體驗拖網等，稱為綠色行程。這是從歐洲開始的新的「觀光旅行」，也在日本流行開來，稱為生態旅遊。從旅行社製作企劃的行程，到地方政府舉辦的活動，有各式各樣的型態，需要對環境有詳細瞭解的協調人員以及導遊。當地的居民以及NPO、NGO給予協助的情況也相當多。而以環保為基準的住宿設施（環保飯店、環保度假村）也在增加中。而地域以及地方政府，改建因學生過少而廢校的小學校舍，變成旅行者的住宿地，種田、採山菜、燒木炭、製作草鞋、做蕎麥麵、作陶藝‧民藝品等，配合季節舉辦許許多多的活動。與生態旅遊有關的工作，有各式各樣的領域，基本上是與地域相當密切的商業活動，對該土地‧地方的自然抱持敬意，熟悉風俗以及生態系是其要件。

## 調查、計畫工程師

在日本要更新都市計畫以及建設計畫時，要進行該地域‧場所的生態系以及環境的調查。一般會在建設顧問公司上班，水質調查、大氣調查、噪音調查、生態系調查等等，分別有各種專門領域。持有技術士以及生物分類技能檢定二級以上，對就職會比較有利。

本文撰寫於2003年

參考資料
「新‧地球環境商業2003-2004　自律的發展階段環境商業」環保商業網編　產學社
協力（株）伊藤忠商事地球環境室
　　（株）三菱製紙經營企劃部‧技術環境部

特別篇
環境

# 對談　村上龍VS.坂本龍一

## 碳足跡

村上：你從以前對於環保的問題就非常關注，用啟蒙這個字眼有點怪，但是跟最初相比，大家對於環境的關心以及守護地球的想法好像變了，現在那些事情變得好像是非常理所當然，真的是這樣。

坂本：真的變這樣了。

村上：是啊。

坂本：所以，已經不需要我再出面說什麼了吧，但現在很需要讓人家瞭解的，是Carbon footprint，直譯的話就是「碳的足跡」。個人以及公司對地球造成多少的負擔。像我最近，英文的話叫做tap water，就是直接喝水龍頭的水。平常我們說的瓶裝水，是從地球的另一端，排放出幾十噸的二氧化碳運過來的。不單是價格的問題，好比從法國來的水，跟東京都的自來水所製造的二氧化碳的量完全不一樣。

村上：比如說搬運的船隻的燃料？

坂本：當然啊。還有，並不會反應在價格上。那個，好像在騙人一樣，好像都不會反應。所以，最好還是喝自來水比較好。除了健康以外，也會想喝好喝的水。總之，很像是去餐廳吃飯，餐廳上了雞肉，然後，這個雞肉是從巴西來的，還是山梨縣來的，完全不一樣。

可是，那並不會反應在價格上，反而巴西產的還比較便宜。可是那真的很奇怪。考量到對地球的負擔，但價格卻沒有反應這些，真的太奇怪了。這是完全沒有反應的價格體系。仔細看的話，那並沒有考慮到生活的秩序。穿的衣服、生活之類，漸漸變成這樣了。

村上：這感覺是進到下一個階段了。這麼一說，紐約時尚餐廳，供應自來水的餐廳也增加了耶。比如蝦子一定堅持要吃日本產的，那麼菲律賓的紅樹林砍伐也會停止吧。

坂本：是啊，會停止吧。吃也沒有關係，但請儘量吃日本產的東西。樹也一樣，使用紙張，儘量使用日本的東西。最大的問題就是能源。能源是在中東挖出來，但是用油輪一面產生二氧化碳，一面運來，非常的不經濟呢。

## 一年20噸二氧化碳

坂本：不管是誰，都會製造二氧化碳的。一天大概會產生多少是差不多確定的，平均來說，光只是躺著不動，一天大概會產生1公斤左右，一年就是產生365公斤，只是躺著而已喔。然後，還要再加上生活型態所產生的經濟效果。像日本人，只是躺著就要產生365公斤的二氧化碳，就目前的生活型態，一個日本人一年大約產生10噸的二氧化碳。我們就是過著這樣的生活。但是印度人，一個人大概只有1噸。所以那樣的生活型態大概就

是用1/10的經濟吧。

村上：不只是呼吸，是全部的數值嗎？像車子什麼的？

坂本：當然。像是穿什麼衣服，吃什麼食物，全部都要計算進來，我覺得日本人過得還蠻奢華的，但是美國人平均一年是20噸。日本人的兩倍呢！到底是怎麼用的。車子啦、冰箱、電視，還有其他產業的部分等等，把全部加總再平均。

村上：並不是說要回到江戶時代或是原始時代，但有所質疑是很重要的，那些東西真的很重要嗎？

坂本：人類到目前為此，完全沒有想過自己的生活，那些各種細微的事情對地球造成多大的負擔，就人類的歷史，這是非常有趣的事。像是繩文人或是美國的原住民等，會有人將他們美化以及理想化，我也對他們非常有興趣。他們當然也有製造而且完全沒有考慮過這樣的問題。但是沒想過也沒關係。因為人口數非常的少，就算做了什麼，自然的吸收力量非常的大，所以完全無所謂。但即使是如此，美國的原住民卻讓北美的七種大型哺乳類滅絕。把它們全吃光了。其實完全是造成負荷的，但他們卻什麼都沒有思考過。

村上：確實是被美化了，過去總是美好之類的。

坂本：說什麼與自然共生，根本沒有這回事。

村上：雖然狩獵社會一直被認為不會過度獵取森林中的生物，但其實獵的還蠻多的。

坂本：至少北美就有滅絕的例子，而且還相當多呢。所以啊，這邊沒有了就到別的地方去吧。但是全都沒有了，傷腦筋的還是自己，所以那時可能也有想過這樣的問題。但是人類整體也就是這樣一直下去，真的會稍微思考一下的，現在還是第一次吧。

## 把環境問題當國家目標

坂本：小說家和音樂家原本就是社會上的怪胎，是不良分子吧。

村上：要說重要的，人民才是最重要的吧。

坂本：若要說不良分子的功能，就是說出真話吧。因為是惡作劇分子嘛。社會裡缺少了一直說著理想性的傢伙是不行的。就算被說笨蛋也要說真相。

村上：就算被說偽善也是要說出來。

坂本：就算被說偽善也是要說。只有像我們這樣的人，所以還是說出來比較好。至少我們虛無是不行的，因為社會本來就是虛無主義嘛。

村上：現在的小孩跟年輕人，比我們年輕時還來的更具有封閉感與不安感。對那樣的時代，該怎麼說呢，日本這個國家，有國家目標的話就好了，好好的弄好環境，好好的守護。

坂本：我也是這樣想，也能產生實際雇用。

村上：也會產生實際雇用，能快點做的話就好了。

坂本：我也是這樣想。

村上：小孩們也會有希望。

坂本：若能做出實際成就的話就好了。

村上：透過種樹、去除水泥，讓海洋的水可以流動，自然也會學會類似像規律一樣的東西。

## 用環境宣傳國家的魅力

坂本：現在石油價格高，全世界的飛行次數也在急速減少中。這對氣候會產生多少影響，相當值得留意。

村上：很多人這樣說，這樣的原油價格高騰是好事……

坂本：當然當然。環境稅也是一樣的。

村上：嗯，最近在討論的代替能源，也有經濟上的價值吧。

坂本：沒錯。沙烏地阿拉伯也在進行這些事了。沙烏地阿拉伯國家靠石油賺的錢，好像投資在代替能源上。像是建造可以大量製造液態氫的工廠。那個液態氫動力的汽車，好像要開始推廣了。石油資源是有限的，他們這樣做並不是要找尋商業，而是，他們就是要維持能源產出國家的地位。我覺得他們的頭腦很好。因為知道石油快要沒有了，不過，還有太陽，要做液態氫，還是需要能源的，那是用太陽能做的。

村上：可是，到歐洲去的話，那個丹麥的風車是國家政策嗎？

坂本：說是國策，更像是在宣傳自己的國家吧。抵達首都的機場後，風車一直延伸到海上，飛行在那之上，做到這種程度喔。

村上：真了不起。

坂本：的確了不起。

村上：所以把環境那個，更多更多，要怎麼說呢……當做是賺錢的手段也好，當做是自我實現也好，是當做全民性的目的也好，有沒有那樣的想法呢。現在所謂的志工服務，一起來做很棒的事吧！有那樣的感覺吧。

坂本：那個可是完全不是那樣耶。

村上：已開發國家都那樣做，不做的話好像很丟臉，但若要說的極端一點的話，根本只是在模仿歐洲人而己。

坂本：如果有載著環境問題而行駛的船隊，總之，就是先跟在最後面跟著跑，但方向也還會再往後轉喔。財經界等等。所以啊，船長還是會說不要吧。決定削減的數值讓人很困擾之類的，全是往後看。真是的。

村上：說什麼關於氣候暖化的原因出在二氧化碳的人不是很多嗎？但老實說，我自己不是很清楚。搞不太清楚。

坂本：因為不是科學家嘛。

村上：只是，什麼二氧化碳之類的，削減的話比較好嗎？

坂本：對啊。

村上：原因是什麼呢。二氧化碳可能不是氣候暖化的原因，但是削減的話比較好。石油燃料也枯竭，不要汙染空氣比較好，所以跟是什麼原因無關，防止暖化比較好。

坂本：對啊，實施低碳社會是比較好的。

村上：所以，歐洲先進國家已經在做了，不做也不行。對吧？

坂本：有好機會啊。看到機會一定要快點出手。

村上：要做生意之類的，結果，高度成長時期結束後，國民的整體感、目標等就沒有了。這樣的話，我認為環境是最好的議題。

坂本：最常被提的就是江戶時代。那個時代可說是相當環保的社會，幾乎百分之百再回收利用。完成是再利用，但那樣好嗎？日本全體實施鎖國政策的關係，跟現在的古巴一樣，所以是完全的循環型社會。

村上：只是，現在人口增加了。

坂本：嗯。

村上：總之就經濟流動而言是行不通的。

坂本：唉，也沒說要鎖國就是了。

## 高度成長與環境

村上：鎖國應該是有困難的。所謂高度成長，基本上是好事。變的富裕了。變富裕的話基本就是好事。再來是，教育也比戰前來得好，無知程度也減少了吧。無知跟貧窮是最不好的事，要說高度成長最好的事，就是幼兒的死亡率減少，基礎建設也……

坂本：是啊。基礎建設也變好了。

村上：平均壽命也提高了，不是指阿公阿媽活得比較久，而是小孩子不會夭折。

坂本：對。

村上：這樣一來，50年代，平均壽命是40多歲，現在是80多，這是值得驕傲的事。高度成長讓經濟富裕，教育也普及了。

坂本：雖然說高度經濟成長讓我們富裕，但在60年代末期就已經完成了不是嗎？我們的感覺啦，只是感覺。不覺得到那裡就好了嗎？

村上：沒錯。

坂本：在那之後的，不覺得已經不需要了嗎？

村上：對啊。

坂本：70年代以後的全都是多出來的，在69年左右就都完成了。

村上：就文化上而言是如此。

坂本：文化上而言，怎麼說呢，68、69年，到了最高峰，在那之後就是多餘的了，但是就經濟而言的確是那樣。當然也是在成長，在那之後物質也是富裕。你不覺得到那個程度的富裕就好了嗎？

村上：嗯……好是好……

坂本：的確不錯。

村上：基本上來說，高度成長的確是好的。

坂本：嗯。

村上：跟以前比起來，現在是比較好的，只是唯一惡化的是環境。

坂本：是啊。

村上：我還記得痛痛病、水俁病等，四日市哮喘病等公害事件。結果，大家在泡沫經濟崩壞之後才開始反省對環境的破壞。這樣的日本……怎麼會

變成這樣呢？

## 高度成長與環境

村上：我們是在高度經濟時期度過孩童時期與少年時期的吧？所以很清楚。

坂本：記憶中，新宿車站是木造的。全部。

村上：真的嗎？

坂本：木造階梯，木造的月台啊。

村上：小時候，家裡的電器產品，就只有電燈泡。

坂本：電燈泡和收音機。

村上：啊，收音機，有收音機。

坂本：好窮啊。

村上：會覺得現在……比較好吧。

坂本：現在比較好。

村上：那個時候啊，就像現在中國人拚命要變富裕一樣，笑不出來啊，我們。

坂本：完全笑不出來。

村上：日本啊，因為有過那樣的時代，所以啊，因此，該怎麼說呢？當然現在中國的環境破壞也很嚴重就是了。

坂本：但是我們也做過同樣的事。

村上：做過了啊。

坂本：一直到最近呢。

村上：那種心情我很瞭解，可是，那樣做不太好哦…不這樣說的話。

坂本：而且規模啊，是十倍的規模，是像水俣病那樣公害的十倍，算了，都很清楚知道了。不給予忠告不太好……可是，如果我們可以跟他們說，我們是這樣解決的，可以輸出的話就好了。

## more Trees

村上：你在做的「more Tree」，總之就是種很多樹，這樣的理解可以嗎？

坂本：可以啊。

村上：他們把樹種上去耶，以色列定居者。

坂本：種橄欖樹對吧。

村上：中東戰爭之後，在定居地種上橄欖樹。

坂本：嗯，首先先種樹呢。果然。

村上：把樹木種下去之後，就表示絕對不會離開。不管怎麼說，就是不會離開了。

坂本：因為有樹的關係。

村上：嗯。安藤忠雄也是到了被產業廢棄物汙染的四國的小島上後，就開始種樹。

坂本：我知道我知道。

但是，那就是經濟的運作體系所造成的結果。說因為很貴，所以日本的林業漸漸的衰退，日本的森林漸漸敗壞。但是，不做些什麼是不行的。「more Tree」所指的，種植是美好的事，但不只是種而已，而是要培育出一個森林，總之，從那樣小小的苗木開始，成為一座森林，至少也要50年的時間。

然後，2050年、2060時，雖然來不及……了吧，就算在那個時間成為森林了，現在日本也有很多森林，所以，更加活用這些森林，讓它們吸收更多的二氧化碳，讓人力介入砍伐一些樹，讓日光多透些進去，整座森林吸收二氧化碳的能力就會更提高，森林也會變的更健康，保水力也會上升，這樣一來，也可以確保生物多樣性，非常好的事啊。

本文撰寫於2007&2008

特別篇

03

傳統工藝

# 日本傳統工藝

　　日本傳統工藝對日本人來説是極為珍貴的資源。在產業的附加價值上並不只有IT、生物科技、奈米科技等尖端技術，瞭解因為日本人的努力與創新所培養出來的傳統技術非常重要。

## ・日本傳統工藝和高科技

　　行動電話的鋰電池中，過剩電流流過時為防止離子通過而使用耐鹼性纖維的紙張。另外汽車的煞車的摩擦材料中，也運用了混有合成纖維或無機纖維的紙張。還有，紙的正反面組織能持續變化的特殊紙張，被用來作為太空梭外壁的隔熱材料。前述這些紙被稱為機能紙，不是純粹的和紙，但是都運用了和紙的技法製作而成。從中國傳來的造紙技術，在日本被高度改良。中國研發出讓極細微的纖維附著於網上的技術，而在一百年後的日本，則是成功地用水將長纖維薄薄地過濾。這種和紙的造紙技術，成為合成纖維或陶磁纖維等高品質機能紙的原點。也就是説，傳統工藝的技術已被當作新素材應用於高科技中。

## ・日本傳統工藝的歷史

　　日本傳統工藝的基礎技術，大都從中國或朝鮮等亞洲大陸傳來。但前述和紙的例子相同，這些技術都被高度地改良與精製，發展成支持日本文化、使得人們的工作或生活的物品，增添華麗的色彩的東西。有田或伊萬里的陶瓷器給予歐洲的陶藝家、陶藝工廠決定性的影響，江戶時代的浮世繪和木版技術則令梵谷或高更等印象派巨匠們著迷。即使到了現在，漆器仍是法國新菜烹調法（NOUVELLE CUISINE，重視材料新鮮及美觀的烹調概念）名廚們心儀的器皿。

　　明治之後，日本不斷推動產業現代化與重工業化，但是造絲、編織品、陶瓷器等依舊是主要的輸出產業。即使是近代化的時代，傳統工藝也是日本的重要的資源。政府或地方政府創設了傳承編織或染色等工藝技術的教育機構。但是由於紡織、造船、機械工業等近代化工業的發展，日本人的生活樣式也漸漸隨之西化，傳統工藝也一點一點地面臨變化。例如，染料中靛青的生產，因為受到便宜的進口化學原料的影響而減少了。在昭和初期，因產業的大規模化、機械化而感受到危機感的人們，發起了保護手工業技術、傳統技術的國民運動。但是面臨全球性的近代化競爭中，日本的傳統工藝有漸漸衰退的傾向，於戰後的高度經濟成長期面臨到決定性的危機。

## ・面臨危機的傳統工藝

　　年經濟成長率超過10%，並且持續了20多年的高度經濟成長（詳細內容參照本書作者序），當日本人的所得水準和生活水準向前邁進的同時，也帶來了一些犧牲。最大的犧牲雖然是環境的汙染和破壞，但是傳統工藝也同時在和近代工業產品的競爭上被打敗，失去市場占有率。另外高度成長期時，發生從地方到城市的勞動力大移動，結果造成了農村衰退，導致原料依賴農林業的傳統工藝基礎遭受到威脅。高度成長期時，鐵路、道路、橋、隧道、水壩、機場等社會基礎設施的建構，以及大規模的住宅興建事業被推動，日本固有的材料如

木材、石材和陶土等的取得變得越來越困難。

　　但是，給傳統工藝最大的打擊是高度成長期時發生的雇用狀況的變化。傳統工藝一直都是由農村的廉價勞動力和所謂學徒制就業體制所支撐，但是因為高度成長使得國民所得水準呈飛躍性地增加，對於教育的關心也同時增加，大多數的孩子都能夠就讀到高中。戰前有些孩子小學畢業後就立刻成為傳統工藝的學徒，但是這樣的小孩已經不存在了。傳統工藝中有「要能夠獨當一面工作至少要十年修業」的講法。但是傳統的學徒制度，並無法支付學徒足夠的酬勞。在已完全工業化的日本，出現了很多能更迅速地學成獨立的工作，以及見習生也能夠領到薪水的職業，想從事傳統工藝的年輕人幾乎已消失。

## ·日本人生活形態的變化

　　由於高度成長期時接近完成的工業化和西化，傳統生活形態和習慣逐漸喪失，素材的主流變成塑膠、合板或合成纖維，餐具、容器、家具、衣服或裝飾品等「用了就丟」成了理所當然的事。服裝或生活用品開始有流行或過時的性質，將上一代的和服或腰帶小心存放，或是將櫃子或桌子等家具留給小孩情形也已不復存在。都市化和核心家庭化之後，傳統習俗、慶祝

活動、祭典、童玩等也漸漸消失。再加上以電視為首的大眾傳播發達，使得日本各地方或地域的獨特性喪失；從都市到農村，所到之處都充斥著塑膠容器或餐具、大量生產的合成纖維衣服、合成板或鋼製的家具、家電產品、汽車、成屋等，形成了任何東西都是相同成品的氾濫狀態。

## ·重新認識傳統

　　但是，因為1970年代高度成長結束，1990年代泡沫經濟崩壞等原因，日本人的意識型態開始有微妙的變化。標榜環境的企業或產品得到支持，同時，日本人也開始重新認識傳統食品或食材的價值－亦即「慢食」（Slow Food）的觀念。大批年輕人開始造訪京都或奈良，和紙的吸油面紙成為熱門商品。稱為熊野筆的傳統毛筆則受到全世界時尚和彩妝界的注目。女性雜誌將海外的名牌商品跟江戶的細木器或小道具、花紋紙等一起介紹的情形已經不再稀奇。改造古老農舍，為了享受木頭的香味，家中擺滿傳統家具的人也在增加中。想成為宮廷專屬的木匠或板金的學徒的人急速增加，使用傳統編織物的時裝設計師也逐漸增多。

　　我認為這樣的現象不單純只是「回歸傳統」。當我們越來越富裕，也漸漸瞭解國外的事物後，便開始意識到自己傳統文化的價值。去國外旅遊、到國外出差，在國外工作、國外留學的人，發現日本的傳統工藝和國外的知名工藝品相比較後毫不遜色。這並不是指日本的工藝品比國外的好，而是各有各的優點，而且因為自己是日本人，所以對於日本的傳統工藝感到更親切，擁有及使

用的時候也更能讓心靈得到慰藉。重新評估傳統工藝的價值，對於長期停滯的經濟狀況也有了影響。就像這本書中反覆指出的，進入大工廠或大公司就業已經不能算是單純的優勢。再舉例來說，想成為宮廷專屬木匠的弟子急速增加，這顯示明確紮實的技術之價值正達到前所未有的高點。

### ·作為資源的傳統工藝

在經濟持續停滯，產業構造或雇用形式不斷變化的時代，我認為重新評估傳統工藝作為的價值是合理的。在法式料理的修業中，首先應該要學習的是法語吧？學習威尼斯玻璃技法或瑞士鏡錶技術時，也同樣必須具備語文能力，並瞭解該國或該地區的文化或傳統。明治開國以來，我們以歐美為目標，模仿歐美國家，一直以趕上歐美為目標努力至今。從產業革命到資訊革命，都必須從歐美學習。但是日本傳統工藝，是我們日本人的東西，是我們的社會既存的東西。日本多樣的傳統工藝中，如前述之機能紙或熊野筆，也有進入國際市場成為新產品的可能性。但是，若只單純將回歸傳統工藝當作一種興式的做法，要使日本傳統工藝再生會相當困難。應該要理解其價值，進一步探索新的可能性，並尋求現代的創意或營業力。此外，因無法在他處就業而輕率地的選擇進入傳統工藝的世界，是無法禁得起嚴酷修業的。

話雖如此，我還是覺得必須喚醒將傳統工藝作為資源的觀念。我們所該追求的是：積極找出優異傳統工藝品的價值，凝聚促其再生的社會共識與組織，這樣做的話，就會產生真正的「愛國心」。所謂愛國心，並不是傳統的對某件事的盲從，也不是對於政府和權力中心毫不批判，更不是對外國事物毫無道理

地產生優越感。從自己的傳統中找出價值，將這個價值簡單易懂傳達給自己的下一代或傳到國外，對此抱持著內斂的驕傲，我認為應該這樣做才對。傳統工藝的再生，和環境的再生相似。在某種意思上是地區的再生，將被遺忘的價值試著重新找回來，並嘗試創造出新的價值。對喜歡勤勤懇懇地製作的人而言，傳統工藝品的世界應該可以給他相當大的充實感吧。

以下介紹一些較具代表性的日本傳統工藝品：

### ● 染織

以蕁麻、苧麻的草皮，或桑、藤、葛等的樹皮為原料的編織物，從繩文時代開始便被使用至今。絹織的技術，是藉由古墳時代（約300～700A.D.）中國大陸・朝鮮半島的交流，約有2萬人的專家造訪日本因而傳入。但是將絹用於服裝上，則是飛鳥時代（593～710A.D.）以後。但當時只作為貴族公開場合的服裝來生產。地方上絹織物的生產，則是從鎌倉時代開始，這是因為中央政府的染織生產衰退的緣故。應仁之亂發生後，京都的工匠為了逃避戰亂流竄到全國，京都的技術也開始散播到各地。另外藉由和明朝的貿易，中國的技術再一次進入日本。因此，以往倚賴進口的木棉及一部分的染料也開始能夠在日本國內生產。

染織自古以來有各式各樣的技法。大致而言，其技法可分為「染」、「織」、和「裝飾」。若要介紹代表性的技法，「染」技法當中公認最有名的是「友禪染」。友禪染是由江戶時代的畫家宮崎友禪齋創造出來的技法。友禪齋本來是扇子畫家，但是因接受某和服綢緞莊的拜託，而開始對和服的圖案進行創作。當時正處於1683年江戶幕府頒布的的奢侈禁止令時期。這是為了控制華麗且高價的衣服，禁止含有金銀箔的刺繡或稱為總鹿子的費工染色法。因此友禪染可說是當時想穿美麗和服的女性及和服綢緞莊的救星。「織」技法中的代表有「紡」、「縮」、「飛白」和「上布」。「紡」為絹織品，使用由繭紡出的絲，農家當作自家用品進行製作。花樣越精細的編織物則被當作高級品看待。「上布」是指做得比較薄，使用上等麻線的編織品。「縮」為使用木棉、絹、麻等材料技術，將布做出複雜的皺褶。「飛」也和「縮」同樣使用各種材料，使用染過的線織出花紋部分，花樣為飛白表現的技法。「裝飾」技法，有刺繡和使用黏糊將金銀箔貼在布料上，稱為貼箔的技法。使用此技法的編織物，大都被視為高級品。

產地：結城紡（茨城縣，櫪木縣）・東京染小紋（東京都）・小千谷縮（新潟
　　　縣）・牛首紡（石川縣）・京友禪（京都府）・博多織（福岡縣）・首
　　　里織（沖繩縣）等。

## ●陶藝

　　陶器從繩文時代開始製作至今，當時所製作
的是陶瓷器的最原始的形態的土器。由於吸水性
高、具有強度，且能夠以便宜的價錢製作，中世
紀以後則被使用在用過即丟的盤子上。經歷彌生
時代（約300B.C.～328A.D.）的土器製作，5世紀
左右，從朝鮮半島傳來使用窯和旋轉台的製作技
術，而開始了須惠器的製作。使用釉藥、稍微像
樣的陶器，則是從奈良時代（710～794A.D.）開
始被製作的，但是沿襲至今的正統的陶器製作，
應是從鎌倉時代（1185～1333A.D.）開始。這些
東西當時的日本被稱為「土物」，而瓷器則被稱
為「石物」。陶瓷在日本的起步晚，於17世紀初才開始發展。陶瓷器的產地遍
布全國，瀨戶、常滑、備前、丹波、信樂、越前等在日本被稱為「六古窯」，
成為鎌倉時代許多地方窯的代名詞。為了茶道所做的器具稱為茶陶。桃山時代
（1573～1603A.D.），織部、伊賀、志野等窯逐漸抬頭。但後來因為日本國內
的伊萬里就能夠生產出以往須倚賴進口的瓷器，使得茶道者的興趣轉移到瓷器
上，茶陶因而逐漸衰退。

產地：九谷燒（石川縣）・瀨戶染付燒（愛知縣）・信樂燒（滋賀縣）・伊萬
　　　里，有田燒（佐賀縣）・天草陶瓷器（熊本縣）・荻燒（山口縣）・備
　　　前燒（岡山縣）等

## ●漆器

　　漆工藝是東亞的獨特產品，據說在日本繩文時代（約10000～100B.C.）後
期就已經有漆器存在。奈良時代出現了泥金畫的技術，而於平安時代遣唐使
被廢止後，日本也發展出本土技法。進入安土桃山時代後，由於南蠻文化的到
來，也出現了採用歐風題材的作品。漆器也是在此時期被輸出到海外。江戶時
代的幕府和藩開始招聘雇用塗裝師或泥金畫師傅，漆器因而開始廣泛地在全國
各地產出。相對於瓷器在英文中被稱為「china」，漆器則被稱為「japan」，日
本的漆器製作在世界上赫赫有名。但是現在，原料漆大多倚賴中國進口。漆器
的製作為分工制，有許多的工匠。直接和漆器相關的工匠，有被稱為搔子、木
地師、下地師、塗師、呂色師、蒔繪師、沉金師等，另外還有製作這些工匠所
用道具的工匠。

產地：津輕塗（青森縣）・秀衡塗（岩手縣）・會津塗（福島縣）・鎌倉雕
　　　（神奈川縣）・輪島塗（石川縣）・若狹塗（福井縣）・琉球漆器（沖
　　　繩縣）等。

## ● 木製工藝

從原始時代開始，就有木製工藝品出現。但是日本獨有、能表現出木材特色的木工藝，出現在平安時代（794～1192A.D.）以後。因為茶道流行，日常生活中的木工藝品美感受到矚目，江戶時代（1603～1867A.D.）各地有特色的杠產品因而相繼被製作出來。其材料可分為桑樹、欅木、柿樹等硬木，杉樹、檜木、

桐樹等軟木，以及紫檀等由南方進口的木材等。另一方面，技法則大致可分為：指物、刳物、雕物、挽物、曲物。每一個領域所使用的材料不同，技術也不同。例如，「指物」是不使用釘子，藉由凹凸榫接合木材的技法。室町時代（1388～1573A.D.）開始，誕生了從木工衍生出來的專門工匠，隨著茶道的發展，進而區分為日常用品和茶道用品。另外，木工技術也經常被使用在佛壇或建築上。

產地：樺細工（秋田縣）・江戶指物（東京都）・箱根寄木細工（神奈川縣）・加茂桐簞笥（新潟縣）・南木曾轆轤細工（長野縣）・大阪欄間（大阪府）・紀州簞笥（和歌山縣）等。

## ● 竹藝

日本有六百種以上的竹子，在古事紀和日本書紀上都有關於竹子的記載，在正倉院（奈良東大寺的倉庫）中仍保存著用竹子製成的樂器、箱子等竹工藝品，由此可知，從古早開始就一直有竹藝的製作。鎌倉時代至室町時代因為茶道的興

盛，促進了竹工藝的大發展。不僅是道具，數寄屋（獨棟的茶屋）和校倉（倉庫）等茶道文化的建築中，也使用了竹子。進入江戶時代後，也誕生了將軍家御用的竹工藝專家，並且因為煎茶的流行，民眾更能自由進行產品的製作。竹藝的技法，大致分為編織品、丸竹切（保留完整竹型的切法）、丸竹織品、茶杓。主要產品多是編織精巧的竹編織產品。

產地：江戶和竿（東京都）・駿河竹千筋細工（靜岡縣）・大阪金剛簾（大阪府）・高山茶筌（奈良縣）・勝山竹細工（岡山縣）・別府竹細工（大分縣）・都城大弓（宮崎縣）等。

## ● 和紙藝術

據說是西元600年，由高麗的僧侶雲徵將造紙的技術跟繪畫顏料及墨的技法

同時帶入日本。一開始是以麻做成紙，但是因為作業上的困難度，而廢棄不用。之後的和紙，以桑樹、岩菲樹、三叉樹為主要原料。也有一說是日本聖德太子將亞洲大陸傳來的造紙法加以改良，創造出日本獨有的和紙。平安時代貴族用紙書寫和歌，鎌倉時代才開始作為公文

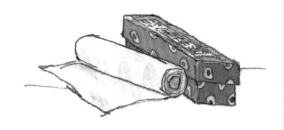

用紙，庶民也開始使用紙張則是江戶時代以後。全國統一規格，開始製造半紙（編註：半紙即縱向24到26公分，橫向32到35公分大小的日本紙。）；此外，不僅作為書寫用途，在衣食住方面也都開始運用到紙材。

產地：越中和紙（富山縣）・美濃和紙（岐阜縣）・越前和紙（福井縣）・因州和紙（鳥取縣）・石州和紙（島根縣）・阿波和紙（德島縣）・土佐和紙（高知縣）等。

### ●石雕

石雕工藝品，基本上是指和風庭園的石橋、石燈籠、洗臉台或石佛等雕刻。造石據說是於古代的古墳文化開始，和佛教的傳來同時發展。進入桃山時代後，作為茶道文化具體表現之一的石燈籠被改良成為庭園用，在各地現在也都還在生產製作。石雕工藝會在文化需求高的地方，或是原材料品質良好的石頭產地獲得傳承。例如，京都從平安遷都開始，成為佛教或茶道文化的中心，可說是為了滿足各行各業的需要，而磨鍊出來的技術。

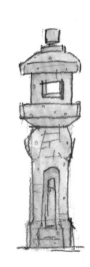

產地：真壁石燈籠（茨城縣）・岡崎石工品（愛知縣）・京石工藝品（京都府）・出雲石燈籠（島根縣，鳥取縣）等。

### ●玻璃產品

玻璃的製作技術是在江戶末期到明治時代之間從歐洲引進。成為獨立產業則是晚近的事情。玻璃工藝中最古老的作品為蜻蛉玉（玻璃球），可說是世界各地被製作的玻璃工藝的基礎，現在保留最古老的蜻蛉玉是西元前18世紀左右出產於美索不達米亞平原。日本開始製造正統玻璃是在江戶末到明治（1568～1912A.C.）期間，由歐洲傳入各種技術後開始研發。

這時期所製作的工藝品中，以使用金剛砂進行玻璃表面雕刻的「切子」（玻璃切割）最有名。

產地：江戶切子（東京都）・大阪蜻蛉玉（大阪府）・肥前琉璃（佐賀縣）・

薩摩切子（鹿兒島縣）等。

## ●金屬工藝

　　日本的金屬工藝於彌生時代開始。
之後的作品反映出與中國大陸及朝鮮半
島的文化交流。舉例來說，奈良時代佛
教傳入時所製作的佛像，以茶道文化為
中心的室町時代製造的燒水鍋子等。其
他也有像是刀劍或帶在身上的裝飾品，
梵鐘或銅鑼等寺廟用具的製作。關於刀
劍，請參照「日本刀、刃器」的部分。

在各式各樣的金屬產品中，「鑄金」、「鍛金」、「雕金」為其主要的技法。
「鑄金」是將加熱熔化的金屬倒入以土或沙等做成的模型的技法，佛像、茶壺
或花瓶等產品便是以此方法做成。「鍛金」則是藉由敲打金屬板以做出形狀的
方法。「雕金」則是將金屬的表面雕刻出花紋，或是鑲上其他金屬的裝飾之技
法。陶藝等器其他工藝領域也有看得到相同技法。

產地：南部鐵器（岩手縣）・山形鑄物（山形縣）・東京銀器（東京都）・燕
　　　鎚起銅（新潟縣）・高岡銅器（富山縣）・大阪浪華錫器（大阪府）・
　　　肥後象嵌（熊本縣）等。

## ●日本刀、刃器

　　日本工藝中最早的知名品牌可說就是刀劍。中國大陸、朝鮮半島傳入的刀
劍技術在日本演變成獨特的形狀，像現在的日本刀之鑄造據說是從平安初期開
始。到桃山時代為止，日本刀的鑄造主要在所謂「五個傳鍛法地」（備前，相
州、山城、大和、美濃）進行。明治以後，由於廢刀令的緣故，有一段時期只
能製作軍刀；但是由於戰後文化財保護法的制定，現在鑄造出的日本刀主要是
為了喜好者作為美術工藝品收藏之用。

　　和日本刀有關的工匠，有製刀工匠和研磨師。刀匠之中，有以「五個傳」
所製名刀為範本，製作藝術價值較高的刀劍為目標的人，也有會製作其他種類
刃器的人。所謂研磨師則是，為了表現出最初製作刀劍之工匠的風格，或是刃
器最初製作時代的風貌，將刀劍進行研磨修整的人。此外，刀匠和鍛冶工匠也
有所不同，刀匠是從煉鋼開始製作刀，而鍛冶工匠則是購買冶鍊好的鋼進行製
作。由於明治時代的廢刀令，也有因而從刀匠轉變為鍛冶的人。另外還有所謂
的「打刃物」（鍛造刃器），即菜刀或農具等產品，有些出自刀匠之手，也有
將技術教給農民，由他們自行鑄造者。

產地：【日本刀】現在沒有稱得上是產地的地方，主要由個人製作。

【刃器】越後與板打刃物（新潟縣）・越前打刃物（福井縣）・打刃物
（大阪府）・播州三木打刃物（兵庫縣）・土佐打刃物（高知
縣）等。

● 佛壇、佛具

為了置放佛像而製作，看起來像佛堂形狀的櫥櫃（即龕），江戶時代演變成為佛龕，被放置於各家庭中。因為於德川時代基督教被禁止，為了證明自己不是基督教徒，一般人家裡都有佛龕，佛龕就在這樣的歷史背景下普及了起來。此外，宮大工（專門修宮殿・寺廟的木工）有些地方，佛師（製作佛像的人）或其他的工匠，冬季時候以此作為家中副業，因而發展成一種產業。

也有製作武器的工匠轉行製作佛龕。再者佛龕的形狀多半看寺廟而定，即使是同樣產地的作品，根據寺或宗派也會有不同式樣選擇。

佛龕製作分別由各個專門工匠分工進行。以三河佛壇為例，大體而言其工作程序可分為：使用木材組成本體的「木地造」，建造安置佛像本尊之龕頂的「宮殿造」，雕刻的「雕刻」花鳥或龍、唐草模樣或天人圖案，「塗漆」，製作金屬道具的「鈑金具造」，使用漆進行描繪或使用金粉、銀粉或貝等進行裝飾的「蒔繪」，在配件或板的部分貼上金箔的「金箔押」等七大部分。除此之外，也有製作佛龕天井部分的工匠或為求方便裝飾將表面修整平順的工匠。這些分工作業完成後，則由組裝師或批發商組裝成完成品。其他地區的佛龕也有同樣的繁複製作過程，由專門的工匠進行佛龕的製作。

所謂佛具，是放置於佛龕的燭台或香爐等用具，以及舉行法事時所使用的念珠等東西。據說佛具起源自8世紀時日本平安時代的京起，亦即最澄、空海等僧侶的時代。11世紀時，佛師定朝為了製作佛像與佛具建造了工作室，開始了正統的佛具製作工作。佛具和佛龕一樣，是根據寺院的模樣做成，過程也採分工制。

產地：【佛龕】山形佛壇（山形縣）・三條佛壇（新潟縣）・飯山佛壇（長野
縣）・名古屋佛壇、三河佛壇（愛知縣）・彥根佛壇（滋賀
縣）・京佛壇（京都府）・八女福島佛壇（福岡縣）・川邊佛
壇（鹿兒島縣）等。

【佛具】京佛具（京都府）。

● 書法用品

筆、墨、硯、紙自古以來被稱為文房四寶，其製作技術被傳承至今。這

四件物品都是從中國大陸與朝鮮半島傳進來的。有關紙、墨的傳入時期已經在「和紙」的部分敘述過。硯是中國傳進來的，而在中國是何時開始製作的，並不是很清楚。順帶一提的是，日本的硯一般來說比中國的硯還來的硬。毛筆確實的誕生時期不明，但是從中國後漢光武帝時已有書信往來的情形看來，在當時應已傳入。另外，當時的筆，筆頭部分比現在短，大部分是使用兔子或狸的毛所做成。日本毛筆演變為現在的樣子，據說是在曾以遣唐史身分拜訪中國的空海歸國之後。

產地：【筆】熊野筆（廣島縣）・豐橋筆（愛知縣）・奈良筆（奈良縣）等。

　　　【硯】赤間硯（山口縣）・雄勝硯（宮城縣）等。

　　　【墨】鈴鹿墨（三重縣）等。

### ● 和傘、手提燈籠、團扇、折扇 [以紙、竹為主要材料的產品]

　　現在，作為茶道、日本舞蹈或歌舞伎道具使用的和傘，是於6世紀從中國傳入日本。據說當時的傘是無法開合的。傘普遍廣泛地被使用是從江戶時代開始。當時人們依照身分使用不同的傘，所以只要看傘就能知道身分。另外在時代劇中也可以看到浪人以撐傘為副業，這在歷史上確有其事。也有一說是，江戶中期的下級藩士為了幫助藩的財政，以製作傘為副業。昭和初傘業最盛時期，和傘產量有1千隻，但是戰後生活方式劇變，洋傘奪走和傘的實用品寶座後，產業急遽衰退。

　　燈籠於室町時代從中國傳進日本。江戶時期，由於可移動搬運的便利性，取代了原有的行燈（木或竹的框貼紙，在框上放置油盤的照明用具），被視為貴重的物品。從江戶時代開始，盂蘭節時有使用燈籠的習俗，產量因而增加。

　　團扇和扇子是搧動以產生風的工具。團扇起源很早，在飛鳥時代和高松塚古墳都可以看到它的蹤影。團扇在日文中寫成「打破」，當初正如其名，擁有驅魔的意義。折扇於平安時代初期開始生產，因作為貴族的日常用品而普遍起來。當時不管是團扇或折扇都被稱為「扇」。之後，團扇於日本戰國時代，被用作武將指揮用的工具；這種團扇是用鐵或皮做成，據說也有防身的功用。進入江戶時代後，團扇則發展成為江戶庶民的用品。形狀由圓形變成橢圓形，並開始畫上花樣或圖案。盂蘭盆或中元節時回贈團扇的習俗也是從此時開始的。另一方面，折扇於室町時代開始被使用作為茶道或能樂（日本傳統歌舞劇）的道具。另外，起源於中國大陸和朝鮮半島的多數工藝品中，折扇是極少數純日本產的產品。明治到大正時代，據說日本生產的折扇約有半數被輸出到國外。

產地：【和傘】阿島傘（長野縣）等。

　　　【燈籠】名古屋提燈（愛知縣）・讚岐提燈（香川縣）・八女提燈（福岡縣）・知覽傘提燈（鹿兒島縣）・岐阜提燈（岐阜縣）等。

　　　【團扇】京打破（京都府）・丸龜打破（香川縣）・房州打破（千葉縣）等。

　　　【扇子】京扇子（京都府）・名古屋扇子（愛知縣）等。

### ● 玩具〔紙牌・風虐・雙六〕

　　日本紙牌始於平安時代。最開始的牌不是紙製，而是用貝殼做成。貴族遊戲時，為了更增添趣味在貝上加上詩歌成為「貝合」，在武士之間受到歡迎的是使用蛤蜊的殼，進行類似撲克牌中「心臟病」的遊戲「貝覆」等。紙牌的誕生是因16世紀時木板印刷的紙製南蠻「KARUTA」（紙牌）才流傳開來。「KARUTA」這個字的語源是出於葡萄牙語的「carta」。

　　風箏於平安時代由中國傳入。至鎌倉時代為止，是作為偵察敵陣等軍事目的用途的工具；成為庶民用具是進入16世紀後才開始。在各藩獎勵和紙製造的風氣下，浮世繪的製作及木板技術大幅進步，江戶時代有各式各樣的風箏被生產出來。之後，因為出現明治時代文明開化，電線桿增加，漸漸地風箏受歡迎的程度下降，演變成只是正月時小孩的遊戲而已。

　　雙六的前身是15、16世紀漢字的「佛教雙六」。這是佛僧為了學習佛教用語的工具。開始進入像現在有圖樣的作為遊戲道具的雙六，是從江戶時代開始。住民文化抬頭的18世紀末，是雙六全盛時期。當時的雙六，不單純只是遊戲道具，而是優秀的浮世繪師或畫家所製作的藝術品，也是寫有小品文或雜談的出版物。

產地：現在沒有稱得上是產地的地方，主要是由個人製作。

### ● 人偶

　　古時候的日本，人形玩偶被稱為「HITOGATA（人形）」，被用在和信仰有關、去除汙穢或詛咒的道具。江戶時代，人形玩偶被分為信仰、觀賞、玩具三個種類。此外，日本的玩偶是以各種的材料或技術製成，造成其發展的因素之中，「節句人形」的

普及是原因之一。所謂「節句人形」，是雛人形等節日時所擺飾的玩偶。據説這是庶民模仿宮廷的五個節日的儀式而開始流傳的。另外，作為日常觀賞用的玩偶，則是從佛教藝術所衍生出來。這是因為，觀賞用玩偶始於江戶幕府五代將軍一德川鋼吉的時代，亦即「嵯峨人形」的發端，這也可説是佛像製作者的技術所延伸製作出來的東西。「嵯峨人形」繼續發展之後，各式各樣的玩偶開始被製作出來。還有民間信仰的玩偶則以「鄉土玩具」的名號&形態持續至今日。人形玩偶的製作一是分工進行的商業化製作，另外則是專門製作者一貫作業完成的創作玩偶。

產地：宮城傳統木偶（宮城縣）・江戶木目人形（東京都）・駿河雛人形（靜岡縣）・御所人形（京都府）・博多人形（福岡縣）等。

### ●樂器

被稱為和樂器或雅樂器。日本自古以來的藝能或祭典儀式時所用的樂器，很多是由中國傳入。例如三味線，它的起源則是中國一種名為「三弦」的樂器。三弦於16世紀中葉經由沖繩傳到土界。因為是由琵琶法師進行演奏，受到琵琶演奏方式的影響，以及原本所用的材料蛇皮的取得困難等因素，經過長年各種改良的結果，才演變成為現今的三味線。另外，「能」的樂器一小鼓則是在首度製作後，歷經50至100年才首次確定了它的評價。但是因為汽車工業發達後，用作鼓皮的三個月大國產馬皮材料取得困難，原本的分工制也因為需求量和工匠減少等原因，形成了單獨工匠包辦完成樂器的狀態。因為社會變遷，製作方式也同樣經歷各式各樣的變化。

產地：現在沒有稱得上是產地的地方，主要是由個人或公司製作。

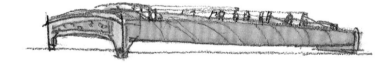

### ●能面具、神樂面具

能面具是包含能樂之藝術性的樣式，於桃山時代已大略完成。其種類粗略算來就有兩百種。大致可分為神、男、女、狂、鬼。後來有一種稱為「本面寫」的作法，就是將既有的能面以複製的方法進行製作，這是獨創所無法容許的事情。也因此出現了為了民俗藝能中的神樂所獨創的面具。

產地：現在沒有稱得上是產地的地方，
　　　主要是由個人製作。

## ●祭典服裝、祭典用品

日本所謂「神祇調度裝束」，是指神社的道具、家具或服裝的意思。包括了祭主或管理神社的人員穿戴在身上的狩衣或衣冠束帶，以及神社的石獅子（狗）或神前的結婚儀式時所使用的道具，以及神轎等。負責製作的工匠可依包含服裝、建築等日常用品工藝來做區分。慶典弔祭用品之中，例如有「水引」（紅、白包上的帶子）的工藝品。這是於平安時代綁頭髮的用具。在室町時代有送禮時的繩子的出現，至今仍延續著這樣的形式。

產地：京都等。

## ●其他

在全國各地，除上述項目之外還有許多傳統工具。例如，用鹿皮做成的皮包、甲州印傳（山梨縣）或江戶詰簪（東京都）等許許多多的傳統工藝品。另外，在為了製作鄉土民間工藝或上述產品時所使用的道具當中，也有傳統工藝品的存在。例如，染織當中有稱為型染的手法，這個手法中使用到所謂的「型紙」──繪有花紋或圖案的工具。其中較知名的有伊勢型紙，例如其中稱為錐雕的技巧所做成的型紙，在製作碎花紋布或浴衣等的染整物品時是不可欠缺的。此外，神社佛寺或相關建築物用的席子或瓦，庭園造景上也有傳統的技術傳承及專門工匠的存在。

除了成為專門的工匠之外，也有其他能夠和傳統工藝相關連的職業。有在博物館，美術館或研究所等進行傳統工藝品修復工作的人。另外，復原或修復的現場中，最新技術或新機具的引進，當然是經由專家的技術傳承。日本就有這麼一位，在奈良縣被稱為文化財保安官，專門處理文化財相關竊盜案件的警察。

參考書目：

《傳統工藝之書》，（財）傳統工藝品產業振興委員會編，同友館。

《日本傳統工藝鑑賞指南》，（社）日本工藝會編，藝草堂。

《人間國寶事典─工藝技術編》，南邦男、柳橋真、大瀧幹夫監修，藝草堂。

《工作為文化財》，釘田壽一著，週刊朝日百科「日本的國寶」編輯部編，朝日新聞社。

# 台灣的傳統工藝

文／台灣傳統工藝研究所
圖／吳嘉鴻

　　工藝是文明與美的象徵，是人類經由生活中所產生的智慧結晶，也是一個國家文化力的重要指標之一。台灣傳統工藝不僅是台灣重要的資產，亦是可以在全球化的浪潮中凸顯自身文化特色的利器，非常值得進一步認識與探究。

## ・台灣傳統工藝的歷史

　　台灣美麗之島，歷經荷據、日據、漢人移入等時期，移民社會及多元的種族，豐富的海洋及自然資源，造就了傳奇的歷史文化，在居民生活需求的導向下，形成民間工藝產業的多元發展面貌，並孕育出獨特的台灣工藝文化。需求以居民民生之日用需求為主。1945年後，由於大陸福建、廣東的漢人移入台灣，工藝的精緻度逐漸提高。工藝的風格與技術沿襲自中國，許多大陸的工藝匠師也來到台灣。

　　1970年代適值省政府推動「小康計畫」，提倡手工業以消滅貧窮，但若要確實推行此道，必須設立研究機構來輔導業者改進品質，以增進產銷能力。於是於南投草屯設立「台灣省手工業研究所」。並倡導「客廳即工廠」，全台灣一致投入工藝生產的行列，傳統工藝仰賴手工的比例很高，需要許多的人力來支撐。許多在家帶小孩的婦女，成為很重要的人力來源，在家庭手工年代，整個社會的人力都積極投入生產，甚至中小學的小朋友回家後也投入手工藝製作來增加家庭收入。台灣社會的生命力，從此如星火點燃，不斷的增加其亮度。

　　傳統手工藝不僅創造了就業機會，更創造了台灣的經濟奇蹟，全民拚經濟的榮景，讓台灣的人民生活有所依靠，小至個人的家庭經濟改善，大至國家經濟力的提昇，集體意識的發揮，讓台灣邁向開發中國家的行列，創造台灣可觀的外匯存底，「台灣製」三個字令歐美人士嘖嘖稱奇。此時期工藝品以大量外銷歐美為主，國內市場幾乎看不到工藝產品。

## ・台灣傳統工藝的生根

　　1970年代後，台灣經濟迅速發展，成為開發中國家，本土文化逐漸受到台灣在明清時期（1628～1945 A.D.），將近300年的時間，工藝的製作與重視，傳統工藝朝精緻化、具地方特色、內需市場的方向開始發展。地方文化產業的理念已啟動，工藝進入多元的發展中。工藝產地也分別設立主題式博物館，從北至南有鶯歌陶瓷博物館、新竹玻璃工藝館、苗栗三義木雕博物館、豐原編織博物館、苑里藺草文化館、南投陶展示館、彰化台灣玻璃館、台南家具博物館、積極保存推廣台灣傳統工藝。

## ・台灣傳統工藝的困境

　　1980年代後，台灣在經濟起飛的同時，速食文化衝擊了傳統工藝器皿的存在價值與使用目的。用過即丟的塑膠、紙類器皿被氾濫使用，同時餐桌禮儀被

忽略，飲食之際亦缺乏感恩與尊重。而傳統工藝逐漸式微的同時，環境也遭到破壞。

　　1980年後期傳統工藝產業在工資高漲、台幣升值、年輕人不喜歡從事生產業的就業價值改變等因素下，逐漸衰退。面對傳統產業蕭條的困境，其中未轉其他地區生產的窯場及陶瓷工藝製作者，正面臨轉型或針對設計與製作技術的提升階段。如何運用台灣蘊藏量豐富的粘土礦資源、好幾百年來所累積的優良技術、地方特有的文化基礎、及好的創意，並透過異業的聯盟合作，創造工藝產品的附加價值與形象是刻不容緩的重要課題。

## ．台灣傳統工藝的資源再現

　　921大地震重創南投縣，在國立台灣工藝研究所重建輔導下，南投縣多了好幾個工藝社區，計有中寮植物染工藝、水里上安梅枝工藝、魚池澀水陶瓷工藝、集集影雕工藝、中寮石雕工藝、阿里山來吉木雕、石雕工藝等。

　　目前台灣由於深度文化之旅的盛行，觀光休閒產業正蓄勢待發，龐大的商機能否被開啟且穩定發展，地方工藝是相當好的媒介及關鍵所在，因為有深度的文化之旅才能令前來的觀光客流連忘返。

　　傳統工藝隨著時代的轉變，其型態也不同，現在除了產業量化生產外，也走向動手做，從製作過程中，體驗工藝的內涵。工藝文化的價值，有形的方面，在商機及就業機會的創造，無形的方面，在地方根源的保存與傳承及地方生活美學的落實，有自尊、自信的地方容貌的展現。（張仁吉、賀豫惠）

　　以下逐一介紹豐富多元的台灣地方特色工藝：

### ● 石雕工藝

　　人類由野蠻進入文明的過程中，因生活所需最早使用的工具，是以石頭敲打而成石鋤、石斧、石磨、石杵、石碾、石犁、石臼、石皿等。大屯山區及中央山脈是台灣的石材的主要產地，北部大屯山產觀音石，東部的石礦區則以出產大理石、白雲石、蛇紋石和石灰石為主。

　　石雕取材廣泛，以大自然高山及溪流中的石頭為素材，主要利用其天然材料的外形、美麗自然紋理色彩和質感特色，藉由工藝從業人員的細膩技藝和創意雕塑成型。台灣第一大河濁水溪，河床滿布鐵丸石、螺溪石、板岩等堅硬質地細緻的石材。早在3千年前南投當地的居民就已撿拾河中石材製作各種生活用品。而石材耐久堅硬的特性，亦被廣泛運用於雕刻與裝飾。1990年代以後，台灣石材的開採漸趨式微，大部分石材則自國外進口，產業型態正在轉變中。石雕器製作流程：挑選適當的原石，以機器切割，照圖雕成初坯，再行細部雕作，並依需要打磨、上光，或加刻紋理，石雕作品即可完成。主要產品有家具、花瓶、

香爐、石桌、石椅、石壺、石盤，硯台及建築用之石柱、石壁、石階、窗框、鋪石、石碑、欣賞用的雕像創作品等。（林雲龍）

產地：石雕（花蓮）、石硯（二水）、巧雕（埔里、中寮）等。

## ●漆器工藝

　　漆器工藝傳承自中國已有7千多年的歷史。漆器的主要材料「生漆」，是從漆樹採集而來，一棵漆樹須種植7年以上才能採收生漆，一年約只有200～300CC.的產量，相當珍貴。生漆本身是濃稠狀的白色液體，遇空氣產生氧氣成褐色，經提煉成半透明類似麥芽糖之熟漆，可加入染色劑，形成許多美麗的色彩，最常用的顏色為紅、黑。用來塗施及彩繪圖案於木、竹、陶等器物表面，能使器物更美觀且更堅固耐用。台灣漆的主要產地在苗栗、三義、埔里等地區，1950年代以外銷日本為主，每公斤售價約800元，價格相當昂貴。1960年代台灣生漆總產量高達120噸，埔里地區的產量就占了80%。

　　漆器使用的生漆素材珍貴，製作工序繁複，是亞洲地區文化特有的精緻工藝。民間在新居落成及結婚喜宴時喜愛使用喜氣洋洋的紅色漆器，一般民間常用的漆器有：梳妝檯、神佛像彩繪、建築裝飾、紅眠床、臉盆架、茶盤、果盒、盤、文具盒、手飾盒、屏風、家具等。漆器製作流程：先以木材（竹、陶）為胎，塗上生漆，待乾燥後，以砂紙粗磨，反覆數次，塗上黑漆，彩繪各式美麗的圖案，再上透明漆，並推磨出光亮的表面。依其使用胎體及技法可分為：堆漆、漆畫、夾紵脫胎漆器、木胎、竹編籃胎、陶胎、線繩胎漆器等類。（黃麗淑）

產地：漆器（台中、豐原、草屯、埔里）。

## ●陶藝工藝

　　台灣陶瓷黏土蘊藏量豐富，自新石器時代（3000B.C.～500A.D.）起便已發展出陶瓷文化。可供使用的原料為煤層頁岩之殘留黏土及沿海平原與河岸之漂積黏土。煤層頁岩分布於大屯山火山系，由北海岸基隆地區向南延伸至新竹、苗栗地區，以及東部海岸宜蘭、花蓮等地。另外南投魚池地區亦有良質黏土。

　　台灣南部可說是台灣人燒瓦製磚，燒造瓦質磚胎日常器皿的發跡地。而台灣窯業較為集中，產生群聚形成陶鄉，燒製帶釉高溫陶器，約起在嘉慶年間（1796～1820A.D.），始於南投縣，而後逐漸向中北部的台中洲大甲、清水、鶯歌、苗栗、新竹、北投等地發展。以家庭手工的製作方式生產日常生活所需之原始型態的粗陶器皿，如碗、盤、壺類、甕類、盆、水缸等。

　　陶瓷製作流程有兩種：

　　（1）拉坯成型：採陶土礦，將土粉碎、磨細、濾乾，揉成泥團，放置於拉坯機輥轤）中心，以手拉坯成型，成型風乾後修坯，施釉，彩繪，入窯燒製溫度約1200℃以上，等溫度下降至常溫，取出即成品。

　　（2）模具成型：將黏土調成一定稠度之泥漿後，灌注於石膏模中，約5～

10分鐘後將多餘泥漿倒出，當坯體成形後，即可脫模，風乾後施釉，彩繪，入窯燒製。

由於台灣民間宗教信仰發達，嘉義地區首先引進閩粵地區之人物塑像裝飾於廟宇建設，成為特殊的交趾陶工藝產業。交趾陶的人物陶塑以忠孝節義為主題，運用色彩豐富的低溫釉燒成、造型活潑生動。剪黏，是另外一種成型方法，使用燒成後之交趾陶剪成薄片後，一片一片地黏貼於以水泥簡易成形的粗坯上，而成色彩豔麗的人物或動物造型。

台灣光復後，與日本貿易中止；台灣與大陸之間的交通中斷，台灣政治、經濟、文化重心移至台北。北投、鶯歌、苗栗占了地利的優勢，陶瓷產業持續發展。

1970年代，日本人首次與台灣人合資，於苗栗成立丸利裝飾陶瓷公司，由日本引進原料、技術與管理方式，利用石膏模具灌漿的生產方法，以代工的生產方式經營，大量生產裝飾陶瓷玩偶。主要產品有人像、燈具、音樂鈴、酒瓶、聖誕掛飾、面具、動物、花卉等。因裝飾玩偶陶瓷的利潤價高於一般傳統陶瓷，當時的工廠如雨後春筍般成立，最多曾達到3400家之多。

1990年代，受到大環境的影響，台幣升值，工資高漲、陶瓷產業因而受到很大的衝擊，苗栗的裝飾陶瓷工廠大部分外移至大陸，少部分結束經營。台灣地區陶瓷業的發展因而面臨重大的考驗，留在台灣的陶瓷業者積極轉型生產具文化特色的各式陶瓷產品，也有一些傳統窯場轉型成觀光休閒窯場，如水里蛇窯、集集添興窯、竹南蛇窯、苗栗金龍窯等。（林秀娟）

產地：日用陶瓷（鶯歌、苗栗），裝飾陶瓷（苗栗），日用陶瓷（南投），交趾陶（嘉義、雲林、台南），剪黏（嘉義、雲林、台南）。

## · 金屬工藝

台灣的金屬工藝材質多元主要是金、銀、銅、錫、鐵等，1970年代代表性產品為：以外銷為主、中國風味濃厚的景泰藍飾品。景泰藍亦稱掐絲琺瑯，是琺瑯種類中的一種，此外還有內填琺瑯、畫琺瑯。景泰藍乃以紅銅為胎，集造型、色彩、裝飾於一身。

金屬工藝之技法乃運用雕鏤、鑲嵌、鍛打、鑄造、拼接等技法完成作品。製作流程：將原料切割成細長條或片狀，一面打造、一面磨光，並經燒焊後，銼去鋒利銳角，並以針鑿敲打出花樣及圖樣，即告完成。

生活中的婚喪喜慶及宗教活動是台灣金屬工藝發展的二大主軸。金、銀屬貴重金屬，台灣的金、銀鈿工早期以來即甚為普遍，全省各地均有金鋪銀樓分布。主要產品如婚嫁的金銀信物、首飾，孩童的金銀鎖片；宗教禮儀所使用的銅、錫各式祭器如香爐、燭台及民間宗教祈神活動所用的纍絲神佛帽冠，其金銀鈿工亦頗具特色，藝術價值極高。但是隨著社會生活的改變，此等傳統技藝仍有失傳之虞。

台灣的錫器最初是由閩粵輸入，故其技法及器物型制皆沿襲閩粵風格。若按功能則區分可分為三種：一是祭祖用，如公媽爐、蜘蛛爐。二是祭神用，如龍燭台、天公爐、八卦香爐、雙囍燭台、滿天光、斗燈、六角燈台、餞盒等。三是民間用品，如錫酒壺、水壺、酒杯、茶壺、茶杯、茶罐、油燈台、各式粉盒、印盒、盤架、花盒等。

鐵器在早期的農業社會，以打製農具、刀具等為主，全省各地都有「打鐵街」的足跡。然而由於社會形態的改變，這種靠人力燒融及敲打的行業，漸漸地被鑄造所取代，亦即所謂的翻砂。

在1960～70年代，金屬工藝有更大的技術轉變，即脫臘鑄造的引進應用，這使得金屬工藝產品得以提升其品質。

近年來由於政府對國內珠寶，設計師有計畫性地培養，再加上留學海外的金屬工藝師積極投入個人創作的金工藝品，珠寶飾品逐漸風行。

由於政府對珠寶的大力輔導及黃金進出口限制的解除，在半寶石、寶石進口關稅調降等利多條件下，台灣以往以仿首飾流行品為出口大宗的珠寶產業，逐漸往貴金屬高級珠寶發展。（陳永旺、蔡美麗）

產地：傳統錫器（鹿港），金銀細工纍絲神佛帽冠（台南）。

### ● 織染工藝

編織是最古老的工藝技術之一，編織素材可來自竹、藤、藺草、棉、麻、絲等。經由熟練的技術可編成各種生活用品，亦有個人的創作品。但由於材料易於腐朽，無法長久保存，早期的編織遺物或藝術作品已不多見。

一般說來，在加工技術方面，以編、結、織、繡為主；所生產的產品大都兼具實用與美的生活工藝品，各產品除部分內銷外，大部分以外銷為主。在本省光復後五年間，各式各樣的編織工藝產業興起，發達、衰落、變遷，先後對本省地方經濟發展與工商業景氣注入不少活力，是國內產業發展過程的重要軌跡之一。例如位於台中縣大甲鎮的傳統帽蓆產業，已成為地方特色的產業文化，雖然目前傳統帽蓆生產已面臨衰退，但是值此重視地域活性化與文化資訊傳播的時代，類似大甲帽蓆的傳統地方特色產業，正需要自主傳承創新，以新的面貌重新振興發揚。

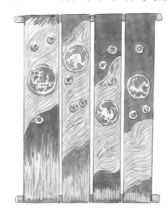

編織工藝的主要產品包含各種草纖維織蓆、帽、墊、袋拖鞋、名片夾、香菸盒、容器等。另外還有手工刺繡蠶絲和服、腰帶、掛飾（外銷產品）。手工梭織蠶絲和服、腰帶、掛飾（外銷產品），也有個別訂購內銷蠶絲織繡、桌墊、掛簾、屏風、織繡畫、壁飾等。

植物染是生活上相當普遍的工藝，將植物的

天然色素移轉於布料上，其製作流程：將可發色的天然植物加水萃煮，先調出適當染液後，以棉、麻、絲、毛、藺草等織物或布料，將其絞緊捆綁或打結，再將布料放入染液中。取出晾乾使顏色顯明後，用水漂洗，就完成一件美麗的作品。植物染的染材有洋蔥皮、相思樹、檳榔、鬼針草、龍眼、荔枝、九芎、蕃薯葉等。（馬芬妹、黃淑真）

產地：藤編（台南關廟）、草編（大甲、苑裡）、織布（原住民）、刺繡（台南和鹿港）、植物染（中寮）、藍染（三峽、高雄旗山）

## ●木器工藝

中國木器製作約發軔於6千年前的新石器時代，最早製作器物的木頭之間以捆綁方式連結，後來才逐漸改成利用兩塊木材一凹一凸緊密固定的榫接方式。榫接可說是工藝史上的一大創舉，歷史上以明、清兩代家具的榫接運用最巧妙。台灣木材種類相當多，例如紅檜、鐵杉、台灣杉、樟木等都可用，但因本省木材工業發展快速，及年伐採量之限需，所以大部分依賴進口，如：橡木、樺木、紫檀、黑檀、膠木、白木等。

木器工藝的製作流程：將鋸好的木材，離地堆疊，使其自然風乾。切割成片或方材，經過鉋光、雕刻、鋸、車床、組合、磨光、塗裝等程序方始完成。

此外，由於地理條件、傳統環境、加工因素之不同，形成了若干專業地區，例如，新竹地區的雕刻家具，三義、鹿港地區的木雕刻等。三義地區早年居民以採樟煉腦為主業，長期採伐，該地區滿山遍野只剩老樟木的樹頭；樟木本身有香味，且木質硬而不蛀蟲，故鄉民皆取之製作箱櫃，主要產品有：實木圓餐桌椅、神桌、八仙桌、公媽椅、條椅、樟木箱、仿古家具、沙拉碗、珠寶箱、木珠簾等。

1970年代日本商人以當時台灣工資低廉及材料取得容易，而將日本風格的雕刻品帶至三義、通霄等地生產，促使三義地區業者以日本式樣如法生產，以迎合日本人及觀光客的需要，如日本風的佛像、神龕及家具等。

近年來家具的製作流行以硬質良好的木材，加上榫接技術，經由設計師的創意設計及木工師父細緻的雕飾，製造高附加價格的原木家具。（陳接枝）

產地：原木家具（台南、水里車埕、霧峰），神桌（鹿港、大溪），神像雕刻（三義）

## ●竹器工藝

竹材來源普遍豐富，早期被製成日常用品如簍、籃來裝置物品及捕捉魚蝦。至雍正年間（1678～1735 A.D.）開放海禁後，才開始有較精緻的竹產品輸入；18世紀中逐漸在各地市集出現竹器和竹家具的販賣；及至光緒初年（19世紀末），竹工藝行業在台南竹仔街，嘉義簀石路、竹街，鹿港竹篾街等地集中形成，竹材、竹器店相鄰聚集。

台灣因氣候潮濕，適合竹材生長，產竹最盛地區依次為嘉義、南投、台南、雲林四縣，竹材種類繁多，性質亦不相同，孟宗竹高大修直，肉質厚。桂竹材質堅韌，皮硬，抗彎強度佳，用途極廣。長枝竹為皮厚而粗糙，強韌耐磨。麻竹竹葉寬大，應用廣泛。莉竹表皮厚而粗糙，強韌耐磨，可製農具、食器、炊具等。麻竹的竹桿肉厚，直而高大，用於竹排、竹編合板及編織手工藝品。綠竹皮厚、韌性大，筍可供食用，其桿為造紙的材料。竹器工藝沿襲中國華南系統的傳承，尤以閩、粵兩地的式樣更為顯著。

傳統的竹工藝大致可分為竹細工、竹粗工和竹雕三大類：

(1)竹細工：是將竹桿剖分為竹片、竹篾絲，之後再編組而成。製作器物亦有粗細之分。粗者在昔日農村需求量大，是普遍的家庭副業，如香蕉籠、火炭籠及各種漁牧用具；細者需要較高的剖竹技術以及編組技巧如禮籃、麵包籃、果籃等。

(2)竹粗工：是只用圓桿材及細枝製作而成者。取3年生竹材經鑿孔拗彎，製作家具類如竹桌、竹椅、乳母椅等。

(3)竹雕：必須使用刀具來雕刻，如平口刀、圓口刀、斜口刀與V形刀等。除孟宗竹外，莉竹的竹頭、桂竹的竹根，以及人面竹等都適合雕刻。而竹雕按照其製作技術又可分為五大類，即陰雕、陽雕、浮雕、透雕及立雕。

主要竹製產品有：竹棚、鷹架、籬笆、斗笠、米篩、畚箕、魚簍、鰻簍、釣竿；食具中的蒸籠、筷子、飯匙；婚俗之禮籃、竹轎、針繡幹、茶盤、花架、菜籃等。

另外，由於竹材加工技術的進步，竹膠合材融入榫接技術，竹可如木材般製作各式家具，讓竹有更大的發展空間。環境意識抬頭後，利用竹子製作圍籬或竹藝景觀已成庭園設計主流。（林秀鳳）

產地：竹傢俱、竹產品（竹山、台南龍崎）

## ● 玻璃工藝

燒烤玻璃技術可分為實心玻璃和拉絲玻璃，藉著高溫，燒烤出變化多端、巧妙的玻璃藝術品。玻璃的發展在台灣約有百年的歷史，早期的玻璃製造以工業儀器及民用必需品為主，1887年陳雨成先生創設玻璃廠於台北，是台灣玻璃工業的開始。日據時期陸續有日人來台設廠，但多無顯著發展。直到1922年，日本東明製瓶廠來台設立，方見生機。此後，日人陸續設廠生產，台灣人亦有投資設廠。

由於日本人發現台灣新竹、苗栗一帶，產有矽砂及豐富的天然瓦斯，到目前為止，新竹一直是台灣地區玻璃產業的重鎮，各種規模的製造工廠，現代化的生產設備，到處可見。傳統的玻璃產業，大多依賴手工的方式製作，其過程是將各色玻璃原料，以高溫熔化，並在凝固之前，吹製成型，再以色玻璃顆粒沾粘、加熱熔合以著色裝飾，而製成著色並塑造成型，經除冷過程後，即成美

麗工藝品。

　　物質匱乏的光復初期，新竹地區的一些小型玻璃業者開始利用工廠報廢的碎玻璃為原料，工業燒熔之後以手工製作一些民生用品，如煤油燈、藥水瓶、彈珠汽水瓶和一些小藝品。原料日漸充裕後，國外的製作技術和器具也不斷引進，於是新竹玻璃工藝迅速勃興壯大起來，1960～70年代的新竹，便是聖誕燈泡和飾品的輸出王國。

　　主要產品有聖誕吊飾、紙鎮、禮品的花瓶、水器、平板玻璃、瓶、儀器、玻璃管、燈泡、燈罩、油燈、花瓶、動物（內銷）、個人創作藝品。

　　另一項南台灣原住民琉璃珠工藝，由1970年代普遍發展至今將近30年，琉璃珠是排灣族貴族代代相傳相當珍貴的珍品。每一顆不同的珠子圍繞著原住民分工階級、生命禮儀、神靈信仰及天地人觀的氛圍，都有一個美麗的神話或傳說，利用這些琉璃珠串成各式各樣的項鍊及小裝飾品，已成為南部地區的特殊工藝。（廖素慧）

產地：玻璃燈泡、器皿、創作品（新竹）、琉
　　　璃珠（屏東、台東）

## ●其他工藝

　　台灣另外尚有許多工藝如紙雕、皮雕、蛋雕、玉雕、金銀雕、珊瑚雕、葫蘆雕、油紙傘、稻草工藝、拼布、刺繡、捏麵人、燈籠、獅頭面具、扇子、手工紙。

　　皮雕是目前很受歡迎的工藝品之一。皮革工藝產品的主要材料來源為牛皮，此外，雞皮、豬皮、鱷魚皮、及羊皮等產品，也深受喜愛。皮雕製作流程：在皮革上描繪圖案、刻出基本輪廓並打印邊線紋飾、剪開後，把邊緣削薄、經塑形、黏合、細部修飾、組合成型，再進行染色，使表面色彩亮麗。

　　皮革具有堅韌、柔軟、耐磨的特質，大多被應用在承受巨大壓力或長期磨損的產品介面上。可製作裝飾或雕塑藝品，近來台灣已有許多工藝家，利用皮革做各種題材的雕塑，使皮革工藝的發展更多采多姿。（賀豫惠）

產地：玉雕、珊瑚雕、皮雕（高雄、澎湖、台北），稻草編塑（草屯、台中）
　　　油紙傘（美濃），刺繡（台南、鹿港），捏麵人（鹿港），燈籠、獅頭
　　　面具（鹿港），手工紙（埔里）等。

**參考資料**

《草屯鎮志》，草屯鎮志編纂委員會，1986。

《陶瓷台灣》，陳信雄著，晨星出版有限公司，2003。

《南投陶二百年專輯》，蕭富隆等著，南投縣立文化中心，1996。

台灣省礦物局，《台灣礦物資源之研究》，1981。

《竹山地區工藝資源之調查與工藝振興對策之研究》，翁徐得等著，台灣省
手工業研究所，1997。

國立台灣工藝研究所網站：http：//www.ntcri.gov.tw/

# Essay

# 懸崖邊上的日本醫療

東京大學醫科學研究所先端醫療社會連攜研究部門特任准教授／上昌廣

## 懸崖邊上的日本醫療

　　一直到最近，多數的日本人依舊相信，日本的醫療水準相當高，國民保險是足以誇耀世界的制度。但另一方面，日本的醫療不知何時已經開始崩壞。現在宛如每週都會有「醫院倒閉」、「生產難民」、「救護車」等悲慘事件的報導出現。現在並不是誰都可以安心就醫的環境了。

　　日本的醫療制度是何時崩壞的呢？戰後，日本重視經濟發展，並且成長為世界第二經濟大國。在這段期間，醫療被視為是扯經濟成長後腿的「必要之惡」。1980年代開始認真討論「醫療費亡國論」，認為應該要儘可能減少醫療費用。只要加以注意就會發現，醫生跟病床早就有不足的現象，醫療現場再怎麼努力也是沒有用的。

　　就這樣什麼也不做的話，只有醫療崩壞一途。那是因為日本社會正在急速高齡化。2025年時，團塊世代將是75歲，而團塊次世代也將是55歲，高齡人口將達到3500萬人的高峰。而少子化的影響，65歲以上的高齡者與現役世代的比例將在2025年以後直線增加，預計到有2055年，兩者的比率將成為4：5，而各位活躍的21世紀前半的日本，將面臨前所未有的高齡化社會。

　　不過，高齡化對醫療現場的影響也不全然是壞處，擁有許多智慧的高齡者或許可以幫助解決醫療制度崩壞的問題。此外，也具有增加醫療雇用人力的要素，就社會價值的高度以及經濟的價值，未來還有很多的可能性。提供國民以及醫療現場都能滿足的醫療服務，有必要構築符合經濟面以及社會實情的醫療制度。

## 醫療崩壞的原因

　　醫療崩壞的原因有三個，醫師不足、醫療費削減、醫療訴訟。

　　明治維新以降，日本將醫師的養成視為重點政策。醫師的培養是富國強兵的一環。而這個方針在1982年時有所轉換。在如果增加醫師，醫療費也會增加的這種學說（醫師誘發需要假設）的推動下，內閣閣議決定削減醫學部成員人數。當時其他先進國家也採用相同的政策，但是在90年代時就加以修正，並且增加醫生的人數。然而，日本在抑制醫師人數的政策下，2008年時，每10萬人口所對應的醫生數是206人，跟OECD（經濟合作發展組織）各國平均有310人相比，少了100人。

　　醫療費也是同樣的問題。1980年以降，抑制醫療費的政策是小泉首相改革的一環，診療報酬大幅減少。2008年醫療費的GDP比，是先進國家中最低的。也因此，日本有73%的醫院處於虧損狀態，而其影響也擴及到醫院員工。比如醫師值勤時間平均一週是63.3小時，大幅超出勞基法所規定的40小時。整晚都在動手術的外科醫生，一個月要加班超過100個小時，不少醫生都瀕臨過勞死的情況。這樣應該是無法提供安全醫療的。而且，他們的薪水若以時薪來計算，

有很多1小時不到1千日圓的情況,醫院醫生是剝奪自己的薪水與時間來支援日本的醫療體系。

此外,近來的醫療訴訟也讓醫生失去動力,引發醫療的萎縮。最具典型的例子是2006年福島縣立大野醫生的產科醫師被逮捕事件。因在剖腹產手術中死亡的產婦,主治醫生被依過失致死罪逮捕。媒體大幅報導此事件,國民也相當關心判決結果。然而,醫生雖然獲判無罪,但像這種前置胎盤與植入性胎盤的相當困難的合併手術,卻被警察以及檢察官視為司法問題,讓多數的醫生受到衝擊。在這個事件之後,全國婦產科的醫院以及婦產科醫生的數目急速減少,此外,外科、急診以及小兒科等訴訟風險高的科別醫生也紛紛離去,進而產生了「醫療難民」。

## 從錯誤中學習的日本社會

崩壞的醫療必須再生,因此各地都在嘗試各種方案,透過這些的測試,21世紀應該可以找到永續的醫療體制吧。

2008年,為了防堵醫療體制的崩壞,政府開始有了行動。福田康夫總理大臣(當時)認知到醫師的不足,(當時的)舛添要一厚勞大臣提出醫學部名額增加50%提案。這項政策若能持續下去,2025年時對應人口的醫生數應該會比2008年時增加20%。不過,醫生的養成需要時間,無法期待能夠發揮即時效率。

現在的情況是,婦產科、小兒科等特定的科別、偏遠地區醫師均面臨不足的現實。有段時間,政府強制派遣醫師到某些地域,並且限制某些專攻的診療科目,但是並沒有得到效果。要解決這些問題並不是那麼容易,而在正確把握當地的詳細情況的同時,也要考慮到醫生本身的意願以及待遇問題。

要能夠實現還有很長的道路要走,但是,也可望讓藥劑師以及護理師的活動範圍更為擴大。醫師、藥劑師、護理師等職業集團擁有獨特的歷史以及固有的價值觀,光只是修改法律是沒辦法改變醫療現場的,必須要投入時間,蓄積經驗才行。而要釀成新的職業觀,最重要的就是從小就要開始教育醫師以及醫療從業人員的功能。

2009年是選舉年,特別是東京都議會選舉以及眾議院選舉,各政黨均提出選舉公約政見,其中醫療政策更是成為重要課題。朝野政黨都提出要增加國民醫療支出,特別是民主黨更是明白指出要將醫療費用對GDP比,要提高到OECD平均的8.8%。這代表醫療費用將增加5兆日圓,也要一改1980年代以來的壓抑醫療費用的政策。透過總選舉的醫療政策轉換,代表了醫療崩壞更為深刻,而國民也提高了對醫療的關心。

醫療再生的嘗試,也在區域共同體以及患者團體之間發生。像是支持著兵庫縣立柏原醫院的「縣立柏原醫院小兒科守護會」的媽媽們。一開始,地區的媽媽們要求地方政府招募小兒科醫生,卻沒有得到充分的答案,因此她們自己站出來。那項活動中,她們做出海報以及非常確實地在街頭舉行連署運動,並且將充滿感謝心情的信件以及賀年卡送給醫生們。印製小兒救急手冊和演講活動,透過當地的地方記者足立智和先生的報導介紹出來。她們的運動橫掃當地,可說是像革命一樣的成長,輕微感冒的疾病輕易地就到夜間的小兒科就診

（便利商店式診療）的病例數減少一半。柏原醫院也招募到了兼任醫師以及小兒專攻的醫生，逐漸變成一個對醫生及患者都很友善的環境。

接著是白血病患者們解救了骨髓移植危機的故事。2008年末，世界性的金融風暴也波及到製藥企業。骨髓移植所需要的醫療器具停產，國內庫存的用品一旦用盡，將無法再進行骨髓移植手術，對等待移植的患者而言是相當危險的事。為了避免這樣的事情發生，必須向其他公司進口替代產品，但是要得到政府的同意必須要花上好幾年。而面對這樣的處境，站出來的是罹患過白血病的患者大谷貴子女士等人。她們向許多人訴說這些情況，多數的媒體也加以報導，讓國民知道，原本有救助希望的患者失去性命，是多麼不符合常理，而她們的訴求也讓政府有所動作。以特例緊急同意替代器具進口，讓多數患者的性命得以被挽救。像這樣以團體為中心的活動，在21世紀的日本醫療上，扮演著相當重要的角色。

## 想成為醫師的13歲的你們

你們在大學考試的時候，醫學部的考試會變成什麼樣子呢？2009年以降，醫學部的名額每年增加400人。5年後將會比現在多2千人，醫學部的名額增加，偏差值高的名門大學，門戶也會多少開放一些吧。

過去常出現的批判是，不適合當醫生的人也進去醫學部就讀。因為這些批判，現在醫學部的入學考試也開始改變。例如，嘗試擴充單純地區醫療以及學士編入學制度。

此外，也開始檢討醫學部以外的醫務人員的醫師養成體系。這是從美國導入，以醫學部以外的大學畢業生為對象的專門研究所。這個制度若能創設成功，那麼將會出現從經濟學或是家政學等，具有各式各樣背景的醫生了。

而醫學部的教育將會變的如何呢？醫學部的授課內容有可能從原本的基礎醫學、臨床醫學等，有大幅度的改變。配合國民的希望，更重視與患者的溝通能力以及地區醫學的理解力，比起教室裡的授課，醫療現場的實習比重也會更為加強吧。

因應國民對醫療意識的變化，醫學部以外的教育也受到很大的影響。例如，強化藥學部的藥害對策、法學部的醫學法、經濟學部的醫療經濟、工學部則是醫療機器開發等的研究。

特別是在已存在各種問題的福祉、照護這項領域裡。高齡社會，醫療與照護的界限越來越低，有可能從既有的醫學部和福祉學部中獨立出一個照護學部。在這學科裡，有強化研究高齡者的心理學以及醫學、照護理論，「高齡者學」將會獨立成一門學科，而這個領域的主角是醫療從業人員，而其種子們，則是透過大學教育磨練及個性，並在醫療現場歷練。

醫學部畢業之後的出路也會有所改變。2004年所實施的新醫師臨床研修制度規定，新人醫師必須要有2年的研修期間。目標是讓他們以綜合醫療為主，學習廣泛的診療能力。以往是畢業的同時就能進入醫院工作，在指定的醫院實習，但現在新人醫師可以自由選擇實習的醫院。不過也有「可以接受實習的醫院數有限」、「都道府縣可接受實習醫的人數已決定」等來自醫學系學生以及各縣的反對聲浪。這項制度也是在不斷從錯誤中學習修正，未來應該可以形成

符合地方以及新人醫師雙方需求的制度吧。

　　醫療也處於全球化的影響下。2009年，新型流感肆虐就是一個典型。像這樣的問題，光是整備國內的醫療制度已無法解決問題，而是要全球共同協商找出對策。先前新型流感的騷動中，世界衛生組織（WHO）的醫師的活躍令人驚訝，但相對地，日本在應對這樣世界性變動的專門醫師仍嫌不足，培養有全球視野的醫師，是今後的課題。

## 結論

　　日本的醫療現場崩壞的這個事實，對於有志於醫師的各位應該是非常殘酷的現實吧。但是各位以醫師身分活躍的時候，想必醫療再生的努力也持續進行中。不過，醫生不足的這項問題要解決，可能還沒辦法出現成果，醫療的崩壞是長年以來的結果，再生同樣也需要非常多的時間。

　　但是，並不全然是沒有希望的。只要有志於醫療再生的人的精神持續下去，道路就不會封閉。就算醫療現場崩壞，救助人命的醫療尊嚴永遠都在。各位的孩子也會挺起胸膛。立志日本醫療誇耀全世界的時代將會來臨，開拓新的醫療世界，邁向醫學之道。

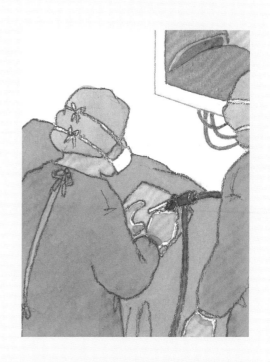

特別篇　醫療．照護

**小檔案**　上昌廣

醫師。1993年畢業於東京大學醫學部，97年研究所畢業。醫學博士。歷任虎之門醫院、國立癌症中心造血器惡性腫瘤的治療工作。2005年任職於東大醫科研究所，研究醫療體系，帝京大學醫療情報系統研究中心客座教授、醫療改革推進協議會事務局長。

# Essay

## 寫給想成為護理師的各位

護理師／畑中暢代
東京大學醫科學研究所護理師・保健師／兒玉有子

### 醫務人員一分子的護理工作

　　護理師是在治療以及增進健康的場所，以醫務人員的一分子而活躍著。醫師以外的醫療從業人員稱為醫務人員，但這個名詞已漸漸被改稱為「醫療成員」。這種變化代表了重視所有醫務人員平等的合作關係。當然，護理人員在這個平等的合作關係中，身為醫務人員的工作及責任也更大。

　　護理師的工作，就像「白衣天使」的字面意思，穿著白色衣服在醫院裡工作。但是，護理人員工作的場所不只是在醫院，像是搭乘救護直昇機、在自家療養的患者的家戶訪問護理師，以及守護居民健康的保健師，都是護理的工作。此外，活用護理學的知識，提供製藥公司開發新藥的協助，或是醫療機器的開發，或是IT公司在開發醫院電腦網路時，提供護理專業知識。參與旅遊行程，提供旅行途中的健康維護，或是在運動場中活躍的護理人員，護理師的工作場所非常的多樣。

　　在什麼地方擔任護理工作，工作內容也會有所不同，但不論是何種場合，對於需要護理人員的患者而言，為了讓身體的異常以及心靈的異常回復到健康狀態，護理人員要調整出那樣的環境，有時也要營造出讓患者能安穩迎向死亡的環境，有時則是讓健康者能夠更健康的環境，這些都是護理人員的工作。

　　護理的工作不管是在那裡，都不是自己一人可以完成的工作，而是服務的對象，以及一起治療工作的醫師、技師、療法師以及其他醫務人員的多職種的合作、協助／共同作業的連續性工作。特別是護理師與患者的距離最近，更需要他們的意見，這也是在醫療團隊的調整上可以發揮的力量。此外，各職種之間的狹隘部分容易出現疏漏，要加以調整，不要出錯，要扮演這樣的角色，需要有溝通能力，這也是以護理師為目標的人需要具備的。

### 護理工作存在的問題

　　日本護理工作現存的問題，在於人員不足以及升遷管道過少這兩大問題。

　　現在，日本病床的護理人員，比國外各國都來得不足。增加病床工作的護理師，對患者以及護理人員都可以提供良好的環境，雖然清楚這點，但是仍無法做到。此外，因為人數不足，加上擁有執照的人也有很多人離職，是護理界相當大的問題。離職的原因有結婚以及生產，這並不是一個可以兼顧這些人生大事的工作，而可以兼顧這些人生大事的護理工作數量也非常有限，所以，營造可以讓多數的護理人員能夠持續工作的環境，並且確保可以共同護理作業的工作，是當務之急。

　　此外，擴大護理師升遷管道以及多樣化的課題也很迫切。日本的護理師為

了發揮高度的專門護理工作，日本護理協會創設了專門護理師以及認定護理師兩種資格。這個制度只適用幾個被限制的領域，但未來應該還會繼續增加。護理工作要能持續，就必須提高技能以及更新知識，但是因為病床工作護理師的人數不足，但有些時候是，根本沒有那樣進修的機會。但今後對護理人員更一層的要求是，護理師個人能力的提升，以及護理人員整體能力的提昇。

　　在美國，有個能與專門護理師並列的，稱為Nurse Practitioner（NP）的護理師的上級資格。NP是在研究所的碩士課程中修得一定的教育課程，在極為細微的診療領域中，可以分擔醫師門診時的一部分工作，為患者開立處方箋等工作的護理職。此外，以戰後美國國內為了提供衛生兵一個工作機會為背景，而設立的Physicians Associate（PA）資格。PA是在醫院內輔助特定診療科的醫師的職業（不能跨越診療科別）。日本也有醫師不足的問題，因此也開始討論是否引入NP以及PA制度。但導入NP制度就能解決的多數問題，前提是，必須是日本優秀的護理師來實踐。若可以營造出讓多數的護理師提昇技能以及知識的環境，並且改善護理人員的配置，不用等資格制度的設立，就能解決很多問題。在美國，各州的資格制度（要求單位以及功能）都不相同。日本的護理一職，在日本的醫療現場應該要扮演什麼樣的功能，也到了應該重新檢討的重要時期。不被NP這個名詞所困惑，而是工作的對象對護理人員的功能有何期待、有什麼樣的希望、而對那些期望，日本的護理職要如何對應，甚至是想要有什麼樣的回應，像這樣基於本質的討論才是重要的。這樣的議論深化的話，各位要開始工作的時候，新的護理高級資格以及新的昇遷管道有可能已經被設立了。

　　在醫療現場，等不到醫生的醫療崩壞正持續中。對該現象提出的對策，像是導入NP以及AP制度都被討論，但都不是一蹴可及的工作。現在式的醫療崩壞，同時也是迎向再生的現在，身為專業的醫務人員，不是被用來解決醫師不足對策的一部分，而是要嚴肅主張自己工作的專業及功能，互補並且共同創設新的醫療團隊。

## 護理是必須不斷學習的工作

　　要成為護理人員，要能提供工作對象得到最好治療效果的環境，能夠正確理解對方狀態的訓練，以及學習要提供給對方的治療以及藥效與手術法，此外更要有能夠把這些效果發揮到最大的護理技術。

　　立志成為護理師的學生的生活，比起其他領域的學生，時間表更為緊湊。主要原因是，醫生等人在6年間學會的醫療，護理師要在4年內就學會。此外，護理工作是面對人的生與死，以及複雜的人際關係，面對那樣嚴苛的工作環境與內容，更不能輕視自身精神上的負擔。

　　學生時代辛苦獲得的知識與技術，在護理工作的現場，一定可以成為支援患者的「技能」，而這個「技能」在日本的任何場合也都能活用，醫生難以支援的部分，但護理人員可以發揮力量的地方還有很多。此外，在醫院這個非日常的環境中，護理師的身分，可以協助與疾病奮鬥的患者。此外，對第一次生產的人而言、對在家裡照護病患的家族而言，護理人員不只是提供「技能」，更是支持他們的心靈的重要角色。像這樣可以感受到「價值」的工作，是日本

護理人員可以抬頭挺胸來傳達的驕傲。

護理系學生學習一連串事物，但是治療法、藥物、護理技術年年都在進步。護理工作很多時候是醫療行為的最終實踐者，也是醫療安全最前線，基於給服務對象安全的前提下，要能不落後其他醫療職務人員，學習最新最好的護理服務，時時檢測以及實行最新的資訊，是身為醫務人員所需要的工作。也因此，就算通過國家考試，只是要在護理師工作時期內，都必須要不斷學習。

## 護理人員的收入

護理人員的給薪標準很多種，依教育年限（大學畢業、短期大學畢業、專門學校畢業）以及工作年限來決定。專門護理師和認定護理師的認定機會並不均等的現況下，就算取得更上級的資格，也多無法反應在直接昇級以及薪水上。順道一提，在美國，NP比一般的護理師薪水多1.5倍。

在醫院工作的話，四年制大學畢業的新人基本上，每個月是20萬日圓，加上夜間值勤津貼，新人的年薪平均約是340萬日圓。當然也會依社會整體經濟情況而有所變動。此外，跟其他職業一樣，薪水也會依工作的地域、醫院（設施）的規模不同而有變動。護理一職有時會有100萬日圓的差異。此外，有無夜間勤務津貼也會大大影響收入。

在醫療現場，行使保險診療時，會支付醫療行為相對報酬，報酬的計算則是用活用報酬點數。現在在醫院內護理人員進行護理行為，可以直接使用診療報酬點數換算收入的項目，只有後期高齡者出院調整、淋巴浮腫的護理、糖尿病患者的護理三項。這三項之中，也只有針對特定項目支付，就算進行多次護理行為，也是以入院中一次、每月一次為規定基準給付。實施護理行為時，會以代金方式支付，但是其費用相當於材料費，護理人員所實施的護理行為，對於這項護理行為是沒有直接收入的。擬定護理行為的對價關係，是確立護理專門性的重點。

現實情況是，增加護理師的雇用對醫院並沒有太大的好處。國家對於醫院的給付有其固定的配置標準，雖然明知護理師的人數對於醫療安全的提昇有極大的影響，但是超過配置基準以外的支出，國家並不會支付。

這種特定存在的問題，必須要有慎重的對應，但是在將來，對護理一職的存在、護理工作的全部都能予以直接評價的話，護理師的薪資給付體系應該也會改變。

## 期待能與各位一起從事護理工作的未來

護理學科，對從事這個職業的人來說是可以一直持續下去並以此構築生活型態的制度設計。可以發揮專業的昇遷管道的開拓等等，接下來要開發的領域非常多。未來護理學的發展將交給以護理一職為目標的你們。像這樣未開發的部分還有許多的護理的領域，對於擁有柔軟的心以及柔軟的思考，可以做出新的東西的人而言，是非常值得從事的工作。

13歲的你們拿到護理師資格的時候，我們應該也還在這個職場上工作，我們非常期待，未來可以跟你們一起從事護理工作的時候來臨。

《護理資格取得辦法》

被稱為護理工作的職業有護理師、保健師、助產師等等，各有各自資格取得的課程以及方法。

高中畢業後：

· 繼續升學大學（四年制），學習護理學，參加護理師、保健師國家考試（依不同情況，有時也可以同時取得助產師資格），並取得資格。

· 就讀護理師專門學校或是短大（三年制），並取得護理師的國家資格。

國中畢業後：

· 在高中修習可以取得準護理師資格的課程，畢業後繼續專攻課程(兩年)，取得護理師國家考試的考試資格（這項課程可以在20歲時就取得護理師的資格）。

不論是那一種方法，取得國家考試的考試資格，參加考試，合格之後就可以取得護理師的執照。每種課程都各有優缺點，多比較，找出適合自己的道路比較重要。現在，在日本要成為保健師以及助產士，需不需要就讀研究所這件事，正在議論之中，取得資格的方法未來也可能會有改變。

---

**小檔案　畑中暢代**

神戶大學醫學部附屬短期大學畢業。神戶大學醫師部附屬醫院護理師，擔任外科、整型外科病房勤務。2006年加入胰島移植小組成員，負責器官移植協調工作。

**小檔案　兒玉有子**

久留米大學醫學部護理學科畢業，佐賀醫科大學研究所醫學系研究科護理學專攻畢業。之後，在虎之門醫院擔任護理師工作。2001年起擔任佐賀醫科大學（現改為佐賀大學）醫學部護理學科教師。

# 「慈善事業」與「商業」之間

Bensesse Style Care股份有限公司董事／武田雅弘

## 從安置到契約

2000年起，照護保險制度開始實施。新制度的導入當然有其理由以及必要性。照護保險制度的情況則是有一個非常大的主題，揭櫫了一個不得不改變運作方式的重點，那就是從安置到契約。簡單來說，就是「把照護事業從慈善事業改變為商業」。可能有人會嚇一跳，但這絕對不是代表，「把幫助有困難的人的慈悲心捨棄，而只是把錢賺走而已」。那是對於一直靠著慈善的心意所支持的照護服務，已經慢慢出現瓶頸的反省。同時也具有一種強烈的想法，那就是，「給予照護」、「接受照護的人」，所謂單方面給予另一方面恩惠的這種關係，若是不加以改變的話，照護服務的品質是無法向上提昇的。

## 安置制度是什麼樣的制度

二次大戰日本戰敗之後，日本馬上就開始了高齡者福祉的運作體系。這是距今60年前的事。當時的日本人還有著非常根深蒂固的習慣，住在同一區域的話，會互相照顧幫忙，即使是關係很遠的親戚也像家人一般，互相扶助。許多照護工作，就在「鄰居互相幫助」、「親戚互相幫助」中完成。

因此，在當時必須由公部門介入幫忙照護的高齡者，簡單來說就是，「身體無法自行活動、沒有錢、沒有可以依靠的人、沒有住的地方」的人。像這樣「發現有困難的人、提供他們飲食、住所以及衣服，照顧他們」的服務，在當時是最重要的事。而由此衍生出來的制度稱為「安置制度」

「安置制度」主要由市町村等基層組織負責，但是要由這些基層組織的公務人員負責所有的照顧工作是不可能的。所以，在各自的地區中，募集了有志於照顧困難的人，生活上比較富裕（熱心公益）的人，組成像現在NPO的組織，委託他們照護的工作。像這樣的NPO稱為「社會福祉法人」，現在仍占整個照護事業相當高的比例。

安置制度可以說就是「市町村公所，發現了有困難的高齡者，並且將他們送往社會福祉法人，接受照護」，所以「接受照護」的高齡者是沒有辦法選擇「給予照顧」的事業單位。此外，接受照護的所有費用，均是由市町村直接支付給社會福祉法人，高齡者本身不需支付任何費用（但是有餘裕的高齡者，市町村公所會向他們徵收與所得對應的費用）。

## 「給予照護」、「接受照護」的危險

人對其他人「給予」的關係，雖然是一佳話，但是同時也存在著危險。若是一不小心，變成「因為是好心幫你，所以只能接受不能抱怨」，很輕易地，「給予者」就站在「接受者」的上位，變成強者。以強者姿態成立的照護事業，比起利用者，反而是以自己的情況為優先。以設施型的照護服務來說，並

不是像家族投宿飯店或旅館時，大致上會有某個時間帶，在那個時間內可以自己選擇吃飯時間、自由選擇泡溫泉的時間，反而像是學校的露營或是教育旅行一樣，在決定好的時間內，大家一起吃飯、依照安排好的順序去洗澡。學校的行程偶爾參加的話無所謂，但如果每天都是如此，應該會覺得喘不過氣來吧。

持續高齡化、需要照護的高齡者人數也變多，而社會福祉法人也越來越多，一部分的事業體會有著「幫忙」的心態、強者的心態，然後漸漸變調。但是，這些事業體絕不是特別壞，或是存心要欺負弱勢。但是非常遺憾的是，因為「給予者」以及「接受者」的照護工作關係不對等，人的心情很自然地就會變成那樣。

這樣在「給予者」與「接受者」的關係中，雙方都會出現撒嬌任性的情感。13歲的你可以試著想像一下，去打工送報紙、跟被親戚拜託去親戚家經營的甜點店幫忙的情況。去親戚家幫忙，拿不到薪水，但是親戚會送你甜點作為謝禮。一開始，被親戚感謝，還可以拿到點心，當然是很開心。可是持續幫忙下去，可能會開始覺得有點膩，也覺得有點麻煩。而這時親戚也會覺得：「明明都有送甜點給你，可是最近卻不太工作」。而你應該會想：「明明都這樣拚命幫忙了還不高興，而且那些甜點也都吃膩了」。但是打工的情況卻是，因為有領薪水，所以如果蹺班就會被開除。道理非常簡單。也就是說，有金錢的交易代表著不是可以「撒嬌任性」的運作。

13歲的你，從父母親那裡領到零用錢時，站在「接受者」的立場，應該也有像這樣「撒嬌任性」的情緒吧。平常，零用錢並不是因為做了什麼工作而產生對價，並獲得的金錢。完全就是接受，理當對父母親心存感激才是。但是不經意中，卻會變成：「這個想買、那個也想買，零用錢完全不夠」的不滿，會不會開始產生並且擴大呢？在這樣的時候，親子之間沒有限制的撒嬌又會變得如何呢？

照護也一樣。比如說，只要給予一點點的協助，自己就可以打掃、洗衣、煮飯的高齡者，卻會變成：「我要休息了，那就全部都幫我做完吧」，漸漸地完全託給別人。如果真的全部都幫忙做完了，會變得如何呢？高齡者運動身體的機會減少、身體漸漸虛弱、甚至可能自然地變得自己連日常生活都沒有辦法隨心所欲地動了。這樣一來，就完全失去照護的意義。這種情況，就是把照護站在「給予者」以及「接受者」的不對等關係下產生的問題之一。

## 從「接受者」變成「客戶」

也因為這些問題，大家才會努力討論，該如何做才能讓「給予者」與「接受者」之間的關係接近對等。而檢討的結果，就是在照護制度裡，讓原本是「接受者」的利用者，給予可以自由選擇提供照護工作的事業體，這種有權利購買照護服務的體系。雖然說是「購買權利」，但並不是給予現金的意思，而是使用只能用在購入照護服務的，像是優惠券的東西。（專業用語的話，這種

優惠券每一張的面額上，有著「照護報酬單價」，所給予的優惠券額面的合計額，稱為「區分支給限度額」）。另外，使用這種優惠券並不表示就可以免費接受照護，自己必須要支付一成的費用。也就是說，這個優惠券是「一折優惠券」。而利用者如果把這些優惠券全用完了，但還想要接受更多的照護服務，那麼就得先自行支付所有的費用。

藉由這樣的運作方式，讓「接受者」變成「客戶」。照護事業者，若不能提高照護的品質，客人不來購買的話，事業也沒辦法繼續下去。此外，客戶（利用者）方面，超出優惠券範圍的部分得自己支付費用，所以全部放給別人做的這種毫無限度的撒嬌，也就不能通用了。這就是照護保險之中最重要的部分。

## 開始商業的照護事業

因為導入照護保險制度，服務的內容若良好的話，生意就會很好，若是內容不佳，就有可能倒閉，跟一般的商業相同，事業經營者與利用者之間有了這樣的緊張關係，而照護事業從慈善事業變成普通的商業，可以從事這項工作的對象，也不再限於是為了慈善目的的NPO社會福祉法人，股份公司（民間企業）等單位也都可以從事這項新的照護工作。到目前為止，未使用照護事業的服務，而是由家人自己從事照護工作的人，因為照護保險時代的來臨，對於使用照護事業的抵抗力也變弱，利用者的需求量一下子爆發開來。看見照護事業的商機，民間企業加入這個領域，所以，可以提供的服務也大為增加，幾乎所有的地區，利用者都有複數的服務機構可以比較，選擇適合自己的服務。對企業而言，照護事業是個充滿希望的新事業領域。不過，他們馬上就遇到嚴酷的現實。

## 照護事業所面臨的嚴苛的現實

最大的問題在於家庭照護的照護職員，以及提供照護服務的工作人員的人事費提高，以及人力的缺乏。2000年照護保險制度實施時，當時日本的景氣相當差，所以就算是薪水相對低廉的照護工作，想從事的人一樣很多。對經營者而言，工作人員的薪水是必須要付出的支出（成本），但是要能夠負擔那些成本，就必須要確保有足夠的收入，否則就無法維持下去。收入中，絕大多數是先前所說的，是由利用者用優惠券支付給業者，而優惠券票面的金額，則是依2000年比較便宜的薪資水準來訂定的。

利用者的需求一直提高，照護事業者也必須要增加提供服務的工作人員。但是另一方面，因為景氣的回復，市場上薪水的水準又提高，原本利用優惠券所得到的收入可能足以支付薪水，但現在要能確保工作人員繼續工作，卻變得相當困難。此外，現在從事照護工作的工作人員，在努力工作累積經驗之後，幾年後可以調薪到何種程度、結婚之後有了小孩，他們有各式各樣的人生規畫，但都無法進行的不安與不滿，也隨之擴大。也因此很多人離開照護工作這個領域，也更加深照護事業人手不足的窘態。2006年到2007年之間，有好幾個照護事業體向行政部門提出的工作人員名單中，卻是實際上沒有在此工作的造假名單，事跡敗露之後，甚至有家大型業者被迫歇業。而照護事業之所以產生這種信賴嚴重受損的問題，其中一個原因就是上述原因所引發的人手不足問題。

在這樣的情況下，事業體不得不去找尋使用優惠券以外的其他收入。但是事業者在這裡也同樣面臨制度所形成的障壁。舉例來說，在家庭照護上，受到利用者歡迎的家庭照護的照護員給予一個小時的服務，跟技術不如何，也不太受到歡迎的照護員，同樣的時間、同樣的內容，兩者所獲得的收入，都是優惠券上面所規定的、與所施行服務相符合的面額。就算是極受到歡迎的照護員，也不能夠說收取優惠面額＋1千日圓的追加費用，這就是現行的照護保險制度。因為服務品質比較高，所以只在這個部分設定高價格（額外附加的價格）來提高營收，是民間企業擅長的手法，但是這個擅長的手法，在照護保險制度上卻被禁止，要獲得優惠券使用部分收入以外的收入，並不是件容易的事。

雖然是題外話，但是醫療也有著同樣的問題。例如，就算是非常有名的醫生所進行的手術，跟才剛拿到醫師執照的菜鳥醫生所動的手術，同樣的手術一定是同樣的費用，是不允許有追加費用的。這是因為擔心一旦自由化之後，只有有錢人找得起名醫，而貧窮的人只能找菜鳥醫生動手術的這種貧富差距會發生。但是相對地，不論是什麼樣的名醫，因為是同樣的費用，等於自己的技術持續著無法被評價的狀態。這是全體國民都必須思考的問題，而13歲的你們是如何想的呢？

## 照護事業的未來以及寫給13歲的你們

雖然有需求，但因為制度的關係，無法成為商業，這並不能稱之為健全的狀態。而行政方面，也從提高優惠券的面額、給予提高照護人員薪水水準的補助金等，而經營者也就優惠券的使用部分收入為主，能夠讓事業持續運轉而一點一點的修正制度。之前提到的，因為薪水水準普遍過低，不少人離開這個職業，也一直找不到新人加入這個行業，而讓照護業界面臨嚴重人手不足的情況，但現在也開始有點改善。也可看到照護事業跨過生死存亡的危機，重新以商業的姿態成長的徵兆了。

當然事業經營者也不是就此袖手不管。先前所提的，很難獲得除了優惠券所得以外的收入。雖然使用優惠券時不能追加費用，但是照護保險制度以外的服務，像是針對高齡者們所設計的，日常生活所物品的販賣、旅行的企劃、到府美容服務等，向利用者推薦，讓他們自費購買，是可行的。遺憾的是，到目前為止，還沒有非常成功的例子出現。在那之中唯有一個，就是將照護保險的服務，與照護保險以外的服務結合，並且順利的成長之中，那就是「居住型照護服務」，提供住宿與照護服務的組合。

前面所提到「特別養護老人之家」是社會福祉法人等所經營，從以前就有的「設施」。最早期是好幾位高齡者在一個大房間裡一起集團生活，這是最基本的，但也有很多是無法提供可稱之為「住所」的居住環境。但在照護保險後，所急速增加的「居住型照護服務」，全部均為個人房，並且供應三餐，將住宿與照護服務結合的套裝服務。對利用者而言，從以往「設施」一樣，沒辦法才住進的陰暗印象不同，而是有著「搬家」、「進住」的明亮印象。對事業經營者而言，優惠券的使用部分，也就是在照護保險下的照護服務，再加上照護保險以外的房間費用、餐費、公共費用等，可以向利用者額外收取的費用。像這樣新型態的照

護商業，接下來應該會持續增加。

　　選擇民間企業所提供的「居住型照護服務」的利用者不斷增加，這也讓特別養護老人之家這種傳統型態的設施受到刺激與危機感，並且有了大規模的改變。為了不輸給「居住型照護服務」，除了重新興建以外，像是增加個人房的改建工程、提高餐飲的品質以及服務等。可以說是彼此互相切磋琢磨，提高服務的水準的最佳例子。

　　像這樣，一開始是以慈善事業為出發點的社會福祉法人，與民間企業一起站上運動場上競技。而在這同時，「若與民間企業做同樣的事，就失去自己存在的意義了，自己出發的原點是慈善心以及想要幫助有困難的人的心情，現在要重新再回到初衷才是」，抱著這種想法的運動也在社會福祉法人之中漸漸擴散。而這是非常重要的事情。以慈善心作為支柱的照護一度行不通，這是「把照護事業從慈善事業改變為商業」的照護保險制度之所以被導入的契機。但是，照護保險制度的導入，讓民間企業的照護服務成為自己的對手，也因此，慈善的心再次取得力量。今後，要讓社會福祉法人的服務，與民間企業的服務有不一樣的特徵，這將會其重要關鍵。

　　13歲的你們要在照護的世界展翅時，這世界是以「慈善」為主流，還是以「事業」能否成立最重要的思考主流，並不知道會向那一邊發展。但是這兩者的思考方式，絕不是誰對誰錯的問題。在這兩者之中游移調整，照護服務的世界應該會有正確的發展吧。請千萬要在心底的角落記下這些事情。

　　這世界所有的工作，全都是因為客戶的需求而成立的。但是，沒有了那種工作、從事那種工作的你不見了，客人自己的日常就沒辦法健康過下去，像這樣應對客人切實需求的工作，這世上並不多，也幾乎沒有工作是像這樣深入客人生活的全面，並且長時間有相關。這絕不是份輕鬆的工作。與客人有深入的關係，有時也會彼此打從心底越是接觸越是火大的工作。但是就只有那樣「啊，這位客人真的非常想這樣說耶」、「他原來是這樣看待我的啊」等，情緒相通時，就會更加的喜悅，而這一定可以成為一生的寶物。請一定要相信，過了幾年，那些曾經讓你生氣、痛苦的事情會漸漸淡薄，心中留下來的只有那些大量的寶物。

　　與人深切交往也不怕受傷的勇敢13歲，想要在心中留下大量因勇氣獲得的獎賞──的13歲，將來，請一定要到照護這個美好的世界。然後，請千萬不要忘記，13歲的你們，將來也一定會成為高齡者，接著也會成為接受服務的一方。對照護這份工作沒有興趣的13歲，其中也會有很多人，不知何時會與這個世界有所關連。不要認為跟自己沒有關係，如果有很多13歲的你們，對這個世界感到興趣，那就再好不過了。

**小檔案　武田雅弘**
有制定舊厚生省的醫療、福祉政策的經驗，1999年參與Bensesse Corporation照護事業的成立，現在在製藥公司擔任醫療、藥事政策工作，並兼任Bensesse Style Care兼任董事。

Essay

# 訪問照護的現狀

社會福祉士／小田知宏

　　訪問照護指的是到高齡者及有障礙者的家中進行訪問，並針對高齡者及有障礙者日常生活中沒辦法做到的事，給予協助的工作。一般稱之為家庭照護。主要工作的場所是公立以及民間的訪問照護事業。

　　要成為家庭照護者，必須要取得資格。日本代表性的資格有家庭照護二級，接受講習及實習就可以取得。此外，日本資格的介護福祉士，從專門的學校畢業後，有3年家庭照護的經驗並取得國家考試合格才能取得。接下來，擁有照護福祉士的資格，並有豐富知識與經驗的家庭照護者，將成為訪問照護的主流。

## 與設施照護的不同之處

　　高齡者或身心障礙者光靠自己以及家庭的力量，要在自家內生活會越來越困難。在那樣的情況下，高齡者及障礙者可以自由選擇是活用訪問照護等服務，繼續留在家中生活，或是搬到照護設施生活。

　　在自家繼續生活的高齡者及障礙者，有非常多是希望在自己住慣的生活範圍，在家人以及朋友的包圍下，不要改變自己的生活方式。因此可以活用訪問照護服務，在自己以及家人的支持下仍有不足之處，則由訪問照護補強。但是，也有一些例子是本人的狀態惡化，或是家人的照護能力也變弱時，放棄在自宅的生活，而不得不搬到照護設施。

　　搬到照護設施的高齡者以及障礙者，有非常多是希望平常能有照護、看護職員守護，住在同一設施裡的同伴可以一起談話。每個人的狀況不同，也有人是因為在自家接受家人的照護，會有心理負擔，而決定搬到設施。

　　從事照護工作的我們，不論是在自家住宅或是在設施裡，對高齡者以及障礙者的心情要予以尊重，並且感同身受地從事照護工作，然後最重要的是，幫助他們在生活上多少能夠自立。

## 訪問照護的內容

　　在自家生活的高齡者以及障礙者的支援，訪問照護要做的有：幫忙進食、排泄、入浴、更衣等身體的照護，以及煮飯、打掃、洗衣服、購物等家事的協助。此外，平常的支援事項還有每天晚上在固定的時間訪問、協助排泄等服務，以及有緊急通報時，要馬上趕到。

　　服務的內容，要跟本人以及家族詳細的溝通，聽他們希望獲得的支援是什麼，而支援的這一方再檢討可以做到什麼樣的程度。本人生活的規律是最重要的，而與家人以及其他的照護服務互相合作，依計畫來進行必要的支援。

特別篇

醫療 · 照護

## 訪問照護是以團隊進行

一位高齡者以及障礙者並不是由一位家庭照護者就可以完成的。若是在決定好的時間內，家庭照護者沒有出現的話，高齡者以及障礙者的生活就會出問題，比如說預定要去訪問的家庭照護者感冒了，不能都沒有人去訪問。因此訪問照護會組成一個稱為訪問照護事業所的團隊，有多位家庭照護者交替訪問。

## 訪問照護的費用計算方式

訪問照護是讓高齡者以及障礙者可以像一般人一樣生活的必要服務。但是現狀是，要提供訪問照護，必須要高額的費用。其中一部分費用是由國家‧市區町村的公共保險支付。利用者基本上只要負擔費用的一成。

## 訪問照護事業的經營

從事訪問照護的法人稱為訪問照護事業者。符合規定條件的企業、NPO、社會福祉法人、醫療法人等，向地方政府提出申請，通過之後，就可以成為訪問照護事業者。訪問照護事業者很多都是虧損狀態，要獲得利潤是相當困難的。其中最大的原因是，訪問照護業是集中勞動，人事費用占成本相當大一部分。家庭照護者要在高齡者以及障礙者的家移動到另一戶，時間上非常浪費，而且家庭照護者之間的資訊並不共有，毫無效率，這些都與營收惡化有直接的關係。但另一方面，以都市為中心的家庭照護人力，卻嚴重不足。

## 訪問照護薪水給付的流程

一般來說，有多年經驗的老手的薪水會比較高。這是因為有豐富經驗的人的工作價值更高的關係。新人要花1小時，老手只要花半小時即可，可以說老手比起新人有一倍的價值。老手的工作價值高，當然薪水也較高。

但是，訪問照護的工作卻不是那樣。依法律的規定，提供的時間與所能獲得的利用費用的上限是固定的。因此，不論新人或老手，1小時的服務就是要花1小時做完。此外，不論高齡者以及障礙者是否滿意這樣的服務，可以獲得的費用也不會有改變。訪問照護事業所能夠獲得的費用不會改變，家庭照護者所獲得的薪水也不會有變化。

## 家庭照護者的心情

多數的家庭照護者對自己的工作都感到驕傲。他們相信自己的工作對高齡者以及障礙者非常重要，每一天都在努力工作。為自己面前的高齡者以及障礙者努力著，想讓訪問照護的業界變得更好，但是卻不知道該如何做才好。

此外，有很多人因為薪水並未伴隨著工作的重要性以及辛苦而有變化，因而家庭照護者的離職率升高，這也是訪問照護事業勞動力不足的原因。

## 市場的擴大

接下來，高齡者以及障礙者們會比現在更強烈的想要「過更像自己的生活」。比如說「每天都想要泡澡」、「想去超市購物」、「想要繼續以前就有

的興趣」等等，不想放棄那些想做卻做不到的事，而要繼續努力。此外，隨著社會的高齡化，需要訪問照護的高齡者的人數也會一直增加。結果，訪問照護市場也會變大，也會要求更高品質的服務。

## 國家的思考方向

國家的預算在有限的財源中，以讓社會更加富裕，來決定財源的使用方式。要把錢用在照護上，還是用在醫療以及育兒上、還是要用在道路以及太陽能發電、國防等等，以國家全體為考量，以達到最高效果的領域去分配財源。

## 以道路建設為例……

到目前為止，政府在道路建設上投注非常多的經費，但那是因為藉由道路建設讓經濟流動，具有讓國家全體都能變得富裕的效果。不只是從事道路興建作業的人可以獲得薪水、建設機械以及生產瀝青的周邊產業也能獲得工作。此外，道路整修完成，物流的時間可以縮短，地域的產業全體的效率也可以提高。此外，因為移動變得便利，在該區域生活的人，生活也能變得豐富而且舒適。像如此，興建道路建設所投注的財源，可以得到好幾倍的效果。

但是近年來，那樣的效果變得越來越稀薄，此外，對於環境破壞等負面影響也開始被注意，經濟的效果也不像以前那麼好。

## 訪問照護的情況

因為有國家重要的財源投入在訪問照護上，因此也被期待能有高於其他產業的效果。如果效果不高的話，就會形成國家重要財源的浪費，也會損及國家的豐裕以及成長性。要讓投入在訪問照護的財源能產生高度效果，因而繼續投入充分的財源。為了回應今後繼續擴大的高齡者以及障礙者的需求路，有必要認真思考以下五點問題。

### ●家庭照護者勞動生產力的向上

不論何種產業，都希望提供更好、更便宜的商品，持續努力不倦的經營公司。像是迴轉壽司，變得越來越好吃、越來越便宜。薄型電視也是，越來越薄、越來越便宜。訪問照護也一樣，必須考慮如何能夠更回應高齡者以及障礙者的需求，減少浪費、提高事務工作的效率、讓使用費用能夠更便宜。

### ●活用周邊產業

照護床鋪的機能提昇，有助於家庭照護者在短時間內幫利用者更換尿布。電動輪椅普及，高齡者以及障礙者不需要家庭照護者的協助，就能自行外出。為了讓在自家生活的高齡者以障礙者也能享受豐富的生活，因此期待照護器具的進步。照護用床、輪椅、排泄補助器、防身感應器外，接下來還有照護機器人及照護寵物登場。如此一來，把只有家庭照護者才做到的服務集中起來，讓訪問照護可以強化，並且提高更高價值的服務。此外，將事務業務效率化，活用IT技術，使用可以提高移動效率的輸送機器，也是非常重要的改進方向。

### ●確保訪問照護事業的全球競爭力

訪問照護事業的經營，需要高度的產業知能。要能夠非常細微地符合高齡者以及障礙者的需求，就必須要擁有相當多的人力，但是儘管如此，經營的知能以及努力，也可開始產出利益。而這種訪問照護事業的高度經營知能，是未來照護事業擴大到海外其他國家時，也非常需要的。日本的動漫可以在外國販賣，日本的餐飲企業也進軍到國外展店，為了將來日本的企業到海外展開訪問照護事業，就必須要不斷累積經營能力。

### ●家族的幫助以及地區的合作

高齡者及障礙者可以在自家繼續生活，以前是因為有家人以及地區進行照護，但是現在社會漸以核心家族為主，地域社會機能也不全，以往家人以及地域所扮演的角色，現在則由訪問照護來取代。未來，以訪問照護為主，應該可以重新連結家族以及地域社會之間的牽絆。家庭照護者居中仲介，連結家人與家人，也讓地區的人與人重新連結。若是能夠重新取得以往家人以及地區社會的機能，而獲得協助的訪問照護，應該可以變得更有效率。高齡者以及障礙者也是，被家人以及地區社會所包圍，可以在自宅過著非常幸福的生活。

### ●高齡者以及障礙者變得健康

訪問照護就是要讓高齡者以及障礙者變得更健康。若是高齡者能夠自立，就不再需要訪問照護的服務。高齡者若能健康，也不再需要到醫院接受治療。此外，障礙者也能工作並且賺錢，也能繳納稅金。此外，到現在為止，一直從事照護的家人也能夠從事別的工作。也就是說，不需要再使用額外的花費，並且增加可以工作的人數，社會也會變的更豐裕。

## 訪問照護業界必須要做的事

訪問照護是一個歷史尚淺的業界。日本照護保險開始的那年，訪問照護才跟著開始，也因為訪問照護是於2000年產生的。接下來，我們跟大家一起努力，持續訪問照護這個業界。

家庭照護者是不能取代家人的。但是必須要提供家人所做不到、專業且高品質的服務。帶著讓高齡者以及障礙者變得更健康的意識，所必須要做的是，將他們導向自立的照護。也因此，必須要有更多的學習。這項專門職務，必須是基於理論而導出的照護，必須要繼續研究學問、照護學等自然科學。此外，藉由累積各式各樣的實踐經驗，形成訪問照護的歷史。在這過程中，就能營造出家庭照護者的自傲與職業倫理。

在訪問照護事業者努力經營下，在高度滿足高齡者以及障礙者的需求的同時，也必須要能確保適當的利益，營造讓家庭照護者可以安心工作的雇用環境。應該可以用更便宜的利用費用，提供更好的服務品質。

## 讓高齡者以及障礙者能有最棒的笑容

訪問照護的原點是強烈的「希望高齡者及障礙者可以幸福」。對家庭照護

者而言，來自高齡者及障礙者的笑容、感謝，是最開心的事。而高齡者以及障礙者若能變得健康，並且可以自立時，就越能感受到工作的價值。與訪問照護相關的所有人，都希望這個社會能夠變得變富裕、幸福，而日日努力實踐。

### 照護的工作非常有趣

訪問照護是要在每位服務對象上，仔細花時間，做生活全面性的協助的工作。與高齡者以及障礙者心靈可以溝通時，會感受到非常的喜悅。「謝謝」不只是用言語表示，表情、樣子、身體的動作，都可以表達出感謝的情緒。而且「比昨天更能多吃下一點食物」等，實際感受到他們變健康、逐漸可以自立，會與高齡者以及障礙者同時感受到「太棒了」的心情。每一天，或許是非常細微的事情，但是，這是可以一直感受到新的喜悅與感動的工作。

### 期待優秀且充滿熱情者加入照護事業

要營造出可以讓高齡者以及障礙者都能安心有活力生活的豐盈社會，需要更多的人加入照護事業。雖然每個業界都會如此說，但是優秀且有熱情的人才能支持照護事業繼續下去。希望高齡者以及障礙者可以獲得幸福的人、繼續努力不倦的優秀的人，請一定要以加入照護業界為目標。製作一個新的產業、豐富日本的社會的情緒，將可以帶領未來的照護業界。

### 作為職業的照護職

照護的工作並不是志工。與家人的照護是不同的。這是一份可以獲得薪水的專業的工作。也因此，就必須要讓高齡者以及障礙者的客戶從心感到滿意、也必須要讓他們變健康並且導引他們自立。而這就是高品質的服務。這跟職業的運動選手帶給觀眾感動、醫生讓患者變健康是一樣的。

此外，也要讓利用者用便宜的費用享受到高品質的服務。也因此，家庭照護者的每個人都必須要站在經營者的角度，排除浪費，有效率的工作才行。

## 現在可以做到的事

　　高齡以及障礙並不特別。看看自己的周圍。附近就會有高齡者、障礙者吧。家族中，有祖父母、父母有一天也會變成高齡者。萬一你因為生病或是事故，也可能明天就變成障礙者。

　　照護的工作一點也不特別。留意到人心的痛楚、拚命想著為他們可以做些什麼，並且進而實行而己。

　　因此，各位現在可以做的事情就非常多了。坐在電車上時，若是遇到肚子裡懷著小寶寶的女性，説聲「請坐」，把位子讓給她們。若是看到提著重物上下樓的人，請伸出手來説聲，「我來幫你拿吧」。若看到眼睛看不見的人，停在路邊無法前進時，就請向他們説聲「有什麼可以幫忙的嗎」。人行道上，坐輪椅的人因為腳踏車擋路而無法通行時，請説聲「我來把自行車移開吧」，然後為他們清出通行的路。垃圾掉出來了就撿起來，遵守社會的禮儀，想想如何讓共同生活在這個社會上的人可以過得更舒服並實行。

　　好比高齡者以及障礙者，就算日常生活非常不便，應該也是非常希望能夠過著跟以往一樣「普通」的生活。營造讓這世上所有的人都能夠安心生活的社會，大家一起思考、一起行動吧。

**小檔案　小田知宏**
1973年出生於愛知縣。工作範圍包括高齡者的在家照護、設施照護以及障礙者的在家照護、兒童日間照護、就勞支援・地域生活支援等等。odatomo@wit.ocn.ne.jp

```
dex 1 = tmp.indexOf(keyname,U);
(index != -1){
tmp = tmp.substring(index1,tmp.len
index 2 = tmp.indexOf(";=", 0)+1;
index 3 = tmp.indexOf(";", index 2);
return(unescape(tmp.substring(in

turn("");
```

特別篇
05
IT

# IT資訊科技
# （Information Technology）

村上龍

今日的IT產業就像過去的重工業一樣，能創造許多就業機會。但是資訊科技產業仍然充滿變數，因此很難依照過去的經驗進行預測。接下來將透過兩篇專訪，掌握今日的IT產業，同時也探詢今後IT產業的潛力。

## 電腦的誕生

今日電腦的基礎，是由1945年生於匈牙利的美國數學家諾伊曼（John von Neumann，在台灣一般翻作「馮紐曼」）所奠定。早期將電腦翻譯成「電子計算機」，乃是因為電腦基本上被視為是「計算用的機器」。草創階段的「電子計算機」曾經被原子彈之父羅柏特・歐本海默（J. Robert Oppenheimer）等科學家運用在核子分裂反應的計算上。世界上第一台名為ENIAC的電子式電腦長約24公尺，高約2公尺，寬約1.5公尺，體積非常巨大，使用了將近二萬支真空管，有6000個開關，再加上零件與電源、冷卻裝置，重量超過30公噸。而且在每次程式改變時就須重新安裝開關，重新連接電線。

## 硬體與軟體

要命令電腦這個計算裝置工作時，需要使用電腦的「語言」，這個語言稱作電腦程式。早期的ENIAC就是利用加入或取出開關，改變迴路配線來改變程式。諾伊曼團隊成功地將程式組裝在電腦內，讓電腦得以獨立作業，他們在電腦內裝了好幾組程式資料，因此能夠在瞬間改變程式。電腦可分為硬體與軟體兩大部分，軟體的概念就是出自諾伊曼團隊。所謂的硬體，是指包含中央處理器與記憶體等的電腦主機，以及顯示器、印表機等輸出設備及周邊設備。軟體在過去是指控制電腦作業的程式，但是現在則泛指影像、圖像、音樂軟體等所有的應用技術。隨著積體電路技術的進步，各種「指令語法」的開發，硬體與軟體雙頭並進的情況下，電腦的體型重量也迅速縮小，在1975年開發出第一台現今使用的家用電腦。

## Internet的出現

不過一直到了1990年Internet出現後，電腦才廣為普及開來。Internet原本是由美國國防部主導開發出的軍事用通訊技術。當初的目的是為了尋求一種不易受戰爭破壞的通訊方式，於是構思出沒有指令、管理中樞的電腦網路，成為Internet的原型。後來前蘇聯瓦解，東西冷戰落幕，基於軍事目的所開發的技術也轉而廣為民間所運用。當時開放給大學與研究機構的Internet也公開給民間使用。拜Internet之賜，功能更為方便的個人電腦也能跨越國界與世界各地串連，

傳送電子郵件，閱覽個人、企業或是政府機構的資料。只要手上有一台個人電腦，即使是個人也可以對全世界傳送訊息，或者從世界各地取得資訊。這種劃時代的媒體也在短時間內爆炸性地普及開來。在這樣的社會環境下，於是出現了IT這個字彙。IT雖然是指所有與資訊運算有關的技術，但是也背負著人類對電腦、網路等新技術未來孕育新社會的期待。

## IT的未來

　　IT讓人類可以傳送電子郵件，享受網路購物、線上金融交易等各種新的服務。除了個人電腦外，行動電話、汽車導航系統、電視等家電都是新的家電終端，潛藏著新的商機。過去所謂的IT從業人員僅限於系統工程師等技術人員，但是IT技術日新月異，進步非常快速，因此很難預測未來IT會帶來何種商機，導致社會產生何種改變，產生什麼樣的新行業。IT的新技術在短期間就會成為明日黃花，商業模式也不斷改變。目前掌控IT界的龐大企業在10年以後是否依然存在，都是未知之數。

本文撰寫於2003年

特別篇 ─ ＩＴ資訊科技

# Q&A

## IT的現狀及其可能性

伊藤穰一

### IT工作的未來藍圖

Q ：對一名13歲的孩童，我們該如何説明有關IT的工作？

伊藤：拿「電」來比喻，可能有助於13歲孩童的瞭解。説到跟電有關的工作，可以想到有電力公司、家電製造廠。另外還有許多人利用電力或電器產品工作。例如：設計師、音樂家都需要照明器具與電子樂器。有些人因此創作出作品，把作品拿去賣錢。所以跟電有關的工作可以分為供應電力的工作、製造電器產品的工作、利用電器產品創作的工作、將創作出的作品拿去銷售的工作等。但是這些工作並不能一言以蔽之，都稱為與電有關的工作。但是我發現一般人把所有與IT扯得上關係的工作都稱謂IT方面的工作。這個情況等到13歲的孩子長大成人時，將出現相當大的改變。到了那個時候，大概所有工作都必須用到IT技術了吧，所以那時候的人都必須學習某種有關IT的知識。我想到時所謂的IT工作應該是非常專業、非常精細的一種工作吧。

Q ：IT工作者是指系統工程師SE※1或程式設計師※2嗎？

伊藤：SE或程式設計師或許是最具代表性的例子吧。就像夾報廣告公司後來變成名為「夾報（ORICOM）」的廣告代理商，礦業公司變成日立製作所一樣，IT企業有一天也可能朝不同方向發展。例如，目前幾乎獨霸上網所須的用戶迴路的電信公司，有一天很可能成為單純的電路出租公司。因為今天日本NTT※3所握有的最重要資產就是電信線路。所以10年以後，NTT可能會變成電線或管線公司。也許有一天系統工程師（SE）這項工作會變得微不足道，就像道路上插設標誌牌，或是畫看板的工作一樣，過去標誌、看板都仰賴人工，但是今天已經都自動化了，也不太需要人來繪製，所以很難説。

　　不過，繪製油畫與雕刻的藝術家，他們的工作即使經過1000年也不會出現太大改變。IT是每年在變的產業。例如，製作首頁的龐大系統中涵蓋了內容管理系統※4，過去這套系統需要花費幾千萬、幾億日圓，需要幾十位系統工程師來製作，工程浩大。但是當部落格※5出現後，網頁的製作就變得十分簡單。這麼一來，系統工程師、網頁製作行業很可能在一夕之間煙消雲散得不留痕跡。當一項新技術問世，很可能導致好幾萬人失業，IT產業就是一個那麼現實的行業。

### 瞭解看電視的人，製作電視的人，分解電視的人

Q ：在説明電腦與IT時，通常會將系統分為硬體※6與軟體※7，但是硬體與軟體是否也出現變化？

伊藤：硬體與軟體其實已經越來越難以區分。我想過幾年，家電將成為連接Internet的最主要介面※8。遊戲機、行動電話、電視、數位相機都將成為連接網路的工具，最後只剩下有真正需要的人，或者喜好的人才會使用電腦上網。以電和家電的生產來做比喻，在IT產業的世界他們就相當於硬體與軟體的公司與人。利用家電產品創作音樂的人，也就是利用電腦完成工作的人。聆聽創作出來音樂的人就是消費者。但是我想，未來製作音樂的人與消費者之間的界線將越來越模糊。

　　　但是IT產業的核心將遠離一般製造者與使用者，形成一個極為專業的領域。以電視來說，很少有人喜歡將電視拆解，研究零件然後再重新組合起來吧。今天製作電視節目的人已經遠比拆電視的人還多。看電視的人比分解電視以及製作電視節目的人多更多。相同的道理，喜歡研究電腦的人當然可以學習硬體、軟體的知識，進入IT的核心業界，但是光是喜歡上網的人並不需要知道如何製作電腦的硬體與軟體。再以電視打比方，企劃、製作電視節目的人，也就是使用IT從事創意工作的人，或是從事有關媒體工作的人，都是使用IT的專業人士。當市場上不斷推出新的電腦及網路工具時，當然也得學習熟悉這些工具。

特別篇 — IT資訊科技

## 不再需要網頁設計師的時代

Q　：今天所謂的電子商務※9是指像書商在網路上賣書一樣的商業模式，所以需要網頁的設計師、設計交易付款系統程式的系統工程師與網站設計師※10等專業人士。網路商務未來是否會出現變化？

伊藤：今天書商希望在網路上賣書，只要在樂天※11等拍賣網站上登錄就能賣書，完全不需要工程師。村上先生在銷售自己的著作時，當然不是一本一本地把書送到書店去吧。相同地，電子商務就像過去還沒有宅急便的時代一樣，擁有火車或卡車的公司或人會收集貨物，計價收費代為運送。等到後來出現了宅急便後，寄貨就不一定需要前述的貨運公司了。

Q　：據說一般平面媒體的設計師無法設計網路的HTML※12，因此才會出現

網頁設計師這種特別職業。可是一旦網頁設計不再需要具備專門的知識與技術，人人都能成為網頁設計師時，問題就在於是否擁有設計的才華了。事情真的是這樣嗎？

伊藤：現在只要使用部落格，不須使用HTML也能設計網頁。未來有關Internet的職業，可能會朝製作模板（Template）※13以吸引顧客，或者光做顯示在瀏覽器※14上的網站整體設計等幾個模式發展。在設計時須瞭解網站整體配色、文字的字體※15等細節，這類工作對於一般不懂HTML的平面設計師而言，也都遊刃有餘。

Q　：網頁製作公司※16有一天是否也將銷聲匿跡？

伊藤：如果是像當年亞馬遜書店※17在成立之初，需要製作龐大的系統，須製作好幾萬頁的網頁時，也許需要網頁製作公司。這類網頁公司的作業內容可大致分為三大類：設計模板的人、書寫網頁上文字的人以及管理每天好幾百萬名使用者上網的系統管理員。這些工作可以分散外包（Outsourcing）給個別的承包商，或者是由自己的公司一手包辦，未必需要委託給專門的製作公司製作。

## 種植過多的杉樹與系統工程師

Q　：如果今天有個13歲的孩子希望成為系統工程師，你會有什麼建議？

伊藤：對程式技術感興趣的話，當然需要進一步學習。但是系統工程師就好像是計算機普及以前的專業算盤師傅一樣。當軟體改變，原有的程式技術就會變成垃圾。在2000年千禧年問題發生時的慘事即為例證，千禧年引發嚴重問題的舊型電腦使用一種名為COBOL的程式語言，接近2000年時，過去會寫COBOL程式語言的人卻都已經不在了。當時大家都認為COBOL語言已經不會再使用，所以也沒有人願意學。可是為瞭解決千禧年問題，最後不得不委託印度人處理。即使這樣也很悲慘，印度人花了一、兩年學習COBOL語言，寫好解決千禧年問題的軟體後，從此就再也不需要COBOL語言的技術了。

　　會寫程式就像有體力、有臂力一樣。只要會寫程式，即使其他什麼都不會，至少當下都能保住一份工作。但是今天的系統工程師的工作已經變得非常單調，就像整天都在堆積相同形狀的積木一樣。當然有些天才系統工程師的狀況可能不太相同，但是當大家都在比體力、臂力時，要能夠出人頭

地就需要具備足以成為奧運選手的才華才行。

Q　：日本政府曾經提出要在IT產業創造10萬人的就業機會，有可能嗎？

伊藤：以系統工程師為例，新的技術推陳出新，軟體也不斷在改變，除了少數例外，我想有一天我們將不再需要系統工程師這樣的人才。但是有時候我們明明知道有朝一日可能不再需要系統工程師，卻依然繼續培育人才。過去，林業的培育也是國家建設的計畫之一，我們現在培育許多系統工程師，與過去種植太多杉樹沒什麼兩樣。當時在種植杉樹時需要做修剪、除草的工作，照顧起來十分費工。最後拿出去賣了才發現完全沒有經濟效益，最後留下一堆杉樹在山上，杉樹長得太過繁茂甚至可能危害到整座山林。IT產業也是，從勞動成本面來看，我們已經無法對抗中國或印度的低廉人力。因此我們不該再著眼於系統工程師這麼單純的工作，年輕一代須將興趣移轉到更具創意的工作上。IT必能跨越障礙

Q　：您是說一般而言，當IT越是普及，具有創造性、獨創性的人才，或者是擅長溝通的人才將比嫻熟IT技術者更具競爭力嗎？

伊藤：我剛才也曾說過，今後的社會，不論哪種職業或工作與IT的關係都將更為緊密，所以一定要學習IT知識。但是我所謂的學習，即使是指電腦的接觸，也比較偏向比如說透過網際網路與外國人交友時，在進入聊天室※18或網路社群時，自己適合什麼、該如何讓自己更有自信之類的學習。

　　　這個故事曾經被報導過許多次，在巴格達有一位20多歲名叫薩冷‧帕克斯（Salam Pax）的建築師，美伊戰爭爆發之前他經常在自己的部落格「里德在哪裡？」（Where is Read?）上發表文章，當戰爭的腳步越來越接近，世界各地越來越多人注意到他比任何國際媒體都在地的部落格報導。戰爭中，巴格達的電力、網路無法使用，帕克斯就把文章存在磁碟中，交給透過網路認識的以色列女子，請她代為上載到部落格去，繼續發表文章。最後有英國《衛報》（The Guardian）邀請他開闢專欄，這個專欄至今仍持續連載。他之所以能夠獲得成功，第一個要素是他懂英文，此外，他會利用網路表達自己的想法，而且內容十分有趣也是成功的因素。所以帕克斯在短短幾個月間就成為全球知名的專欄作家。他利用IT打破語言、國界、階級、文化、民族與宗教等各種藩籬。

---

**※1 SE（System Engineer，系統工程師）**

系統工程師的工作是設計電腦系統、彙整規格，但是工作的領域、內容會隨著顧客的業務內容、要求而改變。當一家公司在引進新系統時，通常是由業務人員接洽，由系統工程師設計，製作電腦程式。但是有時候業務人員無法回應顧客技術上的問題時，系統工程師也可能直接與顧客接洽，或者給顧客建議。有時候系統工程師必須擔任開發小組的組長，管理程式設計師等成員的作業狀況。系統工程師對電腦與周邊設備當然一定得瞭解，同時也必須懂得行政、經營、顧客所要求的事物等相關領域知識。有時候系統工程師須到顧客的公司學習電腦技術，因此也須具備程式設計師、電腦專業技術的經驗。要成為系統工程師雖然不需要執照，但是日本的經濟產業省開辦有資訊處理技術人員考試，取得一級執照是衡量系統工程師能力的標準。

### ※2 程式設計師

電腦在處理資訊時，是以C語言、JAVA、Basic的程式語言寫入資訊。程式設計師在寫程式時須依照系統工程師所製作的規格書，以程式語言書寫程式。有時在建構一套系統時須運用大量的程式設計師。要成為程式設計師不需要特殊的條件或執照。很多人是在專門學校學習電腦後繼續學習而成為程式設計師。所須具備的知識包括程式語言，同時只要在公司內接受某種程度的訓練即可應付工作上的需求。累積經驗後，若瞭解顧客業務，也可能升格為系統工程師。

### ※3 NTT

日本電信電話株式會社的簡稱，1985年由原本獨占日本電話網的前日本電信電話公社民營化後所成立。之後組織重整，改制為持股公司，分割成東西NTT、NTT DoCoMo、NTT Communications等公司。目前是日本唯一擁有全國電話網的通訊公司。

### ※4 數位內容管理系統（Contents management system）

以文字、畫面、聲音呈現的數位資訊稱數位內容。製作首頁時一定少不了這些數位內容。數位內容管理系統就是收集、製作、管理、傳送數位內容所使用的系統，主要由IT大企業所提供。

### ※5 部落格（Blog）

一種網頁的形態，適合用來發表個人的意見等。外觀與文字類網站的性質十分接近，但是透過部落格系統的運用，使用者能自行操作編輯等作業，操作十分簡單。全世界有越來越多人成立部落格發表個人意見，已經成為備受矚目的一種溝通方式。

### ※6 硬體（Hardware）

硬體是指鍵盤、顯示器、印表機等電腦本體以及周邊設備、相關設備。硬體主要是由電腦業者以及半導體、家電、光學儀器、精密儀器等業者開發。隨著行動電話、數位相機等新產品的開發，硬體涵蓋的範圍也越來越廣。未來的主要戰場，將是電腦與家電融合的資訊家電領域。

### ※7 軟體（Software）

軟體是讓電腦運作之手法、技術的總稱。程式即是軟體的一種，不過人們往往也將程式稱為軟體。軟體產業不像硬體產業需要龐大的設備投資，大多仰賴人力資源。軟體產業可粗分為針對一般使用者開發製造的軟體，以及針對個別公司接單製造的軟體。美國以前者為主流，日本則以後者取勝，接單訂製型的軟體開發也具備服務業的特質。

### ※8 介面（Interface）

介面是指連接不同性質的交界處。在IT中所謂介面，是指連接不同裝置的仲介裝置，特別用來指電腦與人之間的接觸點。

### ※9 電子商務（Electronic Commerce）

電子商務的定義其實尚不明確，但是泛指利用網路提高時間、場所、成本的效率，以提供商品與服務的商業行為。許多東西透過網路進行行銷，包括貨品的銷售、金融、休閒、各種數位內容產業的競標與電子報的發行，都屬於電子商務的領域。過去網路被視為是獨立的產業，但是目前已經被認為是一種商業形態。由於各種領域都很容易運用網路，因此競爭也日漸激烈。

### ※10 網頁設計（Webdesigner）

網頁設計是依照顧客的要求，將網頁設計成顧客要求的形態。基本上與平面媒體相同，須利用文字、照片、插圖等，不過網頁設計運用了各種的軟體，在設計上須注意讓使用者願意於進入觀看，同時也必須留心資料量不能太大。隨著網頁設計軟體的普及，一般人也都能輕易設計網頁，相對地設計能力與技術能力就成為重要的關鍵。

### ※11 樂天

日本的「樂天市場」為1997年成立的網路商場（設置在網路上的虛擬商店街）。樂天市場不斷推出專門的商店街，備受歡迎，號稱擁有日本最多的網路商店與使用者。

### ※12 HTML

在網路上公開資訊，讓使用者可上網瀏覽的系統中，有一種系統稱作World Wide Web（WWW），HTML就是處理WWW資訊用的一種語言。它能呈現文字、聲音、影像，同時很容易連結其他資訊，因此在網際網路上普及開來。

### ※13 模板（Template）

指應用軟體附屬的範本模版，是依照文件種類建立形式，很適合用來製作文書。

### ※14 瀏覽器（Browser）

「Internet Explorer」就是一種瀏覽器，用來閱讀、使用網站的軟體。（還包括曾興盛一時的Netscape以及新興的Firefox等。）

### ※15 文字字體

在顯示器的畫面上顯示的字體種類，有明體、標楷體、細明體等。

### ※16 網頁製作公司

網頁製作公司的業務包括設計網頁、所有製作工作、網站的經營與管理等。一般而言，顧客多為企業，因為商業上的需求將資訊公開在網站上。網頁製作公司就配合顧客的需求提供服務。網頁製作公司原本可能是從設計、廣告、印刷、電腦系統等其他領域進入網路領域，也有的是一開始就是專業的網頁製作公司。前者性質的網頁製作公司較擅長數位內容的製作、廣告、公司內系統的建構等與原來業務有關的領域，後者則多為由少數人組成的製作公司，原本就在當地從事其他業務，而後逐漸發展進入幫企業做促銷、建構系統的領域。

### ※17 亞馬遜網路書店（Amazon.com）

Amazon.com是在1995年在美國西雅圖成立的一家網路書店。之後規模逐漸成長，也跨越書籍的領域，銷售其他商品。擁有全球最大的商品資料庫。

### ※18 聊天室（Chat room）

聊天室是利用網際網路即時進行文字對話的系統。可一對一對話，亦可多人同時對話。過去聊天室是電腦在網路上Web通訊服務的一種功能，目前則多以使用MSN Messenger 等即時通訊軟體（Instant Messenger）的形式，在網路上聊天。除了文字對話外，也可以影音對談。

---

**小檔案**　伊藤穰一

1966年生。Neoteny株式會社董事長，在日本網路界是一位具有領導地位的願景創業家。目前共成立了InfoSeek、ECOSIS等六家公司。經常擔任政府部門的顧問，長期以來對網際網路領域貢獻良多，曾獲頒日本郵政大臣獎。曾獲選為美國《時代雜誌》（Time）的「網路菁英」、美國《商業週刊》雜誌（Business Weekly）的「日本網路創建人」，以及在技術領域上被列為是全球最具影響力的50人之一。著作有《電腦創業家》（實業之日本社出版）、《數位現金》（共同著作，鑽石社出版）。

# Google VS. 村上龍

戰略合作發展經理／佐藤陽一
高級產品經理／及川卓也
軟體工程師／原田昌紀

## 全員都是迷你執行長

村上：《工作大未來》的改訂版正在製作中。舊版在日本於2003年11月發行的，以網路社會來說，是相當古老的事情了。那時也向伊藤陽一以及Oisix的高島社長請教過。伊藤先生那時說過的，應該會成真吧，而結果也真的就像他所說的那樣。那次的訪問非常有趣，所以就原封不動留下來了，不過這次針對網路相關的事情，我們打算以Google為主題，原有的網路商業這個名詞已經算是死語了吧。利用網路來販賣物品，像是亞馬遜、樂天等，一般的零售店以及流通業者使用網路，已經不再是網路商業的範圍了。用網路來創造事業的意思，就最像Google。Google要說龐大是很龐大，要說笨拙也是很笨拙，但是我個人是非常喜歡這個理念的。寫東西的人通常對Google的印象都不怎麼樣，但我很喜歡，只是不會大聲說出來就是了。其他的商業也是如此，一開始利用網路科技想要賺錢，卻沒辦法存活下來。抱著雄壯的美夢，使用網路這種強而有力的工具，大型商業在潮流中，我用網路＝Google決定這次的主題，只是因為中學生應該都聽過Google這個字，從Google是什麼的商業行為？在做些什麼？聘用什麼樣的員工有工作人員嗎？等等問題，我們先來做一下整理。

現在Google的員工們分為那些部分？

及川：不只是日本，從全公司來看，有一半是軟體工程師。

村上：原本最具有Google色彩的工作人員，就是工程師吧

及川：的確有這種說法。

村上：及川先生也是工程師嗎？

及川：不是。原田是工程師。除了工程師以外，還有像我一樣的產品經理Product manager，跟像原田一樣的工程師一起工作。產品經理在一般的公司，可能會放在工程師的工作類別中。雖然我不直接寫程式，而是要推出新產品時，支援工程師的工作。因此要做整個計畫的調整、產品做出來之後，要思考是否會受到使用者的喜愛，然後在這之前先考慮要做些什麼，再與工程師討論，再把它寫成程式。最後，要推出上市時，公司內會有一些流程，而負責這些流程的，就是產品經理的工作。

村上：計畫設計師、製作人都是管理職呢。

及川：用比較偉大一點的說法，就是迷你執行長，一個一個的產品部隊都非常小，而整個團隊就像個有機體一樣運作，執行長雖然並不一定很偉大，

不過，嗯，就像執行長一樣，全員都是負責人般。

村上：像及川先生這樣職務的人，若是不能理解工程師或是系統的知識，是辦不到的吧。

及川：是啊。要有這樣的能力才能被這個位置所錄用。條件是要有電腦科學的學位，或是有相等的經驗才行。若是沒有軟體開發經驗，是做不來這項工作的。

村上：有很多人想進美國的Google總公司擔任工程師。但就像是東大法學部一樣，全都是錄用最優秀的人嗎？

及川：並沒有限定要什麼樣的學校，我們也打算要採用有各種背景的人。但就結果來說，集結了非常優秀的人，是令人開心的事。

村上：在美國，Google並不是薪水最高的公司，也不是說將來的發展性會如何，但為什麼有非常多人對Google有一種認同，想要到Google上班呢？

原田：是啊。相對來說，這是個讓工程師有相當自由的公司。工程師說想要做這個東西，就可以自己開始動手、然後就直接送出去。別的公司可能就會由擔任企劃的人思考、讓某個人來負責設計、負責協調的又是另一個人，但是Google的情況是，從提出創意到開發，全都由工程師負責的類型相當多。

## 技術高的人也要是有趣的人

村上：我對工程師這個行業不熟悉，所以不太能理解，所謂新企劃是指提出程式以及其他什麼東西嗎？

原田：Google裡所做的，就是先試做個模型，然後再判斷能不能做成成品。

及川：有各種狀況。若是工程師主導，就像剛剛所說的，會有兩次產出，他們如果覺得這樣不錯時，就會馬上動手並且編寫程式，而把程式放上去時，優秀的工程師可能就會做出接近成品的東西了。另一種狀況則是像我們這樣的產品經理，就算做了，也只是先模擬，也就是先做個樣子出來，先瞭解運作的情況會是如何，但就機能來說，還有許多待填補的地方，或是說畫面設計師需要這樣，工程師能做的出來的嗎？雙方意氣相合的話，就能夠完成作品。

原田：開發硬體的公司等，在最初設計時需要花很多時間，決定該往那個方向才能開始做，但軟體的世界是一天兩天內的變化，總之就是要行動，做出一些東西出來。

村上：那稱為產品嗎？

及川：那是產品的前一個階段。

原田：之前的階段。可以說是模型的階段，但是總之就是做些什麼出來，但是要判定能不能使用，很多在企劃階段的會議之前就決定了。

及川：一般的軟體，嗯，硬體也一樣，正統的企劃案是，先要有企劃，然後企劃會議若通過這項企劃，就會進到下一個階段，再由設計師來決定該如何呈現等細部問題，接著開始實際開發作業，最後再進行品質管理，這是一般的流程。但Google的情況是，一開始就是非常的緊縮行程，一開

始的程序大概三個會變成一個，再笨拙也會在一週內啟動。實際上完全不動，光是思考也是不行的，要馬上進到下一個階段。

村上：這跟製造汽車完全不同呢。比如説環境用的燃料電池車的開發，前置作業就要花很多時間，電池若縮小，整個設計也會改變，雖然都是在行動，但非常不一樣呢。

及川：可以這樣做是因為Google所擁有的開發基礎設施，也就是基盤。所謂基礎設施，Google所集合的優秀人才也算是其中之一，但是分散在世界各地的資料中心機器，這也是Google所自傲的基礎建設。這些基礎建設，在全界應該很難看見類似的規模。不管到那一個學術機關，首先就沒有像這樣的設備，就算想做，也因為沒有資料庫而做不出來。Google的工程師驅動這些龐大的資料庫，簡單的想法一下子就可以計算出來，普通的公司或組織，不靈巧的話得花上數年的時間，在Google只要幾天就可以完成了。

## 共同擁有遠大的目標

村上：最近成為一大問題的是，製作各個作家的圖書館，並且介紹了其中一部分，這在美國已進入司法程序。對於那些擁有著作權的作家來説，一定會有抱怨，但是其他地方應該也做不出這些事情吧。

及川：並非不可能，但是現實問題是，那個部分是可行的？

村上：是啊

佐藤：如同您所知道的，Google公司內部對於書籍搜尋的計畫本身，並沒有要利用它來賺錢。這個計畫若不是在不在乎是否提高營收的公司內執行，是沒有辦法繼續下去的。這是一個不繼續達到某種程度的規模，對使用者是不會有幫助的世界，因此，在那之前要忍耐、或者説這才有趣，這種文化，可説是最大的差別。

村上：是啊。並不是説，啊，這樣一來可以賺好多錢，所以我們來做吧！並不是因為這樣才開始的嘛。把所有的資訊都電子檔案化是一個極大的目標，總之就是收集理念，要先把那些檔案與大家共有的情況為時尚早。

及川：是啊。所以我們的任務非常單純，但也相當有魅力，所以員工會用一些方式來表達這樣的目的，而有所行動。因此，Google可以集結到工程師或是產品經理等其他員工，正是因為基於這樣的任務，我想應該可以讓世界往好的方向發展吧，大家都是這樣想的吧。自己所做的事可以讓世界看見，然後，給予正面的衝擊，這才是最重要的。

村上：我把Google的任務説成是巨大的目標、理念，但我一直想到的是時空膠囊這個東西。有一個地方，美國人蠻喜歡將各種東西塞進時空膠囊中。因為沒辦法做到全世界性的時空膠囊，所以就物理性來説，沒有那個盒子也沒關係。將其虛擬化、數位化的信號，連結並儲存下來，依其步調，而且是長年這樣做下來，智能或是理念也可以留下來。比如説工程師提案，其歷史和龐大的數據跟理念結合，要得到許可可能還太早，要判斷會有什麼作用也還太早，但是還是不錯，一直都在繼續地做。

及川：嗯，是啊。剛所說的也包含基礎建設的事，的確是那樣沒有錯。

村上：在那之中，以工程師而言要做的，最重要的、被要求的是什麼呢？

原田：被要求的……是什麼呢？

及川：應該是速度吧

原田：速度的話，相對來說是很重要。網路業界不只是Google，全都是如此。有創意想法的人很多，但與其說先到先得，重要的還是最初就能裝置完成的人才算勝利。

## 在Google工作，需要的是？

村上：原田先生，除了Google以外請再多說一點，更廣泛一點的。例如，說在Google裡面，比起被要求的東西，像是進到Google時，或是進到新的Google時，或是說要在Google工作的話，需要大學這段時間嗎？

原田：挑明的說，就是程式的能力吧。日本的專業程式設計師也不太讀大學，有很多人根本連電腦課都沒有上過。大概有一半是文學系出身，而實際上有很多公司在徵才時，也歡迎沒有經驗的人。門檻低也有其好處，但是美國以及印度的話，絕對會要求要有電腦相關領域的背景，而且普遍要求要有經驗。

村上：沒有經驗的話很難進Google吧。

原田：如果是工程師是有點困難。工程師的部分，雖然有時也會招募新人，但是若以電腦相關來說，不是專業也沒有有豐富經驗的人，就是平常假日會玩玩程式的人很多。如果是這樣的人也完全沒有問題，就算不是專攻電腦科學的人也沒關係。

及川：要能即戰能力，或是準戰力。

原田：實際上，只要有實力，不管是新人也好、中間轉職也好都沒有關係，而是有無程式的能力。

村上：Google所採用的工程師，跟在規模並不大的公司上班，某個企業從事網路販售的程式的工程師，有什麼差異嗎？

及川：只要是有工作的熱忱，在那裡都一樣。不過，自己所從事的工作會以什麼樣的方式呈現，此外，開發的過程中，自己也能參與重大決策，對工程師的動機而言，是有很大的影響的。Google的情況是，產品經理與工程師意氣相投，並提出創意，再一口氣製作成品，如果能夠做到這個樣子，我想不管在什麼環境都不會有差異。

佐藤：及川一直強調的「產品經與工程師意見相投」，是Google最有趣的地方。站在產品經理的立場，向工程師說「把這個做好」的命令，在Google是行不通的。聽工程師提出有趣的提案是他們工作中非常重要的一部分，所以，在Google裡，工程師不會聽到有人指示他們該做什麼。

及川：剛剛有提到很像CEO，但是完全不是什麼偉大的CEO。真要說的話，就很像說是去了某處，回來之後，送給對方土產，然後說以後也要努力哦！像這樣的感覺。（笑）

村上：那麼也就是說，工程師要接受刺激，然後一定要提出創意的意思嗎？

及川：大致上是如此，不過技術好的人，若是不想著有趣的事，那麼創意多半都會失敗。

村上：做的人不認為有趣的話

及川，相反地，Google裡的工程師並不只是寫著無機的代碼，如果只是那種創意，大家都有，但是如果工程師不認為有趣，就是失敗的產品。

原田：Google一向被認為很重視用戶，但是，大體來說就是想到什麼，因為就技術上而言非常有趣或因為就技術上而言是可以做到的，就做了。那樣也有好處，其他公司也很容易抄襲模仿，但就算模仿了，也沒辦法順利成功。在Google，一定要有對技術的挑戰，這非常重要。

村上：大家也都是這樣認為的吧。一定是。

原田：對啊。自己做了很棒的東西，也會希望同事對自己說「很棒」，而這樣的人最適合在Google工作。

## 不斷累積的溝通

及川：有個名詞叫Googly，這是公司內的用語，意思就是「非常Google」。在製作什麼的時候，Googly如何？是大家最關注的。比如說同業先做出來什麼東西，Google的工程師雖然是後面才開始做，但馬上就做出了相同的東西。即使如此，Google的主要用戶看到時，會怎麼想呢。用戶看了一眼，若沒有覺得「有什麼地方不一樣」，是不行的。這樣通常就會胎死腹中。請大家千萬一定要常記得Googly這件事。

村上：雖然可能很短，但也是歷史。

及川：像DNA一樣的東西吧

村上：也可說是企業文化吧。這樣的企業文化是如何培育出來的？

及川：像是口耳相傳等方法吧。我剛進公司時，很想要改變首頁的設計，那時在開檢討會議時，途中不知是誰就說了，那就不像Google了，或者是不用說Googly，但只要說不像Google的話，就一定會有誰會說，那就再重新想一下比較好。雖然是非常年輕的公司，也沒有10年資歷的前輩，大家可能只有2、3年或是半年的資歷，但是大家卻是漸漸地，開始有了共同的價值觀，並且依此價值觀而行動。

村上：不是說照著這樣做，就能夠產生這樣的公司吧。人與人還是要不斷累積溝通、橫向與縱向的溝通，才能形塑出那樣的文化吧。

佐藤：跟老一輩的工程師談話的話，Google所做的事，以前傳統的工程師沒有那些資源，也沒有那樣的動力，什麼都沒有，但是，如果可以做到那些，一定很有趣，因為有這樣的想法，所以就一個一個實現所曾經思考過的事情，Google就是這樣子的公司。就像是電腦科學有應該前往的方向一樣，像是共通的座標軸收取了各樣的東西一樣，大家對於那些東西，雖然沒有被強制，但都共同的想要去做。做的到的話就去做，大家都向著同樣的方向前進。

## 讓用戶開心

村上：跟《工作大未來》可能沒有什麼關係，但是大家的動機非常重要，是有沒有Googly，只是也有種關於經營，管理者沒有跟上步伐的感覺。那樣的研究態度以及研究對象是非常棒沒錯，但感覺很像是完全沒錢的研究所一樣。只是，為什麼會有那種讓大家大為驚訝的商業成果一直出現，基本上是廣告，但是接著一直浮現出來的是什麼呢？

及川：廣告是廣告，是完全不同的部隊，但是有工程師以及產品經理。用戶感到開心，而提高營業額是必要的，在此引進了獨特的創意。原田和我所做的是不直接與錢有關連，但是用戶開心，持續地活用網路，就會連帶產生其他的影響。一開始雖然完全不考慮賺錢的事，但自然會有別的部隊考慮，且影響了廣告主。

村上：轉轉得很順利啊。各種合作。

及川：所以Google讓人覺得我們只是在做喜歡做的事，但是我們還是堅持一個指標，就是讓用戶開心。只要守住這點，廣告收入自然就沒有問題。

村上：當然只要用戶開心，大家都會很快樂，可是Google的情況是，要說不諂媚、或是說是寵愛也有點怪，但也不是說像非常便宜的超商的感覺，我沒辦法表達得很精確，但與用戶的溝通、雖然也有一些批評表示，用戶與製造者之間是資訊的非對稱，但那樣的用戶也會覺得，這非常有Google的風格而使用，雖然並不是全部的人都如此，但是也是構築了非常好的關係。

## 數字所説明的事情

及川：嗯，用戶會有什麼樣的感動，或是有什麼樣的行動，我是不太清楚，因此，全部都由數字來解讀。像剛剛所説的，用快速這個名詞來總結，進到這間公司、在此研究是非常有趣的事情是實驗，全部都是實驗。在公司內努力經營企業，進行多次討論後，向外發表。而結果是順利或是失敗，瞭解放在這裡的按鍵位置好像不太好，那就再重新修正。就像原田剛説的，我們自己所交出去的，是代表自己的產品，工程師或是產品經理，將公司的思想加進去而產出，那些是否跟我們的假設相符，是交由用戶來判斷。在此消費者的想法也會出現，仔細聽取用戶的聲音，這裡的聲音指的並不是真正的聲音，用戶是如何使用，會由數字來説明，藉由反映在數字之上，再加以修正改良。

村上：這裡的產品不是車子也不是優格，真是太好了。

原田，總之這是個有很多實驗的公司。比如説，公司內的狗食產品，人類雖然也是可以吃，但有可能不好吃，所以商品在發售之前會請大家試吃，再依大家的感想來改善產品。這跟已經掛上線的產品藉由用戶的各項使用，以及接收其使用感想，是很接近的實驗。

村上：實驗不需要花錢吧

及川：嗯，並不是不需要花錢，但是網路的成本在最初開始就有投入。像剛剛説的，汽車製造商在製作試乘車時要花很多時間跟金錢，但我們是跟這種無法比擬的小錢。

村上：製作優格等產品時，會請女大學生或是女高中生團體來試吃，也請她們提供包裝建議，非常花時間、金錢，但你們做的並不是那樣的商品吧。

及川：也不是説沒有做像這樣的事。像是畫面的設計，會請一般的用戶看一下，再聽他們是喜歡還是討厭的感想，但只有這樣的話，還是有很多不明白的地方，還是要請他們實際使用，才會有各種真實的感想出現。

## 從中學生開始寫程式

村上：這麼説來，Google是以工程師為中心組成的，如果對Google的工程師有所憧憬的國二、國三學生想要進Google工作，與其説是建議、不如説，他們在這段時間要做些什麼、要培養什麼樣的興趣、還是説不需要那樣做也可以進入Google、照著自己的方式，或是説，正因為是Google這樣的公司，所以要怎麼做，或有最好先做會比較有利的事情。

原田：中學生的話，真的要回答，就是開始寫程式。接觸程式，實際上去做之後，首先就是會覺得很快樂。我也是小學三年級左右時，就copy了basic程式。不瞭解意思，就是照著做而己，買了雜誌，然後照著雜誌最後面寫的程式，照著操作，這在當時是很普通的事。現在每個家庭都有電腦，學校也有電腦，登入網站一查，就會出來一堆，要學習就有很多。所以如果是現在的中學生，可能有很多人都在玩程式了，如果能夠繼續延長並且加深這樣的興趣就很好，這是其中之一。還有什麼呢？當然如果有自然科方面的興趣會比較好，但是程式用到數學的機會也很零碎就

是了。

村上：自然科的感覺，可以具體說是什麼嗎？是以自然科學為主的思考嗎

原田：跟自然科學好像有點不太一樣，但是不太有使用數學、解方程式的事情。所謂程式是指輸入資料，這裡變化一下、那裡再變化一下，一直重覆的過程，所以不需要一個一個用腦，但是要有毅力、不犯錯、一直持續下去才行。

及川：我所想的是，不思議的事情用不思議的想法去思考。接下來數位化產品發展會越來越高度化，不知道是如何運作的，但是因為方便就會沉溺般地使用下去。比如說接下來天線電視將被掃除，變成地上波電視時，多少瞭解一下其中的運作方式，接著，喜歡電器工作，會想要用螺絲起子把家中的電氣器品打開看一下吧。這樣的小孩，可能在中學生的時候就自己組一台收音機了吧。認為同樣的東西，現在也一樣必要、看到東西時，那是怎麼動的呢？若是時時有這樣的疑問，漸漸就會高度化，而那樣的資訊也相當多，想做的話，就可以找到非常多方法，所以不知道的事情，一直不求甚解是不行的。興趣跟好奇心。現在這裡有很多工程師也是這樣，在Google裡沒有這種情形，但到外面去，很多工程師就只知道某一層世界。像我一樣，是從事WEB開發，但是在網路下，有非常多的階層，也就是有層次，最終傳送給對方的世界，有很多人是完全不瞭解的。

原田：WEB是應用的世界，在那之下送出這樣的指令，再收到回應的，稱為HTTP層，在那之下有IP（網際網路通訊協定）的封包路徑層，再往下看是乙太網路，電纜是如何電氣化的？相反地，往上看商業層。比如亞馬遜書店，點擊進入鍵，會發生麼事？點一下滑鼠，商品就會進到購物車裡，點擊結帳的位置，就會開始結帳，資訊是從那裡流動到那裡，到底發生了什麼？能夠全部說明清楚的，就是最優秀的工程師了吧。

及川：還有，有不明白的事情，就要理解自己真的不明白的這件事。有不知道的事情，就來瞭解，不要認為不是自己負責的部分就沒關係。覺得不思議時，有機會時就調查、向他人請教，經常抱著這樣的好奇心以及興趣，非常重要。

## 培養藝術的感覺

村上：中學的科目有國語、數學、自然科、社會，還有公民與體育課，喜歡那一科的孩子會比較適合當Google的工程師呢？

原田：這是製造的工作，培養藝術方面的感覺會比較好，像是設計師一樣。有點像是組合樂高模型一樣。

村上：跟體育沒什麼關係吧，不太有關係。

原田：有體力會比較好。

村上：以前有到過電動遊戲的公司參觀過。我兒子還是中學生的時候，兒子的朋友說想要成為電玩設計師，所以才去的。我兒子的朋友向宣傳部門的人請教，要怎麼做才能成為設計師？一直玩電動就可以了嗎？對方回

答，不，電玩設計，最重要的是製作一個故事，所以除了漫畫，可以的話多看書比較好。結果那個小孩非常沮喪，原來要成為電玩設計師一直玩電動是不行的。思考電玩的最根本的，是瞭解故事的人，所以才會說多讀點書，但是Google的程式設計師還是要多接觸程式會比較好吧。

原田：電腦雖然被認為是一個日新月異一直在進步的世界，但是C語言在1970年代就存在了，而且意外的是，那個基本一直都沒有改變，所以一旦認真理解，之後也一直會使用到。

村上：像佐藤先生以及及川先生的工作，多少會讀一些書嗎？

及川：我常看書。看書是還蠻重要的一件事，但為什麼很重要呢？

佐藤：我們一群人大家都很喜歡book search，就算不是直接負責的人，也都會關心。這間公司內喜歡書的員工比例很高。

村上：若不是有這麼多喜歡書的人所集合的組織，應該做不出那樣的東西吧。

佐藤：說得也是。（笑）

及川：我現在想起來了，為什麼國語這麼重要，那是因為跟閱讀一樣，書寫也同樣重要。雖然不是全部的人，但我所知道的工程師有寫部落格以及報導，而且寫得相當不錯。對工程師而言，構成是一件重要的事。將模組分出來、有可讀性、文字由電腦自行處理，那跟文章構成能力有相似之處。因此，思考要呈現什麼樣的風格，雖然不是起承轉合，但是跟考慮程式的流程非常接近。書寫東西很重要。我的情形是，以前是工程師，現在是產品經理，但是像這樣書寫以及說話，因為與人的溝通能力也很重要，所以國語的能力很重要。

## 英語也很重要

村上：像原田先生這樣非常純粹的工程師，通常會給人一種印象是，不太清楚這世界上的常識，總之就是一直埋首寫程式，而Google並不是這樣的吧？

及川：比較上的確是如此。

原田：也是有一些不能溝通的人，但總是會有這種比較個人的人。若以理想來說，溝通能力是非常重要的，特別是像Google這樣有某程度規模的組織裡，並不是一個人在寫程式，而是共同合作，會有需要溝通的時候。

及川：溝通時，語言是不會留下來的。我的情況是英文跟日文都是必須的，而工程師則是用郵件或是即時通等，有各種情況。所以即使是一天到晚面對著電腦螢幕，背向著他人的人，也得跟其他人一起合作才行，所以也得用即時通等軟體好好跟他人討論合作。就這樣的意義看來，大家都有參與團隊合作。

原田：也有一些不愛說話的人，意外地非常會寫E-mail。

及川：此外，英文也很重要。

村上：英文？

及川：外資公司當然要會英文，日本如果像現在這樣下去，人口也會開始減少，不往全球化發展是不行的。但是日本全球化的企業在80年代後半起就一直在減少之中。在這樣的情況下，不只是要會普通的英文會話，還

要跟全球中，同樣的通訊協定一樣進步才行。若在中學、高中的英文課時間好好努力話，就能夠說流利的英文。現在的英語教育，依不同的學校，多花心思就能變好，學好英文是非常重要的。

村上：Prius汽車的開發負責人也幫我們寫了有關於工程師是什樣工作的文章。工程師一直在變化之中，範圍非常廣泛，也因此，請他向我們說明，要當工程師需要什麼條件，13歲的孩子要做什麼比較好，他也提到了英文。雖然有很多其他的事情，但最後以英文為總結。

及川：之前的公司有位印度人同事，他問我，卓也，大學100多位同學中，有多少人出國？我那時不太懂他的意思。印度的話，有五成到八成的人並不會留在印度，而是到美國和其他國家。在外國努力工作學習技能，然後再回到印度。中國、台灣和韓國也是如此。但日本人卻幾乎沒有人出國。日本人就閉鎖在這裡，要做出一點點經濟成績出來，絕對要到國外不可，所以大學畢業後，二分之一也好、三分之一也好，出國一次，學習之後再回來，我認為是有必要的。

村上：照這種感覺，日本人有可能出去就不會再回來。以前，主廚或是侍酒師、甜點師傅，到酒廠學習，都會再回到日本，但這5、6年間，去學習的人好像就不回來了。漸漸地，社會全體的活動在緩慢消失之中。

佐藤：我覺得不用太早決定要讀理科還是文科。英文不好才要選理科，或是數學不好才要選文科，雖然馬上就可以有所分別，但我認為沒有必要把可能性給縮小，不論如何，廣泛攝取總是好的。

村上：所以是名詞的問題。

及川：將來就算從事文科的工作，中學時所學的自然科知識也會有所幫助，相反也是如此。我覺得最好對於有興趣的地方，能努力去做。

---

**小檔案　Google佐藤陽一**

早稻田大學第一文學部畢業。曾任職於出版社，1998起，到2006年之間在微軟公司的出版部門（微軟公式解說書）擔任出版工作。2006年進入Google，主要負責Google　Books（Google 圖書）相關的出版社‧圖書館等的合作關係。

**小檔案　Google及川卓也**

Google高級工程師經理（對談時是高級產品經理）。早稻田大學理工學部畢業後，曾任職於外資電腦公司、曾在微軟擔任windows的開發。2006年秋天進入Google工作，擔任網站搜尋、以及Google新聞等產品開發經理，2009年10起擔任現職。負責開發Google Chrome等客戶產品的開發。

**小檔案　Google原田昌紀**

1996年東京大學教養學部在學中便開發出最初的日本語搜尋引擎ODIN以來，持續開發研究資訊搜索系統。1998年東京大學研究所總合文化研究科畢業。在日本電信電話股份有限公司研究分散情報檢索技術，2004年進入Google工作，並在瑞士以及美國總社工作過，2005年10起擔任現職。主要是從事搜尋服務的使用者介面的開發。

# 結語

得知新版的《工作大未來》要分為「本誌」以及「進路篇」兩冊時，我們就考慮要做一個包裝袋。包裝設計的比稿就委託了「學校法人・專門學校HAL東京・HAL大阪・HAL名古屋」、「學校法人・專門學校東京MODE學園・大阪MODE學園・名古屋MODE學園」處理。我前往位於西新宿的「HAL東京」、「東京MODE學園」，有數百位學生來聽我說明。而我最後是這樣說的：「依常理，我這時應該要說，期待大家精采的創意。但是我不會那樣說。包裝的創意，只要一個最優秀的就好。也就是說，不需要你們大家都一起努力。有意願的人，就請瞄準那一個最優秀的來加以設計」。

這麼說現在想起來，是具有象徵意義的。相對於7年前製作舊版的《工作大未來》時，關於工作，直接求諸個人的能力的傾向變得更為強烈。而且不只是年輕人，對許多人而言，這是一個越來越難生存的社會，要如何活下去這個簡單卻困難的問題，要得到解答並不困難。但最大的問題在於，答案不只一個，100人會有100個答案。為了要能夠有「自己的解答」，作為一本列出各種選項的導覽書，我寫了這本《新工作大未來》。

因為流通、販售的因素，把「本誌」和「別冊」分別裝訂再收納的包裝設計，最後並沒有使用。但是，HAL和MODE學園的學生們的熱情還有創意都很棒。其中下面兩人的「最優秀獎」，未來預定將實際商品化。

★學校法人・專門學校　　HAL須藤久惠
★學校法人・專門學校　　HAL澤村勇太

我要對這兩位的才能表示敬意，也期待兩位未來能以專業身分繼續活躍。而給予協助的「學校法人・專門學校HAL東京・HAL大阪・HAL名古屋」、「學校法人・專門學校東京MODE學園・大阪MODE學園・名古屋MODE學園」，我也要表示深深的謝意。

此外，《新工作大未來》中，關於工程師、醫療產業、金融、公平交易、一次產業等，有多位專家幫我們寫了專欄，相對於舊版，提供了更多詳細的資訊，對此我感到很驕傲。謝謝大家。另外，像之前一樣，為我們畫了許多很棒的插畫的濱野由香女士，我也要由衷說聲感謝。與濱野女士一起工作至今也已超過10年，正好以本書的出版，作為一個紀念。

2010年3月　村上龍

# 工作大未來 | 職種索引

## 英文字母

CLUB DJ | 203
DTP操作 | 276

## 兩劃

二手服飾店 | 251
二手書店 | 38
二手商店 | 251
人偶製作師 | 226
人偶操控師 | 340

## 三劃

口譯人員 | 355
土地代書 | 108
大使館工作人員 | 368
大客車司機 | 451
大貨車司機 | 452
大樓外牆清潔人員 | 184
大學教授 | 389
女公關 | 75
小學老師 | 387
山岳救難隊員 | 345
工程師 | 264
工業設計師 | 233

## 四劃

不動產估價師 | 106
內衣設計師 | 314
公務員（一般行政職）| 68
升學補習班老師 | 389
天文雜誌編輯 | 195
太空人 | 192
戶外休閒活動指導員 | 346
手工包師傅 | 315
手工皮鞋師傅 | 313
手工家具師傅 | 257
手語翻譯技術士 | 384
手機小說家 | 46
文字工作者 | 41
文樂表演者 | 218
日本口譯導覽員 | 365
日本和服師傅 | 306
日本料理師傅 | 279
日本舞舞蹈家 | 333
日式甜點師傅 | 281
日語老師 | 358
木匠 | 255
水中攝影師（相機）| 177
水中攝影師（攝影機）| 178
水族箱·飼養箱·陸地動物飼養箱 | 143
水族館飼育員 | 127
火山研究者 | 186
牙技師·齒模師 | 156
牙科助理 | 155
牙醫師 | 155

## 五劃

主持人 | 49
主廚 | 278
主播 | 49
代客服務 | 420
代筆書法家·代客書寫 | 225
包車司機 | 451
古地圖研究家 | 59
古典音樂演奏家 | 212
古董店 | 62
古董時鐘修理·時鐘修理師 | 266
司法代書 | 65
外出看護員 | 383
外交官 | 369
外景記者·外景主持人 | 51
外匯交易員 | 481
外語學家 | 363
外燴主廚 | 289
幼兒律動指導員 | 334
幼稚園老師 | 390
打版師 | 314
生化技術人員 | 124
皮包設計師 | 304
石材師傅 | 256

## 六劃

交響樂團團員 | 212
企業金融 | 93
光學技師 | 438
在NASA工作 | 192
在公立社福機構工作 | 381
在天文台工作 | 193
在天文館、星象館工作 | 194
在出版業工作 | 36
在拍賣公司工作 | 249
在柏青哥業界工作 | 482
在國土地理院工作 | 57
在無障礙學校工作 | 390
在飯店工作 | 71
在葡萄酒莊工作 | 284
在電視圈工作 | 416
在與社福相關的公司中工作 | 381
在廣告業界工作 | 78
在廣播業界工作 | 418
在樂器製作公司工作 | 214
在樂譜出版社工作 | 203
在攝影工作室工作 | 232
在體育用品公司工作 | 323
在體育團隊或組織工作 | 323
地方情報誌 | 59
地勤人員 | 74
地圖製圖員 | 57
地圖編輯 | 58
多能技術人員（木匠）| 260
字幕翻譯 | 443
宅配人員 | 452
成果報酬型網路行銷 | 276
托兒所保母 | 388
有氧舞蹈教練 | 333
考古遺址發掘調查員 | 62
自行車維修員 | 458
自然解說員 | 346
行政代書 | 66

西式甜點師傅｜282
西洋占星師｜194
西洋古董精品店｜250
西洋棋棋士｜110
西裝師傅（西裝訂做）｜306

七劃

住持｜399
佛朗明哥舞者｜330
作曲家｜218
作家｜40
作詞者｜44
助理導演｜437
助產士・助產師｜152
快遞員｜453
技術助理｜439
抄譜員｜204
投資金融｜94
求助專線電話輔導員｜385
汽車工業設計師｜455
汽車維修員｜456
狂言師｜335
男公關｜74
角色創造｜230
豆腐師傅｜282
走唱藝人｜337

八劃

侍酒師｜286
刺青師傅｜226
味噌師傅｜283
和服著裝專家｜310
和音樂著作權有關的工作｜203
和歌詩人｜45
咖啡店老闆｜291
咖啡烘焙師傅｜286
彼拉提斯指導員｜351
放射治療人員・醫事放射師｜156
昆蟲採集・飼育用品的製作販賣｜141
服裝修改師｜307
服裝設計師｜302

服裝造型師｜309
服裝搭配師｜312
板金工｜266
林業人員｜121
武術指導・動作指導｜436
河川漁夫｜181
法官｜376
泥水匠｜256
版畫印刷師｜245
版畫家｜224
物理治療師（PT）｜153
直升機駕駛員｜449
社會福利工作者・社福調查員｜381
空服員｜73
股票交易｜95
芭蕾舞者｜330
花卉布置教師｜116
花卉栽培農家｜124
花店｜122
花道教授｜117
花藝設計師｜116
芳香療法師｜350
表演工作經紀人｜207
金工師｜264
金融分析｜94
金融法務單位｜95
金融商品開發者｜95
金融資訊系統單位｜96

九劃

便利商店店長｜84
便當店老闆｜84
保全警衛｜395
保姆｜391
保健老師｜392
保健師｜151
保險業務｜96
保鑣｜398
冒險家・探險家｜344
南極觀測隊員｜182
客房服務員｜72
室內企劃師｜259
室內設計師｜258

室內裝飾師｜259
室外設計師｜260
建築師｜107
律師｜376
急救員｜395
指甲美容師｜312
指揮家｜213
按摩指壓師｜157
挑夫｜345
政治家｜377
星探・酒店色情業｜421
柏青哥玩家｜482
洗衣師傅｜313
活動計畫｜421
活動接待展售員｜74
盆栽工藝師｜117
看板職人｜235
看護助理｜162
看護員｜381
美軍士兵｜468
美食研究家｜288
美術編輯・美術設計｜229
美體美容師｜352
背景音樂創作｜208
英文報記者｜364
計程車司機｜451
軍事武器評論家｜476
軍事評論家｜466
音效師｜435
音控師｜209
音樂CD母帶製作工程師｜207
音樂會道具管理員（音樂會助手）｜204
音樂製作人｜206
音樂療法師｜163
音響工程師｜205
風景攝影師｜231
飛行員｜449
飛機維修員｜460
食品調配師｜288

十劃

俳人｜41

害蟲驅除業｜142
家事法庭調查員・保護官
・法務教官｜384
家事管理（家政婦）｜76
家庭看護｜382
家畜育種工｜134
家教老師｜388
庭園設計師｜107
料理顧問｜291
旅遊行程設計｜80
旅遊作家｜357
時裝模特兒｜303
書店店員｜35
書法家｜227
書籍裝幀師｜229
校園心理輔導老師｜385
校對人員｜37
格鬥家・武術家｜326
氣象預報員｜175
海上警察｜395
海女・海士｜181
海洋療法師｜350
消防隊員｜186
消費金融｜93
特技犬訓練師｜130
特技演員｜431
特效人員｜188
特效人員｜437
特效總監｜438
特效攝影｜439
特殊教育老師｜391
特殊造形：特殊化妝｜441
特殊造形：模型｜440
特殊造型：特效工學機器
人｜441
珠寶設計師｜302
留學顧問｜364
畜產業者｜135
祕書｜75
神父・牧師｜400
納棺師｜81
紡織業｜307
能樂表演者｜217
臭氣檢測人員｜189

航管人員｜459
茶道家｜285
草皮專家｜119
訓犬師｜128
財務規劃｜97
配音員｜54
配種飼育者｜128
酒保｜287
針灸師｜157
馬房管理員｜133
馬戲團團員｜336

十一劃

偵探｜420
剪接師｜434
動物明星訓練師｜136
動物園飼育員｜127
動物輔助治療員｜144
動物攝影師｜231
動畫家｜239
啦啦隊員｜332
國中、高中教師｜387
國際會議統籌人｜365
國標舞老師｜332
執行製片助理｜430
執行製作人｜430
執業護理師（NP）｜163
基金經理人｜94
婚姻媒合｜77
婚禮顧問｜77
將棋棋士｜111
專利代理人｜66
專門護理師｜165
專業高級跑車維修保養員
｜456
專業麻將玩家｜483
彩妝師｜311
採訪聯絡人｜356
接骨師・柔道整復師｜158
救難隊員｜397
混音工程師｜205
烹飪老師｜288
理容師｜311
產品設計師｜233

眼鏡蛇捕捉員｜137
票務中心｜83
脫衣舞孃｜334
船員｜175
船務代理｜67
蚯蚓的廢棄物處理｜141
速記人員｜43
造園技術士｜118
野生動物調查員｜136
釣魚船｜142
釣餌養殖｜139
陶瓷釉彩師｜227

十二劃

博物館・美術館員｜246
圍棋棋士｜110
報社記者｜67
報關人員｜368
場記｜436
場務｜436
媒體藝術家｜237
帽子設計師｜305
插畫家｜223
景觀設計師｜120
森林官｜122
植物收集家｜115
植物園職員｜120
植樹工藝師｜118
測量師｜58
畫家｜223
畫廊經營者｜245
登山家｜344
登山纜車・空中纜車駕駛
員｜453
登錄販賣業者｜165
稀少蟲類養殖｜141
稀有金屬挖掘與銷售｜189
稅務管理師｜97
童話作家｜45
筆譯人員｜363
策展人｜243
著作權代理｜366
街頭藝人｜337

職種索引

裁判｜323
視能訓練師｜154
視覺設計師｜228
評論家｜35
郵幣社・集郵社｜250
郵輪座艙長｜356

## 十三劃

傭兵｜467
傳統樂器表演者｜218
塑膠模型製造｜234
塔台地面管制員｜460
塗裝業｜257
搞笑藝人｜53
新聞工作者｜65
會計師｜98
滑雪指導員・滑雪巡守員
｜347
煙火師｜187
照護設施的工作人員｜386
猿猴訓練師｜136
瑜伽指導員｜350
當鋪｜82
節目資訊蒐集｜418
經營民宿｜79
經營登山小屋｜183
經營照相館｜232
經營模型店｜234
義肢矯具師｜160
腳底按摩師｜349
腹語表演者｜53
落語師｜52
葬儀社｜77
補習班老師｜388
裝蹄師｜133
試車人員｜461
詩人｜40
路邊攤老闆｜290
農業｜123
遊戲美術設計師｜230
運動健身教練｜323
運動傷害防護員｜349
運動新聞記者｜322
運動新聞攝影師｜325

運動經紀人｜322
運動醫療保健人員｜349
電子音樂作曲家｜207
電台導播｜419
電車駕駛員｜455
電氣工程師｜266
電動遊戲計畫主持人｜419
電動遊戲配樂師｜219
電視節目製作人｜416
電視演員｜50
電視編劇｜44
電視導播｜417
電視購物主持人｜415
電腦特效・CG・CG｜442
電腦遊戲｜442
電腦繪圖師｜228
電影明星｜430
電影服裝師｜434
電影宣傳｜444
電影發行｜443
電影製片｜428
電影編劇｜428
電影導演｜429
電影攝影師｜432
預告片製作｜442

## 十四劃

僧侶｜399
圖書館員｜426
壽司師傅｜280
榻榻米師傅｜258
槍枝模型製造商｜478
歌手｜199
歌星｜200
歌舞伎演員｜335
歌舞劇舞者｜331
歌劇演唱指導｜213
漁夫｜180
演唱會製作人｜216
演藝經紀人｜421
漫畫家｜238
漫談家｜52
監獄官｜396
算命師｜374

管理顧問｜78
管樂器維修師｜215
精神內科醫師｜374
精神科醫師｜373
精神醫學社會福利工作者
｜383
精算師｜96
網站設計師｜234
網路股票買賣｜98
舞台美術設計｜208
舞台音響｜209
舞台設計師｜236
舞台劇服裝設計｜315
舞台劇演員｜339
舞台劇導演｜336
舞台燈光師｜236
舞台總監｜217
舞妓・藝妓｜333
舞群｜330
蒸氣火車駕駛員｜454
裱框師｜246
裱褙師｜257
製刀師傅｜475
製麵師傅｜279
製鹽師傅｜283
語言治療師｜154
領隊導遊｜355

## 十五劃

劇本審閱｜437
劇團四季｜199
劇團團員｜338
廟宇木雕師傅｜255
廣告文案｜42
廣播節目DJ｜50
廣播節目製作人｜419
廣播電視節目作家｜44
撞球選手｜480
樂手｜212
樂器老師｜216
樂器製作專家｜215
潛水用品店｜178
潛水員｜177
潛水教練｜178

職種索引

熱石療法師｜351
熱氣球操控員｜459
編曲家｜216
編舞者｜331
編碼員｜100
編輯｜36
膠卷剪接師｜435
調香師｜315
賭場發牌員｜480
銲接工｜188
鞋子設計師｜304
養殖業｜179
養蜂業｜139
養蠶業｜140
髮型師及化妝師｜433
髮型設計師｜309

十六劃

器官移植協調師｜160
導盲犬訓練師｜130
戰地攝影記者｜466
整脊醫師｜159
樹醫｜119
機車維修員｜457
機械設計｜106
燈光師｜209
燈光師｜433
選角經紀人｜431
選角總監｜432
鋼琴調音師｜214
錄音師｜206
錄音師｜432
雕刻家｜237

十七劃

壓力機操作員｜265
檢察官｜377
營建管理師｜260
營養師｜290
環境規劃師｜115
縫製人員｜305
總教練‧教練｜322
聯合國職員｜369
聲樂家｜201

臨床工程師｜162
臨床心理師｜373
謄稿員‧打字員｜42
賽車手｜450
賽車車隊技師｜457
賽馬訓練師｜132
賽馬預測師｜483
鍬形蟲養殖｜140

十八劃

獵人頭公司｜415
獵熊人｜137
禮儀專家｜310
織品設計師｜305
職能治療師（OT）｜153
職業釣手｜138
職業運動選手｜321
職業摔角手｜326
職業顧問‧職業發展顧問｜392
醫事檢驗人員｜157
醫師｜150
醫療協調｜166
醫療社會福利工作者｜383
醫療紀錄管理｜162
醫療祕書｜159
醫藥專業行銷人員（MR）｜159
醬油師傅｜283
鎖匠｜263
雙簧表演者｜51
雛雞性別鑑定師｜134
騎師｜133
鵜匠｜137

十九劃

寵物保母｜129
寵物美容師｜129
爆破技師｜188
獸醫助理｜132
獸醫師｜131
繪本作家｜224
繪圖師‧SFX動畫師｜439
藝文企劃｜244

藝術品修復師｜243
藝術品鑑定師｜247
藝術總監｜433
藥劑師｜152
證券分析師｜99

二十劃以上

寶石鑑定師｜249
寶塚歌劇團｜199
警察｜393
警察的特殊部隊(SAT)｜397
鐘錶師｜263
麵包師傅｜280
攝影記者（攝影機）｜417
蠟燭師傅｜187
護士‧護理師｜151
鐵路事務｜80
顧客服務中心‧接線生｜81
魔術師｜339
聽力檢查師｜154
鑄模師｜245
顯影技師｜438
釀酒師傅｜284
靈媒｜375
鷹架搭建工人｜256
觀光巴士導遊｜73
觀光局職員｜357

職種索引

KAC1042

新 13歲のハローワーク

# 工作大未來 從13歲開始迎向世界
## The All-New Complete Job Guide for the 13-year Old

作　　者──村上龍
繪　　者──濱野由佳、吳嘉鴻（「台灣傳統工藝」篇）
譯　　者──曹姮、江世雄、王昱婷
主　　編──林怡君（舊版）、戴偉傑（新版）
編　　輯──何曼瑄（舊版）、林巧涵（新版）
特約編輯──王俞惠
美術設計──克雷格・張
執行企畫──呂小弁
校　　對──王俞惠、林巧涵

董 事 長──趙政岷
出 版 者──時報文化出版企業股份有限公司
　　　　　108019 台北市和平西路 3 段 240 號 3 樓
　　　　　發行專線─(02)2306-6842
　　　　　讀者服務專線─0800-231-705、(02)2304-7103
　　　　　讀者服務傳真─(02)2304-6858
　　　　　郵撥─1934-4724 時報文化出版公司
　　　　　信箱─10899 台北華江橋郵局第九十九信箱
時報悅讀網──http://www.readingtimes.com.tw
電子郵件信箱──ctliving@readingtimes.com.tw
法律顧問──理律法律事務所　陳長文律師、李念祖律師
印　　刷──華展彩色印刷股份有限公司
初版一刷──2013 年 1 月 25 日
初版八刷──2021 年 9 月 23 日
定　　價──新台幣 990 元
版權所有 翻印必究（缺頁或破損的書，請寄回更換）

時報文化出版公司成立於一九七五年，
並於一九九九年股票上櫃公開發行，於二〇〇八年脫離中時集團非屬旺中，
以「尊重智慧與創意的文化事業」為信念。

新工作大未來 / 村上龍作；曹姮，江世雄，王昱婷譯 . -- 初版 .
-- 臺北市：時報文化，2013.01
560 面；19×26 公分

ISBN　978-957-13-5715-7（精裝）

1. 職業

542.76　　　　　　　　　　　　　　102000123

SHIN 13-SAI NO HELLO WORK
Text by MURAKAMI Ryu
Illustrations by HAMANO Yuka
Copyright © 2010 MURAKAMI Ryu / HAMANO Yuka / GENTOSHA
All rights reserved.
Originally published in Japan by GENTOSHA, Tokyo.
Chinese (in complex character only) translation rights arranged with
GENTOSHA, Japan
through THE SAKAI AGENCY and BARDON-CHINESE MEDIA AGENCY.


ISBN　978-957-13-5715-7
Printed in Taiwan